Direito Tributário Brasileiro

www.editorasaraiva.com.br/direito
Visite nossa página

LUCIANO AMARO

Direito Tributário Brasileiro

24ª edição
2ª tiragem
2021

saraiva jur

saraiva EDUCAÇÃO | saraiva jur

Av. Paulista, 901, Edifício CYK, 3º andar
Bela Vista – SP – CEP 01310-100

SAC | sac.sets@saraivaeducacao.com.br

Direção executiva	Flávia Alves Bravin
Direção editorial	Renata Pascual Müller
Gerência de projetos e produção editorial	Fernando Penteado
Planejamento	Josiane de Araujo Rodrigues
Novos projetos	Sérgio Lopes de Carvalho Dalila Costa de Oliveira
Edição	Clarissa Boraschi Maria (coord.) Daniel Pavani Naveira
Produção editorial	Daniele Debora de Souza (coord.) Estela Janiski Zumbano Verônica Pivisan Reis
Arte e digital	Mônica Landi (coord.) Camilla Felix Cianelli Chaves Claudirene de Moura Santos Silva Deborah Mattos Guilherme H. M. Salvador Tiago Dela Rosa
Projetos e serviços editoriais	Daniela Maria Chaves Carvalho Kelli Priscila Pinto Laura Paraíso Buldrini Filogônio Marília Cordeiro Nicoly Wasconcelos Razuk
Diagramação	Lais Soriano
Revisão	Carolina Massanhi
Capa	Tiago Dela Rosa
Produção gráfica	Marli Rampim Sergio Luiz Pereira Lopes
Impressão e acabamento	Vox Gráfica

DADOS INTERNACIONAIS DE CATALOGAÇÃO NA PUBLICAÇÃO (CIP)
ANGÉLICA ILACQUA CRB-8/7057

Amaro, Luciano
Direito tributário brasileiro / Luciano Amaro. – 24. ed. – São Paulo: Saraiva Educação, 2021.
544 p.

Bibliografia
ISBN 978-65-5559-298-6 (impresso)

1. Direito tributário – Brasil. I. Título.

CDD 340
20-0510 CDU 34:336.2(81)

Índice para catálogo sistemático:

1. Direito tributário : Brasil

Data de fechamento da edição: 27-11-2020

Dúvidas? Acesse www.editorasaraiva.com.br/direito

CL 606789 CAE 751935

Há coisas que só o amor constrói.

Obrigado, Beth, Giovanna e Bruno.

ALGUNS ESTUDOS DO AUTOR

O contribuinte do imposto de renda no Código Tributário Nacional. *Resenha Tributária*, Seção 1.3, São Paulo; *CEFIR*, n. 85, São Paulo, 1974.

Do processo de consulta. In: *Novo processo tributário*. São Paulo: Resenha Tributária, 1975.

Lançamento por homologação e decadência. *Resenha Tributária*, Seção 1.3, São Paulo, 1975; *CEFIR*, n. 101, São Paulo, 1975; *Decadência e prescrição*. Coletânea. São Paulo: Resenha Tributária, 1976, 2 v.

A eficácia de lei complementar do Código Tributário Nacional. In: *Comentários ao Código Tributário Nacional*. São Paulo: Bushatsky, 1977. v. 3.

Sociedades tributadas em conjunto. In: *Sociedades por ações*. São Paulo: Resenha Universitária, 1978, v. 11; *Resenha Tributária*, Seção 1.3, São Paulo, 1978.

Distribución encubierta de beneficios. Coautor Ives Gandra da Silva Martins. Coletânea de monografias em homenagem a Rafael Bielsa. *Revista de la Universidad de Buenos Aires*, v. 1, Buenos Aires, 1979. In: *Sociedades por ações*. São Paulo: Resenha Universitária, 1978. v. 15.

Dedutibilidade de multas por infrações fiscais. *Resenha Tributária*, Seção 1.3, São Paulo, 1978; *CEFIR*, n. 133, São Paulo, 1978.

ISS e serviço de vigilância. In: *Análise jurisprudencial*, Instituto dos Advogados de São Paulo, 1981, v. 1; *Diário Legislativo IOB*, n. 584, São Paulo, IOB, 1979; *CEFIR*, n. 142, São Paulo, 1979; *Balancete*, n. 65, Associação dos Bancos no Estado de São Paulo, 1979; *LTr – Suplemento Tributário*, n. 85, 1979.

O "mandado de segurança" em instância administrativa. *CEFIR*, n. 147, São Paulo, 1979; *Resenha Tributária*, Seção 1.3, São Paulo, 1980; *LTr – Suplemento Tributário*, n. 140, 1979.

A indedutibilidade do imposto de renda e a assunção do ônus fiscal. *CEFIR*, n. 158, São Paulo, 1980; *Resenha Tributária*, Seção 1.3, São Paulo, 1980; *LTr – Suplemento Tributário*, n. 127, 1980.

A tributação dos ganhos de capital, heranças e doações. In: *Seminário para Avaliação do Sistema Tributário Nacional*. São Paulo: Associação dos Bancos do Estado de São Paulo, 1982.

O imposto de renda e os princípios da irretroatividade e da anterioridade. *Revista de Direito Tributário*, n. 25/26, São Paulo, 1983; *Resenha Tributária*, Seção 1.3, São Paulo, 1983; *CEFIR*, n. 195, São Paulo, 1983.

A distribuição disfarçada de lucros nas sociedades anônimas. *Revista do Advogado*, Associação dos Advogados de São Paulo, n. 12, 1983; *CEFIR*, n. 195, São Paulo, 1983.

Repetição do indébito tributário e as vias administrativas. *Resenha Tributária*, Seção 1.3, São Paulo, 1983; *CEFIR*, n. 197, São Paulo, 1983.

Aspectos polêmicos da distribuição disfarçada de lucros. *CEFIR*, n. 210, São Paulo, 1985.

Uso de las presunciones en derecho tributario. Relatório Nacional do Brasil apresentado nas XII Jornadas Latino-Americanas de Direito Tributário em Bogotá, 1985. In: *Memória das Jornadas*. ICDT/ILADT, v. 1; *Resenha Tributária*, Seção 1.3, n. 36, São Paulo: Resenha Tributária, 1985.

ISS – preço e valor do serviço. *Revista de Direito Tributário*, n. 40, São Paulo, Revista dos Tribunais, 1987; *ABDF – Resenha*, n. 14, Rio de Janeiro: Associação Brasileira de Direito Financeiro, 1985.

Imposto sobre a renda e proventos de qualquer natureza. *Caderno de Pesquisas Tributárias*, n. 11, São Paulo: Centro Estudos de Extensão Universitária/Resenha Tributária, 1986.

Usura: aspectos civis e criminais. *CEFIR*, n. 250, São Paulo, 1988.

Revogação de isenções e anterioridade. In: *Princípios tributários no direito brasileiro e comparado:* estudos jurídicos em homenagem a Gilberto de Ulhoa Canto. Rio de Janeiro: Forense, 1988.

Imposto sobre doações e heranças. In: *I Congresso Nacional de Estudos Tributários*. Academia Brasileira de Direito Tributário/Resenha Tributária, 1988.

As chamadas leis interpretativas. *Revista de Direito Tributário*, n. 45, São Paulo, Revista dos Tribunais, 1988; *CEFIR*, n. 278, São Paulo, 1990.

Adicional do imposto de renda estadual. *CEFIR*, n. 285, São Paulo, 1991.

Imposto sobre grandes fortunas, *ABDF – Resenha*, n. 24, Rio de Janeiro: Associação Brasileira de Direito Financeiro, 1991.

Anatocismo, juros e taxa referencial. *Repertório IOB de Jurisprudência*, n. 18, São Paulo: IOB, 1992.

Constitucionalidade da Lei 8.200/91. *Informativo Dinâmico IOB*, n. 70, São Paulo: IOB, 1992.

Dedutibilidade de tributos em discussão judicial ou administrativa. *CEFIR*, n. 297, São Paulo, 1992.

Desconsideração da pessoa jurídica no Código de Defesa do Consumidor. *Revista de Direito do Consumidor*, n. 5, São Paulo, Revista dos Tribunais, 1993; *Revista de Direito Mercantil*, n. 88, 1993; *Ajuris*, n. 58, Associação dos Juízes do Rio Grande do Sul, 1993.

Variação cambial como indexador de contratos. *CEFIR*, n. 308, São Paulo, 1993.

Interpretação e integração da legislação tributária. Prêmio CEFIR 1993 (1º lugar), *CEFIR*, n. 314, São Paulo, 1993.

Reforma fiscal: os impostos federais. In: *O sistema tributário na revisão constitucional*. São Paulo: Atlas, 1993.

A progressividade na ordem tributária. In: *I Fórum de Direito Econômico*. Escola Nacional da Magistratura/Instituto dos Advogados de São Paulo, 1994.

Questões sobre a periodicidade da apuração do imposto de renda. In: *Imposto de renda e ICMS:* problemas jurídicos. São Paulo: Dialética, 1995.

Isonomia e alíquotas diferenciadas do imposto de renda e contribuição social. In: *Imposto de renda e ICMS:* problemas jurídicos. São Paulo: Dialética, 1995.

Planejamento tributário e evasão. In: *Planejamento fiscal:* teoria e prática. São Paulo: Dialética, 1995.

Omissão de receitas e efeitos fiscais. In: MARTINS, Ives Gandra da Silva (coord.). *Estudos sobre o imposto de renda, em homenagem a Henry Tilbery*. São Paulo: Resenha Tributária, 1994; In: *Imposto de renda:* conceitos, princípios e comentários. São Paulo: Academia Brasileira de Direito Tributário/Atlas, 1996.

As cláusulas pétreas e o direito tributário. *Revista Dialética de Direito Tributário*, n. 21, São Paulo: Dialética, 1997.

Vantagens das ações preferenciais, *Gazeta Mercantil*, 1º set. 1997, p. A-3.

Os tratados internacionais e a contribuição social sobre o lucro. In: *Grandes questões atuais do direito tributário*. São Paulo: Dialética, 1997.

O imposto de renda nas doações, heranças e legados. In: ROCHA, Valdir de Oliveira (coord.). *Imposto de renda:* alterações fundamentais. São Paulo: Dialética, 1998. v. 2.

Irretroatividade e anterioridade da lei tributária. In: *Justiça tributária*. São Paulo: Max Limonad, 1998.

Algumas questões sobre a imunidade tributária. In: MARTINS, Ives Gandra da Silva (coord.). Imunidades tributárias, *Pesquisas Tributárias*, Nova Série, n. 4, São Paulo: Centro de Extensão Universitária/Revista dos Tribunais, 1998.

Ainda o problema dos prazos nos tributos lançáveis por homologação. In: REZENDE, Condorcet (coord.). *Estudos tributários*. Rio de Janeiro: Renovar, 1999.

Desconsideração da pessoa jurídica para fins fiscais. In: PEIXOTO, Marcelo Magalhães e FERNANDES, Edison Carlos (coords.). *Tributação, justiça e liberdade*: homenagem a Ives Gandra da Silva Martins. Curitiba: Juruá, 2005.

Lançamento, essa formalidade! In: TÔRRES, Heleno Taveira (coord.). *Teoria geral da obrigação tributária*: homenagem ao Prof. José Souto Maior Borges. São Paulo: Malheiros, 2005.

O prazo para repetição do indébito e a Lei Complementar n. 118/05. In: DE SANTI, Eurico Marcos Diniz (coord.). *Curso de direito tributário e finanças públicas*. São Paulo: Saraiva, 2008.

Imposto de renda – regime jurídico. In: MARTINS, Ives Gandra da Silva (coord.). *Curso de direito tributário*. 13. ed. São Paulo: Saraiva, 2011.

O imposto de transmissão *causa mortis* e doação na Constituição Federal. In: JARDIM, Eduardo Marcial Ferreira e PASIN, João Bosco Coelho (coord.). *Tributos em espécie*. São Paulo: Elsevier, 2010.

Usufruto e ITCMD. In: BARRETO, Aires Fernandino (coord.). *Direito tributário contemporâneo – Estudos em homenagem a Geraldo Ataliba*. São Paulo: Malheiros, 2011.

Imposto de renda – regime jurídico. In: MARTINS, Ives Gandra da Silva; NASCIMENTO, Carlos Valder do; MARTINS, Rogério Gandra da Silva (coords.). *Tratado de direito tributário*. São Paulo: Saraiva, 2011.

Imposto sobre a renda e proventos de qualquer natureza. *Direito tributário – Artigos selecionados em homenagem aos 40 anos do Centro de Extensão Universitária.* São Paulo: CEU, IICS, Revista dos Tribunais, 2012.

Retirada de sócios e remuneração de administradores na legislação do imposto de renda. *Revista Dialética de Direito Tributário*, n. 238, São Paulo: Dialética, 2015.

PIS/Cofins e juros sobre o capital próprio. *Revista Dialética de Direito Tributário*, n. 239, São Paulo: Dialética, 2015.

Amortização fiscal de ágio por rentabilidade futura. In: PINTO, Felipe Chiarello de Souza; PASIN, João Bosco Coelho; SIQUEIRA NETO, José Francisco (coords.). *Direito, economia e política*: Ives Gandra, 80 anos de humanista. São Paulo: IASP, 2015.

Amortização fiscal de ágio já amortizado contabilmente. *Revista Dialética de Direito Tributário*, n. 243, São Paulo: Dialética, 2015.

Vida e morte da Súmula STF 584 – um pesadelo de 100 anos. In: *Temas de Direito Tributário, em homenagem ao Professor Gilberto de Ulhôa Canto*, v. 2. Rio de Janeiro: Arraes, 2020.

SUMÁRIO

Capítulo III – A COMPETÊNCIA TRIBUTÁRIA

Capítulo IV – LIMITAÇÕES DO PODER DE TRIBUTAR

Capítulo V – FONTES DO DIREITO TRIBUTÁRIO

Capítulo X – SUJEITO ATIVO E PASSIVO DA OBRIGAÇÃO TRIBUTÁRIA

Capítulo XI – LANÇAMENTO TRIBUTÁRIO

Capítulo XIV – REPETIÇÃO DO INDÉBITO TRIBUTÁRIO

Capítulo XV – INFRAÇÕES TRIBUTÁRIAS

PREFÁCIO

Direito tributário brasileiro, de Luciano Amaro, é daquelas obras destinadas a servir de marco na evolução desse ramo do direito, cujo perfil, permanentemente alterado, é de autonomia recente.

Luciano Amaro oferta aos estudiosos obra completa, densa e original, na medida em que explica seus conceitos, princípios e normas com abrangência doutrinária e pessoal interpretação sem precedentes na literatura do País, visto que os cursos de direito tributário conhecidos são mais expositivos da doutrina existente ou de formulações individuais da percepção do fenômeno impositivo.

O livro é um curso, mas também é muito mais do que isso, pois une a apresentação dogmática da norma fiscal com percuciente análise de todas as correntes do pensamento jurídico sobre cada um dos aspectos que conformam o referido ramo.

No País, duas linhas de ensino são bem detectáveis, na propedêutica do direito tributário: aquela corrente dos que reduzem sua fenomenologia, pelo prisma jurídico, a objeto de uma ciência instrumental, desnecessário se fazendo o conhecimento da economia, contabilidade, finanças públicas e ciências que o influenciam, e a corrente dos que universalizam o fenômeno tributário, interpretando a instrumentalidade do direito à luz de todas as ciências que o impactam. À evidência, a produção literária, tanto dos formalistas quanto dos estruturalistas, termina por veicular a pessoal visão de seus autores, com o que não poucas vezes a divergência doutrinária ultrapassa os limites da investigação científica, adentrando o campo das preferências e antipatias temáticas.

Embora fecunda a polêmica travada pelas duas correntes, a zona fronteiriça entre a pesquisa científica e a mera preferência dogmática inúmeras vezes distorce os objetivos, dificultando aos estudiosos a percepção nítida do que representa, na veiculação doutrinária, convicção científica e opção ideológica.

O livro de Luciano Amaro posta-se acima dessa concepção radical, pois se trata de autêntica obra de direito tributário, que é muito mais do que um curso, esclarecendo a posição dos formalistas e estruturalistas com fiel radiografia de seus pontos de vista, sem qualquer distorção, expondo ao final sempre sua pessoal visão dos institutos, princípios ou normas estudados, com uma lógica matemática que transcende de muito as elementares formulações dos que apenas transpõem para o direito singelos princípios da lógica formal e não toda a fenomenologia filosófica.

Respeitando as diversas correntes e as variadas formulações sobre os temas que aborda – postura científica admirável, num mundo em que mesmo os gênios não escondem suas vaidades, seus rancores e suas idiossincrasias –, representa este livro notável análise do sistema tributário constitucional brasileiro e do Livro II do Código Tributário Nacional, dedicado inteiramente às normas gerais, com o que estuda em profundidade o objeto anunciado no título da obra, ou seja, o *Direito tributário brasileiro,* repensando-o, com pertinência doutrinária, convicção pessoal e de forma inédita, na literatura fiscal do País. Nenhum instituto deixou de ser examinado, com especial menção à contribuição que os juristas pátrios ofertaram à reflexão de todos eles.

Professor de Direito Tributário da Faculdade de Direito da Universidade Mackenzie e do Centro de Extensão Universitária, no curso de seus vinte anos de magistério universitário, Luciano Amaro tem contribuído de forma exemplar para o debate de temas de particular relevância no direito tributário, coroando sua carreira, que ainda será longa para o bem do País, com esta obra imprescindível na biblioteca de magistrados, promotores, advogados, professores, juristas, autoridades públicas e estudantes, pois, de longe, a que melhor reflete o pensamento jurídico-tributário dos doutrinadores brasileiros e o admirável pensamento do autor.

Companheiro de Luciano, tanto na Universidade Mackenzie quanto no Centro de Extensão Universitária, e indiscutível admirador da seriedade profissional com que encara o magistério – que exerce com profundidade, didatismo e educação, sendo admirado e louvado por seus alunos, pelo afável tratamento que lhes dispensa –, considero-me profundamente gratificado em prefaciar obra que, por sua excelência, não necessitaria de apresentação, na certeza absoluta de que será sempre lembrada na história do direito tributário brasileiro.

Ives Gandra da Silva Martins

Capítulo I

Conceito de Direito Tributário

Sumário: 1. Direito financeiro e direito tributário. 2. Denominação do direito tributário. 3. Direito tributário como ramo do direito público. 4. Autonomia do direito tributário. 4.1. Autonomia e especialização. 4.2. Autonomia, modificação de conceitos de direito privado e interpretação do direito tributário. 5. Relações do direito tributário com outros ramos do direito.

1. DIREITO FINANCEIRO E DIREITO TRIBUTÁRIO

A disciplina jurídica dos tributos, antes compreendida pelo *direito financeiro*, constitui hoje um campo específico da ciência jurídica.

O *direito financeiro*, como sistema normatizador de toda a atividade financeira do Estado, abarca, por compreensão, as prestações pecuniárias exigidas pelo Estado, abrangidas no conceito de tributo. Com efeito, o direito financeiro tem por objeto a disciplina do orçamento público, das receitas públicas (entre as quais se incluem as receitas tributárias), da despesa pública e da dívida pública.

Dado o extraordinário desenvolvimento do direito atinente aos tributos, ganhou foros de autonomia o conjunto de princípios e regras que disciplinam essa parcela da atividade financeira do Estado, de modo que é possível falar no *direito tributário*, como ramo autônomo da ciência jurídica, segregado do direito financeiro.

Nossa Constituição deixa isso evidente. O Título VI da Carta cuida "Da Tributação e do Orçamento" (arts. 145 a 169). O Sistema Tributário Nacional ocupa o primeiro capítulo desse título (arts. 145 a 162). As Finanças Públicas ocupam o segundo capítulo, com sete de artigos (arts.

163 a 169), no qual se prevê, entre outras disposições, a competência da lei complementar para a disciplina das finanças públicas[1], o processo de elaboração das leis orçamentárias e o conteúdo a ser disciplinado por essas leis.

Não obstante o reconhecimento da extraordinária relevância da receita de tributos, que rendeu a autonomia do direito tributário, veremos, mais adiante, a relatividade dessa autonomia, a exemplo do que se dá com os demais ramos do direito.

A doutrina, com a preocupação de definir direito tributário, tem buscado explicitar, em perífrases mais ou menos extensas, a ideia de que esse ramo do direito compreende a disciplina de determinadas relações jurídicas que têm por objeto o dever de prestar tributo, o que, obviamente, supõe que se defina também o que seja tributo[2].

Preferimos, por amor à brevidade, dizer que o *direito tributário é a disciplina jurídica dos tributos*. Com isso se abrange todo o conjunto de princípios e normas reguladores da criação, fiscalização e arrecadação das prestações de natureza tributária.

As definições do direito tributário insistem, com frequência, na tônica de que o objeto desse setor do ordenamento jurídico são as relações entre o *Estado* (como credor) e os *particulares* (como devedores). Veja-se, por exemplo, o conceito dado por Rubens Gomes de Sousa, para quem direito tributário é o "ramo do direito público que rege as relações jurídicas entre o *Estado* e os *particulares*, decorrentes da atividade financeira do Estado no que se refere à obtenção de receitas que correspondam ao conceito de tributos"[3].

Porém, nem sempre é o *Estado* que figura no polo ativo da relação jurídica; por outro lado, em algumas ocasiões, não são *particulares* os ocupantes do polo passivo, e, às vezes, o produto da atividade financeira do Estado, no campo tributário, não é uma *receita efetiva*, o que significa que as definições de direito tributário que incorporam essas especificações pecam por não mostrar, na sua exata amplitude, os domínios desse ramo jurídico.

Com efeito, veremos que há espécies tributárias que são arrecadadas por entidades às quais a lei (após *criar* o tributo) atribui a *capacidade tri-*

---

1. Essa matéria foi tratada na Lei n. 4.320/64, que, atualmente, ostenta eficácia de lei complementar. Conforme será exposto mais adiante, o mesmo fenômeno ocorreu com o Código Tributário Nacional, originalmente editado como lei ordinária.

2. Cf., p. ex., Rubens Gomes de Sousa, *Compêndio de legislação tributária*, p. 40; Amílcar de Araújo Falcão, *Introdução ao direito tributário*, p. 23; Paulo de Barros Carvalho, *Curso de direito tributário*, p. 12; Alberto Xavier, *Manual de direito fiscal*, p. 19.

3. *Compêndio*, cit., p. 40 (grifos nossos).

butária, ou seja, a aptidão para figurar como *credoras* da prestação tributária e exercer os direitos subjetivos irradiados pela relação jurídica (cobrar, inclusive mediante constrição judicial, o crédito tributário). Em verdade, ao lado das prestações coativas arrecadadas pelo Estado, outros ingressos financeiros, também instituídos por lei e absorvidos pelo conceito genérico de tributo, são coletados por entidades *não estatais*. Justamente porque não se destinam ao Tesouro Público (ao Fisco), esses tributos dizem-se *parafiscais*, sendo atribuídos a entidades não estatais, de que são exemplos os conselhos de fiscalização e disciplina profissional[4]. Esse campo, dito da *parafiscalidade*, é paralelo ao da *fiscalidade*, ocupado pelos ingressos financeiros destinados ao *Fisco* ou Tesouro Público. A disciplina jurídica das chamadas *contribuições parafiscais* (ou tributos parafiscais) integra o direito tributário, a par da regulação dos ingressos financeiros propriamente *fiscais*, recebidos pelo Estado.

Por outro lado, no polo passivo de obrigações tributárias podem figurar *entes públicos*. Quanto às empresas públicas, sociedades de economia mista e outras entidades (públicas) que explorem atividade econômica, a Constituição obriga sua submissão ao *mesmo regime tributário* das empresas privadas (art. 173, §§ 1º e 2º). A imunidade das autarquias e fundações instituídas e mantidas pelo Poder Público restringe-se ao patrimônio, à renda e aos serviços "vinculados a suas finalidades essenciais ou às delas decorrentes" (CF, art. 150, § 2º); o que aí não se incluir é passível de incidência. Ademais, as entidades imunes (ainda que públicas) não se eximem da condição de responsáveis por tributos que lhes caiba reter na fonte (CTN, art. 9º, § 1º).

Nosso direito positivo, com algumas restrições, inclui, portanto, os entes públicos entre os possíveis titulares passivos de obrigações tributárias.

Dino Jarach considera uma contradição lógica a atribuição do fato gerador ao Estado ou a outras entidades públicas, só admitindo em casos excepcionais a imposição sobre empresas industriais e comerciais do Estado, o que, não obstante, é aceito pela doutrina e jurisprudência norte-ame-

4. Alguns autores designam como *parafiscalidade* a situação de tributos que não têm finalidade *arrecadatória* e que buscam, ao contrário, desestimular certos comportamentos; para esses tributos, preferimos a designação de *extrafiscais*, reservando a denominação de *parafiscais* aos que são arrecadados por entes que estão a par (ou ao lado) do Estado. Rubens Gomes de Sousa usa essa expressão para abranger ambas as situações (*Compêndio*, cit., p. 174). Sobre as várias significações que a doutrina deu à parafiscalidade, cf. Jean-Guy Mérigot, Elementos de uma teoria da parafiscalidade, *RDA*, v. 33/34, p. 56. *V.*, também, Roque Antônio Carrazza, *O sujeito ativo da obrigação tributária*, p. 39-47.

ricana e europeia. Reconhece, porém, esse doutrinador que a imunidade não se estende às taxas e contribuições[5].

A expressão "particulares", que, ao lado de "povo", "indivíduos", "cidadãos", frequenta os conceitos de direito tributário, incide na censura de Lucien Mehl: esses conceitos sugerem que apenas as pessoas físicas, ou apenas os nacionais, seriam contribuintes, quando se sabe que as pessoas jurídicas, *inclusive de direito público*, e os estrangeiros (mesmo residentes no exterior) também se sujeitam à incidência de tributos[6].

Por fim, nem só de *efetivas receitas* cuida o direito tributário, pois o empréstimo compulsório, embora configure *ingresso* ou *entrada* financeira, abrangido na noção de tributo, não é uma receita no sentido de recurso financeiro que acresça ao patrimônio público, sem contrapartida do dever de devolução[7].

Em suma, a instituição das diferentes espécies tributárias e sua arrecadação, pelo Estado ou por entidades não estatais, perante pessoas privadas ou públicas, regulam-se pelo sistema de normas que compõem o direito tributário.

Integram esse complexo de normas, a par dos preceitos constitucionais que delimitam a competência tributária e das regras legais que definem o fato gerador do tributo, nos seus vários aspectos, todos os dispositivos que versem matérias de natureza instrumental atinentes aos tributos; por isso, o direito tributário engloba também as disposições que cuidam das obrigações formais dos contribuintes ou responsáveis (tais como a de prestar informações, emitir notas, escriturar livros ou entregar declarações), e dos poderes e deveres da administração tributária (por exemplo, a investigação das atividades dos contribuintes), assim como os dispositivos que cuidam da definição de infrações tributárias e penalidades, bem como as normas que retratam obrigações ajustadas pelo País em tratados internacionais e que se refletem no campo tributário. Essa multiplicidade de aspectos que gravitam em torno do tributo tem dado ensejo a que se fale em direito tributário *material*, direito tributário *formal*, direito tributário *penal*, direito tributário *internacional*[8].

5. *O fato imponível*, p. 170-180.

6. *Elementos de ciencia fiscal*, p. 62.

7. No capítulo II, voltaremos a este tópico, ao cuidar do conceito de tributo.

8. José Souto Maior Borges sustenta que se deve distinguir, de um lado, o *direito tributário internacional* ("normas impositivas... cujas hipóteses de incidência são predispostas para incidirem sobre fatos que apresentam elementos de estraneidade") e o *direito internacional tributário* ("normas exclusivas de Direito Internacional, dirigidas a regular a atuação em matéria tributária dos vários Estados, na comunidade internacional") (*V.* prefácio do livro de Heleno Tôrres, *Pluritributação internacional sobre as rendas de empresas*, p. 11-2). Heleno Tôrres admite essa distinção didática (*Pluritributação*, cit., p. 56 e s.).

2. DENOMINAÇÃO DO DIREITO TRIBUTÁRIO

Atualmente, está consagrada no Brasil a denominação *direito tributário* para designar a disciplina jurídica dos tributos. No passado, utilizou-se, a par da própria designação genérica de *direito financeiro*, a expressão *direito fiscal*, hoje superada em nosso país, não obstante o adjetivo "fiscal" continue sendo empregado, com frequência, para qualificar assuntos relacionados com tributos: débitos fiscais, questões fiscais, aspectos fiscais etc. "Fiscal" é relativo a fisco (do latim *fiscus*, cesto para guardar dinheiro, e, em sentido figurado, o tesouro público). Em Portugal, porém, é corrente a designação de *direito fiscal*[9], não obstante utilizada também a expressão *direito tributário*[10].

No plano do direito positivo brasileiro, a expressão *direito tributário* firmou-se com a Emenda n. 18, de 1965, que estruturou o "Sistema Tributário Nacional", seguida, em 1966, pela Lei n. 5.172, posteriormente denominada Código Tributário Nacional pelo Ato Complementar n. 36/67.

A partir daí, a denominação *direito tributário* cristalizou-se também no plano da doutrina e da jurisprudência.

3. DIREITO TRIBUTÁRIO COMO RAMO DO DIREITO PÚBLICO

Não obstante sejam de imprecisa demarcação as fronteiras que apartam os campos do direito público e do direito privado, e admitindo a sobrevivência dessa antiga mas contestada divisão, a classificação do direito tributário como ramo do *direito público* não se questiona[11]. A *preponderância* do interesse coletivo no direito dos tributos é evidente, daí derivando o caráter cogente de suas normas, inderrogáveis pela vontade dos sujeitos da relação jurídico-tributária.

Se é verdade que o direito privado se tem "publicizado" em vários de seus setores, deve apontar-se, como nota característica desse ramo jurídico (se não quisermos afirmar a preponderância do interesse dos indivíduos participantes da relação jurídica), pelo menos a *necessária subjacência do interesse individual*, nessa espécie de relações. Assim, numa obrigação ligada ao direito de família, ou à legislação do inquilinato, ou à disciplina

---

9. Alberto Xavier, *Manual*, cit.; António Braz Teixeira, *Princípios de direito fiscal*; Pedro Soares Martínez, *Manual de direito fiscal*.

10. Diogo Leite de Campos e Mônica Horta Neves Leite de Campos, *Direito tributário*.

11. Rubens Gomes de Sousa, *Compêndio*, cit., p. 49; António José Brandão, A interpretação das leis fiscais, *RDA*, v. 33, p. 70.

legal da relação de emprego, há normas cogentes, ou normas de ordem pública, inderrogáveis pela vontade das partes, mas nem por isso se deve esquecer que, subjacente à preocupação de ordem pública, há o interesse dos indivíduos que participam da relação jurídica, fazendo-a situar-se, por isso, no campo do direito privado. Já no direito público prepondera o interesse da coletividade.

Em suma, em atenção à utilidade relativa que possa ter a divisão do direito nos ramos público e privado, cumpre precisar a posição do direito tributário no campo do direito público.

4. AUTONOMIA DO DIREITO TRIBUTÁRIO

Já vimos que, em razão do extraordinário desenvolvimento da disciplina jurídica dos tributos, o direito tributário acabou ganhando foros de autonomia.

A questão da autonomia deste ou daquele ramo do direito costuma ser ligada às reais ou supostas especificidades ou propriedades de um dado conjunto de normas jurídicas, que possam distingui-lo dos demais setores do direito. Até aí, trata-se de discussão com acentuada natureza acadêmica.

Não obstante, o debate é aceso na doutrina. Zelmo Denari reconhece a autonomia do direito tributário, negando-a em relação ao direito financeiro[12]. Paulo de Barros Carvalho só aceita que se fale em autonomia *didática* do direito tributário[13], como sustentara Alfredo Augusto Becker[14]e afirma Hugo de Brito Machado, ao averbar que "o tema da autonomia tem-se prestado para intermináveis debates, sem maiores consequências práticas"[15]. Eduardo Marcial Ferreira Jardim dá curso à polêmica, ao comparar o direito tributário "ao sistema neurológico ou sistema ósseo do ser humano, que não são dotados de vida própria ou de autonomia absoluta fora do ser como um todo"[16], com o que procurou contestar a "autonomia científica" defendida por Alberto Xavier[17].

O tema da autonomia, porém, no que se refere ao direito tributário, envolve mais do que mera pendenga doutrinária. Parece-nos que o próprio Aliomar Baleeiro subestimou o problema, ao dizer que "a controvérsia sobre a alforria do direito tributário já entedia, por estéril e monótona"[18].

12. *Curso de direito tributário*, p. 15.

13. *Curso*, cit., p. 12.

14. *Teoria geral do direito tributário*, p. 28.

15. *Curso de direito tributário*, p. 37.

16. Eduardo Marcial Ferreira Jardim, *Manual de direito financeiro e tributário*, p. 6.

17. Alberto Xavier, *Manual*, cit., p. 24.

18. *V.* prefácio da obra de Amílcar de Araújo Falcão, *Introdução*, cit., p. 12.

Com efeito, podemos pôr em discussão a autonomia do direito tributário sob dois ângulos diferentes. No primeiro, debate-se a questão *geral* sobre se se pode ou não falar em *autonomia dos ramos do direito*, o que abrange a questão *específica* consistente em poder ou não sustentar que o *direito tributário* seja autônomo.

No segundo, mais importante, cuida-se de perquirir se a *aplicação* do direito tributário deve ou não seguir, diante de fatos disciplinados noutros setores do direito, uma *principiologia específica*, uma *exegese diferente*, ou uma *especial valorização fática*. Conforme a resposta a essa dúvida seja positiva ou negativa, a pergunta, por exemplo, sobre se determinado contrato configura ou não uma compra e venda poderá admitir respostas diferentes em função de qual seja o plano da análise (*civil* ou *tributário*).

Nesses dois cenários (não excludentes, pois ambos podem ser superpostos), foi extensa a polêmica mantida entre autores que rejeitavam a revisão de conceitos tradicionais do *direito privado* e os que a defendiam, apoiados justamente na alegada autonomia dogmática do direito tributário. Estes últimos enfrentaram, ainda, a resistência dos *administrativistas*, que viam no direito tributário (ou no direito financeiro) mera província do direito administrativo, disciplinador de todas as relações entre o Estado e os administrados, inclusive, portanto, as relações atinentes à obrigação tributária. Amílcar de Araújo Falcão insistiu, com apoio em Dino Jarach, em que o direito *administrativo*, ao regular a atividade do agente do Estado, não absorve a relação substantiva[19]. Caso se vá além na posição autonomista, pode ainda situar-se a disciplina da atuação das autoridades fiscais dentro do campo do direito tributário dito *formal*[20] ou *instrumental*[21]. Acirrada foi a polêmica entre François Gény e Louis Trotabas, sustentando o primeiro a tese de que o "particularismo" do direito fiscal se resumia a alguns aspectos técnicos, o que não implicava reconhecer-lhe autonomia, e defendendo o segundo a posição autonomista do direito fiscal[22]. Giuliani Fonrouge fez uma sinopse das posições doutrinárias em artigo publicado no Brasil em 1941, sob o título: "Direito financeiro: uma nova disciplina jurídica", onde,

19. Amílcar de Araújo Falcão sustentou a autonomia do direito tributário, em face do direito privado e do direito administrativo (*Introdução*, cit., p. 26).

20. António Braz Teixeira, *Princípios*, cit., v. 1, p. 30.

21. Alberto Xavier, *Manual*, cit., p. 103.

22. François Gény, O particularismo do direito fiscal, *RDA*, v. 20, p. 5; Louis Trotabas, Ensaio sobre o direito fiscal, *RDA*, v. 26, p. 33.

em texto profético, preconizou que o *direito financeiro* haveria de ramificar-se e o mais importante de seus ramos seria o *direito tributário*[23].

4.1. Autonomia e especialização

É evidente que não se pode falar em autonomia deste ou daquele ramo do direito querendo significar que ele tenha vida própria e independente dos demais setores da ciência jurídica. Foi por isso que Alfredo Augusto Becker denunciou como um falso problema o da autonomia de qualquer ramo do direito, prelecionando, com apoio em Francisco Calasso, que *autonomia*, em sentido jurídico, é a capacidade (do Estado) de criar o *direito positivo*[24]. Se o direito tributário (a exemplo deste ou daquele outro ramo do direito) pode ditar tais ou quais regras de comportamento (estranhas aos demais ramos), isso não se funda em sua autonomia, mas no só fato de ser ele *direito positivo*, comungando, como parte do ordenamento jurídico total, do atributo a este inerente. Alfredo Augusto Becker afirmou que a autonomia do direito tributário é apenas *didática,* argumentando que não pode existir norma jurídica independente da totalidade do sistema jurídico[25].

Como se percebe, a discussão aí se resume em saber se o fato de o direito tributário poder ditar *normas próprias* lhe dá ou não a condição de autonomia, e foi a isso que Alfredo Augusto Becker respondeu negativamente. Nesse plano de discussão, e diante de hipótese na qual o direito tributário não dite de modo expresso uma norma "diferente" em relação a determinada categoria jurídica, não se põe em causa a questão sobre se o aplicador da lei tributária pode (ou deve) dar ao instituto uma conformação "tributária" diversa ou, pelo menos, *não necessariamente coincidente* com aquela conferida pelo outro ramo do direito.

Situada a contenda nesse plano mais acadêmico, deve-se dizer que, *em termos absolutos*, mesmo a dita *autonomia didática* inexiste, pois não é possível estudarem-se as disposições do direito tributário com abstração de suas conexões com preceitos integrantes de outros ramos do direito.

Dado que o ordenamento jurídico é um todo *uno*, não se pode reconhecer vida própria e independente a nenhum de seus setores. Cada qual dos ramos do direito se relaciona com os demais, embora possa ser tratado de maneira especializada e assumir ares de *relativa* autonomia.

23. Giuliani Fonrouge, Direito financeiro: uma nova disciplina jurídica, *RF*, n. 88, p. 381.

24. *Teoria*, cit., p. 28.

25. *Teoria*, cit., p. 28.

A segmentação setorial do direito tributário insere-se no fenômeno da *especialização das disciplinas jurídicas*, do qual o próprio direito privado oferece inúmeros exemplos: a par do direito comercial, temos as ramificações especializadas do direito societário, do direito da propriedade industrial, do direito falimentar etc. E no direito civil podem-se referir o direito agrário, o direito do autor, o direito do inquilinato, o direito de família e, mais especificamente, o direito do menor, representando tudo isso subdivisões que apenas refletem a necessidade de compartimentar a realidade cada vez mais complexa dos fenômenos jurídicos, a fim de que o legislador e os destinatários das normas possam assimilá-los mais facilmente. Se alguém se dispuser a sustentar a "autonomia" de qualquer desses campos de disciplina jurídica, não será difícil encontrar "princípios e conceitos próprios", que irão lastrear a "cientificidade" da tese autonômica.

Essa especialização faz que, em inúmeras vezes, o mesmo instituto se apresente em "diferentes" ramos do direito com a mesma conformação. Assim, a categoria jurídica denominada *tributo* não é diferente no direito financeiro e no direito tributário. O imposto de renda, por exemplo, sob a perspectiva do direito financeiro, não é diferente do imposto de renda sob a ótica do direito tributário. O direito tributário é apenas um setor do direito financeiro que, atingindo relativo grau de complexidade, passou a ser legislado em diplomas normativos específicos e a ser objeto de estudos sistemáticos, que abstraem os demais componentes do conjunto normativo regulador da atividade financeira do Estado e se preocupam com o subconjunto ou capítulo referente à categoria específica dos tributos (elastecido este conceito para abarcar também as contribuições parafiscais). O direito tributário ganhou ainda lugar próprio nos cursos jurídicos de graduação e pós-graduação e é objeto de compêndios, tratados, monografias, ensaios, que a ele se dedicam com singular atenção.

Portanto, se se quiser dizer que o direito tributário goza de *autonomia legislativa* (por ser objeto de conjuntos de normas dirigidas especificamente à disciplina dos tributos), ou que possui *autonomia científica* (por abrigar princípios e institutos não comuns a outros ramos do direito) e que desfruta, ademais, de *autonomia didática* (por ser ensinado em cadeiras autônomas nos cursos jurídicos), é preciso sublinhar que, em todos esses aspectos, a autonomia é sempre *relativa. Não se legisla, nem se teoriza, nem se ensina* matéria tributária sem que se tenham presentes *conceitos estruturados noutros ramos da ciência jurídica*. Não se pode, por exemplo, falar do imposto de renda sem o conhecimento de um sem-número de conceitos que se encontram definidos não nas leis ou nos códigos tributários, mas na lei civil, comercial, trabalhista etc. O próprio conceito jurídico de pessoa (como ente sujeito de direitos e obrigações), de pessoa física, de pessoa jurídica, de sociedade, de casamento, de filho, de espólio, de aluguel, de salário, e inúmeros outros que permeiam a legislação dos vários tributos não são definidos nas leis tributárias, mas no Código Civil, na lei comercial, nos diplomas trabalhistas etc. Isso não impede que, em regra geral, a lei tributária possa modificar, para fins tributários, os conceitos dados por outros ramos do direito.

4.2. Autonomia, modificação de conceitos de direito privado e interpretação do direito tributário

Como já dissemos, porém, o problema da "autonomia" do direito tributário não se põe tão só no âmbito de discussões acadêmicas. Realmente, o que importa não é apenas saber se o direito tributário é ou não um ramo jurídico específico (o que, dentro da relatividade do conceito, parece assente), mas questionar se as categorias jurídicas reguladas noutros ramos do direito, quando referidas na norma tributária, passam (ou podem passar) por um processo de *transformação* ou *transubstanciação* (por força de *expresso preceito* da lei fiscal, ou mesmo na *ausência de explícita modificação conceitual* na lei tributária).

Na verdade, essa questão, no nosso sistema tributário, desdobra-se em duas ordens de preocupações, uma a propósito do *exercício da competência tributária* e outra a respeito da *interpretação* da legislação tributária.

Na primeira, o problema está em saber se os institutos, conceitos e formas do direito privado podem ser modificados *por norma expressa* do direito tributário – para fins fiscais – e, se positiva a resposta, em que medida podem sê-lo. Essa questão será examinada ao tratarmos da definição da competência tributária. Ela, na verdade, possui desdobramentos no tema das "limitações" da competência tributária, pois se, por exemplo, à lei tributária se autoriza tributar os imóveis, é preciso que esteja previamente firmado o que se deve entender como "imóveis", para o fim de determinarem-se os *limites* dentro dos quais poderá atuar essa lei. Registre-se, desde já, que, em certas situações, à lei tributária é vedado alterar conceitos de outros ramos do direito (designadamente, quando tenham sido utilizados para definir a competência tributária); noutras situações já se reconhece a possibilidade de alteração daqueles conceitos pela lei tributária (para fins tributários, obviamente).

A segunda questão envolve a problemática da *interpretação do direito tributário*, e se traduz na pergunta sobre se o intérprete da lei fiscal pode (ou deve) libertar-se dos princípios de direito privado na pesquisa dos efeitos da lei fiscal, quando esta utilize, na definição da obrigação tributária, institutos, conceitos e formas de direito privado. Um dos temas a examinar dentro desse contexto é o da chamada *interpretação econômica* do direito tributário, assunto que, a seu tempo, iremos abordar.

A polêmica (que acima referimos) travada entre François Gény e Louis Trotabas, acerca da autonomia do direito tributário, centrava-se na discussão sobre a subserviência do direito fiscal ao direito privado (defendida pelo primeiro e contestada pelo segundo), não apenas quanto à possibilidade de a lei fiscal poder, *expressamente*, modificar conceitos do direito privado, mas, sobretudo, quanto à possibilidade de o *intérprete* da lei fiscal desconsiderar os conceitos do direito privado (mesmo quando referidos na lei fiscal *sem modificação expressa*) para o efeito de determinar a obrigação tributária.

Para fugir ao monótono debate acadêmico, o assunto deve ser abordado à vista da possibilidade de a lei tributária ser interpretada sem apego às formas jurídicas adotadas pelos indivíduos na consecução dos seus negócios. A nosso ver, essa possibilidade é repelida pelo ordenamento pátrio, por razões que desenvolveremos ao cuidar do tema da interpretação e integração da legislação tributária.

5. RELAÇÕES DO DIREITO TRIBUTÁRIO COM OUTROS RAMOS DO DIREITO

Dado o caráter relativo da autonomia de qualquer ramo do direito, sempre que se estuda essa questão têm de ser referidos os entrelaçamentos que existem entre os vários setores do ordenamento jurídico. Obviamente, disso não escapa o direito tributário, que se vale das construções elaboradas por outros segmentos do direito para, sobre elas, estruturar as relações tributárias.

Merecem destaque, nesse contexto, as relações do direito tributário com o *direito constitucional*. Em primeiro lugar, porque, se a Constituição contém as bases do ordenamento jurídico, é nela que se encontra o próprio fundamento de validade do tributo. Com efeito, é a Constituição que, a par da outorga de competência tributária para as várias pessoas políticas (União, Estados, Distrito Federal e Municípios), define os lineamentos básicos do sistema tributário nacional (os princípios constitucionais tributários, as imunidades, a partilha da competência tributária etc.). É também na Constituição que se regulam os modos de expressão do direito tributário, vale dizer, os tipos de normas veiculadoras de preceitos tributários e o respectivo campo de atuação (v. g., para que serve a lei complementar tributária; quais as matérias reservadas à lei ordinária, às resoluções do Senado Federal, aos convênios etc.). O conjunto de normas sobre tributos, contido na Constituição, compõe o que se poderia chamar de direito tributário constitucional[26].

Refira-se, em seguida, o *direito administrativo*. A atuação do Estado, visando à arrecadação e fiscalização de tributos, opera-se por intermédio dos órgãos que compõem a administração pública, cuja atuação é regida pelo direito administrativo, o que suscita a discussão, já referida linhas atrás, sobre a natureza das normas que cuidam especificamente de procedimentos administrativos tributários.

Não é preciso relembrar as relações do direito tributário com o *direito financeiro*, primeiro porque aquele resulta da especialização de um setor deste; segundo porque conceitos que permanecem na seara do direito financeiro são objeto de cogitações de relevo para o direito tributário. O conceito de exercício financeiro, por exemplo, dado pelo direito financeiro, é crucial para a aplicação da lei tributária que esteja sujeita ao princípio da anterioridade, de que adiante falaremos.

Cabe registro, também, para o direito econômico. Veremos que vários princípios da ordem econômica, veiculados pela Constituição, têm efeitos de relevo na esfera dos tributos.

As relações mais ricas em complexidade aparecem quando se confronta o direito tributário com o *direito privado*, que, até por força de sua mais antiga elaboração científica, apropriou-se de categorias jurídicas que pertencem à teoria geral do direito, além de ser riquíssimo de construções próprias, que o direito tributário importa e nacionaliza, sem maiores retoques ou com certas adaptações.

O *direito civil*, em todos os seus setores – direitos reais, direito das obrigações, direito de família, direito das sucessões –, fornece farta matéria-prima para a lei fiscal. Os contratos, as relações de família, as questões sucessórias, a propriedade habitam a província tributária com foros de cidadania. Assim, por exemplo, em torno do contrato de compra e venda de imóvel, regulado pelo direito civil, a lei tributária pode estruturar uma ou mais relações tributárias; sobre o fato da transmissão do direito de propriedade, a lei tributária engendra a obrigação de recolher o imposto de transmissão; sobre o lucro que o vendedor apure, a lei estabelece a obrigação de

26. Pedro Soares Martínez, *Manual*, cit., p. 60.

pagamento do imposto de renda. Isso para não falar das obrigações tributárias formais que do mesmo fato podem resultar (por exemplo, o registro na declaração de bens).

Não menos relevo têm as figuras do *direito comercial*. A contribuição dos institutos ali regulados é muitíssimo grande: as sociedades mercantis, os títulos de participação societária, as demonstrações financeiras, os atos de comércio. A todo momento nos defrontamos com figuras do direito comercial que são familiares ao direito tributário.

Com a mesma naturalidade, frequentam os textos tributários institutos do *direito do trabalho*: salário, aviso prévio, indenização por tempo de serviço etc.

Da coexistência de ordens jurídicas distintas e inter-relacionadas decorrem alguns problemas, que devem ser solucionados com harmonia. Assim, os negócios jurídicos regidos pela lei privada são afetados pela lei tributária, independentemente de esta ser invocada ou mesmo lembrada pelas partes que o firmam: se pactua a prestação de serviço, mediante remuneração, o usuário tem, perante o prestador, o direito, que emerge da lei tributária, de reter parcela do preço, a título de imposto devido ao Estado, sem que, para isso, seja necessária previsão contratual. Esse fato mostra, de um lado, a intromissão do direito tributário no campo das relações jurídicas regradas pelo direito comum; de outro, evidencia a utilização de um instituto de direito privado (o contrato de prestação de serviços) como dado para estruturar a obrigação tributária.

O *direito penal*, além de sancionar criminalmente os ilícitos tributários considerados mais graves, fornece ao direito dos tributos um conjunto de princípios extremamente útil no campo das infrações e penalidades fiscais de caráter não delituoso. Na aplicação de uma multa pecuniária, em face de certa infração fiscal, é invocável, por exemplo, o brocardo do direito penal *in dubio pro reo*, bem como a retroatividade benigna.

No campo do *direito internacional* têm-se avolumado os acordos e tratados que versam sobre matéria tributária, com vistas a facilitar o comércio internacional de bens, serviços e capitais. Citem-se, como exemplos, os tratados para evitar a dupla tributação internacional da renda, e os acordos de livre comércio, a par de normas da legislação interna, que se dedicam à disciplina de situações nas quais os vários aspectos da relação material subjacente à incidência da norma tributária podem encontrar-se em mais de um território soberano. O conjunto das normas que regulam os tributos no âmbito internacional constitui o que se costuma chamar de *direito tributário internacional*.

Como se vê, o direito tributário avizinha-se, com maior ou menor intensidade, dos demais ramos do direito. Na busca de manifestações de riqueza, reveladoras de capacidade contributiva, a lei fiscal alcança atos, situações, negócios que, engendrados embora sob a ótica de outros códigos de normas legais, evidenciam um conteúdo econômico que os torna passíveis de incidência tributária.

Não se esqueça, ainda, que as lides tributárias são compostas de acordo com as formas e procedimentos ditados pelo *direito processual civil*, sem embargo de poder a lei estatuir tais ou quais especificidades nas formas ou rituais do processo, que sejam aplicáveis somente aos litígios de natureza tributária. Por fim, na imposição de sanções para as infrações fiscais delituosas opera o *direito processual penal.*

Capítulo II

Conceito e Classificação dos Tributos

Sumário: 1. Noção de tributo. 2. Conceito de tributo. 2.1. Crítica do conceito legal de tributo. 2.2. Nossa definição de tributo. 3. Figuras tributárias. 3.1. Rol de tributos na Constituição. 3.2. Espécies tributárias no Código Tributário Nacional: o imposto. 3.3. Espécies tributárias no Código Tributário Nacional: as taxas. 3.3.1. Taxas de polícia. 3.3.2. Taxas de serviço. 3.3.3. Taxa e preço público. 3.4. Espécies tributárias no Código Tributário Nacional: a contribuição de melhoria. 3.5. Outras figuras tributárias. 3.5.1. Pedágio. 3.5.2. Empréstimo compulsório. 3.5.3. Contribuições sociais, econômicas e corporativas. 3.5.4. Contribuição para iluminação pública. 4. Classificação das espécies tributárias. 4.1. Insuficiência do critério legal de especificação dos tributos. 4.2. O problema da classificação dos empréstimos compulsórios. 4.3. O problema da classificação das contribuições. 4.4. Súmula da doutrina sobre classificação dos tributos. 4.5. Classificações bipartidas e pluripartidas. 4.6. Razão histórica para o rol assistemático das espécies tributárias. 4.7. Classificação "financeira" e classificação "jurídica" das espécies tributárias. 4.8. Destinação e regime jurídico do tributo. 4.9. Nossa classificação das espécies tributárias. 4.9.1. Impostos. 4.9.2. Taxas. 4.9.3. Contribuições. 4.9.4. Empréstimos compulsórios. 5. Outras classificações de tributos.

1. NOÇÃO DE TRIBUTO

Vimos, no capítulo anterior, que o direito tributário é a disciplina jurídica dos tributos. Faz-se mister, agora, examinar o que é *tributo*[1].

1. Abordamos o tema deste capítulo em estudo monográfico, cujo texto foi aqui refundido e ampliado (Luciano Amaro, Conceito e classificação dos tributos, *RDT*, n. 55).

Tributo, como prestação pecuniária ou em bens, arrecadada pelo Estado ou pelo monarca, com vistas a atender aos gastos públicos e às despesas da coroa, é uma noção que se perde no tempo e que abrangeu desde os pagamentos, em dinheiro ou bens, exigidos pelos vencedores aos povos vencidos (à semelhança das modernas indenizações de guerra) até a cobrança perante os próprios súditos, ora sob o disfarce de donativos, ajudas, contribuições para o soberano, ora como um dever ou obrigação. No Estado de Direito, a dívida de tributo estruturou-se como uma relação jurídica, em que a imposição é estritamente regrada pela lei, vale dizer, o tributo é uma prestação que deve ser exigida nos termos previamente definidos pela lei, contribuindo dessa forma os indivíduos para o custeio das despesas coletivas (que, atualmente, são não apenas as do próprio Estado, mas também as de outras entidades de fins públicos).

Tributar (de *tribuere*, dividir por tribos, repartir, distribuir, atribuir)[2] mantém ainda hoje o sentido designativo da ação estatal: o Estado *tributa*. O tributo (*tributum*) seria o resultado dessa ação estatal, indicando o ônus *distribuído* entre os súditos. Como o súdito paga o tributo para o Estado, o verbo passou a designar também a ação de pagar tributo, dizendo-se tributário, contributário ou contribuinte aquele que paga o tributo ou que "contribui". Analogamente, chama-se tributário o rio que contribui com suas águas para dar volume a outro. Na linguagem jurídica, contudo, não é usual o verbo "tributar" para indicar a ação de pagar *tributo*, nem o substantivo "tributário" para designar o *contribuinte*.

Porém, enquanto "tributar" (*tribuere*) se emprega para designar a *ação estatal*, o derivado "contribuir" (unir, incorporar, dar, fornecer) volta-se para a ação do *contribuinte*. "Contribuição" (com a mesma raiz de "tributo") expressa, na linguagem comum, a cota (em geral, voluntária) que cada um dá, para atender a uma despesa comum; não se perdeu aí a ideia de unir parcelas ou cotas. Aliás, a palavra "cotização" traduz essa mesma ideia. Lucien Mehl registra que tais expressões ("contribuição" e "cotização") mascaram o caráter unilateral dos tributos e aludem à existência de um consentimento, pelo menos coletivo[3]. Pedro Soares Martínez lembra que, sob o influxo das ideias liberais, procurou-se substituir os vocábulos "im-

2. Sílvio Meira lembra que o vocábulo "*tributum*" acabou por generalizar-se (superando outras denominações empregadas em Roma) e se transferiu para as línguas românicas e para algumas não românicas (por exemplo, o *Tribut* alemão e o *tribute* inglês) (*Direito tributário romano*, p. 4-6).

3. *Elementos*, cit., p. 63.

posto" e "tributo", tidos por odiosos, pelo termo "contribuição", que melhor se ajustaria às doutrinas contratualistas sobre o Estado e o direito[4].

Observando o fenômeno da tributação sob esse ângulo, temos, como devedor da obrigação tributária, o "contribuinte" (etimologicamente, o mesmo que "tributário" e "contributário"), isto é, aquele que, juntamente com outros, "tributa", ou seja, "presta um tributo" ou "contribui", entregando a contribuição ("tributo" ou "contributo") ao Estado (ou a entidade não estatal designada por lei).

O vocábulo "contribuição" (cognato de *tributo*) representa a mesma ideia de partilha, entre os indivíduos (contribuintes), dos ônus comuns, embora hoje, em nosso direito, seja utilizado para designar certas *espécies* de tributo.

Imposto, que os léxicos dão como sinônimo de *tributo* (e que, em nossa legislação, se emprega para indicar uma *espécie* de tributo), não possui aquela conotação de solidariedade de todos no concurso para a despesa comum; imposto (do verbo "impor") é algo que se faz realizar forçadamente, expressando, assim, a velha conotação das prestações tributárias, que eram exigidas de modo forçado ("impostas") ao súdito, sem buscar a anuência do devedor.

O tributo, portanto, resulta de uma exigência do Estado, que, nos primórdios da história fiscal, decorria da vontade do soberano, então identificada com a lei, e hoje se funda na lei, como expressão da vontade coletiva.

Taxa, deverbal de "taxar", também figura nos dicionários como sinônimo de "tributo" (a par de outras acepções). Vem do latim *taxare* (avaliar, estimar, determinar o valor); confiram-se as expressões "taxa de juros", "taxa de câmbio", "taxímetro" (aparelho que mede valor). Etimologicamente, taxa é sinônimo de preço (de um serviço ou de um bem), traduzindo, pois, a ideia de *comutatividade* ou contraprestacionalidade. O inglês *tax* (do mesmo étimo) é empregado, na linguagem jurídica, no sentido de imposto. No nosso direito, taxa é espécie de tributo, exatamente a figura na qual está presente, de acordo com o sentido etimológico da expressão, a ideia de contraprestação, dado que a taxa se caracteriza pela conexão a um serviço ou utilidade que o Estado propicia ao contribuinte (por exemplo, a prestação de um serviço público).

Os tributos apresentam-se como receitas derivadas (por oposição às receitas originárias, produzidas pelo patrimônio público), arrecadadas pelo Estado para financiar a despesa pública, seja com a guerra, a defesa contra

4. *Manual*, cit., p. 25.

o inimigo externo e a segurança interna, seja com o bem-estar dos cidadãos[5]. Continua presente o sentido de partilha dos ônus do Estado entre os contribuintes, matéria que provocou interessantes especulações dos financistas sobre quais seriam os critérios ideais para definir a parcela de ônus que caberia a cada um no bolo das despesas públicas. Cabe recordar, porém, não ser apenas o Estado o titular da capacidade de arrecadar tributos, pois, no campo da chamada parafiscalidade, há tributos que são arrecadados por entidades não estatais, às quais a lei confere a condição de beneficiárias de ingressos financeiros por ela instituídos, tendo em vista os fins públicos ou de interesse público perseguidos por essas entidades.

O direito brasileiro utiliza o vocábulo "tributo" em sentido genérico. "Imposto", "taxa", "contribuição", "empréstimo compulsório" e "pedágio" são expressões empregadas para designar figuras tributárias cujas peculiaridades examinaremos adiante. O devedor do tributo (de qualquer espécie) é, em geral, chamado de *contribuinte*[6].

2. CONCEITO DE TRIBUTO

A Lei n. 5.172/66 (batizada de "Código Tributário Nacional" pelo Ato Complementar n. 36/67), que, com o advento da Constituição de 1967, assumiu a eficácia de lei complementar[7], define tributo nos seguintes termos: "Tributo é toda prestação pecuniária compulsória, em moeda ou cujo valor nela se possa exprimir, que não constitua sanção de ato ilícito, instituída em lei e cobrada mediante atividade administrativa plenamente vinculada" (art. 3º).

Esse conceito quis explicitar: a) o caráter *pecuniário* da prestação tributária (como prestação em moeda); b) a *compulsoriedade* dessa prestação, ideia com a qual o Código Tributário Nacional buscou evidenciar que o dever jurídico de prestar o tributo é imposto pela lei, abstraída a

---

5. Sobre a evolução histórica da concepção de tributos, *v.* Lucien Mehl, *Elementos*, cit., p. 45-65. Bibliografia sobre o tema da história dos tributos é indicada por Aliomar Baleeiro, *Uma introdução à ciência das finanças*, p. 269, nota de rodapé.

6. Essa expressão é usada para designar a pessoa que "pratica" o fato típico, gerador da obrigação tributária; nossa legislação emprega o vocábulo *responsável* para identificar terceira pessoa a quem, em algumas situações, a lei atribui o dever de pagar o tributo. *Contribuinte* e *responsável* são espécies do gênero *sujeito passivo*, que identifica toda pessoa que venha a ocupar o polo passivo da obrigação tributária, como veremos no Capítulo X desta obra.

7. Luciano Amaro, A eficácia de lei complementar do Código Tributário Nacional, in *Comentários ao Código Tributário Nacional*, v. 3.

vontade das partes que vão ocupar os polos ativo e passivo da obrigação tributária, opondo-se, dessa forma, a compulsoriedade do tributo à voluntariedade de outras prestações pecuniárias; c) a natureza *não sancionatória* de ilicitude, o que afasta da noção de tributo certas prestações também criadas por lei, como as multas por infração de disposições legais, que têm a natureza de sanção de ilícitos, e não de tributos; d) a *origem legal do tributo* (como prestação "instituída em lei"), repetindo o Código a ideia de que o tributo é determinado pela lei e não pela vontade das partes que irão figurar como credor e devedor da obrigação tributária; e) a natureza *vinculada* (ou não discricionária) da atividade administrativa que seja praticada para a cobrança do tributo.

2.1. Crítica do conceito legal de tributo

Definir e classificar os institutos do direito é tarefa da doutrina. Contudo, em 1966, recém-editada a Reforma Tributária traduzida na Emenda n. 18/65, o Código Tributário Nacional adotou uma linha didática na disciplina do sistema tributário, insistindo, ao longo do seu texto, na fixação de certos conceitos básicos[8]. Embora hoje já não persistam razões para isso, a Constituição de 1988 atribui à lei complementar, entre outras tarefas, a de definir tributos (art. 146, III, *a*).

Voltando ao texto do art. 3º do Código Tributário Nacional, observe-se, de início, a *desnecessidade* lógica de dizer que tributo é *toda* prestação que preencha tais ou quais requisitos. De uma definição dada já resulta, pelo fenômeno lógico da *compreensão*, a abrangência de *todas* as situações que contenham os elementos conceituais nela arrolados.

Merece destaque, na definição de tributo dada pelo art. 3º do Código Tributário Nacional, a *redundância da expressão "prestação pecuniária, em moeda ou cujo valor nela se possa exprimir"*. O dispositivo parece supor que o tributo possa ser: a) uma prestação pecuniária *em moeda*, ou b) uma prestação pecuniária *cujo valor se possa exprimir em moeda*, o que, aliás, traduz *dupla redundância*. Isso é o que parece decorrer do texto, aliás redigido em mau português, em que a preposição "em" (regendo "moeda")

8. É verdade que, antes do Código Tributário Nacional, a Lei n. 4.320/64 já definira tributo, fazendo-o nos seguintes termos: "Tributo é a receita derivada instituída pelas entidades de direito público, compreendendo os impostos, as taxas e contribuições, nos termos da Constituição e das leis vigentes em matéria financeira, destinando-se o seu produto ao custeio de atividades gerais ou específicas exercidas por essas entidades" (art. 9º).

se alterna com o relativo "cujo" (referido à "prestação pecuniária"), num exemplar modelo de assimetria, que, além de afear o estilo, obscurece o texto.

Com efeito, "pecuniárias" são prestações em dinheiro ou "em moeda". A alternativa "ou cujo valor nela se possa exprimir" só faz ecoar a redundância; se a prestação é pecuniária, seu valor só há de poder (ou melhor, ele deverá) expressar-se em moeda, pois inconcebível seria que se exprimisse, por exemplo, em sacos de farinha. Em suma, prestações pecuniárias sempre se expressam em moeda[9].

Há quem veja, no texto comentado, uma abertura para a criação de tributos *in specie, in natura* ou *in labore*[10]. Sob essa perspectiva, Paulo de Barros Carvalho critica o Código Tributário Nacional, que teria ampliado "exageradamente o âmbito das prestações tributárias", observando que "quase todos os bens são suscetíveis de avaliação pecuniária, principalmente o trabalho humano, que ganharia a possibilidade jurídica de formar o substrato de relação fiscal". E arremata: "Com base nessa premissa, alguns entenderam que o serviço militar, o trabalho nas mesas eleitorais e aquele desempenhado pelos jurados realizariam o conceito de tributo, já que satisfazem às demais condições postas pelo preceito"[11].

Realmente, Alfredo Augusto Becker, com apoio noutros autores, não vê motivos para negar natureza tributária às prestações *in natura* ou *in labore* a favor do Estado, mas não fundamenta essa assertiva no malsinado art. 3º do Código Tributário Nacional[12].

De qualquer modo, não nos parece que assim possa ler-se o texto legal, pois prestação *pecuniária* é *sempre* expressa "em moeda" ou (o que dá no mesmo) tem valor que nela (moeda) se exprime. Para que o conceito abrangesse tributos *in natura* ou *in labore*, ter-se-ia de dizer: "tributo é a prestação em moeda, bens ou serviços etc.", ou ainda: "tributo é a prestação cujo

---

9. Rubens Gomes de Sousa não hesitou em afirmar o duplo pleonasmo, reconhecendo que "pecuniária" e "em moeda" são a mesma coisa; e "valor que nela (moeda) se possa exprimir não é uma alternativa, mas simples repetição" (Natureza tributária da contribuição para o FGTS, *RDP*, n. 17, p. 310).

10. Paulo de Barros Carvalho, *Curso*, cit., p. 21; Celso Ribeiro Bastos, *Curso de direito financeiro e de direito tributário*, p. 143.

11. *Curso*, cit., p. 21. O professor argentino Hector Villegas também viu, no código brasileiro, a previsão de tributos em espécie (*Curso de direito tributário*, p. 3).

12. Alfredo Augusto Becker, *Teoria*, cit., p. 562 e s. Alberto Xavier também registrou, em Portugal, a possibilidade de tributos em espécie (*Manual*, cit., p. 38).

valor se expressa em moeda, ou nela se possa traduzir etc.". Se se disse "prestação pecuniária", afastou-se, como objeto da obrigação tributária, tudo que não seja pecúnia.

Também não se deve ler no Código Tributário Nacional a explicitação de que o *pagamento* do tributo possa ser feito em moeda ou *em bens* cujo valor possa ser medido em unidades monetárias. Eduardo Marcial Ferreira Jardim sustenta que o texto legal não seria pleonástico "porquanto a cláusula enfatiza que (...) o dever jurídico nascido em dinheiro (...) haverá de ser solvido em dinheiro", mas há "a possibilidade de o pagamento do tributo ser efetuado não só em dinheiro, mas também em algo equivalente"[13].

A explicação não convence. A circunstância de a obrigação tributária poder extinguir-se por outros modos que não a entrega de uma quantia em dinheiro não subtrai à prestação devida a expressão pecuniária ou monetária que lhe é natural. Mesmo quando nada receba o credor (por exemplo, nos casos de caducidade do seu direito), a obrigação não deixou de ter expressão monetária: o que se haverá por extinto não é a expressão pecuniária da obrigação, mas a própria obrigação. O dispositivo legal não cuida, pois, dos modos de *extinção da obrigação* tributária; pretendeu tratar, isto sim, dos modos de *expressão da prestação* tributária, e fê-lo de modo canhestro.

Outra censura merecida pelo art. 3º do Código Tributário Nacional diz respeito à expressão "prestação compulsória". Ao dizer que o tributo é uma prestação compulsória, o Código qualifica a *prestação* tributária, ou seja, ele afirma que essa prestação é de *cumprimento* compulsório, e não voluntário. Ora, há aí uma impropriedade lógica, pois as demais *prestações jurídicas* (preço, aluguel, salário etc.) também são *compulsórias*, nessa acepção de que o devedor não as efetua *se quiser*, mas sim porque *deve fazê-lo* (sob pena de sujeitar-se à constrição judicial). Qualificar a *prestação* (do tributo) como compulsória *nada particulariza nem especifica.* O devedor de obrigação *não tributária* também é *compelível* a efetuar a *prestação* objeto de sua obrigação jurídica, porque o credor dessa prestação tem o direito de exigi-la, *coercitivamente*.

Cremos que o Código não terá pretendido dizer aquilo que nele está escrito (ou seja, "prestação" compulsória). Certamente, quis expressar que o *nascimento da obrigação de prestar* (o tributo) é *compulsório* (ou forçado),

13. *Manual*, cit., p. 74. Aliomar Baleeiro (*Direito tributário brasileiro*, p. 549), e Paulo Roberto de Oliveira Schmidt (Extinção do crédito tributário, in *Comentários ao Código Tributário Nacional*, v. 5, p. 297) também referem o pagamento em bens ao art. 3º do Código Tributário Nacional.

no sentido de que esse dever se cria *por força* da lei (obrigação *ex lege*), e não da vontade dos sujeitos da relação jurídica (obrigação *ex voluntate*). Nesta acepção, porém, a expressão é *redundante*, pois a *instituição em lei* já é uma nota integrante do conceito de tributo[14], e essa circunstância não deve ser afirmada duas vezes na mesma definição.

Novo aspecto digno de nota está em que o Código Tributário Nacional não mencionou, no conceito de tributo, quem seria o *credor da prestação pecuniária*, o que poderia ensejar confusão com outras obrigações também impostas por lei, como, por exemplo, a de o empregador pagar gratificação natalina aos empregados ou a de certas pessoas prestarem alimentos em favor de determinados parentes. Poder-se-ia dizer que a citada omissão é sanada quando o Código qualifica a prestação tributária pela circunstância de ser cobrada mediante atividade *administrativa*, entendendo-se aí expressa a ideia de que tudo aquilo que a *administração* pública cobre (e que atenda aos demais requisitos do mesmo art. 3º) seja tributo.

Porém, tributos há que *não* são cobrados nem *para* o Estado nem *pela* administração pública, como se dá no setor da *parafiscalidade*, em que entidades não estatais são credoras de tributos.

Teria o Código Tributário Nacional ignorado a questão da parafiscalidade, à vista da especificação de tributos contida no seu art. 5º: "Os tributos são impostos, taxas e contribuição de melhoria"? O parecer de Aliomar Baleeiro, na Comissão de Constituição e Justiça da Câmara dos Deputados, sobre o velho projeto do Código Tributário Nacional, de 1954, havia registrado: "A Constituição de 1946 utilizou a palavra tributos no sentido genérico, para abranger três contribuições de caráter coativo (...), a saber: a) impostos; b) taxas; c) contribuições de melhoria"[15]. O parecer explica ainda o fato de o projeto não cuidar separadamente da parafiscalidade, com a alegação de que esta contemplaria tributos que às vezes são taxas, e, outras vezes, impostos[16], ou seja, a enumeração do projeto teria querido abranger também os chamados tributos parafiscais, figuras "anfíbias" que ora assumiriam a natureza de impostos, ora revestiriam a roupagem de taxas, segundo o referido parecer de Aliomar Baleeiro.

---

14. Alberto Xavier (*Manual*, cit., p. 39) e Alfredo Augusto Becker (*Teoria*, cit., p. 239 e s.), por razões diversas, também censuram os autores que procuram caracterizar o tributo como prestação compulsória ou não voluntária.

15. Aliomar Baleeiro, *Direito*, cit., p. 32.

16. *Direito*, cit., p. 37-8.

O problema não passou despercebido à Comissão que preparou o projeto de reforma tributária de 1965, de que resultou a Emenda n. 18/65, sob cuja vigência foi editado o Código Tributário Nacional. Para rebater a crítica no sentido de ter-se ignorado a parafiscalidade no primeiro projeto, a Comissão afirmou, no seu Segundo Relatório, não lhe parecer prudente criar a "contribuição" como um terceiro gênero indeterminado, pois isso poderia afetar a rigidez da discriminação de rendas, além do que ganhava corpo na doutrina a ideia de que "as espécies tributárias são apenas duas: imposto e taxa, enquadrando-se as contribuições como uma modalidade destas últimas"[17].

Apesar dessa ponderação, a Comissão manteve no projeto a contribuição de melhoria como uma terceira espécie, omitindo menção expressa a outras "contribuições". Não obstante, quando editado o Código Tributário Nacional, o disposto no seu art. 5º suscitou a dúvida sobre se outras exações (que não as arroladas como "impostos", "taxas" ou "contribuição de melhoria") teriam sobrevivido. O Decreto-Lei n. 27/66 acrescentou o art. 217 ao Código Tributário Nacional, esclarecendo que as disposições deste não excluíam a incidência e a exigibilidade de uma série de exações, ali enumeradas, além de outras, de fins sociais, criadas por lei.

A estruturação do Código, mesmo que se admita não ter ele ignorado a parafiscalidade, pelo menos não lhe dedicou espaço em destaque, afinal obtido com a prótese efetuada pelo Decreto-Lei n. 27/66. Esse remendo, além do mérito de aclarar a sobrevivência das "contribuições" ali referidas, prestou-se em certa medida para subsidiar a definição da natureza jurídica específica das exações parafiscais. Voltaremos ao tema mais adiante.

Retomando o conceito de tributo, dado pelo art. 3º do Código Tributário Nacional, importa por ora referir que, se as contribuições parafiscais participam da natureza dos tributos, estes devem ter conceito genérico que as abranja.

Ademais, se essas contribuições não são arrecadadas por pessoa estatal, não se pode agregar ao conceito de tributo a característica de ser ele cobrado mediante atividade vinculada da administração. O que pode ser sublinhado é que, fiscal ou parafiscal, o tributo, sendo instituído por lei, *deve ser pago na forma da lei*, não se podendo atrelar à prestação tributária

17. Comissão de Reforma do Ministério da Fazenda, *Reforma Tributária Nacional*, n. 17, p. 89.

a *disponibilidade* que, como regra, caracteriza os direitos patrimoniais dos particulares.

A referência à *atividade administrativa de cobrança plenamente vinculada* suscita, ainda, outra observação. Essa dicção do Código parece significar que o recolhimento do tributo se sujeita, *sempre*, ao procedimento administrativo vinculado (designado de lançamento tributário), o que é uma ficção do Código Tributário Nacional, no extenso campo dos tributos cuja lei determina o dever de o sujeito passivo efetuar o pagamento sem prévio *lançamento*, e, mais do que isso, sem nenhum *exame prévio* da autoridade (CTN, art. 150). É evidente que, nesses casos, o tributo não é cobrado *mediante atividade administrativa plenamente vinculada.*

Claro está que, em relação aos atos *que caiba à autoridade praticar*, ela está obrigada ao estrito cumprimento da lei. Se necessário o lançamento (ou qualquer outro ato para tornar efetiva a arrecadação), ele *deve ser efetuado*, e deve sê-lo na *forma da lei*; ou seja, os atos que a autoridade *tiver de praticar* são atos *vinculados* ou *regrados*, e não *discricionários*. A autoridade não pode *dispor* sobre o conteúdo da obrigação tributária, pois ela não é *titular*, é mera *administradora* da coisa pública. A questão, portanto, tem que ver com a *indisponibilidade* do tributo, cuja arrecadação é dever da autoridade, que não pode dispensá-lo, exceto em razão de causa legal. O mesmo ocorre com os tributos parafiscais; os administradores das entidades credoras também não têm o poder de dispor do tributo que for devido em face da lei aplicável; a esta é que compete definir os critérios que permitam, concretamente, identificar o *an debeatur* e o *quantum debeatur*.

Por fim, anotamos que o Código Tributário Nacional não inclui, como elemento conceitual do tributo, a necessidade de ele traduzir *receita* efetiva (ingresso financeiro definitivo no patrimônio do sujeito ativo), o que permite abranger, no conceito, os empréstimos compulsórios, que apenas em sentido lato podem ser chamados de *receita*, pois, em rigor, traduzem entradas ou ingressos financeiros temporários, com contrapartida de uma dívida do Estado[18]. Não obstante, os empréstimos compulsórios

18. Aliomar Baleeiro, *Uma introdução*, cit., p. 130 e 134. Alberto Deodato considera o empréstimo compulsório uma "receita extraordinária", registrando, porém, a divergência de opiniões (*Manual de ciência das finanças*, p. 30). José Joaquim Teixeira Ribeiro anota que há *receitas atuais*, com que se realizam *despesas atuais*, que geram, porém, *despesas futuras*; são as *receitas não efetivas*, oriundas dos empréstimos, entre os quais figuram os empréstimos forçados (*Lições de finanças públicas*, p. 141).

participam da natureza dos tributos[19], merecendo registro a existência de opiniões em contrário[20].

2.2. Nossa definição de tributo

Tributo é a prestação pecuniária não sancionatória de ato ilícito, instituída em lei e devida ao Estado ou a entidades não estatais de fins de interesse público.

Esse conceito afirma a natureza *pecuniária* da prestação, que modernamente tem qualificado o tributo; trata-se, pois, de prestação *em moeda*[21].

Registra-se o *caráter não sancionatório do tributo*, dele distinguindo-se, portanto, as prestações pecuniárias que configurem punição de infrações. Não se paga tributo *porque* se praticou uma ilicitude, embora se possa ter de pagá-lo com abstração do fato de ela ter sido praticada. Gian Antonio Michelli assinala que a coatividade do tributo não se confunde com a coatividade da sanção, "a qual postula a restauração da ordem jurídica violada e, portanto, (supõe) a precedente violação de uma norma", enquanto "o adimplemento do dever de contribuir está ligado a um dever constitucional de solidariedade"[22].

Ao dizer que o tributo é prestação *instituída em lei* não apenas se contempla o *princípio da legalidade do tributo* (no sentido de que cabe à lei instituí-lo, definindo o respectivo fato gerador, o devedor e os elementos necessários a quantificar a prestação), mas também se sublinha a origem *legal* (e não contratual) do tributo. Por isso, não é necessária a referência à *compulsoriedade* da prestação tributária. Ou seja, dizer que a prestação

---

19. A Comissão que preparou o projeto da reforma tributária de 1965 afirmou expressamente a opção nesse sentido, ciente da anterior posição contrária do Supremo Tribunal Federal (Comissão de Reforma do Ministério da Fazenda, *Reforma*, cit., p. 40-1).

20. Eros Grau, *Conceito de tributo e fontes do direito tributário*, p. 17-22; Edvaldo Pereira de Brito, O sistema tributário na nova Constituição do Brasil, in *I Congresso Nacional de Estudos Tributários*, p. 220.

21. Cf. Ernst Blumenstein, *Sistema di diritto delle imposte*, p. 4. Gian Antonio Michelli anota que os tributos em espécie são raros atualmente, pois a regra é o pagamento em dinheiro (*Curso de direito tributário*, p. 73 e 75). Alberto Xavier, como já vimos, registra a existência de impostos portugueses em gêneros ou serviços, embora reconheça que o pagamento em dinheiro seja a regra (*Manual*, cit., p. 38). No mesmo sentido, António Braz Teixeira (*Princípios*, cit., p. 36) e Pedro Soares Martínez (*Manual*, cit., p. 27-8). José Joaquim Teixeira Ribeiro, porém, define o imposto como prestação *pecuniária* (*Lições*, cit., p. 213). Já referimos que Alfredo Augusto Becker, acorde com outros autores, admite terem caráter tributário certas prestações não pecuniárias, como o serviço militar (*Teoria*, cit., p. 562).

22. *Curso*, cit., p. 70.

tributária é *instituída em lei* já expressa que o nascimento da obrigação tributária não tem por base a *vontade* dos sujeitos da relação jurídica, mas sim o *comando legal*.

Essa afirmação (de que o nascimento da obrigação tributária não assenta na vontade dos sujeitos da relação) não é desmentida ao reconhecer-se que, em larga escala, é *voluntária* a decisão do indivíduo de atrelar-se a uma situação que configura fato gerador de uma obrigação tributária. Alguém pode, por exemplo, querer (ou não) prestar serviços; se não o fizer, não praticará o fato que gera a obrigação de pagar o imposto sobre a prestação de serviços. Noutras situações, a vontade do indivíduo dificilmente conseguirá eliminar a realização do fato gerador (por exemplo, o fato da valorização de sua propriedade, em decorrência de uma obra pública, que traduz hipótese de incidência da contribuição de melhoria).

O que importa é a circunstância de, à vista de alguém ser proprietário de uma casa, ou de prestar um serviço, ou de fruir (potencialmente embora) um serviço público, ou de ter a propriedade valorizada por uma obra pública, criarem-se obrigações tributárias porque a lei atribuiu àqueles fatos o efeito de dar nascimento a essas obrigações, ditas por isso *ex lege*, por oposição às obrigações *ex voluntate*. O contribuinte do imposto sobre serviços o que quer é prestar serviços, e não pagar o respectivo imposto; querer ou não pagar o tributo – ou mesmo desconhecer sua existência – é irrelevante para o nascimento da obrigação tributária.

Omite-se também, na definição dada, referência à *cobrança mediante atividade administrativa vinculada*, porque essa atividade (que se desdobraria no ato de lançamento e nas demais providências do sujeito ativo para tornar efetivo o recebimento do tributo) é *acidental*. A grande maioria dos tributos (que são os que o CTN sujeitou ao chamado lançamento por homologação) é recolhida *sem prévio exame* do sujeito ativo e também *sem posterior exame* (que é eventual). Mesmo que falte a prática de atos pelo credor, no sentido de concretizar a aplicação da lei tributária ao fato gerador efetivamente ocorrido, não se dirá que o valor recolhido pelo sujeito passivo não seja tributo...

Não vemos necessidade de inserir no conceito a menção ao caráter *indisponível* do tributo, para expressar a ideia de que o sujeito ativo (seja o Estado, seja entidade não estatal) não tem o poder de dispensar ou deixar de cobrar o tributo previsto em lei (pois somente a lei, obedecidos os princípios constitucionais, pode dispor do tributo), uma vez que isso já é decorrência natural do *princípio da indisponibilidade do interesse público*.

Por fim, nosso conceito especifica o *credor da obrigação*: o Estado ou outras entidades não estatais, que persigam fins de interesse público. Assim, restam excluídas do conceito de tributo certas prestações, como a de alimentos, ou a de pagar gratificação natalina aos empregados, não obstante se trate de obrigações impostas pela lei e não de deveres estabelecidos pela vontade das partes.

3. FIGURAS TRIBUTÁRIAS

A Constituição atribui à lei complementar a função de conceituar tributo e suas espécies (art. 146, III, *a*). O Código Tributário Nacional, ainda na vigência da Constituição de 1946 e da Emenda n. 18/65, cuidou dessas definições, com algumas deficiências.

A doutrina tem mantido (e o fez especialmente na vigência de textos constitucionais precedentes) acesa polêmica sobre a natureza, tributária ou não, de algumas prestações exigidas pelo Estado, designadamente os *empréstimos compulsórios* e certas figuras geralmente batizadas como *contribuições*. Tem-se discutido se, a par do *imposto*, da *taxa* e da *contribuição de melhoria* (arrolados no art. 5º do CTN como espécies de tributo), teriam ainda natureza tributária aquelas outras exações. E, quando admitida essa natureza, disputa-se também se elas seriam espécies distintas ou, ao contrário, se subsumiriam nalgum dos tipos nominados no citado artigo.

O interesse dessas questões não está só na discussão acadêmica, pois da capitulação de tais figuras como espécies tributárias depende sua sujeição aos princípios tributários, cuja aplicação pode modificar ou mesmo, em dadas situações, inviabilizar a exigência.

Discussão mais antiga se desenvolveu sobre o conceito da taxa e sua diferenciação em relação aos impostos, à vista da prática, comum no passado, de se travestirem como taxas verdadeiros impostos, mercê da imprecisão conceitual daquela figura[23].

Esses debates hoje se atenuaram, pois a atual Constituição, como regra, submeteu *todas* as discutidas exações aos princípios tributários, além de ter

23. Rubens Gomes de Sousa sublinhou a gravidade da situação das taxas, no passado, quando elas eram o atalho usado pelo legislador para passar ao largo das restrições à criação de tributo (Ainda a distinção entre taxa e imposto, *RDP*, n. 21, p. 306-7). A. Theodoro Nascimento arrolou extensa lista de *impostos* rotulados de *taxas* (Preços, taxas e parafiscalidade, in *Tratado de direito tributário brasileiro,* cap. VI).

desenhado as taxas de modo a diferençá-las dos impostos, a exemplo, neste caso, do que já haviam feito a Constituição de 1967 e a Emenda n. 18/65 (que reformou a Constituição de 1946).

3.1. Rol de tributos na Constituição

A Constituição não se preocupou em definir as espécies de tributo nem em classificá-las, limitando-se a arrolar:

a) *impostos*, instituíveis pela União, Estados, Distrito Federal e Municípios (art. 145, I), conforme a partilha constante dos arts. 153 e 154 (União), 155 (Estados e Distrito Federal) e 156 (Municípios e também o Distrito Federal, *ex vi* do art. 147);

b) *taxas*, instituíveis por essas mesmas pessoas políticas, em razão do exercício do poder de polícia ou pela utilização, efetiva ou potencial, de serviços públicos específicos e divisíveis, prestados ao contribuinte ou postos à sua disposição (art. 145, II);

c) *contribuição de melhoria*, decorrente de obra pública, também instituível pelas mesmas pessoas políticas (art. 145, III);

d) *pedágio*, instituível igualmente pelas pessoas políticas mencionadas, em razão da utilização de vias por elas conservadas (art. 150, V);

e) *empréstimos compulsórios*, instituíveis pela União, nas hipóteses arroladas no art. 148;

f) *contribuições sociais*, instituíveis pela União (art. 149);

g) *contribuições de intervenção no domínio econômico,* também instituíveis pela União (art. 149);

h) *contribuições de interesse das categorias profissionais ou econômicas*, instituíveis igualmente pela União (art. 149);

i) *contribuições, instituíveis pela União, Estados, Distrito Federal e Municípios, para custeio de regime próprio de previdência social*, cobradas dos servidores ativos, dos aposentados e dos pensionistas, que poderão ter alíquotas progressivas de acordo com o valor da base de contribuição ou dos proventos de aposentadoria e de pensões (art. 149, § 1º, com a redação dada pela EC 103/2019); o art. 40 da Constituição (com redação dada pela EC n. 103/2019) prevê regime previdenciário para os servidores públicos;

j) *contribuição para custeio do serviço de iluminação pública*, instituível pelos Municípios e pelo Distrito Federal (art. 149-A acrescido pela EC n. 39/2002).

O art. 147 da Constituição atribui à União, em Território Federal, os *impostos estaduais*, e, se o Território não for dividido em Municípios, também os *impostos municipais*.

Ao Distrito Federal cabem tanto os impostos outorgados aos Estados (art. 155) como os atribuídos aos Municípios (art. 147). Não se justifica a assimetria dos preceitos constitucionais: se os impostos do art. 155 são "dos Estados e do Distrito Federal", os do art. 156 são também "dos Municípios e do Distrito Federal", e não apenas "dos Municípios", como proclama o rótulo da Seção V do capítulo do Sistema Tributário Nacional. A omissão do art. 156 é sanada, com evidente atecnia, pelo art. 147, *in fine*.

A Constituição arrola na competência *da União* os impostos sobre a importação de produtos estrangeiros; sobre a exportação, para o exterior, de produtos nacionais ou nacionalizados; sobre a renda e os proventos de qualquer natureza; sobre os produtos industrializados; sobre as operações de crédito, câmbio e seguro ou relativas a títulos ou valores mobiliários; sobre a propriedade territorial rural; e sobre as grandes fortunas (art. 153)[24]; além desses impostos nominados (em lista exemplificativa), autoriza-se à União instituir outros impostos (art. 154, I), e, ainda, impostos extraordinários de guerra (art. 154, II).

Na competência dos *Estados* e do *Distrito Federal*, são listados pela Constituição os impostos sobre a transmissão *causa mortis* e doação de quaisquer bens ou direitos; sobre as operações relativas à circulação de mercadorias e sobre a prestação de serviços de transporte interestadual e intermunicipal e de comunicação; e sobre a propriedade de veículos automotores[25].

---

24. A Emenda Constitucional n. 3/93 acrescentou, com vigência até 31 de dezembro de 1994, o imposto provisório sobre movimentação financeira. A Emenda Constitucional n. 12/96 previu exação semelhante, ao autorizar a União a instituir, pelo período de até dois anos, *contribuição* sobre movimentação financeira, destinando os recursos à área da saúde; a cobrança dessa contribuição, criada pela Lei n. 9.311/96, alterada pela Lei n. 9.539/97, foi prorrogada por trinta e seis meses pela Emenda Constitucional n. 21/99. A Emenda Constitucional n. 31/2000 criou adicional de 0,08% a essa contribuição, destinando o produto da arrecadação desse adicional ao Fundo de Combate e Erradicação da Pobreza, instituído pela mesma Emenda. A Emenda Constitucional n. 37/2002 prorrogou a cobrança da contribuição até 31 de dezembro de 2004, redefiniu sua destinação e estabeleceu algumas imunidades (arts. 84 e 85 do ADCT, acrescidos pela Emenda). A Emenda Constitucional n. 42/2003 prorrogou o prazo de cobrança da contribuição para 31 de dezembro de 2007 (art. 90 do ADCT, acrescido pela Emenda), e revogou o inciso II do § 3º do art. 84 do ADCT, que definira a alíquota de 0,08% no exercício de 2004 e dera destinação específica à contribuição (art. 9º da EC n. 42/2003).

25. A Constituição conferira, também, aos Estados e ao Distrito Federal competência para instituir adicional do imposto de renda, em certas situações (art. 155, II, na redação original), cuja vigência foi limitada até 31 de dezembro de 1995 (art. 3º da EC n. 3/93).

Aos *Municípios* e ao *Distrito Federal* (art. 147, *in fine*) são outorgados os impostos sobre a propriedade territorial e predial urbana; sobre a transmissão *inter vivos*, a qualquer título, por ato oneroso, de bens imóveis; e sobre serviços de qualquer natureza (art. 156)[26].

3.2. Espécies tributárias no Código Tributário Nacional: o imposto

Antes de examinarmos a classificação das várias figuras tributárias, procuremos conhecê-las, à vista do perfil que lhes confere o Código Tributário Nacional, atentos, porém, à disciplina dada pela Constituição.

O art. 5º do Código Tributário Nacional diz que os tributos são: *impostos*, *taxas* e *contribuição de melhoria*, o que faria supor serem apenas essas as espécies tributárias. O Código, editado em 1966, reproduziu a então vigente Emenda Constitucional n. 18/65 (art. 1º).

Por uma série de razões, que adiante veremos, há figuras tributárias que não se enquadram na tipologia listada no art. 5º do Código Tributário Nacional. Examinemos essas três figuras (imposto, taxa e contribuição de melhoria), para, depois, estudarmos as demais exações tributárias.

"Imposto – define o art. 16 do Código – é o tributo cuja obrigação tem por fato gerador uma *situação independente* de qualquer *atividade estatal específica*, relativa ao contribuinte" (grifos nossos).

O fato gerador do imposto é uma situação (por exemplo, aquisição de renda, prestação de serviços etc.) que não supõe nem se conecta com nenhuma atividade do Estado *especificamente dirigida ao contribuinte*. Ou seja, para exigir imposto de certo indivíduo, não é preciso que o Estado lhe preste algo determinado. A atuação do Estado dirigida a prover o bem comum beneficia o contribuinte, mas este frui das utilidades que o Estado fornece porque é membro da comunidade e não por ser contribuinte.

Se o fato gerador do imposto não é um ato do Estado, ele deve configurar uma situação à qual o *contribuinte* se vincula. O legislador deve escolher determinadas situações materiais (por exemplo, aquisição de renda) evidenciadoras de capacidade contributiva, tipificando-as como fatos geradores da obrigação tributária. As pessoas que se vinculam a essas situações (por exemplo, as pessoas que adquirem renda) assumem o dever jurídico de pagar o imposto em favor do Estado.

---

26. A Constituição incluíra, ainda, o imposto sobre as vendas a varejo de combustíveis líquidos e gasosos (art. 156, IV, na redação original), o que vigorou até 31 de dezembro de 1995 (EC n. 3/93, art. 4º).

Essa situação típica pode já estar esboçada na norma constitucional definidora da competência tributária (no caso dos impostos nominados) ou não (impostos da "competência residual" e impostos de guerra), conforme veremos mais adiante.

3.3. Espécies tributárias no Código Tributário Nacional: as taxas

As taxas são tributos cujo fato gerador é configurado por uma *atuação estatal específica*, *referível ao contribuinte*, que pode consistir: a) no exercício regular do *poder de polícia*; ou b) na prestação ao contribuinte, ou colocação à disposição deste, de *serviço público* específico e divisível (CF, art. 145, II; CTN, art. 77)[27].

Como se vê, o fato gerador da taxa não é um *fato do contribuinte*, mas um *fato do Estado*. O Estado exerce determinada atividade e, por isso, cobra a taxa da pessoa a quem aproveita aquela atividade.

As diversas teorias sobre as taxas ora sublinham a existência de um *benefício* ou *vantagem* para o contribuinte, dando a elas um caráter *contraprestacional*, ora as veem como reembolso do *custo da atuação estatal*, ora as caracterizam meramente como tributo ligado à *atuação específica do Estado*, abstraídas eventuais vantagens que possam ser fruídas pelo contribuinte[28].

Pedro Soares Martínez censura a utilização do critério da voluntariedade (utilizado por alguns autores para distinguir as taxas, por oposição aos impostos), pois tanto o contribuinte do imposto como o da taxa não quereriam pagar o tributo, mas, porque se situam (em regra) voluntariamente no plano da incidência, acabam sujeitos ao tributo; a voluntariedade (que, de resto, é relativa em ambas as figuras) não se presta, portanto, para distinguir as espécies[29]. Tanto alguém pode querer ou não prestar um serviço sujeito a imposto como pode ou não utilizar certo serviço público taxável; mas, em ambos os casos, prestado o serviço ou fruído o serviço, a obrigação tributária nasce, abstraída a vontade do contribuinte. Na taxa de serviço, veremos que, mesmo em casos em que o serviço não é fruído, a taxa pode ser cobrada pelo fato de o serviço estar à disposição do contribuinte.

---

27. Sobre o assunto, *v.* Bernardo Ribeiro de Moraes, *A taxa no sistema tributário brasileiro*.

28. Veja-se um resumo dessas várias teorias em Rubens Gomes de Sousa, Ainda a distinção..., *RDP*, n. 21, p. 303 e s.; cf., também, Hector Villegas, Verdades e ficções em torno de um tributo denominado taxa, *RDP*, n. 17, p. 322.

29. *Manual*, cit., p. 35-6.

O que está assente é que, se as *atividades gerais* do Estado devem ser financiadas com os *impostos*, arrecadados de toda a coletividade, há outras atividades estatais que, dada sua *divisibilidade e referibilidade a um indivíduo ou a um grupo de indivíduos determinável*, podem (e, numa perspectiva de justiça fiscal, *devem*) ser financiadas por tributos pagos pelos indivíduos a que essas atividades estatais se dirigem. A implementação dessa ideia levou à criação, a par dos *impostos*, de outras espécies de tributo (de que as taxas são o exemplo mais expressivo), que se diferenciam pela circunstância de se atrelarem a determinadas manifestações da *atuação estatal*, que condicionam e legitimam tais exações. Por isso, Alberto Xavier anotou que, não obstante as divergências doutrinárias a respeito dos critérios para distinguir as categorias do imposto e da taxa, em regra se admite "como ponto comum de partida o critério tradicionalmente formulado na ciência das finanças, para o qual o imposto é o modo de financiamento próprio dos serviços públicos indivisíveis e a taxa dos serviços divisíveis"[30].

Nossa Constituição claramente adota esse critério, ao atrelar as taxas ao exercício do poder de polícia e à execução de serviço público divisível, permitindo estremá-las dos impostos, não vinculados a nenhuma atuação estatal divisível.

Essa característica da taxa (*vinculação a uma atuação estatal divisível e referível ao contribuinte*) serve para evitar que ela se confunda com o imposto, mas não se presta para separar dessa figura as demais exações tributárias, o que demandará outros critérios distintivos. Nem é útil, por outro lado (a referida característica da taxa), para distingui-la do *preço público*, assunto que examinaremos mais adiante.

Contribuinte da taxa será, portanto, a pessoa que provoca a atuação estatal caracterizada pelo exercício do *poder de polícia*, ou a pessoa a quem seja prestada (ou à disposição de quem seja colocada) a atuação do Estado traduzida num *serviço público divisível*. Temos, assim, *taxas de polícia* e *taxas de serviço*.

3.3.1. Taxas de polícia

O art. 78 do Código Tributário Nacional define como poder de polícia a "atividade da administração pública que, limitando ou disciplinando direito, interesse ou liberdade, regula a prática de ato ou abstenção de fato, em razão de interesse público concernente à segurança, à higiene, à ordem, aos

30. *Manual*, cit., p. 42.

costumes, à disciplina da produção e do mercado, ao exercício de atividades econômicas dependentes de concessão ou autorização do Poder Público, à tranquilidade pública ou ao respeito à propriedade e aos direitos individuais ou coletivos"[31].

"Considera-se regular o exercício do poder de polícia quando desempenhado pelo órgão competente nos limites da lei aplicável, com observância do processo legal e, tratando-se de atividade que a lei tenha como discricionária, sem abuso ou desvio de poder" (art. 78, parágrafo único).

Há certos direitos cujo exercício deve ser conciliado com o interesse público, cabendo ao Estado policiar a atuação do indivíduo. A construção de um prédio ou a instalação de uma empresa devem obedecer às leis de zoneamento, de segurança etc. Cabe à administração pública verificar o cumprimento das normas pertinentes e conceder a autorização, licença ou alvará. Do mesmo modo, se um indivíduo deseja portar uma arma, ele deve solicitar a licença do Estado; se quer viajar para o exterior, compete-lhe obter passaporte.

Esses direitos (de construir, de portar arma, de viajar etc.), porque podem afetar o interesse da coletividade, sofrem limites e restrições de ordem pública. A taxa de polícia é cobrada em razão da atividade do Estado, que verifica o cumprimento das exigências legais pertinentes e concede a licença, a autorização, o alvará etc. Por isso, fala-se em taxas cobradas pela *remoção de limites jurídicos ao exercício de direitos*. A atuação fiscalizadora do Estado, em rigor, visa ao *interesse da coletividade* e não ao do contribuinte da taxa, isoladamente. É este, porém, que *provoca* a atuação do Estado, sendo isso que justifica a imposição da taxa. Por essa razão – recorda Gilberto de Ulhôa Canto[32] – foram criadas, a par das taxas pela prestação de *serviços* ao contribuinte, as taxas pelo exercício do *poder de polícia*, que, a exemplo daquelas, se referem a atos divisíveis do Estado, justificando-se, por isso, custeá-los também com receitas específicas, e não com os impostos.

As taxas de polícia e as de serviço público, examinadas a seguir, são instituíveis pelo ente político a que couber a atribuição (poder de polícia ou serviço público) à qual se atrele a criação da taxa (CTN, art. 80).

31. Sobre o assunto, *v.* Celso Antônio Bandeira de Mello, Apontamentos sobre o poder de polícia, *RDP*, n. 9.

32. Taxa e preço público, *Caderno de Pesquisas Tributárias,* n. 10, p. 95-6.

3.3.2. Taxas de serviço

As *taxas de serviço* têm por fato gerador uma atuação estatal consistente na execução de um *serviço público, específico* e *divisível*, efetivamente *prestado ou posto à disposição* do contribuinte (CF, art. 145, II).

O Código Tributário Nacional (art. 77) reproduz o mesmo conceito que, na época de edição desse diploma, figurava no art. 18 da Emenda Constitucional n. 18/65 e procura definir os termos utilizados na configuração constitucional das taxas: "Os serviços a que se refere o art. 77 consideram-se: I – utilizados pelo contribuinte: *a*) *efetivamente*, quando usufruídos por ele a qualquer título; *b*) *potencialmente*, quando, *sendo de utilização compulsória*, sejam postos à sua disposição mediante atividade administrativa *em efetivo funcionamento*; II – *específicos*, quando possam ser destacados em unidades autônomas de intervenção, de utilidade ou de necessidade públicas; III – *divisíveis*, quando suscetíveis de utilização, separadamente, por parte de cada um dos seus usuários" (art. 79, grifos nossos).

Serviços *divisíveis*, diz o Código Tributário Nacional, são aqueles suscetíveis de ser fruídos isoladamente por cada usuário. Serviços *indivisíveis* (como a defesa do território nacional) não comportam taxação. Já o serviço jurisdicional, sendo divisível, ao permitir que cada usuário dele se utilize isoladamente, enseja a cobrança de taxa (custas) de cada indivíduo que solicitar do Estado a prestação jurisdicional, assumindo o contribuinte (*em relação jurídica de diversa natureza*) o direito de reembolso pela outra parte, se vitorioso.

É *ocioso* dizer que os serviços, sobre serem divisíveis, precisam ser *específicos* para que se sujeitem a taxação. Os serviços gerais ou indivisíveis (como a gestão patrimonial do Estado, a defesa do território, a segurança pública etc.) são financiáveis com a receita de *impostos*, e não com *taxas* de serviço, pois configuram atividades que o Estado desenvolve em atenção a toda a coletividade, sem visar a este ou àquele indivíduo, sendo irrelevante saber se tais atividades são ou não *específicas*. Já no caso dos serviços que ensejam a cobrança de taxa, sua *necessária divisibilidade* pressupõe que o Estado os destaque ou *especialize*, segregando-os do conjunto de suas tarefas, para a eles vincular a cobrança de taxas. A partir do momento em que o Estado se aparelha para executar o serviço, está atendida a exigência de "especificação". Se (específico embora) o serviço for *indivisível*, descabe taxá-lo; se divisível, a taxa pode ser instituída. Ou seja, o que importa é a *divisibilidade*, e não a *especificidade* do serviço[33].

A divisibilidade (presente na taxa de serviço) não está ausente da configuração da já referida *taxa de polícia*, que também corresponde a uma atuação do Estado *divisível e referível ao contribuinte.*

Ao cuidar das taxas de serviço, o Código Tributário Nacional levou em conta a alternativa dada pela Constituição de tributar tanto a *fruição efetiva* como a *fruição potencial* de serviços. Porém, é impreciso o critério legal distintivo dessas modalidades de fruição. O Código Tributário Nacional procurou segregar serviços ditos de *utilização compulsória* (art. 79, I, *b*), a que se oporiam, *a contrario sensu*, os de utilização *não compulsória* (art. 79, I, *a*). Estes seriam taxáveis somente quando efetivamente fruídos pelo indivíduo; já os *serviços de utilização compulsória* poderiam ser taxados à vista de sua mera *colocação à disposição*, que se traduz na existência de uma *atividade administrativa em efetivo funcionamento.*

Que seria a *utilização compulsória* a que se refere o Código? Não parece tratar-se de uma compulsoriedade *de fato*, vale dizer, *impossibilidade material de deixar de fruir o serviço* (algo como deixar de respirar numa situação em que só o Estado fornecesse ar respirável). Dizer, nesse sentido, que a taxa é devida mesmo em caso de fruição *potencial* não faria sentido, pois a hipótese de incidência seria de *impossível* realização na modalidade de *não* fruição efetiva. Se a fruição fosse *inevitável*, não haveria hipótese de fruição meramente *potencial.*

Seria, então, *de direito* a compulsoriedade da utilização? Estaríamos diante de um *dever jurídico* de utilizar o serviço? Parece ser essa a interpretação que Rubens Gomes de Sousa deu ao art. 79, I, *b*, do Código Tributário Nacional, ao dizer que o dispositivo limita o conceito de "utilização potencial" aos "serviços cuja utilização seja compulsória, quanto aos quais, portanto, a abstenção ou omissão do contribuinte configuraria *infração de norma imperativa*"[34], pretendendo-se, com a ideia de "serviço compulsório", evitar a

---

33. Ao explicar a *especificidade* do serviço, Edgard Neves da Silva dá exemplo (serviço de água para os moradores das ruas) que, na verdade, tem que ver com a *divisibilidade* (entre os moradores) e acaba afirmando que a divisibilidade é decorrência da especificidade, pois, "sendo o serviço específico, conhecidos os usuários, facilmente haverá a divisão do seu custo" (Taxas, in *Curso de direito tributário*, v. 2, p. 362-3). O problema é, pois, de divisibilidade e não de "especificidade".

34. Ainda a distinção..., *RDP*, n. 21, p. 311.

crítica de Dino Jarach e Hector Villegas, para quem a taxa de serviço não utilizado efetivamente seria um imposto e não uma taxa[35].

Parece-nos que há aí alguns equívocos. Em primeiro lugar, não procede a assinalada crítica; tratando-se de tributo atrelado a uma atuação estatal divisível, e tendo-se o Estado aparelhado para a efetiva prestação, o tributo que encontre aí seu fato gerador merece ser diferenciado dos impostos. Chamar esse tributo de taxa (pela utilização meramente potencial de um serviço que o Estado está efetivamente aparelhado para prestar) não viola a "contraprestacionalidade" desse tributo. Ter um serviço público à disposição representa, por si só, uma utilidade com valor econômico que, presente a nota da divisibilidade, é suscetível de ser financiada por taxas cobradas dos indivíduos a cuja disposição é posta essa utilidade (por exemplo, serviço de coleta de esgoto). Aliomar Baleeiro faz igual registro ao dizer: "Certos serviços trazem vantagem pela sua existência mesma (...), apresentam vantagem efetiva para quem pode dispor deles"[36].

Por outro lado, a *tributabilidade da fruição potencial* nada tem que ver com a *obrigatoriedade de utilização* do serviço, nem com o descumprimento da obrigação legal que imponha essa utilização. A eventual infração de norma imperativa ensejaria sanção (administrativa ou penal), com o que o tributo não se confunde (CTN, art. 3º). Ademais, não faria sentido tributar apenas a não utilização *ilegal*, e não taxar a não fruição *legal*. O que ocorre é que, de acordo com a previsão constitucional, a taxa será devida por estar o serviço à disposição; se a não utilização do serviço implicar infração de norma cogente, o indivíduo, *além do tributo*, sujeitar-se-á à sanção pertinente. Suponha-se que a legislação proíba os indivíduos, habitantes de certa área densamente povoada, de lançar o esgoto em fossas, pondo à sua disposição o serviço público de coleta de esgoto. Ora, a taxa que for instituída pelo Estado pode ser cobrada de quem tem o serviço à disposição, ainda que não o utilize efetivamente (porque, por exemplo, mantém fechada sua casa ou ainda não a construiu); nenhuma infração de norma administrativa haverá nesta hipótese, mas a taxa será devida. E se, *pagando ou não a taxa*, o indivíduo lançar o esgoto no quintal ou na rua, ferindo a norma legal proibitiva, aí, sim, terá cometido infração da lei, mas não será punido com o *tributo*, e sim com a *sanção administrativa* previs-

---

35. Cf. Hector Villegas, Verdades..., *RDP*, n. 17, p. 325; Rubens Gomes de Sousa, Ainda a distinção..., *RDP*, n. 21, p. 311.

36. *Direito*, cit., p. 352.

ta na lei, sem prejuízo do recolhimento da taxa pela utilização *potencial* do serviço público.

Outras tentativas de identificar o conceito de serviço "compulsório" foram feitas pela doutrina. Segundo certa corrente, tratar-se-ia de serviços dirigidos ao atendimento de necessidades para as quais inexista alternativa ou sejam legalmente vedadas outras formas de atendimento. Nessa linha, Hugo de Brito Machado registra que a compulsoriedade da utilização do serviço público "se traduz pela impossibilidade jurídica do atendimento da respectiva necessidade por outros meios, ou pela cobrança da remuneração pela simples utilização potencial do serviço"[37]. Observe-se que há, nessa transcrição, *duas* "compulsoriedades": a primeira, quanto ao uso; a segunda, quanto ao pagamento. Na verdade, no uso *potencial*, o que é compulsório (*i.e.,* independente da vontade do indivíduo) é o *pagamento da taxa* (como sói acontecer com todo e qualquer tributo) e não o *uso do serviço* a que ela se conecta.

A nosso ver, o aventado critério (da impossibilidade jurídica de utilização de outros meios para o atendimento de certa necessidade) também improcede. Em primeiro lugar, porque ele é por demais amplo: há serviços (como a administração de justiça com coerção[38]) que, no sentido alvitrado, seriam "compulsórios" (por falta de alternativa), mas não se concebe que sejam taxados quando não utilizados. Em segundo lugar, há serviços que, mesmo havendo outra forma de atendimento da necessidade do indivíduo (esgoto, por exemplo, onde haja alternativa *legal* de perfurarem-se fossas), podem ser taxados mesmo que não haja utilização efetiva, bastando que o Estado se tenha aparelhado convenientemente e haja posto o serviço à disposição do indivíduo.

Aliomar Baleeiro, ao falar sobre o assunto, averbou: "Compulsório o pagamento, não o uso"[39]. A frase, embora contrária à letra do Código Tributário Nacional, encerra um truísmo: o pagamento da taxa é compulsório, não apenas porque ela possui natureza jurídica de tributo, mas, mais genericamente, porque toda prestação que seja objeto de obrigação jurídica é compulsória no sentido de que deve ser atendida sob pena de cumprimento

37. Taxa e preço público, *Caderno de Pesquisas Tributárias*, n. 10, p. 144-5.

38. Sobre a natureza tributária das custas judiciais, cf. José Carlos Moreira Alves, A natureza tributária das custas e emolumentos e sua fixação por lei, in *Princípios tributários no direito brasileiro e comparado.*

39. *Direito*, cit., p. 353.

coercitivo. Flávio Bauer Noveli, em nota a edição póstuma da obra de Aliomar Baleeiro, adverte: "A despeito do afirmado no texto, o art. 79, I, *b*, se refere à 'utilização compulsória', isto é, uso compulsório"[40].

Não nos parece que o equacionamento da questão esteja na "compulsoriedade" de utilização do serviço, seja lá isso o que for. É verdade que, em alguns casos, haverá uma necessidade imperiosa de usar o serviço público (por exemplo, o serviço funerário[41], se não houver alternativa lícita para disposição dos restos mortais de pessoa falecida; assim também o serviço de esgoto, se for vedada ou impraticável outra forma de dar vazão ao esgoto); noutros casos, a utilização do serviço será opção de racionalidade (por exemplo, usar o serviço público de coleta de lixo, em vez de, por seus próprios meios, removê-lo para um aterro sanitário ou enterrá-lo no quintal, ainda que isso não seja vedado por lei); noutros, faltará opção econômica (por exemplo, o serviço público de fornecimento de água, em região onde inexista água salubre, que só se possa obter por outros meios muito onerosos); noutros, inexistirá alternativa que propicie a satisfação da necessidade individual (por exemplo, o serviço de administração de justiça com coerção).

Mas não é com o epíteto da "compulsoriedade" que se há de qualificar a utilização desses serviços para o efeito de legitimar-se sua taxação à vista de sua simples disponibilidade. Mesmo que se dê ao vocábulo um sentido plurivalente (exigência legal, economicidade, falta de opção etc.), a questão restaria não resolvida, pois, com essa plurivocidade do termo, dificilmente algum serviço público escaparia do conceito de compulsório.

Não importa que o serviço seja *necessário*, ou represente uma opção *racional*, ou configure a escolha *mais econômica*, ou seja a *única maneira de satisfazer determinada necessidade*, ou traduza o atendimento de uma *necessidade essencial*. Esses critérios levariam, por exemplo, a classificar o *serviço funerário* como *compulsório* e, portanto, taxável mesmo quando não efetivamente utilizado. Ora, não se exige taxa de todos os indivíduos mortais pela simples razão de que o serviço fúnebre do Estado está à sua disposição, nem se cobrará taxa do indivíduo que atire o desafeto ao mar,

---

40. *Direito*, cit., p. 353, nota do atualizador. Aires Barreto também registra sua discordância com a afirmação de Aliomar Baleeiro (As taxas na Constituição, in *Comentários ao Código Tributário Nacional*, v. 5, p. 31).

41. Geraldo Ataliba e Aires Barreto sustentaram que o sepultamento é serviço obrigatório, portanto taxável pelo uso potencial (Considerações sobre a questão do pedágio federal, *DCI*, 22 e 24 abr. 1989).

em vez de promover-lhe condigno enterramento. Salta aos olhos que se trata de serviço que só deve ser taxado quando da efetiva utilização.

Outro exemplo é o já mencionado *serviço de administração de justiça* com coerção (insubstituível por outro meio legal e eficaz): não se cobram custas judiciais de todas as pessoas (a pretexto de que seus direitos são suscetíveis de lesão); taxa-se só quem utiliza o serviço.

Ou seja, não é a propalada "compulsoriedade" de utilização do serviço, em suas diferentes acepções, critério apto a classificar os serviços que podem ser taxados com a só colocação à disposição.

Parece-nos igualmente equivocada a distinção com base no critério da soberania, segundo o qual os serviços *inerentes à soberania* seriam taxáveis somente na fruição efetiva, enquanto os serviços ditos *essenciais ao interesse público* poderiam ser taxados na mera utilização potencial[42]. Basta meditar sobre o caso, várias vezes citado, do serviço funerário, que não é "inerente à soberania", mas que só deve ser taxado à vista de sua utilização efetiva.

Gilberto de Ulhôa Canto observou, não sem razão, que a cobrança de taxas de serviço de todo o grupo de pessoas a que o serviço se destina pode "ser fator de sua viabilidade econômica, ou até mesmo de sua eficiência", o que não ocorre com outros serviços, cujo uso limitado não compromete sua eficiência, inexistindo razões para cobrar taxa também de quem deles não se sirva[43].

Por outro lado, como já assinalou Aliomar Baleeiro, taxar também a mera disponibilidade pode ser, em dadas circunstâncias, postulado de justiça fiscal[44]. O serviço de coleta de esgoto, por exemplo, não deve ser cobrado apenas de quem efetivamente o utiliza, pois o indivíduo que o tem à disposição (ainda que possa e prefira continuar usando a fossa de seu quintal) é titular de uma vantagem econômica (em função da disponibilidade do serviço), a qual não é acessível a outros indivíduos que residam em locais não beneficiados com a rede de esgotos. Do mesmo modo, não seria justo que os usuários efetivos do serviço arcassem sozinhos com o custo total da atuação do Estado, que beneficia também seus vizinhos, por estar à disposição deles. Portanto, nem se deve, em serviços públicos com características desse jaez, onerar apenas os usuários efetivos, nem financiar,

---

42. José Carlos Moreira Alves, Palestra no X Simpósio Nacional de Direito Tributário, apud Vittorio Cassone, *Direito tributário*.

43. Gilberto de Ulhôa Canto, Taxa..., *Caderno de Pesquisas Tributárias*, n. 10, p. 90-1.

44. *Direito*, cit., p. 352.

ainda que parcialmente, o custo do serviço com a receita de impostos, recolhidos também pelos demais indivíduos não beneficiários do serviço público (nem efetiva nem potencialmente).

A razão de ser da taxação do uso potencial está, a nosso ver, em que há atividades para cuja execução o Estado se aparelha, mas que podem *não estar à disposição de todos os indivíduos da comunidade*; é o caso do serviço de coleta de esgoto. Outros serviços, ao contrário, *são acessíveis a todos*, como, por exemplo, o serviço funerário e a administração de justiça. Como já referimos, os impostos se destinam a financiar as atividades *gerais* e *indivisíveis* do Estado, enquanto as *taxas* objetivam financiar serviços *divisíveis* do Estado, mediante a cobrança das *pessoas que se beneficiam desses serviços*, com o que se evita onerar *todos* (por meio de impostos) com o custo de serviços que só aproveitam a *alguns*. À vista disso, se determinado serviço estatal é posto à disposição de um *grupo de indivíduos da comunidade* (atingindo, por exemplo, só os bairros centrais de uma cidade), é de justiça que o serviço seja financiado pelos indivíduos integrantes *desse grupo que dispõe do serviço* (ainda que este ou aquele indivíduo não queira fruir *efetivamente* do serviço). Não seria justo que *toda a comunidade* (por meio de impostos) suportasse o custo do serviço que só atinge *parte dela*. Mas também não seria justo deixar de cobrar a taxa dos indivíduos integrantes do grupo a cuja disposição está posto o serviço (ainda que não o utilizem efetivamente), uma vez que, como anotou Aliomar Baleeiro, ter o serviço à disposição representa em si mesmo uma vantagem[45]. Todo o *grupo que tem o serviço à disposição* deve, pois, custear a atividade estatal, ainda que este ou aquele indivíduo não queira fruir efetivamente o serviço.

Ora, quanto aos serviços (divisíveis) que o Estado põe à disposição de *toda* a comunidade (por exemplo, a administração de justiça, o serviço funerário), se se quiser cobrar de *todos* os membros da comunidade, não é preciso criar *taxas*; eles podem ser financiados com os *impostos*. A razão de ser da taxa (no caso de serviços divisíveis que estejam à disposição de *toda* a comunidade) está exatamente em que ela pode ser cobrada *apenas* de quem *efetivamente* utilize o serviço.

Nessa perspectiva, se o serviço estatal, posto à disposição de um grupo de usuários, servidos, por exemplo, por rede de esgoto, se expande e passa a atender a toda a comunidade, cobrar taxas de todos (pela mera disponibilidade) ou financiar o serviço com a receita de impostos torna-se, do ponto de vista financeiro, uma opção neutra, a não ser na medida em que

---

45. *Direito*, cit., p. 352.

as diferenças entre os volumes de serviços consumidos pelos diferentes usuários levem a diferenciar o montante a ser cobrado de cada um deles.

Vê-se, pois, que não é a *compulsoriedade* (seja lá isso o que for) que caracteriza os serviços taxáveis pela simples *utilização potencial*. O que importa fixar é que a Constituição autoriza a criação de taxas cobráveis tanto na fruição *efetiva* quanto na fruição *potencial* de certos serviços (para cuja prestação o Estado se tenha aparelhado). O Código Tributário Nacional não foi feliz quando pretendeu separar os grupos de serviços que poderiam e os que não poderiam ser taxados na utilização potencial, contribuindo dessa forma para exponenciar as dificuldades da doutrina no manejo da taxa.

3.3.3. Taxa e preço público

Outra questão que tem atormentado a doutrina, no exame das taxas, consiste em distingui-las dos *preços públicos*. O problema aparece em relação às taxas *de serviço*, pois, no que tange ao exercício do *poder de polícia*, é aceito que o Estado deve cobrar *taxas* e não *preços*[46].

A taxa é um tributo, sendo, portanto, objeto de uma obrigação instituída *por lei*; já o preço é obrigação *contratual*. O preço é, pois, obrigação assumida *voluntariamente*, ao contrário da taxa de serviço, que é *imposta* pela lei a todas as pessoas que se encontrem na situação de usuários (efetivos ou potenciais) de determinado serviço estatal.

O que se deve discutir, obviamente, não são esses conceitos (de taxa e de preço público), mas sim os critérios que permitiriam segregar, de um lado, os serviços que devessem ser *taxados* e, de outro, os serviços que ensejariam a cobrança de *preços públicos*. Em suma, onde pode haver a *imposição* (da taxa) e onde deve haver a *contratação* (do preço público)?

A doutrina tem procurado distinguir serviços "próprios" e serviços "impróprios", ou serviços "essenciais" e "não essenciais", "concessíveis" e "não concessíveis", "compulsórios" e "não compulsórios", "inerentes" e "não inerentes" à soberania do Estado, para relacionar aos primeiros as taxas, e aos outros os preços públicos[47]. Hector Villegas sustentou que a taxa pressupõe atividade estatal que seja, cumulativamente, divisível e inerente à soberania estatal, como, por exemplo, administração de justiça com

---

46. Discussão análoga, como veremos adiante, tem por objeto o pedágio.

47. Confira uma resenha dessas várias posições em Gilberto de Ulhôa Canto, Taxa..., *Caderno de Pesquisas Tributárias*, n. 10, p. 85 e s., e em Rubens Gomes de Sousa, Ainda a distinção..., *RDP*, n. 21, p. 304-6.

coerção[48]. Rubens Gomes de Sousa criticou essa conclusão, com base em que relacionar as taxas com atividades próprias do Estado iria confundi-las com os impostos, que também se justificam em função do exercício, pelo Estado, de suas atividades (próprias)[49]. A crítica é excessiva, pois, como vimos, Hector Villegas reclamava, para a configuração da taxa, não apenas a "inerência" da atividade à soberania estatal, mas, cumulativamente, a divisibilidade do serviço em que se traduz a atuação estatal. Gilberto de Ulhôa Canto também buscou a distinção entre taxa e preço público na natureza do serviço: aquele que se apresentar como emanação necessária do poder soberano do Estado ensejaria a cobrança de taxa (por exemplo, a expedição de passaporte); já se cuidaria de preço se o serviço não é necessariamente público (por exemplo, serviço de telefonia)[50]. (A nosso ver, a taxa de expedição de passaporte não é taxa *de serviço*, mas *de polícia*, referível que é a uma atuação estatal que disciplina o direito de sair do território nacional).

Na vigência da Constituição de 1946, o Supremo Tribunal Federal assinalou, na Súmula 545, a "compulsoriedade" das taxas como nota que as distinguiria dos preços públicos. Isso é óbvio: se a taxa é tributo, ela tem mesmo de ser "compulsória" (no sentido de obrigação *imposta pela lei*), aspecto que é da natureza de qualquer tributo. E o preço, por ser contratual, depende da adesão do indivíduo; nessa acepção ele é "voluntário", pois, e não "compulsório"[51].

O problema, como adiantamos, não está aí, mas sim na determinação das hipóteses em que a atuação do Estado deva ser suscetível de *taxação*, em confronto com aquelas em que essa atuação seja passível de remuneração por *preços*. Com essa *prévia* definição é que se poderia dizer que, no primeiro caso, há "*compulsoriedade*" da prestação, e, no segundo, "*voluntariedade*" (ou melhor: no primeiro, a obrigação será *legal*; no segundo, *contratual*).

---

48. Verdades..., *RDP*, n. 17, p. 329.

49. Ainda a distinção..., *RDP*, n. 21, p. 305.

50. Taxa..., *Caderno de Pesquisas Tributárias*, n. 10, p. 89.

51. Compulsoriedade é consequência e não causa da distinção entre taxa e preço público (Gilberto de Ulhôa Canto, Taxa..., *Caderno de Pesquisas Tributárias*, n. 10, p. 88-9). Para, em certa situação, ter-se uma taxa ("compulsória") ou um preço ("voluntário"), seria preciso definir, antes, qual dessas figuras deve (ou pode) ser aplicada. Se cabível a taxa, a "compulsoriedade" seria mera consequência do seu regime jurídico.

Segundo Ives Gandra da Silva Martins, o elemento distintivo estaria na circunstância de haver ou não *outra opção* para o indivíduo fruir a utilidade que é objeto do serviço público. Se houver, o serviço público se remuneraria por preço. Se não, o caso seria de taxa[52].

Hamilton Dias de Souza e Marco Aurélio Greco sustentaram que os *serviços públicos* ensejam apenas a cobrança de taxas e não de preços públicos, pois a discussão a esse respeito só podia prosperar na vigência da Constituição de 1946, que previa, a par das taxas, "outras rendas" oriundas dos seus serviços públicos (art. 30, II); a partir da Emenda n. 18, de 1965, a questão teria ficado superada[53]. Geraldo Ataliba, que sustentara a possibilidade de opção do legislador, passou também a afirmar a impossibilidade de preço de serviço público, admitindo somente a taxa[54].

Discordamos desse posicionamento. A atual Constituição (a exemplo da Emenda n. 18/65) não eliminou a expressão "outras rendas" com o objetivo de restringir a remuneração dos serviços públicos à figura da taxa. A previsão de "outras rendas" não consta do art. 145, II (assim como não figurava nos correspondentes textos constitucionais a partir de 1965), porque esse dispositivo disciplina somente receitas *tributárias*. Não há, ali, lugar para a previsão ou disciplina de "outras rendas", *não tributárias*. Já no capítulo da ordem econômica, a Constituição menciona, de modo expresso, "serviços públicos", em relação aos quais prevê que a lei deve estabelecer a "política *tarifária*" (CF, art. 175, parágrafo único, III), vale dizer, a política de *preços*. "Política tarifária" nada tem que ver com "política tributária"; aliás, se de tributo se cuidasse, caberia à lei não apenas definir a *política*, mas também o próprio *tributo*. Em suma, nem só de *taxas* vivem os *serviços públicos*.

No conhecido acórdão do Supremo Tribunal Federal sobre a taxa de lixo da cidade do Rio de Janeiro, o voto do Ministro Moreira Alves afirmou: a) que o legislador não pode optar *livremente* entre taxa e preço público; b) que o regime jurídico deve ser o de *taxa* sempre que se pretenda cobrar a exação pelo mero *uso potencial*; c) que a circunstância de uma taxa só se cobrar pelo *uso efetivo* do serviço não a desnatura; d) que os serviços "pro-

52. Taxa e preço público, *Caderno de Pesquisas Tributárias*, n. 10, p. 174-6.

53. Hamilton Dias de Souza e Marco Aurélio Greco, Distinção entre taxa e preço público, *Caderno de Pesquisas Tributárias*, n. 10, p. 114-5; Marco Aurélio Greco, *Norma jurídica tributária*, p. 70, e Distinção jurídica entre taxa e preço (tarifa), *RT*, n. 456, p. 39 e s.

54. Considerações em torno da teoria jurídica da taxa, *RDP*, n. 9, p. 51 e s.; Taxas e preços no novo texto constitucional, *RDT*, n. 47, p. 153-5.

priamente" públicos, os quais o Estado tem o dever de prestar (e, por isso, são "*obrigatórios*" *para o Poder Público*) só se compadecem com a noção de taxa; e) que esses serviços (obrigatórios para o Estado) *não podem ser interrompidos*, mesmo que o particular deixe de pagar a taxa, pois a interrupção atinge o interesse da coletividade[55].

Já em palestra proferida no X Simpósio Nacional de Direito Tributário, o Ministro Moreira Alves apresentou a seguinte discriminação: a) *serviços ínsitos à soberania* (como o serviço judiciário, a emissão de passaporte), que ensejariam taxas somente pela utilização *efetiva*; b) *serviços essenciais ao interesse público*, cuja prestação é do interesse geral (por exemplo, serviço de esgoto, coleta de lixo), em relação aos quais a taxa é cobrada quer o contribuinte se sirva da atividade, quer não (utilização *efetiva* ou *potencial*); c) finalmente, fora do campo das taxas, *serviços públicos não essenciais* (por exemplo, correios), que seriam remunerados por *preços públicos*[56].

Nessas várias explicações teóricas que sintetizamos, é possível identificar uma linha comum: tem-se procurado dizer que "alguns" serviços (ditos "essenciais", "próprios", "inerentes", "indispensáveis" ou "compulsórios", ou "públicos", em determinado sentido estrito) *devem* ser taxados, enquanto "outros" serviços (sem aqueles qualificativos) *podem* ser taxados ou tarifados (ou *devem* ser tarifados).

A "diferença" entre os vários posicionamentos (quando não reside apenas numa questão de eleição deste ou daquele adjetivo) está na maior ou menor *densidade semântica* do qualificativo empregado para caracterizar os serviços taxáveis.

A questão, todavia, assume complexidade ímpar quando se leva em conta que serviços "próprios" (ou "essenciais") do Estado representam *noções mutáveis no tempo e no espaço*. No passado, serviços ligados ao saneamento, higiene, saúde etc. não tinham a relevantíssima significação que possuem no Estado moderno. Mas a importância dessas tarefas (que cresceu *no tempo*) é relativizada *no espaço*; assim, por exemplo, a coleta de esgoto ou de lixo, essencial nas zonas urbanas densamente povoadas, deixa de sê-lo na zona rural, passando por regiões em que essa "essencialidade" se esvanece gradativamente.

É claro que há alguns serviços cuja característica de emanação própria das funções do Estado é generalizada, histórica e geograficamente. Alguns,

---

55. STF, Pleno, RE 89.876, j. 4-9-1980, *RDA*, n. 142, p. 35-7 e 39.

56. *V.* relatório sobre o Simpósio em Vittorio Cassone, *Direito tributário*, cit., p. 219.

indivisíveis e, portanto, não financiáveis por receitas tributárias outras que não os impostos (como a defesa do território e a gestão do patrimônio público) e outros, *divisíveis*, e, por isso, custeáveis com *taxas* (como o serviço de administração de justiça com coerção).

Mas há, além dessas atividades clássicas do Estado, uma série de tarefas cuja execução (por motivos de higiene, saúde etc.) *interessa à coletividade*, não podendo, por isso, ficar a critério dos indivíduos implementá-las ou não. Nesse campo, o Estado deve agir, por meio do instrumento que, modernamente, pauta todas as suas ações: a lei. E pode agir de duas maneiras: a) *obrigando o indivíduo a executar a tarefa no interesse da coletividade* (por exemplo, tratamento de poluentes, manutenção de equipamentos e cuidados de segurança no trato com materiais perigosos etc.), e cominando sanções administrativas ou mesmo penais para quem infrinja a lei; ou b) *executando ele próprio, Estado, os serviços necessários* e, na medida em que estes sejam divisíveis, cobrando taxas dos indivíduos a quem tais serviços se destinem (por exemplo, coleta e tratamento de esgoto).

Vê-se, portanto, que mesmo determinadas tarefas (vitais para a própria sobrevivência da coletividade), como o tratamento de poluentes e do lixo industrial, *não se alinham, necessariamente, num regime jurídico de atividade estatal taxável*. Podem, ao contrário, apresentar-se como objeto de obrigação legal *de fazer* (de natureza *não tributária*) para cujo inadimplemento se cominem sanções *administrativas* ou *penais*, sem se cogitar da utilização de instrumento *tributário*.

Entretanto, parece-nos que, *se o Estado tomar a seu cargo a execução dessas tarefas*, a prestação pecuniária a ser cobrada do particular (que não propriamente "solicita", mas "provoca" o serviço) há de ser *legal* (taxa) e não *contratual* (preço).

Veja-se que a atuação do Estado, nessas situações, *é análoga à que ele desenvolve no exercício do poder de polícia*, pois ele age: a) no interesse da coletividade; b) *provocado por um fato ou coisa do particular*. Se se trata de tarefas que *devem ser feitas* (no interesse da coletividade, e não apenas no do indivíduo), sua execução não pode ficar na dependência de um contrato com o Estado (para cobrança de um preço público). Se o Estado executa o serviço, a prestação a ser exigida do indivíduo deve ser instituída por lei (taxa, obrigação *ex lege*).

Assim, o Estado adstringe-se a adotar a figura da taxa, se o serviço (que *ele* executa) *deve ser realizado* por imperativo de ordem pública. Por outro lado, se o serviço puder ser remunerado por preço público, por não apresentar as características que o restrinjam à remuneração por taxas, o legislador *pode optar* pela adoção do regime de taxas.

Em suma, há situações em que o legislador (à vista da execução pelo Estado de um serviço divisível) só tem a via da taxa. Noutros casos, *para os quais seja possível o preço público*, o legislador pode optar entre adotar o regime jurídico das taxas ou o dos preços públicos[57]. Se institui a *taxa* (por opção ou porque não é aplicável o regime de preços), a exação sujeita-se ao *regime jurídico respectivo*: princípio da legalidade, princípio da anterioridade, restrições quanto à base de cálculo (CF, art. 145, § 2º) etc. Se adotado o regime jurídico de *preço público* (nos casos em que o Estado não esteja adstrito a utilizar a taxa, é óbvio), sua cobrança dependerá do que estipular o contrato com os indivíduos que solicitarem a prestação do serviço.

A adoção do regime jurídico das taxas permitirá, por razões assinaladas anteriormente, a opção do legislador pela incidência mesmo nos casos em que não haja *efetiva* utilização do serviço público. Os preços, evidentemente, só poderão ser cobrados *nos termos do contrato* firmado, não cabendo *impor* ao indivíduo o pagamento, se ele se recusa a contratar; nada impede, por outro lado, cobrar preço pela simples colocação do serviço à disposição, *se isso tiver sido contratado.*

3.4. Espécies tributárias no Código Tributário Nacional: a contribuição de melhoria

A Constituição prevê que a União, os Estados, o Distrito Federal e os Municípios podem instituir "contribuição de melhoria, decorrente de obras públicas" (art. 145, III). Esse tributo, a exemplo das taxas, conecta-se com

57. Jose Juan Ferreiro Lapatza afirma que, em relação a certas atividades, por natureza inerentes ao Estado, segundo as concepções políticas vigentes, isto é, atividades que só o Estado pode realizar e que sejam necessárias para a comunidade, "parece lógico que os pagamentos exigíveis dos particulares afetados se configurem segundo o sistema de taxa" (*Curso de derecho financiero español*, p. 402). Mas os exemplos trazidos por Ferreiro Lapatza são de *taxas de polícia* (*Curso*, cit., p. 403), em que parece não haver dúvida quanto à logicidade (ou melhor, à necessidade) de o Estado utilizar taxas e não preços. O mesmo autor (criticando embora o critério de distinção pela "obrigatoriedade" do serviço) admite que, em relação a serviços que todos devem usar, e pelos quais, por isso, *a lei* exige o pagamento, não se pode falar em contrato, e, portanto, a figura a utilizar deve ser a taxa. Registra, porém, que se trata de casos muito isolados, pois, no geral, a utilização do serviço é, em certo grau, voluntária, a exemplo do que ocorre com o fato gerador dos impostos, sem que essa voluntariedade afete a natureza tributária da obrigação (*Curso*, cit., p. 403-4). Como regra geral, contudo, o autor sustenta que a opção pela taxa ou pelo preço é política (*Curso*, cit., p. 403).

determinada atuação estatal, qual seja, a *realização de uma obra pública* de que decorra, para os proprietários de imóveis adjacentes, uma valorização (ou melhoria) de suas propriedades[58].

Melhoria (melhora ou melhoramento) expressa a elevação de algo para um estado ou condição superior. É antônimo de pioria (piora ou pioramento). O vocábulo "melhoria" não se refere (salvo em linguagem metonímica) *à obra em si*; esta é a causa; aquela, a consequência: *a melhoria decorre da obra.*

A valorização das propriedades adjacentes é diretamente proporcional à melhoria que advenha da obra pública. A valorização é a *medida* da melhoria. À vista do engate necessário entre melhoria e valorização, onde esta inexistir, descabe, a nosso ver, a contribuição. O tributo não se legitima pela *simples realização da obra.*

Também não se trata de um tributo que se atrele apenas ao patrimônio ou à *plus*-valia patrimonial; é preciso que haja mais-valia, agregada ao patrimônio do contribuinte, mas, além disso, requer-se que essa mais-valia decorra de obra pública (uma avenida, por exemplo), para que se justifique a cobrança.

Na Emenda n. 18/65, sob cuja vigência foi editado o Código Tributário Nacional, esse tributo, destinado a "fazer face ao custo de obras públicas de que decorra valorização imobiliária", foi limitado pelo custo da obra e pelo acréscimo de valor que dela resultasse para cada imóvel beneficiado (art. 19). Se a obra custasse 1.000, esse seria o *limite total* que poderia ser cobrado, respeitado, ainda, o *limite individual*, ou seja, cada contribuinte não poderia ser chamado a pagar cota maior do que o valor acrescido à sua propriedade em razão da obra.

O Código Tributário Nacional reproduziu, no art. 81, a regra da Emenda n. 18/65, definidora da competência para instituição do tributo, e especificou, no art. 82, os requisitos mínimos a serem atendidos pela lei de incidência da contribuição. O Decreto-Lei n. 195/67, à guisa de normas gerais sobre a contribuição de melhoria, baixou extensa e minudente disciplina desse tributo, e, não contente, ainda cometeu o dislate de remeter a matéria à regulamentação pelo Presidente da República...

58. Edgard Neves da Silva registra que é antiga a ideia de ressarcimento do custo de obras públicas por meio de tributos, citando como exemplos, a par de praça florentina, diques do Tâmisa, ambos no século XIII (Contribuição de melhoria, in *Curso de direito tributário*, v. 2, p. 367).

Em texto que pecou pela redundância, a Constituição de 1967 previu a cobrança de "contribuição de melhoria dos proprietários de imóveis valorizados pelas obras públicas que os beneficiaram" (art. 19, III). A Emenda n. 1/69 retomou o modelo de 1965, referindo expressamente o limite total e o limite individual. Com a Emenda n. 23/83, previu-se "contribuição de melhoria, arrecadada dos proprietários de imóveis beneficiados por obras públicas, que terá como limite total a despesa realizada".

Não obstante o laconismo do texto constitucional de 1988, que prevê a contribuição de melhoria "decorrente de obra pública" (art. 145, III), parece evidente que a contribuição *de melhoria* só cabe se da obra decorrer *valorização* (ou melhoria) para a propriedade imobiliária do contribuinte. Aquilo que "decorre da obra pública" não é *a contribuição*, mas sim a *melhoria*; e é essa melhoria (gerada pela obra) que lastreia a contribuição. Se assim é, o valor dessa melhoria (ou seja, a efetiva valorização do imóvel) não pode ser desconsiderado na quantificação do tributo; não se pode cobrar contribuição de 100 de um proprietário cujo imóvel teve uma melhoria de 10, ou não teve nenhuma valorização[59].

O fundamento da contribuição de melhoria, comum às taxas, está em que a atuação estatal que possa ser referível a um indivíduo, ou a um grupo de indivíduos, deve ser financiada por tributos específicos, exigidos desses indivíduos, e não pelos tributos (impostos) arrecadados de toda a coletividade. Antônio Roberto Sampaio Dória realça as virtudes dessa espécie tributária, que evita "o locupletamento injustificado de proprietários favorecidos por obras (públicas)"[60].

A contribuição de melhoria liga-se a uma atuação estatal que *por reflexo* se relaciona com o indivíduo (valorização de sua propriedade). Esse reflexo é *eventual*, já que da obra nem sempre resulta aquela valorização; por vezes ocorre o contrário: a obra desvaloriza o imóvel, ensejando pedido

59. A doutrina tem afirmado que a contribuição de melhoria não pode exceder o limite da valorização do imóvel (Roque Carrazza, *Curso de direito tributário constitucional*, p. 290, Hugo de Brito Machado, *Curso*, cit., p. 331-2; Paulo de Barros Carvalho, *Curso*, cit., p. 35). Na vigência da Emenda n. 23/83, que também não deixava expresso o limite atinente à valorização do imóvel, o Supremo Tribunal Federal decidiu que essa limitação subsistia (1ª T., RE 116.148-5/SP, un., rel. Min. Octávio Gallotti, *Lex – Jurisprudência do STF*, n. 177, set. 1993, p. 175 e s.).

Ives Gandra da Silva Martins entende que o limite total do custo da obra, explícito na Constituição anterior, continua vigendo, implicitamente (*Comentários à Constituição do Brasil*, v. 6, t. 1, p. 55-6); Hugo de Brito Machado também considera mantido esse limite (*Curso*, cit., p. 333). Em contrário, Roque Carrazza (*Curso*, cit., p. 290).

60. Antônio Roberto Sampaio Dória, *Discriminação de rendas tributárias*, cit., p. 139.

de reparação do indivíduo contra o Estado, com o mesmo fundamento lógico que embasa a contribuição de melhoria: se a coletividade não deve financiar a obra que enriquece um grupo de indivíduos, também não se pode empobrecer esse grupo, para financiar uma obra que interessa à coletividade.

3.5. Outras figuras tributárias

Examinamos, nos itens precedentes, a figura do *imposto*, da *taxa* (de *polícia* e de *serviço*) e da *contribuição de melhoria*, que são as espécies de tributos arroladas pelo art. 5º do Código Tributário Nacional.

Há, como dissemos, algumas figuras no sistema tributário que relutam em enquadrar-se nessa tipificação. Referimo-nos ao "pedágio", aos "empréstimos compulsórios", e a um extenso grupo de exações, que a própria Constituição batizou de "contribuições".

3.5.1. Pedágio

O pedágio aparece na Constituição de uma forma insólita. O art. 150, V, ao proibir o estabelecimento de limitações ao tráfego de pessoas ou bens por meio de tributos interestaduais ou intermunicipais, ressalvou a "cobrança de pedágio pela utilização de vias conservadas pelo Poder Público".

Essa disposição deu legitimação constitucional expressa ao pedágio. Além disso, reconheceu-lhe natureza *tributária* (por oposição à ideia de que ele traduziria um *preço público*), pois essa figura está referida num dispositivo que cuida de tributos, e como exceção a um princípio que limita a criação de tributos.

A Constituição, ademais, relaciona o pedágio com uma *atuação estatal específica*, já que ele tem por fato gerador a utilização de vias conservadas pelo Poder Público. Não é a construção de uma estrada, de per si, que embasa a exigência do pedágio; essa obra pública pode dar lugar à contribuição de melhoria. Já o pedágio é cobrável de quem *trafegue* pela via pública, e, por isso, frui a utilidade propiciada pela obra do Estado.

O fundamento da exigência do pedágio é análogo ao das taxas de serviço ou de polícia e da contribuição de melhoria, ou seja, a atuação estatal que possa ser referida a um indivíduo ou a um grupo de indivíduos deve ser financiada por tributos cobrados desses indivíduos e não de toda a coletividade[61].

61. Sobre pedágio, *v.* A. Theodoro Nascimento, Preços, in *Tratado,* cit., v. 8, p. 55 e s.

O pedágio não se confunde com o *imposto*, uma vez que o fato gerador daquele supõe uma atuação do Estado, referida ao contribuinte. Não é também contribuição de melhoria, pois o pedágio não é cobrado em razão de melhoria que decorra de obra pública. *Taxa de polícia* também não é, visto que não se cuida de disciplinar o exercício do direito de dirigir veículo; o que se tributa é a *utilização da via pública* conservada pelo Poder Público.

Será *taxa de serviço*? Há quem sustente que sim[62]. Porém, aí também não se enquadra o pedágio, em nossa opinião. Conservar é *manter, preservar, resguardar de dano ou deterioração*. Mais do que meros reparos, a conservação supõe a manutenção das vias públicas em estado normal de utilização (pista de rolamento livre de buracos e de outras imperfeições, acostamento, contenção de encostas, sinalização horizontal e vertical etc.). Assim, uma rodovia *nova* enseja a cobrança de pedágio, mesmo que o Poder Público ainda não esteja incorrendo em despesas com reparos. Em suma, o pedágio não se liga ao efetivo dispêndio com restauração, mas sim ao fato de o Estado manter (conservar) a via em condições de uso (o que supõe, mais do que *despesas* de reparos, o *investimento* efetuado na construção da via pública).

O fato gerador do pedágio é a *utilização* da via pública e não a *conservação* desta. A utilização há de ser *efetiva* e não meramente potencial (simples colocação da via à disposição). Não se pode dizer que o fato gerador seja o "serviço" (de restauração) que o Poder Público execute, pois essa tarefa é *meio* (para manter a via pública *utilizável*) e não *fim* da atuação estatal. A utilidade que o Estado propicia ao indivíduo *não é o conserto*, mas sim a *utilização da estrada*. Noutras palavras, a *coisa* ou *fato estatal* a que se liga o pedágio *não é uma prestação de serviço* (de conserto), *é a estrada*, com cuja *utilização* se concretiza o enlace do indivíduo à obrigação tributária.

À vista disso, o pedágio diferencia-se da *taxa de serviço*. Esta se refere a um *serviço* prestado pelo Estado ao indivíduo ou posto à sua disposição. Com o pedágio, isso não ocorre; mesmo os reparos que a via pública demande não configuram "prestações" (de serviço) do Estado; a estrada que

---

62. Geraldo Ataliba e Aires Barreto sustentam que o pedágio é tributo da espécie "taxa", pois "remunera o serviço de conservação de estradas" (Considerações..., *DCI*, 22 e 24 abr. 1989). No mesmo sentido, Roque Carrazza (*Curso*, cit., p. 282) e José Eduardo Soares de Melo (*Contribuições sociais no sistema tributário*, p. 50-1). Hector Villegas afirma ser o pedágio uma contribuição especial (*Curso*, cit., p. 33).

se restaura não é *do contribuinte*, é pública. Inexiste, assim, a figura do *usuário* (do "serviço" de restauração), como decorrência lógica da inexistência de *prestação de serviço*.

O que o contribuinte do pedágio faz não é utilizar um *serviço* do Estado; utiliza, sim, um *bem público* e paga *por utilizar esse bem*. Se de taxa se quiser chamar essa prestação pecuniária (e, teoricamente, nada impede que assim se designe a exação), trata-se de *taxa de utilização de bem público*, e não de *taxa de serviço*. Nessa ordem de ideias, Alberto Xavier leciona que "o facto constitutivo das obrigações em que se traduzem (as taxas) consiste ou na *prestação de uma actividade pública*, ou na *utilização de bens do domínio público*, ou na *remoção de um limite jurídico à actividade dos particulares*"[63], enquadrando-se o pedágio no segundo desses grupos.

A Constituição, porém, só previu, com a designação de "taxas", as de serviço e de polícia, sem especificar outro grupo de taxas no qual se pudesse enquadrar o pedágio[64].

Discussão semelhante à que registramos ao tratar das taxas, que contrapõe as taxas de serviços e os preços públicos, se faz presente no caso do pedágio[65]. Registre-se que é mais cômodo para o Poder Público cobrar o encargo como preço e não como tributo, dado que a "vantagem" que ele pode ter no caso de serviços taxados (traduzida na cobrança pela mera colocação à disposição do usuário) não é possível na figura do pedágio, exigível apenas pela utilização (efetiva) da rodovia.

3.5.2. Empréstimo compulsório

O empréstimo compulsório é um ingresso de recursos *temporário* nos cofres do Estado, pois a arrecadação acarreta para o Estado a obrigação de restituir a importância que foi emprestada. Aqui, mais uma vez, deparamo-nos com o qualificativo da *compulsoriedade*, que já examinamos ao tratar do conceito de tributo e ao cuidar das taxas de serviços. Na locução "empréstimo compulsório" (que a doutrina também costuma designar como

63. *Manual*, cit., v. 1, p. 42-3, grifos do original.

64. Humberto Ávila também vê o pedágio como espécie distinta de tributo (*Sistema constitucional tributário*, p. 111).

65. Na ADI 800/RS, em julgamento que demorou mais de 20 anos, concluído em 11-6-2014, o STF examinou a previsão de pedágio em decreto estadual e acolheu sua legitimidade, como *preço público*, cobrável de quem se utilize efetivamente da rodovia conservada pelo Poder Público.

"empréstimo forçado"), o adjetivo quer expressar que o *nascimento da obrigação de prestar* (a título de empréstimo, embora) é determinado (forçado) *pela lei*, não sendo, pois, fruto da vontade dos sujeitos da relação jurídica.

A Constituição prevê a instituição de empréstimos compulsórios pela União em duas situações: a) despesas extraordinárias, decorrentes de calamidade pública e de guerra externa efetiva ou iminente (art. 148, I); b) investimento público de caráter urgente e de relevante interesse nacional (art. 148, II).

Os recursos arrecadados devem ser destinados ao atendimento das despesas que fundamentaram a instituição do empréstimo (art. 148, parágrafo único). Embora o dispositivo constitucional se refira a *despesas*, o preceito parece-nos aplicável também aos empréstimos para *investimentos* (art. 148, II).

O instrumento para a instituição dos empréstimos compulsórios é a *lei complementar* (art. 148, *caput*). Excepciona-se, desse modo, a regra geral de que os tributos são instituídos por *lei ordinária* (ou ato equivalente). Exige a Constituição o rigor formal da lei complementar, certamente com o propósito de evitar os abusos que houve no passado.

Porém, a Constituição não indica quais os possíveis *fatos geradores* dos empréstimos compulsórios. Ela apenas define situações (a guerra externa ou sua iminência, a calamidade pública, o investimento público urgente e relevante) que *condicionam o exercício da competência tributária* (isto é, só se pode instituir o empréstimo se presente uma das situações referidas) e *direcionam a aplicação do produto da arrecadação* (vale dizer, absorvem necessariamente os recursos arrecadados).

Não há previsão constitucional que expresse (ou, pelo menos, sugira) nem a *conexão* nem a *desvinculação* do *fato gerador* dos empréstimos compulsórios a uma *atuação estatal divisível* e referível *ao contribuinte*.

Em suma, a União tem competência para instituir o empréstimo compulsório, atrelado ou não a uma atividade estatal *dirigida ao contribuinte*, mas só pode exercitar essa competência se presente um dos motivos previstos. À lei (complementar) que instituir o empréstimo compulsório caberá definir-lhe o fato gerador.

3.5.3. Contribuições sociais, econômicas e corporativas

O art. 149, *caput*, da Constituição agrupa três figuras rotuladas como "contribuições": contribuições sociais, contribuições de intervenção no domínio econômico, e contribuições de interesse de categorias profissionais ou econômicas, outorgando-as à competência da União, que deve utilizá-las como instrumento de sua atuação nas respectivas áreas.

O § 1º do mesmo artigo (parágrafo renumerado pela EC n. 33/2001, com a redação da EC n. 103/2019) faculta à União, aos Estados, ao Distrito Federal e aos Municípios a instituição de contribuições, para custeio de regime próprio de previdência social, cobradas dos servidores ativos, dos aposentados e dos pensionistas, que poderão ter alíquotas progressivas de acordo com o valor da base de contribuição ou dos proventos de aposentadoria e de pensões. Essas exações participam da natureza das contribuições *sociais*, destinadas à seguridade social, embora atuem no âmbito restrito do funcionalismo público.

As *contribuições sociais* têm seu perfil delineado no Título VIII da Constituição ("Da Ordem Social"), onde se afirma o primado do trabalho e se põem os objetivos do bem-estar e da justiça social. Minudente disciplina é dada à seguridade social (Capítulo II do Título VIII), que é financiada por contribuições sociais e ainda por recursos dos orçamentos da União, dos Estados, do Distrito Federal e dos Municípios (CF, art. 195)[66]. É exemplo de contribuição para a seguridade social a que é recolhida por trabalhadores e empregadores ao Instituto Nacional do Seguro Social. Os §§ 2º a 4º do art. 149 (acrescidos pela EC n. 33/2001, com alteração efetuada pela EC n. 42/2003) ampliaram a disciplina constitucional das contribuições sociais, bem como das contribuições de intervenção no domínio econômico, abaixo examinadas.

Como regra, a atuação do Estado no campo da ordem social (seguridade social, educação, cultura etc.) é financiada com recursos orçamentários dos diferentes entes políticos da Federação, por vezes de aplicação compulsória (CF, art. 212). Com a ressalva já citada do § 1º do art. 149, somente a União pode instituir contribuições sociais, como instrumento de sua atuação no campo da ordem social.

---

66. A Emenda Constitucional n. 12/96 deu competência à União para instituir, pelo período de até dois anos, contribuição sobre movimentação financeira, destinando os recursos à área da saúde; a cobrança dessa contribuição, criada pela Lei n. 9.311/96, alterada pela Lei n. 9.539/97, foi prorrogada por trinta e seis meses pela Emenda Constitucional n. 21/99. A Emenda Constitucional n. 31/2000 criou adicional de 0,08% a essa contribuição, destinando o produto da arrecadação desse adicional ao Fundo de Combate e Erradicação da Pobreza, instituído pela mesma Emenda. A Emenda Constitucional n. 37/2002 prorrogou a cobrança da contribuição até 31 de dezembro de 2004, redefiniu sua destinação e estabeleceu algumas imunidades (arts. 84 e 85 do ADCT, acrescidos pela Emenda). A Emenda Constitucional n. 42/2003 prorrogou o prazo de cobrança da contribuição para 31 de dezembro de 2007 (art. 90 do ADCT, acrescido pela Emenda).

Tantos e tão detalhados são os encargos da União nesse setor (confira-se, por exemplo, o Capítulo III, "Da Educação, da Cultura e do Desporto", especialmente os arts. 211 e 212) que o próprio legislador constituinte se perdeu em minúcias[67].

O que importa sublinhar é que a Constituição caracteriza as contribuições sociais pela sua *destinação*, vale dizer, são ingressos necessariamente direcionados a instrumentar (ou financiar) a atuação da União (ou dos demais entes políticos, na específica situação prevista no § 1º do art. 149) no setor da ordem social.

A propósito das contribuições destinadas à seguridade social, vale registrar que o art. 195 (com a redação alterada pela EC n. 20/98 e pela EC n. 42/2003) dá algumas indicações que permitem identificar ora o fato gerador, ora o sujeito passivo, ora a base de cálculo dessas contribuições, e, às vezes, mais de um desses aspectos. O inciso I prevê as contribuições do empregador, da empresa e da entidade equiparada na forma da lei (*sujeitos passivos*), incidentes sobre (a) a folha de salários e demais rendimentos do trabalho, mesmo sem vínculo empregatício, (b) a receita ou o faturamento e (c) o lucro (*bases de cálculo*) que permitem identificar os *fatos geradores*); o inciso II cuida das contribuições dos trabalhadores e demais segurados da previdência social (*sujeitos passivos*); o inciso III menciona as contribuições incidentes sobre a receita de concursos de prognósticos (*base de cálculo*, que permite inferir o *fato gerador*); o inciso IV refere as contribuições do importador de bens ou serviços ou pessoa legalmente equiparada (*sujeitos passivos*); o § 8º do mesmo artigo prevê, em relação às pessoas ali indicadas (*sujeitos passivos*), a contribuição sobre o resultado (*base de cálculo*) da comercialização da produção (*fato gerador*).

Esse rol não é exaustivo, pois o § 4º do mesmo dispositivo abre a possibilidade de a lei instituir *outras fontes* destinadas a garantir a manutenção ou expansão da seguridade social, determinando que, nessa hipótese, se obedeça ao disposto no art. 154, I. Esse parágrafo cria, no campo das contribuições para a seguridade social, uma disciplina análoga à da competência residual conferida à União para a criação de novos impostos (previs-

---

67. V. g., as referências que faz à "contribuição social do salário-educação" (art. 212, § 5º), recolhida *na forma da lei* (precisava dizer isso, à vista do art. 150, I?). Isso para não falar da incrível disposição contida no art. 56 do Ato das Disposições Constitucionais Transitórias, em que o constituinte, além de regular a aplicação de décimos percentuais de certa exação, comete o disparate de registrar que determinado *decreto-lei* teria sido "alterado" por mero *decreto regulamentar*.

ta no art. 154, I). Por força da remissão constante da parte final do citado § 4º do art. 195, a criação de contribuições que não se ajustem ao previsto nos incisos I a III, ou no § 8º, do art. 195 deve respeitar os dois parâmetros impostos pelo art. 154, I, ou seja, tais contribuições (de "outras fontes") não podem ter natureza cumulativa, nem fato gerador ou base de cálculo próprios dos impostos discriminados na Constituição.

A lei a que se refere o § 4º do art. 195 é a *lei ordinária* e não a *lei complementar*. A *lei* (*ordinária*), ali prevista, precisa respeitar as mesmas condicionantes a que a *lei complementar*, exigida pelo art. 154, I, deve obediência (a primeira, na criação de *contribuições* com base em "outras fontes"; e a segunda, na instituição de *impostos residuais*). O veículo normativo (*lei*) já está referido no art. 195, § 4º, valendo a remissão ao art. 154, I, para o efeito de vedar a cumulatividade e a usurpação de fato gerador ou base de cálculo de impostos discriminados na Constituição. Vários autores, porém, afirmam que as contribuições sociais instituíveis com base no § 4º do art. 195 só podem ser criadas por *lei complementar*[68].

Embora as contribuições sociais previstas no art. 195 se destinem ao financiamento da *seguridade social*, aquelas enunciadas nos incisos I, *a* (contribuições sobre a folha de pagamento), e II (contribuições do trabalhador e demais segurados da previdência social) destinam-se, especificamente, ao financiamento do regime geral de previdência tratado no art. 201 (art. 167, XI).

A segunda modalidade de exações previstas no art. 149 são as *contribuições para intervenção no domínio econômico*, que não tinham recebido da Constituição atual um tratamento mais específico (ao contrário do que ocorria na anterior, art. 163, parágrafo único). Trata-se de contribuições que, à vista do próprio art. 149, só podem destinar-se a instrumentar a atuação da União no domínio econômico, financiando os custos e encargos pertinentes. A atuação do Poder Público nesse campo foi afetada pela disciplina que a atual Constituição conferiu à matéria; nos termos do art. 174, o planeja-

68. Entre outros, Gilberto de Ulhôa Canto, Lei complementar tributária..., *Caderno de Pesquisas Tributárias*, n. 15, p. 47; Sacha Calmon Navarro Coêlho, Lei complementar tributária, *Caderno de Pesquisas Tributárias*, n. 15, p. 161; Gustavo Miguez de Mello, Lei complementar tributária, *Caderno de Pesquisas Tributárias*, n. 15, p. 388; Hugo de Brito Machado, Lei complementar tributária, *Caderno de Pesquisas Tributárias*, n. 15, p. 460-1; Plínio José Marafon, Lei complementar tributária, *Caderno de Pesquisas Tributárias*, n. 15, p. 186; Antônio Carlos R. do Amaral e Paulo L. de Menezes, Lei complementar tributária, *Caderno de Pesquisas Tributárias*, n. 15, p. 429-30; João Caio Goulart Penteado, Lei complementar tributária, *Caderno de Pesquisas Tributárias*, n. 15, p. 542; Celso Ribeiro Bastos, *Curso*, cit., p. 160; Humberto Ávila, *Sistema constitucional tributário*, p. 263.

mento do Estado, em relação ao setor privado, é meramente indicativo[69]. Não obstante, a Emenda Constitucional n. 33/2001 acrescentou os §§ 2º a 4º ao art. 149, tendo sido o item II do § 2º modificado pela Emenda Constitucional n. 42/2003, para definir imunidade das receitas de exportação, a par de expressamente prever a possibilidade de incidência sobre a importação de produtos estrangeiros ou serviços; para expressar que a alíquota pode ser *ad valorem* – tendo por base o faturamento, a receita bruta ou o valor da operação e, no caso de importação, o valor aduaneiro – ou específica; para explicitar que a lei pode equiparar à pessoa jurídica a pessoa natural destinatária das operações de importação e, por fim, para facultar à lei definir hipóteses em que a contribuição será monofásica. O § 4º, acrescido pela Emenda Constitucional n. 33/2001 ao art. 177, no capítulo dos Princípios Gerais da Atividade Econômica, acrescenta outros "requisitos" a serem atendidos pela lei que instituir a contribuição, já aí referida às atividades de importação e de comercialização de petróleo e seus derivados, gás natural e seus derivados e álcool combustível: a) a alíquota pode ser diferenciada por produto ou uso, podendo ser reduzida e restabelecida por ato do Poder Executivo; b) os recursos serão destinados a subsidiar o álcool combustível, o gás natural e seus derivados e os derivados de petróleo, a financiar projetos ambientais relacionados com a indústria do petróleo e do gás e programas de infraestrutura de transportes.

Finalmente, o art. 149 prevê as *contribuições no interesse de categorias* profissionais ou econômicas, que são tributos destinados ao custeio das atividades das instituições fiscalizadoras e representativas de categorias econômicas ou profissionais, que exercem funções legalmente reputadas como de interesse público. O que faz aqui a União é disciplinar por lei a atuação dessas entidades, conferindo-lhes, para que tenham suporte financeiro, a capacidade de arrecadar contribuições que a lei institui. O fato gerador dessas contribuições reside no exercício, pelo contribuinte, de determinada atividade profissional ou econômica, a que se atrelam as funções (de interesse público) exercidas pela entidade credora das contribuições (fiscalização, representatividade, defesa de interesses etc.).

---

69. Yonne Dolácio de Oliveira demonstra que a Constituição de 1988 esvaziou de tal sorte a figura que, *de lege ferenda*, ela deve ser extirpada do sistema (Contribuições, in *Direito tributário atual*, v. 14, p. 189-95). Marco Aurélio Greco registra que "as contribuições de intervenção no domínio econômico hoje estão rareando, em função da mudança do perfil de atuação do Estado no domínio econômico" (*Contribuições [uma figura "sui generis"]*, p. 151).

3.5.4. Contribuição para iluminação pública

A Emenda Constitucional n. 39/2002 acrescentou ao já complexo quadro de contribuições mais uma figura, qual seja, a da contribuição para custeio do serviço de iluminação pública, adicionada à competência dos Municípios e do Distrito Federal (CF, art. 149-A, introduzido pela citada Emenda).

Iluminação pública não é serviço a que pudesse ser atrelada a figura de taxa, dado que não é divisível. Quedaria, portanto, no campo dos serviços gerais e indivisíveis, financiáveis pela receita de impostos, a exemplo de outras tantas atividades desempenhadas pelo Poder Público no interesse da comunidade (bombeiros, segurança pública etc.). Com o intuito de dar uma nova fonte de receita para os Municípios (e Distrito Federal), a Emenda criou mais um exemplar dessas figuras insólitas, genericamente batizadas com o nome de contribuição, que se distinguem umas das outras pela finalidade a cujo atendimento se destinam.

4. CLASSIFICAÇÃO DAS ESPÉCIES TRIBUTÁRIAS

4.1. Insuficiência do critério legal de especificação dos tributos

A Comissão que preparara o projeto da emenda constitucional de 1965 entendeu que os empréstimos compulsórios deveriam assumir a roupagem de algum dos *impostos* federais e as contribuições outras (que não a de melhoria) deveriam validar-se como *taxas*[70].

Foi com base nessas premissas simplificadoras que a Emenda n. 18/65 (art. 1º), repetida pelo Código Tributário Nacional (art. 5º), *tripartiu* os tributos em *imposto, taxa* e *contribuição de melhoria*, e o Código declarou que a *natureza jurídica específica de cada tributo* seria dada pelo *fato gerador da respectiva obrigação tributária*, sendo irrelevantes, para determinar a espécie de tributo, o exame de sua *denominação* e demais características formais que a lei possa adotar, bem como a *destinação legal* dada ao produto da arrecadação do tributo (art. 4º).

Para aplicar o critério desse art. 4º, teríamos de identificar, portanto, em cada exação, qual o seu fato gerador, para indagar, em seguida, se este corresponde ao conceito de fato gerador de *imposto*, de *taxa* ou de *contribuição de melhoria*. Feito isso, e abstraindo-se a denominação e demais

70. Comissão de Reforma do Ministério da Fazenda, *Reforma*, cit., p. 41.

características formais adotadas pela lei, bem como abstraindo-se a destinação do produto da arrecadação, o intérprete estaria habilitado a determinar a que espécie de tributo corresponderia a exação: imposto, taxa ou contribuição de melhoria.

A efetividade desse critério distintivo fundar-se-ia nas definições que o Código Tributário Nacional deu ao fato gerador do *imposto* (art. 16) e da *taxa* (art. 77), bem como ao da *contribuição de melhoria*, que pode ser inferido do art. 81. Com esse instrumental, bastaria, diante de qualquer tributo, perquirir qual seu fato gerador para, à vista do conceito relativo a cada espécie, proceder à classificação da exação como imposto ou taxa ou contribuição de melhoria. Se o fato gerador de certo tributo fosse, por exemplo, a consecução de serviço público ou o exercício do poder de polícia, dir-se-ia que se trata de taxa; se fosse a realização de obra pública da qual decorresse valorização imobiliária, estaríamos diante de uma contribuição de melhoria. E se o fato gerador se configurasse por um fato do indivíduo e não por um fato do Estado, afirmaríamos que a exação pertenceria à espécie dos *impostos*.

O critério preconizado pelo art. 4º do Código Tributário Nacional levaria o intérprete a concluir que *todas as contribuições* (que não a de melhoria), bem como o *empréstimo compulsório*, teriam de enquadrar-se na camisa de força da tipologia do art. 5º; obviamente, o pedágio também aí teria de buscar abrigo. Assim, por exemplo, um empréstimo compulsório (ou uma contribuição) que tivesse por fato gerador uma situação independente de qualquer atuação estatal relativa ao contribuinte (CTN, art. 16) teria de ser catalogado como *imposto*. E se o respectivo fato gerador fosse atrelado a certas e específicas atuações do Estado, seria taxa ou contribuição de melhoria, conforme o caso. Ou seja, os empréstimos compulsórios e todas as contribuições haveriam de ter por fatos geradores *apenas* as situações previstas no Título III do Livro Primeiro do Código Tributário Nacional: importação, renda etc. (e seriam "impostos"), ou buscar amparo nos fatos geradores das taxas (art. 77) ou da contribuição de melhoria (art. 81), assumindo a respectiva natureza jurídico-tributária específica.

A combinação do art. 4º (*caput*) com o art. 17 do Código Tributário Nacional *fulminaria diversas exações*. Se o art. 17 (cópia do art. 5º da Emenda n. 18/65) estabeleceu que "os *impostos* componentes do sistema tributário nacional são *exclusivamente* os que constam deste Título" (grifos nossos), não há como legitimar, por exemplo, a contribuição previdenciária recolhida pelas empresas. Com efeito, essa contribuição não é *taxa de serviço* (já que o Estado não presta, nem põe à disposição da empresa, um serviço divisível, cuja fruição efetiva ou potencial pudesse servir de suporte fático para o tributo); também não é *taxa de polícia* (pois o seu fato gerador não se confunde com nenhuma manifestação de exercício desse poder pelo Estado); obviamente, também não é *contribuição de melhoria,* nem se afina com o fato gerador de *nenhum dos impostos integrantes do rol taxativo a que se referiu o art. 17.*

Realmente, tudo aquilo que não fosse *taxa* nem *contribuição de melhoria* teria de, por exclusão, revestir-se da roupagem de *imposto*. Mas, se os impostos eram *apenas* os nominados, *nenhuma outra exação* (alheia ao rol exaustivo da Emenda n. 18/65 e do Título III do Livro Primeiro do Código Tributário Nacional) poderia legitimar-se como *imposto*.

E, mais, todas as *contribuições* (criáveis que eram somente pela União) teriam, *ainda*, de limitar-se aos fatos geradores dos impostos *federais*, sob pena de inconstitucionalidade por invasão de competência privativa dos Estados, Distrito Federal ou Municípios. Ou seja, o rol de contribuições (não classificáveis como contribuição de melhoria nem redutíveis às figuras de taxas de polícia ou de serviço) ficaria restrito não aos *impostos todos* (do citado Título III), mas tão só aos *impostos federais*[71]. Admitida a natureza tributária das contribuições, ficaríamos diante de um dilema: ou elas, se não lograssem se enquadrar na tipologia codificada, teriam sido *extintas*, ou haveriam de ser catalogadas como *espécies distintas, irredutíveis aos modelos tipificados nos arts. 16, 77 e 81 do Código Tributário Nacional*.

Percebido o problema, o Código sofreu um trabalho protético, mediante o acréscimo do art. 217, reconhecendo-se que suas disposições (*inclusive o art. 17, nomeadamente citado*) não excluíam as diversas contribuições, arroladas exemplificativamente por aquele artigo.

Sintomaticamente, o mesmo dispositivo deixou expresso que o antigo "imposto *sindical*" não poderia continuar sendo chamado de *imposto* (art. 217, I). Seria o quê? Taxa? Contribuição de melhoria? É evidente que não. Teria ele, pois, de abrigar-se numa *nova* espécie, para cuja caracterização quedaria

71. Outro exemplo, na época, era a contribuição sindical (que deixou de ser obrigação *ex lege*, com a alteração do art. 579 da CLT pela Lei n. 13.467/17). Ela não revestia a característica específica de nenhum dos impostos do referido Título III, nem se ajustava ao conceito do art. 77 (por não se referir ao exercício do poder de polícia, nem se relacionar com um serviço público divisível) nem do art. 81 do mesmo Código (já que inexiste obra pública a que ela se conecte). Que seria a contribuição sindical? Nem taxa, nem contribuição de melhoria, nem imposto legítimo.

inoperante o critério de especificação conforme o fato gerador (CTN, art. 4º), concebido para identificar as três espécies listadas no art. 5º, à vista dos respectivos fatos geradores (arts. 16, 77 e 81). Assim, não obstante o Código tivesse proclamado, no citado art. 4º, o desprezo pela *denominação* que a legislação pudesse dar ao tributo, ele próprio acabou, no mesmo art. 217, por rebatizar o velho *imposto* sindical com o epíteto de *contribuição* sindical[72].

Diante de um tributo cujo fato gerador fosse uma situação independente de atuação estatal compreensível pelo conceito de taxa ou contribuição de melhoria, e que não pudesse quadrar-se ao modelo de nenhum dos *impostos* arrolados no Título III do Código Tributário Nacional, mas que se legitimasse à vista do art. 217 do mesmo Código, chegar-se-ia, logicamente, à conclusão de que era insuficiente o critério preconizado pelo *caput* do referido art. 4º, desmentindo, em consequência, o caráter exaustivo do rol do art. 5º.

Não há, pois, como sustentar, com apoio isolado no art. 4º do Código Tributário Nacional, que todas as figuras que existam nas fronteiras do direito tributário tenham de conformar-se à tipologia do citado art. 5º. Ali *não há espaço para todas elas*. E o art. 217 do Código Tributário Nacional é o reconhecimento legal desse fato.

Por conseguinte, a partir do momento em que a própria estrutura lógica do Código nos leva a admitir que existem tributos de outras espécies (irredutíveis à tríade do art. 5º), o critério de *especificar segundo o fato gerador* mostra-se insuficiente, como critério *legal*, para, sozinho, equacionar a classificação dessas *outras* figuras tributárias. Rompida, pelo art. 217, a tranca do art. 5º, o Código Tributário Nacional deixou indefinido o perfil das outras exações tributárias, *irredutíveis, como demonstramos, às três categorias ali previstas*[73].

4.2. O problema da classificação dos empréstimos compulsórios

A antiga discussão sobre a *natureza* dos empréstimos compulsórios (travada no sentido de classificá-los como contratos de direito público ou como tributos) era motivada, além de preocupações meramente acadêmicas,

---

72. Ver nota de rodapé anterior.

73. Em rigor, quem, na época, mereceria a prótese feita pelo art. 217 no Código Tributário Nacional seria a Emenda n. 18/65, pois a tripartição rígida de figuras tributárias fora já posta no seu art. 1º. O art. 5º do Código limitou-se a reproduzi-la. Gilberto de Ulhôa Canto diz que o Código Tributário Nacional apenas proclamou sua neutralidade diante da situação existente antes dele (As contribuições especiais no direito brasileiro, *RDT*, n. 31, p. 132).

pela diferença de regime jurídico que regraria a figura, consoante a posição que se adotasse. Na atual Constituição, os empréstimos compulsórios integram o Sistema Tributário Nacional, ficando resolvido (embora de maneira inadequada) o crucial problema da aplicação a essas figuras do princípio da anterioridade (que examinaremos em capítulo posterior); esse problema, ainda na Constituição anterior, agitava a doutrina e a jurisprudência.

Seria o empréstimo compulsório um *imposto*? A Comissão da Reforma de 1965 parecia assim pretender quando, no Anteprojeto de Emenda Constitucional, relacionava o empréstimo compulsório aos *impostos federais*, ou seja, só caberia empréstimo compulsório com suporte em fatos geradores de impostos federais[74]. Isso daria ao empréstimo compulsório a caracterização de um "imposto federal restituível", com a forma de qualquer dos impostos da competência da União[75]. Ocorre que esse dispositivo do Anteprojeto foi modificado já no projeto, e a referida limitação não figurou no texto promulgado (cf. art. 4º da EC n. 18/65)[76].

O Código Tributário Nacional evitou o problema da classificação dos empréstimos compulsórios. Nem o incluiu no rol de tributos do art. 5º, nem o colocou nos títulos atinentes às várias espécies tributárias; abandonou-o no art. 15, na seção das "disposições especiais" do capítulo que trata das "limitações da competência tributária". Ora, esse artigo (hoje revogado, com o advento da nova Constituição, art. 148) era, na realidade, uma *regra definidora de competência* (pois *definia*, na época com fundamento no art. 4º da Emenda n. 18/65, os casos em que a competência da União para criar empréstimos compulsórios poderia ser exercitada). O capítulo das limitações da competência (preceitos que *não conferem,* mas *negam competência*) é o último lugar em que se imaginaria abrigar uma norma definidora de competência. Assim, o Código Tributário Nacional evitou tomar partido na polêmica sobre a natureza jurídica *específica* do instituto, mas não escapou de um posicionamento sobre sua natureza *genérica* de tributo, pois, ao inserir a figura na disciplina das limitações da competência *tributária*, reconheceu a ela, implicitamente, a natureza *tributária*.

A circunstância de a Constituição *não relacionar* o fato gerador do empréstimo compulsório com uma atuação estatal divisível e referível ao contribuinte poderia levar à conclusão de que se trata de um *imposto*. To-

---

74. Comissão de Reforma do Ministério da Fazenda, *Reforma*, cit., p. 41.

75. É o que Aliomar Baleeiro sustentou (*Direito*, cit., p. 113).

76. Comissão de Reforma do Ministério da Fazenda, *Reforma*, cit., p. 124.

davia, os impostos, ao contrário dos empréstimos compulsórios, têm, como regra, *fato gerador indicado na Constituição*, salvo os da chamada competência residual da União (cujos fatos geradores, não obstante, são definíveis por exclusão: CF, art. 154, I).

Ademais, não se deve ignorar que o empréstimo compulsório é *restituível*[77]. Os impostos são *receita* efetiva (pois ingressam nos cofres do Estado, sem gerar nenhuma contrapartida no passivo), enquanto os empréstimos compulsórios implicam a obrigação do Estado de devolver o respectivo valor. Além disso, os empréstimos compulsórios têm *destinação* específica (CF, art. 148, I e II), a que se *vincula* sua instituição (art. 148, parágrafo único).

Será que, não obstante tantas *especificidades*, poderemos classificá-los como *impostos*, ignorando a circunstância de que o seu *regime jurídico constitucional* é diverso do regime jurídico inerente aos impostos?

Por outro lado, também não está dito na Constituição nem no Código Tributário Nacional que o empréstimo compulsório *é ou deva ser desconectado de uma atuação estatal divisível*. Ou seja, não se impede que ele tenha essa conexão (nem a existência desta o desnatura). Por exemplo, se exercitado, em dada situação, o poder de polícia da União, ou prestado um serviço público, ou executada uma obra pública, pode ser devido (no lugar ou além de uma taxa ou de uma contribuição de melhoria) um empréstimo compulsório, desde que a lei (complementar) que o institua obedeça ao regime jurídico constitucional a ele pertinente. Seria possível, nessas circunstâncias, dizer que o empréstimo compulsório se travestiria de taxa ou de contribuição?

À vista da não previsão, no texto constitucional de 1965 e nos posteriores, das situações que pudessem servir de fato gerador dos empréstimos compulsórios, será que poderíamos utilizar o preceito do art. 4º do Código Tributário Nacional, para dizer que o empréstimo compulsório, do *gênero* tributo, teria a natureza jurídica específica que lhe fosse conferida pelo respectivo *fato gerador*, consoante a eleição que fosse feita pela lei que instituísse esse tributo? Poder-se-ia lançar o empréstimo compulsório à vala comum dos impostos, ou à das taxas, ou à da contribuição de melhoria, apesar das *especialidades* daquele instituto, *postas na Constituição*?

---

77. Por ser restituível, entende Eros Grau, não é receita, nem, portanto, tributo (*Conceito*, cit., p. 20).

4.3. *O problema da classificação das contribuições*

Muito se tem discutido acerca da classificação das *contribuições* atualmente previstas no art. 149 e no art. 149-A da Constituição, especialmente as destinadas ao custeio da seguridade social (CF, art. 195, I, II e III, e §§ 4º e 8º). Já se afirmou que as contribuições dos trabalhadores teriam a natureza de *taxas* (dada a "contrapartida" dos benefícios a eles prestados ou postos à sua disposição) e as contribuições das empresas seriam *impostos* (em face da inexistência de "contrapartida")[78].

Por outro lado, deve-se atentar para o fato de que, em nosso sistema tributário constitucional, essas contribuições sociais (inclusive as exigidas *dos trabalhadores*) destinam-se ao custeio de todo o sistema da *seguridade social*, que abrange extenso setor da atividade estatal, ligado não só à *previdência social* (que é uma das seções do capítulo da seguridade social: CF, arts. 201 e 202), mas também à *saúde* (arts. 196 a 200) e à *assistência social* (arts. 203 e 204). Essa atuação estatal é dirigida à coletividade, *inclusive às pessoas que jamais tenham efetuado contribuições*. Vejam-se, por exemplo, o art. 196 ("a saúde é direito de todos e dever do Estado") e o art. 203 ("a assistência social será prestada a quem dela necessitar, independentemente de contribuição à seguridade social").

Ademais, tendo em vista que os *fatos geradores* das contribuições sociais *não são atuações do Estado* (cf. art. 195), essas contribuições são irredutíveis à categoria de taxa, cujo fato gerador (arts. 145, II, da Constituição, e 77 do CTN) é configurado por uma *atividade do Estado*.

Além disso, o *tratamento jurídico-constitucional diferenciado* que é dado a essas e às demais contribuições (*destinação* específica, a par de uma *disciplina constitucional peculiar*, no que respeita aos seus fatos geradores, bases de cálculo, contribuintes) também dificulta a afirmação singela de que essas contribuições são impostos, ou são taxas, ou ora são uma coisa, ora outra.

Razões análogas tornam complexo o trabalho de determinar a natureza jurídica específica das *contribuições de intervenção no domínio econômico* e das *contribuições de interesse das categorias profissionais ou econômicas*.

Será possível ignorar a circunstância de que a contribuição dos advogados, por exemplo, é devida à *Ordem dos Advogados* e *não ao Estado*, e

78. A lição mais antiga nesse sentido parece ser a de Gaston Jèze, que, no começo do século passado, sustentava ser a contribuição do empregado uma taxa e a do empregador um imposto (apud Brandão Machado, São tributos as contribuições sociais?, in *Princípios tributários no direito brasileiro e comparado*, p. 86).

ela se *destina* a custear *aquela específica entidade*, legalmente qualificada para executar funções peculiares, no interesse não só dos advogados, mas de toda a coletividade? Quando um bacharel em direito se inscreve na Ordem dos Advogados, ele desencadeia uma atividade, por parte desse órgão, análoga ao poder de polícia das entidades estatais, no sentido da fiscalização e disciplina de sua atuação profissional; ao mesmo tempo, a Ordem põe à disposição do advogado serviços como, por exemplo, a defesa de suas prerrogativas. Mas isso não parece suficiente para reduzir essas contribuições à noção de taxas de polícia ou de serviço, mesmo porque a atuação da Ordem é referível antes à categoria profissional como um todo do que à prestação de serviços ou à prática de atos de polícia fruíveis ou provocáveis *divisivelmente* por cada advogado contribuinte; ou seja, a contribuição se atrela à *atuação geral e indivisível* e não a *atividades específicas e divisíveis* da Ordem[79].

Yonne Dolácio de Oliveira resume a apreciação da doutrina sobre as chamadas "contribuições especiais", registrando o "reconhecimento da existência, na 'ratio' econômica ou pressuposto da contribuição especial, de um benefício particular, individualizado, obtido pelo obrigado e decorrente de uma atuação estatal específica e determinada"[80].

Isso as aproximaria das taxas, não fossem outras especificidades que apartam tais figuras. Ademais, quando, em relação às contribuições, há atuação em benefício do contribuinte, essa atuação nem sempre é estatal. Noutras hipóteses, identifica-se atuação específica (não necessariamente estatal), que não traduz, porém, um benefício particular ou individualizado para o contribuinte.

Marco Aurélio Greco, em monografia dedicada ao tema das contribuições, esgota a análise das especificidades dessa figura, sobre cuja natureza jurídica – no direito positivo brasileiro – anota diversos questionamentos[81].

---

79. Américo Masset Lacombe (*Contribuições profissionais*, p. 68-73), a par de Heron Arzua (Natureza jurídica das contribuições, *RDT*, n. 9/10, p. 124), sustenta que as contribuições para os Conselhos e Ordens configuram taxas de polícia, contra a opinião de Gilberto de Ulhôa Canto (As contribuições..., *RDT*, n. 31, p. 131).

80. Contribuições, in *Direito tributário atual*, v. 14, p. 184. Cf. também Gilberto de Ulhôa Canto (As contribuições..., *RDT*, n. 31, p. 131). Gian Antonio Michelli registra que "o esquema jurídico é aquele do imposto", mas, na contribuição, há uma vantagem para o indivíduo, em decorrência da específica atividade administrativa (...) efetuada no interesse precípuo da coletividade" (*Curso*, cit., p. 84).

81. "Não me parece – diz o autor – que a CF-88 indique inequivocamente tratar-se de tributo" (*Contribuições*, cit., p. 77 e s.).

O problema da classificação das contribuições sociais, econômicas e corporativas esteve presente aos trabalhos da Comissão de Reforma de 1965, quando esta, referindo-se às "contribuições parafiscais", entendeu que elas deveriam legitimar-se como *taxas*. Isso suporia que o conceito de taxa fosse alargado para poder abarcar todas essas contribuições. Tal não foi feito[82], porém, ficando os fatos geradores das taxas adstritos ao exercício do poder de polícia e à consecução de serviços públicos divisíveis (art. 18 da Emenda n. 18/65), vedando-se, ademais, que a taxa tivesse *base de cálculo idêntica* à que correspondesse a imposto (art. 18, parágrafo único); disposições análogas figuram hoje no art. 145, II e § 2º, da Constituição.

Com isso, por uma ou outra razão, as contribuições poderiam *não* se legitimar como taxas: ou por não corresponderem ao exercício do poder de polícia nem à prestação de serviço público divisível, ou por terem base de cálculo igual à de impostos.

A contribuição, instituível pelos Municípios e pelo Distrito Federal, para o custeio do serviço de iluminação pública (art. 149-A da Constituição, acrescido pela EC n. 39/2002) é outra figura que, como taxa, não se legitimaria, dado que se trata de serviço indivisível. Por isso, a Constituição não hesitou em acrescentar essa exação ao rol de tributos que atendem pelo elástico apelido de "contribuição".

4.4. Súmula da doutrina sobre classificação dos tributos

A divisão dos tributos em espécies é problema que tem atormentado a doutrina. Rubens Gomes de Sousa chegou a proclamar a desnecessidade teórica de discriminar as espécies de tributos, os quais poderiam ser agrupados numa *figura unitária*, reconhecendo, porém, a utilidade da classificação, para efeito de discriminação de rendas[83]. No seu precioso *Compêndio*, Rubens adotou uma classificação tripartite: impostos, taxas e contribuições, neste último grupo compreendidas todas as receitas tributárias que não fossem impostos nem taxas[84], insistindo na configuração das contribuições como um terceiro gênero de tributos, também após o advento da Emenda n. 18/65 e do Código Tributário Nacional[85].

---

82. Comissão de Reforma do Ministério da Fazenda, *Reforma*, cit., p. 89. Gilberto de Ulhôa Canto registrou que isso foi um equívoco da Emenda Constitucional n. 18/65 (As contribuições..., *RDT*, n. 31, p. 130-1).

83. Natureza..., *RDP*, n. 17, p. 309.

84. *Compêndio*, cit., p. 163-5.

85. Natureza..., *RDP*, n. 17, p. 313.

Pontes de Miranda considerou exaustiva a dicotomia "imposto-taxa". Na taxa, "o dever de tributo é correspectivo a prestação do Estado, considerada como divisível, ou a determinada atividade do Estado". Assinala esse jurista que a *distinção entre imposto e taxa nasceu na ciência das finanças*, em conexão com os conceitos de *serviços divisíveis* e *indivisíveis*, ou melhor, em função da possibilidade de distinguir as pessoas a quem o tributo aproveita[86]. Se não há essa possibilidade, a atividade do Estado é custeada por impostos; quando há tal possibilidade, pode utilizar-se a taxa.

Alfredo Augusto Becker, igualmente, só aceita essas duas espécies: imposto e taxa. Distingue-as pelas respectivas *bases de cálculo*: enquanto as taxas têm sua base de cálculo representada por um *serviço estatal* ou *coisa* estatal, os impostos encontram a respectiva base de cálculo num *fato lícito qualquer*, não consistente em serviço estatal ou coisa estatal[87].

Também Geraldo Ataliba considera possível apenas a divisão dos tributos em duas espécies: *vinculados* ou *não vinculados* (a uma *atuação estatal*), conforme a materialidade da respectiva hipótese de incidência seja uma *atuação estatal* (*ou uma consequência desta*) ou um *fato qualquer que não configure atuação estatal*. Dessa forma, sempre que inexistir essa vinculação, tem-se um *imposto*, tributo não vinculado; quando ela se faça presente, tem-se uma *taxa* ou uma *contribuição, tributos vinculados*[88]. Por conseguinte, quaisquer figuras tributárias teriam de ser classificadas, à vista de terem ou não a aludida vinculação, como impostos (no primeiro caso) ou como taxa ou contribuição (no segundo caso). A diferença entre as *taxas* e as *contribuições* estaria em que as taxas têm por "base imponível" "uma dimensão da atuação estatal"; já a "verdadeira contribuição" teria uma "base designada por lei" representada por "uma medida (um aspecto dimensível) do elemento intermediário, posto como causa ou efeito da atuação estatal"[89]. À vista disso, a contribuição previdenciária seria "imposto para o empregador e taxa para o empregado"[90]; não se trataria nesse caso de "contribuição", porque "a base imponível" estaria "na própria atuação estatal", cuidando-se, pois, de "taxa pela disponibilidade do serviço"[91]; a própria contribuição de melhoria, "quan-

86. *Comentários à Constituição de 1969*, cit., v. 2, p. 362 e 371-2.

87. *Teoria*, cit., p. 345-6.

88. *Hipótese de incidência tributária*, p. 139 e s.

89. *Hipótese*, cit., p. 195-6.

90. *Hipótese*, cit., p. 193.

91. *Hipótese*, cit., p. 198.

do a lei lhe atribui, como gabarito, o custo da obra", seria taxa[92]. Ataliba concluiu, em sua monografia de 1973 (*Hipótese de incidência tributária*), que "nenhum tributo chamado contribuição, no Brasil, é contribuição verdadeira"[93].

As variações da doutrina em torno do tema têm sido numerosas. A par das classificações bipartidas, há as tripartidas, quadripartidas, quinquipartidas. E o campo é propício para a ampliação do rol, dependendo do nível de especificação analítica a que se chegue.

Vários conjuntos têm sido formados para separar as figuras tributárias previstas na Constituição. Ora as "contribuições" assumem caráter geral, abrangendo subdivisões (contribuição de melhoria e outras contribuições), ora a contribuição de melhoria aparece como espécie deslocada das "contribuições parafiscais" ou "contribuições especiais". O empréstimo compulsório tanto se apresenta como figura autônoma quanto na condição de imposto especial, quanto na situação genericamente amorfa, em que pode confundir-se com o imposto, com a taxa ou com a contribuição de melhoria. Há, ainda, quem negue o caráter tributário dos empréstimos compulsórios ou das chamadas contribuições parafiscais.

Ives Gandra da Silva Martins adotou uma classificação quinquipartida: impostos, taxas, contribuição de melhoria, empréstimos compulsórios e contribuições especiais (estas como vala comum em que residualmente se alojariam as figuras tributárias não enquadradas nas outras espécies)[94]. Celso Ribeiro Bastos[95], Hugo de Brito Machado[96] e o Ministro Moreira Alves[97] também reconhecem a existência de cinco modalidades diferentes de tributo.

Aliomar Baleeiro, a par das três figuras nomeadas no art. 5º do Código Tributário Nacional, registrou que "os empréstimos compulsórios são regulados como tributos" e que as contribuições especiais ou parafiscais integram o sistema tributário[98]. Fábio Fanucchi optou pela classificação em quatro espécies: impostos, taxas, contribuições e empréstimo compulsório[99]. Paulo

---

92. *Hipótese*, cit., p. 195.

93. *Hipótese*, cit., p. 193.

94. As contribuições especiais numa divisão quinquipartida dos tributos, in *Comentários ao Código Tributário Nacional*, v. 3, p. 25.

95. *Curso*, cit., p. 146.

96. *Curso*, cit., p. 46.

97. Palestra no XV Simpósio Nacional de Direito Tributário, apud Vittorio Cassone e Fátima Fernandes de Souza Garcia, *Caderno de Pesquisas Tributárias*, n. 16, p. 306.

98. *Direito*, cit., p. 65.

99. *Curso de direito tributário brasileiro*, v. 1, p. 60.

de Barros Carvalho lista o imposto, a taxa e a contribuição de melhoria, afirmando que o empréstimo compulsório pode assumir qualquer dessas configurações, e as contribuições ou são impostos, ou são taxas[100]. Roque Carrazza arrola os impostos, as taxas e a contribuição de melhoria, e reduz as demais figuras (empréstimos compulsórios, contribuições "parafiscais" e contribuições sociais) à natureza jurídica de uma daquelas três figuras[101]. Hamilton Dias de Souza admite a contribuição como espécie (da qual a contribuição de melhoria seria uma subespécie), a par do imposto e da taxa[102]. José Afonso da Silva relaciona três espécies tributárias: impostos, taxas e contribuições, classificando o empréstimo compulsório como contrato público[103].

Parte desses modelos de catalogação das espécies tributárias parece influenciada pela *nomenclatura* utilizada pela Constituição para designar as "espécies". Como o vocábulo "contribuição" é usado mais de uma vez no texto constitucional, os autores ora *unificam* as várias figuras que ostentam esse rótulo "genérico", ora discriminam as várias "espécies" de contribuição, em face das características de "cada" contribuição ou de cada "grupo" de contribuições.

A locução "contribuições especiais" é, às vezes, empregada para indicar um aglomerado de figuras, com o objetivo de distingui-las da "contribuição de melhoria". Porém, se de um lado se enfileira um grupo, e de outro se põe uma única figura, em rigor a "especialidade" estaria mais para a figura isolada do que para o grupo, a que caberia melhor o epíteto da *generalidade*. Na verdade, só é adequado falar em figuras tributárias "especiais" quando se tem em mira a "especialidade" de alguns tributos (nomeadamente, os integrantes do campo da "parafiscalidade") em confronto com os *tributos gerais* (ou melhor, com os *impostos* gerais), residindo a "especialidade" no fato de aquelas exações terem uma *destinação* (ou alguma outra qualificação) *específica*, não presente nos impostos *gerais*. Dir-se-ia, pois, que tais figuras, dentro dessa ótica, seriam "impostos especiais", por oposição aos *impostos gerais*, e não "contribuições especiais", em contraste com a contribuição *de melhoria*.

---

100. *Curso*, cit., p. 27 e 35-6.

101. *Curso*, cit., p. 266-395.

102. Finsocial, *RDM*, n. 47, p. 72.

103. *Sistema tributário nacional*, p. 12 e 19.

4.5. Classificações bipartidas e pluripartidas

O grande divisor de águas das classificações doutrinárias está em que alguns autores escolhem *uma única variável* como elemento distintivo, enquanto outros optam por utilizar *mais de uma variável.*

Adotada uma só variável os tributos só poderão receber uma classificação *bipartida.* Suponhamos que a variável seja a *vinculação do tributo a determinada atuação do Estado* (ou de outra entidade dotada de capacidade tributária ativa) *referível ao contribuinte.* Todos os tributos, conforme apresentem ou não tal vinculação, pertencerão a um ou a outro de dois grupos. Por exemplo, como vimos linhas acima, Geraldo Ataliba dividiu os tributos em dois grupos: vinculados e não vinculados, conforme sejam ou não atrelados a uma atuação estatal (taxas e contribuição de melhoria no primeiro grupo e impostos no segundo).

Os autores que utilizam *mais de uma variável* para classificar os tributos (fato gerador, destinação, restituibilidade etc.) irão, logicamente, identificar três, quatro, "n" conjuntos, conforme a maior ou menor especificidade dos critérios analíticos que sejam eleitos.

O problema não é sobre qual seja o "verdadeiro" critério técnico ou jurídico. É claro que, se o direito positivo ditar um critério, esse será o critério *jurídico* (positivo), o que não nos impedirá de examinar se ele é útil, técnico, adequado etc. Já vimos que o art. 4º do Código Tributário Nacional quis dar um critério (e proibir outros), e demonstramos que esse preceito é insuficiente para distinguir *todas* as diferentes figuras previstas na Constituição.

A questão está em saber se dado critério que seja eleito – pelo legislador ou pela doutrina – é suficiente para que se apreendam os *diferentes regimes jurídicos* a que cada grupo de figuras está submetido pelo ordenamento jurídico. De que serve dizer, à vista de certo critério, que o tributo "A" é *imposto*, se ele se sujeita a um regime jurídico *diferente* do aplicável a outros tributos que (pelo mesmo critério) também comporiam o grupo dos *impostos*? Assim, se, por exemplo, dissermos que o empréstimo compulsório é um imposto, isso não nos ajuda a identificar o *regime jurídico da figura*, se a Constituição não estabelece, para ela, o mesmo perfil jurídico conferido aos impostos[104].

---

104. Celso Ribeiro Bastos, discorrendo sobre a classificação bipartida dos tributos, indaga "se ela é útil ou não à luz do direito positivo brasileiro", respondendo: "Para nós a resposta é negativa. Na medida em que a Constituição conferiu *regimes próprios* a cinco

Em suma, os critérios de classificação dos tributos não são certos ou errados. São mais adequados, menos adequados, ou inadequados (a) no plano da teoria do direito tributário, ou (b) no nível do direito tributário positivo, como instrumento que permita (ou facilite) a identificação das características que devem compor cada espécie de tributo (no plano teórico ou num dado sistema jurídico-positivo).

É óbvio que a eleição de mais de uma variável irá tornar mais complexo o trabalho de classificação, pois a pluralidade de características utilizadas pode formar múltiplas combinações. Isso faz a classificação depender de certo grau de arbítrio do classificador. Com efeito o arbítrio está presente nas várias classificações de tributos apresentadas pela doutrina, uma vez que cada autor sempre elege (ou seja, "arbitra") uma ou mais características das diversas figuras para poder classificá-las[105].

4.6. Razão histórica para o rol assistemático das espécies tributárias

As dificuldades encontradas para a classificação das espécies de tributos decorrem do fato de que os sistemas tributários, não obstante as tentativas para dar-lhes lógica e racionalidade, não nasceram prontos e acabados; ao contrário, formaram-se ao longo da história, na medida das necessidades do Estado e de suas funções, que também evoluíram ao longo do tempo, e, modernamente, especializaram-se em órgãos autônomos, estatais e não estatais, a que o Estado delegou atribuições de interesse público, buscando, em consequência, provê-los com receitas legais.

A *rotulação* das exações criadas pelo Estado também foi sendo dada sem grandes preocupações classificatórias, e sem maiores cuidados com a semântica, mas não deixa de ser verdade que *algumas especificidades* estão refletidas na *diversidade de denominações* utilizadas para designar os tributos que foram sendo criados; noutros casos, a escolha desta ou daquela denominação é puramente arbitrária. Assim, *tributo* e *contribuição*, apesar de serem palavras *cognatas* e dadas como sinônimas pelos léxicos, têm sido, na linguagem técnica, usadas numa relação de gênero e espécie, com o objetivo, portanto, de indicar ideias distintas. Não obstante o rótulo de "contribuição", historicamente, possa ter nascido como alternativa para o

---

modalidades tributárias diferentes, importa conhecer o respectivo regime jurídico. Não nos parece que seja, portanto, uma questão de palavras diferentes a encobrir coisas idênticas (*Curso*, cit., p. 146).

105. Aliomar Baleeiro sublinha o caráter arbitrário das classificações (*Uma introdução*, cit., p. 106 e 133).

odioso vocábulo "imposto", hoje ele é utilizado com a visível finalidade de indicar figuras com aspectos peculiares. *Taxa* é outra designação que acabou sendo incorporada ao vocabulário jurídico tributário, modernamente com o objetivo de caracterizar uma figura específica. Tantas outras expressões ficaram perdidas ao longo da história dos tributos, embora algumas ainda hoje se empreguem, especialmente na linguagem dos leigos (como "sisa", "direitos alfandegários", "tarifa aduaneira" etc.). A história e o direito comparado registram denominações que, em dado momento ou em certo lugar, têm sentidos análogos ou opostos: *tributos, impostos, taxas, contribuições, exações, cotizações, capitações, quintos, dízimos, vigésimas, centésimas, direitos, tarifas, direitos senhoriais, regalias, derramas, fintas, ajudas, donativos, empréstimos forçados* ou *compulsórios, confiscos,* todas essas expressões e inúmeras outras representam, aqui ou ali, ontem ou hoje, as prestações pagas pelos súditos do Estado, do rei ou do senhor.

A rotulação dada por nossa Constituição não permite identificar com nitidez categorias distintas e específicas. A "contribuição" de melhoria, por exemplo, nada tem em comum com a "contribuição" para a seguridade social. Ao contrário, ela se avizinha da *taxa*, no que supõe uma atividade estatal divisível, à qual se vincula necessariamente (embora de modo indireto), e do *imposto* (de renda), no que se atrela à valorização (mais-valia) do patrimônio do contribuinte. A questão dos rótulos, como já se disse, foi objeto de preocupação do Código Tributário Nacional, quando este ressaltou a *irrelevância* da *denominação* para o efeito de determinar a natureza jurídica *específica* dos tributos. Já vimos que a preocupação do Código estava especialmente voltada para prevenir abusos passados na criação de *taxas* que de taxas só tinham a denominação, mas não a natureza. Anote-se, todavia, que *os rótulos dados pela Constituição não podem ser totalmente desprezados*; rótulos diferentes devem, pelo menos, ser considerados como um indício de que, *talvez*, se cuide de realidades distintas[106]. Em grandíssimo número de casos, a denominação dada revela uma técnica adequada.

O primeiro grande passo no sentido de uma sistematização dos tributos foi dado quando a ciência das finanças vislumbrou que certas exações

106. Américo Masset Lacombe não concorda conosco. Sustenta esse autor que a Constituição utiliza expressões no sentido vulgar, mesmo quando tenham também sentido técnico; assim, quanto à palavra "contribuição", "se tem os dois sentidos, e a Constituição não definiu claramente em que sentido ela empregou essa palavra, temos que aceitar a palavra em seu sentido vulgar. Então, quando a Constituição fala em contribuição social, na realidade está falando em qualquer tipo de entrega de dinheiro ao poder público" (Contribuições no direito brasileiro, *RDT*, n. 47, p. 190).

exigidas pelo Estado podiam vincular-se a atividades *divisíveis do Estado* (a cujo financiamento se destinariam), enquanto outras permaneciam tendo por fundamento financiar as *atividades gerais* do Estado. Se eram prestações pecuniárias diferençáveis, mereceriam nomes distintos.

Imposto e *taxa*, dados os matizes semânticos das expressões, ajustam-se a essas diferentes exações, não porque esses vocábulos tenham conotação, respectivamente, de generalidade e especificidade, ou de indivisibilidade e divisibilidade, mas pela razão de que o étimo de taxa se distancia da ideia de "imposição"; ao contrário, traduz a ideia de "avaliação" ou "apreciação" (no sentido etimológico de fixar o "preço"). Assim, embora se possa figurar que o imposto é o "preço" dos *serviços gerais* do Estado, a noção de "contrapartida" fica mais evidente no campo das *atividades divisíveis* (o que abriu espaço, aliás, para intermináveis discussões sobre o caráter dessa "contraprestacionalidade" das taxas), e a "imposição" se afeiçoa mais ao imposto, que é tributo exigido sem "contrapartida".

Mas a vocação classificatória do espírito humano tende para a distinção cada vez mais minudente. E chega à diferença entre as atividades divisíveis que configuram serviços prestados ao indivíduo e as atividades divisíveis executadas por razões de polícia, provocadas pelo indivíduo, que lastreiam, respectivamente, as *taxas de serviço* e as *taxas de polícia*.

A discriminação pode ir além: há serviços propriamente ditos (como o serviço jurisdicional) e há os serviços "industriais", que, em rigor, configuram fornecimento de bens (por exemplo, o fornecimento de água). Por que não classificar as respectivas taxas em subespécies distintas?

Por outro lado, como atividade reflexamente divisível do Estado, está a realização de *obras públicas*; assim sendo, por que não financiá-las com prestações pecuniárias impostas aos indivíduos cujas propriedades sejam valorizadas em decorrência dessas obras? Entra em cena a figura da contribuição *de melhoria*, conectada à valorização que decorre *da obra*, diferençando-se dos tributos atrelados à execução de *serviços* (divisíveis) ou à prática de atos de polícia (também divisíveis). Não obstante a realização da *obra pública* não seja divisível, a *valorização* (ou melhoria) que dela decorre é identificável e divisível, e portanto referível a cada contribuinte (divisibilidade do reflexo da atuação estatal).

E o *pedágio*? Este ingressou no direito tributário, à margem de qualquer preocupação classificatória, para ressarcir o Estado do custo de construção e manutenção de vias públicas, com valores cobrados das pessoas que utilizam essas vias. É tributo relacionado com uma atuação estatal divisível? Sim.

É taxa de serviço ou de polícia? Já vimos que não. No conceito teórico que elastece a taxa para fazê-la abranger todos os tributos que correspondam a uma atuação estatal divisível, podemos chamá-lo de taxa; aliás, nesse conceito lato, a própria contribuição de melhoria está compreendida. Se quisermos classificar o pedágio numa perspectiva analítica, ele seria uma *taxa de utilização de via pública*. Ele não é catalogado com esse rótulo na Constituição ou no Código Tributário Nacional, mas, por outro lado, é irredutível, como já expusemos, às figuras da taxa de *serviço* ou de *polícia*, o que nos levaria, se quisermos agregá-lo à família das taxas, a considerá-lo como espécie distinta de taxa, apartada da taxa de serviço e da taxa de polícia.

As funções do Estado se ampliam e se diversificam. Criam-se, por exemplo, sistemas oficiais de previdência e assistência social, que devem ser financiados não só com recursos oriundos da arrecadação de impostos, mas também com receitas *específicas*. Essa especificidade justifica a distinção da figura impositiva. E a distinção demanda um nome (porque os rótulos, bem ou mal, acabam sendo indispensáveis à especificação): *contribuições previdenciárias*, ou *contribuições sociais* (já agora com uma visão do social que extrapola os limites da previdência social).

A intervenção do Estado na economia abre caminho para outras exações, que sirvam de instrumento interventivo e financiem o aparelho estatal executor dessa função: as *contribuições de intervenção no domínio econômico* ("contribuições econômicas").

A par disso, o Estado reconhece e prestigia certas entidades representativas de categorias profissionais (conselhos profissionais[107]), dadas as funções de interesse público que as animam. Na medida em que ele decide dar-lhes recursos arrecadáveis independentemente de adesão voluntária dos indivíduos, criam-se as contribuições de interesse de categorias profissionais ou econômicas ("contribuições corporativas").

Registre-se, a esse propósito, a transformação do conceito histórico do tributo, que deixa de ser apenas uma receita *do Estado*, para abarcar também as receitas de entidades que *não são estatais*, não obstante desempenhem funções *de interesse* da coletividade, vale dizer, de interesse público. Temos aí o que Aliomar Baleeiro qualificou de "neologismo afortunado": as *contribuições parafiscais*[108], que Geraldo Ataliba, todavia, chamou de limbo,

---

107. Antes da Lei n. 13.467/17, aí se incluíam os sindicatos. Com essa lei, a contribuição sindical deixou de ser obrigação *ex lege*.

108. *Uma introdução*, cit., p. 269.

onde os "práticos" e "apressados aplicadores do direito tributário (...) descarregam inúmeros equívocos, frutos da ignorância"[109]. Aliomar Baleeiro arrola, entre as várias características das contribuições parafiscais: a) delegação do poder fiscal do Estado a um órgão oficial ou semioficial autônomo; b) destinação especial ou "afetação" dessas receitas aos fins específicos cometidos ao órgão oficial ou semioficial investido daquela delegação[110].

Jean-Guy Mérigot faz percuciente registro dos problemas suscitados pela criação das contribuições *parafiscais*, justamente porque elas escapam dos modelos clássicos estudados pela ciência das finanças, e refogem aos princípios tradicionais que informam o orçamento público[111].

Neste passo, entra em crise a própria *divisão clássica bipartida dos tributos*, segundo o critério de o Estado cobrá-los para financiar *suas atividades gerais* ou para financiar *suas atividades divisíveis*. Em rigor, não há, em largos espaços da parafiscalidade, atividade própria do Estado, nem geral nem divisível. As contribuições corporativas não podem ser classificadas sob o critério de tratar-se de atividade geral ou de atividade divisível do *Estado*, dado que as entidades a que se destinam não exercem atividade estatal.

A crise de identidade que acomete as contribuições, que ora se estruturam no campo da parafiscalidade, ora permanecem na área da fiscalidade, abriu espaço, no Brasil, para a previsão de contribuições destinadas ao custeio da iluminação pública (CF, art. 149-A), que, como atividade *geral* do Estado, deveria ser satisfeita, no sistema anterior, com o produto da cobrança de *impostos*. A figura avizinha-se das taxas, na medida em que o contribuinte seja beneficiado com a atuação estatal, mas delas se afasta, dado que, na hipótese, é *indivisível* a atuação estatal.

A par de todo esse complexo de exações, aparecem os *empréstimos compulsórios*, ingressos exigidos pelo Estado, com o qualificativo da *restituibilidade*. Os administrativistas buscaram dar-lhes a feição de contrato coativo de direito público, mas o direito tributário atraiu a figura para seus domínios, dando-lhe a configuração de *tributo restituível*, passando os doutrinadores a discutir sobre reconhecer-lhe ou não natureza *específica* no rol das figuras tributárias.

---

109. *Hipótese*, cit., p. 199.

110. *Uma introdução*, cit., p. 271.

111. Elementos..., *RDA*, v. 33 e 34. Marco Aurélio Greco faz análise do regime jurídico das contribuições nos últimos textos constitucionais brasileiros, para dizer que, sob a Constituição de 1988, não é inequívoco que as contribuições sejam tributos (*Contribuições*, cit., p. 77).

Não é fácil classificar tantas figuras que não são iguais, mas, às vezes, não são "suficientemente" diferentes para merecer uma catalogação apartada.

Se classificar não fosse necessário (por razões que ultrapassam motivações puramente acadêmicas), a questão estaria resolvida com a figura "unitária" a que se referiu Rubens Gomes de Sousa[112]: todas as exações que preenchessem as notas correspondentes ao conceito de tributo seriam catalogadas como tal: *tollitur quaestio*.

Classificar, porém, é necessário, embora não seja um labor preciso.

4.7. Classificação "financeira" e classificação "jurídica" das espécies tributárias

Qualquer classificação supõe que se elejam *critérios de discriminação* das diferentes espécies. A esse propósito, tem-se dito que a classificação *jurídica* dos tributos não pode assentar-se em dados da *ciência das finanças*. Realmente, no plano da ciência das finanças podem ser utilizados critérios que não se reflitam, necessariamente, no plano jurídico, embora devam ser levados em conta pelo legislador no momento da elaboração da norma.

É evidente que os critérios hábeis para uma classificação *jurídica* dos tributos devem apoiar-se em dados *juridicamente* significativos, isto é, dados que tenham uma *expressão jurídica*. Ocorre que a *realidade jurídica* desses aspectos frequentemente espelha dados que tiveram, antes, uma *expressão financeira*, pré-jurídica. É, aliás, natural que haja essa correspondência, pois o legislador trabalha com modelos jurídicos que devem ter um mínimo de referibilidade prática, no mundo fenomênico. Isso não implica negar à lei a aptidão de metamorfosear os fatos. A circunstância de *poder* fazê-lo não significa que, necessariamente, o faça.

Não é por mera coincidência que os critérios invocados pela doutrina, para classificar as espécies tributárias, correspondem aos mesmos dados que, no plano pré-jurídico, foram trabalhados pelos financistas, e que, no plano normativo, foram acolhidos pelo ordenamento jurídico quando este cuidou de definir o contorno das figuras tributárias.

Realmente, a ideia de *serviços divisíveis*, a que certos tributos se atrelam, ou a conexão do tributo (ou de seu fato gerador, ou de sua base de cálculo) a uma *atuação divisível* do Estado, ou a um *ato ou coisa estatal*, representam a recodificação, *no plano normativo*, de *critérios financeiros* de classi-

112. Natureza..., *RDP*, n. 17, p. 309.

ficação das receitas tributárias. Ou seja, se as receitas tributárias devem financiar ora a atuação *geral*, ora as atividades *divisíveis* do Estado, resulta que o liame obrigacional entre o Estado e o indivíduo deve ser buscado, no primeiro caso, num *fato não estatal* (pois o caráter de *generalidade* da atuação do Poder Público não fornece nenhum dado de enlace com o indivíduo), e, no segundo caso, deve ser buscado no *fato estatal* (exatamente porque se objetiva *vincular* a receita ao financiamento de certa atuação estatal divisível, referível ao indivíduo).

Quando os autores buscam especificar de modo *mais analítico* as figuras tributárias, empregam *também* critérios financeiros *refletidos no plano normativo*, como, por exemplo, a restituibilidade do empréstimo compulsório, ou a afetação de certos tributos a uma *atuação* (do Estado ou de certas entidades) não imediatamente ou não diretamente referível ao contribuinte (contribuições ditas "especiais"). Considerar ou não esses dados leva a ampliar ou não o número de espécies tributárias.

O próprio critério da *destinação* do tributo (tão vilipendiado por alguns autores e "excomungado" pelo art. 4º, II, do Código Tributário Nacional) está na base de *todas* as classificações dos tributos, inclusive nos modelos bipartidos, embora se apresente *transcodificado no plano normativo* (pela referibilidade do tributo a um "dever correspectivo do Estado", ou a um "fato ou coisa estatal", ou a uma "atuação estatal divisível"). Decodificando esses critérios, o que se tem é que o tributo ora se *destina* a "contraprestacionar" uma utilidade divisível propiciada pelo Estado (utilizando-se, nesse caso, como elemento de conexão, a própria atuação estatal divisível), ora se destina a financiar a atuação geral do Estado (tendo-se, nessa hipótese, de buscar um elemento de conexão num fato independente de qualquer atividade estatal).

Mas, se toda a discussão sobre o critério da destinação estivesse só nisso, a solução seria fácil: bastaria ao jurista olvidar os dados da ciência das finanças e trabalhar com os critérios jurídicos, ainda que estes, no plano da norma, pudessem corresponder (com ou sem alterações) aos mesmos modelos lógicos pensados pelos financistas.

Há, porém, outro aspecto da questão, que examinaremos a seguir.

4.8. Destinação e regime jurídico do tributo

Já referimos que o art. 4º, II, do Código Tributário Nacional nega relevo à *destinação* do tributo como critério distintivo das espécies tributárias. É, agora, necessário fixar o conteúdo de verdade desse dispositivo, e afastar os equívocos que, em seu nome, possam ser cometidos, frutos da extrapolação de ideias corretas.

O que pretende dizer aquele dispositivo é que o intérprete e o aplicador da lei, e o próprio legislador, estão impedidos de, com a menção a esta ou àquela destinação do tributo (ou, também, à vista de sua *denominação*), *conduzir uma exação de uma categoria para outra*. Por exemplo, não se admite que o legislador institua tributo, *destinando-o à conservação de estradas e denominando-o de pedágio*, se o seu *fato gerador* for a compra de combustíveis. O *caput* do art. 4º e cada um de seus incisos aplicam-se a esse exemplo, reconduzindo a figura à natureza específica de *imposto*.

Numa interpretação histórica, é visível a preocupação do Código Tributário Nacional com as "taxas" *para isto* e *para aquilo* que se criavam no passado[113]. Antônio Roberto Sampaio Dória relata que as origens desse desvirtuamento do conceito de taxa radicam na obra de financistas alemães que, "desejando imprimir um feitio social ao exercício do poder tributário, ampliaram o campo dos serviços públicos divisíveis a serem custeados por taxas, exigidas embora, ao invés dos beneficiários diretos, de pessoas que deles não auferiam proveito algum, quebrando o elo da contraprestação"; essa motivação psicológica (busca da aceitação popular do tributo à vista de sua destinação expressa para certas finalidades), aliada à motivação financeira, esgarçou o conceito de taxa[114].

A reforma tributária de 1965 – observa Antônio Roberto Sampaio Dória – objetivou pôr um freio a essa distorção[115]. Realmente, para distinguir o *imposto*, a *taxa* e a *contribuição de melhoria* (Código Tributário Nacional, art. 5º), não é relevante (ou, pelo menos, não é indispensável) indagar da destinação dos recursos. O critério do *caput* do art. 4º do Código Tributário Nacional (especificação conforme o fato gerador) habilitaria o intérprete a firmar a distinção entre aquelas três figuras, e evitaria que fosse logrado pela referência que o legislador fizesse à destinação dos recursos.

Porém, em primeiro lugar, *nem todas as prestações pecuniárias enquadráveis como tributo cabem na tipologia do art. 5º*; é o caso do empréstimo compulsório e das outras contribuições (que não a de melhoria).

---

113. A. Theodoro Nascimento dá e analisa vários exemplos (Preços, in *Tratado*, cit., v. 8).

114. *Discriminação*, cit., p. 136-7.

115. *Discriminação*, cit., p. 208.

Ademais, há situações em que a *destinação* do tributo é *prevista pela Constituição* como aspecto integrante do *regime jurídico da figura tributária*, na medida em que se apresenta como condição, requisito, pressuposto ou aspecto do exercício legítimo (isto é, constitucional) da competência tributária. Nessas circunstâncias, não se pode, ao examinar a figura tributária, ignorar a questão da destinação, nem descartá-la como critério que permita distinguir de outras a figura analisada.

Ou seja, nem se pode ignorar a destinação (como se se tratasse, *sempre*, de uma questão *meramente financeira*), nem se pode cercar o direito tributário com fronteiras tão estreitas que não permitam indagar do destino do tributo *mesmo nos casos em que esse destino condiciona o próprio exercício da competência tributária.*

Com efeito, o banimento do critério da destinação, com suposto fundamento no art. 4º, II, do Código Tributário Nacional, parece partir da equivocada premissa (não expressamente assumida) da *autonomia do direito tributário*, como se o tributo, como fenômeno *jurídico*, se contivesse todo (e se esgotasse) na relação obrigacional tributária.

Associado a essa exacerbação nacionalista do direito tributário, aparece o já referido preconceito, no sentido de que *todos* os dados fornecidos pela ciência das finanças, sendo metajurídicos, deveriam ser descartados sumariamente pelo jurista. Ora, já vimos que o dado da ciência das finanças só é metajurídico enquanto ele não se juridiciza; nesse momento, ele passa a ser um *dado jurídico*, como ocorre, aliás, noutros campos do conhecimento humano: as trocas entre os agentes econômicos (por exemplo, a compra e venda, em que a moeda é permutada por um bem econômico) são um fenômeno da economia, mas, no momento em que o direito se apropria desse dado e o juridiciza, ele passa a ser um fenômeno jurídico. Noutras palavras, sempre que um fenômeno (corresponda ele a um fato econômico, ou financeiro, ou social, ou natural – como o fato do nascimento – etc.) é objeto de disciplina jurídica, ele adquire foros de cidadania nos domínios do direito. Se a tipificação desse fenômeno não pode apartar-se do *regime jurídico que lhe é peculiar*, como ignorar o dado (que, juridicizado, *compõe* esse regime jurídico), a pretexto de que ele foi fornecido por outra ciência?

Em verdade, se *a destinação do tributo* compõe a própria norma jurídica constitucional *definidora da competência tributária*, ela se torna um dado *jurídico*, que, por isso, tem *relevância na definição do regime jurídico específico da exação*, prestando-se, portanto, a distingui-la de outras.

Se a destinação integra o regime jurídico da exação, não se pode circunscrever a análise de sua natureza jurídica ao *iter* que se inicia com a ocorrência do fato previsto na lei e termina com o pagamento do tributo (ou com outra causa extintiva da obrigação), até porque isso levaria o direito tributário a ensimesmar-se a tal ponto que negaria sua própria condição de *ramo do direito*, que supõe a *integração sistemática ao ordenamento jurídico total.*

Meditemos sobre alguns exemplos. Se a União instituir tributo sobre o *faturamento* das empresas, sem especificar a destinação exigida pelo art. 195 da Constituição, a exação (ainda que apelidada de contribuição) será inconstitucional, entre outras possíveis razões pela invasão de competência dos Estados ou dos Municípios (conforme se trate de faturamento de mercadorias ou de serviços). Outro exemplo: se a União, sem explicitar na lei (complementar) uma das destinações referidas no art. 148 da Constituição, instituir empréstimo compulsório, este será inconstitucional. Assim também, se a União criar tributo (chamando-o, embora, de contribuição), exigível dos advogados (pelo só fato do exercício de sua profissão), ele será inconstitucional, pois tributar serviços advocatícios compete aos Municípios e não à União; mas, se a lei destina essa contribuição à Ordem dos Advogados, ela é juridicamente válida, pela óbvia razão de que, como "contribuição corporativa", ela se *distingue* dos impostos.

Do mesmo modo, a nota que permite matizar a contribuição prevista no art. 149-A da Constituição (acrescido pela EC n. 39/2002) é a destinação ao custeio do serviço de iluminação pública.

Não é possível afirmar que a destinação dos recursos é irrelevante, se dessa análise depende a própria legitimidade da exação, como figura *tributária*.

Se classificar é necessário, e se a *destinação integra o regime jurídico específico do tributo* (ou seja, é um dado *juridicizado*), não se pode negar que se trata de um *critério* (*jurídico*) hábil à *especificação* do tributo, ou seja, idôneo para particularizar uma *espécie tributária*, distinta de outras. E, obviamente, não se deve invocar o art. 4º do Código Tributário Nacional, mesmo porque ele não condiciona o trabalho do legislador constituinte, que pode utilizar o critério da destinação para discriminar esta ou aquela espécie tributária, sem que a norma infraconstitucional o impeça.

Nem se diga, para "provar" a irrelevância da destinação, que o *desvio* dos recursos arrecadados não contamina a relação jurídica tributária. *Isso é verdade, mas não prova o que se pretende*. Com efeito, temos de distinguir *duas situações*: ou o desvio de finalidade está na *aplicação dos recursos arrecadados*, ou ele radica na própria *criação do tributo*. Na primeira hipótese, se, por exemplo, uma contribuição para a seguridade social é validamente instituída e arrecadada pelo órgão previdenciário, o posterior desvio dos recursos para outras finalidades é ilícito das autoridades administrativas que não invalida o tributo. Mas, na segunda hipótese, se o tributo é *instituído sem aquela finalidade*, a afronta ao perfil constitucional da exação sem dúvida a contamina[116]. A destinação, *em regra*, não integra a definição do regime jurídico dos tributos; portanto, em princípio não se cogitará de desvio de finalidade para efeito de examinar a legitimidade da exação. Todavia, a destinação, *quando valorizada pela norma constitucional*, como *nota integrante do desenho de certa figura tributária*, representa critério hábil para distinguir essa figura de outras, cujo perfil não apresente semelhante especificidade[117].

---

116. No mesmo sentido, Humberto Ávila diz: "O desvio concreto e posterior da destinação, a rigor, não diz respeito à validade do tributo, mas ao correto cumprimento de normas administrativas e financeiras. Se houver desvio, ainda que parcial, não há comprometimento com a validade do tributo, mas responsabilidade por má gestão de recursos (*Sistema constitucional tributário*, p. 268).

117. Antônio Roberto Sampaio Dória ressaltou que os traços *distintivos* das contribuições parafiscais "repousam na *destinação específica de seu produto* e, mais caracteristicamente, na *delegação de sua percepção e aplicação a órgãos autárquicos e descentralizados da administração pública*" (*Discriminação*, cit., p. 194; grifos do original). Diz Gilberto de Ulhôa Canto: "A partir da Constituição de 1988 a *destinação da receita* das contribuições sociais à seguridade social passou a ser elemento essencial à sua configuração, e imprescindível da lei que a instituir; só se *diferenciam* (...) pela *destinação específica* da sua receita" (grifos nossos) (Lei complementar..., *Caderno de Pesquisas Tributárias*, n. 15, p. 37-8). Hamilton Dias de Souza também aponta a destinação das contribuições como um dado relevante para dar-lhes especificidade, afirmando ser "da essência da contribuição a afetação das receitas a um determinado órgão para atender finalidades também determinadas" (Finsocial, *RDM*, n. 47, p. 75). Misabel de Abreu Machado Derzi sustenta que "A *destinação funda*, na Constituição, *a regra de competência da União, seu conteúdo e limites,* submetendo as contribuições a um *regime constitucional especial*" (grifos do original) (Contribuição para o Finsocial, *RDT*, n. 55, p. 208). No mesmo sentido, Brandão Machado (São tributos, in *Princípios*, cit., p. 78 e s.), Hugo de Brito Machado (*Curso*, cit., p. 308) e Yonne Dolácio de Oliveira (Contribuições, in *Direito tributário atual*, v. 14, p. 185). A doutrina tem-se rendido à evidência. Em aprofundado estudo do tema, José Eduardo Soares de Melo (após citar Geraldo Ataliba, Paulo de Barros Carvalho, Aires Barreto, Sacha Calmon Navarro Coêlho e Roque Carrazza entre os autores que refutaram a *destinação* como critério idôneo para identificar a natureza jurídica específica do tributo) adota o destino como elemento considerável na caracterização do tributo, arrolando, no mesmo sentido, além de nós e dos acima citados Hugo de Brito Machado e Misabel Derzi, os juristas Marco Aurélio Greco, Diva Malerbi, Eduardo Marcial Ferreira Jardim e Marçal Justen Filho (*Contribuições*, cit., p. 30-6 e 77-8); cita, ainda, passagem de Geraldo Ataliba, proclamando as virtudes da destinação no que respeita às contribuições (*Contribuições*, cit., p. 31), e de Roque Carrazza, reconhecendo que as contribuições sociais são tributos qualificados pela sua finalidade (*Con-*

No empréstimo compulsório, além da destinação e da motivação, há, ainda, a *restituibilidade* como nota integrante do conceito desse tributo. É claro que a não restituição implica descumprimento da obrigação do Estado, o que não torna ilegítima a cobrança[118]. Mas a *criação* do empréstimo compulsório só é válida se a lei que o instituir não olvidar a *restituibilidade*, além de atender aos demais pressupostos que legitimam a espécie.

4.9. Nossa classificação das espécies tributárias

Cremos, à vista de todo o exposto, que a classificação dos tributos não pode partir nem *apenas dos rótulos* que as várias espécies têm recebido (dado que a mesma designação é, às vezes, empregada para apelidar diferentes exações, e diferentes denominações são usadas para batizar exações análogas), nem deve limitar-se a *notas ou características tão abrangentes* que façam a classificação *perder a utilidade*, que consiste em traduzir um instrumento de catalogação analítico de *diferentes realidades jurídicas*, permitindo que sejam apreendidas nos seus variegados matizes.

Com esse objetivo, identificamos quatro grupos de espécies tributárias, que permitem, por sua vez, variadas subdivisões, conforme o nível de análise ou o critério de discriminação que seja eleito:

1º) impostos;

2º) taxas (de serviço, de polícia, de utilização de via pública e de melhoria);

3º) contribuições;

4º) empréstimos compulsórios.

4.9.1. Impostos

Temos, em primeiro lugar, os *impostos*, que, além de atenderem aos requisitos genéricos integrantes do conceito de tributo, apresentam as seguintes características:

---

tribuições, cit., p. 81). Heron Arzua, com apoio noutros autores, inclusive Alfredo Augusto Becker, nega utilidade à destinação para definir a natureza jurídica específica do tributo (Natureza..., *RDT*, n. 9/10, p. 115-6).

118. Pedro Soares Martínez observa que, ao contrário dos *impostos*, os *empréstimos forçados* "determinam para o Estado deveres de prestar específicos" (dever de reembolso, dever de pagar juros) (*Manual*, cit., p. 38).

a) são instituídos mediante a previsão legal de fatos típicos (em regra descritos na norma definidora de competência), que, uma vez ocorridos, dão nascimento à obrigação tributária;

b) não se relacionam a nenhuma atuação estatal divisível e referível ao sujeito passivo;

c) não se afetam a determinado aparelhamento estatal ou paraestatal, nem a entidades privadas que persigam fins reputados de interesse público.

Essas características são identificáveis no plano normativo, e, obviamente, correspondem ao reflexo das meditações feitas no âmbito da ciência das finanças, em que se verificou que alguns tributos – designados pelo ordenamento jurídico positivo como impostos – deveriam prestar-se ao financiamento das *atividades gerais* do Estado.

Não se objete que isso é classificar segundo razões econômico-financeiras que teriam inspirado o legislador constituinte. Foi a própria Constituição que, expressamente, o fez, quando atrelou o regime jurídico de certos tributos a uma atuação estatal divisível, deixando outros desvinculados de qualquer atividade estatal que, de algum modo, pudesse ser referível ao indivíduo.

O que queremos dizer é que os impostos *não incorporam*, no seu conceito, a destinação a esta ou àquela atuação do Estado que, de algum modo, possa ser referida ao contribuinte. E a inexistência dessa característica integra o conjunto de notas distintivas dessa espécie tributária.

Os chamados *impostos extraordinários* ("impostos de guerra") – que a Constituição prevê no art. 154, II – possuem uma peculiaridade, qual seja o *motivo* que possibilita sua instituição (a guerra, ou sua iminência). Sem a presença desse *motivo*, a instituição do imposto extraordinário será inconstitucional, pois terá desatendido um pressuposto que legitima sua criação[119]. A atuação do Estado (custeio da guerra ou dos preparativos desta) não é, por nenhum tipo de enlace jurídico, referível a nenhum indivíduo ou grupo de indivíduos. Trata-se de uma típica atividade *geral* do Estado (a exemplo das tarefas ordinárias de segurança por ele executadas)... Dada a excepcionalidade da situação, a Constituição outorgou uma competência *extraordinária* à União, traduzida na possibilidade de ela instituir impostos que não estão compreendidos na sua competência *ordinária*[120].

---

119. Marco Aurélio Greco vê, no art. 154, II, da Constituição, uma norma *híbrida*, onde se prevê um *imposto*, com uma razão determinante (a guerra) e de natureza *temporária*, o que não o desnatura como imposto, embora agregue componentes peculiares para sua validade constitucional (*Contribuições*, cit., p. 133).

120. Cf., no Capítulo III, nosso comentário sobre a classificação da competência tributária.

Uma ou outra das características dos impostos pode estar presente noutra figura tributária. Assim, a previsão de fato gerador independente de atuação estatal referível ao contribuinte *pode* estar presente, por exemplo, num empréstimo compulsório, mas aquela nota *não é necessária* ao conceito deste; ademais, o perfil constitucional do empréstimo compulsório apresenta outras especificidades, não presentes nos impostos. Da mesma forma, o Estado pode prestar serviço público divisível e custeá-lo com a receita oriunda dos impostos, não se podendo aí falar em taxa.

4.9.2. Taxas

Em segundo lugar, classificamos os tributos que, por se destinarem a financiar determinadas tarefas, que são divisivelmente *referíveis a certo indivíduo ou grupo de indivíduos* de modo direto ou indireto (o que traduz motivação financeira, *pré-jurídica*), têm fatos geradores (já agora no plano *jurídico*) *conexos à própria atividade do Estado.*

Esta atuação pode traduzir-se: a) na execução de um *serviço público*; b) no exercício do *poder de polícia*; c) na *manutenção de via pública utilizada pelo indivíduo*; d) na *execução de uma obra pública* que valorize a propriedade do indivíduo.

Enquadramos neste grupo as *taxas de serviços,* as *taxas de polícia,* o *pedágio* e a *contribuição de melhoria.*

Observe-se que, também aqui, a elaboração da ciência das finanças explica a realidade financeira, da qual não discrepa a realidade jurídica, pois o direito juridicizou os fenômenos com as características que eles possuíam na condição de dados pré-jurídicos.

Esses tributos podem receber um rótulo geral único: *taxas*, sem prejuízo de sua subdivisão em *taxas de serviço, de polícia, de utilização de via pública, de melhoria*, cada qual dando relevo ao *tipo de atuação do Estado* referível ao indivíduo, ou ao *modo pelo qual essa atuação se reflete no âmbito de interesse do indivíduo*, que ora frui de um serviço, ora de um ato que viabiliza o exercício de um direito, ora da facilidade de tráfego, ora de uma valorização de sua propriedade por decorrência de uma obra pública.

O que agrega essas várias figuras é a *conexão do interesse individual a determinada atuação estatal*, que se reflete, *de modo divisível*, sobre os vários indivíduos que: a) fruam o serviço; b) provoquem o exercício do poder de polícia; c) trafeguem por uma via pública; d) tenham propriedade valorizada por obra pública.

Não vemos, pois, necessidade de dar à contribuição de melhoria e ao pedágio uma classificação apartada do conjunto formado pelas taxas de serviço e de polícia. É claro que, à vista da sistematização constitucional, tem-se de registrar que, *de lege lata*, a *contribuição de melhoria* compõe uma figura não subsumível na *rotulação de taxas* (pois a Constituição reservou essa *denominação* para os tributos de serviços públicos e de polícia). O mesmo se deve dizer do *pedágio*, que não se confunde com taxa *de polícia* nem com taxa *de serviço*, conforme assinalamos linhas atrás. Isso não impede que, em teoria, ambos – contribuição de melhoria e pedágio – sejam inseridos numa acepção mais ampla de taxa.

À margem da tipologia de tributos, sem, portanto, classificar-se entre eles, os preços públicos podem ser alternativas para a contraprestação voluntária (não compulsória) de serviços públicos prestados pelo Estado ou pela utilização de rodovias conservadas pelo Poder Público, substituindo a figura da taxa de serviço ou a da taxa de utilização de via pública (pedágio).

4.9.3. Contribuições

Um terceiro grupo de tributos é composto pelas exações cuja tônica não está nem no objetivo de custear as funções *gerais* e indivisíveis do Estado (como ocorre com os *impostos*) nem numa *utilidade divisível produzida pelo Estado e fruível pelo indivíduo* (como ocorre com os tributos conhecidos como taxa de polícia, taxa de serviço, pedágio e contribuição de melhoria, que reunimos no segundo grupo).

A característica peculiar do regime jurídico deste terceiro grupo de exações está na *destinação a determinada atividade*, exercitável por *entidade estatal ou paraestatal, ou por entidade não estatal reconhecida pelo Estado como necessária ou útil à realização de uma função de interesse público*. Nesse grupo se incluem as contribuições sociais, as contribuições de intervenção no domínio econômico e as contribuições de interesse de categorias profissionais ou econômicas (CF, art. 149), bem como as contribuições para custeio de previdência de servidores dos Estados, Distrito Federal e Municípios (art. cit., § 1º) e a contribuição destinada ao custeio do serviço de iluminação pública (CF, art. 149-A, acrescido pela EC n. 39/2002).

Têm-se aqui *atividades específicas* (do Estado ou de outras entidades) em que a nota da *divisibilidade* (em relação aos indivíduos) *não é relevante* para a caracterização da figura tributária específica. Ou seja, a atividade a cuja execução se destina a receita arrecadada não é necessariamente referível ao contribuinte, embora *possa* sê-lo, em maior ou menor grau, atualmente ou no futuro, efetiva ou eventualmente. Vale dizer, a existência ou não dessa referibilidade (da atividade ao contribuinte) é um dado *acidental* (que pode ou não estar presente) e não *essencial* (ou seja, não indispensável na identificação da exação). O que sobressai é a destinação do tributo àquela atuação específica.

Não atentar para o caráter *acidental* dessa "contrapartida" é que tem levado a considerar certas exações como figuras anfíbias, que ora são uma coisa (imposto) ora outra (taxa), o que, por si, já seria um indicador de que não devem ser nem uma coisa nem outra.

Aliás, a afirmação de que, por exemplo, a contribuição previdenciária seria *taxa de serviço* (para o trabalhador) e *imposto* (para o empregador) não se harmoniza com o próprio conceito legal de taxa de serviço. Se, no dizer do art. 77 do Código Tributário Nacional, *o fato gerador dessa taxa é a utilização do serviço público*, como sustentar que a contribuição do trabalhador é taxa, se o fato gerador dessa contribuição é o *trabalho remunerado* e não a *atuação do Estado*?

Com efeito, a lei não define como fato gerador da contribuição previdenciária a circunstância de alguém usar ou ter à sua disposição os benefícios da seguridade social. Quem executa trabalho remunerado é que pratica o fato gerador da contribuição.

O mesmo ocorre, noutro exemplo, com a contribuição social das pessoas referidas no § 8º do art. 195 da Constituição, cujo fato gerador é a *comercialização da produção* rural ou pesqueira. Ora, a comercialização também *não é atividade do Estado*; portanto, não faria sentido procurar, aí, por uma *taxa*.

Já vimos que o critério de classificação dos tributos à vista do *fato gerador* (CTN, art. 4º) é insuficiente para a determinação da natureza específica das contribuições em tela. Haja vista o tratamento fragmentário que a Constituição deu, no setor das contribuições, ao fato gerador e ao sujeito passivo dessas contribuições. Não é pelo fato gerador que se há de examinar a natureza específica desses tributos. A contribuição do empregado à previdência, ainda que tenha por base de cálculo o seu salário, não é imposto de renda, assim como a contribuição do empregador sobre o faturamento não é IPI, nem ICMS nem ISS; da mesma forma, a apurada sobre o lucro não é imposto de renda, nem a contribuição sobre a comercialização da produção rural ou pesqueira (art. 195, § 8º) é imposto sobre a produção ou circulação.

A *referibilidade ao indivíduo que contribui* também não é critério especificador das contribuições, ou seja, os indivíduos a que a atuação estatal se destina não são necessariamente os contribuintes. Por exemplo, os grupos de indivíduos destinatários da seguridade social, financiada com contribuições sociais (CF, art. 195), assumem diversas configurações: os aposentados, os carentes, os idosos etc., sem que, necessariamente, esses beneficiários tenham contribuído para o sistema de seguridade.

É a circunstância de as contribuições terem *destinação específica* que as diferencia dos impostos, enquadrando-as, pois, como tributos afetados à execução de uma atividade estatal ou paraestatal específica, que pode *aproveitar ou não ao contribuinte*, vale dizer, a referibilidade ao contribuinte não é inerente (ou essencial) ao tributo, nem o fato gerador da contribuição se traduz na fruição de utilidade fornecida pelo Estado. Marco Aurélio Greco compara as contribuições com os impostos e taxas; liga o imposto ao *poder de império* do Estado; conecta a taxa com a ideia de *benefício* (que alguns referem como *contraprestação*); e associa as contribuições ao "conceito de *solidariedade* em relação aos demais integrantes de um grupo social ou econômico, em função de certa finalidade"[121].

Também por essas razões não pode ser incluída nesse grupo, *a despeito de seu "nomen juris", a contribuição de melhoria*, em relação à qual a *referibilidade* ao contribuinte é *necessária*: ou seja, só há fato gerador da contribuição de melhoria se a propriedade *do contribuinte* for valorizada em decorrência da obra pública.

Além das contribuições *sociais*, esse grupo de tributos abrange, como já antecipamos, as exações que instrumentam a intervenção do Estado no domínio econômico (*contribuições econômicas*), também caracterizadas pela destinação a uma atividade específica do Estado, de finalidade regulatória (sem visar diretamente a fins arrecadatórios).

Abarca, igualmente, os tributos que se destinam a financiar a atividade de certas entidades não estatais, que exercem funções reputadas de interesse público, como os conselhos profissionais (*contribuições corporativas*), previstas, como as anteriores, no art. 149 da Constituição. As contribuições de interesse de categorias profissionais ou econômicas não podem, a exemplo das contribuições sociais, ser classificadas como impostos ou taxas federais. Assim, por exemplo, a contribuição do advogado à Ordem dos Advogados do Brasil não é imposto (sobre serviços), nem taxa.

121. *Contribuições*, cit., p. 83.

Por fim, temos aí a contribuição destinada ao custeio do serviço de iluminação pública, prevista no art. 149-A da Constituição (acrescido pela EC n. 39/2002).

As contribuições podem ser subdivididas, à vista das especificidades nas quais se ponha relevo para o efeito de discriminá-las. Se a nota da *destinação* lhes dá certa unicidade, as diferentes *destinações* permitem estremar suas espécies.

4.9.4. Empréstimos compulsórios

Finalmente, temos o quarto grupo, que é o dos *tributos restituíveis* (*empréstimos compulsórios*), cuja presença numa catalogação à parte se justifica mercê do *regime jurídico* que lhe é conferido. Em primeiro lugar, essa exação não configura *receita*, vale dizer, não é um ingresso definitivo de recursos nos cofres do Estado, em face de sua restituibilidade.

Por outro lado, não nos parece que contribua, para caracterizar juridicamente a figura, dizer, como se tem dito, que ela pode ser imposto, ou taxa, ou contribuição de melhoria, conforme o respectivo fato gerador se traduza num fato independente de atuação estatal específica relativa ao contribuinte, na prestação de serviço ou exercício do poder de polícia, ou na realização de obra pública.

Identificada, no fato gerador deste ou daquele empréstimo compulsório, uma dessas caracterizações, isso traduzirá apenas *uma nota de semelhança* entre as duas espécies, insuscetível, porém, de reduzir as duas exações comparadas a uma única categoria.

Se a União, *obedecido o regime jurídico constitucional aplicável à espécie*, instituir empréstimo compulsório sobre a venda de bens móveis e imóveis, não se dirá que foi criado um imposto de circulação de mercadorias (que é estadual), híbrido de imposto sobre a transmissão onerosa de imóveis (que é municipal). Ter-se-á criado um *empréstimo compulsório*, categoria específica de tributo, cuja legitimidade dependerá do respeito ao regime jurídico *próprio dessa espécie* (motivação, veiculação por lei complementar etc.) e ao regime jurídico geral dos tributos (legalidade, isonomia etc.). Do mesmo modo, se a União instituir empréstimo compulsório cujo fato gerador seja, por exemplo, a expedição de passaporte, não se tratará de taxa de polícia (não obstante a presença de uma *nota de semelhança* com essa espécie), devendo a exação obedecer ao regime jurídico constitucional aplicável aos empréstimos compulsórios, e não ao de taxa de polícia (que não requer lei complementar, nem motivação de calamidade etc.). Ausente qualquer elemento que deva integrar a configuração constitucional específica do empréstimo compulsório, a exação será inconstitucional, sendo despicienda a alegação, no exemplo dado, de que, como taxa de polícia, ela não precisaria ter obedecido a esta ou àquela prescrição constitucional pertinente aos empréstimos compulsórios.

Esse esboço de tipificação (como, de resto, as considerações anteriores) presta-se a realçar as dificuldades da classificação das espécies tributárias, dado que alguma ou algumas das notas que caracterizam uma espécie podem figurar noutra.

Certo estava, pois, Aliomar Baleeiro ao afirmar, com apoio em Einaudi, que as classificações, em geral, mal disfarçam seu conteúdo arbitrário, em razão da dificuldade de estremar os caracteres específicos das supostas "espécies", que, muitas vezes, são formas híbridas e consociações, em que ora prepondera um, ora outro, dos diversos elementos formadores[122]. Porém, "quaisquer que se mostrem as dificuldades e defeitos das classificações, estas são necessárias, quer do ponto de vista científico, quer do ponto de vista da aplicação prática"[123].

Essa advertência de Aliomar Baleeiro continua atual, quando se verifica a proliferação de "contribuições", que (tal qual as espúrias "taxas" do passado) se têm prestado a abusos que ficam evidentes se se atenta para a circunstância, *constitucionalmente relevante*, de que essas espécies tributárias têm um regime jurídico que lhes é peculiar e que, necessariamente, tem de ser obedecido.

5. OUTRAS CLASSIFICAÇÕES DE TRIBUTOS

A doutrina (especialmente os financistas) tem apresentado várias classificações dos tributos (ou de suas espécies), sob critérios diversos, nem sempre jurídicos, mas indicadores, frequentemente, de algum peculiar tratamento *jurídico*, o que justifica seu exame, ainda que sumário[124].

---

122. *Uma introdução*, cit., p. 91 e 119.

123. *Uma introdução*, cit., p. 120.

124. José Joaquim Teixeira Ribeiro, ao cuidar dos impostos, aborda diversas especificidades que eles podem apresentar: impostos extrafiscais, reais, pessoais, diretos, indiretos etc. (*Lições*, cit., p. 213 e s.); *v.*, também, Lucien Mehl (*Elementos*, cit., p. 95 e s.); Aliomar Baleeiro (*Uma introdução*, cit., p. 262 e s.); Jose Juan Ferreiro Lapatza (*Curso*, cit., p. 243 e s.); Pedro Soares Martínez (*Manual*, cit., p. 43 e s.); António Braz Teixeira (*Princípios*, cit., p. 55 e s.).

Em geral, os *impostos* são a espécie tributária que mais dá ensejo a classificações, que, por vezes, se reportam, genericamente, aos *tributos*.

Os tributos dizem-se *federais*, *estaduais* ou *municipais*, conforme pertençam à competência da União (por exemplo, o imposto de importação), dos Estados (por exemplo, o ICMS) ou dos Municípios (por exemplo, o ISS).

Os tributos ditos "estaduais" são também conferidos ao Distrito Federal (CF, art. 155), ou, nos Territórios Federais, à União (art. 147). Os impostos "municipais", por sua vez, são igualmente atribuídos ao Distrito Federal ou, nos Territórios Federais, à União (art. 147). Já referimos anteriormente a técnica inconsistente da Constituição, a propósito da competência tributária do Distrito Federal: no art. 155, ele aparece juntamente com os Estados; no art. 156, figuram só os Municípios, embora a competência seja também do Distrito Federal, consoante a Constituição optou por dizer noutro dispositivo (art. 147).

Conforme o sujeito ativo da obrigação tributária seja ou não o Estado (União, Estados-membros, Distrito Federal ou Municípios), o tributo diz-se *fiscal* ou *parafiscal*; o imposto de renda é um tributo fiscal; a contribuição à Ordem dos Advogados do Brasil é tributo parafiscal.

Segundo o objetivo visado pela lei de incidência seja (a) prover de recursos a entidade arrecadadora ou (b) induzir comportamentos, diz-se que os tributos têm *finalidade arrecadatória (ou fiscal) ou finalidade regulatória (ou extrafiscal)*. Assim, se a instituição de um tributo visa, precipuamente, a abastecer de recursos os cofres públicos (ou seja, a finalidade da lei é *arrecadar*), ele se identifica como tributo de finalidade arrecadatória. Se, com a imposição, não se deseja arrecadar, mas estimular ou desestimular certos comportamentos, por razões econômicas, sociais, de saúde etc., diz-se que o tributo tem finalidades *extrafiscais* ou regulatórias[125]. A extrafiscalidade, em maior ou menor grau, pode estar presente nas várias figuras impositivas.

Têm, tipicamente, a configuração de tributos regulatórios os impostos sobre o comércio exterior.

---

125. Dejalma de Campos sublinha que a extrafiscalidade desenvolve-se não só por intermédio da imposição tributária como também por isenções, imunidades e incentivos que procuram estimular atividades de interesse público (*Direito financeiro e orçamentário*, p. 62).

Rubens Gomes de Sousa chama de parafiscais os tributos de finalidade regulatória, utilizando em duplo sentido a noção de parafiscalidade[126]. A expressão "tributo fiscal" pode ser aceita tanto para designar o oposto de *extrafiscal* como o contrário de *parafiscal*, mas parece-nos que essas duas expressões devem ser empregadas com acepções específicas.

Outra classificação dos tributos, que os separa em *reais* ou *pessoais*, depende de se verificar se predominam características *objetivas* ou *subjetivas* na configuração do fato gerador. Se o tributo leva em consideração aspectos pessoais do contribuinte (nível de renda, estado civil, família etc.), ele se diz *pessoal*. *Real* será o tributo que ignore esses aspectos. Frequentemente combinam-se, na mesma espécie tributária, características pessoais ou subjetivas e características materiais ou objetivas. O imposto de renda é típico imposto pessoal, embora, em algumas hipóteses, apresente caráter real (por exemplo, no caso de rendimentos de residentes no exterior, em que o imposto incide exclusivamente na fonte, abstraindo, em regra, as condições pessoais do beneficiário). O imposto de transmissão de imóveis já é exemplo de imposto real.

Uma classificação, de fundo econômico, mas com reflexos jurídicos, é a que divide os tributos em *diretos* e *indiretos*. Os primeiros são devidos, "de direito", pelas mesmas pessoas que, "de fato", suportam o ônus do tributo; é o caso do imposto de renda. Os indiretos, ao contrário, são devidos, "de direito", por uma pessoa (dita "contribuinte de direito"), mas suportados por outra ("contribuinte de fato"): o "contribuinte de direito" recolhe o tributo, mas repassa o respectivo encargo financeiro para o "contribuinte de fato"; os impostos que gravam o consumo de bens ou serviços (IPI, ICMS, ISS) estariam aqui incluídos.

É preciso ter cautela com essa rotulagem. Juridicamente, todo contribuinte é *de direito*, pois é a *lei* que o define. Conforme, numa análise já de conteúdo econômico, o ônus seja ou não por ele suportado, é que se dirá se há ou não a figura do contribuinte de fato, como personagem diversa.

Essa classificação é fonte de incertezas, pois não raras vezes tributos ditos "indiretos" não são repassados a terceiros, mas suportados pelo próprio contribuinte de direito. Por outro lado, é difícil encontrar um tributo dito "direto" que não possa, por algum mecanismo, ser "embutido" no preço de bens ou serviços e, portanto, "repassado" a terceiros.

---

126. *Compêndio*, cit., p. 174.

Dividem-se, ainda, os tributos em *fixos* e *variáveis*. Chamam-se *fixos* os tributos cujo montante independe da maior ou menor dimensão econômica do fato gerador. Paga-se certa quantia (fixa), por exemplo, em diversas hipóteses de incidência do ISS, sem verificar o volume ou o preço dos serviços prestados. É, porém, *variável* ou *proporcional* o IPI, cujo montante varia de acordo com o maior ou menor valor da operação tributada[127]. O mesmo imposto pode assumir, conforme a modalidade de incidência, uma ou outra qualificação: o ISS, por exemplo, nas incidências em que leve em conta o preço do serviço, é variável.

Os tributos podem ser *regressivos* e *progressivos*. Denominam-se *regressivos* quando sua onerosidade relativa cresce na razão inversa do crescimento da renda do contribuinte. E *progressivos* se a onerosidade relativa aumenta na razão direta do crescimento da renda. Suponha-se que o indivíduo "A" pague (como contribuinte de direito ou de fato) 10 de imposto ao adquirir o produto X, e tenha uma renda de 1.000; o imposto representa 1% de sua renda. Se esta subisse para 2.000, aquele imposto passaria a significar 0,5% da renda, e, se a renda caísse para 500, o tributo corresponderia a 2%. Assim, esse imposto é regressivo, pois, quanto menor a renda, maior é o ônus *relativo*.

Tanto os impostos fixos quanto os variáveis (como o IPI, o ICMS) são, em regra geral, regressivos.

Dissemos que, nos *impostos progressivos*, a onerosidade relativa *aumenta* na medida do crescimento da renda. É esse o caso típico do imposto de renda das pessoas físicas, que não é mero tributo *variável* ou *proporcional*, mas um tributo *progressivo*. Não apenas quem ganha mais paga mais, mas paga *progressivamente* mais. Se alguém tem renda de 100, paga, por hipótese, 10; mas, se sua renda cresce para 200, ele não paga 20 e sim, por exemplo, 30, porque sobre a nova porção de renda foi maior o quinhão destinado aos cofres públicos.

Há *tributos seletivos* e *não seletivos*. Os tributos *seletivos* têm as suas alíquotas graduadas para onerar mais gravosamente os bens menos essenciais (supérfluos, de luxo, ou de consumo suntuário) e mais brandamente os bens essenciais (que podem até, em razão da essencialidade, ficar no campo da não incidência); atentam, pois, para a maior ou menor essencialidade do bem. É o caso do IPI.

---

127. Como veremos em capítulo posterior, ao tratar da capacidade contributiva, a doutrina discute a legitimidade dos tributos fixos.

Os *não seletivos* abstraem, em regra, essa preocupação. É o que se dá com o ICMS, por exemplo, embora ele possa, por exceção, atuar seletivamente.

Consoante grave apenas uma das fases do processo produtivo, ou mais de uma delas, o tributo diz-se *monofásico* (tal qual ocorre com o IOF sobre ouro) ou *plurifásico* (a exemplo do IPI ou do ICMS).

A classificação dos tributos em *cumulativos* e *não cumulativos* diz respeito à técnica de aplicação dos tributos multifásicos; os cumulativos incidem em várias fases de circulação do bem, sem se computar ou sem se deduzir o valor que já incidiu nas fases anteriores.

Não cumulativo é o tributo que, em cada fase, incide apenas sobre o valor que nela se agregou, ou grava todo o valor acumulado do bem, descontando-se, porém, o valor que já gravou as fases anteriores (por exemplo, o IPI e o ICMS).

Em função das características do fato gerador, os impostos podem ser classificados em diferentes categorias conforme gravem a *renda*, a *circulação* e o *patrimônio*. Os impostos gravam manifestações de riqueza (situações reveladoras de capacidade contributiva) tomadas em vários momentos: naquele em que a riqueza ingressa no patrimônio do beneficiário (imposto de renda), naquele em que a riqueza é gasta (impostos que oneram o consumo ou a circulação de riqueza), ou enquanto a riqueza permanece integrando o patrimônio do contribuinte (impostos sobre o patrimônio).

O Código Tributário Nacional, na vigência do sistema tributário anterior, engendrou classificação, com base em critério análogo, discriminando: a) impostos sobre o comércio exterior (importação e exportação); b) impostos sobre patrimônio e renda (que incluem os impostos sobre a propriedade imobiliária e sobre a transmissão dessa propriedade, além do imposto de renda; c) impostos sobre a produção e circulação (IPI, ICM, IOF, ISS); e d) impostos "especiais" (que englobavam os antigos "impostos únicos" e os impostos extraordinários de guerra). Essa classificação precisaria ser revista em face do atual sistema tributário constitucional, além de merecer reexame de suas próprias premissas.

Os impostos de transmissão de *imóveis* são usualmente classificados como impostos sobre o *patrimônio*, enquanto os de transmissão de bens *móveis* são geralmente batizados como impostos de *circulação*. Não há lógica nessa distinção. Num caso, trata-se de patrimônio *imóvel*; no outro, o patrimônio é *móvel*; em ambos, porém, há *patrimônio* (que circula) e *circulação* (de bens patrimoniais).

Os impostos de guerra, bem como os impostos de competência residual, não podem ser enquadrados nessa classificação (baseada na natureza da situação que configura o fato gerador), pela boa razão de que a Constituição não identifica os respectivos fatos geradores.

As classificações aqui referidas, como de início se alertou, devem ser vistas com cautela, mas não se pode ignorá-las, pois seu exame irá, frequentemente, informar a aplicação dos princípios constitucionais tributários (como o da capacidade contributiva), além de se prestar à compreensão do regime jurídico constitucional de certos tributos (a progressividade do imposto de renda, o caráter pessoal do imposto de renda, a não cumulatividade do IPI e do ICMS, a seletividade do IPI, a incidência monofásica do IOF sobre ouro etc.).

Capítulo III

A Competência Tributária

Sumário: 1. Discriminação constitucional de rendas. 2. Classificação da competência tributária. 3. Critérios de partilha da competência tributária. 4. Exercício da competência tributária. 5. Conceitos de outros ramos do direito usados na definição da competência tributária. 5.1. O sentido léxico e a definição da competência tributária.

1. DISCRIMINAÇÃO CONSTITUCIONAL DE RENDAS

Numa Federação, especialmente na brasileira, em que mesmo os Municípios têm sua esfera própria de atribuições exercidas com autonomia, a Constituição preocupa-se com prover de recursos os vários entes políticos – União, Estados, Distrito Federal e Municípios – a fim de que cada qual possa atender aos seus respectivos dispêndios.

No que respeita às receitas (ou, mais genericamente, aos ingressos) de natureza tributária, optou a Constituição por um sistema misto de *partilha de competência* e de *partilha do produto da arrecadação*. No primeiro mecanismo – que mais de perto vai interessar-nos – *o poder de criar tributos* é repartido entre os vários entes políticos, de modo que cada um tem competência para impor prestações tributárias, dentro da esfera que lhe é assinalada pela Constituição.

Temos assim a *competência tributária* – ou seja, a *aptidão para criar tributos* – da União, dos Estados, do Distrito Federal e dos Municípios. Todos têm, dentro de certos limites, o poder de criar determinados tributos e definir seu alcance, obedecidos os critérios de partilha de competência estabelecidos pela Constituição. A competência engloba, portanto, um amplo poder político no que respeita a decisões sobre a própria criação do tributo e sobre a amplitude da incidência, não obstante o legislador esteja submetido a vários balizamentos, que estudaremos no capítulo seguinte.

No segundo mecanismo, o *produto da arrecadação de determinados tributos*, instituídos por certo ente político, não é por este apropriado, ou não é por ele totalmente apropriado, mas partilhado com outros entes políticos. Desse modo, as decisões sobre o nível de incidência dependem do ente político titular da competência; mas a arrecadação resultante das leis que ele editar não lhe pertence integralmente, pois é partilhada.

Quanto aos *tributos federais*, prevê a Constituição a partilha do imposto sobre operações de crédito, câmbio, seguro, ou relativas a títulos ou valores mobiliários (IOF), do imposto sobre a renda e proventos de qualquer natureza (IR), do imposto sobre produtos industrializados (IPI), do imposto sobre a propriedade territorial rural (ITR) e de impostos novos que a União venha a criar com apoio no art. 154, I, além da contribuição para intervenção no domínio econômico.

O IOF incidente sobre ouro, quando definido como ativo financeiro ou instrumento cambial, é totalmente repassado, cabendo 30% para o Estado, o Distrito Federal ou o Território de origem, e 70% para o Município de origem (art. 153, § 5º).

O IR incidente sobre rendimentos pagos, a qualquer título, pelos Estados, pelo Distrito Federal ou pelos Municípios, por suas autarquias e por fundações que instituírem e mantiverem, pertence aos Estados, ao Distrito Federal ou aos Municípios, respectivamente (arts. 157, I, e 158, I).

Vinte por cento do que a União arrecadar com impostos novos, que pode criar nos termos do art. 154, I, pertencem aos Estados e Distrito Federal (art. 157, II).

Aos Municípios pertencem, ainda, 50% do produto do ITR, ou sua totalidade, se exercida a opção de que trata o art. 153, § 4º, III (art. 158, II, com a redação da EC n. 42/2003).

Do produto do IR (que remanescer após a destinação prevista nos arts. 157, I, e 158, I) e do IPI, parcela substancial (47%) é entregue pela União para fundos de participação dos Estados, Distrito Federal e Municípios e programas de financiamento regionais (art. 159, I, e § 1º).

Do IPI há, ainda, a destinação de 10% aos Estados e ao Distrito Federal, na proporção de suas exportações de produtos industrializados (art. 159, II); 25% do valor atribuído aos Estados são repassados para os Municípios (art. 159, § 3º).

Aos Estados e ao Distrito Federal cabem 29% do produto da arrecadação da contribuição sobre intervenção no domínio econômico relativa às atividades de importação ou comercialização de petróleo e seus derivados, gás natural e seus derivados e álcool combustível (art. 159, III, acrescido pela EC n. 42/2003, com a redação dada pela EC n. 44/2004); do montante que couber ao Estado, 25% serão repassados a seus Municípios (art. 159, § 4º, acrescido pela EC n. 42/2003).

Quanto aos *impostos estaduais*, há o rateio do produto da arrecadação do imposto sobre a propriedade de veículos automotores (IPVA), cabendo 50% aos Municípios (art. 158, III).

O mesmo ocorre com o produto da arrecadação do imposto sobre operações relativas à circulação de mercadorias e sobre prestações de serviços de transporte interestadual e intermunicipal e de comunicações (ICMS), do qual 25% pertencem aos Municípios (art. 158, IV).

2. CLASSIFICAÇÃO DA COMPETÊNCIA TRIBUTÁRIA

Numa classificação com alguma utilidade didática, mas sem rigor científico, a doutrina costuma discriminar três modalidades de competência tributária: *privativa, residual* e *comum*[1].

Designa-se *privativa* a competência para criar *impostos* atribuída com *exclusividade* a este ou àquele ente político; assim, o imposto de importação seria de competência privativa da União; o ICMS pertenceria à competência privativa dos Estados e do Distrito Federal; o ISS comporia a competência privativa dos Municípios e do Distrito Federal. Diz-se *residual* a competência (atribuída à União) atinente aos outros *impostos* que podem ser instituídos sobre situações não previstas. Seria *comum* a competência (referente às *taxas* e *contribuição de melhoria) atribuída a todos os entes políticos*: União, Estados, Distrito Federal e Municípios.

Paulo de Barros Carvalho, com o argumento de que a União, em caso de guerra, pode impor tributos que seriam "privativos" dos Estados, do Distrito Federal e dos Municípios, defende que "impostos privativos existem somente os da União"[2].

Na verdade, no plano dos impostos da União, além de sua competência *ordinária*, há, em caso de guerra, uma competência *extraordinária*, com base na qual, a par dos impostos ditos "*privativos*" da União, e dos que ela possa criar no campo *residual*, lhe é autorizado estabelecer impostos que, *ordinariamente*, pertencem à competência dos outros entes políticos (CF, art. 154, II).

A classificação referida no início deste tópico, como já adiantamos, não possui rigor científico. Não se pode contrapor a competência *privativa*

1. Antônio Roberto Sampaio Dória, *Discriminação*, cit., p. 20; Dejalma de Campos, *Direito financeiro*, cit., p. 63; Adilson Rodrigues Pires, *Manual de direito tributário*, p. 6-7.

2. *Curso*, cit., p. 143.

à *residual*. A ideia de competência residual opor-se-ia à de competência *arrolada, descrita, partilhada, identificada*: as situações que não tenham sido *nomeadamente* atribuídas a nenhum dos entes políticos formam o resíduo, o resto, o campo remanescente ou *residual*. Ora, se esse campo remanescente (de situações idôneas a servir de suporte à incidência de impostos) pertence *com exclusividade* à União, a competência aí exercitada poderia dizer-se *privativa* da União, adjetivação que a faria confundir-se com a outra "espécie" de competência, de que deveria diferenciar-se.

A distinção entre competência *privativa* e *comum* também se apoia em conceitos fluidos, e pode sugerir a conclusão equivocada de que, por oposição à zona da competência *privativa,* pudesse haver algum setor em que o poder de tributar fosse "comum", ou seja, uma área em que todos os entes políticos tivessem aptidão para criar tributos, que se superporiam uns aos outros[3]. Ora, não obstante se diga que a taxa seja tributo da competência *comum*, é inegável que, em relação aos serviços públicos *municipais* ou ao exercício do poder de polícia *dos Municípios*, a competência para instituir taxas é *privativa dos Municípios*. Ou seja, a competência para impor taxa só se pode dizer *comum* no sentido de que essa *espécie de tributo* é instituível pelos vários entes públicos titulares de competência tributária. Considerações análogas são aplicáveis à contribuição de melhoria: *como espécie de tributo*, ela é instituível pelos diversos titulares do poder de tributar. Mas isso ocorre também com os *impostos*, que, *como espécie de tributo*, são da mesma forma instituíveis pelos vários entes públicos titulares de competência tributária, e nem por isso se diz que os *impostos* são tributos da competência *comum*.

3. CRITÉRIOS DE PARTILHA DA COMPETÊNCIA TRIBUTÁRIA

Para compreender a partilha da competência tributária na Constituição é preciso ter presentes as especificidades das diferentes figuras tributárias.

Para os tributos cuja exigência depende de determinada *atuação estatal*, referível ao contribuinte, o *critério de partilha* se conecta com essa atuação: a pessoa política (União, Estado, Distrito Federal ou Município) que a estiver desempenhando legitimamente tem competência para cobrar o tributo (taxa de polícia, taxa de serviço público, pedágio ou contribuição de melhoria). Se se tratar de contribuição de melhoria relativa a obra federal, a

3. Hugo de Brito Machado também não simpatiza com a noção de competência comum (*Curso*, cit., p. 196).

competência é da União. Se o Estado exerce o poder de polícia em certa hipótese, dele é a competência. Ou seja, o exercício da competência, nessas situações, fundamenta-se na *prestação* que lastreia o tributo (serviço público, poder de polícia, via pública que o Poder Público conserva e o indivíduo utiliza, ou realização de obra pública que valorize a propriedade do indivíduo).

Quanto aos tributos que *não dependem de determinada atuação do Estado* (como se dá, em geral, com os impostos), o *critério de partilha* se apoia na *tipificação* de *situações materiais* ("fatos geradores") que servirão de suporte para a incidência. É certo, porém, que a discriminação de situações materiais sobre as quais podem incidir impostos não é aleatória. Os impostos de função regulatória (utilizados para induzir comportamentos no domínio socioeconômico) foram atribuídos, como veremos a seguir, à União. Impostos com finalidade predominantemente fiscal foram partilhados entre União, Estados e Municípios, cabendo a estes (Estados e Municípios) impostos com características mais locais, sobre a propriedade ou a transmissão de bens patrimoniais e circulação de mercadorias e serviços, reservada, porém, para a União competência para tributar grandes patrimônios (com o imposto sobre grandes fortunas).

Nessa ordem de ideias, a Constituição outorgou à União competência para criar impostos sobre as situações materiais prefiguradas no art. 153:

I – importação de produtos estrangeiros;

II – exportação, para o exterior, de produtos nacionais ou nacionalizados;

III – renda e proventos de qualquer natureza;

IV – produtos industrializados;

V – operações de crédito, câmbio e seguros ou relativas a títulos ou valores mobiliários;

VI – propriedade territorial rural; e

VII – grandes fortunas.

Aos Estados e ao Distrito Federal atribuiu a aptidão para instituir impostos sobre as situações descritas no art. 155:

I – transmissão *causa mortis* e doação de quaisquer bens ou direitos;

II – operações relativas à circulação de mercadorias e sobre prestações de serviços de transporte interestadual e intermunicipal e de comunicação, ainda que as operações e as prestações se iniciem no exterior; e

III – propriedade de veículos automotores.

Conferiu, por fim, aos Municípios e ao Distrito Federal o poder de imposição sobre as situações relacionadas no art. 156:

I – propriedade predial e territorial urbana;

II – transmissão *inter vivos*, a qualquer título, por ato oneroso, de bens imóveis, por natureza ou acessão física, e de direitos reais sobre imóveis, exceto os de garantia, bem como cessão de direitos a sua aquisição; e

III – serviços de qualquer natureza, não compreendidos no art. 155, II.

A chamada competência *residual*, para a instituição de outros *impostos*, traduz aplicação da mesma técnica, que partilha situações materiais (fatos geradores) sobre as quais o imposto pode ser criado. Arrolados os *tipos* atribuídos a cada um dos entes políticos, os tipos *remanescentes* (residuais) são atribuídos à competência da União (art. 154, I). Ou seja, também na chamada competência residual, temos fatos geradores não atrelados a uma atividade estatal específica dirigida ao contribuinte. Porém, não são fatos expressamente listados, e sim outros não coincidentes com os ali descritos.

Desse modo, as situações materiais que ensejam a incidência de impostos da União (art. 153) *não compõem uma lista exaustiva.* Já as que possibilitam a criação dos impostos dos Estados, do Distrito Federal e dos Municípios são taxativamente indicadas (arts. 155 e 156)[4].

O critério de partilha de situações materiais para criação de impostos é excepcionado em caso de guerra ou sua iminência, atribuindo-se à União competência para criar "impostos extraordinários, compreendidos ou não em sua competência tributária" (CF, art. 154, II). A dicção constitucional é infeliz, pois encerra uma *contradictio in terminis*: é óbvio que os impostos extraordinários *estão compreendidos na competência tributária da União*; caso contrário, ela não os poderia instituir. O que a Constituição quis dizer é que a União, para criar tais impostos, não fica adstrita às situações materiais a ela normalmente atribuídas (nomeada ou residualmente), podendo, além dessas, tributar aquelas inseridas, ordinariamente, na competência dos Estados ou dos Municípios (por exemplo, circulação de mercadorias ou serviços de qualquer natureza).

Em suma, para os *impostos*, o critério utilizado pela Constituição é o da *partilha das situações materiais* passíveis de serem tributadas, por cada um dos entes políticos, com a ressalva – que acabamos de examinar – atinente aos impostos "de guerra".

---

4. Uma peculiaridade de sabor histórico, mas digna de nota, é o imposto de renda estadual, que os Estados e o Distrito Federal foram autorizados a instituir (para vigorar até 31-12-1995, conforme o art. 3º da EC n. 3/93), sob a feição de adicional do análogo imposto federal, nas incidências sobre "lucros, ganhos e rendimentos de capital" (CF, art. 155, II, na redação original). A eficácia da lei tributária estadual foi subordinada, no caso, ao prévio exercício, pela União, de sua competência (Luciano Amaro, Adicional do imposto de renda estadual, *CEFIR*, n. 285, p. 7).

Já no caso dos *empréstimos compulsórios*, nenhum dos critérios anteriores é operante, pois nem a Constituição indicou os possíveis fatos geradores dessas exações (o que permitiria utilizar a técnica empregada para os impostos), nem eles se atrelam a determinadas atuações estatais cuja consecução por esta ou aquela pessoa política pudesse ensejar a incidência.

Como vimos anteriormente, os empréstimos compulsórios conectam-se a situações que motivam sua criação e a cujo atendimento se destinam, mas a Constituição, dada a excepcionalidade dessas situações, quis reservá-los apenas à competência da União; por isso, a guerra, a calamidade ou o investimento público relevante e urgente não justificam empréstimos compulsórios *estaduais* ou *municipais*. A Constituição atribuiu essa figura à só competência da União, cujo exercício é balizado pelos aludidos motivos que legitimam a instituição do empréstimo.

No que respeita às *contribuições sociais*, às *contribuições econômicas* e às *contribuições corporativas* (art. 149 da CF), o critério de definição da competência tributária é mais complexo. A Constituição atrela a competência tributária à competência para regular ou executar as funções a cujo financiamento se destinam as contribuições. Como a maior parte das incumbências ligadas, por exemplo, à seguridade social e à regulação da economia, inclusive no que respeita às entidades que exercem funções de interesse público, cabe à União, esta é a destinatária da maioria das contribuições, que, não por acaso, se caracterizam por sua *destinação*.

Quanto às chamadas *contribuições sociais*, destinadas ao financiamento da seguridade social, o art. 195 arrola, *exemplificativamente*, as *situações materiais* que as podem comportar. O rol, nos incisos I a III e no § 8º do dispositivo, não é taxativo, pois o § 4º admite a instituição, *por lei*, de *outras fontes*, obedecido o disposto no art. 154, inciso I (ou seja, as contribuições sociais que incidam sobre "outras fontes" não podem ser cumulativas nem ter fato gerador ou base de cálculo próprios dos impostos discriminados na Constituição). Já frisamos, no capítulo anterior, no item relativo às contribuições sociais, econômicas e corporativas, que a lei mencionada no citado § 4º é a *lei ordinária* e não a *lei complementar*; registrando, porém, a opinião contrária de vários autores.

O que unifica essas contribuições de nuances diversas (com variados fatos geradores, contribuintes, bases de cálculo) é a destinação ao financiamento da seguridade social.

Os *Estados*, o *Distrito Federal* e os *Municípios* têm competência tributária restrita para a instituição de *contribuições sociais*, com contribuintes definidos (os respectivos servidores) e destinação expressa (custeio do regime previdenciário de que trata o art. 40 da Constituição em proveito desses servidores) (CF, art. 149, § 1º, renumerado pela EC n. 39/2002, e com nova redação dada pela EC n. 41/2003). Aí também é perceptível que a outorga da competência tributária acompanha a atribuição, ao ente político com ela aquinhoado, da função de implementar o citado regime previdenciário.

Por fim, na atribuição da competência para a instituição da contribuição de iluminação pública, o art. 149-A da Constituição (acrescido pela EC n. 39/2002) utilizou técnica similar: atribuiu a competência tributária exatamente aos entes políticos que têm a atribuição de implementar a iluminação pública a cujo financiamento se destina a contribuição. Vemos, aqui, mais uma vez, a nota geralmente presente nas contribuições, que as atrela a uma específica *destinação*.

4. EXERCÍCIO DA COMPETÊNCIA TRIBUTÁRIA

A Constituição não cria tributos; ela outorga *competência tributária*, ou seja, atribui *aptidão para criar tributos*. Obviamente, ainda que referidas na Constituição as notas que permitem identificar o perfil genérico do tributo (por exemplo, "renda", "prestação de serviços" etc.), a efetiva *criação de tributo* sobre tais situações depende de a competência atribuída a este ou àquele ente político ser exercitada, fazendo atuar o mecanismo formal (também previsto na Constituição) hábil à instituição do tributo: a lei.

Como regra, a *lei ordinária* é o veículo idôneo à criação ou instituição do tributo, e, por consequência, à sua eventual modificação ou revogação. Por isso, a competência tributária implica a competência para legislar, inovando o ordenamento jurídico, criando o tributo ou modificando sua expressão qualitativa ou quantitativa, respeitados, evidentemente, os balizamentos fixados na Constituição ou em outras normas que, nos termos de previsão constitucional, fixem os limites do campo possível de ser submetido à incidência pela lei criadora do tributo.

Não obstante o poder de legislar esteja implícito no poder de tributar (Quem dá os fins dá os meios!), o Código Tributário Nacional proclama desnecessariamente essa regra no seu art. 6º, ao estatuir que "a atribuição constitucional de competência tributária compreende a competência legislativa plena, ressalvadas as limitações contidas na Constituição Federal, nas Constituições dos Estados e nas Leis Orgânicas do Distrito Federal e dos Municípios, e observado o disposto nesta Lei".

E o parágrafo único arremata, noutro comando óbvio: "Os tributos cuja receita seja distribuída, no todo ou em parte, a outras pessoas jurídicas de direito público pertencem à competência legislativa daquela a que tenham sido atribuídos".

A competência tributável é *indelegável*. Ao destinatário da competência é dado não exercê-la, ou fazê-lo parcialmente (atingindo apenas parte do campo passível de sofrer a incidência), mas não lhe é permitido *transferir* (ou delegar) *a competência*. O princípio da indelegabilidade da competência tributária é afirmado pelo art. 7º do Código Tributário Nacional, nos termos seguintes: "A competência tributária é indelegável, salvo atribuição das funções de arrecadar ou fiscalizar tributos, ou de executar leis, serviços, atos ou decisões administrativas em matéria tributária, conferida por uma pessoa jurídica de direito público a outra, nos termos do § 3º do art. 18 da Constituição". A remissão é feita à Constituição de 1946, cujo texto (§ 3º do art. 18) não foi reproduzido na Constituição atual, o que não compromete, a nosso ver, a aplicação do dispositivo do Código Tributário Nacional. O inciso XXII do art. 37 da Constituição (acrescido pela EC n. 42/2003) estabelece que a administração tributária da União, dos Estados, do Distrito Federal e dos Municípios atuará de forma integrada, compartilhando cadastros e informações fiscais, na forma da lei ou convênio.

O art. 153, § 4º, III (na redação dada pela EC n. 42/2003), estabelece que o imposto territorial rural – ITR "será fiscalizado e cobrado pelos Municípios que assim optarem (*sic*), na forma da lei, desde que não implique redução do imposto ou qualquer outra forma de renúncia fiscal". A totalidade do produto da arrecadação do tributo pertencerá ao Município que fizer essa opção, em vez dos cinquenta por cento que, em regra, lhe caberiam (art. 158, II, com a redação da EC n. 42/2003).

As hipóteses ressalvadas no art. 7º do Código não são, propriamente, exceções à indelegabilidade, dado que não comportam o exercício de nenhuma atividade inovadora dos pressupostos legais definidores do tributo, mas apenas de funções de fiscalizar ou arrecadar os tributos, ou executar normas ou atos sobre matéria tributária, sem nenhum poder para modificar o alcance ou a expressão dos tributos. Mesmo na hipótese regulada nos citados arts. 37, XXII, e 153, § 4º, III, da Constituição, os Municípios não legislam, apenas fiscalizam e arrecadam, tanto que o último desses dispositivos veda que o Município reduza o imposto ou efetue qualquer outra forma de renúncia fiscal.

Como decorrência da demarcação constitucional das várias competências tributárias, é evidente que, no caso de o ente titular da competência deixar de exercê-la (por simples omissão ou por razões de política fiscal), essa inércia não transforma o campo reservado à sua competência em zona aberta à intromissão de outro poder tributante. "O não exercício da competência tributária (diz o art. 8º do CTN, noutra disposição ociosa) não a defere a pessoa jurídica de direito público diversa daquela a que a Constituição a tenha atribuído"[5].

5. CONCEITOS DE OUTROS RAMOS DO DIREITO USADOS NA DEFINIÇÃO DA COMPETÊNCIA TRIBUTÁRIA

Quando discutimos a questão da autonomia do direito tributário, vimos que um dos problemas subjacentes é o da possibilidade de alteração, para fins tributários, de conceitos de outros ramos do direito.

Não se nega que a *lei tributária* possa modificar o conceito dado pelo direito privado (ou, em regra, por qualquer outro ramo do direito). Por conseguinte, é lícito à lei tributária, por exemplo, equiparar a pessoa física à pessoa jurídica (o que, efetivamente, é feito, em dadas situações, pela lei do imposto de renda).

O que se veda à lei tributária é a modificação de conceitos que tenham sido utilizados por lei superior para a *definição da competência tributária*, se da modificação puder resultar *ampliação* da competência. Por isso, se a regra que outorga competência tributária (e, portanto, dá os contornos do campo sobre o qual é exercitável a competência) autoriza a tributação de *imóvel*, não pode o legislador tributário equiparar *móveis* a *imóveis*, para efeitos fiscais, sob pena de ampliar, ilegitimamente, sua esfera de competência. Já numa hipótese em que seja permitido ao legislador tributar, v. g., o ganho na venda de bens, nenhuma discussão de legitimidade haveria, caso, por exemplo, o legislador tributasse *imóveis* e declarasse equiparados a imóveis (para fins de tributação dos respectivos ganhos) os bens *móveis* com tais ou quais características (por exemplo, de valor superior a determinada cifra).

Essas considerações inspiraram o art. 110 do Código Tributário Nacional, que estabeleceu: "A lei tributária não pode alterar a definição, o conteúdo e o alcance de institutos, conceitos e formas de direito privado, utilizados, expressa ou implicitamente, pela Constituição Federal, pelas Constituições dos Estados, ou pelas Leis Orgânicas do Distrito Federal ou dos Municípios, para definir ou limitar competências tributárias".

O dispositivo permite duas ilações: a) em regra, não é vedado à *lei tributária* modificar institutos, conceitos e formas do direito privado; b) a

---

5. Aliomar Baleeiro anota, contudo, que esses preceitos (art. 8º e parágrafo único do art. 6º) decorrem de que "a experiência mostrou a necessidade de deixar-se expresso o óbvio" (*Direito*, cit., p. 72).

exceção diz respeito aos conceitos que tenham sido utilizados por lei superior para a *definição da competência.*

A restrição, portanto, atém-se à problemática de estabelecer as *fronteiras do campo em que poderá atuar a lei de incidência* de tal ou qual tributo.

Proíbe-se a alteração do conceito de direito privado *se disso resultar a ampliação da competência* para cuja definição foi o conceito utilizado. Se a alteração não ferir as fronteiras do campo de atuação possível da lei, não há questionamento a ser feito. Assim, se a norma que define a competência utiliza conceito que abrange o universo ocupado pelos fatos A + B + C, a lei que institui o tributo não pode elastecer o conceito para abranger o fato D, *mas pode reduzi-lo*, para excluir C. Disso não resulta afronta ao princípio que informa o art. 110 do Código Tributário Nacional.

O art. 110 do Código está *mal posicionado*. Trata-se não de regra de *interpretação ou integração* da legislação tributária (como pode sugerir o título do capítulo em que o artigo se insere), mas de preceito que sublinha as fronteiras da competência tributária. É, pois, dispositivo atinente à *definição da competência tributária*, dirigido ao *legislador*, e não preceito de *interpretação*, que pudesse destinar-se ao *aplicador* da lei tributária. Ademais, refere-se a conceitos de *direito privado*, mas a regra vale também para os conceitos de direito público que possam ser utilizados para definir a competência tributária.

Esse artigo do Código desempenha importante função didática, mas, na verdade, na sua ausência, não se poderia concluir em sentido diverso do que ele proclama expressamente[6].

5.1. O sentido léxico e a definição da competência tributária

A questão da vedação de mudança, pela *lei tributária*, de conceitos utilizados na definição da competência tributária (para *ampliá-la) não se esgota, porém, na singela proposição do art. 110 do Código Tributário Nacional*. Como desdobramento do mesmo princípio (segundo o qual a definição da competência não pode ser modificada pela lei mediante a qual essa competência é exercitada), resta também vedado à lei instituidora de

6. Luciano Amaro, Uso de las presunciones en derecho tributario, *Memória das Jornadas*, v. 1, p. 326.

tributo promover a alteração do *conceito léxico* de palavras utilizadas por norma superior para a definição da competência.

Por isso, a lei tributária não pode, por exemplo, ampliar o conceito de *veículo automotor*, utilizado para a definição da competência tributária estadual (CF, art. 155, I, *c*), para fazê-lo abranger, *v. g.*, bicicletas ou animais. Do mesmo modo que, se a Constituição, ao estabelecer regra de imunidade, veda a tributação de *periódicos*, não pode a lei tributária modificar o conceito de periódico para que ele compreenda, por exemplo, apenas a publicação hebdomadária. Observe-se que, aqui (no campo das imunidades), a *redução* do conteúdo ou do alcance do conceito importaria em *ampliação* inconstitucional da esfera de competência[7].

Como se vê, o art. 110 do Código Tributário Nacional explicita, na sua literalidade, *somente um dos ângulos da questão*. Não são apenas os *conceitos de direito privado* que a lei tributária não pode modificar, quando tais conceitos tenham sido empregados na definição da competência. Nenhum conceito (quer do direito privado, quer de direito público; quer seja conceito jurídico, quer seja conceito extraído do léxico) empregado na fórmula que delineia cada esfera de competência pode ser modificado pela *lei tributária*, para o efeito de *ampliar* essa esfera de competência.

---

7. Luciano Amaro, Uso de las presunciones..., *Memória das Jornadas*, cit., v. 1, p. 326.

Capítulo IV

Limitações do Poder de Tributar

Sumário: 1. As limitações do poder de tributar. 1.1. Limitações do poder de tributar em normas infraconstitucionais. 2. Princípios e normas de limitação do poder de tributar. 3. Princípio da legalidade tributária e tipicidade. 3.1. Reserva de lei formal e exceções. 4. Princípio da irretroatividade da lei tributária. 4.1. A irretroatividade relativa das leis. 4.2. A irretroatividade da lei tributária. 4.3. Irretroatividade e imposto de renda. 5. Princípio da anterioridade da lei tributária. 5.1. Anualidade e anterioridade. 5.2. Conteúdo do princípio da anterioridade. 5.3. Exceções ao princípio da anterioridade. 5.4. Imposto de renda, irretroatividade e anterioridade. 6. Princípio da isonomia ou igualdade tributária. 6.1. Princípio da uniformidade. 7. Princípio da capacidade contributiva. 7.1. Efetivação do princípio e respeito aos direitos individuais. 8. Princípio da vedação de tributo confiscatório. 9. Princípio da liberdade de tráfego. 9.1. Liberdade de tráfego e pedágio. 10. Princípio da transparência dos impostos. 11. Princípios e regras específicos de determinados impostos. 12. Princípios tributários decorrentes da ordem econômica. 13. Imunidades tributárias. 13.1. As imunidades na seção das "Limitações do Poder de Tributar". 13.2. Outras imunidades no sistema tributário constitucional. 13.3. Outras imunidades fora do sistema tributário constitucional. 14. Limitações de alíquotas. 15. Limitações quanto à base de cálculo. 16. Limitações à concessão de isenções e benefícios.

1. AS LIMITAÇÕES DO PODER DE TRIBUTAR

Vimos que os tributos são criados consoante a aptidão (competência tributária) que a Constituição Federal confere à União, aos Estados, ao Distrito Federal e aos Municípios.

Essa outorga de competência, obviamente, não é sem fronteiras. Além de buscar uma demarcação tanto quanto possível nítida das áreas de atuação de cada ente político, com a *partilha* da competência tributária, a Constituição fixa vários balizamentos, que resguardam valores por ela reputados relevantes, com atenção especial para os direitos e garantias individuais. O conjunto dos princípios e normas que disciplinam esses balizamentos da competência tributária corresponde às chamadas *limitações do poder de tributar*[1].

A face mais visível das limitações do poder de tributar desdobra-se nos *princípios constitucionais tributários* e nas *imunidades tributárias* (técnica por meio da qual, na definição do campo sobre que a Constituição autoriza a criação de tributos, se excepcionam determinadas situações, que ficam, portanto, *fora* do referido campo de competência tributária). Essa matéria é objeto de seção específica da Constituição (arts. 150 a 152), justamente com o título "Das Limitações do Poder de Tributar", no capítulo relativo ao Sistema Tributário Nacional.

Mas os limites do poder de tributar definidos pela Constituição não se esgotam nos enunciados aí contidos. Várias imunidades tributárias encontram-se dispostas *fora* da seção das "Limitações do Poder de Tributar". Requisitos formais ou materiais, limites quantitativos, características específicas deste ou daquele tributo permeiam todo o capítulo do Sistema Tributário Nacional, sendo ainda pinçáveis aqui ou ali, em normas esparsas de outros capítulos da Constituição, como o dos direitos e garantias individuais, da seguridade social e da ordem econômica.

Ademais, a Constituição abre campo para a atuação de *outros tipos normativos* (lei complementar, resoluções do Senado, convênios), que, em certas situações, também balizam o poder do legislador tributário na criação ou modificação de tributos, o que significa que *os limites da competência tributária não se resumem aos que estão definidos no texto constitucional.*

Esse complexo normativo *delimita* a competência, vale dizer, traça as fronteiras do campo em que é exercitável o poder de tributar.

O exercício do poder de tributar supõe o respeito às fronteiras do *campo material* de incidência definido pela Constituição e a obediência às demais normas constitucionais ou infraconstitucionais que complementam

---

1. *Limitações constitucionais ao poder de tributar* é o nome que Aliomar Baleeiro deu à sua obra clássica, cuja primeira edição é de 1951, na qual examina os princípios tributários, as imunidades e outros balizamentos constitucionais do poder de tributar. Um estudo sistemático do tema, com farta jurisprudência, é feito na obra de Humberto Ávila, *Sistema Constitucional Tributário*.

a demarcação desse campo e balizam o exercício daquele poder. Requer a conformação com os *princípios constitucionais tributários* e a adequação, quando seja o caso, aos *limites quantitativos* (alíquotas máximas ou mínimas) definidos na Constituição, em leis complementares ou em resoluções do Senado. Pressupõe, ainda, a *harmonia formal* com os modelos constitucionais de produção do direito: tributos (em regra) criam-se por lei ordinária; alguns, porém, demandam lei complementar para serem validamente instituídos; alguns podem ter alíquotas alteradas por ato do Executivo, enquanto outros (que formam a regra) só podem ser modificados por lei, inclusive no que respeita às suas alíquotas.

Desse modo, as chamadas "limitações do poder de tributar" integram o conjunto de traços que demarcam *o campo, o modo, a forma e a intensidade de atuação do poder de tributar* (ou seja, do poder, que emana da Constituição, de os entes políticos criarem tributos).

O que fazem, pois, essas limitações é *demarcar, delimitar, fixar fronteiras* ou *limites* ao exercício do poder de tributar. São, por conseguinte, instrumentos *definidores* (ou demarcadores) da *competência tributária dos entes políticos* no sentido de que concorrem para fixar o que pode ser tributado e como pode sê-lo, não devendo, portanto, ser encaradas como "obstáculos" ou "vedações" ao exercício da competência tributária, ou "supressão" dessa competência, consoante, a propósito das imunidades tributárias, já observou Paulo de Barros Carvalho[2].

Nas situações que ultrapassam os limites fixados, ou desatendem a princípios ou formas estabelecidas, o que se passa não é que a competência seja *vedada*, ela simplesmente *inexiste*. A lei que pretendesse tributar situação imune não feriria, propriamente (ou somente), o preceito constitucional da imunidade, mas sim exerceria competência tributária que não lhe é autorizada.

O próprio desenho do campo de atuação de determinado tributo já contém, em si mesmo, linhas demarcatórias que delimitam o poder impositivo. Essa afirmação, válida para os tributos de modo geral, é particularmente visível em alguns modelos impositivos. Tomemos um exemplo. A Constituição estatui que os Municípios podem instituir imposto sobre transmissão *inter vivos*, a qualquer título, por ato oneroso, de bens imóveis, por natureza ou acessão física, e de direitos reais sobre imóveis, exceto os de garantia, bem como cessão de direitos a sua aquisição (art. 156, II). Vê-se,

2. Paulo de Barros Carvalho, *Curso*, cit., p. 105 e s.

no próprio enunciado dessa competência municipal, uma série de "limitações", das quais resultam, por exemplo, que o tributo municipal, se grava a transmissão, não abrange a mera *promessa de transmissão*; ademais, não abarca a transmissão de imóveis *causa mortis*, nem compreende a transmissão do imóvel por *doação*, assim como não é extensível à transmissão de bens *móveis*.

Mas, como frisamos acima, a definição da competência completa-se com os demais preceitos que balizam o seu exercício: a idoneidade do veículo instituidor do tributo (lei, e não simples decreto), as normas sobre aplicação no tempo (por exemplo, a lei que institui o tributo não pode ser retroativa), as normas de imunidade (por exemplo, o citado imposto municipal não incide sobre a transmissão de imóveis a título de integralização de capital subscrito) etc. Celso Ribeiro Bastos, embora encare as limitações ao poder de tributar como normas destinadas a "proibir que determinadas situações por elas descritas sejam colhidas pela força tributária do Estado", reconhece que as limitações colaboram para a fixação do campo de competência[3]. Linhas acima, mostramos várias situações (identificadas a partir do próprio enunciado positivo da competência tributária) nas quais o imposto de transmissão municipal não incide. Nessas hipóteses, inexiste competência; isso se dá também nos casos de imunidade, nos quais falece poder de tributar.

1.1. Limitações do poder de tributar em normas infraconstitucionais

Dissemos já que a Constituição prevê a atuação de outras normas, infraconstitucionais (lei complementar, resoluções do Senado, convênios), que também atuam no sentido de balizar o poder do legislador tributário na criação ou modificação de tributos. É o que se dá, por exemplo, com certas imunidades, que dependem do cumprimento de requisitos cuja fixação a Constituição atribui à lei infraconstitucional (art. 150, VI, *c*).

Regras de *competência* sobre a instituição do imposto de transmissão de bens gratuita ou *causa mortis*, em determinadas situações, devem ser definidas por lei complementar (art. 155, § 1º, III, *a* e *b*). A demarcação do campo material de incidência do ISS também compete à lei complementar (art. 156, III). A definição de algumas situações que integrarão o campo tributável, como os produtos semielaborados em relação ao ICMS (art. 155,

3. *Curso*, cit., p. 129.

§ 2º, X, *a*), ou em que não poderá haver incidência, como no caso de serviços exportados, a propósito do ISS (art. 156, § 3º, II, na redação da EC n. 3/93) é tarefa de lei complementar. O estabelecimento de limites de alíquotas, como adiante será detalhado, é outra matéria outorgada ora a resolução do Senado Federal ora a lei complementar.

Cuida-se aí de matérias ligadas ao desenho do campo que legitimamente poderá ser explorado pelo legislador tributário, matérias essas que não são exaustivamente tratadas na Constituição, mas atribuídas, em certos aspectos, a atos normativos infraconstitucionais.

A forma de os Estados e o Distrito Federal concederem isenções, incentivos e benefícios fiscais, e de revogá-los, é assunto sujeito à disciplina de lei complementar (art. 155, § 2º, XII, *g*).

Em suma, o exercício legítimo da competência para a criação de tributos é balizado não só por normas de estatura constitucional, mas também por disposições outras, de menor hierarquia, e, portanto, de menor rigidez, que atuam no sentido de complementar o desenho do campo material onde poderá ser exercitada validamente a competência tributária e de definir o modo pelo qual se deve dar esse exercício.

Nesse quadro de disposições infraconstitucionais que complementam a disciplina constitucional, a posição de destaque é, sem dúvida, a das leis complementares.

A par das funções já indicadas, a lei complementar é reclamada pelo art. 146 da Constituição para editar "normas gerais de direito tributário". Essas normas, que hoje figuram no Código Tributário Nacional e em vários diplomas extravagantes, são vinculantes para os entes dotados de competência tributária, de modo que também se prestam para balizar o exercício da competência tributária.

O mesmo se diga das normas que se prestem à solução de possíveis conflitos de competência entre os vários entes políticos, assunto precípuo de lei complementar.

Finalmente, a lei complementar tem por atribuição a regulação das "limitações do poder de tributar", campo no qual lhe cabe explicitar, desdobrar princípios e regras constitucionais sobre a matéria. É o que fez o Código Tributário Nacional, por exemplo, nos arts. 14 (requisitos da imunidade de certas entidades), 97 (princípio da legalidade), 104 (princípio da anterioridade) etc.

2. PRINCÍPIOS E NORMAS DE LIMITAÇÃO DO PODER DE TRIBUTAR

O exercício da competência tributária faz-se, como vimos, dentro de balizamentos materiais e formais, que, didaticamente, são estudados como "limitações constitucionais do poder de tributar", rótulo que, aliás, não é suficientemente compreensivo, já que "limitações" existem também em normas *infraconstitucionais*.

Costuma-se chamar de "princípios", também por comodidade didática, uma série de proposições que, em rigor, nem sempre correspondem a meros enunciados gerais de concretização de valores, dependentes, ainda, para sua plena concretude, do desdobramento em *normas*[4]. O *valor* da justiça começa a concretizar-se por meio de um feixe de *princípios* (entre os quais o da igualdade), que, no estágio subsequente, vai desdobrar-se em *normas* que ampliam o grau de concretização do valor em causa, até que, na aplicação da norma aos fatos, se tenha a plena concretização do valor.

Ora, alguns dos chamados "princípios tributários" não são, como dizíamos, meros enunciados gerais carentes de normatização posterior para acentuar sua concretude; são já proposições que atingem um grau praticamente exaustivo de normatividade. Por exemplo, o *princípio da anterioridade* é uma regra *de precisão matemática*; a lei ou foi ou não foi editada até o último dia do exercício, o que se apura segundo critério puramente cronológico, que já decorre do próprio enunciado constitucional do dito "princípio", sem que haja necessidade de uma *norma* que dê contornos mais nítidos à proposição. Assim também o princípio da irretroatividade da lei tributária; ou o fato é anterior ou é posterior à lei, bastando essa verificação para definir se a lei é ou não aplicável.

Ao contrário, outros princípios (o da igualdade, o da capacidade contributiva, o da vedação do confisco etc.) já não permitem que se identifique sua exata dimensão. Esses enunciados indicam o início, o começo do caminho, mostram o rumo a seguir; vale dizer, representam o "princípio" do caminho a ser trilhado, mas não indicam até onde se deve ir naquela direção sem correr o risco de dar a volta ao mundo e voltar ao

4. Ricardo Lobo Torres ensina que os *valores jurídicos* são ideias inteiramente abstratas, que informam o ordenamento jurídico, sem se traduzirem em linguagem normativa; os *princípios* são enunciados genéricos que representam o primeiro estágio de concretização dos valores jurídicos a que se vinculam; depois, podem vir os subprincípios e, em seguida, as normas, atributivas de direitos e deveres (*Curso de direito financeiro e tributário*, p. 75).

ponto inicial. Por isso, a aplicação de tais princípios se revela inçada de maiores dificuldades.

Há a registrar, também, que a Constituição embaralha, no tópico das "limitações do poder de tributar", princípios que amparam direitos fundamentais do *cidadão* (por exemplo, o direito à segurança jurídica, valor protegido por uma série de princípios constitucionais não estritamente tributários, como o da legalidade) e princípios que resguardam direitos do *contribuinte* (ou do cidadão na sua condição de contribuinte). Assim, o respeito à capacidade contributiva, a anterioridade da lei fiscal em relação ao exercício de aplicação do tributo e uma série de outras proposições que examinaremos adiante são tipicamente postulados *tributários*.

É, ainda, necessário anotar que há *princípios implícitos* que nem por isso têm reduzida sua normatividade, como, segundo lembra Ricardo Lobo Torres, se dá com o princípio da proteção da boa-fé[5], além de uma série de proposições referidas ao orçamento e à ordem econômica que também irradiam efeitos na esfera dos tributos, para não falar já de outras disposições, ao longo do texto constitucional, que, embora relativas a matérias específicas, não escondem seus reflexos no campo do direito tributário.

O princípio da *certeza do direito*, de que decorre o da *segurança jurídica*, desdobra-se em diversos enunciados e se enlaça com outros lineamentos do nosso sistema jurídico[6].

3. PRINCÍPIO DA LEGALIDADE TRIBUTÁRIA E TIPICIDADE

Iniciemos o exame dos princípios constitucionais pelo enunciado fundamental, que é o da *legalidade da tributação* (*nullum tributum sine lege*), e que encabeça a lista dos princípios constitucionais tributários. Proclama o inciso I do art. 150 da Constituição ser vedado exigir ou aumentar tributo sem que a lei o estabeleça. O princípio é informado pelos ideais de justiça e de segurança jurídica, valores que poderiam ser solapados se à

5. *Curso*, cit., p. 73. Aliomar Baleeiro sublinhou a importância dos princípios implícitos, alguns dos quais, dentre os que apontou, estão hoje explícitos na Constituição (*Limitações constitucionais do poder de tributar*, p. 202 e s.).

6. *V.* Lúcia Valle Figueiredo, Princípios de proteção ao contribuinte: princípio de segurança jurídica, *RDT*, n. 47, p. 56 e s., e Diva Malerbi, Segurança jurídica e tributação, *RDT*, n. 47, p. 202 e s.

administração pública fosse permitido, livremente, decidir quando, como e de quem cobrar tributos.

Esse princípio é multissecular, tendo sido consagrado, na Inglaterra, na Magna Carta de 1215, do Rei João Sem Terra, a quem os barões ingleses impuseram a necessidade de obtenção prévia de aprovação dos súditos para a cobrança de tributos (*no taxation without representation*).

O conteúdo do princípio da legalidade tributária vai além da simples *autorização* do Legislativo para que o Estado cobre tal ou qual tributo. É mister que a lei defina *in abstracto* todos os aspectos relevantes para que, *in concreto*, se possa determinar quem terá de pagar, quanto, a quem, à vista de que fatos ou circunstâncias. A lei deve esgotar, como preceito geral e abstrato, os dados necessários à identificação do fato gerador da obrigação tributária e à quantificação do tributo, sem que restem à autoridade poderes para, discricionariamente, determinar se "A" irá ou não pagar tributo, em face de determinada situação. Os critérios que definirão se "A" deve ou não contribuir, ou que montante estará obrigado a recolher, devem figurar na lei e não no juízo de conveniência ou oportunidade do administrador público.

Em suma, a legalidade tributária não se conforma com a mera autorização de lei para cobrança de tributos; requer-se que a própria lei defina *todos os aspectos pertinentes ao fato gerador, necessários à quantificação do tributo devido em cada situação concreta* que venha a espelhar a situação hipotética descrita na lei.

A legalidade tributária implica, por conseguinte, não a simples *preeminência da lei*, mas a *reserva absoluta de lei*, vale dizer, "a necessidade de que toda a conduta da Administração tenha o seu fundamento positivo na lei, ou, por outras palavras, que a lei seja o pressuposto necessário e indispensável de toda a atividade administrativa", como anota Alberto Xavier[7].

Por isso não tem a autoridade administrativa o *poder de decidir*, no caso concreto, se o tributo é devido ou quanto é devido. A obrigação tributária é uma decorrência necessária da incidência da norma sobre o fato concreto, cuja existência é suficiente para o nascimento daquela obrigação (CTN, art. 114).

O conceito de fato gerador (CTN, art. 114) não deixa dúvida quanto ao que se expôs. É que, para ser possível a concreção do dever tributário com a só ocorrência do fato gerador, há de estar já na própria norma legal

---

7. *Os princípios da legalidade e da tipicidade da tributação*, p. 17.

a completa descrição dos fatos à vista de cuja realização ter-se-á, como decorrência necessária, o nascimento da obrigação tributária, no montante apurável segundo os critérios de medida definidos em lei.

O nascimento da obrigação tributária não depende da vontade da autoridade fiscal, nem do desejo do administrador que tivesse a veleidade de ditar o que deve ser tributado, ou em que medida ou circunstâncias o tributo deve ser recolhido.

Isso leva a uma outra expressão da legalidade dos tributos, que é o *princípio da tipicidade tributária*, dirigido ao legislador e ao aplicador da lei. Deve o *legislador*, ao formular a lei, definir, de modo *taxativo* (*numerus clausus*) e *completo*, as situações (tipos) tributáveis, cuja ocorrência será *necessária* e *suficiente* ao nascimento da obrigação tributária, bem como os critérios de *quantificação* (medida) do tributo. Por outro lado, ao *aplicador da lei* veda-se a interpretação extensiva e a analogia, incompatíveis com a taxatividade e determinação dos tipos tributários.

À vista da impossibilidade de serem invocados, para a valorização dos fatos, elementos estranhos aos contidos no tipo legal, a tipicidade tributária costuma qualificar-se de *fechada* ou *cerrada*, de sorte que o brocardo *nullum tributum sine lege* traduz "o imperativo de que todos os elementos necessários à tributação do caso concreto se contenham e apenas se contenham na lei"[8]. Na lição de Yonne Dolácio de Oliveira, "o que põe em relevo o caráter do tipo cerrado é a sua limitação precisa, o que se obtém, como no conceito abstrato, por meio da determinação exaustiva de suas características consideradas sempre necessárias"[9].

O Código Tributário Nacional exprime o princípio da legalidade, com as nuanças que examinamos, ao alinhar, nos incisos do art. 97, o campo reservado à lei. Consoante proclama esse dispositivo, somente a lei pode instituir tributos ou extingui-los, majorá-los ou reduzi-los. A definição do fato gerador da obrigação tributária e do sujeito passivo, a fixação da alíquota e da base de cálculo são também matérias sob reserva de lei, da mesma forma que a cominação de penalidades tributárias, as hipóteses de suspensão da exigibilidade ou de extinção do crédito tributário, bem como a isenção e a anistia (que o CTN engloba sob o rótulo de "exclusão" do crédito tributário), e, finalmente, as hipóteses de dispensa ou redução de penalidades.

8. Alberto Xavier, *Os princípios*, cit., p. 91-2.

9. *A tipicidade no direito tributário brasileiro*, p. 24.

O Código Tributário Nacional equipara à *majoração* de tributo a modificação de sua base de cálculo, que importe em torná-lo *mais oneroso* (art. 97, § 1º). É o óbvio. Do mesmo modo, embora o Código não o diga, equivale à *redução* de tributo (matéria também reservada à lei) a modificação da base de cálculo que o torne menos oneroso.

Não configura majoração de tributo (e, portanto, não requer lei) a atualização do valor monetário da respectiva base de cálculo (art. 97, § 2º). Tal se dá, por exemplo, com os tributos que incidam sobre a propriedade imobiliária: se, em dado período, a base de cálculo era 1.000 (pois esse era o valor do bem), e, no período seguinte, o valor do bem passa a ser 1.500, ou cai para 800 (independentemente de tratar-se de modificação decorrente de valorização ou desvalorização, ou de inflação ou deflação, ou da conjugação de quaisquer desses fatores), não se requer a edição de lei para atualizar o valor monetário do bem, que é a base de cálculo do tributo. Anote-se que o dispositivo não se preocupa com a correção monetária da base de cálculo do tributo para efeito da quantificação de obrigação tributária nascida em vista de *fato gerador ocorrido no passado*, ou seja, ele não tem que ver com a eventual desvalorização da moeda entre o momento da *ocorrência do fato gerador* e o do *recolhimento do tributo*. Sua esfera de atuação é outra, ligada à *modificação da medida de valor de certa situação material permanente* que, em *sucessivos períodos de tempo*, realiza em cada um deles o fato gerador do tributo. Se, no período X, o valor da situação material era 1.000, e no período X+1, ele é 1.500, a nova imposição fiscal tomará por base 1.500, e não mais 1.000, sem necessidade de que uma lei determine a modificação desse valor.

Outra conotação do princípio da tipicidade é a vedação de tributação por analogia (CTN, art. 108, § 1º), assunto de que mais tarde nos ocuparemos.

A *lei* exigida pela Constituição Federal para a criação do tributo é, como regra, a *lei ordinária*; por exceção, para alguns tributos, a Constituição requer *lei complementar* (arts. 148, 153, VII, e 154, I). Ao estudar as fontes do direito tributário, voltaremos ao tema e iremos, ainda, examinar figuras normativas que, como sucedâneo da lei ordinária, podem fazer-lhe as vezes na criação ou modificação de tributos.

Disposição estranha inserida entre as *garantias do contribuinte* arroladas no art. 150 da Constituição, o § 6º desse artigo (com a redação dada pela EC n. 3/93) exige lei específica para a definição de qualquer *subsídio ou isenção, redução da base de cálculo, concessão de crédito presumido, anistia ou remissão*, relativos a impostos, taxas ou contribuições (com a ressalva do art. 155, § 2º, XII, *g*, atinente aos convênios de ICMS). A matéria aí referida é, sem dúvida, assunto de lei. Mais do que lei, porém, a Constituição reclama lei *específica* (vale dizer, lei especialmente editada para tratar somente desses assuntos) ou comando de lei que regule exclusivamente o próprio tributo. Assim, uma redução da base de cálculo do imposto de renda ou deve ser objeto de lei que regule apenas esse imposto ou de lei especial que discipline tão só aquela matéria. O objetivo visado com essa disposição é evitar que certas isenções ou figuras análogas sejam aprovadas no bojo de leis que cuidam dos mais variados assuntos (proteção do menor e do adolescente, desenvolvimento de setores econômicos, relações do trabalho, partidos políticos, educação etc.) e embutem preceitos tributários que correm o risco de ser aprovados sem que o Legislativo lhes dedique específica atenção.

Preocupação semelhante teve o § 11 do art. 195 (acrescentado pela EC n. 20/98), ao vedar a remissão e a "anistia" de certas contribuições sociais em montante superior ao fixado em lei complementar.

A citada Emenda n. 3/93 acrescentou ao art. 150 um novo parágrafo (§ 7º), também estranho à matéria tratada no artigo, que, tal qual escrito, atropela o princípio da legalidade tributária e diversos outros postulados do capítulo das limitações do poder de tributar. Esse dispositivo autoriza a lei a atribuir "a sujeito passivo de obrigação tributária a condição de responsável pelo pagamento de imposto ou contribuição, cujo fato gerador deva ocorrer posteriormente", embora ressalve que, se o "fato gerador presumido" não se realizar, fica assegurada a "imediata e preferencial restituição da quantia paga". Na literalidade do texto, bastaria alguém ser sujeito passivo de uma determinada obrigação, nascida à vista da ocorrência do fato "a", para que a lei pudesse impor-lhe a condição de responsável por um tributo que talvez venha a ser gerado se outro fato (o fato "x"), que se presume virá a ocorrer no futuro, efetivamente se realizar. Por conta do possível fato futuro, cobra-se o tributo de alguém (que ostenta a condição de sujeito passivo, em razão de *outro* fato, presente e efetivo); se o fato futuro não ocorrer, o valor da exação será devolvido.

Ora, o princípio da legalidade exige a prévia definição do fato que, *se* e *quando* ocorrer, dará nascimento ao tributo. O questionado parágrafo inverte essa fenomenologia, prevendo que a lei pode autorizar que o tributo seja exigido sem a ocorrência do fato gerador, além de desconectar o sujeito passivo (atual) do fato gerador (futuro).

Por essas e outras razões, o indigitado parágrafo mereceu severas críticas da doutrina[10].

O art. 149-A (acrescentado à Constituição pela EC n. 39/2002) faz ecoar o princípio da legalidade, em relação à contribuição para o custeio do serviço de iluminação pública que os Municípios e o Distrito Federal podem instituir, ao prever que esse tributo pode ser criado "na forma das respectivas leis" e deve observar o princípio da legalidade... (remissão ao art. 150, I). Como se fosse possível criar tributo de outra forma que não a legal! A remissão inclui o item III do art. 150, para, de modo também ocioso, submeter essa contribuição aos postulados da irretroatividade e da anterioridade, adiante analisados.

3.1. Reserva de lei formal e exceções

Quando se fala em reserva de lei para a disciplina do tributo, está-se a reclamar *lei material* e *lei formal*. A legalidadc tributária não se contenta com a simples existência de comando abstrato, geral e impessoal (*lei material*), com base em que sejam valorizados os fatos concretos. A segurança jurídica requer *lei formal*, ou seja, exige-se que aquele comando, além de abstrato, geral e impessoal (*reserva de lei material*), seja formulado por órgão titular de função legislativa (*reserva de lei formal*).

Para uns poucos impostos e para a contribuição de intervenção no domínio econômico, há exceções, bastante restritas, à regra da reserva de lei formal, nas quais a Constituição se conforma com a mera reserva de lei material, traduzida em *ato do Poder Executivo*. As exceções atêm-se à

10. Gilberto de Ulhôa Canto, Princípios constitucionais tributários, *Caderno de Pesquisas Tributárias*, n. 18, p. 38-59; Celso Ribeiro Bastos, Princípios constitucionais tributários, *Caderno de Pesquisas Tributárias*, n. 18, p. 67-9; Gustavo Miguez de Mello, Princípios constitucionais tributários, *Caderno de Pesquisas Tributárias*, n. 18, p. 139-40; Marçal Justen Filho, Princípios constitucionais tributários, *Caderno de Pesquisas Tributárias*, n. 18, p. 149-61; Edvaldo Pereira de Brito, Princípios constitucionais tributários, *Caderno de Pesquisas Tributárias*, n. 18, p. 561-3, e Reforma tributária inconstitucional, in *Curso de direito tributário*, p. 438-40; Luciano Amaro, Reforma fiscal: os impostos federais, in *O sistema tributário na revisão constitucional*, p. 195; Sacha Calmon Navarro Coêlho aceita o "fato gerador suposto", com a ressalva de que ele só cabe nos impostos plurifásicos (Princípios constitucionais tributários, *Caderno de Pesquisas Tributárias*, n. 18, p. 96-100).

possibilidade de alteração, por ato do Poder Executivo, das alíquotas legalmente fixadas[11].

No Código Tributário Nacional, o art. 97 (incisos II e IV) registrava as ressalvas que vigoravam à época de sua edição. A matéria foi, depois, alterada pela Constituição de 1967. A Constituição atual previu exceção para o imposto de importação, o imposto de exportação, o imposto sobre produtos industrializados e o imposto sobre operações de crédito, câmbio e seguros, ou relativas a títulos e valores mobiliários; nesses casos, atendidas as condições e os limites estabelecidos em lei, foi facultado ao Poder Executivo alterar as alíquotas dos mencionados impostos (art. 153, § 1º). O § 4º, I, *b*, do art. 177 da Constituição (acrescido pela EC n. 33/2001) define exceção, aplicável à contribuição de intervenção no domínio econômico relativa às atividades de importação ou comercialização de petróleo e seus derivados, gás natural e seus derivados e álcool combustível, ao facultar que sua alíquota seja "reduzida e restabelecida por ato do Poder Executivo".

Observe-se que as exceções se reportam apenas à mudança de *alíquotas*, não abarcando a *base de cálculo*, como ocorria na Constituição anterior.

Mesmo em relação aos tributos cujas alíquotas, nas citadas circunstâncias, podem ser alteradas sem lei formal, é preciso sublinhar que sua criação depende, *em todos os seus aspectos*, de *definição em lei* (formal), *mesmo quanto às alíquotas*. Não pode a lei criar o tributo sem lhe precisar a alíquota. Definida esta na lei, juntamente com os demais aspectos do tipo legal (e completado, assim, o quadro de providências reclamadas do legislador para legitimar formalmente o tributo), pode o Executivo, nos casos excepcionados, alterar a alíquota fixada pela lei.

A Constituição não dá à lei o poder de delegar ao Executivo a livre fixação da alíquota. Em relação aos impostos excepcionados, também não lhe permite que autorize o Executivo a modificar as alíquotas quando ele julgue conveniente, ou de acordo com as diretrizes ou razões que ele próprio venha a traçar, uma vez que a atuação do Executivo se submete ao cumprimento das

11. A Emenda Constitucional n. 3/93 (art. 2º, § 1º) criou exceção análoga para o imposto sobre movimentação financeira, que vigorou até 31 de dezembro de 1994. A Emenda Constitucional n. 12/96 fez o mesmo em relação à contribuição sobre movimentação financeira, criada para vigorar pelo prazo máximo de dois anos (art. 74, § 1º, do ADCT, na redação dada pela Emenda); a cobrança dessa contribuição, criada pela Lei n. 9.311/96, alterada pela Lei n. 9.539/97, foi prorrogada por trinta e seis meses pela Emenda Constitucional n. 21/99. A Emenda Constitucional n. 37/2002 prorrogou a cobrança da contribuição até 31 de dezembro de 2004 (arts. 84 e 85 do ADCT, acrescidos pela Emenda).

condições especificadas pela lei, a par de observar os limites nela fixados. Já quanto à contribuição de intervenção no domínio econômico excepcionada, embora não se exija a indicação de condições para a modificação da alíquota pelo Executivo, a própria Constituição impõe limites à atuação desse Poder, que só pode reduzir (não aumentar) a alíquota e, uma vez reduzida, pode restabelecê-la (tendo, portanto, como teto, a alíquota prevista na lei).

Insista-se em que as exceções previstas no art. 153, § 1º, e no art. 177, § 4º, da Constituição *não configuram hipóteses de atuação discricionária da autoridade administrativa*. É mister que exista o ato abstrato, geral e impessoal do Executivo (lei *material*), com base no qual, concretamente, sejam valorizados os fatos geradores de obrigações tributárias. Noutras palavras, mesmo nas situações assinaladas, não pode a administração fixar, *caso a caso* (discricionariamente), a alíquota aplicável; deve o Executivo definir, em lei *material* (ato do Executivo), as alíquotas que serão aplicadas para a medida do tributo, nas situações concretas que vierem a realizar-se sob a vigência dessa norma (respeitados, quando for o caso, os limites e condições previamente definidos na lei *formal*).

O ato do Executivo é, no caso, um instrumento de *alteração* de alíquota (que já deverá estar *criada* pela lei formal), de modo que, enquanto não exercido pelo Executivo o poder de editar esse ato, deve aplicar-se a própria alíquota prevista na lei.

4. PRINCÍPIO DA IRRETROATIVIDADE DA LEI TRIBUTÁRIA

4.1. A irretroatividade relativa das leis

A norma jurídica, em regra, projeta sua eficácia para o futuro. Diz a Lei de Introdução às Normas do Direito Brasileiro[12] que a lei em vigor terá efeito imediato e geral (art. 6º). Porém, em certas situações, e de modo expresso, pode a lei reportar-se a fatos pretéritos, dando-lhes efeitos jurídicos, ou modificando os efeitos jurídicos que decorreriam da aplicação, àqueles fatos, da lei vigente à época de sua ocorrência. Há leis que, naturalmente, se vocacionam para atuar sobre fatos do passado, como se dá com as de anistia ou remissão.

---

12. Decreto-Lei n. 4.657/42 (antiga Lei de Introdução ao Código Civil – LICC), cuja ementa atual tem a redação dada pela Lei n. 12.376/2010.

Como princípio geral, a Constituição prevê a *irretroatividade relativa da lei*, ao determinar que esta não pode atingir o direito adquirido, o ato jurídico perfeito e a coisa julgada (art. 5º, XXXVI); há, ainda, outras vedações à aplicação retroativa da lei (de que é exemplo a que decorre do item XXXIX do mesmo artigo: "não há crime sem lei anterior que o defina, nem pena sem prévia cominação legal"). Obedecidas as restrições, a lei pode, em princípio, voltar-se para o passado, se o disser expressamente ou se isso decorrer da própria natureza da lei; se nada disso ocorrer, ela vigora para o futuro.

4.2. A irretroatividade da lei tributária

Em matéria *tributária*, a Constituição impõe preceito específico, ao vedar a cobrança de tributos "em relação a fatos geradores ocorridos antes do início da vigência da lei que os houver instituído ou aumentado" (art. 150, III, *a*)[13].

O texto não é feliz ao falar em fatos *geradores*. O fato *anterior* à vigência da lei que *institui* tributo não é *gerador*. Só se pode falar em fato gerador *anterior* à lei quando esta *aumente* (e não quando *institua*) tributo. O que a Constituição pretende, obviamente, é vedar a aplicação da lei nova, que *criou* ou *aumentou* tributo, a fato *pretérito*, que, portanto, continua sendo *não gerador* de tributo, ou permanece como gerador de *menor* tributo, segundo a lei da época de sua ocorrência.

Esse dispositivo, a exemplo do contido no art. 5º, XXXVI, é dirigido não só ao *aplicador da lei* (que não a pode fazer incidir sobre fato pretérito), mas também ao próprio *legislador*, a quem fica vedado ditar regra para tributar fato passado ou para majorar o tributo que, segundo a lei da época, gravou esse fato.

A *lei* não está proibida de *reduzir* ou *dispensar* o pagamento de tributo, em relação a fatos do passado, subtraindo-os dos efeitos oriundos da lei vigente à época, *desde que o faça de maneira expressa*; a cautela que se há de tomar, nessas hipóteses, diz respeito ao princípio constitucional da *igualdade*, a que também deve obediência o legislador. Já o *aplicador da lei* não pode dispensar o tributo (nem reduzi-lo), em relação a fatos pretéritos, a pretexto de que a lei nova extinguiu ou reduziu o gravame fiscal previsto na lei anterior.

---

13. Amplo trabalho de pesquisa sobre o tema é encontrado no livro de Maria Luiza Vianna Pessoa de Mendonça, *O princípio constitucional da irretroatividade da lei:* a irretroatividade da lei tributária.

No campo da *criação* ou *aumento* de tributo, como vimos, o princípio é inafastável: a lei não pode retroagir; aplica-se tão só aos fatos futuros, isto é, pospostos cronologicamente ao momento de entrada em vigor da lei de tributação. Lei tributária que eleja fatos do passado, como suporte fático da incidência de tributo antes não exigível (ou exigível em montante inferior), será inconstitucional, por ferir o princípio da irretroatividade da lei criadora ou majoradora do tributo.

Nem a pretexto de *interpretar* lei anterior pode uma lei tributária voltar-se para o passado, com o objetivo de "explicitar" a criação ou aumento de tributo. Ou a incidência já decorre da lei velha, ou não; no primeiro caso, a lei "interpretativa" é inócua; no segundo, é inconstitucional. No capítulo sobre vigência e aplicação da lei tributária desenvolveremos esse tema.

4.3. Irretroatividade e imposto de renda

Pode ocorrer que o fato gerador de determinado tributo seja composto pela soma de vários fatos isolados, valorizados num certo período de tempo, de tal sorte que só se aperfeiçoe tal fato gerador com a implementação do último daqueles fatos isolados (ou melhor, com o término do lapso de tempo dentro do qual é possível a ocorrência de fatos isolados relevantes que, no seu conjunto, implementam o fato gerador). É o que se dá com o imposto de renda das pessoas físicas e jurídicas, cujo fato gerador corresponde à soma algébrica de valores de rendimentos e despesas, que vão sendo ganhos ou gastos ao longo de certo tempo. Trata-se de *fato gerador periódico*, que examinaremos mais adiante, ao cuidar da classificação dos fatos geradores.

O fato gerador, aí, não se traduz, isoladamente, nos fatos "a" ou "b" (rendimentos), ou "c" (despesa). O fato gerador é a série "a + b – c".

A lei, para respeitar a irretroatividade, há de ser anterior à série "a + b – c", vale dizer, a lei deve preceder *todo o conjunto de fatos isolados* que compõem o fato gerador do tributo. Para respeitar o princípio da irretroatividade, não basta que a lei seja prévia em relação ao último desses fatos, ou ao término do período durante o qual os fatos isoladamente ocorridos vão sendo registrados.

Não se invoque, em contrário, o art. 105 do Código Tributário Nacional (que pretende a aplicação *imediata* da lei tributária aos fatos *pendentes*) para afirmar que a lei poderia atingir os fatos pretéritos, a pretexto de que eles seriam meros componentes de um fato gerador em formação, dada a gritante inconstitucionalidade dessa postura[14]. Os *fatos pretéritos* não podem gerar tributo (nem com a "ajuda" de fatos posteriores), pois o dispositivo de lei que pretendesse dar-lhes essa virtude feriria o preceito constitucional em análise, que veda a cobrança de tributo com base em fatos pretéritos.

Esse problema – o da irretroatividade das leis do imposto de renda – deve ser examinado em conjunto com a questão atinente à anterioridade. Por isso, após analisar o princípio da anterioridade, retomaremos a temática da aplicação, no tempo, das leis do citado imposto.

5. PRINCÍPIO DA ANTERIORIDADE DA LEI TRIBUTÁRIA

Para alguns tributos, a Constituição contenta-se com o respeito ao princípio da *irretroatividade* da lei que crie ou aumente tributo, coibindo sua aplicação a fatos passados.

Porém, quanto à maioria dos tributos, a Constituição exige que a lei criadora ou majoradora do tributo, sobre ser anterior à situação descrita como fato gerador, seja *anterior ao exercício financeiro* de incidência do tributo. A Constituição veda cobrar tributos "no mesmo exercício financeiro em que haja sido publicada a lei que os instituiu ou aumentou" (art. 150, III, *b*). É o princípio da *anterioridade da lei tributária*[15].

Exercício financeiro é o período de tempo para o qual a lei orçamentária aprova a receita e a despesa pública. Em regra, os orçamentos são *anuais*. Em nosso país, o exercício financeiro coincide com o ano civil, indo, pois, de 1º de janeiro a 31 de dezembro de cada ano, consoante dispõe o art. 34 da Lei n. 4.320/64, que veiculou normas gerais de direito financeiro. Hoje, essa matéria – definição do exercício financeiro – é de competência de lei complementar (CF, art. 165, § 9º, I), tendo, pois, a norma da Lei n. 4.320/64 assumido a eficácia de lei complementar, a exemplo do que ocorreu com o Código Tributário Nacional[16]. Somente por lei complementar, portanto, é que hoje se poderia modificar o exercício financeiro.

14. Zelmo Denari sustenta que o art. 105 autorizava à lei do imposto de renda, editada ao longo do ano, aplicar-se "desde 1º de janeiro transato", mas que, hoje, esse artigo perdeu a eficácia, à vista do art. 150, III, *a*, da Constituição (*Curso*, cit., p. 138). Ocorre que o princípio da irretroatividade não é criação do atual texto constitucional.

15. Eduardo Maneira discorre sobre o *princípio da não surpresa*, de que o *princípio da anterioridade* configuraria uma das traduções (*Direito tributário:* princípio da não surpresa, p. 24).

16. Cf. Luciano Amaro, A eficácia, in *Comentários*, cit., p. 281-92.

A Emenda Constitucional n. 42/2003 inseriu a alínea *c* no item III do citado art. 150 da Constituição para vedar, também, que o tributo seja cobrado antes de decorridos noventa dias da data de publicação da lei que o instituiu ou aumentou. Temos aí a chamada anterioridade *nonagesimal*.

Assim sendo, com algumas exceções que abaixo veremos, a Constituição exige que a lei que crie ou aumente tributo seja anterior ao exercício financeiro em que ele será cobrado e, ademais, que se observe a antecedência mínima de noventa dias entre a data de publicação da lei que o instituiu ou aumentou e a data em que ela passa a aplicar-se. Isso significa que, se o fato "a" é eleito como tributável por lei publicada em 10 de novembro do ano X, somente a partir de 9 de fevereiro do ano X+1 é que a ocorrência de fatos do tipo "a" irão gerar obrigação tributária; nesse dia, já terão decorrido noventa dias da publicação e já se estará no exercício seguinte ao da publicação. Se esta ocorrer entre janeiro e 2 de outubro do ano X, ela poderá aplicar-se no início de janeiro do ano X+1, uma vez que a publicação da lei terá respeitado a antecedência mínima de noventa dias e já se estará no exercício financeiro subsequente ao da publicação.

A anterioridade nonagesimal foi prevista, já na redação original da Constituição, para as *contribuições sociais* a que se refere seu art. 195, conforme previsto no § 6º desse dispositivo. Essas contribuições, porém, não se sujeitam à exigência de publicação da lei no exercício anterior[17].

5.1. Anualidade e anterioridade

A Constituição de 1946 consagrara o chamado princípio da *anualidade* (art. 141, § 34, 2ª parte), que exigia a *prévia autorização orçamentária* para que os tributos pudessem ser cobrados em cada exercício. A *cada ano*, portanto, os tributos deviam ser autorizados, daí falar-se em "anualidade" dos tributos.

Consoante registrou Baleeiro, a Constituição acolheu o princípio da anualidade "no pressuposto de que o Congresso concede as receitas para um volume definido de despesas"[18].

17. A Emenda Constitucional n. 12/96 explicitou a aplicação do art. 195, § 6º, à contribuição sobre movimentação financeira por ela prevista; a cobrança dessa contribuição, criada pela Lei n. 9.311/96, alterada pela Lei n. 9.539/97, foi prorrogada por trinta e seis meses pela Emenda Constitucional n. 21/99, que também reafirmou a aplicação do aludido parágrafo. A Emenda Constitucional n. 37/2002, que prorrogou a cobrança dessa contribuição até 31 de dezembro de 2004, não se referiu expressamente a esse dispositivo. A Emenda Constitucional n. 42/2003 prorrogou o prazo de cobrança da contribuição para 31 de dezembro de 2007 (art. 90 do ADCT, acrescido pela Emenda).

18. Aliomar Baleeiro, *Direito*, cit., p. 75. *V.* amplo relato histórico sobre o tema em

Na vigência daquele dispositivo foi editada a Súmula 66 do Supremo Tribunal Federal, que admitia a cobrança do tributo, com base em *lei posterior ao orçamento*, mas *anterior ao exercício* financeiro: "É legítima a cobrança do tributo que houver sido autorizado após o orçamento, mas antes do início do respectivo exercício financeiro". A Súmula 67, por sua vez, prescreveu: "É inconstitucional a cobrança de tributo que houver sido criado ou aumentado no mesmo exercício financeiro".

Essas duas súmulas praticamente *reescreveram* o princípio constitucional. O que passou a ser relevante, para legitimar a aplicação do tributo em cada exercício, é a *anterioridade da lei em relação ao exercício* (o que foi enunciado na Súmula 67), bastando que o tributo tivesse sido incluído na lei de meios ou que, pelo menos, tivesse sido "autorizado" por lei *posterior* ao orçamento, mas *anterior* ao início do exercício financeiro da cobrança (como previa a Súmula 66).

A Emenda n. 18, de 1965, *revogou o § 34 do art. 141 da Constituição Federal de 1946* (art. 25) e vedou cobrar-se imposto sobre *patrimônio* e *renda* com base em lei posterior à data inicial do exercício financeiro a que corresponda (art. 2º, II). Esse dispositivo foi reproduzido pelo art. 9º, II, do Código Tributário Nacional e teve seu conteúdo explicitado pelo art. 104 do mesmo Código. Restringia-se o enunciado, como se vê, aos impostos sobre *patrimônio e renda*.

A Constituição de 1967 (art. 153, § 29) retomou a formulação do princípio da *anualidade* nos termos da Constituição de 1946. Porém, a Emenda n. 1, de 1969, alterou novamente a definição constitucional do princípio, estabelecendo (com algumas exceções) a necessidade de *lei anterior ao exercício financeiro* de cobrança dos tributos. Na Constituição atual também se exigiu (com algumas exceções) lei *anterior* ao exercício financeiro de cobrança do tributo criado ou aumentado (art. 150, III, *b*). Foi requerida, em suma, a anterioridade da lei em relação ao exercício financeiro em que o tributo será cobrado. Daí falar-se no princípio da *anterioridade*.

O art. 150, III, *b*, da Constituição atual (a exemplo do texto das Emendas n. 18/65 e 1/69) inspirou-se, visivelmente, nas Súmulas 66 e 67 do Supremo Tribunal Federal, no sentido de considerar legítima a cobrança do tributo em dado exercício, desde que instituído ou aumentado por lei publicada até o final do exercício anterior.

Aliomar Baleeiro, *Limitações*, cit., p. 8-74.

Porém, o enunciado dessas súmulas (editadas na vigência da Constituição de 1946) era muito mais exigente do que o dos textos constitucionais que vieram a consagrar o princípio da *anterioridade*. As súmulas só comportavam as exceções expressas no § 34 do art. 141 da Constituição de 1946 (tributos aduaneiros e de guerra). Já a atual formulação constitucional do princípio da anterioridade amplia o leque de exceções, a exemplo do que fizera a Emenda de 1969. Na Emenda n. 18/65, a exceção trocara de lugar com a regra, pois o princípio só abrangia os impostos sobre a renda e sobre o patrimônio; a Comissão de Reforma Tributária de 1965 justificou a aplicação do princípio apenas aos impostos sobre o patrimônio e a renda, sob o argumento de que se tratava de impostos de fato gerador periódico, que não se compadeceriam com alterações no curso do período[19].

Hoje, temos, como *regra*, a submissão de *todos* os tributos ao princípio da anterioridade, abrindo a Constituição uma série de *exceções* (que abaixo examinaremos), em relação às quais a lei instituidora ou majoradora do tributo pode aplicar-se já no curso do exercício financeiro em que ela seja editada.

Esmaeceu-se, no princípio da anterioridade, o fundamento do velho princípio da anualidade. As preocupações não mais se concentram no emparelhamento de despesas e receitas no orçamento; o que se enfatiza é a proteção do contribuinte contra a *surpresa* de alterações tributárias ao longo do exercício, o que afetaria o planejamento de suas atividades. À vista do princípio da anterioridade, sabe-se, ao início de cada exercício, quais as regras que irão vigorar ao longo do período[20].

Essa proteção do contribuinte foi ampliada com a citada Emenda n. 42/2003, uma vez que o contribuinte, com algumas exceções, deve ter ciência, já no início de outubro de cada ano, das normas que serão aplicáveis ao longo do ano seguinte (*anterioridade nonagesimal*).

---

19. Comissão de Reforma do Ministério da Fazenda, *Reforma*, cit., p. 38-9.

20. Sobre os princípios da anualidade e da anterioridade, cf. Flávio Bauer Novelli, Anualidade e anterioridade na Constituição de 1988, *RDT*, n. 51, e O princípio da anualidade tributária, *RF*, v. 267; e Eduardo Maneira, *Direito*, cit., especialmente p. 27-63 e 79-108). Diversas questões discutidas na jurisprudência sobre o princípio da anterioridade foram abordadas por Carlos Mário Velloso (O princípio da anterioridade: uma visão da jurisprudência, *RDT*, n. 31, p. 111 e s.).

5.2. Conteúdo do princípio da anterioridade

O art. 104 do Código Tributário Nacional (editado, como vimos, sob a vigência da Emenda n. 18/65) explicitou o conteúdo do princípio da anterioridade, ao dizer que ele abrange: a) a *instituição* e a *majoração* de tributos (inciso I); b) a definição de *novas hipóteses de incidência*, que equivale à instituição de tributo (inciso II); c) a *extinção* e a *redução* de *isenções*, que equivalem, respectivamente, à criação ou aumento de tributo (inciso III).

Esse conteúdo descrito pelo Código Tributário Nacional está correto; trata-se dos vários modos pelos quais pode manifestar-se a *instituição* ou *majoração* de tributos. É descabido afirmar que o Código teria *inovado* o preceito constitucional, ampliando-o.

Já anotamos que, *quando editado o Código Tributário Nacional*, o preceito se aplicava apenas aos impostos sobre o *patrimônio e a renda*, pois estes eram os *únicos tributos que a Emenda n. 18/65 sujeitava à anterioridade*. Hoje, o *mesmo conteúdo* do princípio é referível a um maior número de tributos, pois a Constituição atual ampliou (em relação à Emenda n. 18/65) o rol de figuras sujeitas à anterioridade[21]. Ou seja, se escrito agora, o dispositivo deveria manter a redação dos incisos, adaptando-se a do *caput*.

O Supremo Tribunal Federal, a nosso ver de modo equivocado, decidiu que o disposto no inciso III do art. 104 do Código Tributário Nacional só se aplicaria ao imposto sobre a renda e sobre o patrimônio (Súmula 615). Crítica ao posicionamento desse Tribunal é desenvolvida adiante ao falarmos da revogação de isenções, no capítulo do fato gerador da obrigação tributária.

O mesmo conteúdo descrito nos incisos do art. 104 do Código Tributário Nacional deve ser aplicado à anterioridade *nonagesimal* definida no art. 195 e no art. 150, inciso III, alínea *c*, da Constituição.

---

21. Podemos dizer que o art. 104 do Código Tributário Nacional não se manteve vigente após a Constituição de 1967, cuja redação original reintroduziu o velho princípio da *anualidade* (*autorização orçamentária anual*), no lugar do princípio da *anterioridade*. Mas, tecnicamente, com a retomada deste, a partir de 1969 (alterado, em relação a 1965, apenas o rol de tributos abrangidos, que foi ampliado), talvez a melhor tradução para o *conteúdo* do princípio continue sendo a descrita nos itens do art. 104.

5.3. Exceções ao princípio da anterioridade

Alguns tributos escapam à aplicação do princípio da anterioridade, tanto no que respeita à exigência de publicação da lei em exercício anterior ao de sua aplicação (art. 150, III, *b*), como no que se refere à necessidade de a publicação dar-se noventa dias antes do início da aplicação da lei (art. 150, III, *c*). O art. 150, § 1º, da Constituição dispôs-se a arrolar as exceções, mas não esgotou a matéria, cuja disciplina exige a análise de outras disposições constitucionais.

Há tributos sujeitos a ambas as exigências temporais e há os que de ambas são excepcionados, ao lado de outros que se submetem só à primeira, ou só à segunda, e de outros mais que sofrem uma ou outra das restrições em relação a parte e não à totalidade dos aspectos do fato gerador.

Excetuam-se de ambas as exigências tributos que, por atenderem a certos objetivos extrafiscais (política monetária, política de comércio exterior), necessitam de maior flexibilidade e demandam alterações rápidas. Por isso, o imposto de importação, o imposto de exportação e o imposto sobre operações de crédito, câmbio, seguro e operações com títulos e valores mobiliários (além de comportarem exceção ao princípio da estrita reserva legal, no sentido de poderem ter suas alíquotas alteradas por ato do Poder Executivo, dentro de limites e condições definidas na lei) podem ser aplicados no próprio exercício financeiro em que seja editada a lei que os tenha criado ou aumentado (ou em que tenha sido publicado o ato do Poder Executivo que haja majorado a alíquota)[22] e não devem respeito ao prazo de noventa dias para sua aplicação aos fatos sobre que devam incidir.

Não vemos razão para que o imposto sobre produtos industrializados, embora se contenha na mesma exceção quanto à estrita reserva legal, e figure, igualmente, entre as exceções à previsão do art. 150, III, *b*, tenha sido excepcionado da anterioridade *nonagesimal*.

---

22. A Emenda n. 3/93 excepcionou ainda o imposto sobre movimentação financeira, que ela acresceu (até 31-12-1994) à competência tributária da União. José Carlos Francisco contestou a constitucionalidade do dispositivo da Emenda n. 3/93 que excluiu o IPMF da sujeição ao princípio da anterioridade (Algumas inconstitucionalidades da Emenda 3, *Informativo Dinâmico IOB*, n. 29, p. 388). O Supremo Tribunal Federal declarou inconstitucional essa norma (ADIn 939-7, rel. Min. Sydney Sanches, j. 15-12-1993, Plenário, *DJU*, 18 mar. 1994, p. 5165-6).

Já o imposto de renda, que não é exceção ao enunciado da citada alínea *b*, passa ao largo da exigência contida na alínea *c* do mesmo dispositivo, vale dizer, sua lei deve ser editada no exercício anterior ao de sua aplicação, mas pode sê-lo no último dia de um exercício para aplicar-se já no dia seguinte.

Ao imposto sobre a propriedade de veículos automotores (IPVA) e ao imposto sobre a propriedade predial e territorial urbana (IPTU) são aplicáveis as comentadas alíneas *b* e *c*. A exceção, atinente a esses dois impostos, diz respeito somente à anterioridade *nonagesimal* (alínea *c*) e contempla apenas a *fixação de sua base de cálculo* (art. 150, § 1º, *in fine*). Os dois impostos sujeitam-se, portanto, no que respeita aos demais elementos do fato gerador, a ambas as restrições temporais. Já a base de cálculo, embora deva também ser legislada em exercício anterior ao da aplicação desses impostos, pode ser definida até o último dia desse exercício.

O ICMS também obedece, em regra, a ambas as exigências temporais. Porém, exceção restrita foi criada pela Emenda Constitucional n. 33/2001, ao acrescentar o § 4º ao art. 155 da Constituição. As alíquotas do ICMS sobre combustíveis e lubrificantes com tributação monofásica (art. 155, § 2º, XII, *h* – alínea acrescida pela EC n. 33/2001) podem ser reduzidas e restabelecidas sem que se lhes aplique o art. 150, III, *b* (art. 155, § 4º, IV, *c*). Vale dizer, se a alíquota tiver sido reduzida (o que, obviamente, não depende de aguardar-se nenhum lapso temporal) ela pode ser restabelecida (ou seja, aumentada) sem que o aumento se aplique apenas no exercício subsequente. Essa restrita exceção só contempla o *restabelecimento* da alíquota antiga (ou a elevação para percentual não excedente à alíquota antiga); o aumento para patamar acima da alíquota antiga já estará sujeito à restrição da alínea *b*. Em qualquer hipótese de aumento, deve ser observada a anterioridade *nonagesimal*, não afetada pela exceção.

A mesma Emenda acrescentou ao art. 177 o § 4º, cujo item I, *b*, contempla igual previsão para a alíquota da contribuição de intervenção no domínio econômico relativa às atividades de importação ou comercialização de petróleo e seus derivados, gás natural e seus derivados e álcool combustível (além de, para essa contribuição, permitir que a redução e o restabelecimento da alíquota se implemente por ato do Poder Executivo).

Há, ainda, outros tributos que podem ser aplicados já no exercício de sua instituição ou aumento. É o caso do empréstimo compulsório por motivo de guerra externa ou de calamidade pública (art. 150, § 1º, c/c art. 148,

I), pois, dada a premência das causas que justificam a incidência, não se pode aguardar o exercício subsequente para aplicar o tributo. Já o empréstimo compulsório criado para atender a investimento público urgente e relevante não foge à aplicação do princípio, o que revela forte contradição: se a Constituição condiciona o empréstimo a que o investimento seja *urgente*, não faz sentido subordiná-lo ao aguardo do exercício subsequente para que a União possa arrecadá-lo (CF, art. 148, I e II)[23]. Na redação original da Constituição de 1988, já estava expresso que o empréstimo compulsório ficava sujeito à anterioridade na situação do item II do art. 148; *a contrario sensu*, entendia-se que o do item I não se submetia ao princípio; talvez tivesse sido melhor se se expressasse a exceção (no item I) e não a submissão à regra (no item II). Com a redação dada pela Emenda n. 42/2003, o item II do art. 148 continua firmando sua submissão ao enunciado e o art. 150, § 1º, passa a deixar expressa a exceção atinente ao item I do mesmo art. 148. Essa redundância não ocorre em relação à anterioridade *nonagesimal*, objeto "apenas" da exceção descrita no art. 150, §1º.

Outra hipótese de exceção é a do imposto extraordinário que a União pode instituir em caso de guerra ou sua iminência (art. 154, II).

As contribuições (CF, arts. 149 e 149-A) devem, em regra, obediência ao princípio da anterioridade. Excetuam-se as de seguridade social, que se submetem apenas à anterioridade *nonagesimal*, não em razão do § 1º do art. 150 da Constituição (com a redação da EC n. 42/2003), mas por força da disposição original da Constituição Federal (art. 195, § 6º): "As contribuições

23. O Ato das Disposições Constitucionais Transitórias (art. 34, § 6º) excepcionou do princípio da anterioridade, *até 31 de dezembro de 1989*, os seguintes tributos: a) imposto sobre transmissão *causa mortis* e doação de quaisquer bens ou direitos (CF, art. 155, I, *a*, na redação original; art. 155, I, na redação dada pela EC n. 3/93); b) operações relativas à circulação de mercadorias e sobre prestação de serviços de transporte interestadual e intermunicipal e de comunicação (art. 155, I, *b*, na redação original; art. 155, II, na redação da EC n. 3/93); c) transmissão *inter vivos*, a qualquer título, por ato oneroso, de bens imóveis, por natureza ou acessão física, e de direitos reais sobre imóveis, exceto os de garantia, bem como cessão de direitos a sua aquisição (art. 156, II); e d) imposto sobre vendas a varejo de combustíveis líquidos e gasosos (tributo previsto, na redação original da CF, no art. 156, III, e extinto pela EC n. 3/93).

Por se tratar de incidências parcial ou totalmente novas, permitiu-se que esses tributos pudessem ser objeto de lei editada em 1989 para aplicação já nesse exercício, observado apenas o período de trinta dias entre a publicação da lei e sua aplicação aos fatos nela previstos. A razão dessa disposição transitória residiu em que, promulgada a Constituição em 5 de outubro de 1988, pouco tempo haveria para que o legislador editasse, ainda em 1988, as normas necessárias à regulação dos novos tributos que, a partir de março de 1989, já poderiam ser aplicados (art. 34, *caput*, do ADCT).

sociais de que trata este artigo só poderão ser exigidas após decorridos noventa dias da data da publicação da lei que as houver instituído ou modificado, não se lhes aplicando o disposto no art. 150, III, *b*".

Parece-nos óbvio que o preceito (ao falar em contribuições "exigidas") só autoriza a incidência sobre *fatos* que ocorram após os noventa dias. Não atende ao preceito o mero adiamento, por noventa dias, do *pagamento* de contribuições que pudessem imediatamente incidir sobre fatos ocorridos a partir da publicação da lei: esta só grava os fatos (descritos *in abstracto* na norma) que ocorram após noventa dias contados de sua publicação[24]. O problema é análogo ao que se discute a propósito da expressão "cobrar tributos no mesmo exercício financeiro", posta na formulação constitucional do princípio da anterioridade (art. 150, III, *b*), que abaixo desenvolveremos, ao tratar desse princípio *vis-à-vis* o imposto de renda.

É importante lembrar que os tributos excepcionados da regra da *anterioridade*, em qualquer de suas vertentes, não deixam de submeter-se ao princípio da *irretroatividade*, que é absoluto e não comporta exceções.

5.4. Imposto de renda, irretroatividade e anterioridade

Vimos que o princípio da *irretroatividade* veda a cobrança de tributo com base em fatos anteriores à lei que o tenha criado ou aumentado. Ademais, no caso de tributos cujo fato gerador seja integrado por uma série de fatos alinhados ao longo de certo período de tempo (como ocorre com o imposto de renda), o respeito à irretroatividade exige lei anterior ao início do *período de ocorrência dos fatos singulares* que, no seu conjunto, formarão o fato gerador do tributo[25].

Vamos retomar o tema da *irretroatividade* do imposto de renda, cujo aspecto temporal exige a análise conjunta do princípio da anterioridade, a que esse tributo também se submete e que, com poucas exceções, pede lei de *exercício anterior* para gravar fatos ocorridos em dado exercício. Portanto, no caso de fato gerador cuja realização se ponha ao longo de um

24. No mesmo sentido, Misabel de Abreu Machado Derzi, Contribuição..., *RDT*, n. 55, p. 200.

25. Ernesto Lejeune Valcárcel comenta o exemplo da lei espanhola do imposto de renda, editada em 1978, para ser aplicada em 1979, explicando que, não obstante a configuração do fato gerador demande o decurso de um período de tempo (o ano natural), a incidência projeta seus efeitos para a totalidade das rendas auferidas durante o período (Irretroactividad de las leyes y atos administrativos en materia tributaria, *RDA*, n. 31, p. 83-4).

período de tempo, o princípio da anterioridade reclama lei anterior ao exercício financeiro em que tenha *início* esse período. Se o *início do período de formação do fato gerador* coincide com o *início do exercício financeiro* (1º de janeiro do ano X), o princípio da irretroatividade leva, praticamente, ao mesmo resultado que o da anterioridade: o primeiro reclamaria lei *em vigor* no dia 1º de janeiro do ano X; o segundo exigiria lei editada até 31 de dezembro do ano X-1. Se, porém, o início do período de formação do fato gerador for outra data (por exemplo, 1º de fevereiro do ano X), a diferença aparece nítida: a irretroatividade contentar-se-ia com lei *em vigor* no dia 1º de fevereiro do ano X, mas a anterioridade impõe a necessidade de lei editada até 31 de dezembro do ano X-1.

Essas afirmações, no passado, configuravam heresias, pois, até o início dos anos oitenta, a doutrina pátria, em coro com a jurisprudência consagrada na Súmula 584 do STF, sustentava que a lei aplicável para tributar a renda de determinado ano era a que estivesse em vigor no *final* desse ano, que não seria retroativa, dado que ela *precedia o término do período*, com o qual se marcaria, temporalmente, a ocorrência do fato gerador. Dizia Sampaio Dória que o fato relevante da tributação era a apuração da renda e não o período de sua formação[26].

A doutrina gastava munição discutindo se o fato gerador ocorria no dia 31 de dezembro ou no dia 1º de janeiro[27]. Nessa disputa (em torno da virada de um dia no calendário) se abstraía que 365 dias, já passados, seriam regidos pela lei nova.

A doutrina via a retroatividade, mas qualificava-a de "falsa" ou "pseudorretroatividade"[28]. Antônio Roberto Sampaio Dória admitia haver "certa atuação retrospectiva da lei", mas sustentava que condicionar "os *efeitos tributários de um fato* integrante de um processo de constituição de um débito futuro *à lei vigente no instante de sua ocorrência* seria *subverter toda a estrutura jurídica acolhida entre nós*"[29].

---

26. Direito tributário intertemporal, in *VI Curso de Especialização em Direito Tributário*, v. 2, p. 510.

27. Fábio Fanucchi sustentava que o fato gerador ocorria em 31 de dezembro e não em 1º de janeiro, como defendiam Antônio Roberto Sampaio Dória e outros (Fábio Fanucchi, O instante do fato gerador do imposto de renda, *CEFIR*, n. 55, p. 29 e s.).

28. Fábio Fanucchi (*Curso*, cit., v. 1, p. 236); Amílcar de Araújo Falcão (*Fato gerador da obrigação tributária*, p. 128).

29. *Da lei tributária no tempo*, p. 165, grifo nosso. Esse doutrinador rejeitava as críticas de Egberto Lacerda Teixeira, James Darcy e Alfredo Bernardes (*Da lei*, cit., p. 163,

Paulo de Barros Carvalho averbou a necessidade de observar "o exato momento da ocorrência fática, vale dizer, o último instante do dia 31 de dezembro do período de base". E concluiu: "A lei que estiver em vigor nesse trato de tempo é a que deve inspirar a compreensão jurídica do evento". Com isso, "afastamos de vez a possibilidade de ser 31 de dezembro do ano anterior ao do intervalo de referência, porque estaríamos sobreposse distantes das circunstâncias materiais necessárias (...)"[30].

Enfim, a doutrina tradicional equacionava a questão da *irretroatividade*, com o argumento de que o fato gerador ocorria no último dia do período-base (ou no final desse dia, ou no dia seguinte). Nesse momento, a lei podia ter acabado de sair das oficinas do Diário Oficial, mas seria *anterior* ao fato gerador. Depois, respondia à exigência da *anterioridade*, afirmando que a Constituição apenas vedava a "*cobrança* do tributo no mesmo exercício financeiro em que surja uma lei de imposto de renda que o crie (...) e não a vigência imediata dessa lei"[31], o que estaria obedecido, pois o tributo, criado sobre a renda do ano X, por lei editada no final desse ano, só seria *cobrado* no ano X+1.

Em ensaio publicado em 1983, apontamos os dois equívocos de nossa doutrina e da jurisprudência refletida na Súmula 584 do STF, que acolhiam a lei editada até o final do período da apuração para reger todos os fatos concluídos nesse período, ainda que em data anterior à da lei[32].

Esse estudo traduziu tese exposta e aprovada nas XI Jornadas Latino-Americanas de Direito Tributário, realizadas em maio de 1983 no Rio de Janeiro. Nele, sustentamos que: a) o princípio da irretroatividade exige lei anterior ao fato gerador, ou seja, lei anterior ao período de formação do fato gerador; b) tratando-se de tributo sujeito à anterioridade, a lei há de prece-

---

nota de rodapé). Com efeito, Egberto Lacerda Teixeira, em 1964, censurou a opinião corrente, que equivalia, "em termos práticos, a comunicar efeitos quase retroativos à lei tributária" (A nova lei do imposto de renda – comentário, *Boletim da AASP*, n. 323, p. 28). No começo dos anos vinte, James Darcy (Parecer, RF, n. 36) e Alfredo Bernardes (Parecer, RF, n. 36) haviam sustentado a inconstitucionalidade da Lei n. 4.230, de 31 de dezembro de 1920, que tributara o lucro produzido durante o próprio ano de 1920.

30. O princípio da anterioridade em matéria tributária, *Cadernos de altos estudos*, n. 1, São Paulo: Centro Brasileiro de Direito Tributário/Resenha Tributária, 1983, p. 100.

31. Fábio Fanucchi, O instante..., *CEFIR*, n. 55, p. 34, grifo do original; *id.*, *Curso*, cit., p. 149 e s.

32. Luciano Amaro, O imposto de renda e os princípios da irretroatividade e da anterioridade, *RDT*, n. 25/26.

der o ano em que *ocorram os fatos* (sobre que incida o tributo) e não apenas o exercício de *pagamento do tributo*. Geraldo Ataliba (que dera seu apoio à tese nas Jornadas[33]) e Cléber Giardino defenderam também a necessidade de lei anterior ao período de formação do lucro[34].

Só a apressada leitura da Constituição, que vedava a "cobrança" de tributo no mesmo exercício de sua criação ou aumento, poderia aceitar que basta, para respeitar o princípio, que o *momento da arrecadação ou pagamento* do tributo criado ou aumentado seja deslocado para o exercício seguinte, mesmo que atingidos fatos ocorridos no ano de edição da lei[35].

Naquele estudo, enfatizamos que o princípio da anterioridade exige lei prévia em relação ao exercício de *ocorrência dos fatos* que darão origem à obrigação tributária[36]. Vale dizer, se o tributo será cobrado no ano 10, com base em fato ocorrido no ano 9, a lei há de ser do ano 8, anterior, portanto, ao ano de ocorrência do fato. E mais, se o fato gerador for periódico e o período tiver tido início no ano 8 (o que, no passado, foi possível para o imposto de renda de pessoas jurídicas), a lei deverá ser do ano 7.

Henry Tilbery considerou "ambiciosa" a tese[37], e Sacha Calmon Navarro Coêlho a endossou[38]; diversos autores, no X Simpósio de Direito Tributário, realizado em São Paulo, em 1986, já acolhiam nossa

33. Luciano Amaro, O imposto de renda..., *RDT*, n. 25/26, p. 146-7.

34. Geraldo Ataliba, Anterioridade da lei tributária – segurança do direito e iniciativa privada, *RDM*, n. 50, p. 25; Geraldo Ataliba e Cléber Giardino, Segurança do direito, tributação e anterioridade, *RDT*, n. 27/28, p. 74.

35. A Constituição de 1967, com a redação da EC n. 1/69, previa que o tributo só poderia ser cobrado em cada exercício se a lei (criadora ou majoradora do tributo) estivesse *em vigor antes do exercício financeiro* (art. 153, § 29). Severino José da Silva sustentou que o art. 104 do CTN (que postergava a vigência da lei criadora ou majoradora do imposto sobre a renda para o 1º dia do exercício seguinte ao da publicação) evitaria a tributação de surpresa (A ilegalidade das alterações retroativas da legislação do imposto de renda das pessoas jurídicas, *Resenha Tributária*, p. 445 e s.). Era construção interpretativa de difícil sustentação, mesmo porque o art. 104 do Código fora editado na vigência da EC n. 18/65, com a qual se harmonizava.

O STF decidiu que bastava a *publicação* no exercício anterior (Plenário, RE 96.000-7/ES, rel. Min. Alfredo Buzaid, un., j. 16-3-1983, *DJU*, 29 abr. 1983), como veio a ser expresso na Constituição atual (art. 150, III, *b*).

36. Luciano Amaro, O imposto de renda..., *RDT*, n. 25/26, p. 151-4.

37. *Comentário ao Decreto-lei n. 2.065/83*, p. 7-8.

38. O novo sistema tributário, *Revista Brasileira de Estudos Políticos*, n. 60/61, p. 470.

posição[39]. Alguns, no mesmo Simpósio, mantinham-se fiéis à posição tradicional[40].

Alberto Xavier já sustentara que a lei do imposto de renda não pode retroagir para ser aplicada a fatos anteriores a sua entrada em vigor, mas admitia que o fato gerador pudesse ser secionado, para aplicar imediatamente a lei nova à porção do fato gerador que se implementasse na vigência da lei, o que não feriria a anterioridade, referida ao exercício da *cobrança*[41]. Posteriormente, porém, o jurista passou também a sustentar que a anterioridade exige lei anterior ao *exercício de ocorrência dos fatos materiais* que integrem a situação fática tributável[42].

---

39. Carlos da Rocha Guimarães (O fato gerador do imposto de renda, *Caderno de Pesquisas Tributárias*, v. 11, p. 136-7); Ives Gandra da Silva Martins (Imposto sobre a renda e proventos de qualquer natureza, *Caderno de Pesquisas Tributárias*, v. 11, p. 285); Antônio Manoel Gonçalez (O fato gerador do imposto sobre a renda e proventos de qualquer natureza, *Caderno de Pesquisas Tributárias*, v. 11, p. 64); José Eduardo Soares de Melo (Imposto sobre a renda e proventos de qualquer natureza, *Caderno de Pesquisas Tributárias*, v. 11, p. 330); Waldir Silveira Mello (Imposto de renda e proventos de qualquer natureza, *Caderno de Pesquisas Tributárias*, v. 11, p. 543); Ylves José de Miranda Guimarães (Imposto sobre a renda e proventos de qualquer natureza, *Caderno de Pesquisas Tributárias*, v. 11, p. 562). Ricardo Mariz de Oliveira entendeu que, após a Lei n. 7.450/85, a lei deve preceder o exercício de ocorrência do fato gerador (Imposto sobre a renda e proventos de qualquer natureza, *Caderno de Pesquisas Tributárias*, v. 11, p. 444). Hugo de Brito Machado, criticando embora a Súmula 584, entendia que a última palavra era do Supremo (Imposto sobre a renda e proventos de qualquer natureza, *Caderno de Pesquisas Tributárias*, v. 11, p. 256-8").

40. Gilberto de Ulhôa Canto, em estudo conjunto com Antônio Carlos Garcia de Souza e Ian de Porto Alegre Muniz, O fato gerador do imposto sobre a renda e proventos de qualquer natureza, *Caderno de Pesquisas Tributárias*, v. 11, p. 42; Wagner Balera, Imposto sobre a renda e proventos de qualquer natureza, *Caderno de Pesquisas Tributárias*, v. 11, p. 474. Gilberto de Ulhôa Canto reviu sua posição (Anterioridade e irretroatividade – direito adquirido, irretroatividade – revogação de isenções, *RDT*, 1991, p. 101-2). Em comentário publicado na *Revista de Direito Tributário* de jan./mar 1986, Magnus Augustus C. Albuquerque (Imposto sobre a renda – aspecto temporal, *RDT*, n. 35, p. 258-61) endossou acórdão da época, segundo o qual o fato gerador do imposto de renda de pessoa jurídica ocorria *na data do balanço*, sendo aplicável a lei então vigente, e citou também nosso estudo, entre outros, "acordes com as diretrizes declinadas". *Data venia*, nunca sustentamos isso (confira-se nosso O imposto de renda..., *RDT*, n. 25/26).

41. O problema da retroatividade das leis sobre o imposto de renda, in *Direito tributário e empresarial*: pareceres, p. 63. Do mesmo autor, Os fundamentos teóricos da fragmentação do fato gerador do imposto de renda para efeitos da teoria da retroatividade das leis, *RDT*, 1991, p. 110 e s.

42. Mesa de Debates no V Congresso Brasileiro de Direito Tributário, *RDT*, n. 56, p. 114. O mesmo autor argumenta que a Constituição dá ordens ao *legislador* e não ao *administrador*, e, ao proibir o legislador de cobrar, está a proibi-lo de *fazer incidir* (Mesa de

A questão parece ter-se pacificado na doutrina[43], tendo-se sensibilizado, igualmente, a jurisprudência, que, na década de 1980, mudou o posicionamento estratificado na antiga Súmula 584 do STF, primeiro para situações nas quais a lei, editada em determinado ano, pretendia sua aplicação a período de apuração *já encerrado* dentro desse ano[44] e, depois, também para as hipóteses em que a lei previu sua aplicação a período que ainda estava em curso no momento de sua edição[45].

Debates no VI Congresso Brasileiro de Direito Tributário, *RDT*, n. 60, p. 199). Uma análise da renovação jurisprudencial nos anos oitenta pode ser vista em Carlos Mário Velloso, A irretroatividade da lei tributária – irretroatividade e anterioridade – imposto de renda e empréstimo compulsório, *RDT*, n. 45, p. 86-92.

43. Além de Alberto Xavier, já citado (Mesa de Debates no V Congresso..., *RDT*, n. 56, p. 114; Mesa de Debates no VI Congresso..., *RDT*, n. 60, p. 199), cf. Gilberto de Ulhôa Canto, Anterioridade..., *RDT*, 1991, p. 101-2; Geraldo Ataliba, Mesa de Debates no VII Congresso Brasileiro de Direito Tributário, *RDT*, n. 63, p. 24; Celso Ribeiro Bastos e Ives Gandra da Silva Martins, *Comentários à Constituição do Brasil*, v. 6, t. 2, p. 153 e s.; Sacha Calmon Navarro Coêlho, *Comentários à Constituição de 1988*: sistema tributário, p. 320-4; Eduardo Maneira, *Direito*, cit., p. 93-108; José Eduardo Soares de Melo, Periodicidade do imposto de renda, *RDT*, 1993, p. 36; Roque Carrazza, Mesa de Debates no VI Congresso Brasileiro de Direito Tributário, *RDT*, n. 60, p. 198; José Morschbacher, Imposto de renda – retroatividade – novos rumos da jurisprudência, *RT – Caderno de Direito Tributário e Finanças Públicas*, n. 1; Marçal Justen Filho, Anterioridade e irretroatividade, *RDT*, 1991, p. 210; Yoshiaki Ishihara, *Princípio da legalidade tributária na Constituição de 1988*, p. 58-60. Osires Azevedo Lopes Filho ridiculariza a "mágica perversa" da antiga visão do problema (Mesa de Debates no VI Congresso Brasileiro de Direito Tributário, *RDT*, n. 60, p. 199).

44. Nessas situações (aplicação de lei nova editada dentro do mesmo ano em que se encerrara o período de apuração, *após* o encerramento desse período), o antigo Tribunal Federal de Recursos, nos anos oitenta, iniciou o trabalho pretoriano de superação da Súmula 584, assentando que ela, construída na vigência do direito anterior, não mais se ajustava à conceituação do fato gerador do imposto de renda (AC 82.686/PA, 5ª T., rel. Min. Sebastião Reis, j. 26-3-1994; MS 104.141/SP, 5ª T., rel. Min. Sebastião Reis, j. 17-12-1986, DJ 15 maio 1987, p. 8988/9; MS 102.554/RJ, 5ª T., rel. Min. Sebastião Reis, j. 17-12-1986, DJ 28 maio 1987, p. 10371). O STF confirmou essa orientação (RE 103.553/PR, 1ª T., rel. Min. Octávio Gallotti, j. 24-9-1985, DJ 25 out. 1985, p. 19150, *Lex – Jurisprudência do STF*, 1996, p. 60 e s.; no Pleno, o Supremo manteve essa posição no ERE 103.553/PR, rel. Min. Carlos Madeira, j. 8-5-1986, *Lex – Jurisprudência do STF*, 1986, p. 137 e s.). O Superior Tribunal de Justiça, em acórdão de 21 de agosto de 1995, firmou igual entendimento (REsp 46.430/RS, 1ª T., rel. Min. Milton Pereira, un., *RSTJ*, a.8 (81), maio 1996, p. 76 e s.).

45. O Plenário do STF proclamou a inconstitucionalidade do art. 8º da Lei n. 7.689/88, de *15 de dezembro de 1988*, que previra sua aplicação para o fato gerador que iria encerrar-se em *31 de dezembro de 1988*. A lei não cuidava do imposto de renda, mas da contribuição social sobre o lucro líquido, sujeita à anterioridade nonagesimal; o acórdão refere de-

Nos anos 1990, o legislador acomodou-se a esse entendimento e passou a editar leis que, expressamente, proclamaram sua eficácia para o exercício subsequente ao de sua publicação[46]. Embora isso tenha evitado conflitos futuros, a Súmula não foi cancelada naquela época; com isso, velhos processos, gerados até o final da década de 1980, continuaram sua marcha. Na primeira década do século XXI, o Supremo voltou a aplicar a arcaica Súmula 584, para endossar os malabarismos que a legislação antiga operava. Isso evidenciava o quanto era importante que fosse firmado, com pompa e publicidade, o atestado de óbito da Súmula[47], o que só aconteceu em julho de 2020[48], quando foi declarada inconstitucional lei que, no curso do ano-base, aumentara adicional do imposto de renda, para aplicação ao lucro do próprio período em curso. Nessa oportunidade, finalmente, foi cancelada a vetusta Súmula 584. Antes de isso ocorrer, o STF ainda titubeara, ao assentar que, no caso de tributação *extrafiscal*, estaria vedada a retroatividade de leis que

---

cisão igual no RE 146.733/SP, rel. Min. Moreira Alves (RE 138.284/Ceará, rel. Min. Carlos Velloso, 1º-7-1992, *RTJ*, *143*:313 e s.). Porém, acórdão da 1ª Turma do Supremo invocou a Súmula 584 para grosseira aplicação retroativa da lei que aumentou em 200% o imposto sobre o lucro de exportações (RE 194.612-1/Santa Catarina, rel. Min. Sydney Sanches, ac. de 24-3-1998, *Revista Dialética de Direito Tributário*, n. 35, p. 134 e s.).

46. A Lei n. 8.383/91 (assim como várias outras dos anos 90) previu sua aplicação para o ano-base seguinte ao da publicação.

47. Após reiteradas aplicações da Súmula 584, o STF, em 2010, em decisão unânime, negou a aplicação do Decreto-lei n. 1.704/79 ao exercício financeiro de 1980 (ano-base de 1979), contrariando, portanto, a Súmula (Ag. Reg. no RE 244.003SC, 2ª T., j. 20-4-2010).

No RE 199352-PR, de 6-2-2011, da 2ª Turma, o rel. Min. Marco Aurélio negou ao Decreto-Lei 2.462, de 1988, a aplicação ao próprio ano de 1988, dada sua retroatividade. Porém, o Min. Nelson Jobin, acompanhado pelo Min. Nery da Silveira, validou a aplicação, com a justificativa de que o imposto só seria recolhido em 1989

No RE 587.088-SP, de 2-2-2011, unânime, o Plenário do Supremo declarou a inconstitucionalidade da EC n. 10, de 7 de março de 1996, que aumentara a alíquota de contribuição social a partir do próprio ano de 1996, ferindo, assim, a irretroatividade e a anterioridade (que, no caso, é de 90 dias) (RE 587.088-SP, de 2-2-2011); o substancioso voto da Min. Ellen Gracie mostra que a irretroatividade só é eficaz "se a garantia constitucional for aplicada com atenção à própria ocorrência material do fato gerador", além do que, tratando-se de tributo sujeito à anterioridade nonagesimal, a lei não só é inaplicável para o período em curso como, ainda, deve anteceder em 90 dias o início do período ao qual se poderá aplicar. Considerações análogas cabem para o imposto de renda.

48. RE 159.180 – MG, de 12 e19-6-2020, Pleno, Relator Min. Marco Aurélio.

aumentassem tributos[49]. Faltava um passo para reconhecer o óbvio: leis que criam ou aumentam tributo (tenham elas finalidade fiscal ou extrafiscal) *nunca* podem retroagir[50].

Em suma, a conjugação dos princípios da irretroatividade e da anterioridade leva, em relação ao imposto de renda com fato gerador periódico, à inaplicabilidade da lei editada no curso de certo exercício financeiro nas seguintes situações: a) período concluído antes da lei; b) período em curso no momento da edição da lei; c) período posterior à lei, que se inicie, porém, *no mesmo exercício de edição da lei* (hipótese em que a aplicação da lei *não feriria a irretroatividade*, mas desrespeitaria a *anterioridade*).

6. PRINCÍPIO DA ISONOMIA OU IGUALDADE TRIBUTÁRIA

A igualdade de todos perante a lei abre, pleonasticamente, o capítulo dos direitos e deveres individuais e coletivos da Constituição (o art. 5º, *caput*, assegura que todos são *iguais* e garante a todos o direito à *igualdade*, insistindo o inciso I em reafirmar que os homens e mulheres são *iguais*), ecoando o mesmo princípio no inciso III do art. 19, que veda discriminação entre brasileiros. O princípio é particularizado, no campo dos tributos, pelo art. 150, II, ao proscrever a instituição de "tratamento *desigual* entre contribuintes que se encontrem em situação equivalente, *proibida qualquer distinção* em razão de ocupação profissional ou função por eles exercida, independentemente da denominação jurídica dos rendimentos, títulos ou direitos" (grifos nossos). Haja redundância!

Esse princípio implica, em primeiro lugar, que, diante da lei "x", toda e qualquer pessoa que se enquadre na hipótese legalmente descrita ficará sujeita ao mandamento legal. Não há pessoas "diferentes" que possam, sob tal pretexto, escapar do comando legal, ou ser dele excluídas. Até aí, o princípio da igualdade está dirigido ao *aplicador* da lei, significando que este não pode diferenciar as pessoas, para efeito de ora submetê-las, ora não, ao mandamento legal (assim como não se lhe faculta diversificá-las, para o fim de ora reconhecer-lhes, ora não, benefício outorgado pela lei). Em resumo, *todos são iguais perante a lei.*

---

49. RE 592.396-SP, de 123-12-2015, Pleno, Relator Min. Edson Facchin.

50. V. nosso trabalho Vida e morte da Súmula STF 584 – um pesadelo de 100 anos. In: *Temas de Direito Tributário*...

Mas há um segundo aspecto a ser analisado, no qual o princípio se dirige ao próprio *legislador* e veda que ele dê tratamento diverso para situações iguais ou equivalentes. Ou seja, *todos são iguais perante o legislador* (= todos devem ser tratados com igualdade pelo legislador).

Assim, nem pode o aplicador, diante da lei, discriminar, nem se autoriza o legislador, ao ditar a lei, a fazer discriminações. Visa o princípio à garantia do indivíduo, evitando perseguições e favoritismos[51].

Tem-se de ver, agora, outra face do princípio, segundo a lição clássica de que a igualdade consiste em tratar igualmente os iguais e desigualmente os desiguais, na medida de sua desigualdade. Celso Antônio Bandeira de Mello, reconhecendo a procedência dessa assertiva, analisa a questão de identificar quem são os iguais e quem são os desiguais, ou seja, "que espécie de igualdade veda e que tipo de desigualdade faculta a discriminação de situações e pessoas sem quebra e agressão aos objetivos transfundidos no princípio constitucional da isonomia?"[52].

O problema – parece-nos – deve ser abordado em termos mais amplos: além de saber qual a desigualdade que *faculta*, é imperioso perquirir a desigualdade que *obriga* a discriminação, pois o tratamento diferenciado de situações que apresentem certo grau de dessemelhança, sobre decorrer do próprio enunciado do princípio da isonomia, pode ser exigido por outros postulados constitucionais, como se dá, no campo dos tributos, à vista do princípio da *capacidade contributiva*, com o qual se entrelaça o enunciado constitucional da igualdade. Deve ser diferenciado (com isenções ou com incidência tributária menos gravosa) o tratamento de situações que não revelem capacidade contributiva ou que mereçam um tratamento fiscal ajustado à sua menor expressão econômica.

Hão de ser tratados, pois, com igualdade aqueles que tiverem igual *capacidade contributiva*, e com desigualdade os que revelem riquezas diferentes e, portanto, diferentes capacidades de contribuir.

A questão da isonomia, em síntese, não se resolve apenas com a afirmação de que, dada a norma legal, como comando abstrato e hipotético, todas as situações concretas correspondentes à hipótese legal devem ser submetidas à lei, e as situações excepcionadas pela lei devem ser excluídas. Há de examinar-se

51. Celso Antônio Bandeira de Mello, *O conteúdo jurídico do princípio da igualdade*, p. 30.

52. *O conteúdo*, cit., p. 15-6.

se o legislador discriminou onde isso lhe era *vedado*, ou se deixou de dessemelhar onde lhe era *obrigatório* fazê-lo. Em ambas as hipóteses, a isonomia terá sido ferida, além de, possivelmente, ter-se agredido a capacidade contributiva.

É tormentosa a pesquisa sobre a legitimidade do critério de discrime em que o legislador possa ter-se apoiado para ditar a norma diferenciada, quando ele não deflua, diretamente, de comando constitucional. Celso Antônio Bandeira de Mello, além de sublinhar a necessidade de uma *correlação lógica* entre o fator de discriminação e a desequiparação pretendida[53], registra ser imperioso que a razão invocada para dessemelhar seja pertinente com os valores resguardados pela Constituição[54].

O art. 149-A (acrescido à Constituição pela EC n. 39/2002), quando faz remissão ao art. 150, omitindo o item II, não nos parece que possa ser interpretado no sentido de que a contribuição para o custeio do serviço de iluminação pública pode ser discriminatória.

Cabe, por fim, anotar que a igualdade é uma *garantia do indivíduo* e não *do Estado*. Assim, se, diante de duas situações que merecem igual tratamento, a lei exigir tributo somente na primeira situação, não cabe à administração fiscal, com base no princípio comentado, tributar ambas as situações; compete ao indivíduo que se ligue à situação tributada contestar o gravame que lhe esteja sendo cobrado com desrespeito ao princípio constitucional. Não pode a analogia ser invocada pela administração para exigir o tributo na situação não prevista (CTN, art. 108, § 1º).

6.1. Princípio da uniformidade

O princípio da uniformidade é uma expressão particularizada do princípio da igualdade, em certas situações conectadas ora com tributos federais, ora com tributos estaduais e municipais. Ricardo Lobo Torres trata essas situações no campo da proibição dos privilégios odiosos, que é uma das formas de proibição de desigualdade[55].

Em primeiro lugar, a Constituição estabelece a uniformidade dos tributos federais em todo o território nacional, e veda distinção ou preferência em relação a Estado, ao Distrito Federal ou a Município, em detrimento de outro (art. 151, I). Há ressalva expressa para os incentivos regionais, destinados a promover o equilíbrio do desenvolvimento socioeconômico entre

53. *O conteúdo*, cit., p. 47-51.

54. *O conteúdo*, cit., p. 53-6. Hugo de Brito Machado diz que o problema está em saber se o critério de discriminação é ou não justo (*Os princípios jurídicos da tributação na Constituição de 1988*, p. 37).

55. *Curso*, cit., p. 65-8.

as diversas regiões do País, com fundamento em que situações *desuniformes* não podem ser tratadas de modo *uniforme*.

Em segundo lugar, proíbe-se à União "tributar a renda das obrigações da dívida pública dos Estados, do Distrito Federal e dos Municípios, bem como a remuneração e os proventos dos respectivos agentes públicos, em níveis superiores aos que fixar para suas obrigações e para seus agentes" (art. 151, II).

A primeira parte do inciso busca uniformizar o tratamento tributário dos títulos públicos (aparentemente admitindo, de modo implícito, que os títulos *privados* possam ter tratamento desuniforme).

A segunda parte do inciso é ociosa e odiosa; de um lado repete, no particular, a geral proibição de discriminar já contida no art. 150, II; de outro, parece fazer crer (*a contrario sensu*) que os rendimentos ou proventos *que não sejam de funcionários públicos* podem ser tributados em "níveis superiores", o que é terminantemente proibido pelo art. 150, II. Ademais, admite a estapafúrdia conclusão, também *a contrario sensu*, de que os níveis de tributação dos agentes *estaduais ou municipais* poderiam ser *inferiores* aos dos *federais* (conclusão absurda, é claro, que se chocaria igualmente com o art. 150, II).

Terceira manifestação da regra de uniformidade está no art. 152, que veda aos Estados, ao Distrito Federal e aos Municípios estabelecer diferença tributária entre bens e serviços de qualquer natureza, em razão de sua procedência ou destino. Resta, por exemplo, vedado que determinado Município isente de imposto a prestação de determinado serviço apenas quando o usuário seja residente no próprio Município; o contrário também não se lhe autoriza.

Há, no art. 151, mais um dispositivo (o inciso III), que nada tem que ver com o assunto de que estamos tratando. Esse inciso veda à União "instituir isenções de tributos de competência dos Estados, do Distrito Federal ou dos Municípios". O preceito é ocioso; é claro que a União não pode invadir a competência dos demais entes políticos; para fazê-lo, necessitaria de expressa autorização constitucional. Os Estados, embora não estejam expressamente proibidos de dar isenção de tributos municipais, nem por isso podem fazê-lo.

7. PRINCÍPIO DA CAPACIDADE CONTRIBUTIVA

O princípio da capacidade contributiva está expresso no art. 145, § 1º, da Constituição, onde se prevê que, "sempre que possível, os impostos terão caráter pessoal e serão graduados segundo a capacidade econômica do contribuinte, facultado à administração tributária, especialmente para conferir efetividade a esses objetivos, identificar, respeitados os direitos individuais e nos termos da lei, o patrimônio, os rendimentos e as atividades econômicas do contribuinte". Com efeito, as atividades econômicas do contribuinte e, mais ainda, seu patrimônio e rendimento são aspectos essenciais para a mensuração de sua capacidade econômica.

O velho princípio da *capacidade contributiva*, previsto já em nossa Constituição Imperial de 1824[56], que desaparecera da Carta de 1967 (embora, como princípio geral de direito tributário, tenha permanecido implícito no sistema), ressurgiu em 1988, ao lado do princípio da *personalização*, para expressar a ideia de que, de cada contribuinte, deve ser exigido o tributo adequado à sua capacidade econômica, que Ricardo Lobo Torres filia ao milenar princípio *suum cuique tribuere*[57].

O princípio da capacidade contributiva, sem embargo das críticas suscitadas pela dificuldade de precisar seu conceito e sua concreta identificação[58], inspira-se na ordem natural das coisas: onde não houver riqueza é inútil instituir imposto, do mesmo modo que em terra seca não adianta abrir poço à busca de água. Porém, na formulação jurídica do princípio, não se quer apenas preservar a eficácia da lei de incidência (no sentido de que esta não caia no vazio, por falta de riqueza que suporte o imposto); além disso, quer-se preservar o contribuinte, buscando evitar que uma tributação excessiva (inadequada à sua capacidade contributiva) comprometa os seus meios de subsistência, ou o livre exercício de sua profissão, ou a livre exploração de sua empresa, ou o exercício de outros direitos fundamentais, já que tudo isso relativiza sua capacidade econômica. Como registraram Geraldo Ataliba e Cléber Giardino, a capacidade econômica corresponde à "real possibilidade de diminuir-se patrimonialmente, sem destruir-se e sem perder a possibilidade de persistir gerando a riqueza de lastro à tributação"[59].

56. "Art. 179 (...).

XV. Ninguem será exempto de contribuir pera as despezas do Estado em proporção dos seus haveres."

57. Ricardo Lobo Torres, *Curso*, cit., p. 79.

58. Um resumo dessas críticas e das dificuldades para identificação precisa dos eventos reveladores da capacidade contributiva é dado por Marco Aurélio Greco (*Planejamento tributário*, p. 328).

59. Intributabilidade das correções monetárias – capacidade contributiva, in *Princípios tributários no direito brasileiro e comparado*, p. 142. Eduardo D. Botallo faz reflexões sobre as dificuldades que a doutrina enfrenta para definir o perfil e o conteúdo desse princípio (Capacidade contributiva, *RDT*, n. 47, p. 234 e s.).

O respeito à capacidade contributiva é também um imperativo de justiça tributária, ou seja, trata-se de um critério justo para a repartição dos encargos do Estado[60].

Por isso, "sempre que possível" – como diz a Constituição –, o imposto deve levar em consideração a capacidade econômica do contribuinte. A expressão "sempre que possível" cabe como ressalva tanto para a personalização como para a capacidade contributiva. Dependendo das características de cada imposto, ou da necessidade de utilizar o imposto com finalidades extrafiscais, esses princípios podem ser excepcionados[61].

Discordamos de Ives Gandra da Silva Martins[62] e de Hugo de Brito Machado[63] quando sustentam que a ressalva ("sempre que possível") se aplica somente para a personalização, a pretexto de que, não sendo assim, o princípio da capacidade contributiva ficaria anulado. Ora, em primeiro lugar, não se pode ler, no preceito constitucional, a afirmação de que os impostos devem observar a capacidade econômica, mesmo quando isso seja *impossível*. Nessa perspectiva, seria até dispensável a ressalva; mas a *possibilidade* referida no texto abre campo precisamente para a conjugação com outras técnicas tributárias (como a extrafiscalidade), que precisam ser utilizadas em harmonia com o princípio ali estatuído.

O postulado em exame avizinha-se do princípio da igualdade, na medida em que, ao adequar-se o tributo à capacidade dos contribuintes, deve-se buscar um modelo de incidência que não ignore as diferenças (de riqueza) evidenciadas nas diversas situações eleitas como suporte de imposição. E isso corresponde a um dos aspectos da igualdade, que é o tratamento desigual para os desiguais.

---

60. Marco Aurélio Greco, com apoio em Victor Uckmar, enfatiza a importância do princípio, à vista, em primeiro lugar, da necessidade de que os indivíduos, que usufruem dos serviços públicos que o Estado propicia para a coletividade, contribuam para custeá-los, e, em segundo, da ideia de justiça, que aponta no sentido de essa contribuição fazer-se na medida da capacidade contributiva dos indivíduos (*Planejamento tributário*, p. 319-20).

61. Alcides Jorge Costa, no mesmo sentido, registra que "há impostos incompatíveis com a graduação segundo a capacidade econômica" (Capacidade contributiva, *RDT*, n. 55, p. 301); Ricardo Lobo Torres anota que a capacidade contributiva deve ser mensurada de forma diferente em cada imposto, a depender das respectivas possibilidades técnicas, lembrando, ainda, que a ressalva visa a compatibilizar a capacidade contributiva com a extrafiscalidade (*Curso*, cit., p. 81).

62. *Sistema tributário na Constituição de 1988*, p. 75-8.

63. *Os princípios jurídicos*, cit., p. 53.

Mas, em situações iguais, o princípio da capacidade contributiva não se resume a dar igualdade de tratamento. Dois contribuintes em idêntica situação têm direito a tratamento igual; todavia, *além disso*, têm também (ambos e cada um deles) o direito de não ser tributados além de sua capacidade econômica. Se de ambos fosse exigido idêntico imposto abusivo, não os ampararia a invocação da igualdade (que estaria sendo aplicada), mas a da capacidade contributiva. Os autores, porém, geralmente sustentam que a igualdade absorve a capacidade contributiva[64], sob a crítica de Marco Aurélio Greco, que antepõe o princípio da capacidade contributiva ao da igualdade[65].

A capacidade econômica aproxima-se, ainda, de outros postulados, que, sob ângulos diferentes, perseguem objetivos análogos e em parte coincidentes: a personalização, a proporcionalidade, a progressividade, a seletividade.

O princípio da personalização do imposto foi contemplado, como vimos, ao lado da capacidade econômica. A personalização, que também deve ser buscada pelo legislador "sempre que possível", traduz-se na adequação do gravame fiscal às *condições pessoais* de cada contribuinte. É óbvio que não se pretende definir na lei o imposto de cada pessoa, mas sim estruturar o modelo de incidência de tal sorte que, na sua aplicação concreta, tais ou quais características dos indivíduos (número de dependentes, volume de despesas médicas etc.) sejam levadas em consideração para efeito de quantificação do montante do imposto devido em cada situação concreta.

A *personalização* do imposto pode ser vista como uma das faces da capacidade contributiva, à qual, sem dúvida, o imposto pessoal deve ser adequado.

---

64. Nessa linha, Alberto Xavier entende que "o princípio da capacidade contributiva é simples aspecto em que se desdobra o princípio da igualdade e não regra autônoma", concordando assim com o pensamento de Paulo de Barros Carvalho (*Os princípios*, cit., p. 74, nota de rodapé), que é acompanhado por Geraldo Ataliba e Roque Carrazza (Geraldo Ataliba, Progressividade e capacidade contributiva, *RDT*, 1991, p. 49). Alcides Jorge Costa vê o princípio da capacidade contributiva como critério para alcançar a igualdade, afirmando que "igualdade tributária, no Brasil, consiste em tributar da mesma forma todos os que têm a mesma capacidade contributiva" (Capacidade..., *RDT*, n. 55, p. 299-300). Já Hugo de Brito Machado crê que o princípio da capacidade econômica contributiva "não deve ser interpretado como simples forma de manifestação do princípio geral da isonomia" (*Temas de direito tributário*, p. 28).

65. *Contribuições*, cit., p. 190 e s. Diz Marco Aurélio Greco que "... primeiro deve ser perquirida a existência de capacidade contributiva para que a tributação (pelo menos no caso dos impostos) se justifique e, depois, cabendo um imposto, este deverá ser instituído sem violação à igualdade" (*Planejamento tributário*, p. 331).

Mas os impostos reais (que consideram, objetivamente, a situação material, sem levar em conta as condições do indivíduo que se liga a essa situação), também devem ser informados pelo princípio da capacidade contributiva[66], que é postulado universal de justiça fiscal[67]. Ou seja, não se pode, na criação de impostos reais (como soem ser os impostos indiretos), estabelecer critérios de quantificação do gravame em termos que ofendam a presumível capacidade econômica do contribuinte, ou do contribuinte "de fato", em função de quem, nos tributos indiretos, deve ser aplicado o princípio. Não há nenhuma razão pela qual pudessem ser desconsiderados, no caso de impostos indiretos, os valores que os princípios em análise buscam preservar, a pretexto de que a capacidade contributiva deva ser a do contribuinte de direito, ignorando-se o contribuinte "de fato". Não fosse assim, o princípio poderia ser abandonado, para efeito de tributação de alimentos básicos e remédios, a pretexto de que os contribuintes de direito dos impostos aí incidentes são empresas de altíssimo poder econômico[68].

Aliás, é precisamente em atenção ao contribuinte "de fato" que se põe outra das vertentes da capacidade contributiva no campo dos impostos indiretos, ou seja, o princípio da *seletividade*, segundo o qual o gravame deve ser inversamente proporcional à *essencialidade* do bem.

A adequação do imposto à capacidade econômica do contribuinte encontra, ainda, expressão no princípio da *proporcionalidade*, em face do qual o gravame fiscal deve ser diretamente proporcional à riqueza evidenciada em cada situação impositiva. A mera ideia de proporcionalidade, porém, expressa apenas uma relação matemática entre o crescimento da base de cálculo e o do imposto (se a base de cálculo dobra, o imposto também dobra). A capacidade contributiva reclama mais do que isso, pois exige que se afira a *justiça da incidência em cada situação isoladamente considerada*, e não apenas a *justiça relativa entre uma e outra das duas situações*. O princípio da capacidade contributiva, conjugado com o da igualdade, direciona os impostos para a proporcionalidade, mas não se esgota nesta.

66. No mesmo sentido, Hugo de Brito Machado, com apoio em outros autores (*Temas*, cit., p. 13).

67. Hugo de Brito Machado, *Temas*, cit., p. 9.

68. Alcides Jorge Costa, em contrário, entende que "a capacidade contributiva a considerar é a do sujeito passivo de direito, sem considerar-se o fenômeno econômico da repercussão" (Capacidade..., *RDT*, n. 55, p. 302).

Com apoio no princípio da capacidade contributiva e no da igualdade, tem sido discutida a constitucionalidade dos tributos "fixos", assim chamados porque seu montante não se gradua em função da maior ou menor expressão econômica revelada pelo fato gerador[69].

Outro preceito que se aproxima do princípio da capacidade contributiva é o da progressividade, previsto para certos impostos, como o de renda. A progressividade não é uma decorrência necessária da capacidade contributiva[70], mas sim um refinamento desse postulado. A proporcionalidade implica que riquezas maiores gerem impostos *proporcionalmente* maiores (na razão direta do aumento da riqueza). Já a progressividade faz com que a alíquota para as fatias mais altas de riqueza seja maior.

No campo dos impostos indiretos, que se caracterizam por sua regressividade, esta pode ser atenuada pela *aplicação da seletividade* em função da essencialidade dos bens, que referimos linhas acima. A seletividade apresenta-se aí como uma técnica de implementação da justiça fiscal.

A medida da capacidade contributiva se apresenta sob diferentes aspectos, de acordo com o tipo de imposto; ora se afere a capacidade contributiva por meio da renda, ora do patrimônio, ora do consumo de bens ou serviços[71].

Embora a Constituição (art. 145, § 1º) só se refira a *impostos*, outras espécies tributárias podem levar em consideração a capacidade contributiva, em especial as *taxas*, cabendo lembrar que, em diversas situações, o próprio texto constitucional veda a cobrança de taxas em hipóteses nas quais não se revela capacidade econômica (cf., por exemplo, art. 5º, LXXVII).

---

69. Aires Barreto, *Base de cálculo, alíquota e princípios constitucionais*, p. 96, e Capacidade contributiva, igualdade e progressividade na Constituição de 1988, *RDT*, 1991, p. 87; Alberto Xavier, Inconstitucionalidade dos tributos fixos, por ofensa ao princípio da capacidade contributiva, *RDT*, 1991, p. 118-20; José Eduardo Soares de Melo, Em face do princípio da capacidade contributiva, é possível criar tributo fixo?, *RDT*, 1991, p. 141-3; Américo Masset Lacombe, Igualdade e capacidade contributiva, *RDT*, 1991, p. 159; Paulo de Barros Carvalho, Legalidade, *RDT*, 1991, p. 56-57; Misabel de Abreu Machado Derzi, Princípio da igualdade no direito tributário e suas manifestações, *RDT*, 1991, p. 185. Em contrário, Antônio Roberto Sampaio Dória (Legalidade, *RDT*, 1991, p. 27) e Valdir de Oliveira Rocha, que cita outros autores que admitem os tributos fixos (*Determinação do montante do tributo*, p. 95 e 131-4).

70. Alberto Xavier, Mesa de Debates do VI Congresso..., *RDT*, n. 60, p. 194-5.

71. Hugo de Brito Machado, com base nessas considerações, refuta a ideia de imposto único, que se revelaria inadequado à implementação da capacidade contributiva (*Temas*, cit., p. 23-4).

7.1. Efetivação do princípio e respeito aos direitos individuais

O mesmo dispositivo constitucional que consagra o princípio da personalização dos impostos e o da adequação à capacidade econômica do contribuinte faculta à administração tributária, "especialmente" para conferir efetividade a esses princípios, identificar o patrimônio, os rendimentos e as atividades econômicas do contribuinte (art. 145, § 1º). E o dispositivo ressalva que a administração deve *respeitar os direitos individuais* e tem de agir *nos termos da lei*.

Segundo diz Ricardo Lobo Torres, a efetivação da capacidade contributiva é limitada pelos *direitos da liberdade* (imunidades e privilégios constitucionais) e da *segurança jurídica* (legalidade, irretroatividade, anterioridade etc.); por isso, entidades imunes não podem ser tributadas, sob o pretexto de que têm capacidade econômica; também não se autoriza ao legislador, a pretexto de atingir uma dada capacidade contributiva, ditar lei retro-operante, nem lhe é dado desrespeitar o princípio da anterioridade[72].

O preceito constitucional contempla, como se viu, uma faculdade da administração tributária e duas "ressalvas": o respeito aos direitos individuais e a legalidade da atuação fiscal. Ambas as ressalvas feitas à faculdade reconhecida à administração tributária são, em rigor, expletivas, pois não se conceberia que alguma autoridade pudesse agir em detrimento dos direitos individuais, e os administrativistas sempre nos ensinaram que a autoridade somente pode agir *nos termos da lei*. Aliás, também em rigor, a própria concessão da faculdade é exabundante, pela teoria dos poderes implícitos (quem dá os fins dá os meios): se a Constituição dá ao Estado o poder de tributar, e o obriga a respeitar a capacidade econômica do contribuinte, claro fica que o Estado deve ter, mais do que o *direito*, o *dever* de fiscalizar o contribuinte (na forma da lei, obviamente, e respeitados, é claro, os direitos individuais).

Assim sendo, a questão que se põe, no dispositivo comentado – como, aliás, não escapou à análise de Hugo de Brito Machado[73] –, é a questão da compatibilização da faculdade de investigar (aí específica e ociosamente reconhecida ao Fisco), com o respeito aos direitos individuais.

Ora, que o Fisco tem o poder de investigar não há dúvida; em verdade, como adiantamos acima, trata-se de *dever* do Fisco, e não de *faculdade*. De-

---

72. *Curso*, cit., p. 80-1.

73. Princípios constitucionais tributários, *Caderno de Pesquisas Tributárias*, n. 18, p. 86.

ver, porém, a ser cumprido nos termos da lei (como, expletivamente, sublinha o preceito constitucional). A autoridade tem, portanto, o dever de fiscalizar, mas, para isso, deve respeitar o *devido processo legal* e observar os direitos do indivíduo. Não pode, portanto, agir fora do que a lei previamente tenha autorizado (princípio genérico da legalidade); nem se lhe permite divulgar os dados que apure sobre o patrimônio, os rendimentos e as atividades do contribuinte, pois isso feriria o direito à privacidade; nem se admite que, para investigar o contribuinte, utilize métodos desumanos ou degradantes; não pode também pretender a obtenção de informações que não sejam necessárias à investigação fiscal etc.

Em suma, o que se há de buscar é a harmonização do princípio constitucional de respeito à capacidade econômica com os demais princípios constitucionais, o que deve ser cumprido não a critério da autoridade, mas nos termos da lei (que, advirta-se, deve, igualmente, adequar-se aos princípios constitucionais).

8. PRINCÍPIO DA VEDAÇÃO DE TRIBUTO CONFISCATÓRIO

Confiscar é tomar para o Fisco, desapossar alguém de seus bens em proveito do Estado. A Constituição garante o direito de propriedade (art. 5º, XXII, e art. 170, II) e coíbe o confisco, ao estabelecer a prévia e justa indenização nos casos em que se autoriza a desapropriação (art. 5º, XXIV; art. 182, §§ 3º e 4º; art. 184). A Constituição admite, como pena acessória, a perda de bens do condenado, na forma da lei (art. 5º, XLV e XLVI, *b*).

O art. 150, IV, veda a utilização do tributo com o *efeito de confisco*, ou seja, impede que, a pretexto de cobrar tributo, se aposse o Estado dos bens do indivíduo.

É óbvio que os tributos (de modo mais ostensivo, os impostos) traduzem transferências compulsórias (não voluntárias) de recursos do indivíduo para o Estado. Desde que a tributação se faça nos limites autorizados pela Constituição, a transferência de riqueza do contribuinte para o Estado é legítima e não confiscatória. Portanto, não se quer, com a vedação do confisco, outorgar à propriedade uma proteção absoluta contra a incidência do tributo, o que anularia totalmente o poder de tributar. O que se objetiva é evitar que, por meio do tributo, o Estado anule a riqueza privada. Vê-se, pois, que o princípio atua em conjunto com o da *capacidade contributiva*, que também visa a preservar a capacidade econômica do indivíduo.

Ricardo Lobo Torres considera a vedação de confisco como uma imunidade tributária da parcela mínima necessária à sobrevivência da propriedade privada, o que importaria dizer que o confisco equivaleria à extinção da propriedade; reconhece, porém, esse autor que, inexistindo possibilidade prévia de fixar os limites quantitativos para a cobrança não confiscatória, a definição concreta de confisco há de pautar-se pela *razoabilidade*[74].

Dessa forma, o problema está em saber até onde pode avançar o tributo sobre o patrimônio do indivíduo, sem configurar confisco, ou, considerada isoladamente certa situação tributável, qual o limite máximo de ônus tributário que legitimamente sobre ela poderia impor-se.

Algumas situações são expressivas na caracterização de confisco; por exemplo, imposto que absorvesse toda a renda do contribuinte sem dúvida seria confiscatório; do mesmo modo, o tributo que tomasse parcela substancial do patrimônio do indivíduo[75]. Mas qual seria o percentual a partir de que o imposto passa a ser confiscatório? Isso não está dito na Constituição[76]. Haverá hipóteses, por outro lado, em que uma tributação severa se justifica, por razões de política fiscal (como se dá com os tributos de fins extrafiscais).

O princípio da vedação de tributo confiscatório não é um preceito matemático; é um critério informador da atividade do *legislador* e é, além disso, preceito dirigido ao *intérprete* e ao *julgador*, que, à vista das características da situação concreta, verificarão se determinado tributo invade ou não o território do confisco.

9. PRINCÍPIO DA LIBERDADE DE TRÁFEGO

Proíbe o art. 150, V, da Constituição que se estabeleçam limitações ao tráfego de pessoas ou bens, por meio de tributos interestaduais ou intermunicipais, ressalvada a cobrança de *pedágio* pela utilização de vias conservadas pelo Poder Público.

Esse preceito atende a uma preocupação que, segundo o relato de Pontes de Miranda, vem do primeiro orçamento brasileiro, na Regência de

74. *Curso*, cit., p. 56.

75. Henry Tilbery, Reflexões sobre a tributação do patrimônio, in *Princípios tributários no direito brasileiro e comparado*, p. 320.

76. A Corte Suprema argentina tem aplicado o limite de 33% da renda ou, no caso de imposto sucessório, 33% do valor dos bens (Hector Villegas, *Curso*, cit., p. 93).

D. Pedro, que procurou imunizar o comércio entre as províncias; no Império, contudo, criou-se o imposto interprovincial; na República, apesar da vedação constitucional, algumas práticas contornaram o obstáculo[77].

O que a Constituição veda é o tributo que *onere* o tráfego interestadual ou intermunicipal de pessoas ou de bens; o gravame tributário seria uma forma de *limitar* esse tráfego. Em última análise, o que está em causa é a *liberdade de locomoção* (de pessoas ou bens), mais do que a *não discriminação de bens ou pessoas*, a pretexto de irem para outra localidade ou de lá virem; ademais, prestigiam-se a *liberdade de comércio* e o *princípio federativo*[78].

Obviamente, esse princípio não tem que ver com o tráfego *internacional*, mas só com o interestadual ou intermunicipal. Por outro lado, o princípio convive com o imposto estadual sobre operações relativas à circulação de mercadorias e sobre prestação de serviços de transporte interestadual e intermunicipal e de comunicação (ICMS), tributo que sofreu especial cuidado da Constituição, no que tange às operações interestaduais.

Poder-se-ia dizer que, com a demarcação de competências estabelecida desde a Emenda n. 18/65, ficou mais difícil ao legislador tributário impor tributos que pudessem afetar o tráfego, além dos já autorizados pela Constituição. A par da definição das esferas de competência de cada pessoa política (que tolhe a liberdade de criar outros tributos que não os assinalados pela Constituição à competência dessa pessoa política), o regime de alíquotas balizado pelo Senado Federal (no caso do ICMS), a disciplina das isenções do ICMS (que dependem de convênios interestaduais), tudo isso contribui para evitar o tratamento discriminatório de pessoas ou bens, em razão do seu destino ou origem, dentro do território nacional.

Não obstante, o princípio opera nas situações em que a disciplina *específica* do tributo possa não ser suficiente para evitar a discriminação. As *taxas*, por exemplo, poderiam, eventualmente, ser usadas em tentativas de onerar o tráfego interestadual e intermunicipal, não fosse a vedação constitucional. O mesmo se diga dos impostos da chamada competência "residual".

O dispositivo conjuga-se com outros princípios constitucionais. Casa-se com o princípio da igualdade (art. 150, II), porque, indiretamente, veda a discriminação de pessoas ou bens. E harmoniza-se com o prin-

77. Francisco Cavalcanti Pontes de Miranda, *Comentários à Constituição de 1969*, p. 398-404.

78. Ricardo Lobo Torres, *Curso*, cit., p. 57.

cípio da uniformidade, no que este se atém à proibição de a União dar tratamento tributário discriminatório a Estado, ao Distrito Federal ou a Município (art. 151, I).

9.1. Liberdade de tráfego e pedágio

O preceito em análise abre exceção, em sua parte final, para a cobrança de *pedágio* pela utilização de vias conservadas pelo Poder Público. Portanto, o pedágio, não obstante *onere* (e, nessa medida, *limite*) o tráfego, é lícito.

O *objetivo* da ressalva é evidente. A técnica utilizada, porém, é canhestra, consoante anotamos já em capítulo anterior. Se se pretendeu reconhecer a competência das pessoas políticas para cobrar *pedágio*, não era esse o lugar adequado, pois não é na seção das "Limitações do Poder de Tributar" que se definem poderes para *tributar*. Competências definem-se por preceitos afirmativos e não por meio de ressalvas a preceitos negativos. Por outro lado, se o pedágio já se inserisse na competência tributária (da União, dos Estados, do Distrito Federal e dos Municípios), não seria necessário ressalvá-lo (assim como não foi necessário ressalvar o ICMS, que também pode onerar o transporte intermunicipal ou interestadual).

Ademais, se a competência para instituição de pedágio só está prevista no dispositivo que trata da vedação de tributos *intermunicipais* ou *interestaduais*, lícito será concluir que o tráfego em trecho que se contenha dentro do *território de um mesmo Município* não é onerável pelo pedágio, ou seja, a Constituição estaria discriminando exatamente o que ela não quer discriminar: o tráfego *interestadual* ou *intermunicipal* pode ser tributado, sem que o tráfego *local* o seja, ainda que ambos se efetuem pela mesma via, conservada pelo mesmo Poder Público.

10. PRINCÍPIO DA TRANSPARÊNCIA DOS IMPOSTOS

Os impostos ditos indiretos têm como proclamada virtude a circunstância de virem disfarçados no preço de utilidades adquiridas pelo "contribuinte de fato", que, em geral, não percebe o ônus tributário incluído no preço pago. Trata-se de tributos que "anestesiam" o consumidor, quando este, ao adquirir bens ou serviços, não se dá conta de que, embutido no preço, pode vir um pesado gravame fiscal.

O art. 150, § 5º, quer que o consumidor seja esclarecido acerca dos impostos que incidam sobre essas utilidades, fixando o *princípio da trans-*

parência dos impostos, correlato ao princípio básico do direito das relações de consumo, que é o da *informação* – clara, correta, precisa e completa – do consumidor[79]. A Lei n. 12.741/2012 regulou esse princípio.

11. PRINCÍPIOS E REGRAS ESPECÍFICOS DE DETERMINADOS IMPOSTOS

Alguns impostos têm o seu perfil constitucional completado com a indicação de princípios que não se aplicam, como regra, à generalidade dos impostos.

É o que se dá com o princípio da *não cumulatividade*, obrigatório para o IPI (art. 153, § 3º, II), para o ICMS (art. 155, § 2º, I), para impostos da competência residual da União (art. 154, I) e para certas contribuições sociais (art. 195, § 4º, c/c o art. 154, I, e art. 195, §§ 12 e 13, na redação da EC n. 42/2003). A não cumulatividade obriga a que o tributo, plurifásico, incidente em sucessivas operações, seja apurado sobre o valor agregado em cada uma delas, ou (no sistema adotado em nossa legislação) seja compensado com o que tenha incidido nas operações anteriores.

Traço característico do IPI é a *seletividade* em função da *essencialidade* do produto (art. 153, § 3º, I), o que dirige as maiores atenções desse imposto para bens suntuosos ou supérfluos, e tende a afastá-lo ou atenuá-lo no caso de produtos essenciais.

O item IV do § 3º do art. 153 (acrescido pela EC n. 42/2003) quer que a lei "reduza o impacto" do IPI sobre a aquisição de bens de capital pelo contribuinte do imposto.

A seletividade, obrigatória para o IPI, é permitida em relação ao ICMS (art. 155, § 2º, III).

Preocupação análoga à da seletividade transparece no próprio enunciado do imposto federal sobre *grandes fortunas* (art. 153, VII). Trata-se de imposto sobre o patrimônio, mas a expressão utilizada (não só "fortuna", mas fortuna "grande") indica que o imposto deve ser dirigido a patrimônios de maior expressão.

O *imposto de renda*, por sua vez, também é informado por princípios constitucionais específicos: *generalidade*, *universalidade* e *progressivi-*

79. Ricardo Lobo Torres também designa o postulado constitucional como "princípio da transparência fiscal", atribuindo-lhe a virtude de permitir maior controle por parte do contribuinte e eleitor (*Curso*, cit., p. 100).

dade (art. 153, § 2º, I). Assim, esse tributo deve, em princípio, atingir todas as pessoas e todas as manifestações de renda, incidindo com alíquotas tanto maiores quanto maior for a capacidade econômica do contribuinte. É evidente que, por desdobramento do princípio da capacidade contributiva, com o qual aqueles postulados devem conjugar-se, haverá situações em que se justificará a não incidência do tributo (por exemplo, rendas de pequena expressão não devem ser oneradas, para não se atingir o mínimo vital).

A *progressividade* do IPTU referida pela Constituição (na redação original de seu art. 156, § 1º, c/c o art. 182, § 4º, II) nada tinha que ver com a técnica a que se confere aquela denominação. O que a Constituição disciplinava, quanto ao IPTU, era seu *aumento, ao longo dos anos*, como "sanção", no caso de propriedades que não cumprissem sua função social[80]. Na Emenda Constitucional n. 29/2000, preocupada com medidas de *saúde pública*, foi inserida disposição que alterou o art. 156 para facultar a progressividade do IPTU "em razão do valor do imóvel", admitindo, ainda, que as alíquotas variem em função da "localização e do uso do imóvel" (art. 156, § 1º, I e II, da CF, na redação dada pelo art. 3º da Emenda).

No ITR, a Constituição quer a progressividade e alíquotas diferentes em função da produtividade da terra (art. 153, § 4º, I, na redação da EC n. 42/2003).

12. PRINCÍPIOS TRIBUTÁRIOS DECORRENTES DA ORDEM ECONÔMICA

No título relativo à ordem econômica e financeira encontram-se princípios que possuem aplicação no campo tributário. O art. 170, IX (com a redação da EC n. 6/95), manda conceder *tratamento favorecido para as empresas de pequeno porte, constituídas sob as leis brasileiras e que tenham sua sede e administração no País.*

O art. 172 fixa diretriz, dirigida à lei ordinária, no sentido de *incentivar os reinvestimentos de lucros do capital estrangeiro*, o que se pode fazer com

80. Luciano Amaro, A progressividade na ordem tributária, in *I Fórum de Direito Econômico*, p. 97 e s.; assim tem entendido o Supremo Tribunal Federal (*v*. RE 199181/SP, *DJU*, 12 mar. 1999, na esteira de jurisprudência anterior). Em contrário, Elizabeth Nazar Carrazza, *Progressividade e IPTU*, *passim*, e Roque Carrazza, A progressividade na ordem tributária, in *I Fórum de Direito Econômico*, p. 107 e s.

a utilização de mecanismos tributários (por exemplo, a redução ou exclusão do imposto sobre aqueles lucros, quando reinvestidos).

O § 1º do art. 173 impõe igualdade de tratamento, no que respeita a obrigações tributárias, entre as empresas privadas e as empresas públicas, sociedades de economia mista e outras entidades que explorem atividade econômica. A natureza dessas pessoas não é razão para privilegiá-las nem desfavorecê-las tributariamente.

Essa preocupação é repetida (em rigor, de modo desnecessário) no § 2º do mesmo art. 173, que *impede a concessão de privilégios fiscais às empresas públicas e às sociedades de economia mista*, salvo se extensivos às do setor privado. Essa ressalva final também é desnecessária, pois a outorga de tratamento fiscal *favorecido*, em dada situação, *tanto às empresas do setor público quanto às do setor privado*, tiraria dele o caráter de "privilégio".

O *incentivo à atividade econômica*, previsto como função do Estado no art. 174, pode instrumentar-se por normas tributárias.

O art. 179 retoma o tema das pequenas empresas (referido na letra *d* do art. 170) para determinar a previsão de tratamento diferenciado das *microempresas e das empresas de pequeno porte*, o que é igualmente implementável, na esfera dos tributos, com a eliminação ou redução de obrigações fiscais. Nessa esteira, a Constituição atribui à lei complementar a definição de tratamento diferenciado e favorecido para as microempresas e para as empresas de pequeno porte, inclusive regimes especiais ou simplificados no caso do ICMS e de algumas contribuições (alínea *d* do item III do art. 146, acrescida pela EC n. 42/2003)[81], facultando, ainda, regime unificado de arrecadação de impostos e contribuições federais, estaduais e municipais (parágrafo único do art. 146, acrescido pela EC n. 42/2003).

No capítulo da política urbana, a *progressividade do imposto predial e territorial urbano* é prevista em dispositivo que citamos em tópico anterior (art. 182, § 4º, II). O preceito constitucional poderia ter evitado, no *caput*, a expressão "sob pena", que sugere a ideia de utilização do tributo como *sanção de ato ilícito* (descumprimento de obrigação legal de promover o adequado aproveitamento do solo urbano). Na verdade, trata-se de implementar uma função extrafiscal do imposto. Em contrapartida, no capítulo

81. O art. 94 do ADCT (acrescido pela EC n. 42/2003) previu a cessação dos regimes especiais de tributação para microempresas e empresas de pequeno porte próprios da União, dos Estados, do Distrito Federal e dos Municípios a partir da entrada em vigor do regime previsto no art. 146, III, *d*.

"Do Sistema Tributário Nacional", o insólito art. 146-A (acrescido pela EC n. 42/2003) faculta à lei complementar o estabelecimento de "critérios especiais de tributação" com o objetivo de prevenir desequilíbrios da *concorrência* (*sic*), sem prejuízo da competência da União de, por lei, estabelecer normas de igual objetivo.

13. IMUNIDADES TRIBUTÁRIAS

Ao definir a competência tributária da União, dos Estados, do Distrito Federal e dos Municípios, a Constituição confere a cada uma dessas pessoas o poder de instituir tributos, que serão exigíveis, à vista da ocorrência concreta de determinadas situações, das pessoas que se vincularem a essas mesmas situações. Assim, por exemplo, no exercício de sua competência, pode a União instituir imposto sobre a renda, exigindo esse tributo das pessoas que se vincularem à situação material descrita (renda).

Não obstante, não quer a Constituição que determinadas situações materiais sejam oneradas por tributos (ou por algum tributo em especial). Dessa forma, complementando o desenho do campo sobre o qual será exercida a competência tributária, a Constituição exclui certas pessoas, ou bens, ou serviços, ou situações, deixando-os fora do alcance do poder de tributar.

Por exemplo, a União pode tributar a renda, exceto a dos partidos políticos; pode tributar produtos industrializados, exceto o papel de imprensa.

Essas situações dizem-se *imunes*. A imunidade tributária é, assim, a qualidade da situação que não pode ser atingida pelo tributo, em razão de norma constitucional que, à vista de alguma especificidade pessoal ou material dessa situação, deixou-a fora do campo sobre que é autorizada a instituição do tributo.

O fundamento das imunidades é a preservação de *valores* que a Constituição reputa relevantes (a atuação de certas entidades, a liberdade religiosa, o acesso à informação, a liberdade de expressão etc.), que faz com que se ignore a eventual (ou efetiva) capacidade econômica revelada pela pessoa (ou revelada na situação), proclamando-se, independentemente da existência dessa capacidade, a não tributabilidade das pessoas ou situações imunes. Yonne Dolácio de Oliveira registra o "domínio de um verdadeiro esquema axiológico sobre o princípio da capacidade contributiva"[82].

---

82. Imunidades tributárias na Constituição de 1988, in *Outros tributos*: estudos, p. 16.

Já vimos que as imunidades compõem o conjunto de balizamentos que delimitam a competência tributária, inserindo-se, pois, nas *limitações do poder de tributar*. Embora tradicionalmente tratada como "supressão"[83], "proibição"[84] ou "vedação"[85] do poder de tributar, a imunidade – também já o dissemos linhas atrás – configura simples técnica legislativa por meio da qual o constituinte exclui do campo tributável determinadas situações sobre as quais ele não quer que incida este ou aquele gravame fiscal, cuja instituição é autorizada, *em regra*, sobre o *gênero* de situações pelo qual aquelas estariam compreendidas.

Não se trata de uma amputação ou supressão do poder de tributar, pois, nas situações imunes, não existe (nem preexiste) poder de tributar. Assim sendo, os produtos industrializados estão, em *regra*, no campo de atuação do imposto federal (IPI); mas os livros, por *exceção*, não podem ser onerados por esse imposto, e, embora, na venda mercantil, representem mercadorias, também não podem ser sujeitos ao imposto estadual (ICMS).

Técnica semelhante à da imunidade é a da *isenção*, por meio da qual a lei tributária, ao descrever o *gênero* de situações sobre as quais impõe o tributo, pinça uma ou diversas espécies (compreendidas naquele gênero) e as declara *isentas* (ou seja, *excepcionadas* da norma de incidência). Hipoteticamente, lei declara tributável o gênero de situações "a" (que compreende as situações específicas a^1 a a^n), mas considera *isentas*, por exemplo, as situações específicas a^2 e a^5, donde deflui que todas as espécies a^1 a a^n estão tributadas, *exceto* as duas espécies excluídas pela isenção, que remanescem *não tributadas*.

A diferença entre a *imunidade* e a *isenção* está em que a primeira atua no plano da *definição da competência*, e a segunda opera no plano do *exercício da competência*. Ou seja, a Constituição, ao *definir* a competência, excepciona determinadas situações que, não fosse a imunidade, quedariam dentro do campo de competência, mas, por força da norma de imunidade, permanecem *fora* do alcance do poder de tributar outorgado pela Constituição. Já a *isenção* atua noutro plano, qual seja, o do exercício do poder de tributar: quando a pessoa política competente exerce esse poder, editando a lei instituidora do

---

83. Amílcar de Araújo Falcão, Imunidade e isenção tributária – instituição de assistência social, *RDA*, n. 66, p. 370.

84. Rubens Gomes de Sousa, *Compêndio*, cit., p. 186.

85. Aliomar Baleeiro refere as imunidades como "vedações absolutas ao poder de tributar certas pessoas (subjetivas) ou certos bens (objetivas) e, às vezes, uns e outras" (*Direito*, cit., p. 84).

tributo, essa lei pode, usando a técnica da *isenção*, excluir determinadas situações, que, não fosse a isenção, estariam dentro do campo de incidência da lei de tributação, mas, por força da norma isentiva, permanecem *fora* desse campo. Voltaremos a cuidar da isenção no Capítulo IX.

As imunidades são definidas em função de *condições pessoais* de quem venha a vincular-se às situações materiais que ensejariam a tributação (por exemplo, a renda, em regra passível de ser tributada, é imune quando auferida por partido político ou por entidade assistencial que preencha certos requisitos). Mas podem, também, ser definidas em função do *objeto* suscetível de ser tributado (por exemplo, o livro é imune), ou de certas *peculiaridades da situação objetiva* (por exemplo, um produto que, em regra, poderia ser tributado, mas, por destinar-se à exportação, é imune). Podem, assim, identificar-se imunidades *subjetivas* (atentas às condições *pessoais* do sujeito que se vincula às situações materiais que, se aplicada a regra, seriam tributáveis) e imunidades *objetivas* (para cuja identificação o relevo está no objeto ou situação objetiva, que, em razão de alguma especificidade, escapa à regra de *tributabilidade* e se enquadra na exceção que é a *imunidade*).

Boa parte das imunidades tributárias encontra-se na seção atinente às "Limitações do Poder de Tributar" (arts. 150 a 152 da CF), mas há normas esparsas sobre imunidade noutros dispositivos da Constituição, inclusive fora do capítulo pertinente ao Sistema Tributário Nacional.

13.1. As imunidades na seção das "Limitações do Poder de Tributar"

Sem prejuízo de outras garantias asseguradas ao contribuinte, o art. 150 da Constituição (abrindo a seção relativa às "limitações do poder de tributar") arrola, juntamente com uma série de princípios, as imunidades referidas no seu inciso VI, que não autorizam a exigência de impostos sobre as situações ali descritas.

Em primeiro lugar, o inciso veda a instituição de impostos sobre o patrimônio, a renda e os serviços de cada pessoa política (União, Estados, Distrito Federal e Municípios) por qualquer uma das demais pessoas políticas (art. 150, VI, *a*); nenhuma delas pode exigir imposto que grave o patrimônio, a renda ou os serviços das demais, daí derivando a designação de imunidade *recíproca*. A seguir, prevê a imunidade dos *templos* de qualquer culto (alínea *b*). A alínea *c* estatui a imunidade do patrimônio, da renda e dos serviços dos *partidos políticos*, inclusive suas fundações, das *entidades sindicais dos trabalhadores* e das *instituições de educação* e de *assistência social* que atendam aos requisitos da lei. A imunidade dos *livros, jornais, periódicos e do papel de imprensa* figura na alínea *d*. A alínea *e*, acrescida pela Emenda Constitucional n. 75/2013, descreve a imunidade de *fonogramas e videofonogramas musicais produzidos no Brasil contendo obras musicais ou literomusicais de autores brasileiros ou obras em geral interpretadas por artistas brasileiros bem como os suportes materiais ou arquivos digitais que os contenham, salvo na etapa de replicação industrial de mídias óticas de leitura a* laser.

A imunidade recíproca objetiva a proteção do federalismo. O que se imuniza é o "patrimônio, a renda e os serviços" dos entes da federação, o que não impede a incidência de impostos indiretos, como o IPI e o ICMS[86], mas repele a cobrança de impostos que atinjam o patrimônio dos entes políticos, ainda que não sejam "classificados" como "impostos sobre o patrimônio". Já vimos, no capítulo sobre a classificação dos tributos, que essa rotulação (geralmente referida a *imóveis*) padece de vício, como sói acontecer com as classificações. Os impostos de transmissão de *imóveis* são usualmente classificados como impostos sobre o *patrimônio*, enquanto os de transmissão de bens *móveis* são geralmente batizados como impostos de *circulação*, o que não é lógico: num caso, trata-se de patrimônio *imóvel*, e no outro, de patrimônio *móvel*; em ambos, pois, pode-se falar em *patrimônio* que circula ou em *circulação* de bens patrimoniais.

O § 2º do art. 150 explicita a extensão da *imunidade recíproca* às autarquias e fundações mantidas pelo Poder Público, no que se refere ao patrimônio, renda e serviços vinculados às suas finalidades essenciais ou delas decorrentes. *A contrario sensu*, o que não estiver relacionado com essas finalidades essenciais não é imune. A imunidade recíproca não se aplica "ao patrimônio, à renda e aos serviços, relacionados com a exploração de atividades econômicas regidas pelas normas aplicáveis a empreendimentos privados, ou em que haja contraprestação ou pagamento de preços ou tarifas pelo usuário" (art. 150, § 3º).

O mesmo dispositivo, em sua parte final, repete preceito que vem de Constituições anteriores, no sentido de que a imunidade recíproca não exonera "o promitente comprador da obrigação de pagar imposto relativamente ao bem imóvel". Dessa forma, se o domínio do imóvel pertence, por exemplo, à União, que promete vender o bem a pessoa não imune, o impos-

86. Ricardo Lobo Torres, *Curso*, cit., p. 61-2; a Súmula 591 do Supremo Tribunal Federal estabelece: "A imunidade ou a isenção tributária do comprador não se estende ao produtor, contribuinte do Imposto sobre Produtos Industrializados".

to territorial e predial pode ser cobrado do promitente comprador, não obstante a propriedade ainda não lhe tenha sido transferida. Em rigor, essa norma é expletiva. Se a imunidade é atributo pessoal do promitente vendedor, e não do promitente comprador, não se poderia entender que ela se estendesse ao segundo, quando a sujeição passiva se reporte a este.

A imunidade dos templos (alínea *b*) e das entidades referidas na alínea *c* compreende somente o patrimônio, a renda e os serviços relacionados com suas finalidades essenciais (§ 4º). Diante da igualdade de tratamento que esse parágrafo confere aos templos e àquelas entidades, não se justifica que a Constituição tenha arrolado os templos em alínea diferente.

Não há, em relação aos templos e às entidades mencionadas na alínea *c*, previsão análoga à do § 3º (que exclui da imunidade *recíproca* a "exploração de atividades econômicas regidas pelas normas aplicáveis a empreendimentos privados, ou em que haja contraprestação ou pagamento de preços ou tarifas pelo usuário"). Uma entidade assistencial pode, por exemplo, explorar um bazar, vendendo mercadorias, e nem por isso ficará sujeita ao imposto de renda[87].

A norma também contida no § 3º (parte final) no sentido de que a imunidade recíproca não exonera "o promitente comprador da obrigação de pagar imposto relativamente ao bem imóvel" igualmente não é repetida para os templos e entidades da alínea *c*. Nem seria ela necessária, dado que é expletiva.

A parte final da alínea *c* do inciso VI do art. 150 ("sem fins lucrativos, atendidos os requisitos da lei") aplica-se apenas às *instituições de educação* e *de assistência social*, e não a todas as entidades mencionadas na alínea.

A lei a que se refere a alínea deve ser entendida não como *lei ordinária*, mas como *lei complementar*[88]. Duas razões principais sustentam essa

87. Não obstante, Ives Gandra da Silva Martins sustentou que o § 4º seria um "complemento" do § 3º, e, por isso, a imunidade não seria aplicável quando "as atividades puderem gerar concorrência desleal (...), sob o risco de criar privilégio inadmissível no direito econômico constitucional e propiciar dominação de mercados ou eliminação da concorrência"(Imunidades tributárias, *Pesquisas Tributárias,* Nova Série, n. 4, p. 46-7). *V.* a crítica de Yonne Dolácio de Oliveira a esse posicionamento (Imunidades tributárias, *Pesquisas Tributárias,* Nova Série, n. 4, p. 752-3). Ricardo Lobo Torres, embora afaste a imunidade nas situações em que a concorrência seja afetada, relata que norma expressa no direito americano, excluindo a desoneração de entidades assistenciais em relação à renda de certas atividades (*unrelated business taxable income*) vem sendo criticada por juristas e economistas (Imunidades tributárias, *Pesquisas Tributárias,* Nova Série, n. 4, p. 218-9).

88. Nesse sentido, cf. Yonne Dolácio de Oliveira, Imunidades, in *Outros tributos*, cit., p. 29-31; *v.*, também, Luciano Amaro, Algumas questões sobre a imunidade tributária, in

assertiva. Em primeiro lugar, tratando-se de "limitação do poder de tributar", cabe à *lei complementar* a função precípua de regular a matéria, "complementando" a disciplina constitucional (art. 146, II). Em segundo, a imunidade abrange um largo espectro de tributos, de competência de diferentes entes políticos; há de haver, portanto, norma uniforme, geral, que se aplique às diversas esferas de poder, o que, no campo tributário, também é assunto de lei complementar.

A função de explicitar os requisitos dessa imunidade é exercida pelo art. 14 do Código Tributário Nacional[89]. A Lei Complementar n. 104/2001 deu nova redação à alínea *c* do item IV do art. 9º do Código (que correspondia à alínea *c* do item VI do art. 150 da Constituição, com cujo texto foi, dessa forma, sincronizado); o dispositivo codificado faz remissão aos requisitos do art. 14 do mesmo diploma, onde se exige que as instituições de educação e de assistência social sem fins lucrativos, para gozar da imunidade, não distribuam nenhuma parcela de seu patrimônio ou de suas rendas, "a qualquer título" (na redação anterior, dizia-se "a título de lucro ou participação no seu resultado"); apliquem integralmente, no País, os seus recursos na manutenção dos seus objetivos institucionais; e mantenham escrituração de suas receitas e despesas em livros revestidos de formalidades capazes de assegurar sua exatidão.

A *inexistência de fim lucrativo* (exigida pela Constituição) foi corretamente traduzida pelo art. 14 do Código Tributário Nacional, ao estabele-

---

Pesquisas Tributárias, Nova Série, n. 4, p. 147-9. No livro *Imposto de renda*: alterações fundamentais, v. 2 (Valdir de Oliveira Rocha, coord.), vários autores sustentam essa mesma posição: Misabel Derzi, A imunidade das instituições de educação ou de assistência social, p. 145 e s.; José Eduardo Soares de Melo, A imunidade das instituições de educação e de assistência social ao imposto de renda (Lei federal n. 9.532/97), p. 87 e s.; Hugo de Brito Machado, Imunidade das instituições de educação e de assistência social e a Lei 9.532/97, p. 67 e s. Na mesma coletânea, Eduardo Botallo assevera que, não obstante caiba à lei complementar a edição de "normas estruturais de imunidade", a lei ordinária poderia impor "normas operacionais de imunidade", com o fim de "combater práticas ilícitas às quais o manto da imunidade, indevidamente, estaria sendo usado para propiciar abrigo" (Imunidade de instituições de educação e de assistência social e lei ordinária – um intrincado confronto, p. 57 e s.). Todavia, se existem práticas *ilícitas*, não é preciso editar novas leis para atestar essa ilicitude. Em coletânea na qual há diversas outras manifestações doutrinárias também no sentido de que é exigível a lei complementar, Marco Aurélio Greco admite, como possibilidade, que a expressão "atendidos os requisitos da lei" se refira aos requisitos para que a entidade tenha existência legal, e para isso basta lei ordinária (Imunidades tributárias, *Pesquisas Tributárias,* Nova Série, n. 4, p. 717); já Oswaldo Othon de Pontes Saraiva Filho sustenta que a lei ordinária pode explicitar os requisitos da imunidade (Imunidades tributárias, *Pesquisas Tributárias,* Nova Série, n. 4, p. 346).

89. O Código, embora editado com a forma de lei ordinária, tem eficácia de lei complementar, como veremos no capítulo referente às fontes do direito tributário.

cer a *não distribuição de patrimônio ou renda*. Com efeito, quando se fala em entidade sem fim lucrativo, quer-se significar aquela cujo criador (ou instituidor, ou mantenedor, ou associado, ou filiado) não tenha fim de lucro para si, o que, obviamente, não impede que a entidade aufira resultados positivos (ingressos financeiros superiores às despesas) na sua atuação. A entidade pode ter renda; o que não pode é distribuí-la, vale dizer, quem a cria não pode visar a lucro. A entidade será, por decorrência, sem fim de lucro, o que – repita-se – não é obstáculo a que ela aplique disponibilidades de caixa e aufira renda, ou a que, eventualmente, tenha, em certo período, um ingresso financeiro líquido positivo (superávit).

Esse superávit não é lucro.

Lucro é conceito afeto à noção de *empresa*, coisa que a entidade, nas referidas condições, não é, justamente porque lhe falta o fim de lucro (vale dizer, a entidade foi criada não para dar lucro ao seu criador, mas para atingir uma finalidade altruísta). A falta de clareza na visão desse problema (apesar de ter sido adequadamente regulado pelo CTN) gerou uma série de discussões sobre se a atuação da entidade imune teria de ser gratuita, ou sobre a possibilidade de ela auferir receita de aplicações financeiras. É claro que – como instrumento de justiça distributiva – ela pode e, frequentemente, deve cobrar por serviços ou bens que forneça, e deve aplicar sobras de caixa; o importante é que todo o resultado aí apurado reverta em investimento ou custeio para que a entidade continue cumprindo seu objetivo institucional de educação ou de assistência social[90].

Além desses requisitos, o § 1º do art. 14 do Código Tributário Nacional, por remissão ao § 1º do art. 9º do mesmo Código, pretendeu condicionar o gozo da imunidade dos partidos políticos, das entidades de educação e de assistência social ao cumprimento de suas obrigações como responsáveis pelos tributos que lhes caiba reter na fonte, e à prática dos atos previstos em lei, assecuratórios do cumprimento de obrigações tributárias por terceiros (por exemplo, informar ao Fisco o pagamento de rendimento a terceiros).

Esse dispositivo (§ 1º do art. 14) é aberrante, sob vários aspectos, o menos importante dos quais é ter chamado a imunidade de "benefício", noção inadequada para expressar uma norma de definição (negativa) da competência tributária. O outro dislate, este gravíssimo, está em supor que

90. Sobre a discussão do tema, na doutrina e na jurisprudência, *v*. Yonne Dolácio de Oliveira, Imunidades, in *Outros tributos*, cit., p. 31-4, e Ricardo Lobo Torres, Imunidades tributárias, *Pesquisas Tributárias*, Nova Série, n. 4, p. 204 e s.

imunidade seja algo que possa ser "suspenso" pela autoridade fiscal, como se esta pudesse dispor sobre matéria constitucional.

Com efeito, o que fez o indigitado parágrafo, na hipótese, por exemplo, de um partido político ou de uma entidade assistencial descumprir algum dos requisitos do art. 14 ou desatender o § 1º do art. 9º, foi conceder à autoridade administrativa autorização para "suspender a aplicação do benefício". Isso pretende significar que o simples fato de a entidade descumprir (ainda que sem dolo) uma obrigação acessória de informar dados fiscais de terceiros ao Fisco confere a este o poder de "*puni-la*" com a "*suspensão*" da imunidade. Além disso, parece admitir que o ato da autoridade tenha efeito constitutivo negativo, ou seja, até sua prática, a imunidade teria vigorado, ficando, a partir de então, "suspensa" (provavelmente até que a autoridade resolva "devolver" a imunidade). E mais: o preceito faz supor que a autoridade tenha o poder discricionário de aplicar ou não a "pena" de suspensão do "benefício", pois o Código diz que ela "pode" fazê-lo.

Ora, não é assim que se disciplina matéria de tamanho relevo. O que compete ao legislador (complementar) é explicitar os requisitos necessários para que se implemente a situação imune, desdobrando o que já está implícito na Constituição (ou seja, que inexista fim de lucro, que isso seja aferível mediante escrituração contábil regular etc.). Em caso de não preenchimento desses requisitos por esta ou aquela entidade, o que se dá é a não realização da hipótese de imunidade, do que decorre a submissão da entidade ao tributo gerado pelos fatos geradores a que ela venha a ligar-se como contribuinte. Se ela cumpre os requisitos até o dia X e, depois, deixa de atendê-los, não deve nem pode ser preciso que a autoridade venha a "cassar" o benefício (ou suspender-lhe a aplicação), pois, *ipso facto*, a imunidade desaparece, à vista do descumprimento dos requisitos exigidos, independentemente de qualquer ato da autoridade. Absurdo seria que a entidade passasse, por exemplo, a distribuir lucros e mantivesse a imunidade até o momento em que a autoridade, tomando ciência do fato, resolvesse "suspender" o "benefício".

Como vimos, o item VI do art. 150 define, ainda, em sua alínea *d*, a imunidade dos *livros, jornais, periódicos e do papel de imprensa*. O preceito tem o claro objetivo de estimular a informação e a cultura, preocupação similar à que inspirou a alínea *e*, que contempla a imunidade de fonogramas e videofonogramas musicais produzidos no Brasil, contendo obras musicais ou literomusicais de autores brasileiros ou obras em geral interpretadas por artistas brasileiros, bem como os suportes materiais ou arquivos digitais que os contenham, salvo na etapa de replicação industrial de mídias óticas de leitura a *laser*.

As imunidades que vimos examinando foram, na vigência da Emenda n. 18/65, tratadas pelo Código Tributário Nacional no art. 9º, IV e §§ 1º e 2º, e nos arts. 12, 13 e 14. Essas disposições devem ser harmonizadas com os preceitos da Constituição em vigor; como anotamos linhas atrás, a Lei Complementar n. 104/2001 alterou a alínea *c* do item IV do art. 9º, ajustando o seu texto à alínea *c* do item VI do art. 150 da Constituição, e modificou igualmente o item I do art. 14.

13.2. Outras imunidades no sistema tributário constitucional

Além das imunidades reguladas no art. 150, VI e §§ 2º a 4º, na seção das "Limitações do Poder de Tributar", outras são encontradas no capítulo do "Sistema Tributário Nacional"[91].

O art. 149, § 2º, I (na redação da EC n. 33/2001), descreve imunidade das receitas de exportação, quanto às contribuições sociais e à contribuição de intervenção no domínio econômico.

O art. 153, § 3º, III, define a imunidade, atinente ao IPI, dos produtos industrializados destinados ao exterior.

O mesmo art. 153, no § 4º, II (com a redação dada pela EC n. 42/2003), trata da imunidade do imposto territorial rural (ITR) sobre

---

91. O art. 153, § 2º, II (inciso revogado pelo art. 17 da EC n. 20/98), dispunha que o imposto de renda "não incidirá, nos termos e limites fixados em lei, sobre rendimentos provenientes de aposentadoria e pensão, pagos pela previdência social da União, dos Estados, do Distrito Federal e dos Municípios, a pessoa com idade superior a sessenta e cinco anos, cuja renda total seja constituída, exclusivamente, de rendimentos do trabalho". O dispositivo mereceu várias críticas. O constituinte visivelmente inspirara-se na legislação ordinária, que já anteriormente concedia aos aposentados e pensionistas uma isenção limitada para aqueles rendimentos; o preceito constitucional criava, porém, a dúvida sobre se tais "termos e condições" deveriam ser fixados pela lei complementar prevista no art. 146, II, da mesma Constituição. Entendemos que não. Paulo de Barros Carvalho sustentou que a lei "é, sem dúvida, a complementar" (*Curso*, cit., p. 124). O mesmo disse Sacha Calmon Navarro Coêlho, em meio a diversas críticas feitas ao preceito constitucional (*Comentários*, cit., p. 401). A Constituição na verdade explicitava um desdobramento do princípio da igualdade e do princípio da capacidade contributiva, indicando ao legislador ordinário que os aposentados e os pensionistas deveriam ter um tratamento fiscal que levasse em conta suas específicas condições pessoais. Por outro lado, o próprio preceito constitucional condicionava a não incidência ao requisito de que o aposentado ou pensionista tivesse sua renda totalmente constituída de rendimentos do trabalho, o que o tornava inaplicável a todos os aposentados e pensionistas que guardassem suas parcas economias numa conta de poupança (que rende juros, ou seja, rendimentos de capital). Ademais, em rigor, quem aufere pensão não recebe rendimentos "do trabalho". A lei ordinária tem cuidado do assunto com mais competência (Luciano Amaro, Imposto de renda – regimes jurídicos, in *Curso de direito tributário*, v. 2, p. 308).

"pequenas glebas rurais, definidas em lei, quando as explore o proprietário que não possua outro imóvel". Também aí a Constituição explicita uma situação em que o princípio da capacidade contributiva merece aplicação específica.

O art. 155, § 2º, X, *a* (com a redação da EC n. 42/2003) não autoriza a incidência do ICMS sobre "operações que destinem mercadorias ao exterior, nem sobre serviços prestados a destinatários no exterior, assegurada a manutenção e o aproveitamento do montante do imposto cobrado nas operações e prestações anteriores". A alínea *b* do mesmo dispositivo veda o tributo sobre as "operações que destinem a outros Estados petróleo, inclusive lubrificantes, combustíveis líquidos e gasosos dele derivados, e energia elétrica", exceto na hipótese prevista no mesmo § 2º, item XII, *h* – alínea acrescida pela Emenda Constitucional n. 33/2001 (incidência monofásica, definida em lei complementar). A alínea *c* prevê que o ICMS não incidirá sobre o ouro, nas hipóteses definidas no art. 153, § 5º; esse preceito é redundante, pois o ouro, nas citadas hipóteses, já se sujeita apenas ao imposto sobre operações financeiras, por força do próprio art. 153, § 5º. E, por fim, a alínea *d* (acrescida pela EC n. 42/2003) dá imunidade para a prestação de serviço de comunicação nas modalidades de radiodifusão sonora e de sons e imagens de recepção livre e gratuita. O art. 155, § 3º (com a redação da EC n. 33/2001), dispõe sobre a imunidade das "operações relativas a energia elétrica, combustíveis líquidos e gasosos, lubrificantes e minerais do País", em relação a *qualquer imposto* que não seja o ICMS e os impostos de importação e exportação.

O art. 156, § 2º, I, cuida da imunidade, pertinente ao imposto municipal de transmissão de bens imóveis, da "transmissão de bens e direitos incorporados ao patrimônio de pessoa jurídica em realização de capital" e da "transmissão de bens ou direitos decorrentes de fusão, incorporação, cisão ou extinção de pessoa jurídica", desde que a atividade preponderante do adquirente não seja a compra e venda desses bens ou direitos, sua locação ou arrendamento mercantil. Antes da Constituição de 1988, esse tributo pertencia à competência estadual, e, nessa perspectiva, foi regulado nos arts. 36 e 37 do Código Tributário Nacional, que dispuseram sobre essa imunidade, em especial para definir a atividade preponderante a que se refere o preceito constitucional. Tem-se aqui um especial caso de recepção, pois os referidos artigos do Código não conflitam com a Constituição, já porque o tributo continua existindo, já porque a imunidade *objetiva* permanece, já porque nada na Constituição indica que a lei complementar devesse cuidar de modo diverso da matéria.

No art. 155, § 2º, XII, *e*, a Constituição autorizou a *lei complementar* a excluir da incidência do ICMS serviços e outros produtos exportados, além dos mencionados no inciso X, *a*; a referida alínea *e* só fazia sentido com a redação original do inciso X, *a* (antes da EC n. 42/2003), que limitava a imunidade ali prevista a certos produtos industrializados.

No art. 156, § 3º, II (com a redação da EC n. 3/93), foi dada à *lei complementar* a atribuição de excluir da incidência do ISS a exportação de serviços para o exterior, tarefa cumprida pela Lei Complementar n. 116/2003 (art. 2º, I). Se aceitarmos que imunidade é uma técnica de definição da *competência*, essa situação configura caso de *imunidade* (reservado o conceito de *isenção* para o plano da definição da *incidência*).

13.3. Outras imunidades fora do sistema tributário constitucional

Finalmente há imunidades tributárias situadas *fora* do capítulo do Sistema Tributário Nacional.

O art. 195, § 7º, declara "isentas" (entenda-se "imunes", para uniformizarmos a linguagem) de contribuição para a seguridade social as entidades beneficentes de assistência social que atendam às exigências estabelecidas em lei.

O mesmo artigo, no seu inciso II (na redação dada pela EC n. 20/98), após prever a contribuição social dos trabalhadores e dos segurados da previdência social, estatui que esse tributo não incidirá sobre a aposentadoria e a pensão concedidas pelo regime geral do art. 201.

O art. 5º da Constituição proíbe a exigência de taxas sobre:

a) petições aos Poderes Públicos em defesa de direitos ou contra ilegalidade ou abuso de poder, bem como certidões fornecidas por repartições públicas, para defesa de direitos e esclarecimento de situações de interesse pessoal (item XXXIV);

b) serviço público de assistência jurídica aos que comprovarem insuficiência de recursos (item LXXIV);

c) registro civil de nascimento e certidão de óbito, para os reconhecidamente pobres, na forma da lei (item LXXVI);

d) *habeas corpus* e *habeas data*, e, na forma da lei, os atos necessários ao exercício da cidadania (item LXXVII).

Essas situações são incluídas por Ricardo Lobo Torres no rol dos mecanismos constitucionais de proteção do *mínimo existencial*, que se traduz no "direito às condições mínimas de existência humana digna que não pode ser objeto de incidência tributária e que ainda exige prestações estatais positivas", ligadas à saúde, à educação, à assistência social etc.[92].

O art. 184, § 5º, utilizando embora o termo "isenção", concede imunidade de impostos federais, estaduais e municipais às operações de *transferência de imóveis desapropriados para fins de reforma agrária*.

Ricardo Lobo Torres registra a existência de imunidades implícitas, quando a Constituição, ao proteger o exercício da profissão, a família, o acesso à justiça, não autoriza que os direitos daí emergentes sejam aniquilados pelo uso de tributos confiscatórios ou excessivos[93]. A questão, à evidência, tem que ver com o princípio da capacidade contributiva e o da vedação de confisco.

14. LIMITAÇÕES DE ALÍQUOTAS

Como regra, compete à lei instituidora do tributo definir as alíquotas aplicáveis, para que se possa identificar, em cada situação material concreta, o montante do tributo devido.

Porém, para certos tributos, a Constituição cria balizamentos (ou prevê sua criação por outras normas, infraconstitucionais), impondo à lei tributária a necessidade de conformar-se com os limites estabelecidos na Constituição ou naquelas normas.

No plano dos tributos federais, o art. 153, § 5º, da Constituição fixa a alíquota mínima de 1% para o imposto sobre ouro, quando este seja definido como ativo financeiro ou instrumento cambial[94].

92. *Curso*, cit., p. 57-60.

93. *Curso*, cit., p. 60.

94. A Emenda Constitucional n. 3/93 fixou o teto de 0,25% para o extinto imposto sobre movimentação financeira; a Emenda Constitucional n. 12/96 estabeleceu igual limite para a contribuição sobre movimentação financeira, tributo de vigência provisória, previsto por essa Emenda para vigorar pelo período de até dois anos; a cobrança dessa contribuição, criada pela Lei n. 9.311/96, alterada pela Lei n. 9.539/97, foi prorrogada por trinta e seis meses pela Emenda Constitucional n. 21/99, que aumentou o limite para 0,38% nos primeiros doze meses e 0,30% no período subsequente; essa última emenda autorizou o Poder Executivo apenas a *reduzir* a alíquota, sem poder restabelecê-la, como era antes expressamente facultado. A Emenda Constitucional n. 31/2000 criou adicional de 0,08% a essa contribuição, destinando o produto da arrecadação desse adicional ao Fundo de Combate e Erradicação da Pobreza, instituído pela mesma Emenda. A Emenda Constitucional n. 37/2002, que prorrogou a cobrança da contribuição até 31 de dezembro de 2004, redefiniu sua destinação e estabeleceu algumas imunidades, fixou a alíquota da contribuição em 0,38%, em 2002 e 2003, e 0,08% em 2004 (arts. 84 e 85 do ADCT, acrescidos pela Emenda). Porém, a Emenda Constitucional n. 42/2003, que prorrogou o prazo de cobrança da contribuição para

As alíquotas máximas do imposto estadual sobre transmissão *causa mortis* e doação de bens e direitos são determináveis pelo Senado Federal (art. 155, § 1º, IV).

Cabe ainda ao Senado Federal fixar as alíquotas do ICMS nas operações interestaduais e de exportação (art. 155, § 2º, IV), estabelecer alíquotas mínimas nas operações internas (art. 155, § 2º, V, *a*), fixar alíquotas máximas nas operações internas, para resolver conflito específico que envolva interesse de Estados (art. 155, § 2º, V, *b*). Dispõem, ainda, sobre alíquotas do ICMS os itens VI a VIII do mesmo parágrafo. O item IV do § 4º do citado art. 155 (parágrafo acrescido pela EC n. 33/2001) regula hipótese (incidência monofásica sobre combustíveis e lubrificantes), em que a alíquota aplicável, que há de ser uniforme, será definida mediante deliberação dos Estados e Distrito Federal.

O IPVA terá suas alíquotas mínimas fixadas pelo Senado Federal e poderá ter alíquotas diferenciadas em função do tipo e da utilização do veículo (art. 155, § 6º, acrescido pela EC n. 42/2003)[95].

No que respeita ao imposto municipal sobre serviços de qualquer natureza (ISS), a Constituição previu lei complementar para fixar suas alíquotas máximas e mínimas (art. 156, § 3º, I, na redação da EC n. 37/2002)[96]. A Lei Complementar n. 116/2003 definiu, como teto, a alíquota de cinco por cento (art. 8º) e a Lei Complementar n. 157/2016 fixou, como piso, a alíquota de 2%[97].

A contribuição exigível dos respectivos servidores pelos Estados, Distrito Federal e Municípios para o custeio do regime previdenciário a que se refere o art. 40 não pode ter alíquota inferior à da contribuição de servidores efetivos da União (art. 149, § 1º, na redação dada pela EC n. 41/2003).

---

31 de dezembro de 2007, manteve, para o período de 2004 a 2007, a alíquota de 0,38% (art. 90 do ADCT, acrescido pela Emenda).

95. O adicional estadual de imposto de renda (extinto pela EC n. 3/93) teve sua alíquota máxima (5%) fixada pela própria Constituição (art. 155, II, na redação original).

96. Lei complementar era prevista também para definir as alíquotas do imposto sobre vendas a varejo de combustíveis líquidos e gasosos (extinto pela EC n. 3/93) (CF, art. 156, § 4º, I, na redação original); provisoriamente, o Ato das Disposições Constitucionais Transitórias fixara a alíquota desse imposto em 3% (art. 34, § 7º).

97. O piso de 2%, como regra, já vigorava antes da Lei Complementar n. 157/2016, por força do art. 88 do Ato das Disposições Constitucionais, acrescido pela Emenda Constitucional n. 37/2002.

15. LIMITAÇÕES QUANTO À BASE DE CÁLCULO

O art. 145, § 2º, da Constituição veda a utilização de base de cálculo própria de impostos para a exigência de *taxas*.

Esse dispositivo objetiva evitar que, sob o rótulo de taxa, se disfarce a criação de imposto fora do campo de competência assinalado à pessoa política.

Os impostos da *competência residual* não podem ter base de cálculo nem fato gerador próprios dos impostos discriminados na Constituição (art. 154, I).

Igual restrição aplica-se às contribuições sociais instituíveis com base no art. 195, § 4º (sobre outras fontes que não as arroladas no artigo)[98], dada a remissão que o dispositivo faz ao art. 154, I.

16. LIMITAÇÕES À CONCESSÃO DE ISENÇÕES E BENEFÍCIOS

A concessão ou revogação de isenções, incentivos e benefícios fiscais do imposto sobre circulação de mercadorias e serviços de transporte interestadual e intermunicipal e de comunicação depende de deliberação dos Estados e do Distrito Federal, na forma regulada por lei complementar (art. 155, § 2º, XII, *g*).

Disposição análoga aplica-se ao imposto sobre serviços de qualquer natureza, dado que compete à lei complementar regular a forma e as condições como isenções, incentivos e benefícios fiscais serão concedidos e revogados (art. 156, § 3º, III, na redação dada pela EC n. 37/2002).

---

98. Na redação original da Constituição, a competência estadual para instituir o adicional do imposto de renda (extinta pela Emenda n. 3/93) também sofria limitação quanto à base de cálculo do tributo, em razão da técnica utilizada: como se tratava de um *adicional*, sua base de cálculo ficava atrelada ao que a lei federal dispusesse sobre o imposto de renda.

Capítulo V

Fontes do Direito Tributário

Sumário: 1. Noção. 2. A Constituição Federal. 2.1. Emendas constitucionais. 3. Leis complementares. 3.1. Origem e características. 3.2. Funções da lei complementar no direito tributário. 3.3. A eficácia de lei complementar do Código Tributário Nacional. 4. Leis ordinárias e atos equivalentes. 4.1. Leis ordinárias. 4.2. Leis delegadas. 4.3. Medidas provisórias. 5. Tratados internacionais. 5.1. O tratado como lei especial. 5.2. A questão do primado dos tratados. 5.3. Tratado e tributo estadual ou municipal. 6. Atos do Poder Executivo Federal com força de lei material. 7. Atos exclusivos do Poder Legislativo. 7.1. Resoluções. 7.2. Decretos legislativos. 8. Convênios. 9. Decretos regulamentares. 10. Normas complementares.

1. NOÇÃO

Fontes são os modos de expressão do direito. Nos sistemas de direito escrito, como o nosso, a fonte básica do direito é a lei, em sentido lato (abrangendo a lei constitucional, as leis complementares, as leis ordinárias etc.). A Lei Complementar n. 95/98, com fundamento no art. 59, parágrafo único, da Constituição, dispõe sobre a elaboração, a redação, a alteração e a consolidação das leis, bem como a consolidação de outros atos normativos.

No direito tributário, centrado no princípio da legalidade, a *lei* exerce o papel de maior importância. Outros atos, sem a estatura da lei, podem atuar apenas em assuntos periféricos da tributação (como a aprovação de formulários de prestação de informações, de guias de recolhimento etc.).

A *doutrina* e a *jurisprudência* exercem, também no campo tributário, o trabalho construtivo do direito que lhes cabe noutros setores da ciência jurídica, embora com limites menos largos de atuação, em virtude precisamente do princípio da estrita legalidade dos tributos.

É mister não esquecer os *costumes*, que, como "práticas reiteradamente observadas pelas autoridades administrativas", compõem as "normas complementares" das leis tributárias (na infeliz designação dada pelo art. 100 do Código Tributário Nacional).

Examinaremos os vários modos de produção do direito tributário e a esfera de atuação de cada um.

2. A CONSTITUIÇÃO FEDERAL

Conforme já vimos nos Capítulos III e IV, o direito tributário encontra na Constituição Federal, em primeiro lugar, sua estruturação sistemática: é ali que se desenham, na definição da competência tributária dos entes da Federação, os contornos que irá ter cada peça integrante do sistema tributário nacional. Na Constituição encontra-se a matriz de todas as competências; nela se demarcam os limites do poder de tributar e se estruturam os princípios, inclusive os de natureza especificamente tributária, que constituem as pilastras de sustentação de todo o sistema tributário.

É ainda na Constituição que se disciplina o *modo de expressão* do direito tributário, ou seja, a regulação do processo produtivo de normas jurídico-tributárias (leis complementares, leis ordinárias etc.) e o espaço de atuação de cada uma (ou seja, quais tarefas competem a cada tipo normativo)[1].

2.1. Emendas constitucionais

A Constituição pode ser modificada por emenda (art. 60 da CF). As emendas constitucionais, uma vez observado o processo previsto para sua elaboração e promulgação, incorporam-se à Constituição, com igual hierarquia.

O § 4º do citado art. 60 arrola matérias sobre as quais não admite modificação; trata-se do cerne fixo da Constituição, ou "cláusula pétrea"[2]. O dispositivo afronta, a nosso ver, o princípio democrático, na medida em

1. Sobre este tópico, *v*. Roque Carrazza, Constituição como fonte do direito tributário, *RDT*, n. 46.

2. Edvaldo Pereira de Brito sustenta que é irreformável o "Estatuto do Contribuinte", composto por diversos princípios que embasam a *segurança jurídica* (Reforma, in *Curso*, cit., p. 430-6).

que pretende subtrair do povo o poder de mudar justamente sua lei fundamental, como se a Assembleia Constituinte tivesse o dom não só de ditar as melhores regras para o presente, mas também de determinar a única disciplina adequada para o futuro[3].

Qualquer alteração legislativa que importe em mudança no sistema de normas constitucionais tributárias (por exemplo, a modificação da competência para instituir determinado tributo, ou a redefinição do perfil de certo tributo) depende de emenda constitucional.

A Constituição, como se sabe, não cria tributos, ela define competências para fazê-lo. Assim também suas emendas. No entanto, a Emenda Constitucional de Revisão n. 1/94 disciplinou diretamente certas contribuições sociais, referindo-se a alíquotas, base de cálculo, contribuintes, atropelando, dessa forma, o processo legislativo (que, normalmente, supõe a sanção do Poder Executivo para a criação ou modificação de tributo).

3. LEIS COMPLEMENTARES

3.1. Origem e características

Em sentido amplo, pode chamar-se de lei complementar aquela que se destina a desenvolver princípios básicos enunciados na Constituição. Esse era, em síntese, o conceito dado em 1947 por Vitor Nunes Leal em estudo sobre o tema[4].

Porém, *de lege lata*, a locução passou a designar certas leis, previstas para a disciplina de determinadas matérias, especificadas na Constituição, que reclama *quorum* especial para sua aprovação, distinguindo-as das demais leis, ditas *ordinárias*[5].

---

3. Luciano Amaro, As cláusulas pétreas e o direito tributário, *Revista Dialética de Direito Tributário*, n. 21, p. 71. "Um povo tem, sempre, o direito de rever, de reformar e de mudar a sua Constituição. Uma geração não pode sujeitar a suas leis as gerações futuras" (art. 28 da *Declaração dos Direitos do Homem e do Cidadão*, preâmbulo da Constituição Francesa de 24-6-1893, invocado por Manoel Gonçalves Ferreira Filho ao discorrer sobre o caráter permanente do poder constituinte (*Direito constitucional comparado*, p. 68-9). Sobre o tema, *v.* José Carlos Francisco, *Emendas constitucionais e limites flexíveis*.

4. Leis complementares da Constituição, *RDA*, n. 7, p. 381.

5. *V.* breve histórico das leis complementares no direito brasileiro em nosso estudo A Eficácia, in *Comentários*, cit., p. 272-80.

Nesta acepção, as leis complementares (após episódica e restrita atuação no início dos anos sessenta, na vigência do parlamentarismo em nosso país) foram introduzidas no direito constitucional brasileiro pela Constituição de 1967, com a missão (que lhes deu o nome) de "complementar" a disciplina constitucional de certas matérias, indicadas pela Constituição. Designadas "leis complementares à Constituição" pelo art. 48 (art. 46, após a Emenda n. 1/69) daquele diploma, e "leis complementares" pelo art. 59 da atual Constituição, essas leis têm de específico, além do nome e da função, o *quorum* de aprovação: elas requerem maioria absoluta de votos na Câmara dos Deputados e no Senado (art. 69 da CF)[6].

Essas leis não têm a rigidez das normas constitucionais, nem a flexibilidade das leis ordinárias. Isso lhes dá estabilidade maior que a das leis comuns, evitando que se sujeitem a modificações ao sabor de maiorias ocasionais do Congresso Nacional. Já nos anos sessenta Miguel Reale ensinava que a tradicional dicotomia entre *leis constitucionais* e *leis ordinárias* vinha sendo superada pela "necessidade de intercalar um *tertium genus* de leis, que não ostentem a rigidez dos preceitos constitucionais, nem tampouco devem comportar a *revogação* (perda da *vigência*) por força de qualquer lei ordinária superveniente"[7]. A essas normas chamou Miguel Reale de "leis de complementação do texto constitucional", *leis orgânicas*, ou *paraconstitucionais*[8].

3.2. Funções da lei complementar no direito tributário

As leis complementares prestam-se a dois tipos de atuação em matéria tributária[9]. Na quase totalidade das hipóteses, a Constituição lhes confere tarefas dentro de sua função precípua (de "complementar" as disposições constitucionais). É o que ocorre quando se lhes dá a atribuição de dispor sobre *conflitos de competência*, em matéria tributária, entre a União, os Estados, o Distrito Federal e os Municípios (CF, art. 146, I), explicitando, por exemplo, a demarcação da linha divisória da incidência do ISS (tributo municipal) e do ICMS (tributo estadual), ou a de regular as *limitações*

6. Sobre o assunto, *v.* Geraldo Ataliba, *Lei complementar na Constituição*; José Souto Maior Borges, *Lei complementar tributária*.

7. Miguel Reale, *Parlamentarismo brasileiro*, p. 110-1.

8. *Parlamentarismo*, cit., p. 111.

9. Frederico Araújo Seabra de Moura fornece extensa bibliografia sobre a lei complementar no nosso direito tributário (*Lei complementar tributária*) e aborda as múltiplas questões que esse veículo normativo tem suscitado.

constitucionais do poder de tributar (CF, art. 146, II), desdobrando as exigências do princípio da legalidade, regulando as imunidades tributárias etc.

É, ainda, função típica da lei complementar estabelecer *normas gerais de direito tributário* (art. 146, III). Em rigor, a disciplina "geral" do sistema tributário já está na Constituição; o que faz a lei complementar é, obedecido o quadro constitucional, aumentar o grau de detalhamento dos modelos de tributação criados pela Constituição Federal. Dir-se-ia que a Constituição desenha o perfil dos tributos (no que respeita à identificação de cada tipo tributário, aos limites do poder de tributar etc.) e a lei complementar adensa os traços gerais dos tributos, preparando o esboço que, finalmente, será utilizado pela lei ordinária, à qual compete instituir o tributo, na definição exaustiva de todos os traços que permitam identificá-lo na sua exata dimensão, ainda abstrata, obviamente, pois a dimensão concreta dependerá da ocorrência do fato gerador que, refletindo a imagem minudentemente desenhada na lei, dará nascimento à obrigação tributária.

A par desse adensamento do desenho constitucional de cada tributo, as normas gerais padronizam o regramento básico da obrigação tributária (nascimento, vicissitudes, extinção), conferindo-se, dessa forma, uniformidade ao Sistema Tributário Nacional.

Ainda na vigência da Constituição anterior, discutiu-se sobre a abrangência que teria a lei complementar então prevista no seu art. 18, § 1º. Embora a doutrina se tenha inclinado para a identificação de três funções (estabelecer normas gerais, regular as limitações constitucionais e dispor sobre conflitos de competência)[10], alguns juristas sustentaram haver apenas duas funções: editar normas gerais para regular as limitações e para compor conflitos[11]. A Constituição atual (art. 146, I, II e III) procurou não deixar as dúvidas que, a nosso ver, já inexistiam no texto anterior (art. 18, § 1º), consoante demonstrara Hamilton Dias de Souza[12].

Noutros dispositivos da Constituição, prevê-se também a lei complementar com a mesma função de adensar o modelo constitucionalmente

---

10. Hamilton Dias de Souza, Normas gerais de direito tributário, in *Direito tributário*, p. 27. As primeiras discussões sobre o assunto, a propósito ainda da Constituição de 1946, são registradas por Rubens Gomes de Sousa (Normas gerais de direito financeiro, *RDA*, n. 37, p. 12 e s.).

11. Geraldo Ataliba, Normas gerais de direito financeiro, *RDP*, n. 10, p. 45 e s.; Paulo de Barros Carvalho, O campo restrito das normas gerais de direito tributário, *RT*, n. 433, p. 297; Roque Carrazza, *O sujeito*, cit., p. 47.

12. Normas gerais, in *Direito tributário*, cit., p. 27.

prefigurado de certos tributos, quando se lhe confere, por exemplo, a tarefa de definir grandes fortunas (art. 153, VII), ou de fixar critérios de competência tributária do imposto estadual de transmissão (art. 155, § 1º, III), ou de definir aspectos próprios do ICMS (art. 153, § 2º, XII) ou do ISS (art. 156, § 3º, com a redação da EC n. 3/93). O art. 195, § 11 (com a redação da EC n. 20/98) atribui à lei complementar a fixação de limite de valor para a concessão de remissão ou "anistia" de certas contribuições sociais. A lei complementar é demandada também para dar tratamento sistemático a certas situações específicas, quando se lhe reconhece a função de definir tratamento diferenciado e favorecido para as microempresas e para as empresas de pequeno porte, para as quais pode ser instituído regime unificado de arrecadação de tributos federais, estaduais e municipais (art. 146, III, *d*, e parágrafo único, com a redação dada pela EC n. 42/2003) ou a tarefa de, mediante critérios especiais de tributação, prevenir desequilíbrios da concorrência (*sic*) (art. 146-A, acrescido pela EC n. 42/2003).

Além dessa primeira função das leis complementares de natureza tributária (ou seja, a de complemento do desenho constitucional conferido ao sistema tributário), a Constituição reclama, excepcionalmente, a edição de lei complementar para a criação de certos tributos (arts. 148, 153, VII, e 154, I). Ora, instituir tributo nada tem que ver com complementar a Constituição. O que se dá é que a Constituição pretende que umas poucas e determinadas figuras tributárias só possam ser criadas por leis editadas a partir de um processo de aprovação mais representativo que o da lei comum. Para isso, a Constituição exige a lei complementar, exatamente o modelo legislativo que atende à referida preocupação, pois requer maioria absoluta de votos, não pode ser objeto de delegação, e, em nossa opinião, já era, mesmo antes da Emenda n. 32/2001, insubstituível por medida provisória (tema que abordaremos linhas adiante).

A lei complementar, nos casos em que exerce essa atribuição excepcional de instituir tributo, nega o brocardo *nomina sunt consequentia rerum*, pois, nessas situações, a lei terá o nome, mas não a natureza de lei complementar.

3.3. A eficácia de lei complementar do Código Tributário Nacional

O Código Tributário Nacional foi estatuído pela Lei n. 5.172, de 25 de outubro de 1966, inicialmente designada "Lei do Sistema Tributário Nacional". Na época, foi veiculado como lei ordinária, editando normas gerais de direito tributário, regulando as limitações constitucionais do poder de tributar, e dispondo sobre conflitos de competência em matéria tributária.

Vigorava, então, a Constituição de 1946, que não previa a figura de lei complementar, como modelo legislativo diferenciado da lei ordinária. Aquela Constituição (art. 5º, XV, *b*) inseria na competência da União a tarefa de criar *normas gerais de direito financeiro* (naquela época, abrangendo o direito tributário, que ainda não ganhara foros de ramo autônomo), e a União cumpria suas incumbências legislativas por meio de *lei ordinária*.

Com o advento da Constituição de 1967, em vigor a partir de 15 de março de 1967, definiu-se a figura da lei complementar, a que foi conferida, entre outras, a tarefa de veicular as matérias que então se encontravam disciplinadas pela Lei n. 5.172/66, já batizada de "Código Tributário Nacional" (pelo Ato Complementar n. 36/67, de 13-3-1967, publicado em 14-3-1967, na véspera de a Constituição de 1967 entrar em vigor).

Discutiu-se, na época, se o Código Tributário Nacional sobreviveria após a nova Constituição. A doutrina tributária relutava em negar vigência ao Código, pela "simples" razão formal de que ele não era uma lei complementar[13].

Esse tipo de problema, na verdade, é resolvido pelo *princípio da recepção*: as normas infraconstitucionais anteriores à Constituição são recepcionadas pela nova ordem constitucional, salvo no que contrariarem preceitos *substantivos* do novo ordenamento. Quanto à *forma* de elaboração da norma, obviamente não se aplica a Constituição nova; ter-se-á aplicado a velha, e a lei ou terá nascido formalmente perfeita sob a antiga Constituição, ou desde então já não se legitimaria e padeceria de inconstitucionalidade formal. Se a lei nasceu formalmente válida, atendendo ao processo legislativo na época de sua criação, é irrelevante que, posteriormente, a nova Constituição reclame, para a matéria de que aquela lei tratava, um diferente ritual de aprovação.

Ocorre, porém, que, exigindo a nova Constituição um modelo legislativo diferenciado, para cuidar das matérias reguladas na lei anterior, a alteração da disciplina legal dessas matérias passa a só poder ser tratada nos moldes da nova forma constitucionalmente definida, o que põe a lei anterior *no mesmo nível de eficácia* da norma que a nova Constituição exige para cuidar daquelas matérias.

Assim, se o Código Tributário Nacional (lei ordinária) regulava, por exemplo, a matéria de normas gerais de direito tributário, e se a Constituição de 1967 (como continua fazendo a atual) passou a exigir lei complementar para regular essa matéria, resulta que *o Código Tributário Nacional só pode ser alterado por lei complementar*. Não porque ele seja uma lei complemen-

13. Vejam-se diversas referências de doutrina em nosso estudo A eficácia, in *Comentários*, cit., p. 285.

tar, mas porque a Constituição, agora (desde 15-1-1967) exige lei complementar para cuidar do assunto[14].

Questão também surgida na vigência da Constituição de 1967 dizia respeito à validade de certos *decretos-lei*, editados em períodos de anormalidade político-institucional, sobre matérias de competência da lei complementar. Esses atos, formalmente válidos segundo o direito da época, incorporaram-se ao ordenamento jurídico com a eficácia de leis complementares, e somente por estas podem ser modificados[15].

4. LEIS ORDINÁRIAS E ATOS EQUIVALENTES

4.1. Leis ordinárias

A lei ordinária é, em regra, o veículo legislativo que *cria* o tributo, traduzindo, pois, o instrumento formal mediante o qual se exercita a competência tributária, observados os balizamentos contidos na Constituição e nas normas infraconstitucionais que, com apoio naquela, disciplinam, limitam ou condicionam o exercício do poder de tributar.

É, por conseguinte, a lei ordinária (da União, dos Estados, do Distrito Federal ou dos Municípios) que implementa, em regra, o princípio da legalidade tributária.

A Constituição não cria tributos; define competências. A lei complementar também, *em regra*, não cria tributos; ela complementa a Constituição; em alguns casos, vimos que ela se presta à criação de tributos, afastando a atuação da lei ordinária. A regra, portanto, é a lei ordinária exercer a tarefa de criar, *in abstracto*, o tributo, que, *in concreto*, nascerá com a ocorrência do fato gerador nela previsto.

4.2. Leis delegadas

As leis delegadas são elaboradas pelo Presidente da República sobre matérias específicas, objeto de delegação por ato do Congresso Nacional (CF, art. 68)[16].

---

14. Luciano Amaro, A eficácia, in *Comentários*, cit., p. 287.

15. Luciano Amaro, A eficácia, in *Comentários*, cit., p. 293.

16. Sobre a matéria, ainda na vigência da Constituição anterior, *v.* Yonne Dolácio de Oliveira, Delegação de competência legislativa no direito tributário brasileiro, in *Princípios tributários no direito brasileiro e comparado*, p. 677 e s.

As leis delegadas prestam-se à criação de tributos (ressalvados os que demandem lei complementar), matéria que não se inclui entre as vedadas pelo art. 68. No direito tributário, não se tem feito uso desse modelo normativo, que, previsto também na Constituição de 1967, sofria então a concorrência dos decretos-lei e dos projetos de urgência, mecanismos mais céleres que o das leis delegadas; na atual Constituição, as medidas provisórias têm deixado no esquecimento a figura da lei delegada.

4.3. Medidas provisórias

Na Constituição anterior (art. 55) tínhamos a figura do decreto-lei, ato privativo do Presidente da República, com força de *lei ordinária*, cabível apenas em casos de *urgência ou relevante interesse público*, e apenas sobre as matérias arroladas pela Constituição: *segurança nacional; finanças públicas, inclusive normas tributárias;* e *criação de cargos e fixação dos respectivos vencimentos*. O decreto-lei tinha vigência imediata; ao Congresso cabia examiná-lo no prazo de sessenta dias, aprovando-o ou rejeitando-o. O silêncio do Congresso importava em anuência tácita. No caso de rejeição, restabeleciam-se *ex nunc* as leis modificadas pelo decreto-lei, preservando-se, pois, os efeitos produzidos pelo ato do Presidente, no período de sua vigência precária.

O decreto-lei apresentava o inconveniente de o Presidente da República deter o poder de legislar sozinho, para o período durante o qual o texto pendia de apreciação pelo Congresso, pois a eventual desaprovação do Congresso não eliminava os efeitos produzidos pelo decreto-lei durante o referido período[17].

A atual Constituição (art. 62) introduziu a *medida provisória* (figura análoga ao decreto-lei), evitando aquele inconveniente, mas a um preço elevado, qual seja, o sacrifício da segurança jurídica, pois simplesmente não se sabe, durante o período em que o Congresso discute a medida, qual lei está em vigor. Ademais, as medidas provisórias, ao contrário dos decretos-leis da Constituição anterior, não têm um rol definido e restrito de matérias, podendo atuar em campos variados. A Emenda Constitucional n. 6/95 (em disposição insolitamente repetida pela EC n. 7/95, da mesma data)

17. A doutrina questionava a aplicação do decreto-lei para a criação de tributo, desde a primitiva redação da Constituição de 1967 (*v.* Geraldo Ataliba, *O decreto-lei na Constituição de 1967*, p. 63 e s.), remanescendo a discussão mesmo na vigência da redação dada pela Emenda n. 1/69. *V.* Eduardo Maneira, *Direito*, cit., p. 110-2.

acrescentou o art. 246, para vedar a adoção de medidas provisórias "na regulamentação de artigo da Constituição cuja redação tenha sido alterada por emenda promulgada a partir de 1995"; a Emenda n. 32/2001 alterou o texto do art. 246 para aplicar essa vedação apenas às alterações feitas por Emendas promulgadas "entre 1º de janeiro de 1995 até a promulgação desta emenda, inclusive" (com o que, além de atropelar o vernáculo, se esqueceu de que o texto alterado era "da Constituição" e não "desta emenda").

Na disciplina original, as medidas vigiam provisoriamente, por trinta dias, findos os quais perdiam a eficácia *ex tunc*, cabendo ao Congresso disciplinar os atos praticados na vigência provisória da medida. Isso criava um clima de incerteza e insegurança jurídica, pois não se sabia se a eficácia da norma seria ou não mantida pelo Congresso, e, caso não mantida, ficava-se no aguardo da manifestação do Legislativo sobre os atos praticados na vigência precária da medida. A prática, avessa à Constituição, de se reeditarem as medidas provisórias que perdiam a eficácia diante da não aprovação pelo Congresso, ampliou para anos as incertezas sobre o direito em vigor.

Sedimentada a prática inconstitucional, a citada Emenda n. 32 (que alterou a redação do *caput* do art. 62, acrescendo-lhe doze parágrafos), com o objetivo de "reduzir" as distorções, introduziu, entre outras modificações, as seguintes: a) vedou a intromissão das medidas provisórias em algumas matérias; b) explicitou que, na instituição ou majoração de impostos sujeitos ao princípio da anterioridade, a medida provisória deve ser convertida em lei até o último dia do exercício de sua edição, sob pena de não ser eficaz no exercício seguinte àquele; c) ampliou a vigência para sessenta dias e previu sua prorrogação automática por igual período, não correndo, porém, o prazo no recesso do Congresso (cf. art. 62 e parágrafos). Embora excepcionalmente, deu alguns efeitos definitivos a medidas provisórias não aprovadas (§§ 11 e 12 do art. 62). Ademais, sacramentou situações de perplexidade: editada a medida, ela vigora como lei; se, em sessenta dias, prorrogáveis por mais sessenta, não for convertida em lei, perde a eficácia que teve nesses cento e vinte dias; por incrível que pareça, perdida a eficácia, o ato entra em hibernação por mais sessenta dias, findos os quais, no silêncio do Congresso, a eficácia perdida se restabelece, nos termos do § 11 do mesmo art. 62, afirmando desse modo efeitos definitivos para a medida rejeitada. Algo parecido ocorre nos termos do parágrafo seguinte, que proclama o vigor, até a sanção ou veto da parte da medida rejeitada pelo Congresso, na situação em que ele converta em lei, com modificações, uma medida provisória.

As medidas provisórias têm força de *lei ordinária*, não lhes competindo matérias que reclamem outros tipos normativos, como a lei complementar, insuscetível de substituição pela medida provisória[18]. A Emenda n. 32 deixou expressa essa vedação (na nova redação dada ao art. 62, § 1º, III).

A doutrina discutiu se as medidas provisórias teriam cabimento em matéria tributária (especialmente no que respeita à criação ou aumento de tributo). Misabel de Abreu Machado Derzi[19], Ives Gandra da Silva Martins[20], Roque Carrazza[21], Paulo de Barros Carvalho[22] e José Eduardo Soares de Melo[23] pronunciaram-se pela negativa. Leon Frejda Szklarowsky[24], Walter Barbosa Corrêa[25], Zelmo Denari[26], Yoshiaki Ishihara[27], Eduardo Marcial Ferreira Jardim[28], Adilson Rodrigues Pires[29] e Marco Aurélio Greco[30] deram resposta positiva. Sacha Calmon Navarro Coêlho[31], Eduardo Maneira[32], Hugo de Brito Machado[33] e Celso Ribeiro Bastos[34] só admitiram as medidas provisórias em matéria tributária para a criação de impostos extraordinários (de guerra) e empréstimos compulsórios de calamidade pública e guerra externa (art. 148, I); com isso, acabaram por aceitar que elas cuidassem de matérias de *lei complementar* (figura prevista na Constituição para a criação de empréstimos compulsórios), o que, mesmo antes da referida Emenda n. 32, não nos parecia possível[35].

---

18. No mesmo sentido, Paulo de Barros Carvalho, *Curso*, cit., p. 54; e Marco Aurélio Greco, *Contribuições*, cit., p. 173.

19. Medidas provisórias – sua absoluta inadequação à instituição e majoração de tributos, *RDT*, n. 45, p. 130 e s.

20. Ives Gandra da Silva Martins sustentara a possibilidade de criação de tributos por medidas provisórias, em obra conjunta com Celso Ribeiro Bastos (*Comentários*, cit., v. 6, t. 1, p. 145-6), mas reviu sua posição (*Sistema*, cit., p. 299-301).

21. *Curso*, cit., p. 172.

22. *Curso*, cit., p. 57.

23. *Contribuições*, cit., p. 142-9.

24. O Congresso Nacional e a produção de normas tributárias, in *O sistema tributário na revisão constitucional*, p. 154.

25. Fontes do direito tributário, in *Curso de direito tributário*, p. 83.

26. *Curso*, cit., p. 170.

27. *Princípio*, cit., p. 102.

28. *Manual*, cit., p. 107.

29. *Manual*, cit., p. 29.

30. *Contribuições*, cit., p. 172.

31. *Comentários*, cit., p. 310.

32. *Direito*, cit., p. 119-20.

33. *Os princípios jurídicos*, cit., p. 32.

34. *Curso*, cit., p. 170.

35. Leon Frejda Szklarowsky (O Congresso Nacional, in *O sistema*, cit., p. 154) e Yoshiaki Ishihara (*Princípio*, cit., p. 101) também aceitaram a medida provisória em matéria reservada à lei complementar.

Não temos nenhuma simpatia pelas medidas provisórias e cremos que a Constituição deveria afastá-las do campo do direito tributário. Mas os argumentos contra sua utilização no campo dos tributos não nos pareciam procedentes já antes da Emenda n. 32, que explicitamente se refere a medida provisória que institua ou majore impostos (art. 62, § 2º, da CF, com a redação dada pela EC n. 32/2001).

Contra a intromissão das medidas provisórias em matéria tributária afirmou-se: a) que os tributos precisam ter prévia aprovação popular; b) que as referidas medidas são incompatíveis com o princípio da anterioridade; c) que a Constituição exige *lei* para a criação de tributos, e, por isso, não admitiria a medida provisória, que não é lei.

Este último argumento, à primeira vista, impressiona. Aceitá-lo, porém, implicaria negar à medida provisória ingerência em *toda e qualquer matéria*; se ninguém pode ser obrigado a fazer ou não fazer alguma coisa senão em virtude de *lei*, jamais alguém poderia ser obrigado a coisa alguma por *medida provisória* (pois esta não é lei). Parece claro quc, onde a Constituição fala em lei, não seria lógico que se previsse, a cada passo, a alternativa: "lei ou medida provisória". Basta falar em "lei", pois, no art. 62, a Constituição estabelece que a medida provisória *tem força de lei*. Trata-se de *equiparação de eficácia ditada pela Constituição*, que não pode, portanto, ser contraditada, a pretexto de que essa equiparação não foi repetida a cada matéria para a qual a Constituição exige *lei*.

Por outro lado, o princípio da aprovação popular é conciliável com a medida provisória, pois esta é submetida à aprovação do Congresso, e perde seus efeitos, *ex tunc*, se não for convertida em lei. De qualquer modo, é a mesma Constituição que prevê a legalidade tributária e que autoriza as medidas provisórias com força de lei.

Por fim, o princípio da anterioridade não torna as medidas provisórias incompatíveis com os tributos. O argumento pode até ser utilizado ao contrário: ao final do exercício, a medida provisória seria o único veículo legislativo eficaz para editar a norma de incidência com respeito pelo citado princípio; o atual texto constitucional buscou "conciliar" a edição da medida provisória com aquele princípio, ao dizer que a medida provisória que institua ou majore impostos (com exceção dos previstos no art. 153, I, II, IV e V, e no art. 154, II), para produzir efeito no exercício seguinte ao de sua edição, deve ser convertida em lei até o último dia do citado exercício (art. 62, § 2º, com a redação dada pela EC n. 32/2001).

É verdade que os requisitos da relevância e da urgência condicionam o exercício do poder do Presidente da República de editar medidas provisórias. Esses requisitos devem ser invocados para controle da legitimidade do exercício do excepcional poder conferido ao Chefe do Governo, tanto no caso de leis tributárias como no de qualquer outra. Não há uma "especificidade" dos tributos que os incompatibilizem com medidas relevantes e urgentes. A Emenda n. 32 deixou expresso o que sempre esteve implícito: a deliberação do legislativo sobre o mérito das medidas depende de juízo prévio sobre o atendimento de seus pressupostos constitucionais (nova redação do art. 62, § 5º, da CF).

Nalgumas situações, a urgência é tamanha que a Constituição dispensa mesmo o princípio da estrita reserva legal; é o caso dos tributos cujas alíquotas podem ser alteradas por ato do Executivo (obedecidos certos parâmetros legais). Entretanto, não se diga que somente nesses casos é que caberia medida provisória; aliás, para essas situações, não é necessária a medida provisória, pois o Poder Executivo dispõe de outro instrumento. E a medida provisória não é para atuar dentro de limites legais; ela é prevista para atuar como *sucedâneo* da lei.

O que sempre nos pareceu inaceitável é a prática da reiteração da medida provisória não aprovada pelo Congresso Nacional. Com efeito, não apenas a medida provisória é norma para assuntos de urgência, como urgente também é a necessidade de o Congresso sobre ela manifestar-se com a maior brevidade. Na redação original da Constituição, estando o Parlamento em recesso, a edição de medida provisória obrigava à sua convocação extraordinária para que se reunisse no prazo de cinco dias. A Constituição não tolerava delongas na apreciação da medida; não fora assim, teria admitido a vigência da medida até o reinício dos trabalhos legislativos. Ademais, o prazo-limite de vigência das disposições provisórias era de trinta dias (art. 62, parágrafo único na redação original) e não de múltiplos de trinta. Caso a Constituição admitisse a vigência provisória da medida por três, quatro, seis meses, um ano, ela teria dito que a medida vigoraria até que o Congresso a apreciasse...

Paradoxalmente, as medidas provisórias não podem (a nosso ver) ser utilizadas para criar empréstimos compulsórios (nem mesmo nos casos de despesas extraordinárias). Mas o problema, nessa hipótese, está não na medida provisória mas sim no art. 148 da Constituição, que exige *lei com-*

plementar para a instituição daquela figura tributária, e a medida provisória não viceja acima do nível da lei ordinária[36].

As medidas provisórias têm sido utilizadas em matérias tributárias reservadas às leis ordinárias, com a aquiescência do Congresso e dos Tribunais.

5. TRATADOS INTERNACIONAIS

Os tratados internacionais têm, modernamente, uma grande atuação no campo dos tributos, ao estabelecerem mecanismos que evitam a dupla tributação internacional de rendimentos e reduzem ou excluem ônus tributários no comércio internacional[37].

O Código Tributário Nacional refere o tema no art. 98, ao averbar que os tratados e acordos internacionais "revogam ou modificam a legislação interna e serão observados pela que lhes sobrevenha". Segundo o testemunho de Gilberto de Ulhôa Canto, esse dispositivo foi inserido com a intenção de firmar o *primado dos tratados internacionais* sobre a lei interna. Embora o assunto agitasse a doutrina, estava assente no Supremo Tribunal Federal, na época da edição do Código Tributário Nacional, a posição que este quis consagrar no referido artigo[38]. Com o preceito codificado, portanto, ter-se-ia pretendido que, nas situações objeto de norma de tratado, eventual disposição contrária da lei interna – mesmo quando *posterior* ao tratado – teria de ceder o passo para o preceito convencional.

O problema da eficácia dos tratados em face da lei tributária interna não é, em princípio, diferente daquele que se discute noutros setores do direito. A questão é a mesma, qual seja, a de saber se ele pode ou não ser *revogado por lei interna* superveniente. A especificidade, no direito tributário, está na existência do citado art. 98, cujo sentido e alcance teremos de examinar.

---

36. Vimos, linhas acima, que há opiniões em contrário.

37. J. Van Horn Jr., O papel dos tratados de impostos no comércio internacional, in *Princípios tributários no direito brasileiro e comparado*, p. 417 e s. Sobre os diversos mecanismos para solucionar a dupla tributação internacional, além dos tratados, *v.* Agostinho Toffoli Tavolaro, A solução dos conflitos de dupla tributação jurídica, in *Princípios tributários no direito brasileiro e comparado*, p. 1 e s.; e Heleno Torres, *Pluritributação,* cit., p. 283 e s. A propósito do uso dos tratados internacionais no planejamento tributário, *v.* Heleno Torres, *Direito tributário internacional:* planejamento tributário e operações transnacionais, p. 320 e s. Sobre a interpretação dos tratados internacionais, com farta bibliografia sobre o tema, *v.* Sérgio André Rocha, *Interpretação dos tratados contra a bitributação da renda.*

38. Gilberto de Ulhôa Canto, Legislação tributária, sua vigência, sua eficácia, sua aplicação, interpretação e integração, *RF*, v. 267, p. 27.

5.1. O tratado como lei especial

A só circunstância da existência de um tratado internacional que disponha sobre certa matéria tributária nos põe diante de um *conflito aparente de normas*. Se, por exemplo, a lei interna tributa certa situação e o tratado não permite a tributação dessa mesma situação quando ela envolva um residente do outro Estado contratante, o aparente conflito normativo se resolve pela aplicação do preceito do tratado, que, no caso, está para a lei interna assim como a *norma especial* está para a *norma geral*. Ou seja, a norma especial convive com a norma geral, independentemente de indagar-se qual seja posterior, e aplica-se quando presente a característica que especializa a hipótese e a afasta do comando da norma geral. Ou – como frequentemente ocorre – a norma especial *modifica*, para a hipótese, o mandamento da norma geral; é o que se dá quando, por exemplo, a lei interna tributa certa situação com determinada alíquota, mas o tratado limita a incidência em percentual inferior se essa mesma situação envolver residente no outro Estado signatário.

O que aí se faz, portanto, nada mais é do que aplicar os preceitos convencionais (do tratado) em harmonia (e não em confronto) com a legislação interna. Nesse plano, não se põe, tecnicamente, a questão de o tratado "revogar" ou não a lei interna. Cuida-se de normas *especiais* que, anteriores ou posteriores à lei *geral* (lei interna), com ela convivem. Na situação especial (qualificada no tratado), ou a lei interna não se aplica (porque o tratado afasta – na hipótese – sua incidência), ou a lei interna é aplicável com a limitação prevista no tratado.

Consoante o registro de Alberto Xavier, a doutrina não diverge quanto à afirmação de que os tratados *não criam tributos*, apenas os *autorizam*, dentro dos limites que estabelecem. Têm, assim, os tratados um "efeito negativo", ao "delimitar, por via convencional, pretensões tributárias dos Estados cujo fundamento seja a respectiva lei interna"[39]. Dirá, por exemplo, o tratado que os Estados signatários poderão cobrar certo tributo, exceto em tais ou quais hipóteses, ou limitado a este ou àquele percentual, ou, ainda, limitado ao que exceder ao valor do tributo cobrado no outro Estado contratante.

É óbvio que o tratado, nessas circunstâncias, não revoga, nem totalmente (por ab-rogação) nem parcialmente (por derrogação), a lei interna. Tanto que, em relação aos demais países, não signatários do tratado, a lei

39. *Direito tributário internacional do Brasil*, p. 103-4.

interna brasileira continua sendo aplicada na sua inteireza; a lei interna permanece em vigor para aplicação, mesmo em relação aos países signatários do tratado, às situações neste não previstas. Nas hipóteses reguladas no tratado, quando este fixe o limite até o qual cada país signatário pode tributar, a norma de incidência tributária que efetivamente se aplica também é a lei interna, sem a qual, mesmo autorizada pelo tratado a cobrança do tributo até tal ou qual limite, nada se poderia cobrar.

Nas várias hipóteses em que o tratado se aplique (afastando ou modificando a disciplina que decorreria da lei interna), o efeito do preceito convencional é o de norma especial, cuja eventual revogação devolve as situações "especializadas" à disciplina da norma geral (da lei interna). Ou seja, a revogação de tratado que, em certa hipótese, limitasse em 15% a alíquota da lei interna (que fosse, por exemplo, de 25%) faria com que aquela hipótese passasse a sujeitar-se novamente à alíquota da lei interna (de 25%), sem necessidade de modificação dessa lei.

Alberto Xavier afirmou existir aí hipótese de *derrogação*[40]. Não nos parece que se possa invocar esse instituto. Nem há, nas situações disciplinadas no tratado, o fenômeno da *revogação* da lei interna quando o preceito do tratado afasta a aplicação da norma interna, nem se opera *derrogação* (revogação parcial) nos casos em que o tratado modifique o regime jurídico emergente da lei interna. Por isso, como assinalamos linhas acima, a eventual denúncia do tratado (afastando o preceito especial ou de exceção nele estabelecido) implica voltarem aqueles casos a submeter-se à aplicação da lei interna anterior ao tratado (com as modificações que ela eventualmente tenha sofrido mercê de outras leis internas). Não se dá aí repristinação; o que ocorre é que perde eficácia a norma especial que afastava da disciplina da norma geral determinada hipótese, fazendo com que esta volte a submeter-se à norma geral. Em suma, em vez de revogar a lei interna, o tratado cria (nas situações por ele previstas e em relação aos países com os quais foi firmado) exceções à aplicação da lei interna, cuja revogação (das exceções) restabelece a lei interna[41].

No plano em que estamos examinando a matéria, não é adequada a dicção do art. 98, nem quando diz que o tratado "revoga" a lei interna, nem quando assevera que a lei interna superveniente deva "observar" o tratado.

---

40. *Direito*, cit., p. 103.

41. Diz Heleno Torres que admitir a derrogação ou ab-rogação de lei interna pelo tratado seria um "completo *nonsense*" (*Pluritributação*, cit., p. 401-2).

O *intérprete* é que, ao examinar a lei interna superveniente, deve *observar* o tratado, naquilo em que este possa afastar, limitar ou condicionar a aplicação da lei interna, com a qual deve ser harmonizado. Mesmo quando o art. 98 menciona a "modificação" da lei interna pelo tratado, não se deve entender a hipótese como de revogação parcial. Trata-se, como dissemos, de norma especial (que convive com a geral), tanto que, nesse sentido, ela tem a virtude de afetar também a norma de lei interna *posteriormente editada*, o que, evidentemente, não poderia ser chamado de *revogação*.

O conflito entre a lei interna e o tratado resolve-se, pois, a favor da norma especial (do tratado), que excepciona a norma geral (da lei interna), tornando-se indiferente que a norma interna seja *anterior* ou *posterior* ao tratado. Este prepondera em ambos os casos (abstraída a discussão sobre se ele é ou não *superior* à lei interna) porque traduz preceito especial, harmonizável com a norma geral[42].

Registre-se, por fim, que, para o efeito em causa (solução do conflito aparente entre a norma geral da lei interna e a norma especial do tratado), nenhuma necessidade haveria de expressa disposição do Código Tributário Nacional, motivo por que (para esse efeito) o art. 98 seria desnecessário. Tudo indica, porém, que esse artigo não pretendeu cuidar do assunto no plano em que o estamos examinando[43].

5.2. A questão do primado dos tratados

Problema, efetivamente, haverá se a norma legal interna conflitar com o preceito *anteriormente* estabelecido no tratado, de tal sorte que seja *impossível* o convívio de ambos, vale dizer, se a lei interna previr comando diverso do fixado no tratado para aplicação exatamente (ou inclusive) nas situações nele reguladas. Observe-se que, se a norma do tratado é *posterior*, o conflito (aparente) se resolve sem maiores dificuldades, pela aplicação do tratado, abstraída a discussão sobre seu eventual primado.

---

42. Hugo de Brito Machado também vê as disposições do tratado como normas especiais (Tributação no Mercosul, *Pesquisas Tributárias*, Nova Série, n. 3, p. 87).

43. Helenilson Cunha Pontes, contudo, vê o art. 98 apenas sob o ângulo da *lex specialis*. Por isso, assevera que "a prevalência dos Tratados sobre as leis internas que lhes sucedem dá-se não porque estes situam-se em patamar hierárquico-normativo superior, mas porque constituem *lex specialis* diante das leis internas" (A contribuição social sobre o lucro e os tratados para evitar a dupla tributação sobre a renda, in *Grandes questões atuais do direito tributário*, p. 45).

Como acima registramos, a Comissão preparadora do anteprojeto do Código teria, com o referido art. 98, pretendido consagrar esse primado, na esteira da jurisprudência do Supremo Tribunal Federal que, à época, se firmara.

A questão se insere nas discussões sobre a visão *monista* e a visão *dualista* da ordem internacional; na perspectiva monista, os tratados, uma vez concluído o ritual formal para que adquiram vigência, incorporam-se ao direito interno e são invocáveis como fundamento de direitos e obrigações. Sob o ângulo dualista, os preceitos do tratado integrariam uma ordem jurídica distinta e necessitariam ser "convertidos" em normas internas para, aí sim, passarem a compor o direito interno.

O problema de que se trata, porém, não está aí. Dispensável ou não a "conversão" (que é matéria puramente formal solúvel à vista da disciplina que a Constituição der ao processo interno de aprovação e promulgação dos tratados), o que se precisa saber (quer o tratado passe a integrar o ordenamento jurídico por conversão, quer o faça por incorporação automática) é se ele é ou não *hierarquicamente* superior à lei interna.

A eficácia dos tratados e sua inserção no ordenamento jurídico nacional é *questão de natureza constitucional.* Não é com preceito infraconstitucional que se haverá de resolver se o tratado pode ou não modificar a lei interna, ou se esta poderá ou não alterá-lo. Assim sendo, não cabia ao Código Tributário Nacional nem negar nem afirmar (como parece ter pretendido o art. 98) o primado dos tratados[44].

Alberto Xavier procura resguardar o preceito codificado, qualificando-o como disposição de cunho "declaratório"[45], o que lhe reconheceria apenas a função de explicitar algo já implícito no ordenamento constitucional. Em seguida, porém, o mesmo autor assevera que o Código

44. José Carlos Faleiro vê, no art. 98, a consagração categórica do princípio da supremacia do direito internacional convencional sobre o direito interno (A supremacia dos acordos internacionais sobre a legislação interna, in *Comentários ao Código Tributário Nacional*, p. 80); no mesmo sentido, Luiz Mélega (As convenções para evitar a dupla tributação em matéria de imposto sobre a renda e a Lei n. 8.383/91, *Repertório IOB de Jurisprudência*, n. 12, p. 232), José Alfredo Borges (Tratado internacional em matéria tributária como fonte do direito, *RDT*, n. 27/28, p. 172) e Valmir Pontes Filho (ICM – mercadoria importada do exterior, *RDT*, n. 27/28, p. 141) consideram inconstitucional o art. 98 do Código Tributário Nacional.

45. *Direito*, cit., p. 102.

Tributário Nacional teria natureza de lei complementar e, por isso, teria, hierarquicamente, a força de vedar ao legislador ordinário qualquer desobediência ao tratado[46].

Se procedente essa anotação, estaria resolvido, *de lege lata*, o tormentoso problema, pelo menos no plano tributário. Todavia, deve-se lembrar que, na época em que veio a lume, o Código Tributário Nacional tinha a forma e a eficácia de lei *ordinária* federal[47], de modo que o art. 98 não pode ter sido editado no pressuposto de que ele teria uma estatura formal superior à de outras leis federais supervenientes; bastaria, pois, que outra lei de igual natureza dispusesse em contrário para que o preceito do Código fosse revogado ou derrogado. Ademais, na época em que editado esse diploma, inexistia a norma do § 2º do art. 5º da Constituição de 1988, em que Alberto Xavier busca apoio[48].

Parece-nos que o Código Tributário Nacional deixou-se levar, nesse passo, pelo seu *didatismo*, o mesmo que o fez, em inúmeras situações, sempre com o melhor dos intentos, pôr a força do texto legal a serviço da estruturação teórica do direito tributário.

Para complicar a questão, o Supremo Tribunal Federal reviu o anterior posicionamento (no sentido do primado dos tratados sobre a legislação interna) e concluiu pela possibilidade de a lei interna superveniente poder dispor em sentido contrário ao de norma de tratado[49]. Essa posição do Supremo é endossada pela lição de Maria Elizabete Vilaça Lopes[50] e

46. *Direito*, cit., p. 103. Francisco Rezek sustenta o mesmo ponto de vista (*Direito dos tratados*, p. 475), assim como Antônio Moura Borges (*Convenções sobre dupla tributação internacional*, p. 141-2).

47. Luciano Amaro, A eficácia, in *Comentários*, cit., p. 281

48. *Direito*, cit., p. 102. Natanael Martins também busca escorar o art. 98 quando afirma que ele "procura, apenas, traduzir um princípio que sempre esteve implícito em nosso sistema constitucional" (Tratados internacionais em matéria tributária, in *Imposto de renda – estudos*, n. 20, p. 144). Marco Aurélio Greco, sem sustentar a hierarquia superior do tratado, considera o art. 98 compatível com o art. 146, III, da Constituição (Tributação no Mercosul, *Pesquisas Tributárias*, Nova Série, n. 3, p. 39-40). Já Heleno Tôrres, embora proclame as virtudes do art. 98, explicitando suas funções (atinentes à recepção e execução das normas convencionais), afirma que a solução da questão não seria diferente na hipótese de esse artigo inexistir (*Pluritributação*, cit., p. 399-400).

49. Maria Elizabete Vilaça Lopes, *Comentários à nova Lei do Cheque*, p. 48-9. Gilberto de Ulhôa Canto, Legislação..., *RF*, n. 267, p. 27.

50. *Comentários*, cit., p. 50.

de Francisco Rezek[51]. Censuram-na Alberto Xavier[52] e Hugo de Brito Machado[53].

Na referida perspectiva jurisprudencial[54], o tratado ocuparia o mesmo nível hierárquico da lei ordinária da União. Assim, a posterior edição de lei federal cujos comandos sejam inconciliáveis com o tratado implicaria revogação deste, equivalendo, no plano interno, à denúncia do diploma internacional. No plano internacional, o País ficaria sujeito às eventuais sanções previstas no tratado.

À vista de tudo isso, o art. 98 do Código Tributário Nacional seria inútil, porque, de um lado, lhe faleceria aptidão para impor o primado dos tratados, e, de outro, também lhe seria negada valia para explicitar a necessidade de harmonizar-se a lei interna (como norma geral) com a disciplina do tratado (como norma especial), pois, como vimos no tópico precedente, essa harmonização não depende do preceito inscrito naquele dispositivo legal.

A posição hierárquica dos tratados (de equivalência às leis ordinárias federais), especialmente em matéria tributária, não nos parece que seja afetada pelo disposto no art. 5º, § 2º, da Constituição, onde se prescreve que os direitos assegurados pela Constituição não excluem outros, decorrentes de tratados internacionais. Já o § 3º do mesmo artigo equipara expressamente às emendas constitucionais os tratados internacionais sobre direitos humanos *que sejam aprovados com obediência do trâmite de emendas constitucionais* (aprovação, em cada casa do Congresso Nacional, em dois turnos, por três quintos dos votos dos respectivos membros). Esta insólita disposição também em nada parece afetar a hierarquia dos tratados *em matéria tributária*.

---

51. *Direito*, cit., p. 463 e 474-5. Francisco Rezek registra, citando voto do Ministro Leitão de Abreu, que o problema não é propriamente de *revogação*, tanto que, se a lei (que dispôs de modo conflitante com o tratado) for revogada, o tratado volta a aplicar-se (*Direito*, cit., p. 472-4). Helenilson Cunha Pontes também não vê hierarquia entre tratado internacional e a lei tributária interna (A contribuição social sobre o lucro e os tratados para evitar a dupla tributação sobre a renda, in *Grandes questões atuais do direito tributário*, p. 44).

52. *Direito*, cit., p. 102.

53. Tributação no Mercosul, *Pesquisas Tributárias*, Nova Série, n. 3, p. 89-90.

54. Mantida pelo Supremo Tribunal Federal, em julgado de 28-11-1996, no qual se afirma a *paridade normativa* entre os tratados e as leis ordinárias editadas pelo Estado brasileiro, de modo que a eventual prevalência dos tratados decorrerá apenas do critério cronológico (*lex posterior derogat priori*) ou do critério da especialidade (Plenário, Extradição n. 662-2, rel. Min. Celso de Mello, j. 28-11-1997, *DJU*, 30 maio 1997, *Revista Dialética de Direito Tributário*, n. 23, p. 223-4).

5.3. *Tratado e tributo estadual ou municipal*

O problema assume outro nível de complexidade quando se examina a eficácia dos tratados no campo dos tributos estaduais e municipais. Discute-se se o tratado pode ou não dispor sobre isenções de tributos estaduais ou municipais, em face do disposto no art. 151, III, da Constituição Federal, que proíbe à União tratar dessa matéria. Diversos autores sustentaram que os tratados não podem definir isenções de impostos estaduais ou municipais, à vista da vedação contida nesse dispositivo[55], contra corrente também numerosa que afirmou a aplicabilidade do tratado para o efeito de reconhecer isenção de tributos estaduais ou municipais[56]. Na verdade, a problemática é mais ampla; a discussão não se deve resumir ao tema das isenções, pois o que precisa ser indagado é se os tratados firmados pelo Brasil podem afetar a incidência de tributos estaduais e municipais[57].

A questão da isenção de tributos estaduais ou municipais por "lei da União" sempre esteve mal disciplinada. Na Constituição anterior, permitia-se que a União, sob certas condições, concedesse isenção de tributos

55. Alcides Jorge Costa (*ICM na Constituição e na legislação complementar*, p. 170-1), Estevão Horvath e Nelson Ferreira de Carvalho (Tratado internacional, em matéria tributária, pode exonerar tributos estaduais?, *RDT*, n. 64, p. 262-8), Ives Gandra da Silva Martins (Tributação no Mercosul, *Pesquisas Tributárias*, Nova Série, n. 3, p. 32 e s.), José Augusto Delgado (idem, p. 70-1), Diva Malerbi (idem, p. 80), Celso Bastos, Claudio Filkenstein e Ramos Pereira (idem, p. 115-22), Marilene Talarico Martins Rodrigues (idem, p. 148-50), Vittorio Cassone (idem, p. 186-7), José Eduardo Soares de Melo (idem, p. 198-201), Yoshiaki Ichihara (idem, p. 242-3), Helenilson Cunha Pontes (idem, p. 375-83), Monica Cabral da Silveira de Moura (idem, p. 392-5).

56. Natanael Martins (Tratados, in *Imposto de renda*, cit., p. 142), Sacha Calmon Navarro Coêlho (Tratados internacionais em matéria tributária (perante a Constituição Federal do Brasil de 1988), *RDT*, n. 59, p. 189), Hugo de Brito Machado (Tributação no Mercosul, *Pesquisas Tributárias*, Nova Série, n. 3, p. 90-1), Maria Tereza de Almeida Rosa Cárcomo Lobo (idem, p. 134-6), Kiyoshi Harada (idem, p. 209-10), Moisés Akselrad (idem, p. 226-9), Wagner Balera (idem, p. 254-8), Cecília Maria Marcondes Hamati (idem, p. 271-5), Valdir de Oliveira Rocha (idem, p. 279-81), Ricardo Abdul Nour (idem, p. 317-22), Fernando de Oliveira Marques (idem, p. 338-41), Edison Carlos Fernandes (idem, p. 356-8), Maristela Basso e Angela Teresa Gobbi Estrella (idem, p. 407-14), Halley Henares Neto e Vinicius T. Campanile (idem, p. 452-4), Plínio José Marafon e Maria Helena Tinoco Soares (idem, p. 466-9), Antônio Carlos Rodrigues do Amaral (idem, p. 494-5), Oswaldo Othon de Pontes Saraiva Filho (idem, p. 506-7), Marcos da Costa e Paulo Lucena de Menezes (idem, p. 523-6).

57. Por isso, Marco Aurélio Greco afasta a questão afeta às "isenções" e prefere sustentar que o tratado "*pode* prever que a competência estadual ou municipal *não alcança* determinada mercadoria, situação, pessoa etc." (Tributação no Mercosul, *Pesquisas Tributárias*, Nova Série, n. 3, p. 45), alinhando-se, portanto, entre os que admitem a ingerência dos tratados na esfera dos tributos estaduais e municipais.

estaduais e municipais (art. 19, § 2º); a atual procurou dizer o contrário. Na essência, porém, modificou-se apenas a *extensão* do preceito constitucional. O que a Constituição anterior previa (art. 19, § 2º) é a possibilidade de a *lei complementar* (editada pelo aparelho legislativo federal) dispor sobre isenções de tributos estaduais ou municipais, em determinadas situações; ora, a atual Constituição, em certa medida, autoriza algo análogo (cf. art. 155, § 2º, XII, *e*; art. 156, § 3º, II). Em casos *mais estritos*, portanto, a Constituição vigente continua autorizando a lei complementar (elaborada pelo legislativo da União) a excluir certas situações da incidência de tributo estadual ou municipal.

De qualquer modo, inexistindo, na atual Constituição, disposição que reproduza o § 2º do art. 19 do Texto anterior, não era necessário dizer o contrário, como se fez no indigitado item III do art. 151, disposição insólita, que vagueia em total ociosidade, e só tem ocupado as atenções quando invocada para a solução de questões paralelas, a cuja disciplina, evidentemente, não visou.

Com efeito, não nos parece que o preceito constitucional em exame possa ser invocado como lastro da proibição de tratados internacionais cuidarem da matéria ali referida. À evidência, o discutido inciso quis revogar a possibilidade das chamadas *isenções heterônomas*, sem se dar conta de que, para tanto, bastava omitir-se. Tanto assim é que quem defende a não aplicabilidade dos tratados internacionais na esfera dos tributos estaduais ou municipais com toda a certeza não mudaria de opinião se esse preceito não figurasse na Constituição (ou seja, mesmo ausente o indigitado inciso, a proibição das *isenções heterônomas* seria mera decorrência do sistema constitucional de partilha de competência).

Nesse debate, tem-se invocado o art. 98 do Código Tributário Nacional, que comentamos acima. Esse dispositivo, porém, não é o apoio adequado para sustentar-se a constitucionalidade de disposição convencional criadora de isenção de tributo estadual ou municipal. Com efeito, se realmente a Constituição, no inciso citado, tivesse proibido a União de, ao firmar tratado internacional, reconhecer isenção de tributo não federal, não seria a norma infraconstitucional (CTN, art. 98) que afastaria essa proibição.

Outro argumento invocável na defesa da inaplicabilidade dos tratados no âmbito dos tributos estaduais e municipais seria o § 6º do art. 150, acrescentado à Constituição pela Emenda n. 3/93. Esse parágrafo, ao dizer que os subsídios e isenções, bem como as desonerações que arrola, só podem ser tratados em lei específica, federal, estadual ou municipal, quer, obviamente, evitar a disciplina desses temas mediante o artifício da inserção de *caudas* em leis que disciplinam matéria não tributária, em cuja discussão as atenções não estarão centradas na problemática fiscal. Por outro lado, o argumento provaria demais, pois, praticamente, inviabilizaria os tratados mesmo para tributos *federais*, já que o tratado não configura uma "específica lei federal".

Por outro lado, não se deve confundir o tratado *firmado pela União* com as leis *federais*. Quem atua no plano internacional com soberania é o Estado Federal, e não os Estados federados ou os Municípios. Portanto, o tratado não é ato que se limite à esfera federal; ele atua na esfera nacional, não obstante a Nação (ou o Estado Federal) se faça representar pelo aparelho legislativo e executivo da União[58]. Compete ao Congresso Nacional, de modo *exclusivo*, "resolver definitivamente sobre tratados, acordos ou atos internacionais que acarretem encargos ou compromissos gravosos ao patrimônio nacional" (CF, art. 49). Observe-se que a Constituição refere o patrimônio *nacional* e não o *federal*. Do mesmo modo, se o Legislativo Federal edita, por exemplo, emenda constitucional ou lei complementar de normas gerais de direito tributário, ele não legisla apenas para a chamada esfera "federal", mas para toda a Nação.

Alguns dos autores que citamos, na corrente que entende inaplicável o tratado em relação aos tributos estaduais ou municipais, vislumbram como solução para o equacionamento do tormentoso problema a convocação dos Estados-membros, do Distrito Federal e dos Municípios para aprovar a aplicação do tratado aos tributos de seu interesse. A solução é inviável por diferentes razões, de ordem prática e legal. Basta lembrar que temos mais de cinco mil e quinhentas entidades políticas integrando a Federação brasileira; imagine-se (na improvável hipótese de todos se porem de acordo) a cerimônia de troca dos instrumentos de ratificação... Por outro lado, por melhor boa vontade que tivessem, os entes da Federação (com a única ex-

58. Nesse sentido, Natanael Martins, com apoio em Geraldo Ataliba (*Tratados*, cit., p. 139); Agostinho Toffoli Tavolaro (Tratados para evitar a dupla tributação internacional, in *Curso de direito tributário*, v. 2, p. 13); Sacha Calmon Navarro Coêlho (Tratados..., *RDT*, n. 59, p. 183); Valdir de Oliveira Rocha (Tratados internacionais e vigência das isenções por eles concedidas, em face da Constituição de 1988, *Repertório IOB de Jurisprudência – Tributário e Constitucional*, n. 5, p. 83-4). Geraldo Ataliba, escrevendo sobre a distinção entre leis *nacionais* e leis *federais*, destacou que a dificuldade nesta matéria está em que o órgão legislativo é o mesmo (o Congresso), sendo "o fruto de sua ação formalmente idêntico, mas substancialmente tão diverso: lei federal e lei nacional. Leis que o Congresso edita enquanto órgão do Brasil – Estado Federal e leis da pessoa União" (Leis nacionais e leis federais no regime constitucional brasileiro, in *Estudos jurídicos em homenagem a Vicente Ráo*, p. 133).

ceção da União) não têm autoridade para comparecer como entes soberanos perante nações estrangeiras.

Não se invoquem, por outro lado, as disposições do art. 155, § 2º, XII, *e*, e do art. 156, § 3º, II, da Constituição, para dizer que, apenas nessas situações, a lei complementar (editada pelo Legislativo da União) poderia definir situações de não incidência de tributos estaduais e municipais. Essas disposições mostram que a Constituição, tendo em vista que, no plano internacional, o País é representado pela União, teve a preocupação de reservar ao Legislativo Federal a disciplina de tributos estaduais e municipais que possam afetar nosso comércio com outras nações. O que nelas se prevê é apenas um dos meios de atuação com efeito no plano internacional; trata-se de mecanismo *unilateral* (lei interna) estabelecido para disciplinar a não incidência de tributos estaduais e municipais que poderiam incidir na exportação de bens ou serviços. Esse instrumento, logicamente, só poderia estar na esfera da União. Assim também o mecanismo *bilateral* (ou *plurilateral*) dos tratados só pode ser manejado pela União (e foi por isso mesmo que a Constituição reservou à União a representatividade da nação perante os Estados estrangeiros). Utilizando a distinção didática registrada por Heleno Tôrres, os comentados dispositivos introduzem normas de direito *tributário internacional*, enquanto os tratados veiculam normas de direito *internacional tributário*[59]. No primeiro, a União atua com respaldo nos citados dispositivos constitucionais. No segundo, com base em sua competência exclusiva para representar a Nação no plano internacional.

Em suma, não vemos no inciso III do art. 151 nem nos demais preceitos constitucionais examinados fundamento que sustente a inconstitucionalidade, na matéria em causa, de tratados internacionais que só a União tem autoridade para firmar, em nome do Estado brasileiro. Se a norma de um tratado afasta, reduz ou condiciona a aplicação de norma tributária estadual ou municipal, vale, pois, o preceito do tratado e não o da lei do Estado ou do Município. Não é válida a lei (estadual ou municipal) que pretender afastar as disposições do tratado; o tratado, por sua vez, *anterior ou posterior* à lei estadual ou municipal definidora da incidência, aplica-se às situações nele previstas, excepcionando, afastando ou limitando a aplicação da lei local.

O fundamento da prevalência da norma do tratado sobre a lei interna estadual ou municipal *não é o primado dos tratados* sobre a lei interna, mas a eficácia natural dos tratados, como único modelo legislativo idôneo para

59. *Pluritributação*, cit., p. 56 e s.

firmar normas de conduta (e, portanto, também para revogá-las) entre o Estado brasileiro e outros Estados soberanos. Os tratados internacionais são atos de competência da União, única pessoa política a quem a Constituição confere poder de firmá-los. Os Estados-membros e os Municípios não possuem soberania, de tal sorte que, no plano das relações com outros Estados soberanos, quem legisla (ratificando os tratados) é o Congresso Nacional, editando normas que integram o direito tributário *brasileiro* e não, restritamente, o direito sobre tributos *federais*.

6. ATOS DO PODER EXECUTIVO FEDERAL COM FORÇA DE LEI MATERIAL

Ao examinar o princípio da legalidade, vimos que, com relação ao imposto de importação, ao imposto de exportação, ao IPI e ao IOF, a Constituição prevê que, dentro de limites e condições fixados pela lei (ordinária), o Poder Executivo pode alterar as alíquotas de incidência.

Assim, por exemplo, o decreto do Presidente da República que modifique a alíquota do IOF (obedecidas as condições e os limites definidos na lei) é *lei material* e tem força equivalente à da *lei formal*, já que é veículo idôneo para modificar a definição, *in abstracto*, do fato gerador do tributo (num de seus elementos valorizadores, qual seja, a alíquota[60]).

Vimos, também, que, por ato do Poder Executivo, pode ser reduzida e restabelecida a alíquota da contribuição referida no § 4º do art. 177 da Constituição.

Esses atos do Executivo, obviamente, não se confundem com os decretos regulamentadores, expedidos para *fiel* execução da lei (CF, art. 84, IV), aos quais não cabe, pois, modificar a lei ou inová-la em nenhum aspecto do fato gerador do tributo.

7. ATOS EXCLUSIVOS DO PODER LEGISLATIVO

7.1. Resoluções

Há determinadas matérias que a Constituição reserva à competência exclusiva do Congresso Nacional ou de suas Casas. Trata-se de matérias

60. O tema foi estudado, ainda na vigência da Constituição anterior, dentro da temática da delegação de competência legislativa, por Yonne Dolácio de Oliveira, que sublinhou seu caráter restritivo e taxativo (Delegação, in *Princípios*, cit., p. 726).

cuja disciplina é firmada pelo Legislativo, sem sanção do Executivo. São as resoluções e os decretos legislativos.

Os limites de alíquotas de certos impostos estaduais são definidos por resoluções do Senado Federal (art. 155, § 1º, IV; § 2º, IV e V). A resolução, nessas matérias, atua numa esfera específica de competência, haurida diretamente na Constituição. A disciplina constitucional, à semelhança da ditada pelas leis complementares, compõe o quadro normativo a que a lei de incidência do tributo se subordina.

A opção da Constituição por esse veículo normativo, nas situações assinaladas, é justificada pelo caráter do Senado Federal de órgão representativo dos Estados Federados no aparelho legislativo federal.

Por resolução do Congresso Nacional é que se aprova a delegação ao Presidente da República para edição de *leis delegadas* (art. 68, § 2º).

Também por resolução é que o Congresso dá publicidade à rejeição expressa de medidas provisórias.

7.2. Decretos legislativos

Os decretos legislativos são atos do Congresso Nacional que se prestam ao disciplinamento de matérias privativas do Congresso Nacional. Entre elas, a aprovação de tratados internacionais (art. 49, I). No direito anterior, serviam também para a aprovação ou rejeição de decretos-lei.

No atual, compete a eles dispor sobre os efeitos das medidas provisórias não convertidas em lei (art. 62, § 3º, na redação da Emenda n. 32/2001).

8. CONVÊNIOS

Há convênios que são meros acordos entre as diferentes pessoas políticas com vistas à fiscalização ou arrecadação de tributos, à troca de informações de interesse fiscal etc., vale dizer, as matérias previstas no Código Tributário Nacional, art. 7º, *caput*. Tais convênios compõem as chamadas "normas complementares", a que se refere o art. 100 do Código, que abaixo iremos comentar.

E há os convênios firmados pelos Estados e pelo Distrito Federal, na forma da Lei Complementar n. 24/75, como instrumento das deliberações a que se refere o art. 155, § 2º, XII, *g*, da Constituição, que, verdadeiramente, inovam o direito tributário, ao definir hipóteses de concessão de isenções, benefícios e incentivos fiscais atinentes ao ICMS, ou sua revogação.

Provisoriamente, esse mesmo instrumento serviu, com o advento da Constituição de 1988, para tratar de normas gerais de ICMS (que a Constituição reserva à lei complementar), até a edição da lei complementar pelo Congresso (ADCT, art. 34, § 8º).

Com a Emenda n. 42/2003, a Constituição previu a figura do convênio para regrar o compartilhamento de cadastros e troca de informações entre os diversos entes políticos, não obstante faça também menção à lei como instrumento regulador dessa troca de dados (art. 37, XXII, acrescido pela EC n. 42/2003).

9. DECRETOS REGULAMENTARES

Via de regra, as leis que se destinam à aplicação pelos agentes da administração pública costumam ser explicitadas por regulamentos, baixados pelo Chefe do Poder Executivo, os quais se prestam a orientar os funcionários administrativos na aplicação da lei. Age o Presidente da República no uso da competência prevista no art. 84, IV, da Constituição, que lhe atribui o poder de editar decretos para a fiel execução das leis.

Traduzindo embora orientação do Chefe do Executivo, a quem os subordinados devem obediência, o regulamento não obriga o administrado, se contrariar a lei.

Não se confundam com decretos regulamentares os atos do Poder Executivo, no plano federal, que, com base no art. 153, § 1º, da Constituição, e dentro dos limites e condições estabelecidos na lei, podem modificar alíquotas de certos tributos. Tais atos inovam o direito (embora dentro dos estreitos limites assinalados).

Dos decretos regulamentares cuida o art. 99 do Código Tributário Nacional, ao dizer que seu conteúdo e alcance restringem-se aos das leis em função das quais sejam expedidos. Os regulamentos, portanto, embora úteis como instrumentos de aplicação da lei, não podem, obviamente, inovar em nenhuma matéria sujeita à reserva da lei[61].

Norma que tem servido de mero adereço do sistema tributário nacional, o art. 212 do Código Tributário Nacional cobra dos Poderes Executivos a edição anual de regulamento para consolidar, em texto único, a legislação vigente de cada um dos tributos. Olhando, como exemplo, o imposto de

61. Sobre o assunto, veja-se a obra de Roque Carrazza, *O regulamento no direito tributário*.

renda, tivemos, desde a vigência do Código, em 1967, umas poucas consolidações da respectiva legislação.

10. NORMAS COMPLEMENTARES

O art. 100 do Código Tributário Nacional dá o nome de "normas complementares" a certos atos menores que cuidam de explicitar (não de inovar) o direito tributário. A designação desses atos não é feliz, pois confunde sua qualificação com a das leis complementares. A observância das "normas complementares" listadas no dispositivo codificado gera determinados efeitos, decorrentes da proteção à boa-fé do sujeito passivo (art. 100, parágrafo único).

O Código Tributário Nacional relaciona, como "normas complementares das leis, dos tratados e das convenções internacionais e dos decretos", em primeiro lugar, os "atos normativos expedidos pelas autoridades administrativas" (art. 100, I). Trata-se das portarias, instruções etc. editadas pelas autoridades, com vistas a explicitar preceitos legais, ou instrumentar o cumprimento de obrigações fiscais (por exemplo, ao aprovar modelos de documentos a serem utilizados pelos contribuintes).

É óbvio que, havendo desconformidade entre o que um de tais atos estabeleça e o que a lei determina, o ato será inválido. A utilidade das "normas" editadas pelas autoridades está, porém, em que, com frequência, elas exercem um papel esclarecedor de dúvidas do sujeito passivo e dirimem eventuais conflitos que poderiam ser gerados pela equivocada interpretação da lei. Claro está que, se o contribuinte não concordar com a interpretação dada pela autoridade, ele não está obrigado a segui-la, desde que assuma o risco de eventual discussão com o Fisco, sobre a qual, se necessário, será dada a palavra final pelo Poder Judiciário.

Em segundo lugar, aparecem como normas complementares as decisões dos órgãos singulares ou coletivos de jurisdição administrativa a que a lei atribua eficácia normativa (art. 100, II). A chamada "jurisprudência administrativa", normalmente, exerce o papel acessório de orientar sobre o modo de cumprimento da lei, na medida em que sedimenta o entendimento dos tribunais administrativos sobre determinadas questões; se essa jurisprudência é desfavorável ao contribuinte, é óbvio que ele pode socorrer-se do Poder Judiciário, buscando um entendimento diverso, que o ampare. Mas os efeitos a que se refere o parágrafo único do dispositivo não atinam com toda a "jurisprudência administrativa", mas somente com as decisões de instâncias julgadoras administrativas *a que a lei venha a atribuir eficácia normativa.*

A seguir, listam-se como normas complementares as *práticas reiteradamente observadas pelas autoridades administrativas* (art. 100, III). Trata-se dos costumes fiscais; se, em face de certa norma, e à vista de determinada situação de fato, a autoridade age reiteradamente da mesma maneira (por exemplo, aceitando, ainda que tacitamente, uma conduta do contribuinte), esse comportamento da autoridade implica a criação de uma "norma" que endossa a conduta do contribuinte, e cuja revogação submete-se aos efeitos do parágrafo único do art. 100 do Código.

Por fim, o Código Tributário Nacional arrola "os convênios que entre si celebrem a União, os Estados, o Distrito Federal e os Municípios" (art. 100, IV), para estabelecer, por exemplo, sistemas integrados de documentação ou fiscalização, e cuidar de outras matérias em que seja comum o interesse dos vários entes políticos.

A observância das "normas complementares" faz presumir a boa-fé do contribuinte, de modo que aquele que pautar seu comportamento por uma dessas normas não pode (na hipótese de a "norma" ser considerada ilegal) sofrer penalidade, nem cobrança de juros de mora, nem pode ser atualizado o valor monetário da base de cálculo do tributo (art. 100, parágrafo único).

Capítulo VI

Vigência e Aplicação da Legislação Tributária

Sumário: 1. Vigência das leis. 2. Regras gerais. 3. Vigência no espaço. 3.1. Leis estrangeiras. 4. Vigência no tempo. 4.1. Vigência e princípio da anterioridade. 5. Aplicação da lei tributária. 5.1. Aplicação retroativa da lei tributária. 5.2. As chamadas leis interpretativas. 5.3. A retroatividade benigna em matéria de infrações.

1. VIGÊNCIA DAS LEIS

Lei vigente, ou lei em vigor, é aquela que é suscetível de aplicação, desde que se façam presentes os fatos que correspondam à sua hipótese de incidência. Essa possibilidade de aplicação supõe que a norma tenha sido validamente editada, isto é, que tenha atendido ao ritual previsto para sua elaboração e obedecido aos demais limites formais e materiais que balizam o processo legislativo. O Judiciário não participa do processo de aprovação da lei, mas pode, quando provocado, decretar a invalidade de diploma normativo que tenha ofendido preceito *material* de norma superior, ou que haja descumprido requisito formal necessário para sua elaboração. Se e enquanto o Poder Judiciário não se manifestar em contrário, a lei goza de presunção de validade[1].

Publicada a lei, é preciso identificar em que *momento* ela passa a ter vigência e até quando vigorará, bem como o *espaço* em que irá viger; a

1. Em estudo sobre a dedutibilidade de tributos sob discussão judicial, sustentamos a legitimidade da dedução com base na presunção de validade da lei (Dedutibilidade de tributos em discussão judicial ou administrativa. *CEFIR*, n. 297).

identificação desses aspectos depende do exame das normas de aplicação do direito, no tempo e no espaço.

A vigência da lei condiciona sua *eficácia*, isto é, a *produção de efeitos*, que se traduz em sua aplicação concreta aos fatos que espelhem sua hipótese de incidência.

2. REGRAS GERAIS

A vigência das leis tributárias, no tempo e no espaço, é regida, em regra, pelas mesmas normas que disciplinam a vigência das demais leis. É isso que proclama o art. 101 do Código Tributário Nacional, com a ressalva das disposições contidas no capítulo que o diploma dedica ao tema.

Desse modo, os preceitos do Decreto-Lei n. 4.657/42 – a Lei de Introdução às Normas do Direito Brasileiro (LINDB) – aplicam-se também no campo do direito tributário. O mesmo ocorre com a Lei Complementar n. 95/98, que, ao dispor sobre a elaboração das leis, contém norma sobre vigência, como veremos adiante.

Na medida em que as normas da LINDB têm caráter supletivo, isto é, admitem disposição em contrário, a vigência das leis tributárias regula-se, em regra, segundo o que elas próprias estabelecerem ou, no silêncio, pelas normas da LINDB (com ressalva, sempre, das singelas disposições alinhavadas pelo CTN), observada, ainda, a Lei Complementar n. 95/98.

3. VIGÊNCIA NO ESPAÇO

A lei tributária vigora no território do ente político que a edita; o território é o limite espacial da *soberania*, no caso do Estado nacional, e da *autonomia*, no caso dos Estados-membros, Distrito Federal e Municípios. Assim, a lei federal abrange todo o território nacional; a lei dos demais entes políticos aplica-se, por igual, nos respectivos territórios.

O Código Tributário Nacional prevê a extraterritorialidade da legislação dos Estados, Distrito Federal e Municípios, nos termos de convênios que entre si realizem ou de normas gerais de direito tributário (art. 102), dispositivo que tem escassa área de atuação. Gaetano Paciello refere como hipótese mais significativa de aplicação do dispositivo os convênios celebrados entre os entes políticos, com vistas à execução de suas leis, serviços ou decisões, bem como os relativos à outorga de isenções[2].

O problema da territorialidade das leis, em especial no que respeita aos tributos nacionais, envolve a questão da eficácia das normas, vale dizer, se a União editasse lei para valer fora do território nacional, por exemplo, obrigando cidadãos brasileiros domiciliados no exterior, a lei seria *válida* (se não ferisse nenhum preceito de hierarquia superior), mas sua *eficácia* seria comprometida pela reduzida possibilidade de efetiva aplicação, que supõe coercibilidade (possibilidade de execução forçada), em caso de descumprimento[3].

Dependendo do elemento de conexão com o território nacional escolhido pela lei, pode-se cobrar tributo em razão de um fato ocorrido no exterior (se, por exemplo, o contribuinte estiver domiciliado no País) ou cobrá-lo em razão de um fato ocorrido no País, ainda que a pessoa (que a lei brasileira elege como contribuinte) esteja no exterior (por meio, por exemplo, de retenção na fonte). Nessas hipóteses, porém, não há aplicação extraterritorial da lei brasileira; aplica-se a lei pátria no território nacional, dado o elemento de conexão escolhido em cada hipótese (domicílio do contribuinte, no primeiro caso; local da produção do fato, no segundo).

Justamente porque a legislação dos vários países costuma combinar esses critérios de conexão, surge o problema da dupla tributação internacional[4], que tem sido eliminado ou reduzido nos termos de tratados internacionais; outro modo de solução utilizado é o da edição de leis internas que asseguram a compensação de tributos pagos a países estrangeiros, vinculada à demonstração de que a legislação do outro país dá igualdade de tratamento em situações análogas (cláusula legal de *reciprocidade*).

Alberto Xavier expõe os vários ângulos sob os quais pode ser examinado o problema da territorialidade: a distinção entre o sentido positivo e o negativo do princípio (significando, respectivamente, que a lei estrangeira não se aplica no País, e que a lei interna se aplica no território nacional, sendo irrelevante a nacionalidade do contribuinte); a distinção entre a ter-

2. Vigência e aplicação da legislação tributária, in *Comentários ao Código Tributário Nacional*, v. 5, p. 115.

3. Nessa linha, Heleno Tôrres afirma a "inexistência de limites gerais (externos) ao exercício da atividade legislativa dos Estados em matéria tributária" (*Pluritributação*, cit., p. 63-4).

4. Heleno Tôrres, na monografia que dedicou ao tema, prefere falar em *pluritributação* (*Pluritributação*, cit., p. 227-8).

ritorialidade em sentido real e a territorialidade em sentido pessoal (a primeira atinente aos elementos materiais dos fatos tributáveis e a segunda relacionada a aspectos pessoais, como o domicílio ou a sede); e a territorialidade em sentido material e em sentido formal (aquela referida ao âmbito espacial da aplicação da lei, e esta, ao âmbito de possível execução coercitiva da norma), e sublinha as dificuldades para uma sistematização do assunto, à vista do fato de que os tributos se estão desvinculando de aspectos materiais (bens, consumo etc.) e personalizando-se (tributação da renda global, por exemplo), dificultando sua conexão com um dado território[5].

3.1. Leis estrangeiras

Ricardo Lobo Torres lembra que a lei estrangeira não vigora no território nacional, reconhecendo, não obstante, a aplicação, no Brasil, de tratados internacionais[6], que, obviamente, não poderiam ser qualificados de leis "estrangeiras".

Porém, na medida em que os tratados regulam efeitos jurídicos tributários de situações de fato a que se liguem os residentes de cada um dos países contratantes, a lei interna de um deles pode interferir no modo ou intensidade de aplicação da lei interna do outro; é o que se dá com os créditos fiscais, decorrentes de tributo devido a um dos países, que afetam o *quantum* devido ao outro.

Mesmo em situações não sujeitas a tratado (ou em que inexista tratado) a lei estrangeira pode integrar a *hipótese* de aplicação da lei brasileira. Tal se dá, por exemplo, quando nossa lei do imposto de renda admite que, ao se apurar o imposto devido por contribuinte aqui domiciliado, seja deduzido o imposto retido no exterior, *se a lei do país de origem da renda der igual tratamento ao imposto retido no Brasil.* Assim, para aplicação do comando da lei brasileira (que regula a dedução do imposto retido no exterior) é preciso perquirir esse dado, integrante da situação *de fato* que será objeto de subsunção à norma interna.

O mesmo se dá nas situações em que pessoas jurídicas são obrigadas a computar, na base de cálculo do imposto de renda, o lucro auferido em razão de sua participação em empresas no exterior, admitindo-se a dedução do imposto que for devido por essas empresas, segundo a lei local.

---

5. Alberto Xavier, *Direito*, cit., p. 20-8. *V.*, também, Gaetano Paciello, Vigência, in *Comentários*, cit., p. 112 e s.

6. *Curso*, cit., p. 114.

Reciprocamente, o mesmo pode ocorrer no exterior, em relação à lei brasileira.

4. VIGÊNCIA NO TEMPO

A vigência da lei tributária no tempo segue, como já assinalamos, as mesmas disposições aplicáveis às normas jurídicas em geral (previstas na LINDB e na LC n. 95/98), com as exceções estabelecidas pelo Código Tributário Nacional.

Conforme a LINDB, a lei vigora quarenta e cinco dias depois de oficialmente publicada, salvo se dispuser em contrário (o que, geralmente, acontece) (art. 1º). Se, publicada a lei, sua vigência só tiver início em data futura, ou à vista de evento futuro, dá-se a *vacatio legis* (no período que medeia entre a data da publicação oficial da lei e sua entrada em vigor).

Se, na *vacatio legis*, ocorrer nova publicação destinada a correção, o prazo conta-se dessa nova publicação. As correções de lei já em vigor consideram-se lei nova (LINDB, art. 1º, §§ 3º e 4º). Não se destinando a vigência temporária, a lei vigora até que seja revogada; a revogação pode ser expressa (quando declarada em lei posterior) ou implícita (se nova lei tratar inteiramente da matéria ou se houver incompatibilidade com lei posterior); leis de caráter geral não se revogam por leis especiais, nem estas se revogam por aquelas; não há repristinação, salvo se expressa (ou seja, a lei revogada não se restaura se perder vigência a lei que a revogara – LINDB, art. 2º). A lei em vigor tem efeito geral e imediato (LINDB, art. 6º).

Diz o art. 8º da Lei Complementar n. 95/98 que a vigência da lei deve ser indicada de forma *expressa* e de modo a contemplar *prazo razoável* para que dela se tenha amplo conhecimento; só leis de "pequena repercussão" é que podem conter a cláusula de vigência na própria data de sua publicação. Entendemos que, se uma lei for omissa sobre a data de sua entrada em vigor, continua aplicável a LINDB, que, aliás, define um prazo que, em regra, é razoável. Poder-se-ia alegar que o art. 8º da Lei Complementar n. 95/98, ao dizer que a vigência deve ser expressa, teria revogado o art. 1º da LINDB (que regula hipótese de omissão). Isso, porém, criaria um vácuo que precisaria de algum modo ser preenchido; parece-nos, pois, que a solução (para as hipóteses em que o legislador eventualmente se omita sobre a vigência da norma) é continuar aplicando o art. 1º da LINDB.

A Lei Complementar n. 95/98 determina que a alteração das leis se faça: a) por novo texto quando se tratar de alteração considerável, b) mediante revogação parcial, c) por substituição do dispositivo alterado ou d) por acréscimo de dispositivo novo (art. 12), requerendo, ademais, que a cláusula de revogação expresse as disposições revogadas (art. 9º, com a redação da LC n. 107/2001). Não obstante, parece-nos que, havendo conflito entre uma lei nova e outra lei, anterior, esta cede o passo para a lei nova, ainda que não haja menção expressa à revogação da lei velha. Não faria sentido sustentar a prevalência da lei velha.

Regras específicas são ditadas pelo Código Tributário Nacional (art. 103) sobre a entrada em vigor das chamadas "normas complementares" a que se refere o art. 100. Com a ressalva de disposição em contrário, os atos normativos expedidos pelas autoridades vigem a partir de sua publicação; os efeitos normativos de decisões administrativas (a que a lei atribua tais efeitos) passam a vigorar trinta dias após a publicação.

Quanto aos convênios celebrados entre os entes políticos, o Código Tributário Nacional determina sua vigência a partir da data neles prevista, o que não se harmoniza com a ressalva do *caput*: se as normas do Código são supletivas, pois admitem que se disponha em contrário, faltou, na hipótese, exatamente dizer qual seria a norma supletiva aplicável no caso de o convênio omitir-se sobre sua vigência.

4.1. Vigência e princípio da anterioridade

Ao tratar dos princípios constitucionais, vimos que, com algumas exceções, as leis que *criem* ou *majorem* tributos não podem aplicar-se durante o próprio exercício em que sejam editadas; ademais, também com algumas exceções, deve ser observado o período de noventa dias entre a data da publicação e a data de vigência da lei que cria ou aumenta tributo. Nas hipóteses excepcionadas, bem como nos casos de redução de tributos, e ainda nas demais situações em que não se cuide de *criação* ou *aumento* de tributo, a lei entra em vigor de acordo com as regras que estudamos acima.

Regra específica, recorde-se, é ditada para as contribuições sociais a que se refere o art. 195 da Constituição, que, embora possam vigorar no próprio exercício de sua edição, ficam sujeitas à *vacatio legis* de noventa dias. Esse prazo pode ser *excedido*, mas *não encurtado* pela lei. Vale dizer, não é o legislador impedido de fixar a data em que a lei passará a ser aplicada após os noventa dias previstos na Constituição. Se a lei nada disser a esse respeito, vale o prazo de noventa dias. E se fixar um prazo *menor*, prevalece, obviamente, o preceito constitucional.

Ao tratar da vigência das leis tributárias, o Código Tributário Nacional explicitou o princípio da anterioridade, estabelecendo que as normas de criação ou aumento dos tributos sujeitos a esse postulado constitucional só entrariam em vigor no exercício seguinte ao de sua publicação (art. 104). O conteúdo desse artigo é compatível com a atual Constituição, substituindo-se, é claro, o rol de tributos ali mencionados. Na época em que o Código foi editado, só eram sujeitos ao princípio da anterioridade os impostos sobre o patrimônio e a renda, enquanto na vigente Constituição a regra é abrangente de todos os tributos, com uma série de exceções.

O mesmo conteúdo do dispositivo codificado deve, hoje, ser referido à anterioridade *nonagesimal* (art. 150, III, *c* – alínea acrescentada pela EC n. 42/2003; e art. 195 da Constituição).

5. APLICAÇÃO DA LEI TRIBUTÁRIA

O Código Tributário Nacional dispôs, no art. 105, que "a legislação tributária aplica-se imediatamente aos fatos geradores futuros e aos pendentes, assim entendidos aqueles cuja ocorrência tenha tido início mas não esteja completa nos termos do art. 116".

Em rigor, não se pode aplicar a lei *imediatamente* a fatos *futuros*; a aplicação dar-se-á *no futuro*, *se* e *quando* ocorrerem os fatos, e não *imediatamente*.

Sobre a lei criadora ou majoradora de tributo aplicar-se para o futuro não pode restar dúvida (CF, art. 150, III, *a*). O art. 105 do Código Tributário Nacional, porém, diz mais do que isso; o Código afirma a vigência para o futuro de toda e qualquer norma tributária (inclusive, portanto, a que, porventura, *reduza* tributo); veremos adiante as poucas exceções a essa regra.

O que merece reparo, no texto do art. 105, é a referência aos fatos *pendentes*, que seriam os fatos cuja ocorrência já teria tido início mas ainda não se teria completado. No passado, pretendeu-se que as normas do imposto de renda, incidindo sobre fato gerador *periódico* (em geral, correspondente ao ano civil), poderiam ser editadas até o final do período para aplicar-se à renda que se estava formando desde o primeiro dia do período. O art. 105 teria pretendido endossar esse entendimento. Essa aplicação, evidentemente retro-operante da lei, nunca teve respaldo constitucional. Com efeito, se o fato dito *pendente* for gerador de tributo e sua ocorrência já tiver tido início, em certa data, a lei tributária posterior a essa data que pretender atingir tal fato será retroativa. Mesmo abstraindo o princípio da anterioridade, a lei editada após ter tido início o período de formação da renda, se aplicada para gravá-la, lançaria efeitos sobre o passado. Se se trata (como é o caso do imposto de renda) de tributo sujeito ao princípio da anterioridade, com maior razão a lei só poderá entender-se com fatos não apenas *futuros*, mas, além disso, ocorridos *em exercícios futuros*[7].

5.1. Aplicação retroativa da lei tributária

Lei retroativa, já sabemos, é aquela voltada para a disciplina de fatos passados, ou voltada *também* para esses fatos. Tal ocorre quando a própria lei expressa sua aplicação para fatos passados (hipótese em que temos de examinar a validade dessa retroação). Pode dar-se, ainda, que a lei, embora omissa quanto a fatos passados, seja invocada pelo seu intérprete ou aplicador para a regulação de fatos pretéritos (o que, em algumas situações, é legítimo). Vale dizer, nesta situação, diante de uma lei dirigida ao futuro, objetiva-se *aplicá-la* a fatos pretéritos.

Já vimos que as leis retroativas encontram seus limites delineados pela Constituição. É evidente que, nas situações em que se veda ao *legislador* ditar regras para o passado, resulta vedado também ao *aplicador* da lei estender os efeitos desta para atingir os fatos anteriores à sua vigência.

Mesmo no campo em que o legislador pode ditar leis retroativas, o aplicador estará, *em regra*, proibido de aplicar retroativamente a lei nova. Por exemplo, a lei pode extinguir certo tributo e determinar a aplicação retroativa de seus preceitos desde certa data no passado, estendendo, pois, a eficácia da norma a fatos pretéritos. Porém, *sem disposição legal expressa*, ao *aplicador* da lei não cabe fazer incidir sobre fatos passados a regra de revogação do tributo, que há de se entender dirigida ao futuro.

Há algumas situações excepcionais, em que é possível a aplicação da lei tributária nova a fatos passados, mesmo que ela nada diga nesse sentido. Isso se dá particularmente no campo da *retroatividade benigna*, em matéria de *infrações*, que mais adiante estudaremos. O Código Tributário Nacional pretende, ainda, que as leis ditas *interpretativas* também tenham aplicação retroativa; veremos, em seguida, a falácia de tais "leis interpretativas".

---

7. *V.*, no capítulo das limitações do poder de tributar, uma abordagem mais ampla sobre os princípios da irretroatividade e da anterioridade e sua aplicação ao imposto de renda.

5.2. As chamadas leis interpretativas

O Código Tributário Nacional imaginou ser possível abrir a possibilidade de retroação das leis ditas *interpretativas*, a pretexto de que, tratando-se de "interpretação autêntica" (ditada pelo próprio legislador), a lei nova "apenas" objetivaria "aclarar" o sentido da lei anterior, devendo, por essas razões, aplicar-se o preceito interpretativo retroativamente, desde o momento em que principiou a vigorar a lei interpretada. Nessa linha, diz o Código que a lei se aplica a ato ou fato pretérito, em qualquer caso, quando seja *expressamente interpretativa*, excluída a aplicação de penalidade à infração dos dispositivos interpretados (art. 106, I).

Por conseguinte, uma lei interpretativa retroagiria *sempre* ("em qualquer caso", diz o CTN), exceto para ensejar punição pelo descumprimento do preceito interpretado (ressalva o mesmo dispositivo). Segundo o equivocado preceito do Código, mesmo a incidência de tributo "aclarado" pela lei nova retroagiria à data de vigência da lei velha. A lei nova, tal qual o parecer do jurista, ou a sentença do juiz, voltaria no tempo para dizer, em relação ao fato passado, qual o direito aplicável (ou *como* se aplicar o direito da época), inclusive para dispor, por exemplo, que o fato "a" se deva entender compreendido na regra de tributação da lei "X", estando, pois, a ocorrência concreta desse fato, desde a vigência dessa lei, sujeita ao tributo por ela criado.

A doutrina tem-se dedicado à tarefa impossível de conciliar a retroação da lei interpretativa com o princípio constitucional da irretroatividade, afirmando que a lei interpretativa deve limitar-se a "esclarecer" o conteúdo da lei interpretada, sem criar obrigações novas, pois isso seria inconstitucional[8].

---

8. Aliomar Baleeiro só aceita a lei "realmente" interpretativa (*Direito*, cit., p. 428). Vicente Ráo recomenda cuidado análogo (*O direito e a vida dos direitos*, v. 1, p. 572-3), assim como Gilberto de Ulhôa Canto (Legislação..., *RF*, v. 267, p. 29). Paulo de Barros Carvalho afirmou que "as leis interpretativas exibem um traço bem peculiar (...), circunscrevendo seus objetivos ao esclarecimento de dúvidas" (*Curso*, cit., p. 71). Eduardo Marcial Ferreira Jardim ressalva que a lei interpretativa "tão somente explicita mandamentos fluidos ou vagos ou mesmo obscuros" (*Manual*, cit., p. 158). Zelmo Denari diz que a lei interpretativa serve para precisar o "sentido e o alcance" da lei interpretada, recomendando cautela com as falsas leis interpretativas (*Curso*, cit., p. 140). Adilson Rodrigues Pires só aceita a retroação da "lei com função interpretativa, que, sem alterar o conteúdo e o alcance da lei que interpreta, visa a esclarecer pontos não claramente especificados" (*Manual*, cit., p. 37).

Segundo já afirmamos noutra ocasião, a lei "interpretativa" sofre todas as limitações aplicáveis às leis retroativas, e, portanto, é inútil[9].

Com efeito, a dita "lei interpretativa" não consegue escapar do dilema: ou ela *inova* o direito anterior (e, por isso, é *retroativa*, com as consequências daí decorrentes), ou ela se limita a *repetir* o que já dizia a lei anterior (e, nesse caso, nenhum fundamento lógico haveria nem para a retroação da lei nem, em rigor, para sua edição).

Não se use o sofisma de que a lei interpretativa "apenas" diz como deve ser aplicada (inclusive pelo juiz) a lei anterior; nem se argumente que o legislador "somente" elucida o que ele teria pretendido dizer com a lei anterior.

Ocorre que, de um lado, o legislador, nas matérias que se contêm no campo da irretroatividade, só legisla para o *futuro*. De outro lado, dar ao legislador funções interpretativas, vinculantes para o Judiciário na apreciação de fatos concretos anteriormente ocorridos, implicaria conceder àquele a atribuição de dizer o direito aplicável aos casos concretos, tarefa precipuamente conferida pela Constituição ao Poder Judiciário. Mais uma vez, não se escapa ao dilema: ou a lei nova dá ao preceito interpretado o mesmo sentido que o juiz infere desse preceito, ou não; no primeiro caso, a lei é inócua; no segundo, é inoperante, porque retroativa (ou porque usurpa função jurisdicional).

Por isso, quer se olhe a lei interpretativa como uma substituição retroativa do preceito "obscuro" da lei velha pelo preceito "aclarado" da lei nova, quer seja ela encarada como uma determinação ao juiz ou ao aplicador da lei para que julgue ou aplique a lei velha em tal ou qual sentido, estaremos sempre diante de uma lei nova que pretende regrar o passado, sendo, pois, aplicáveis todas as restrições oponíveis às leis retroativas.

Em suma, somente nos casos em que possa agir lei *retroativa* é possível a atuação de lei *interpretativa*, o que evidencia a inutilidade desta[10].

---

9. Luciano Amaro, As chamadas leis interpretativas, *RDT*, n. 45. Pontes de Miranda anatematiza as leis interpretativas (*Comentários*, cit., t. 5, p. 103). Roque Carrazza também não as admite (Vigência e aplicação das leis tributárias, in *Curso de direito tributário*, v. 1, p. 130-1), no que é apoiado por Carlos Mário Velloso (A irretroatividade..., *RDT*, n. 45, p. 85-6).

10. A Lei Complementar n. 118/2005 contém norma "expressamente interpretativa" do disposto no inciso I do art. 168 do Código Tributário Nacional. O art. 3º dessa lei atribui a si próprio o efeito de interpretar o referido inciso; o art. 4º, por seu turno, manda observar, quanto ao art. 3º, o disposto no art. 106, I, do Código. Parece óbvio que (sem examinar por ora o conteúdo da disposição, que será objeto de comentário no Capítulo XIV, quando abordarmos a questão dos prazos extintivos na restituição do indébito) o Judiciário só poderia aplicar "retroativamente" essa norma "interpretativa" se entendesse que, antes da Lei Complementar n. 118/2005, a melhor interpretação já era a que veio a ser dada por essa lei.

5.3. A retroatividade benigna em matéria de infrações

Já vimos que o *aplicador* da lei não pode, em regra, estender ao passado os efeitos da lei nova, ainda que fora do campo em que é constitucionalmente vedada a retroatividade da lei tributária. Assim, caso a lei nova tenha *reduzido* a alíquota de certo tributo, a diminuição vale *para o futuro*, sendo vedado aplicá-la ao passado, salvo expressa disposição legal nesse sentido.

Já em matéria de *sanção* às infrações tributárias (recorde-se que sanção de ato ilícito não se confunde com tributo, nem é compreendida no conceito deste), o Código Tributário Nacional, inspirado no direito penal, manda aplicar retroativamente a lei nova, quando *mais favorável* ao acusado do que a lei vigente à época da ocorrência do fato. Prevalece, pois, a lei mais branda (*lex mitior*).

Diz o Código Tributário Nacional que a lei se aplica a ato ou fato pretérito, "tratando-se de ato não definitivamente julgado: *a*) quando deixe de defini-lo como infração; *b*) quando deixe de tratá-lo como contrário a qualquer exigência de ação ou omissão, desde que não tenha sido fraudulento e não tenha implicado em falta de pagamento de tributo; *c*) quando lhe comine penalidade menos severa que a prevista na lei vigente ao tempo da sua prática" (art. 106, II).

Nas alíneas *a* e *c* temos a clara aplicação da retroatividade benigna: se a lei nova não mais pune certo ato, que deixou de ser considerado infração (ou se o sanciona com penalidade mais branda), ela retroage em benefício do acusado, eximindo-o de pena (ou sujeitando-o à penalidade menos severa que tenha criado). É óbvio que, se a lei nova *agravar* a punição, ela *não* retroage.

Já a alínea *b* do dispositivo conflita com o previsto na alínea *a*. Com efeito, cuida a alínea *b* da hipótese em que certo ato, que era contrário a uma exigência legal (de ação ou de omissão), deixou de ser tratado como tal pela lei nova. Vale dizer: o ato configurava uma infração à lei da época de sua prática, mas a lei nova deixa de considerá-lo como infração. Ora, *essa é exatamente a hipótese da alínea* a.

Até aí, a alínea *b* apenas reproduz, ociosamente, o preceito da alínea *a*. Mas o dispositivo vai além, excluindo a aplicação da *lex mitior* nas hipóteses de *fraude* e nas em que a infração tenha implicado *falta de pagamento de tributo* (o que levaria ao exagerado rigor de só se admitir a retroatividade benigna em casos de inocente descumprimento de obrigações formais).

Essa exegese, porém, tornaria letra morta o disposto na alínea *a,* cuja aplicação igualmente faz da alínea *b* letra morta.

A contradição entre as duas alíneas não escapou a Fábio Fanucchi, que anotou tratar a primeira de uma retroatividade *incondicional*, e a segunda de uma aplicação *condicional* da lei nova mais benigna[11]. Ao propor uma solução, refutando a de Eros Grau (para quem a alínea *a* seria atinente a obrigações principais e a *b*, a obrigações acessórias), Fábio Fanucchi aventa a aplicação do princípio *in dubio pro reo* (que faria a letra *a* prevalecer sobre a *b*), mas conclui pela fusão dos dois preceitos (o que, na prática, significou prestigiar a letra *b*)[12]. Hugo de Brito Machado também anotou que não via nenhuma diferença entre as alíneas em cotejo[13].

Na dúvida quanto à aplicação de uma ou outra das alíneas, preferimos ficar com o art. 112 do Código Tributário Nacional, que, nessa matéria, manda aplicar o princípio *in dubio pro reo*. Deve prevalecer, pois, a alínea *a*.

---

11. *Curso*, cit., p. 189.

12. *Curso*, cit., p. 191-2.

13. *Curso*, cit., p. 70.

Capítulo VII

Interpretação e Integração da Lei Tributária

Sumário: 1. Noção de interpretação e de integração. 2. Interpretação do direito tributário. 3. Integração do direito tributário. 3.1. Analogia. 3.2. Princípios gerais de direito tributário. 3.3. Princípios gerais de direito público. 3.4. Equidade. 4. Princípios gerais de direito privado. 5. Conceitos de direito privado utilizados na definição da competência tributária. 6. Interpretação literal. 7. Interpretação benigna. 8. A interpretação econômica do direito tributário. 9. Economia legítima de tributo e evasão. 10. Abuso de forma, abuso de direito, fraude à lei. 11. A questão dos motivos extrafiscais como critério de "validade" da elisão. 12. Licitude das formas e simulação. 13. A dissimulação do fato gerador. 14. A desconsideração da pessoa jurídica.

1. NOÇÃO DE INTERPRETAÇÃO E DE INTEGRAÇÃO

Interpretar a norma jurídica consiste em identificar o seu sentido e alcance. Chama-se *hermenêutica* à ciência da interpretação. A interpretação (ou *exegese*) é necessária para que se possa aplicar a lei às situações concretas que nela se subsumam. A *aplicação da lei* (isto é, o enquadramento de um fato concreto no comando legal que lhe corresponda), seja ela feita pela autoridade administrativa, pelo julgador, ou pelo próprio sujeito passivo da obrigação tributária, supõe que a lei seja interpretada, vale dizer, que seja identificado o seu significado e o seu alcance. Após a realização desse trabalho técnico (interpretação) é que se concluirá pela aplicação ou não da lei ao fato concreto. No sentido assinalado, todas as leis precisam ser interpretadas, independentemente de seu texto apresentar eventual obscuridade; está superado o brocardo *in claris cessat interpretatio*.

O processo de descoberta da vontade da lei diante de certo caso frequentemente demanda um trabalho muito mais amplo do que a mera pesquisa do *sentido* do preceito legal, com base em algumas considerações de ordem léxica, lógica, sistemática, histórica e teleológica. O trabalho do intérprete (seja ele o administrador, o fiscal, o juiz, o doutrinador, o indivíduo) deve ir além e procurar, quando necessário, *preencher a lacuna* da norma legal, ou *corrigir* eventuais excessos que poderiam ser provocados pela aplicação rigorosa do preceito legal.

Integração é o processo pelo qual, diante da omissão ou lacuna da lei, se busca preencher o vácuo[1]. A distinção entre interpretação e integração está, portanto, em que, na primeira, se procura identificar o que determinado preceito legal quer dizer, o que supõe, é claro, a *existência* de uma norma de lei sobre cujo sentido e alcance se possa desenvolver o trabalho do intérprete. Na segunda, após se esgotar o trabalho de interpretação sem que se descubra preceito no qual determinado caso deva subsumir-se, utilizam-se os processos de integração, a fim de dar solução à espécie[2].

Não obstante, a doutrina vê com reservas a distinção entre interpretação e integração[3]. Com efeito, o uso de instrumentos de integração pressupõe a interpretação, para que se possa firmar a premissa (condicionante da integração) de que a lei é lacunosa. Ademais, a arte de preencher as lacunas da legislação não se faz *à margem do direito*, embora se desenvolva *fora dos limites do texto expresso da lei*. Portanto, a integração persegue também a identificação da melhor qualificação jurídica para determinado fato, que é exatamente o escopo visado pela interpretação, quando posta como etapa necessária à aplicação do direito[4].

---

1. Sobre a problemática da *lacuna* no direito, cf. Antônio J. Franco de Campos, Interpretação e integração da legislação tributária, in *Comentários ao Código Tributário Nacional*, v. 3, p. 169 e s.

2. Na lição de Ezio Vanoni, a interpretação extensiva admite que "determinado fato cabe dentro da norma expressa da lei, ainda que a fórmula usada não corresponda à efetiva compreensão do preceito jurídico"; já na analogia, a situação a ser regulada não cabe na norma expressa, mas "cabe no mesmo princípio jurídico revelado por essa norma. Num caso, o intérprete corrige a infeliz formulação da lei; no outro, completa um preceito jurídico partindo da formulação parcial deste, prevista para regular um caso particular, e chegando à regra geral de direito implicitamente consagrada pela lei" (*Natureza e interpretação das leis tributárias*, p. 324-5).

3. Ricardo Lobo Torres, *Normas de interpretação no direito tributário*, p. 24.

4. Johnson Barbosa Nogueira critica a distinção entre interpretação e integração, que seria utilizada pelos normativistas para encobrir ou negar "a necessidade de se buscar também na valoração jurídica o sentido da conduta jurídica interpretada" (*A interpretação econômica no direito tributário*, p. 76-8).

Ricardo Lobo Torres registra, ainda, como instrumento que não se confundiria com a interpretação nem com a integração, a chamada *correção* (também designada interpretação *contra legem*), que atua nas situações em que o intérprete se depara com erros ou contradições da norma legal, cabendo-lhe superar a antinomia[5]. A *correção* seria distinta da *interpretação* (limitada esta a definir o sentido e o alcance da norma, enquanto a correção objetivaria eliminar *antinomias* da norma) e da *integração* (destinada a preencher *vazio legislativo*, e não a corrigir erro ou contradição da norma). Reconhece, porém, aquele professor a fluidez das fronteiras entre a *correção* e a *interpretação*[6].

Realmente, se o intérprete, diante da antinomia, proclama a prevalência de determinado princípio ou de certo preceito sobre outro, isso não é interpretação *contra legem*; "*não é*, diz Becker, *a interpretação que invalida a lei*; na verdade, o que o intérprete faz é a necropsia da lei morta" por revogação ou por incompatibilidade com o sistema jurídico[7]. Trata-se, pois, de tarefa inerente à arte de interpretar.

A teoria da interpretação sofreu, ao longo dos séculos, mudanças profundas, desde o formalismo e o apelo à literalidade dos romanos, passando pela interpretação autêntica, lógica, histórico-evolutiva, teleológica, do direito livre, até à doutrina eclética, que soma as virtudes (e os defeitos) de cada uma das demais posturas exegéticas[8].

2. INTERPRETAÇÃO DO DIREITO TRIBUTÁRIO

Já ficaram superados os preconceitos no sentido de dar ao direito tributário uma interpretação baseada em critérios apriorísticos, segundo os quais o intérprete deveria buscar sempre a solução que melhor atendesse ao interesse do Fisco (*in dubio pro Fisco*), fundada na prevalência do interesse público, ou sempre a que favorecesse o indivíduo (*in dubio contra Fiscum*), apoiada na regra de respeito à propriedade do indivíduo[9].

---

5. *Normas*, cit., p. 25.

6. *Normas*, cit., p. 26.

7. Alfredo Augusto Becker, *Teoria*, cit., p. 105.

8. *V.* uma síntese dessa evolução em Antônio J. Franco de Campos, Interpretação, in *Comentários*, cit., p. 150-8.

9. Fábio Fanucchi, *Curso*, cit., v. 1, p. 195. *V.* histórico sobre os critérios apriorísticos na interpretação do direito tributário em Ezio Vanoni, *Natureza*, cit., p. 11-50.

O direito tributário, desdobrado em relações jurídicas nas quais o direito do Estado é balizado pelos direitos do indivíduo, interpreta-se consoante as regras e técnicas de interpretação aplicáveis ao direito em geral[10], sem que haja lugar para a aplicação de critérios apriorísticos[11].

Não é rara a presença de normas sobre interpretação nos Códigos. O Código Tributário Nacional, a exemplo de outros diplomas legais, incorpora diversas disposições sobre interpretação e integração, não obstante a doutrina objete que a matéria fica melhor nos compêndios do que nos Códigos[12].

Sem embargo da solene afirmação registrada no art. 107 do Código Tributário Nacional, no sentido de que a legislação tributária deve ser interpretada segundo o que esse diploma estabelece, a disciplina da matéria nele contida é deficiente e lacunosa, e alguns de seus preceitos nem sequer resistem à aplicação dos critérios interpretativos por ele exigidos.

O citado artigo faz supor que o Código vá discorrer exaustivamente sobre as técnicas ou os critérios de interpretação das leis tributárias, o que, porém (e, aliás, felizmente), não ocorre. Limita-se o Código a ditar uns poucos preceitos sobre o assunto, os quais, obviamente, não esgotam a matéria, deixando extenso campo para aplicação dos instrumentos fornecidos pela hermenêutica.

Dessa forma, a *regra* é justamente a submissão do direito tributário ao conjunto de métodos interpretativos fornecidos pela teoria da interpretação jurídica; *por exceção*, nas situações disciplinadas expressamente, o intérprete deve procurar (na medida em que isso seja possível) dar preferência aos critérios indicados pelo Código Tributário Nacional.

Mesmo, porém, nas matérias sobre as quais o Código estabelece comandos específicos, veremos que o intérprete não deve esquecer as recomendações da hermenêutica jurídica.

Assim sendo, o intérprete deve partir do exame do texto legal, perquirindo o sentido das palavras utilizadas pelo legislador (na chamada interpretação *literal* ou *gramatical*); cumpre-lhe, todavia, buscar uma inteligência do texto que não descambe para o absurdo, ou seja, deve preocupar-se com dar à norma um sentido lógico (interpretação *lógica)*, que a harmonize

---

10. Esse ponto é pacífico na doutrina (Antônio J. Franco de Campos, Interpretação, in *Comentários*, cit., p. 188).

11. Johnson Barbosa Nogueira ironiza a doutrina tributária que, reconhecendo a superação dos preconceitos apriorísticos, não oferece solução adequada sobre os processos que o intérprete da lei tributária deve seguir (*A interpretação*, cit., p. 92-4).

12. Carlos Maximiliano, *Hermenêutica e aplicação do direito*, p. 108.

com o sistema normativo em que ela se insere (interpretação *sistemática*), socorrendo-se da análise das circunstâncias históricas que cercaram a edição da lei (interpretação *histórica*), sem descurar das finalidades a que a lei visa (interpretação *finalística* ou *teleológica*)[13].

Conforme o *resultado* da interpretação, ela costuma ainda ser classificada em *extensiva*, *restritiva* ou *estrita*. A interpretação *extensiva* determina o conteúdo e alcance da lei que estejam *insuficientemente expressos* no texto normativo, ou seja, a lei teria dito menos do que queria (*dixit minus quam voluit*). A lei teria pretendido abranger certa hipótese, mas, por haver-se formulado mal o texto, essa hipótese teria escapado do alcance expresso da norma, tornando-se com isso necessário que o aplicador da lei elasteça suas fronteiras textuais.

O reverso da interpretação extensiva é a *interpretação restritiva*; esta, partindo da verificação de que a lei teria dito mais do que queria (*dixit plus quam voluit*), busca extirpar do alcance da norma as situações que, embora enquadradas na hipótese legalmente descrita, não teriam sido visadas pela disciplina legal. Há exemplos em nossa prática tributária[14].

A par da interpretação extensiva e da interpretação restritiva, refere-se a chamada *interpretação estrita*, que busca definir o conteúdo e o alcance da lei, sem amputações e sem acréscimos. O problema está em que nem sempre o legislador é feliz na elaboração do texto legal, de modo que a interpretação estrita pode ficar comprometida pelas deficiências de redação da norma legal. O Código Tributário Nacional exige a interpretação *literal* (portanto, estrita) em certas matérias (art. 111), o que, com frequência, fica no plano da mera recomendação ao intérprete[15].

---

13. Ezio Vanoni discorre sobre os vários critérios de interpretação da lei tributária, com diversos exemplos, especialmente da legislação italiana (*Natureza*, cit., p. 209-317).

14. Exemplo de interpretação restritiva da lei tributária é o de certa norma do imposto de renda, que dispunha sobre "qualquer redução do lucro", querendo dizer "qualquer redução ilegal do lucro", ou melhor (de modo ainda mais restrito), "qualquer redução ilegal de lucro que, por sua natureza, implique distribuição aos sócios". No caso, a interpretação restritiva foi dada (corretamente) pelas próprias autoridades fazendárias. Trata-se do art. 8º do Decreto-Lei n. 2.065/83, interpretado pelo Parecer Normativo CST n. 20/84 (cf. Luciano Amaro, Omissão de receitas e efeitos fiscais, in *Estudos sobre o imposto de renda, em homenagem a Henry Tilbery*, p. 75).

15. Ezio Vanoni criticou a classificação da interpretação em *restritiva*, *extensiva* e *declaratória* (estrita), sustentando que, "na realidade, a norma não é nem ampliada, nem restringida através da interpretação. O intérprete pesquisa tão somente o verdadeiro alcance da lei" (*Natureza*, cit., p. 319-20).

A precária regulação dada pelo Código Tributário Nacional à matéria em estudo é a demonstração mais inequívoca de que o direito tributário não possui uma técnica específica de interpretação, ao contrário do que parece ditar o art. 107 desse diploma[16].

3. INTEGRAÇÃO DO DIREITO TRIBUTÁRIO

Na mesma seção em que pretendeu cuidar da interpretação, o Código Tributário Nacional edita preceito sobre a integração da legislação tributária, ao dispor, no art. 108, que, *na ausência de disposição expressa*, o aplicador da lei tributária deve utilizar, sucessivamente, *na ordem indicada*: a *analogia*, os *princípios gerais de direito tributário*, os *princípios gerais de direito público*, e a *equidade*.

Trata-se de preceito que busca orientar o *aplicador da lei* (não só a "autoridade competente", como registra o texto, mas qualquer pessoa a quem incumba identificar o direito aplicável a determinada situação) sobre como proceder diante da lacuna da lei ("ausência de disposição expressa"), quando, é óbvio, a situação demandar uma solução legal.

Não cremos que assista razão a Aliomar Baleeiro quando afirma que "o dispositivo se refere à autoridade administrativa, parecendo alcançar só os agentes do Fisco"[17]. Não obstante a literalidade do artigo, não faria sentido que o Fisco estivesse adstrito a aplicar a lei de uma maneira, e o contribuinte ou o juiz devesse (ou pudesse) aplicá-la de modo diverso. Assim, há de se interpretar o preceito indo além de sua literalidade, vendo nele uma norma dirigida a qualquer pessoa a quem incumba interpretar e aplicar a lei.

Porém, a *hierarquização*, à qual o Código Tributário Nacional quer subordinar os instrumentos de integração, é inaceitável, porquanto pode ensejar equívocos de quem, desatentamente, se ponha a aplicar de modo mecânico o preceito codificado. Parece indiscutível que, se o emprego da *analogia* não se adequar à inteligência que resulta da aplicação de um *princípio*, a prevalência há de ser deste, e não da analogia (embora esta encabece o rol do art. 108). Exemplo de choque dessa espécie é fornecido pelo

---

16. Uma súmula dos métodos de interpretação no direito comparado pode ser vista em Antônio J. Franco de Campos, Interpretação, in *Comentários*, cit., p. 176 e s. Oswaldo de Moraes divide em "estágios" o trabalho do intérprete, que deve partir da interpretação gramatical e pode chegar à integração, se a lei for lacunosa (*A analogia no direito tributário*, p. 11 e s.).

17. *Direito*, cit., p. 432.

próprio Código Tributário Nacional quando, no § 1º do art. 108, esclarece que, por analogia, não se pode exigir tributo, deixando expresso algo que é uma decorrência necessária de um *princípio* (o da legalidade tributária), que prevalece sobre a analogia.

Não vemos fundamento, portanto, para a hierarquização dos instrumentos de integração indicados pelo Código.

Seria, por outro lado, duplamente censurável o preceito codificado, se lhe fosse dada a interpretação de Aliomar Baleeiro, no sentido de que o Código Tributário Nacional teria previsto uma norma *supletiva* sobre hierarquia de critérios de integração, o que levaria a admitir que a lei de cada tributo pudesse, a seu critério, definir ordem diversa, pois, na opinião do emérito financista, somente quando "tal eleição não for feita pelo legislador do tributo" é que a autoridade deveria obedecer à ordem ditada pelo art. 108 do Código Tributário Nacional[18].

Parece-nos que, ao falar em "ausência de disposição expressa", o dispositivo se refere à lacuna legislativa sobre a disciplina de determinado fato concreto, e não à lacuna sobre normas de interpretação.

Por outro lado, é preciso não esquecer que vários dos instrumentos relacionados no art. 108 são prestantes também em hipóteses nas quais a lei *não seja lacunosa*. Assim, a própria interpretação (de norma expressa), e não apenas a integração (de lei lacunosa), há de se harmonizar com os princípios jurídicos.

Além disso, nem sempre se poderá preferir este ou aquele dos instrumentos de integração arrolados, pois situações há em que *mais de um deles* merece ser invocado. A analogia pode, por exemplo, ser o instrumento necessário a que se dê efetividade a um princípio (por exemplo, o da isonomia).

Ademais, lembra Ricardo Lobo Torres que a enumeração do art. 108 *não é taxativa*, lembrando que a plenitude da ordem jurídica é buscada também com os argumentos *a contrario sensu* e *a fortiori*, e com os princípios gerais *de direito* (não apenas com os de *direito tributário* ou *direito público*, referidos no dispositivo)[19].

Em suma, o art. 108, longe de facilitar o trabalho do intérprete, torna-o mais árduo, na medida em que o próprio preceito ali estatuído demanda exegese cuidadosa.

---

18. *Direito*, cit., p. 432.

19. *Normas*, cit., p. 50.

3.1. Analogia

O primeiro dos instrumentos de integração referidos pelo Código Tributário Nacional é a analogia, que consiste na aplicação a determinado caso, para o qual inexiste preceito expresso, de norma legal prevista para uma situação semelhante[20]. Funda-se em que as razões que ditaram o comando legal para a situação regulada devem levar à aplicação de idêntico preceito ao caso semelhante (ou seja, análogo). *Ubi eadem ratio, eadem jus.*

Teoricamente, a integração analógica não se confunde com a *interpretação extensiva*, de que se avizinha. Na prática, distingui-las não é tarefa simples. Como se viu, a integração visa a preencher a lacuna legislativa; já a interpretação extensiva teria por objetivo identificar o "verdadeiro" conteúdo e alcance da lei, *insuficientemente expresso* no texto normativo (*dixit minus quam voluit*). A diferença estaria em que, na analogia, a lei não teria levado em consideração a hipótese, mas, se o tivesse feito, supõe-se que lhe teria dado idêntica disciplina; já na interpretação extensiva, a lei teria querido abranger a hipótese, mas, em razão da má formulação do texto, deixou a situação fora do alcance expresso da norma, tornando com isso necessário que o aplicador da lei reconstitua o seu alcance.

Num caso, a lei se omitiu porque foi mal escrita; no outro, ela também se omitiu, embora por motivo diverso, qual seja, o de não se ter pensado na hipótese; a *omissão* (que, afinal, é o que resta verificável, objetivamente, no exame da lei) iguala as duas situações. Como se vê, a distinção depende de uma incursão pela mente do legislador, pois se baseia, em última análise, em perquirir se o legislador "pensou" ou não na hipótese, para, no primeiro caso, aplicar-se a interpretação extensiva e, no segundo, a integração analógica.

A analogia tem, no direito tributário, pequeno campo de atuação, pois o princípio da reserva de lei impede a utilização desse instrumento de integração para efeito de exigência de tributo[21].

Por isso, como já referimos, o Código Tributário Nacional deixa expressa a proibição de, por analogia, exigir tributo (art. 108, § 1º). A par disso, também não a autoriza, como veremos adiante, para reconhecer *isen-*

---

20. Pode distinguir-se a chamada analogia *legis*, que ocorre quando se invoca o preceito de certa lei para disciplinar situação fática semelhante à que é ali regulada, e a analogia *juris*, quando a disciplina para o fato concreto é buscada no sistema de normas, e não em determinada disposição legal.

21. Alberto Xavier, *Os princípios*, cit., p. 88; Yonne Dolácio de Oliveira, *A tipicidade*, cit., p. 143. Uma resenha da opinião de vários autores sobre a analogia em direito tributário é dada por Oswaldo de Moraes (*A analogia*, cit., p. 60 e s.).

ção (art. 111, I ou II), nem para aplicar anistia (art. 111, I), nem para dispensar o cumprimento de obrigações acessórias (art. 111, III). Noutras matérias, porém, é invocável a analogia (por exemplo, na definição de prazos para o cumprimento de obrigações e em outras matérias de direito tributário formal).

Em rigor, as mesmas considerações expendidas a propósito da analogia valem para a interpretação extensiva. A interpretação restritiva é de regra no caso de dúvidas em matéria de infrações e penalidades: *in dubio pro reo* (CTN, art. 112). E a interpretação estrita deve, em regra, nortear o exegeta em matéria de definição das hipóteses de incidência do tributo, onde o princípio da reserva legal impede ampliações e desautoriza amputações do texto legal; mas há casos, como acima referimos, em que a exegese estrita não pode ser adotada.

3.2. Princípios gerais de direito tributário

Prevê o art. 108, após a analogia, o emprego dos princípios gerais *de direito tributário* (item II), antes de mencionar os *de direito público* (item III). Costuma-se falar, também, ao invocarem-se os princípios para suprir lacunas da lei, em *analogia juris*, a par da *analogia legis*. Nesta, busca-se uma *norma* para suprir a lacuna; naquela, a solução para a lacuna acha-se por meio de processo lógico de conformação do regramento do caso concreto com o conjunto do direito vigente[22], o que supõe que se invoquem os *princípios* integrantes desse sistema, e não uma *norma*; a utilização de certa *norma* posta no sistema traduziria hipótese de *analogia legis*. O caminho é parecido com o da *interpretação sistemática*; nesta, tem-se uma norma, cuja interpretação se busca em harmonia com o sistema jurídico em que ela se insere; na *analogia juris*, procura-se construir norma para o caso concreto que se harmonize com o sistema jurídico em que a disciplina desse caso deve ser inserida.

Assim como não vimos razão para a *hierarquização* dos instrumentos de integração postos pelo Código, não nos parece razoável a *hierarquização de princípios* (de direito tributário e de direito público), sendo, de resto, questionável a *setorização* de princípios que o artigo consagra[23]. O princípio da *igualdade*, por exemplo, posto como axioma basilar do direito tributário, não seria, antes disso (caso se tivesse de setorizar os princípios), um postulado de *direito público*? Ou de *direito constitucional*? Ou melhor, de *direito, tout court*? Há princípios (como esse, da igualdade) que têm uma abran-

22. Ezio Vanoni, *Natureza*, cit., p. 337.

23. Ricardo Lobo Torres, *Normas*, cit., p. 48 e 56.

gência universal, o que inabilita sua apropriação por este ou aquele "ramo" do direito. É também o caso do princípio de *proteção da boa-fé*, que permeia todo o direito, tanto o público quanto o privado.

Com grande frequência são razões de *comodidade didática* que explicam o estudo dos princípios gerais em cada ramo do direito, com especial enfoque para aqueles que mais diretamente, ou em maior intensidade, afetam cada peculiar conjunto de normas. Não raro ocorre que, dadas as peculiaridades deste ou daquele setor jurídico, o princípio se mostre mais ou menos adensado; o princípio da legalidade, por exemplo, que é a melhor tradução para o estado de direito, é particularmente denso no direito penal e no direito tributário, setores em que chega a ser rebatizado como princípio da estrita legalidade, princípio da reserva de lei, princípio da tipicidade, com o que se expressa a exigência de uma explicitação legal mais pormenorizada dos fatos que darão ensejo ao exercício, pelo Estado, da atividade de punir criminalmente ou de arrecadar tributos, respectivamente.

Feita essa ressalva, não há dúvida de que o conjunto de princípios que, didaticamente, são referenciados como vetores do direito tributário (princípio da reserva legal, princípio da igualdade, princípio da capacidade contributiva etc.) são enunciados que devem presidir todo e qualquer trabalho exegético na matéria.

Já assinalamos anteriormente que a aplicação desses princípios não pode ficar restrita às situações em que a lei seja omissa (art. 108, *caput*), pois mesmo a disposição expressa há de harmonizar-se com os princípios. Na lacuna da lei, com maiores razões, devem ser buscadas soluções que se amoldem aos referidos princípios.

3.3. Princípios gerais de direito público

Vimos que, após os princípios gerais de direito tributário, o Código Tributário Nacional indica, como instrumento auxiliar do aplicador da lei, os princípios gerais *de direito público* (art. 108, III).

O princípio federativo, o princípio republicano, o princípio da relação de administração, o princípio da lealdade do Estado, o princípio da previsibilidade da ação estatal, o princípio da indisponibilidade do interesse público etc. são postulados do direito público que devem informar o trabalho exegético no campo dos tributos.

Além da crítica à hierarquização e setorização dos princípios, o Código Tributário Nacional padece de lacunosidade, pois, se julgou necessário discriminar, por ramo e sub-ramo de direito, o conjunto de princípios (partindo do específico – direito tributário – para o geral – direito público), deveria, por coerência, ir para o mais geral (princípios gerais *de direito*).

Não obstante essa lacuna do Código Tributário Nacional, que omite menção aos princípios gerais *de direito*, estes não podem ser esquecidos. O clássico enunciado de que *pacta sunt servanda* está, por exemplo, na base da construção jurisprudencial que acabou consagrada pelo próprio Código Tributário Nacional, quando, no art. 178, reconheceu a não revogabilidade das isenções condicionadas concedidas por prazo certo. O princípio da *proteção da boa-fé* é aplicável em diversas situações, de que é exemplo o processo de consulta fiscal, por meio do qual o indivíduo expõe sua situação à autoridade administrativa, e, enquanto não obtida a resposta, fica ele ao abrigo de qualquer procedimento fiscal que pudesse questionar sua conduta na matéria que, de boa-fé, trouxe à consideração do Fisco[24]; a boa-fé é protegida ainda pelo parágrafo único do art. 100 do Código Tributário Nacional.

3.4. Equidade

A rigorosa aplicação da lei pode levar a injustiças, ou seja, o legalmente certo não é necessariamente o justo: *summum jus, summa injuria*. A equidade atua como instrumento de realização concreta da justiça, preenchendo *vácuos axiológicos*, onde a aplicação rígida e inflexível da regra legal escrita repugnaria ao sentimento de justiça da coletividade, que cabe ao aplicador da lei implementar.

Em vários momentos, o Código Tributário Nacional refere a equidade. No art. 108, IV, ela aparece como instrumento de integração da lei. No art. 172, como fundamento invocável pela lei tributária para autorizar a remissão da dívida tributária à vista das características pessoais ou materiais do caso; lastreia, ainda, o princípio *in dubio pro reo*, na interpretação da lei tributária punitiva (art. 112).

A equidade não atua, portanto, somente no plano da integração da legislação tributária (art. 108, IV). O ideal do justo pode levar a ter-se de *mitigar o rigor da lei*, ou a *construir*, para o caso concreto, *uma norma que lhe dê tratamento justo*. A equidade pode levar: a) a optar, entre as possíveis consequências legais de determinada situação concreta, por aquela que mais

24. Luciano Amaro, Do processo de consulta, in *Novo processo tributário*, p. 83.

se ajuste ao conceito de justiça (*interpretação benigna*; *in dubio pro reo*, *in dubio pro libertate*); ou b) a criar, para o caso concreto, uma norma que, excepcionando a *dura lex*, ou preenchendo uma lacuna legal, dê àquela situação concreta uma disciplina jurídica justa, que seria aquela que, provavelmente, teria dado o legislador, se tivesse presentes, ao editar a lei, as características materiais ou pessoais específicas daquela situação concreta (*integração por equidade*).

A equidade, portanto, corrige as injustiças a que a aplicação rigorosa e inflexível da lei escrita poderia levar. Em frequentes situações, ela se confunde com princípios gerais (por exemplo, *in dubio pro libertate*), de que é expressão.

O § 2º do mesmo art. 108 veda a equidade para dispensar tributo devido. Dir-se-ia que, na *ausência* de disposição legal (lacuna), não haveria tributo a ser dispensado pela equidade; porém, o que o Código Tributário Nacional não quer é que o aplicador da lei, diante de uma situação em que a aplicação do tributo pudesse representar uma injustiça, criasse, por equidade, uma *norma de exceção* (*ausente* do texto legal) para afastar a incidência naquela situação concreta, com apoio na premissa de que a lei, caso houvesse previsto as características peculiares daquela situação, tê-la-ia excepcionado da regra de incidência. O trabalho de integração por equidade, nessas circunstâncias, resulta vedado pelo parágrafo em tela.

Esse preceito é desdobramento do princípio da reserva legal, conjugado com o princípio da indisponibilidade do interesse público; se a definição do fato gerador está sob reserva de lei, o aplicador da lei não pode dispensar, vale dizer, *dispor* do tributo, ainda que sob a invocação da equidade.

É óbvio que, se a incidência do tributo, em determinada hipótese, ferir um *princípio* (por exemplo, o da igualdade, o da capacidade contributiva, o da vedação de confisco etc.), o tributo será afastado, mas não por força da equidade, e sim em virtude do princípio.

Todavia, ao proibir que, por considerações de equidade, se dispense tributo devido, o Código Tributário Nacional, *a contrario sensu*, abre campo à aplicação da equidade *em matéria punitiva*. É claro que só se pode dispensar penalidade se a lei *não for lacunosa*, pois, na *omissão* da lei, não cabe sequer cogitar da aplicação de penalidade (CTN, art. 97, V). A equidade, como instrumento de integração, teria o efeito de, em dada situação, diante das circunstâncias pessoais ou materiais do caso, afastar a *lex dura* e criar, para a situação concreta, uma disciplina de exceção, traduzida na dispensa de punição, ou melhor, na descaracterização da infração.

Em suma, a equidade tem aplicação no direito tributário, como instrumento de integração da legislação, só não devendo ser invocada quando seu emprego implicar dispensa de tributo que, em face da lei aplicável, seja devido.

Observe-se que a vedação de utilizar a equidade para dispensar tributo é dirigida ao *aplicador da lei*, e não ao *legislador*. Tanto que à *lei* se faculta especificar situações de perdão de tributos, por razões de equidade (CTN, art. 172, IV). Assim, à vista do disposto no art. 108, § 2º, e no art. 172, IV, conclui-se que, sem autorização da lei, ao aplicador da lei não cabe dispensar tributo por equidade, mas a lei pode admitir, à vista de considerações pessoais ou materiais, a remissão de tributo devido. Dessa forma, *no plano da interpretação e integração* da legislação tributária, não se permite excepcionar, por ação do intérprete, a regra de incidência. Porém, o art. 172 não atua nesse plano, e sim em *momento posterior*; nascida a obrigação tributária, *apesar de a situação concreta estar matizada por peculiares características pessoais ou materiais*, a lei pode conceder remissão, tendo em vista exatamente essas características que, não obstante não tenham tido a força de evitar a incidência tributária, ensejam – em virtude de disposição legal remissiva – a extinção da obrigação tributária.

Os *planos temporais* de aplicação da equidade como critério de integração e como fundamento de remissão são, portanto, distintos. No primeiro caso, a equidade interfere com a identificação da vontade concreta da lei numa dada situação, na qual, pois, o problema é de *subsunção do fato*. No segundo, ela atua em tempo posterior, depois que o fato já foi juridicizado, já irradiou os efeitos previstos na norma de incidência, e deu nascimento à obrigação tributária; é sobre o *efeito da incidência da norma* que a remissão (por equidade) pode atuar, não em razão de trabalho integrativo do aplicador da lei, mas por força de disposição legal que concede o perdão da dívida tributária.

4. PRINCÍPIOS GERAIS DE DIREITO PRIVADO

Assinala o art. 109 do Código Tributário Nacional que "os princípios gerais de direito privado utilizam-se para pesquisa da definição, do conteúdo e do alcance de seus institutos, conceitos e formas, mas não para definição dos respectivos efeitos tributários".

O preceito refere-se a situações nas quais a norma tributária utiliza um instituto, um conceito ou uma forma jurídica pertinente ao direito privado, e, a partir desse enunciado, estatui certos efeitos tributários. Estabelece, por exemplo, que, à vista da realização do negócio jurídico "x" (definido pelo direito privado), haverá a consequência de tal ou qual partícipe do negócio tornar-se sujeito passivo de determinado tributo.

Ao dizer que os princípios do direito privado se aplicam para a pesquisa da definição de institutos desse ramo do direito, o dispositivo, obviamente, não quer disciplinar a interpretação, *no campo do direito privado*, dos institutos desse direito. Isso não é matéria cuja regulação incumba ao direito tributário. Assim, o que o Código Tributário Nacional pretende dizer é que os institutos de direito privado devem ter sua definição, seu conteúdo e seu alcance pesquisados com o instrumental técnico fornecido pelo direito privado, *não para efeitos privados* (o que seria óbvio e não precisaria, nem caberia, ser dito num código tributário), mas sim *para efeitos tributários*. Ora, em que hipóteses isso se daria? É claro que nas hipóteses em que tais institutos sejam referidos pela lei tributária na definição de pressupostos de fato de aplicação de normas tributárias, pois – a conclusão é acaciana – somente em tais situações é que interessa ao direito tributário a pesquisa de institutos de direito privado.

Em suma, o instituto de direito privado é "importado" pelo direito tributário com a mesma conformação que lhe dá o direito privado, sem deformações, nem transfigurações. A compra e venda, a locação, a prestação de serviço, a doação, a sociedade, a fusão de sociedades, o sócio, o gerente, a sucessão *causa mortis*, o herdeiro, o legatário, o meeiro, o pai, o filho, o interdito, o empregador, o empregado, o salário etc. têm conceitos no direito privado, que ingressam na cidadela do direito tributário sem mudar de roupa e sem outro passaporte que não o preceito da lei tributária que os "importou". Como assinala Becker, com apoio em Emilio Betti e Luigi Vittorio Berliri, o direito forma um único sistema, onde os conceitos jurídicos têm o mesmo significado, salvo se a lei tiver expressamente alterado tais conceitos, para efeito de certo setor do direito; assim, exemplifica Becker, não há um "marido" ou uma "hipoteca" no direito tributário diferentes do "marido" e da "hipoteca" do direito civil[25].

A identidade do instituto, no direito privado e no direito tributário, dá-se sempre que o direito tributário não queira modificá-lo para fins fiscais, bastando, para que haja essa identidade, que ele se reporte ao instituto sem ressalvas. Se, porém, o direito tributário *quiser* determinar alguma modificação, urge que o diga *de modo expresso*. A lei que institui tributo sofre

25. Alfredo Augusto Becker, *Teoria*, cit., p. 110.

algumas limitações quanto a essa regra que lhe permite modificar conceitos de direito privado, matéria que examinaremos ao tratar do art. 110 do Código Tributário Nacional.

Inexistindo modificação do instituto de direito privado pela lei tributária, ele ingressa, pois, no campo fiscal com a mesma vestimenta que possuía no território de origem. A locação de coisas continua sendo locação de coisas, sem transformar-se em compra e venda ou em prestação de serviços; sócio continua sendo sócio, sem transfigurar-se em administrador; doação permanece como tal, sem travestir-se de compra e venda etc. Só quando o queira é que a lei tributária irá, de modo expresso, modificar esses institutos ou conceitos (para fins tributários, obviamente).

Posto isso, há uma segunda questão: "importado" o instituto de direito privado (com ou sem alterações determinadas pela lei tributária), como se dará a definição dos respectivos efeitos jurídico-tributários? Vale dizer, qual é o efeito *tributário* decorrente da realização, por exemplo, de uma compra e venda imobiliária? Diz o art. 109, em sua parte final, que os efeitos tributários desse negócio jurídico *não* deverão ser pesquisados com o emprego de "princípios gerais de direito privado".

O que se dá é que, no direito privado (ou, às vezes, em determinado setor do direito privado), atuam certos princípios, ora visando à proteção de uma das partes no negócio, ora fazendo atuar certa presunção, ora indicando critério de interpretação, ora cominando pena de nulidade, ou ensejando anulabilidade; o setor do direito do trabalho é rico de preceitos tuitivos, informados pelo princípio que protege o hipossuficiente e que direciona os efeitos das relações trabalhistas. Ora, no direito tributário, não são invocáveis tais princípios (cuja aplicação se exaure no plano privado) para o efeito de regular a relação jurídico-tributária entre o Fisco e o partícipe da relação privada que seja eleito como sujeito passivo pela lei tributária.

Não obstante tais princípios comandem a definição dos efeitos jurídicos *privados*, as consequências *tributárias* (efeitos jurídicos tributários) são determinadas *sem submissão àqueles princípios*. Assim, por exemplo, o aderente, num contrato de massa, desfruta de uma posição legalmente privilegiada no plano do direito privado (no sentido de que o contrato deve, em regra, ser interpretado a seu favor), mas não goza de nenhuma vantagem, perante o Fisco, no que respeita à definição dos efeitos tributários oriundos daquele negócio; do mesmo modo, o empregado, hipossuficiente na relação trabalhista, não pode invocar essa condição na relação tributária cujo polo passivo venha a ocupar. A definição dos efeitos tributários oriundos daquelas situações faz-se com abstração de considerações privatísticas, cuja aplicação se esgota na definição da categoria jurídica de direito privado, não obstante ela seja "importada" pelo direito tributário e venha a irradiar, neste setor, outros efeitos, além dos que possa ter produzido na sua província de origem.

5. CONCEITOS DE DIREITO PRIVADO UTILIZADOS NA DEFINIÇÃO DA COMPETÊNCIA TRIBUTÁRIA

Estabelece o Código Tributário Nacional, no art. 110, que "a lei tributária não pode alterar a definição, o conteúdo e o alcance de institutos, conceitos e formas de direito privado utilizados, expressa ou implicitamente, pela Constituição Federal, pelas Constituições dos Estados, ou pelas Leis Orgânicas do Distrito Federal ou dos Municípios, para definir ou limitar competências tributárias".

Esse preceito, como já dissemos no capítulo atinente à competência tributária, está mal posicionado no art. 110, inserido entre as regras de *interpretação* do direito tributário. Com efeito, o artigo não contempla preceito sobre *interpretação*; trata-se de comando dirigido ao *legislador*. Não é ao intérprete, mas sim ao legislador que o dispositivo diz que, em tais ou quais circunstâncias, a lei não pode modificar este ou aquele conceito.

A matéria, claramente, é de *definição de competência*, e, a nosso ver, enquadra-se nas atribuições que a Constituição outorga à lei complementar para regular as chamadas "limitações constitucionais do poder de tributar", que, em última análise, são normas sobre o exercício da competência tributária. Cuida-se de explicitar, em suma, que o legislador não pode *expandir o campo de competência tributária* que lhe foi atribuído, mediante o artifício de ampliar a definição, o conteúdo ou o alcance de institutos de direito privado utilizados para definir aquele campo.

Cabe observar que o Código Tributário Nacional *dixit minus quam voluit*, pois não são apenas os conceitos de direito privado, mas também os de outros ramos do direito, e os próprios conceitos léxicos que, quando usados para definição da competência tributária, não podem ser ampliados pela lei do tributo[26].

---

26. Johnson Barbosa Nogueira também vê o art. 110 como "dispositivo dirigido ao legislador, funcionando não como norma geral de Direito Tributário, mas como regulamentação constitucional de limitação ao Poder de Tributar" (*A interpretação*, cit., p. 54). Ricardo Lobo Torres, porém, entende que o art. 110 traça regra de *interpretação da Constituição*, querendo o dispositivo significar que ela deveria ser "interpretada" de acordo com o sentido privatístico dos conceitos que utilizasse para definir a competência tributária, daí extraindo uma série de questionamentos (*Normas*, cit., p. 92).

A contrario sensu, conceitos jurídicos ou lexicográficos não utilizados para definir a competência tributária podem ser alterados (para fins fiscais, obviamente) pela lei tributária.

Embora não expressamente dito, a lei que institui tributo pode *reduzir*, para fins de incidência, o alcance do conceito utilizado para definir a competência tributária. O que se lhe veda é *ampliar* seu campo de *competência*; isso nada tem que ver com a delimitação de um menor campo de *incidência*, mediante *redução* do alcance de um conceito utilizado para definir o espaço (maior) em que poderia exercer a competência tributária.

6. INTERPRETAÇÃO LITERAL

Nalgumas matérias, que o Código Tributário Nacional relaciona, esse diploma pretende que a interpretação seja literal (art. 111): "suspensão ou exclusão do crédito tributário" (item I), "outorga de isenção" (item II), e "dispensa do cumprimento de obrigações tributárias acessórias" (item III).

Anote-se, de início, a redundância do item II, que arrola a isenção, quando esta já está compreendida no item I, na fórmula da "exclusão do crédito tributário", com a qual, no art. 175, o Código Tributário Nacional rotula (de modo inadequado, como veremos) os institutos da isenção e da anistia. É curioso que justamente o artigo que manda interpretar literalmente a isenção não se apresente como modelo de redação, pecando pela ociosidade.

As formas de suspensão da exigibilidade do crédito tributário (primeira das matérias sobre as quais o Código reclama a interpretação literal) são indicadas no art. 151 (moratória, depósito, reclamações e recursos administrativos, liminar em mandado de segurança, medida liminar ou tutela antecipada em outras espécies de ação judicial e parcelamento) e as figuras que o Código arrola como modos de "exclusão do crédito tributário" constam do art. 175 (isenção e anistia). Nessas matérias, quer o Código que o intérprete se guie preponderantemente pela letra da lei, sem ampliar seus comandos nem aplicar a integração analógica ou a interpretação extensiva.

O item III do artigo em exame submete também à exegese literal as hipóteses de dispensa do cumprimento de obrigações tributárias acessórias, assunto que, pela sua própria secundariedade, talvez não demandasse o cuidado hermenêutico que lhe dedicou o Código.

Não obstante se preceitue a interpretação literal nas matérias assinaladas, não pode o intérprete abandonar a preocupação com a exegese lógica, teleológica, histórica e sistemática dos preceitos legais que versem as matérias em causa[27].

7. INTERPRETAÇÃO BENIGNA

No direito penal, vigora o princípio *in dubio pro reo*; no campo das infrações e das sanções tributárias, preceito análogo é utilizado, ao prescrever o Código Tributário Nacional a interpretação benigna (isto é, favorável ao acusado), quando houver dúvida sobre a capitulação do fato, sua natureza ou circunstâncias materiais, ou sobre a natureza ou extensão dos seus efeitos, bem como sobre a autoria, imputabilidade ou punibilidade, e ainda sobre a natureza ou graduação da penalidade aplicável (art. 112).

Deve-se atentar para o fato de que a *interpretação* benigna (art. 112), a exemplo da *retroatividade* benigna (art. 106, II), é aplicável em matéria de *infrações* e *penalidades*. Já no campo da definição do *tributo* (em que não cabe falar em retroatividade benigna), deve-se caminhar, em regra, para uma interpretação mais *estrita*. É por isso que, na identificação do fato gerador do tributo, não deve o intérprete socorrer-se da *equidade* para o efeito de *dispensar* tributo (art. 108, § 2º), nem se valer da *analogia* para o fim de *exigir* tributo (§ 1º).

Na verdade, embora o art. 112 do Código Tributário Nacional pretenda dispor sobre "interpretação da lei tributária", ele prevê, nos seus incisos I a III, diversas situações nas quais não se cuida da identificação do sentido e do alcance da lei, mas sim da *valorização dos fatos*. Nessas situações, a *dúvida* (que se deve resolver a favor do acusado, segundo determina o dispositivo) não é de interpretação *da lei*, mas de "interpretação" *do fato* (ou melhor, de qualificação do fato). Discutir se o fato "x" se enquadra ou não na lei, ou se ele se enquadra na lei "A" ou na lei "B", ou se a autoria do fato é ou não do indivíduo "Z", diz respeito ao exame do fato e das circunstâncias em que ele teria ocorrido, e não ao exame da lei. A questão atém-se à *subsunção*, mas a dúvida que se põe não é sobre a lei, e sim sobre o fato[28].

---

27. Conforme leciona Carlos da Rocha Guimarães, "quando o art. 111 do C.T.N. fala em interpretação literal, não quer realmente negar que se adote, na interpretação das leis concessivas de isenção, o processo normal de apuração compreensiva do sentido da norma, mas simplesmente que se estenda a exoneração fiscal a casos semelhantes" (Interpretação literal das isenções tributárias, in *Proposições tributárias*, p. 61). Descabe, em contrapartida, negar a aplicação da norma isentiva a casos nela compreendidos.

28. "O fato concreto apenas é *valorado* de acordo com a lei, ou *qualificado* segundo as categorias estabelecidas pela norma" (Ricardo Lobo Torres, *Normas*, cit., p. 119).

Já o inciso IV do dispositivo pode ser referido tanto a dúvidas sobre se o fato ocorrido se submete a esta ou àquela penalidade (problema de *valorização do fato*) como à discussão sobre o conteúdo e alcance da *norma* punitiva ou sobre os *critérios legais* de graduação da penalidade.

De qualquer modo, o princípio *in dubio pro reo*, que informa o preceito codificado, tem uma aplicação ampla: qualquer que seja a dúvida, sobre a interpretação da lei punitiva ou sobre a valorização dos fatos concretos efetivamente ocorridos, a solução há de ser a mais favorável ao acusado.

8. A INTERPRETAÇÃO ECONÔMICA DO DIREITO TRIBUTÁRIO

Ao falar da "autonomia" do direito tributário, vimos que, por trás da polêmica que a doutrina manteve, não estavam meras veleidades de cultores deste ou daquele ramo do direito, que, de um lado, não queriam ver amputado o campo de sua disciplina, e, de outro, lutavam pela independência do território que lhes polarizava as preocupações. Uma das vertentes da questão é o problema da possibilidade de modificação de conceitos do direito privado (ou de outros ramos do direito) pela lei tributária, assunto que já abordamos ao tratar dos arts. 109 e 110 do Código Tributário Nacional.

A questão mais séria, ligada a essa temática, atém-se, porém, à interpretação dos institutos, conceitos e formas do direito privado, quando transpostos para o campo do direito tributário, questionando-se sobre se eles permanecem com a mesma configuração ou perdem (ou podem perder) seu figurino original. Noutras palavras, manteriam esses institutos, conceitos e formas, quando utilizados pelo direito tributário, o mesmo sentido e alcance que possuem no direito privado?

É nesse plano de discussões que se põe a chamada *interpretação econômica*, ou *consideração econômica*, do direito tributário, divulgada, a partir da Alemanha, por Enno Becker, e perfilhada por alguns setores da doutrina em vários países, sob forte censura de outros[29].

29. Sobre a interpretação econômica no direito comparado, *v.* a súmula de Johnson Barbosa Nogueira (*A interpretação*, cit., p. 32 e s.). No Brasil, o mesmo autor refere alguns defensores da interpretação econômica, entre os quais Amílcar de Araújo Falcão e Rubens Gomes de Sousa (*A interpretação*, cit., p. 42-3). Veja-se, ainda, Gerd Willi Rothmann (O princípio da legalidade tributária, in *Direito tributário – 5ª coletânea*, p. 169 e s.). Censuram a interpretação econômica, em nosso país, Antônio Roberto Sampaio Dória, Alfredo Augusto Becker, Gilberto de Ulhôa Canto e Francisco Bilac Pinto (cf. Johnson Barbosa Nogueira,

De acordo com essa doutrina exegética, não se deveria considerar, na referência feita pela lei tributária a um negócio jurídico regulado pelo direito privado, a *forma jurídica* por ele revestida, mas sim seu *conteúdo econômico.* Heinrich Beisse, na Alemanha, expõe a consideração econômica do direito tributário como uma aplicação do método *teleológico*, pelo qual se deve buscar o *significado econômico* das leis tributárias[30], logrando-se uma "interpretação mais livre de conceitos jurídicos, principalmente daqueles que têm significado flexível, para abranger estruturações 'iguais'. Especialmente significativa se torna a questão da admissibilidade da consideração econômica em relação a conceitos que tenham conteúdo determinado no Direito Civil"[31]. Por isso, ressalta esse autor que a consideração econômica "não apresenta problemas, em relação aos *conceitos que o próprio Direito Tributário teve de criar ou modificar* para suas finalidades", mas sim em relação a *conceitos criados fora do Direito Tributário*, em relação aos quais a "*finalidade* da lei tributária (...) exige uma *divergência do conteúdo conceitual* extratributário"[32].

Amílcar de Araújo Falcão, que, no Brasil, sustentou a interpretação econômica do direito tributário, afirmou que a menção que o legislador tributário faça à compra e venda, por exemplo, visa ao conteúdo econômico desse negócio, e não à forma jurídica pela qual o ato se exteriorize; esse autor cita o exemplo de um contrato de locação no qual a anormalidade do aluguel previsto levaria o aplicador da lei tributária a considerar tal ato como compra e venda, dado que o conteúdo econômico seria o mesmo, fazendo sobre ele incidir a mesma norma prevista para a compra e venda[33]. Importaria verificar a capacidade contributiva evidenciada na operação, e não a sua correspondência formal com o modelo de instituto jurídico privado que tivesse sido mencionado pela lei tributária como suporte da incidência.

Gerd Willi Rothmann defendeu a interpretação econômica como instrumento de aplicação do princípio da igualdade ("hipóteses economicamente iguais devem ser tratadas de forma igual") e de justiça social, "na forma de uma distribuição uniforme de encargos sociais"[34].

A interpretação, cit., p. 44-8). Gilberto de Ulhôa Canto, além de refutar a interpretação econômica no nosso direito, relativiza a posição dos autores brasileiros que a defenderam, inclusive a de Amílcar de Araújo Falcão (Elisão e evasão fiscal, *Caderno de Pesquisas Tributárias*, n. 13, p. 25-6).

30. Interpretação, in *Estudos tributários*, p. 39-40.

31. Interpretação, in *Estudos*, cit., p. 42.

32. Interpretação, in *Estudos*, cit., p. 42-3, grifos nossos.

33. *Introdução*, cit., p. 85-9.

34. O princípio, in *Direito*, cit., p. 173.

Há diversas variantes da doutrina da interpretação econômica, segundo o registro de Johnson Barbosa Nogueira: ora se busca a substância econômica, com desprezo da forma jurídica; ora se quer a utilização de conceitos próprios pelo direito tributário, com base em sua alegada autonomia; ora se persegue a identidade de efeitos econômicos; ora se quer combater o abuso de formas do direito privado; ora se aplica a teoria do abuso de direito; ora se fala em mera interpretação teleológica; ora se pretende uma valorização dos fatos; e ora se fala em interpretação do fato, por oposição à interpretação da norma[35].

Alfredo Augusto Becker faz severa crítica a essa doutrina, porque, entre outras razões, destrói a certeza e a praticabilidade do direito, negando ao direito tributário exatamente o que ele tem de jurídico[36]. Para refutar a alegação de que duas situações com igual capacidade contributiva devem ambas ser tributadas, ainda que apenas uma esteja prevista na lei, Becker cita o exemplo dado por Berliri: se instituído um tributo sobre cães, a interpretação econômica levaria a tributar também os gatos, dada a circunstância de, em ambas as situações, demonstrar-se análoga capacidade contributiva[37]. Do mesmo modo, se a lei cria imposto de transmissão sobre a venda de uma casa, o mesmo tributo deveria ser aplicado também na venda não mercantil de certos bens móveis extremamente valiosos, pois a operação poderá revelar igual ou maior capacidade contributiva.

Na verdade, o princípio da igualdade (conjugado com o da capacidade contributiva) não é ferido quando se veda (tal qual faz nossa lei) a tributação (ou a isenção) por analogia. Aqui, é outra a discussão que se põe: se, entre os fatos "a" e "b", existir razão legítima para tratamento diferenciado, não se pode equipará-los, por meio de construção exegética; e, por outro lado, se inexistir razão legítima de discrímen, e a lei só tiver tributado o fato "a", o contribuinte (na situação "a") é que pode invocar a igualdade para receber tratamento isonômico com o indivíduo que esteja na situação "b". Não é o Estado que terá a prerrogativa de invocar a igualdade para (sem lei) tributar também o fato "b". O mesmo raciocínio vale para a isenção.

Há quem tenha aventado a possibilidade de invocar-se o próprio art. 109 do Código Tributário Nacional (que examinamos acima) para justificar a interpretação econômica do direito tributário brasileiro[38]. Segundo essa

35. Johnson Barbosa Nogueira, *A interpretação*, cit., p. 18-24.

36. *Teoria*, cit., p. 117-8.

37. *Teoria*, cit., p. 461.

38. Ricardo Lobo Torres, *Normas*, cit., p. 77.

visão, o artigo permitiria que os efeitos *tributários* dos institutos de direito privado pudessem ser pesquisados pelo intérprete sem ater-se à *forma* jurídica adotada.

Parece-nos que a interpretação econômica, sobre chocar-se com vários outros preceitos, da Constituição ou do próprio Código, também não encontra respaldo nesse dispositivo.

Já vimos que o art. 109 timbra em dizer que os institutos de direito privado (quando referidos pela lei tributária, obviamente) não se modificam. Pelo contrário, sua definição, conteúdo e alcance são pesquisados de acordo com os princípios de direito privado, vale dizer, uma compra e venda, embora mencionada em lei tributária, é identificada como tal de acordo com os princípios de direito privado; em suma, *continua sendo compra e venda também para o direito tributário*; e o que *não é* compra e venda *não passa a sê-lo* no campo fiscal.

Ora, esse artigo não pode querer dizer que o intérprete da lei tributária seja obrigado a utilizar os princípios do direito privado para pesquisar a definição, o conteúdo e o alcance de certo instituto de direito privado (por exemplo, a compra e venda) para, concluído esse trabalho, atirá-lo ao lixo. Tal pesquisa seria inútil para efeitos tributários, sob o argumento de que, para apreender esses efeitos, o intérprete estaria livre para buscar outra definição, outro conteúdo e outro alcance da compra e venda, que não fossem os do direito privado, mas sim aqueles que, à vista da manifestação de capacidade contributiva, devessem ser "economicamente" considerados como compra e venda. E, graças a esse criativo labor econômico-hermenêutico, a referência que a lei tivesse feito à compra e venda seria entendida como abrangente de qualquer outro negócio jurídico que, *economicamente*, revelasse igual capacidade contributiva.

Nesse nível de lucubrações, se uma empresa mantiver uma edificação para abrigar sua linha de produção industrial de calçados, o intérprete poderia sustentar que, a cada par de sandálias que a empresa vendesse, seria devido o imposto de transmissão imobiliária, pois, *economicamente*, todos sabem que, no preço do produto vendido, está incluída parcela correspondente ao custo da edificação (encargo de depreciação), de modo que, ao longo da vida útil da construção fabril, esta seria *economicamente* vendida pelo industrial.

Porém, não é isso o que determina o art. 109. Esse dispositivo, como vimos linhas acima, manda que a identificação do instituto do direito privado seja feita à vista dos princípios de direito privado, e é *assim configu-*

rado no seu setor de origem que o instituto adentra o direito tributário. Obviamente, os efeitos *tributários*, por exemplo, da compra e venda serão determinados pelo direito *tributário*, e não pelo direito privado. Por outro lado, não se nega ao direito tributário a prerrogativa de dar efeitos *iguais* para *diferentes* institutos de direito privado (por exemplo, pode a lei dar, para fins tributários, à doação, ao aporte na integralização de capital etc., os mesmos efeitos da compra e venda). Mas é a *lei tributária* que (se quiser) deve dá-los, e não o *intérprete*.

Não há razão para supor que o legislador tributário, quando mencione, por exemplo, o negócio de compra e venda de imóvel, ignore a existência da promessa de compra e venda, da cessão de direitos de promitente comprador, do aporte de capital etc. Se ele quiser atingir também algum desses outros negócios jurídicos, *basta que o faça expressamente*, seguindo, aliás, o exemplo da própria Constituição, que, ao estatuir a competência tributária sobre a transmissão de imóveis, refere expressamente a cessão de direitos à sua aquisição (art. 156, II). Aliás, essa é a prática de nosso legislador ordinário do imposto de renda, quando prevê a tributação do ganho de capital na venda de bens e na realização de outros contratos que têm o mesmo conteúdo econômico. Mas esses outros contratos são atingidos não por terem *igual conteúdo econômico*, e sim porque *a lei* lhes conferiu *igual tratamento jurídico*.

Não nos parece, portanto, que o aplicador da lei tributária esteja autorizado a *transfigurar* o instituto de direito privado, nem se lhe permite ignorar o instituto, e substituí-lo por outro, a pretexto de que este produza maiores (ou menores, o problema é o mesmo) efeitos fiscais. Assim, por exemplo, se o imposto de transmissão é menos oneroso na alienação do que na doação ou na transmissão *mortis causa*, o Fisco não pode, diante da venda de imóvel pelo pai ao próprio filho, pretender que, para efeitos tributários, a operação deve ser considerada como doação, sob o pretexto de que o pai é idoso e enfermo, e o filho é herdeiro necessário do preço de venda. Nem pode a fiscalização do imposto de renda, caso o pai doe o imóvel ao filho, que, posteriormente, venha a aliená-lo, sustentar que o pai é que vendeu o imóvel, doando o produto da venda ao filho (a pretexto de que essa situação possa ser, fiscalmente, mais onerosa, sob o ângulo da legislação do imposto de renda), alegando que, *economicamente*, as duas situações se equivalham. Inversamente, se não houver incidência do imposto de renda na sucessão *causa mortis*, também não pode o indivíduo que tenha vendido imóvel ao filho pretender a não incidência do tributo, a pretexto de que, sendo o filho herdeiro necessário, a operação deveria, fiscalmente, ter o tratamento de uma sucessão *causa mortis*[39].

Em suma, a consideração do conteúdo econômico subjacente não permite transfigurar o negócio jurídico privado. Caso contrário, seria letra morta a solene afirmação contida no artigo comentado, em sua primeira parte, já que o intérprete, embora obrigado a pesquisar a definição, o conteúdo e o alcance ditados pelo direito privado, *não estaria obrigado a respeitar o resultado de sua pesquisa*, que, nessa perspectiva, teria sido feita por *mero deleite*.

A compra e venda, a locação, o comodato, dentre inúmeros outros institutos, estruturados no direito privado e recepcionados pelo direito tributário, devem ser valorizados tal qual foram estruturados no direito privado, não podendo ser interpretados, para efeitos tributários, com abstração da roupagem jurídico-formal que os reveste, e com a atenção desviada para os aspectos econômicos subjacentes ao negócio jurídico-formal que as partes utilizaram.

Ademais, se o intérprete pudesse pesquisar o conteúdo econômico deste ou daquele negócio, para, à vista de sua similitude com o conteúdo econômico de outro negócio, estender para o primeiro a regra de incidência do segundo, o fato gerador do tributo deixaria de corresponder à previsão legal abstrata (princípio da reserva de lei); o campo estaria aberto para a criação de tributo por analogia (já que a "razão econômica" seria a mesma nas duas hipóteses), assim como para a aplicação de isenção por analogia (sempre a pretexto de que, onde o conteúdo econômico fosse o mesmo, a norma a aplicar seria também a mesma).

A interpretação do art. 109 do Código Tributário Nacional não se pode fazer contra a própria letra do dispositivo e com sacrifício do princípio da legalidade, do princípio da segurança e certeza do direito aplicável, e, ainda, em contradição com os preceitos do próprio Código, que proclamam (como

---

39. A Lei n. 9.532/97 criou incidência do imposto de renda sobre a mais-valia realizada na doação em adiantamento de legítima e na sucessão *causa mortis*. Na legislação anterior, era possível, por exemplo, ao pai doar ao filho um imóvel no valor de 1.000 (que lhe houvesse custado 200) sem incidência do imposto de renda, podendo o filho, após a doação, alienar o imóvel pelo valor de 1.000, igualmente sem esse tributo. Na nova lei, o ganho de capital é tributado ou por ocasião da doação (se, nesta, for atribuído o valor de 1.000) ou na posterior alienação (se a doação for feita pelo valor de custo). Esse é mais um exemplo da prática de nossa legislação no sentido de eliminar situações de economia fiscal através da introdução de preceitos impositivos e não pela via da "interpretação". A propósito da referida inovação da lei do imposto de renda, cf. Luciano Amaro, O imposto de renda nas doações, heranças e legados, in *Imposto de renda:* alterações fundamentais, v. 2, p. 105 e s.

desdobramentos daqueles princípios) a vedação da tributação e da isenção por analogia. Ora, tributar a situação "b", a pretexto de que ela revela a mesma capacidade contributiva de "a", é tributar por analogia, o que é expressamente proibido pelo art. 108, § 1º, do Código Tributário Nacional. Se o legislador quiser atingir ambas as situações, repita-se, basta fazê-lo de modo expresso.

9. ECONOMIA LEGÍTIMA DE TRIBUTO E EVASÃO

Muito se discute sobre a chamada economia legítima de tributo e a evasão (que implica o descumprimento do dever de recolher tributo devido). Essas disputas vão muito além de uma singela verificação da lista de situações tributáveis, abstratamente dispostas na lei, cuja ocorrência concreta faria nascer a obrigação de recolher tributo, o que levaria à conclusão lógica de que as situações aí não compreendidas restariam *fora* do campo de incidência tributária. As contendas procuram definir como a legislação deve ser *interpretada* (vale dizer, como se deve delimitar sua extensão contenutística) diante de certos *comportamentos do indivíduo,* que, em geral de modo voluntário, procura estruturar seus negócios e suas atividades seguindo caminhos que se revelem fiscalmente menos onerosos.

Uma afirmação inicial não polêmica é a de que o indivíduo não é obrigado, entre dois caminhos lícitos, a optar por aquele que tenha maior incidência de tributos, o que, em rigorosa simetria, significa que *ele pode escolher, entre dois caminhos lícitos, aquele que seja fiscalmente menos oneroso*.

Parece-nos que há um desdobramento necessário dessa assertiva. Se o indivíduo tem a liberdade de optar pelo caminho fiscalmente menos oneroso, isso implica que ele não precisa *justificar sua opção* com nenhuma outra razão que não a sua *liberdade de escolha.*

É evidente também que, se o caminho eleito é fiscalmente *menos oneroso* e é neutro, ou até mais oneroso, noutros aspectos, a única razão lógica para sua eleição é o *menor custo fiscal*. Se, por exemplo, entre duas aplicações financeiras legítimas, uma tem menor imposto que a outra, é muito provável que esta outra tenha um juro maior. A escolha da primeira (que, eventualmente, pode apresentar também alguma outra desvantagem) não é, portanto, motivada por razões financeiras ou de outra ordem que não a *fiscal* (menor ônus tributário). É a isenção ou o tributo menos oneroso que a torna mais atrativa.

Não obstante a singeleza dessas premissas, são inúmeras as discussões que grassam sobre os eventuais "limites" que o indivíduo possa ter ao estruturar suas atividades com o objetivo de evitar ou reduzir tributos.

Os limites da legalidade circundam, obviamente, o território dentro do qual deve circunscrever-se a busca da instrumentação menos onerosa para a atividade que se queira desenvolver. Essa zona de atuação legítima baseia-se no referido pressuposto de que ninguém é obrigado, na condução de seus negócios, a escolher os caminhos, os meios, as formas ou os instrumentos que resultem em maior ônus fiscal. Isso, repita-se, representa questão pacífica.

Acordes não obstante nessa premissa, os autores passam a polemizar inconciliavelmente quando buscam estabelecer a linha divisória entre caminhos que poderiam ser percorridos com *economia legítima de imposto* e aqueles cuja utilização (também com o mesmo fim de pagar menos ou nenhum imposto) já seria fiscalmente ilícita ou inoperante, insuscetível, portanto, de produzir o efeito (não incidência ou menor incidência de tributo) querido pelo indivíduo.

Em suma, o indivíduo é livre (tem liberdade) para organizar seus negócios da maneira que entender mais conveniente, inclusive à vista da legislação fiscal, mas não pode ultrapassar certos limites, sob pena de seus atos serem inoperantes para efeito fiscal[40].

Diversas abordagens exegéticas procuram estabelecer critérios que possam, em face dos vários caminhos que a prática sugere, segregar os lícitos e os ilícitos, ou melhor, os que são eficazes para evitar ou reduzir a incidência tributária, e os que não o são. Na primeira hipótese, o indivíduo terá obtido uma legítima *economia de imposto*. Ao contrário, se, na tentativa de encontrar um percurso livre de ônus fiscais, o indivíduo adota um roteiro *ilegal* ou *fiscalmente inoperante*, diz-se que ele praticou uma *evasão ilegal* (ou evasão, *tout court*).

Uma questão de ordem semântica diz respeito à designação que deva ou possa ser dada a essas duas situações. As mais comuns são *elisão* e *evasão*. A primeira traduziria qualquer modo de evitar ou reduzir tributo de

40. Marco Aurélio Greco desenvolve o que, a seu ver, seriam as várias "fases" do debate sobre os limites do planejamento tributário, partindo da premissa da liberdade do indivíduo, a que seriam contrapostas diversas situações "patológicas", para, afinal, sustentar que a liberdade precisa ser temperada pela capacidade contributiva (*Planejamento tributário, passim*), no que pensamos haver algum exagero, pois essa postura implica colocar o direito do indivíduo como um direito do Estado, contra o indivíduo.

maneira lícita, legítima; é a *economia lícita de tributo*, ou *elisão*, ou *evasão lícita*. A segunda já implicaria algum procedimento que, de modo fiscalmente ilícito ou ineficaz, buscasse o mesmo objetivo de não pagar tributo ou pagar menos do que o devido.

A estruturação das atividades do indivíduo (especialmente quando desenvolvidas por meio de empresas ou grupos de empresas) com o objetivo de economizar tributo é o chamado *planejamento tributário*.

A palavra *elisão* tem sido *contaminada* pelas discussões sobre a chamada *norma antielisão*, que traduziria um dispositivo geral posto em lei, com o objetivo de dar ao Fisco condições de recusar os efeitos de procedimentos do indivíduo que tenham tido por objetivo a *elisão fiscal*. Se quisermos preservar o termo elisão para procedimentos lícitos, precisamos dar outro nome a essa norma geral, algo como *norma geral antievasão*.

Voltando à questão com que iniciamos este tópico, o problema, essencialmente, está em saber em que circunstâncias os meios utilizados para economizar tributo são válidos e eficazes, na perspectiva da lei fiscal, e em quais seriam recusáveis pelo Fisco[41].

10. ABUSO DE FORMA, ABUSO DE DIREITO, FRAUDE À LEI

Já vimos, ao alinhar observações sobre a *chamada interpretação econômica do direito tributário*, que há alguns temas conexos, que Johnson Barbosa Nogueira identifica entre as "vertentes" dessa postura exegética, são os ligados ao questionamento do *abuso de forma* ou *abuso de direito* e da *simulação*, que traduziriam formas de *evasão* (ou *evasão ilícita*) de tri-

---

41. Para uma visão abrangente do tema, no direito comparado, *v.* João Dácio Rolim, *Normas antielisivas tributárias*, e Cesar A. Guimarães Pereira, *Elisão tributária e função administrativa*.

Raoul Lenz registra que, na Suíça, o Tribunal Federal aceita o direito de o contribuinte arranjar seus negócios mediante a utilização das estruturações jurídicas existentes e da maneira que julgue adequada, mas com critérios restritivos; o primeiro destes, objetivo, consiste em não acolher o uso de caminhos anormais; o segundo, subjetivo, refuta a escolha do caminho que tenha sido adotado com o único propósito de economizar tributo (Elisão fiscal e a apreciação econômica dos fatos, in *Princípios tributários no direito brasileiro e comparado*, p. 593-4).

Alberto Xavier enumera diversas situações legítimas em que o indivíduo, utilizando-se, por exemplo, de uma compra e venda, busca efeitos de garantia; ou, valendo-se de uma locação a prazo longo, quer atingir os efeitos de uma compra e venda; ou, usando o mandato em causa própria, busca os efeitos de um mútuo etc. (Evasão e elisão fiscal e o art. 51 do Pacote. *ABDF – Resenha*, n. 15, p. 6).

buto, por oposição à *economia de tributo* (ou *evasão lícita* ou *elisão*). Trata-se de atitudes interpretativas menos radicais, comparadas com a consideração econômica na sua formulação mais rigorosa (segundo a qual o intérprete deveria sempre desprezar a instrumentação jurídica dos negócios e buscar seu conteúdo econômico, para, à vista deste, aplicar o tributo).

O *abuso de forma* consistiria na utilização, pelo contribuinte, de uma forma jurídica atípica, anormal ou desnecessária, para a realização de um negócio jurídico que, se fosse adotada a forma "normal", teria um tratamento tributário mais oneroso.

Em certa medida confundindo-se com o abuso de forma, o *abuso de direito* traduziria procedimentos que, embora correspondentes a modelos abstratos legalmente previstos, só estariam sendo concretamente adotados para fins outros que não aqueles que normalmente decorreriam de sua prática.

Outro vício que tem sido invocado para negar validade fiscal a certos procedimentos do indivíduo é a chamada *fraude à lei*. Nesta situação, o contribuinte utilizaria uma norma (a chamada *norma de cobertura*) para fugir à incidência de outra norma (*proibitiva* ou *imperativa*)[42].

Por fim, a *simulação* seria reconhecida pela falta de correspondência entre o negócio que as partes realmente estão praticando e aquele que elas formalizam. As partes querem, por exemplo, realizar uma compra e venda, mas formalizam (simulam) uma doação, ocultando o pagamento do preço. Ou, ao contrário, querem este contrato, e formalizam o de compra e venda, devolvendo-se (de modo oculto) o preço formalmente pago.

A teoria do *abuso de forma* (a pretexto de que o contribuinte possa ter usado uma forma "anormal" ou "não usual", diversa da que é "geralmente" empregada) deixa ao arbítrio do aplicador da lei a decisão sobre a "normalidade" da forma utilizada. Veja-se que o foco do problema não é a *legalidade* (licitude) da forma, mas a "normalidade", o que se choca, frontalmente, com os postulados da certeza e da segurança do direito. Sempre que determinada forma fosse adotada pelo contribuinte para implementar certo negócio, ele teria de verificar se aquele modelo é o que mais frequentemente se utiliza para a realização daquele negócio; o critério *jurídico* seria substituído pelo critério *estatístico*, e as variadas formas que o direito criou

42. Marco Aurélio Greco arrola a fraude à lei entre as patologias que excepcionam a liberdade de ação do indivíduo, a par de outros, como o abuso de direito e o abuso de forma (*Planejamento tributário*, p. 249 e s.).

para instrumentar as atividades econômicas dos indivíduos seriam reduzidas a uns poucos modelos que fossem "validados" fiscalmente.

Parece-nos que, se a *forma* utilizada pelo contribuinte for *lícita* (vale dizer, prevista ou não defesa em lei), ela não pode ser considerada *abusiva*, o que traduziria uma *contradição*.

Ninguém pode ser obrigado, por exemplo, a utilizar a forma da compra e venda para transferir um imóvel para uma empresa (que seria uma operação sujeita a imposto de transmissão), se o indivíduo tem o direito de utilizar outra forma (igualmente lícita), que é a conferência do imóvel na integralização de capital da sociedade (operação não sujeita àquele imposto).

O problema, portanto, não nos parece que possa ser solucionado com a simples consideração de que esta ou aquela forma é ou não a que "usualmente" (ou "normalmente") se emprega. Se a forma empregada é *lícita*, qual o motivo jurídico para não se poder empregá-la? Se dois indivíduos desejam *permutar* bens, qual a razão pela qual pudessem ser forçados a realizar *dois negócios de compra e venda*? E, se quiserem fazer dois negócios de compra e venda, por que teriam de formalizar uma permuta? Se a opção por uma ou outra dessas formas for menos onerosa fiscalmente, não há razão jurídica para obrigar os indivíduos a utilizarem a outra forma.

A invocação do *abuso de direito* leva ao mesmo problema. Se o direito é utilizado para atingir os fins civis ou comerciais que normalmente a ele estão associados, seu exercício não é questionado. O mesmo não se daria quando o direito fosse exercido com o objetivo de obter vantagem fiscal que, de outro modo, não se teria, pois, nessa perspectiva, estaríamos diante do tal *abuso de direito*, e o Fisco não estaria obrigado a aceitar os efeitos fiscais que decorreriam da conduta adotada pelo indivíduo.

Marco Aurélio Greco alinhou-se entre os censores de práticas que tipificariam o abuso de direito, sustentando que, se a "finalidade exclusiva" de determinado ato é pagar menos imposto, estaríamos diante de um abuso de direito, não oponível ao Fisco[43]. Esse autor oferece, na verdade, duplo fundamento para sua posição: de um lado, o *abuso de direito* (reconhecível quando o direito exercido pelo indivíduo não tenha outra razão que não a economia do imposto); de outro, uma visão de solidariedade social, que transcenderia os limites jurídico-formais da capacidade contributiva. Esta, em vez de representar direito do indivíduo (de não ser tributado além de sua

43. Planejamento tributário e abuso de direito, in *Estudos sobre o imposto de renda, em homenagem a Henry Tilbery*, p. 91 a 105.

capacidade econômica), parece assumir o caráter de prerrogativa do Fisco (de tributar cada um de acordo com sua capacidade contributiva): "A eficácia do princípio da capacidade contributiva está em assegurar que todas as manifestações daquela aptidão (de participar no rateio das despesas públicas) sejam efetivamente atingidas pelo tributo". E arremata Marco Aurélio: "isonomia tributária só haverá se todos aqueles que se encontrarem na mesma condição tiverem de suportar a mesma carga fiscal"[44].

Nessa visão, diante do princípio da capacidade contributiva e da isonomia a serviço do Estado, o indivíduo ficaria impedido de invocar, para escapar ao tributo, seu *direito de auto-organizar-se de modo tal que lhe permita não pagar tributo ou pagar menos tributo*, ou seja, rejeitar-se-ia o único consenso que parece existir na matéria. Ademais, os princípios da capacidade contributiva e da igualdade operariam não como limitações do poder (do Estado) de tributar, mas como limitações do poder (do contribuinte) de auto-organizar-se.

Melhor sorte não nos parece ter a invocação da figura da *fraude à lei* para negar validade a procedimentos legítimos do contribuinte com o objetivo de evitar ou economizar tributo.

Se a norma de incidência é imperativa, ela se aplicará (necessariamente) sempre que ocorrer o fato gerador. Não há norma de cobertura que permita escamotear, esconder ou mascarar o fato gerador. Porém, se o indivíduo se ampara em norma isentiva (ou se enquadra noutra situação de não incidência, na qual, obviamente, não ocorre fato gerador), não há fundamento para "afastar" a aplicação da suposta "norma de cobertura" e aplicar a norma de incidência ao fato não gerador de tributo.

11. A QUESTÃO DOS MOTIVOS EXTRAFISCAIS COMO CRITÉRIO DE "VALIDADE" DA ELISÃO

No centro dessas discussões, avulta a questão dos *motivos fiscais*. Na mesma linha de questionamento das formas e dos procedimentos adotados pelo indivíduo, indaga-se dos motivos que o possam ter levado a adotar tal ou qual caminho que, embora legal, implicou economia de tributo. Se ele não tiver um motivo *extrafiscal* para o caminho adotado, ele ficaria sujeito aos mesmos efeitos fiscais do "outro" caminho (tributado).

---

44. Planejamento tributário, in *Estudos*, cit., p. 101. Marco Aurélio Greco desenvolveu essas ideias no livro *Planejamento fiscal e interpretação da lei tributária*. V., também, seu *Planejamento tributário*.

Isso, na prática, significa que ninguém poderia escolher o caminho não tributado a não ser que alguma *razão não fiscal* o levasse para esse caminho. É a mesma coisa que dizer que o indivíduo é obrigado a praticar o fato gerador e pagar tributo, mesmo que tenha uma via de não incidência, a não ser que esta seja determinada por alguma *outra* razão, de ordem *não fiscal*.

Invertendo os termos da questão, seria o caso de perguntar: qual o motivo *extrafiscal* que o *Fisco* teria para exigir do indivíduo que adotasse o caminho fiscalmente *mais* oneroso? Nenhum.

Em suma, não vemos ilicitude na escolha de um caminho fiscalmente menos oneroso, *ainda que a menor onerosidade seja a única razão da escolha desse caminho*. Se assim não fosse, ter-se-ia de concluir, por implicação lógica, pelo absurdo de que o contribuinte *seria sempre obrigado a escolher o caminho de maior onerosidade fiscal*.

Há situações em que o próprio legislador estimula a utilização de certas condutas, desonerando-as. Não se diga que é ilícito adotá-las. Nem se sustente que elas só podem ser adotadas porque o legislador as ungiu de modo expresso. Quer a lei as tenha expressamente desonerado, quer sua não oneração decorra de omissão da lei, a situação é a mesma[45].

12. LICITUDE DAS FORMAS E SIMULAÇÃO

O divisor de águas entre a evasão (ilegal) e a elisão parte realmente da consideração elementar de que, na primeira, o indivíduo se utiliza de meios *ilícitos* para fugir ao pagamento de tributo, e, no segundo caso, trilharia caminhos *lícitos*. A diferença residiria, portanto, na *licitude* ou *ilicitude* dos procedimentos ou dos instrumentos adotados pelo indivíduo; por isso é que se fala em evasão *legal* e evasão *ilegal* de tributo. Essa é a lição de Antônio

45. Com a vênia devida, não procedem as críticas que Marco Aurélio Greco teceu a esse nosso posicionamento (*Planejamento fiscal*, cit., p. 140). Dizíamos já na página 220 da primeira edição deste livro (que foi a por ele citada) que sua tese obrigaria o contribuinte a adotar sempre o caminho mais oneroso, quando, às vezes, é o próprio legislador que estimula a utilização de certas condutas. Mas acrescentávamos explicitamente – e continuamos a fazê-lo – que a adoção de condutas menos onerosas não está condicionada a que elas sejam ungidas expressamente pela lei. Assim, não importa que o legislador queira estimular, incentivar, premiar, desonerar, isentar ou dar opções fiscais expressas mais vantajosas, por razões de extrafiscalidade. Em primeiro lugar porque à extrafiscalidade não repugna a não incidência pura e simples, vale dizer, esta pode ser um instrumento de implementação daquela, independentemente de expressa dicção legislativa. Em segundo, a não incidência o mais das vezes decorre da omissão do legislador, não se podendo sustentar que, nessa hipótese, o tributo seja devido. Ao contrário, *nullum tributum sine praevia lege*.

Roberto Sampaio Dória e de Ives Gandra da Silva Martins, ao identificarem a distinção básica entre elisão e evasão[46].

Porém, há uma consideração adicional necessária. Não basta que tal ou qual forma, contrato, procedimento esteja previsto em lei para que, *ipso facto*, o indivíduo que o utilize escape do tributo que, de outro modo, o atingiria.

O problema resvala, em última análise, para a apreciação do *fato concreto* e de sua correspondência com o modelo abstrato (forma) utilizado. Se a *forma* não refletir o *fato concreto*, aí sim teremos campo para a desqualificação da forma jurídica adotada.

Isso nos leva, com Sampaio Dória, para o campo da simulação[47]. Entre as situações que tipificam simulação está a dos negócios jurídicos que "contiverem declaração, confissão, condição ou cláusula não verdadeira" (CC/2002, art. 167, § 1º, II). A demonstração de que o negócio jurídico é simulado autoriza o Fisco a determinar os efeitos tributários decorrentes do negócio *realmente praticado*, no lugar daqueles que seriam produzidos pelo negócio simulado, retratado na forma adotada pelas partes. Se, por exemplo, as partes simularam uma doação quando, na verdade, houve compra e venda, o Fisco tem o direito de, apurando que ocorreu *pagamento de preço*, de modo disfarçado, dar ao caso o tratamento tributário de compra e venda, e não o que corresponderia ao negócio simulado (doação). Se "A" formalizar a doação de um bem para "B", e "B" formalizar a "doação" de uma quantia em dinheiro para "A", em operações "casadas", o fato assim instrumentado é uma compra e venda, pois as "doações" estarão viciadas por simulação[48].

Johnson Barbosa Nogueira refuta a necessidade de invocar a simulação para desqualificar a forma jurídica, sob o argumento de que, com isso, o intérprete continua com o problema de identificar a forma jurídica adequa-

46. Antônio Roberto Sampaio Dória, *Elisão e evasão fiscal*, p. 58; Ives Gandra da Silva Martins, Elisão e evasão fiscal, *Caderno de Pesquisas Tributárias*, n. 13, p. 118.

47. Antônio Roberto Sampaio Dória também recusa a teoria do abuso de forma, e invoca a simulação para justificar a eventual desqualificação de formas jurídicas: "O que no fundo a teoria do abuso das formas propõe é uma falsa opção entre forma jurídica e substância econômica, quando se trata de uma alternativa autêntica entre *forma* JURÍDICA *aparente* (ou simulada) e *forma* JURÍDICA *real*" (*Elisão*, cit., p. 116 e 117). Na Argentina, Hector Villegas apresenta, como casos de *interpretação econômica* na jurisprudência, hipóteses de *simulação*, como, por exemplo, doação encoberta por compra e venda, pagamentos a dependentes sob o rótulo de honorários etc. (*Curso*, cit., p. 74-5).

48. Alberto Xavier sustentou que o Fisco precisa demandar judicialmente a anulação do ato simulado para que possa lançar o tributo que incidiria sobre o negócio real (Notas sobre o problema das nulidades no direito tributário. *RDT*, n. 2, p. 230 e s.).

da, e acrescenta que a simulação diz respeito ao ato jurídico viciado, enquanto "certas formas abusivas só são percebidas ao longo de uma série de atos"[49]. A crítica, a nosso ver, não procede. Em primeiro lugar, se o problema do intérprete é o mesmo, diante da constatação de "abuso de forma" ou de forma simulada, a opção por uma ou outra postura seria indiferente; se o apelo à teoria da simulação é censurável, idêntica crítica caberia à invocação da teoria do abuso de forma, já que ambas poriam o intérprete diante de igual dificuldade. Em segundo lugar, se o vício se evidencia numa série de atos (finalisticamente unificados), a simulação não é deste ou daquele ato, mas de todos. Por fim, se o ordenamento jurídico consagra a teoria da simulação (CC/2002, art. 167, § 1º), é desnecessário o esforço do intérprete na tentativa de sustentar a teoria do abuso de forma, viciada por *ilogicidade congênita*, já que parte da premissa de que o indivíduo teria usado *ilicitamente* uma forma *jurídica* (portanto, uma forma *lícita*)[50].

Saber se, em determinada situação, ocorreu evasão ou elisão depende, em suma, do exame das circunstâncias do caso. Nessa linha insere-se a lição de Rubens Gomes de Sousa, secundado por Alfredo Augusto Becker e Gilberto de Ulhôa Canto, entre outros, para distinguir, concretamente, os casos de economia legal de imposto e de evasão. Segundo ele, deve-se verificar se o indivíduo evitou a *ocorrência do fato gerador* (com o uso dos meios formais que tenha engendrado) ou se ocultou (disfarçou, mascarou) *o fato (gerador)* efetivamente ocorrido, mediante o emprego de certos instrumentos formais que não retratem os fatos reais. No primeiro caso, ter-se-ia a economia lícita de tributo; no segundo, a evasão[51].

Não é preciso, por conseguinte (para haver economia legítima de imposto) que os fatos ocorram naturalmente, de acordo com a "ordem natural das coisas". É legítima a *eleição propositada* de formas *jurídicas* (lícitas, obviamente) que resultem ou possam resultar em menor incidência tributária. Se, por exemplo, a lei tributar a transmissão *causa mortis* de *imóveis*, e não gravar a de *móveis*, nada impede que uma pessoa (ainda que de idade avançada) confira imóveis na integralização de capital de uma sociedade, tendo em vista que, na sucessão, serão transmitidos os direitos de sócio (não tributáveis), em vez dos imóveis (que seriam tributáveis).

---

49. *A interpretação*, cit., p. 118-21.

50. Antônio Roberto Sampaio Dória, *Elisão*, cit., p. 116.

51. Rubens Gomes de Sousa, *Compêndio*, cit., p. 138; Alfredo Augusto Becker, *Teoria*, cit., p. 123-4; Gilberto de Ulhôa Canto cita outros autores (Elisão e evasão fiscal, *Caderno de Pesquisas Tributárias*, n. 13, p. 42 e s.).

Noutras palavras, não configura prática ilegítima aquilo que se costuma denominar *planejamento tributário*. Ives Gandra da Silva Martins, além de endossar a licitude do planejamento tributário, procura justificá-lo, numa visão axiológica, como uma reação do indivíduo diante da excessiva carga tributária e da "injustiça intrínseca" que esta acarreta[52].

Numa empresa, aliás, ter em mente o objetivo de economizar impostos é obrigação do administrador, a quem incumbe zelar pela preservação do patrimônio da sociedade. O *planejamento tributário* insere-se – consoante já escrevemos alhures – na temática mais ampla do *planejamento empresarial*[53] e envolve projetos que podem ultrapassar as fronteiras nacionais[54].

Se o legislador quiser tributar a forma alternativa, basta fazê-lo de modo expresso, sem deixar para o intérprete a tarefa (ilegal) de estender o tributo para situações não previstas.

A prática legislativa em nosso país (inclusive no plano constitucional) tem endossado essa exegese. Quando a Constituição prevê a competência dos Estados para tributar a transmissão *causa mortis*, confere-lhes também competência para gravar as doações, impedindo com isso que, mediante doação com cláusula de usufruto, se evite o imposto na transmissão *causa mortis*. Também a lei ordinária, quando quer obstar que, por fórmulas jurídicas alternativas, se evada o tributo, explicita os diferentes negócios jurídicos hábeis a realizar o fato gerador.

Na lição de Alberto Xavier, o legislador dispõe, no nosso direito, de diferentes mecanismos para evitar as formas de planejamento tributário. Partindo da distinção entre tipos *estruturais* e tipos *funcionais,* anota que, se o legislador se vale dos primeiros, é fácil escapar ao tributo, mediante a utilização de uma forma jurídica que não esteja catalogada na hipótese de incidência, mas, quando a lei refere tipos *funcionais*, em que a lei defina o resultado econômico da situação e não sua forma jurídica, o espaço para a

---

52. Elisão..., *Caderno de Pesquisas Tributárias*, n. 13, p. 119-20.

53. "No planejamento empresarial, inúmeras decisões precisam ser tomadas com vistas à realização do lucro, objetivo precípuo da empresa. A escolha do setor, do produto, da matéria-prima, do fornecedor, da região; a opção pela verticalização ou pela horizontalização da produção; a definição do mercado visado: local, regional, nacional, internacional; a escolha do público-alvo, da mídia; as decisões sobre o financiamento da planta industrial e da produção: com capital de risco ou de empréstimo; a opção por esta ou aquela forma societária – essas, entre outras inúmeras decisões, precisam ser tomadas pelo empresário. Nesse amplo contexto, a tributação exerce um papel importantíssimo" (Luciano Amaro, Planejamento tributário e evasão, in *Planejamento fiscal*: teoria e prática, p. 115-6).

54. *V.*, sobre o tema, o livro de Heleno Tôrres, *Direito tributário internacional,* cit.

economia fiscal diminui[55]. O autor dá como exemplo de tipo funcional a definição de fato gerador do imposto de renda dada pelo art. 43 do Código Tributário Nacional, que fala em "aquisição de disponibilidade de renda", sem especificar a forma ou formas jurídicas pelas quais alguém pode adquirir renda[56]. Outra forma usual em nossa lei – diz Alberto Xavier – é a das *presunções*, com as quais o legislador busca fugir aos limites do tipo que estruturou, mediante equiparação de situações que tenham efeito equivalente; é o caso da distribuição disfarçada de lucros, na legislação do imposto, quando a lei considera como tal a prática, por uma empresa, de negócios de favor com pessoas ligadas, negócios esses que, na sua estrutura formal, não se confundem com os atos jurídicos mediante os quais normalmente se estrutura a distribuição de lucros[57].

Porém, na ausência de disciplina legal específica, não cabe ao intérprete ou ao aplicador da lei ignorar a forma ou a estrutura jurídica utilizada e substituí-la por outra, fiscalmente mais onerosa, a pretexto de que ambas levam ao mesmo resultado econômico e, por isso, igual deve ser o tratamento tributário, desprezando a circunstância de a estrutura jurídica utilizada não ter previsão na norma de incidência.

13. A DISSIMULAÇÃO DO FATO GERADOR

A Lei Complementar n. 104/2001 acrescentou parágrafo único ao art. 116 do Código Tributário Nacional, para dar à autoridade administrativa a faculdade de "desconsiderar atos ou negócios jurídicos praticados com a finalidade de dissimular a ocorrência do fato gerador do tributo ou a natureza dos elementos constitutivos da obrigação tributária, observados os procedimentos a serem estabelecidos em lei ordinária".

A disposição foi inserida no artigo que define o aperfeiçoamento do fato gerador da obrigação tributária, que estudaremos no capítulo dedicado a esse tema. Quando o fato gerador da obrigação se traduzir numa *situação jurídica*, ele se considera ocorrido (gerando, por conseguinte, a obrigação tributária) desde o momento em que tal situação estiver definitivamente constituída, nos termos de direito aplicável (art. 116, II). Vale dizer, é preciso identificar se, concretamente, foi aperfeiçoada determinada situação jurídica (apta a realizar o fato gerador) para que surja a obrigação tributária.

55. Evasão e elisão..., *ABDF – Resenha*, n. 15, p. 7.

56. Evasão e elisão..., *ABDF – Resenha*, n. 15, p. 7.

57. Evasão e elisão..., *ABDF – Resenha*, n. 15, p. 7-8.

Pode ocorrer que o indivíduo, para fugir ao cumprimento do dever tributário, atue no sentido de *dissimular* a ocorrência do fato gerador (ou a natureza de seus elementos), usando, para lograr esse intento, de roupagem jurídico-formal que esconda, disfarce, oculte, enfim *dissimule* o fato realmente ocorrido.

Prevê o parágrafo transcrito que, observados os procedimentos a serem definidos em lei ordinária (portanto, lei do ente político competente para instituir o tributo cujo fato gerador possa ser dissimulado), a autoridade fiscal pode desconsiderar os atos ou negócios aparentes, que serviram de disfarce para ocultar a ocorrência do fato gerador.

Essa disposição, obviamente, deve ser interpretada no sistema jurídico em que ela se insere, ou seja, em harmonia com as disposições do próprio Código e da Constituição. Não nos parece que procedam críticas fundadas em que a disposição teria dado à autoridade o poder de criar tributo sem lei. A autoridade, efetivamente, não tem esse poder. O questionado parágrafo não revoga o princípio da reserva legal, não autoriza a tributação por analogia, não introduz a consideração econômica no lugar da consideração jurídica. Em suma, não inova no capítulo da interpretação da lei tributária.

O que se permite à autoridade fiscal nada mais é do que, ao identificar a desconformidade entre os atos ou negócios efetivamente praticados (situação jurídica *real*) e os atos ou negócios retratados formalmente (situação jurídica *aparente*), desconsiderar a aparência em prol da realidade.

Com efeito, o preceito legal parte do pressuposto de que o fato gerador tenha efetivamente ocorrido, dado que, só nessa hipótese, pode-se cogitar da possibilidade de ele ter sido objeto de práticas *dissimulatórias*. Assim, a demonstração concreta da dissimulação (com a consequente possibilidade de o ato dissimulador ser desconsiderado) pressupõe que o fato gerador tenha ocorrido. É preciso ser demonstrado que a forma aparente dada à operação não condiz com o fato efetivamente ocorrido. Se a forma (aparência) retratar o que efetivamente foi querido, buscado pelo indivíduo (realidade), nenhuma desconformidade existe que autorize a desconsideração dos atos formalizados, dado que eles nada terão *dissimulado*; pelo contrário, terão refletido no papel aquilo que o indivíduo realmente objetivou na realidade.

Noutras palavras, nada mais fez o legislador do que explicitar o poder da autoridade fiscal de identificar situações em que, para fugir do pagamento do tributo, o indivíduo apela para a *simulação* de uma situação jurídica (não tributável ou com tributação menos onerosa), ocultando (*dissimulando*) a verdadeira situação jurídica (tributável ou com tributação mais onerosa).

Não se argumente que *dissimulação* é diferente de *simulação*; e, por isso, o legislador talvez tenha querido dizer algo mais. Quando se fala em *simulação*, refere-se, como objeto dessa ação (de dissimular), uma situação de *não incidência*. Já ao falar em *dissimulação*, ao contrário, a referência objetiva é a uma situação de *incidência*. Dissimula-se o positivo (ocorrência do fato gerador), simulando-se o negativo (não ocorrência do fato gerador).

Como o legislador se referiu ao objeto *fato gerador*, o verbo para designar a ação desenvolvida sobre esse objeto só poderia ser *dissimular*. Seria um dislate supor que alguém fosse *simular* a ocorrência do fato gerador...

O dispositivo insere-se em antiga discussão sobre se a autoridade fiscal poderia, ao identificar uma situação de simulação, ignorar o negócio aparente sem antes demandar sua nulidade ou sua inoponibilidade ao Fisco. O que a lei complementar diz é que a autoridade tem a prerrogativa de desconsiderar os atos *simulados* (mediante os quais se *dissimulou* o fato gerador), obedecidos os procedimentos a serem definidos por lei ordinária[58].

14. A DESCONSIDERAÇÃO DA PESSOA JURÍDICA

A doutrina da desconsideração da pessoa jurídica (*disregard of legal entity*), nascida a partir da jurisprudência anglo-americana e desenvolvida

58. Cesar A. Guimarães Pereira entende que o parágrafo único do art. 116 do Código reforça a previsão do art. 149, VII, que prevê a competência da autoridade administrativa para lançar quando for comprovada a prática de simulação, submetendo-a, porém, ao procedimento a ser regulado por lei ordinária (*Elisão tributária*, cit., p. 225).

Os procedimentos previstos no art. 116, parágrafo único, do Código Tributário Nacional, a serem seguidos pela autoridade administrativa na aplicação da norma ali contida, foram objeto dos arts. 15 a 19 da Medida Provisória n. 66/2002, em cujo processo de conversão (na Lei n. 10.637/2002) se suprimiram referidos artigos. A mesma medida, que, no art. 13, repetia o preceito do Código, ultrapassava, no art. 14, os limites ínsitos às normas *procedimentais*, ao pretender inovar a definição de hipóteses a que se aplicariam os procedimentos por ela disciplinados, com um rol *exemplificativo* de situações que, "entre outras", estariam sujeitas a essa disciplina adjetiva. O dispositivo atropelava a Constituição e o Código Tributário Nacional.

Outra manifestação "legislativa" de atropelo ao sistema tributário foi feita pela Medida Provisória n. 685/2015, ao exigir dos contribuintes, sob ameaça de severas sanções, a declaração ao fisco de negócios jurídicos praticados sem "razões extratributárias relevantes" ou com forma não "usual", entre outras hipóteses, rotuladas pelo ato normativo como operações de "supressão, redução ou diferimento de tributo" (arts. 7º a 12).

teoricamente na Alemanha, de onde chamou a atenção dos juristas da Europa, aportou no Brasil, como tema de indagação teórica, em 1969[59], e desde então tem sido objeto de vários estudos em nosso país, inclusive no campo do direito tributário[60].

Pretende tal doutrina que, em determinadas situações, em que a pessoa jurídica seja utilizada como simples "instrumento de fraude ou abuso", ela deve ser desconsiderada, imputando-se o ato praticado aos sócios da pessoa jurídica.

Uma questão básica está em saber se essa doutrina pode ser aplicada nos países de direito escrito, uma vez que seu nascimento se deu em sistemas de direito consuetudinário[61]. Mas o problema, mais específico, que de perto nos interessa está em saber se é possível aplicar a desconsideração da pessoa jurídica no âmbito do direito tributário, à vista do princípio da estrita legalidade do tributo.

Parece-nos que não cabe, em nosso direito tributário, a desconsideração da pessoa jurídica, nos termos em que a entendemos. A doutrina costuma distinguir duas diferentes situações em que o problema pode ser examinado: a desconsideração feita *pelo legislador* e a feita *pelo juiz*. Com base nessa distinção, têm-se procurado exemplos de desconsideração no direito positivo brasileiro, nas situações em que o legislador prevê a responsabilidade solidária ou subsidiária de terceiros. Ora, nesses casos, não há desconsideração da pessoa jurídica, como já sustentamos alhures, e, anteriormente, já dissera Gilberto de Ulhôa Canto[62].

É importante referir essa distinção porque nossa lei tributária apresenta vários exemplos em que a responsabilidade de uma pessoa jurídica é imputada a terceiros, solidária ou subsidiariamente. Não existe aí descon-

59. Rubens Requião, Abuso de direito e fraude através da personalidade jurídica, *RT*, n. 410, p. 12-24.

60. *V.*, especialmente, J. Lamartine Corrêa de Oliveira, *A dupla crise da pessoa jurídica*; Marçal Justen Filho, *Desconsideração da personalidade societária no direito brasileiro*. Extensa bibliografia é referida por Gilberto de Ulhôa Canto, que questiona a aplicação da teoria no direito brasileiro e entende que ela é inaplicável no nosso direito tributário (Elisão..., *Caderno de Pesquisas Tributárias*, n. 13, p. 50-96).

61. Não obstante, no direito brasileiro, vários microssistemas legais adotaram expressamente a técnica da desconsideração, que logrou previsão no próprio Código Civil (art. 50) (Luciano Amaro, Desconsideração da pessoa jurídica para fins fiscais, in *Tributação, justiça e liberdade*, p. 371).

62. Luciano Amaro, Desconsideração da pessoa jurídica no Código de Defesa do Consumidor, *Revista de Direito do Consumidor*, n. 5, p. 170; Gilberto de Ulhôa Canto, Elisão..., *Caderno de Pesquisas Tributárias*, n. 13, p. 81.

sideração da pessoa jurídica. O que se dá é que, independentemente da forma societária adotada (por exemplo, sociedade cujo sócio seja *ilimitadamente* responsável, ou sociedade onde ele tenha sua responsabilidade *limitada* ao capital), a lei tributária, em certas situações, atribui, de modo expresso, a responsabilidade tributária (subsidiária, solidária ou exclusiva) à pessoa do sócio. Veremos diversos exemplos ao tratar da responsabilidade tributária.

Resta examinar a desconsideração da pessoa jurídica (*propriamente dita*), *que seria feita pelo juiz*, para responsabilizar outra pessoa (o sócio), *sem apoio em prévia descrição legal de hipótese de responsabilização do terceiro*, à qual a situação concreta pudesse corresponder. Nessa formulação teórica da doutrina da desconsideração, não vemos possibilidade de sua aplicação em nosso direito tributário[63]. Nas diversas situações em que o legislador quer levar a responsabilidade tributária além dos limites da pessoa jurídica, ele descreve as demais pessoas vinculadas ao cumprimento da obrigação tributária. Trata-se, ademais, de preceito do próprio Código Tributário Nacional, que, na definição do responsável tributário, exige *norma expressa de lei* (arts. 121, parágrafo único, II, e 128), o que, aliás, representa decorrência do *princípio da legalidade*. Sem expressa disposição de lei, que eleja terceiro como responsável em dadas hipóteses descritas pelo legislador, não é lícito ao aplicador da lei ignorar (ou desconsiderar) o sujeito passivo legalmente definido e imputar a responsabilidade tributária a terceiro.

---

63. Luciano Amaro, Desconsideração..., *Revista de Direito do Consumidor*, n. 5, p. 176; no mesmo sentido, Gilberto de Ulhôa Canto (Elisão..., *Caderno de Pesquisas Tributárias*, n. 13, p. 81); Henry Tilbery, *Imposto de renda – pessoas jurídicas – integração entre sociedade e sócios*, p. 97-9; Condorcet Rezende, Alguns aspectos da desconsideração da personalidade societária em matéria fiscal, *ABDF – Resenha*, n. 22, p. 3.

Capítulo VIII

A Obrigação Tributária

Sumário: 1. Noção de obrigação. 2. Obrigação tributária. 2.1. Natureza *ex lege* da obrigação tributária. 2.2. Obrigação principal e obrigação acessória. 2.2.1. Obrigação principal. 2.2.2. O sentido da "acessoriedade" da obrigação dita acessória. 2.3. Obrigação e fato gerador. 2.4. Obrigação e patrimonialidade. 2.5. Obrigações de adimplemento exigido pela lei e obrigações de adimplemento subordinado a providência do sujeito ativo.

1. NOÇÃO DE OBRIGAÇÃO

Obrigação (de *obligatio*, ação de prender ou empenhar a vontade) tem, no direito, várias acepções, que é preciso examinar antes de nos determos no estudo da obrigação tributária.

No *direito das obrigações*, costuma-se empregar o vocábulo para designar, numa relação jurídica, o atributo de um dos polos dessa relação, qual seja, o *dever* (do devedor), que se contrapõe ao *direito* (do credor); nesse sentido, o brocardo *jus et obligatio sunt correlata*. Diz-se que o devedor tem *obrigação* (dever) a cumprir perante o credor, enquanto o credor possui *direito* exercitável perante o devedor. A obrigação, nessa ótica, corresponde a um comportamento (ação ou omissão) que o credor pode exigir do devedor, e que é traduzível em prestação de *dar, fazer* ou *não fazer*. Fica, dessa forma, o *devedor* adstrito ao adimplemento de uma prestação em proveito do credor. O devedor tem *dívida* ou *débito*, em contraposição ao *crédito* do credor.

Nessa acepção, usa-se, ainda, o vocábulo "obrigação" para designar *cada uma* das prestações a que uma (ou cada) parte da relação jurídica possa estar adstrita. Por exemplo, no mútuo (contrato unilateral), diz-se que a *obrigação do mutuário* é restituir ao mutuante o que dele recebeu, em coisa do mesmo gênero, qualidade e quantidade (CC/2002, art. 586); na compra e venda (contrato bilateral), um dos contratantes se obriga a transferir o domínio de certa coisa, e o outro se obriga a pagar certo preço em dinheiro (CC/2002, art. 481).

Obrigação, porém, além de *dever jurídico* (a que fica jungida uma parte ou cada uma das partes numa relação jurídica), presta-se a designar *a própria relação jurídica*, expressando o vínculo que enlaça duas (ou mais) pessoas, às quais se atribuem direitos e deveres correspectivos. Ressalta-se a ideia, presente na etimologia do vocábulo, de *ligação* ou *liame*, unindo pessoas (credor e devedor) que têm, respectivamente, o poder de exigir e o dever de prestar o objeto da obrigação (dar, fazer ou não fazer).

Na lição de Pontes de Miranda, obrigação, em sentido estrito, "é a relação jurídica entre duas (ou mais) pessoas, de que decorre a uma delas, ao *debitor*, ou a algumas, poder ser exigida, pela outra, *creditor*, ou outras, prestação"[1].

Nesse sentido, obrigação designa, pois, a *relação* entre devedor e credor; ou melhor, a relação entre pessoas, por força da qual se atribuem direitos e deveres correspectivos (*dever* de dar, fazer ou não fazer, contraposto ao *direito* de exigir tais comportamentos). Nas obrigações bilaterais, as partes são, reciprocamente, credoras e devedoras. No exemplo que acima referimos, da compra e venda, ao direito do vendedor (de receber o preço) corresponde o dever do comprador (de pagá-lo), e ao direito do comprador (de receber a coisa) corresponde o dever do vendedor (de entregá-la). Nas obrigações unilaterais, ao direito de um corresponde o dever do outro.

O devedor tem, portanto, o *dever* de prestar o objeto da obrigação; o credor tem o *direito* de exigir o objeto da obrigação. O credor é titular de uma pretensão, perante o devedor. Se o devedor não cumpre a obrigação, desobedecendo ao dever jurídico de efetuar a prestação em proveito do credor, este, para efetivar sua pretensão, dispõe de *ação* contra o devedor, a fim de constrangê-lo em juízo ao adimplemento do dever jurídico desobedecido. O descumprimento da obrigação, entre outras possíveis consequências, pode dar lugar a prestação reparatória.

Outras acepções de *obrigação* são, ainda, identificáveis: a) a de *estado de sujeição* (referindo a situação de alguém que tem de suportar a modificação, na sua esfera jurídica, decorrente do exercício, por outrem, de um

---

1. Pontes de Miranda, *Tratado de direito privado*, t. 22, p. 12.

direito potestativo; por exemplo, a posição de quem é obrigado a sujeitar-se aos efeitos da denúncia de um contrato, feita pela outra parte); b) a de *ônus jurídico* (conduta não imposta pela lei, mas necessária à obtenção ou manutenção de uma vantagem para o obrigado; por exemplo, a obrigação de registro de certos atos, para valerem contra terceiros); c) a de *direito-dever* (por exemplo, o poder familiar, em que, a par do direito dos pais, há o dever de agir, no interesse do filho)[2].

É também comum a utilização do vocábulo em exame para designar certos *títulos de crédito*, como se dá na menção às *obrigações do tesouro público* (indicando-se os títulos, apólices, letras ou bônus de emissão do tesouro), ou às *obrigações das companhias* (para designar as debêntures) etc.

O direito está permeado de obrigações, dentro e fora do capítulo dedicado ao "direito das obrigações". Nos vários departamentos do direito privado, temos as obrigações decorrentes do estado de cônjuge, de parente etc.; a obrigação, de todos, de respeitar a propriedade; a obrigação do testador de respeitar a legítima etc. A expressão possui trânsito igualmente no direito público.

2. OBRIGAÇÃO TRIBUTÁRIA

Ao tratar da obrigação *tributária*, interessa-nos a acepção da obrigação como *relação jurídica*, designando o vínculo que adstringe o devedor a uma prestação em proveito do credor, que, por sua vez, tem o direito de exigir essa prestação a que o devedor está adstrito. A obrigação tributária, de acordo com a natureza da prestação que tenha por objeto, pode assumir as formas que referimos (*dar*, *fazer* ou *não fazer*).

Por conseguinte, a obrigação, no direito tributário, não possui conceituação diferente da que lhe é conferida no direito obrigacional comum. Ela se particulariza, no campo dos tributos, pelo seu *objeto*, que será sempre uma prestação de natureza tributária, portanto um dar, fazer ou não fazer de conteúdo pertinente a tributo. O objeto da obrigação tributária pode ser: dar uma soma pecuniária ao sujeito ativo, fazer algo (por exemplo, emitir nota fiscal, apresentar declaração de rendimentos) ou não fazer algo (por exemplo, não embaraçar a fiscalização). É pelo objeto que a obrigação revela sua natureza tributária.

---

2. João de Matos Antunes Varela, *Das obrigações em geral*, v. 1, p. 50 e s.

Já vimos que o direito tributário pertence ao campo do direito público. Por isso, a obrigação tributária é uma obrigação de direito público, do que decorrem consequências relevantes. O administrador fiscal não é titular (credor) da obrigação; credor dessa obrigação é o Estado (ou a entidade a que a lei atribui a condição de sujeito ativo, no caso das contribuições parafiscais). Dessa forma, o crédito, na obrigação tributária, é indisponível pela autoridade administrativa. No direito privado, o credor da obrigação pode dispor do crédito, por exemplo, deixando voluntariamente de exercitar a ação que instrumenta, com coerção, o exercício do direito; no domínio da obrigação tributária, a autoridade fiscal não pode dispor do direito, que não é dela mas sim do Estado, e do qual ela é mera administradora, jungida ao rigoroso cumprimento da lei.

Isso não impede que, por lei ou por ato vinculado da autoridade (amparada, portanto, em preceito legal), o devedor da obrigação tributária seja dispensado do seu cumprimento (remissão). O que não se admite é essa dispensa decorrer de ato do administrador fiscal, sem amparo na lei.

2.1. Natureza **ex lege** *da obrigação tributária*

O nascimento da obrigação tributária independe de manifestação de vontade do sujeito passivo dirigida à sua criação. Vale dizer, não se requer que o sujeito passivo queira obrigar-se; o vínculo obrigacional tributário abstrai a vontade e até o conhecimento do obrigado: ainda que o devedor ignore ter nascido a obrigação tributária, esta o vincula e o submete ao cumprimento da prestação que corresponda ao seu objeto. Por isso, a obrigação tributária diz-se *ex lege*[3]. Do mesmo modo, a obrigação de votar, de servir às Forças Armadas, de servir como jurado, entre outras, são obrigações *ex lege*, que dispensam, para seu aperfeiçoamento, o concurso da vontade do obrigado.

Alfredo Augusto Becker censura a qualificação de certas obrigações (entre as quais a tributária) como obrigações *ex lege*, dizendo que todo e qualquer dever jurídico é, sempre e necessariamente, *ex lege*, porque nasce como efeito de incidência de uma regra jurídica[4].

Contudo, ao afirmar que certas obrigações (entre as quais a tributária) são *ex lege*, não se quer dizer que somente elas sejam obrigações jurídicas

3. Ernst Blumenstein, *Sistema*, cit., p. 9-10.

4. *Teoria*, cit., p. 239-42.

ou obrigações legais. A fonte das obrigações (civis, comerciais, trabalhistas etc.) é a lei, pois, obviamente, não se cuida, no campo do direito, de obrigações simplesmente morais ou religiosas. Todas as obrigações jurídicas são, nesse sentido, legais. O direito do vendedor de receber o preço devido pelo comprador (ambos partícipes de uma obrigação privada) também se funda na lei, que, ao reconhecer o direito de propriedade e regular o contrato de compra e venda, reveste de *legalidade* as obrigações assumidas pelas partes.

A diferença está em que o nascimento de certas obrigações (entre as quais a tributária) prescinde de manifestação de vontade da parte que se obriga (ou do credor) no sentido de dar-lhe nascimento. A vontade manifestada na prática de certos atos (eleitos como fatos geradores da obrigação tributária) é abstraída. O indivíduo pode querer auferir renda e não querer pagar imposto (ou até mesmo ignorar a existência do tributo); ainda assim, surge a obrigação, cujo nascimento não depende nem da vontade nem do conhecimento do indivíduo. Aliás, independe, também, de estar o sujeito ativo ciente do fato que deu origem à obrigação. É óbvio que o efetivo *cumprimento* da obrigação tributária vai depender de as partes tomarem conhecimento da existência do vínculo. O que se quer sublinhar é que o nascimento da obrigação não depende de nenhuma manifestação de vontade das partes que passam a ocupar os polos ativo e passivo do vínculo jurídico. Basta a ocorrência do fato previamente descrito na lei para que surja a obrigação.

2.2. Obrigação principal e obrigação acessória

A obrigação tributária é principal ou acessória, no dizer do *caput* do art. 113 do Código Tributário Nacional. "A obrigação principal surge com a ocorrência do fato gerador, tem por objeto o pagamento de tributo ou penalidade pecuniária e extingue-se juntamente com o crédito dela decorrente" (§ 1º). "A obrigação acessória decorre da legislação tributária e tem por objeto as prestações, positivas ou negativas, nela previstas no interesse da arrecadação ou da fiscalização dos tributos" (§ 2º). "A obrigação acessória, pelo simples fato da sua inobservância, converte-se em obrigação principal relativamente à penalidade pecuniária" (§ 3º).

2.2.1. Obrigação principal

A relação jurídica mais importante no direito tributário, obviamente, é a que tem por objeto o *pagamento do tributo*. Esse vínculo obrigacional se instaura com a ocorrência do fato gerador do tributo (situação material, legalmente prevista, que configura o suporte fático da incidência tributária).

O conceito estatuído pelo Código Tributário Nacional é, porém, mais amplo. O Código utiliza como critério de discriminação entre as obrigações tributárias principais e acessórias a circunstância de o seu *objeto* ser ou não de conteúdo *pecuniário*, ou seja, será principal a obrigação que tiver como objeto uma prestação de dar dinheiro (a título de tributo ou de penalidade pecuniária).

Essa conceituação tem recebido críticas da doutrina, dado que, não se confundindo tributo com penalidade, não poderia o Código Tributário Nacional incorporar no conceito de obrigação tributária principal algo que não é *tributo*, mas *sanção administrativa*. É evidente que a sanção administrativa, desde que fundada em lei, deve ser cumprida, mas não possui natureza de tributo (quer esteja prevista na legislação de trânsito, quer esteja estabelecida na legislação dos tributos)[5].

A conceituação legal leva a indagar sobre qual seja o "fato gerador" da obrigação tributária principal que tenha por objeto o pagamento de penalidade. A resposta (à vista do art. 114 do CTN) seria: *a infração*. Assim, a própria omissão no cumprimento do dever de recolher tributo seria fato gerador de outra obrigação "tributária", que teria por objeto a sanção administrativa cominada para a infração do comando legal que determina o pagamento do tributo... À evidência, o legislador errou ao contaminar o conceito de obrigação tributária com a sujeição do infrator ao *jus puniendi* estatal (ainda que se trate de sujeição que apenas implique a imposição de sanção pecuniária). A sanção – pecuniária embora – não é tributo, e quem o afirma é o próprio Código Tributário Nacional (art. 3º).

Embalado na mesma despreocupação com o rigor, o Código Tributário Nacional, após configurar como obrigações acessórias os deveres formais ou instrumentais (sem conteúdo pecuniário) do sujeito passivo, determina a "conversão" da obrigação acessória em obrigação principal, quanto à penalidade pecuniária (art. 113, § 3º).

Ora, se a obrigação de pagar penalidade pecuniária já é principal, por definição (dada no § 1º), a lógica maquinal do Código levaria a dizer que o fato gerador dessa obrigação principal seria o descumprimento da outra obrigação (a acessória). E, assim sendo, nenhuma "conversão" seria necessária...

---

5. Veja-se, a propósito, a dura crítica feita por Paulo de Barros Carvalho (*Curso*, cit., p. 197-8).

Em verdade, não se dá aí nenhuma conversão ou transfiguração. O que se passa é que o descumprimento da obrigação formal configura *ato omissivo ilícito*, o que, entre outras possíveis consequências, pode dar ensejo à aplicação de uma *penalidade pecuniária* (que não tem natureza de tributo)[6].

2.2.2. O sentido da "acessoriedade" da obrigação dita acessória

Vimos que o Código Tributário Nacional chama de acessória a obrigação tributária sem conteúdo pecuniário, que se traduz em prestações positivas ou negativas (obrigação de fazer ou não fazer), no interesse da fiscalização ou arrecadação de tributos.

A acessoriedade da obrigação dita "acessória" não significa (como se poderia supor, à vista do princípio geral de que o acessório segue o principal) que a obrigação tributária assim qualificada dependa da existência de uma obrigação principal à qual necessariamente se subordine. As obrigações tributárias *acessórias* (ou *formais* ou, ainda, *instrumentais*) objetivam dar meios à fiscalização tributária para que esta investigue e controle o recolhimento de tributos (obrigação principal) a que o próprio sujeito passivo da obrigação acessória, ou outra pessoa, esteja, ou possa estar, submetido. Compreendem as obrigações de emitir documentos fiscais, de escriturar livros, de entregar declarações, de não embaraçar a fiscalização etc. Desse modo, a lei impõe obrigações acessórias ao indivíduo "X", por uma ou mais de várias possíveis razões: a) ora se atende ao interesse do sujeito ativo, de controlar o recolhimento de tributos do indivíduo "X" (obrigação principal de "X"), mediante registros formais do fato gerador desses tributos (emissão de notas, escrituração de livros etc. que traduzem obrigações acessórias de "X"); b) ora, aquilo a que se visa, com a obrigação acessória de "X", é o controle do cumprimento da obrigação principal de "Y", que mantém alguma relação jurídica com "X"; c) ora se quer apenas investigar a eventual existência de obrigação principal de "X" ou de "Y" (por exemplo, "X" pode ser isento de tributos e, não obstante, possuir obrigações formais para comprovação do preenchimento das condições a cujo cumprimento a lei subordina o direito à isenção).

Em suma, a obrigação acessória de "X" não supõe que "X" (ou "Y") possua, necessariamente, alguma obrigação principal; basta a *probabilidade* de existir obrigação principal de "X" ou de "Y". Mas não se dispensa

6. Também aqui é dura a crítica feita por Paulo de Barros Carvalho (*Curso*, cit., p. 200-1).

essa probabilidade: é que as obrigações ditas "acessórias" são instrumentais e só há obrigações instrumentais na medida da possibilidade de existência das obrigações para cuja fiscalização aquelas sirvam de instrumento. É nesse sentido que as obrigações tributárias formais são apelidadas de "acessórias"; embora não dependam da efetiva existência de uma obrigação principal, elas se atrelam à possibilidade ou probabilidade de existência de obrigações principais (não obstante, em grande número de situações, se alinhem com uma obrigação principal efetiva).

2.3. Obrigação e fato gerador

Se atentarmos para os arts. 114 e 115 do Código Tributário Nacional (que conceituam o fato gerador da obrigação principal e o fato gerador da obrigação acessória), verificaremos que são simétricos o art. 114 e o § 1º do art. 113, pois aquele dispositivo diz que o fato gerador da obrigação principal é a situação legalmente definida que dá lugar à ocorrência da obrigação principal, e o citado parágrafo declara que a obrigação principal surge com a ocorrência do fato gerador (entenda-se, do fato gerador dessa espécie de obrigação tributária).

Já essa simetria não é observada quando se cotejam o art. 115 e o § 2º do art. 113, pois, embora aquele artigo defina o fato gerador da obrigação acessória, esse parágrafo, em vez de dizer que essa obrigação "decorre do fato gerador" (ou seja, do "seu" fato gerador), registra que tal obrigação "decorre da legislação tributária".

Ora, tanto a obrigação principal quanto a obrigação acessória "decorrem da legislação tributária", e ambas supõem, para nascerem, que ocorra o pressuposto de fato legalmente definido (fato gerador). Ou seja, em ambos os casos, requer-se a ocorrência de um fato (legalmente qualificado) para surgir o dever jurídico (do sujeito passivo) de prestar algo (dar, fazer ou não fazer) em proveito do sujeito ativo, podendo esse dever jurídico ter por objeto dar ao sujeito ativo uma quantia em dinheiro ou de outro modo satisfazê-lo, para atender ao seu interesse de fiscalizar e de arrecadar as prestações que lhe sejam devidas.

Parece que, ao dizer serem as obrigações acessórias decorrentes da legislação tributária, o Código quis explicitar que a previsão dessas obrigações pode estar não em "lei", mas em ato de autoridade que se enquadre no largo conceito de "legislação tributária" dado no art. 96; mesmo, porém, que se ponha em causa um dever de utilizar certo formulário, descrito em ato de autoridade, melhor seria dizer que a obrigação, em situações como essa, decorre *da lei*, pois nesta é que estará o fundamento com base no qual a autoridade pode exigir tal ou qual formulário, cujo formato tenha ficado à sua discrição. E, obviamente, também nessas situações, o nascimento do dever de alguém cumprir tal obrigação instrumental surgirá, concretamente, quando ocorrer o respectivo fato gerador.

2.4. Obrigação e patrimonialidade

O Código Tributário Nacional não restringiu o conceito de obrigação tributária aos deveres de natureza patrimonial, vale dizer, tanto são definidos como "obrigações" tributárias os deveres que tenham por objeto uma prestação de conteúdo patrimonial quanto os de fazer ou não fazer (algo que não possua conteúdo patrimonial).

Com base na doutrina que sustenta não terem natureza obrigacional os deveres sem conteúdo patrimonial, o Código Tributário Nacional tem sofrido críticas[7].

2.5. Obrigações de adimplemento exigido pela lei e obrigações de adimplemento subordinado a providência do sujeito ativo

A obrigação de prestar tributo, embora nasça com a ocorrência do fato gerador, apresenta dois aspectos ou modos distintos quanto ao seu adimplemento: a) ora a obrigação deve ser cumprida sem que nenhuma providência seja tomada pela administração tributária (no sistema que o CTN batizou de "lançamento por homologação"); o adimplemento da obrigação, nessa hipótese, é já uma exigência incondicionada feita pela lei; b) noutras hipóteses, a obrigação depende de uma providência do sujeito ativo (qual seja, a consecução do lançamento, de ofício ou à vista de declaração apresentada pelo sujeito passivo); já aqui, portanto, o sujeito passivo só está adstrito a efetuar o adimplemento da obrigação após o recebimento da notificação. Na primeira situação, o sujeito passivo deve, no prazo legal, recolher o tributo; na segunda, cabe-lhe esse recolhimento somente após receber do sujeito ativo a notificação do lançamento. Em ambas as situações, a obrigação tributária já terá nascido com a ocorrência do fato gerador, mas seu adimplemento, na hipótese "b", depende de uma atuação do sujeito ativo.

Com as obrigações acessórias ocorre um fenômeno análogo. Elas também nascem com a ocorrência do respectivo fato gerador e devem ser satisfeitas uma vez presentes os pressupostos materiais que lhes dão nascimento. Porém, há obrigações acessórias cujo nascimento pode depender

7. Paulo de Barros Carvalho, *Curso*, cit., p. 194-5; Ricardo Lobo Torres, *Curso*, cit., p. 191-2.

de uma providência do sujeito ativo. Ao contrário da obrigação de, por exemplo, emitir nota fiscal em razão da venda de mercadoria (que nasce com a ocorrência do fato gerador dessa obrigação: a venda mercantil), a obrigação de atender a um pedido de informações formulado pelo sujeito ativo nasce da conjugação de duas circunstâncias de fato: uma é a de o sujeito passivo estar na situação material que, em face da legislação, o submete ao dever de prestar informações, e a outra é a efetiva formulação do pedido pelo sujeito ativo. Em ambos os casos, a obrigação surge com a presença, no mundo dos fatos, dos pressupostos necessários ao nascimento do dever jurídico (de emitir documento, de prestar informações etc.), mas, na segunda hipótese, esse conjunto de fatos é integrado por um pedido do sujeito ativo.

Observe-se que essa abordagem do problema, atinente às obrigações acessórias, não é idêntica à das obrigações de pagar tributo. A obrigação de pagar tributo, ainda quando dependa da consecução do lançamento pelo sujeito ativo, já nasceu com a ocorrência do fato gerador do tributo, cabendo ao sujeito ativo a prática de um ato vinculado (portanto, obrigatório) de notificação do sujeito passivo, sob pena de responsabilidade funcional. Já a obrigação acessória de, por exemplo, atender ao pedido de informações do sujeito ativo não nasce se e enquanto a solicitação não for apresentada.

Vejamos agora a obrigação de pagar penalidade pecuniária, também abrangida pelo Código Tributário Nacional no conceito de "obrigação principal". Examinados em conjunto o § 1º do art. 113 e o art. 114, chegar-se-ia, como registramos acima, à insólita conclusão de que a infração da lei seria o "fato gerador da obrigação principal de pagar penalidade pecuniária". Com efeito, se a obrigação principal (inclusive a de pagar penalidade pecuniária) nasce com a ocorrência do fato gerador, a infração da lei seria a "situação definida em lei como necessária e suficiente" à ocorrência da obrigação de pagar a penalidade pecuniária. O pagamento da penalidade tributária cominada para sancionar a infração irá também depender de providência do sujeito ativo (por exemplo, a lavratura de "auto de infração"). Antes de adotada essa providência, pode o infrator afastar sua responsabilidade pela infração por meio de denúncia espontânea (CTN, art. 138). Pode, por outro lado, a autoridade fiscal deixar de aplicar a penalidade por considerações de equidade (somente a obrigação de pagar tributo é que não pode ser dispensada pela autoridade, com base em razões de equidade, *ex vi* do art. 108, § 2º, do CTN). Estas disposições sobre infrações e aplicação de penalidades estão corretas; o que precisava ter sido evitado é o artifício criado pelo Código, ao baralhar os conceitos de *fato gerador do tributo* e *infração*, pondo, como consequência "comum" de ambos, o surgimento de uma "obrigação tributária".

Capítulo IX

Fato Gerador da Obrigação Tributária

Sumário: 1. Noção e espécies de fato gerador. 2. Crítica e defesa da expressão "fato gerador". 3. Elementos do fato gerador do tributo. 4. Fatos geradores instantâneos, periódicos e continuados. 5. Momento da ocorrência do fato gerador. 5.1. Fato gerador e atos sujeitos a condição. 6. Fato gerador, presunções e ficções. 7. Tributação de atos ilícitos e de atos ineficazes. 7.1. Interpretação do fato gerador. 8. Efeito do fato gerador. 9. Incidência, não incidência, imunidade e isenção. 9.1. Crítica do conceito de isenção como "exclusão do crédito tributário". 9.2. Regime jurídico da isenção. 9.2.1. Revogação de isenção, incidência e anterioridade. 9.2.2. A revogação de isenção condicional e a prazo certo. 9.3. Classificação das isenções.

1. NOÇÃO E ESPÉCIES DE FATO GERADOR

A obrigação tributária (*lato sensu*) nasce à vista de fato previamente descrito, cuja ocorrência tem a aptidão, dada por lei, de gerar aquela obrigação. Como já vimos, o Código Tributário Nacional classifica a obrigação tributária em duas espécies: principal e acessória. Por isso, esse Código foi levado a identificar também duas espécies de fato gerador, consoante o tipo de obrigação de que se trate.

"Fato gerador da obrigação tributária principal – diz o Código Tributário Nacional – é a situação definida em lei como necessária e suficiente à sua ocorrência" (art. 114). Já o fato gerador da obrigação acessória "é qualquer situação que, na forma da legislação aplicável, impõe a prática ou a abstenção de ato que não configure obrigação principal" (art. 115).

Essa postura do Código revela seu exagerado formalismo, aliado a certo "endeusamento" do fato gerador. Na verdade, a associação do *mandamento* (contido na lei) à hipótese (também nela descrita), que desencadeia a *subsunção* à norma legal dos fatos que reflitam aquela hipótese, é fenômeno que não se restringe à seara tributária, mas se apresenta igualmente noutros setores do direito. Assim, no direito penal, a prática do crime realiza o fato gerador do direito de o Estado punir; no direito administrativo, a prática de certa atividade é fato gerador da obrigação de adotar certas condutas no interesse da saúde pública, da preservação ambiental etc.

A lógica interna da postura formalista e conceitualista do Código Tributário Nacional levou-o, pois, a disciplinar os "diferentes" fatos geradores de deveres de natureza tributária: a) o *fato gerador da obrigação principal*, que, em face do conceito codificado, se biparte em: a-1) fato gerador *do tributo* (situação cuja ocorrência dá nascimento à obrigação tributária *de pagar tributo*), e a-2) fato gerador *de penalidade* (situação cuja realização enseja a aplicação *da penalidade* cominada pela lei); e b) fato gerador de *obrigações instrumentais positivas ou negativas* (situação cuja ocorrência dá nascimento ao dever de fazer ou não fazer algo no interesse da arrecadação ou da fiscalização dos tributos).

Assim, diante da "necessidade" de *classificar* – que é outra das exageradas preocupações formais do Código –, as obrigações tributárias (gênero com o qual o diploma pretendeu abranger *todos* os deveres legais dos destinatários das normas tributárias, até mesmo o dever de satisfazer a exigência de multa por infração à lei!) foram segregadas nos dois referidos grupos: a) *principais*, compreendendo os deveres legais que tenham por objeto o pagamento de tributo (prestação pecuniária de natureza não sancionatória) e o pagamento de penalidade pecuniária (que, como se sabe, é sanção e não tributo); e b) *acessórias*, que abrangem os demais deveres estabelecidos nas leis tributárias, que não tenham conteúdo pecuniário.

Mais adiante, veremos que o Código Tributário Nacional timbrou em classificar também o *devedor* das prestações tributárias, acorde com o objeto destas, em *sujeito passivo da obrigação principal* e *sujeito passivo da obrigação acessória*. Diante desse contexto formal, *fato gerador da obrigação principal* (art. 114) é, na postura dogmática do Código, noção mais ampla do que a de *fato gerador do tributo*, pois aquele insólito conceito legal compreende também as "*infrações tributárias*". Isso porque, como vimos, na definição dada por nosso direito positivo, fato gerador da *obrigação principal* corresponde à situação cuja ocorrência dá nascimento ao dever de pagar *tributo ou penalidade pecuniária* (art. 114 c/c o art. 113, § 1º).

O conceito de *fato gerador da obrigação acessória* é dado por exclusão: toda situação que dê origem a um dever que não tenha por objeto uma prestação pecuniária (tributo ou penalidade), por exemplo, a situação que faz surgir o dever de escriturar livros, de emitir notas fiscais etc. Ou seja, se o ato que a legislação impõe, à vista de certa situação, não é recolher uma quantia em dinheiro, ou se a lei impõe uma omissão, trata-se de fato gerador de obrigação acessória.

Esse intento classificatório do Código Tributário Nacional, quanto ao fato gerador, foi praticamente ignorado pela doutrina e pela legislação dos diversos tributos. Quando se fala em "fato gerador", tanto os autores quanto as leis geralmente cuidam do fato gerador *do tributo*; é em torno deste também que se travam diversas polêmicas e tertúlias doutrinárias, a começar pela própria terminologia empregada. Quando a matéria versada é o *ilícito tributário*, a lei e a doutrina não falam em "fato gerador" ou "obrigação tributária", mas em "infração tributária" (para expressar o descumprimento da lei sobre tributos); e cuidam de "sanção", "penalidade", "multa", quando está em causa o castigo cominado pela lei para reprimir a infração; do mesmo modo, quem comete uma infração não é, por esse fato, designado como "sujeito passivo", mas sim como "infrator".

Por outro lado, se o assunto respeita aos deveres instrumentais do sujeito passivo, embora se empregue a expressão "obrigação acessória" (sob censura de alguns, como vimos, ao falar de obrigação e patrimonialidade), não é usual a referência ao "fato gerador da obrigação acessória".

Justamente porque se ignora a rotulação dada pelo Código Tributário Nacional (que acaba por incluir, na designação de "fato gerador da obrigação principal", tanto o fato gerador do tributo quanto a infração, que configuraria "fato gerador da penalidade pecuniária"!), a expressão "fato gerador da obrigação principal" é comumente empregada pela doutrina no sentido estrito de "fato gerador do tributo".

2. CRÍTICA E DEFESA DA EXPRESSÃO "FATO GERADOR"

Poucas expressões no direito tributário têm sido tão violentamente censuradas quanto "fato gerador", que se emprega para designar a situação que enseja a aplicação do mandamento previsto na lei tributária, dando nascimento ao dever concreto de pagar tributo.

A expressão "fato gerador" ganhou trânsito na doutrina brasileira a partir do estudo de Gaston Jèze, traduzido por Paulo da Mata Machado, e publicado no Brasil em 1945[1]. Em 1950, Francisco Bilac Pinto usava, como sinônimas, as locuções "fato imponível" (do espanhol "*hecho imponible*"), "pressuposto de fato", "pressuposto legal do tributo" (usadas, essas três expressões, por Dino Jarach), "situação de fato" (empregada por Giannini) e "fato gerador" (de Jèze)[2].

Alfredo Augusto Becker, em ácida crítica, afirma que o fato gerador nada gera, a não ser confusão intelectual[3].

Uma das vertentes da censura feita à expressão está em que o qualificativo "gerador" não deveria ser atribuído ao *fato*, mas à lei, pois o que gera a relação jurídica tributária é a incidência da lei sobre o fato[4]. É dizer: quem teria a aptidão de criar a obrigação não é o fato, mas a lei[5].

Além disso, a expressão seria dúbia, por designar duas realidades distintas: a) a descrição legal abstrata (por exemplo: "o fato gerador do imposto de renda é a aquisição de renda") e b) o acontecimento concreto, que corresponda àquela descrição hipotética (por exemplo: "ocorreu o fato gerador do imposto de renda, pois a empresa 'X' apurou lucro real"). Cada uma dessas distintas realidades – afirma-se – mereceria epíteto específico[6].

Amílcar de Araújo Falcão, justamente na obra intitulada *Fato gerador da obrigação tributária*, em que relata posição similar de Rubens Gomes de Sousa, endossa as críticas à "impropriedade" da expressão[7], embora não a despreze, pelas vantagens que arrola[8].

Alfredo Augusto Becker propõe "hipótese de incidência" para designar a descrição legal, e "hipótese de incidência realizada" para o acontecimento concreto[9]. Geraldo Ataliba, que também censura a ambivalência da locução "fato gerador", aceita a primeira expressão proposta por Becker, mas refuta a segunda, com base em que "fato" não pode ser designado de "hipótese", o que seria uma contradição[10]. Para nomear o fato concreto, Geraldo Ataliba opta por fato imponível (correspondente à locução espanhola "*hecho imponible*")[11].

---

1. O fato gerador do imposto, *RF*, n. 104, p. 44.
2. Francisco Bilac Pinto, Parecer, *RF*, n. 132, p. 67.
3. *Teoria*, cit., p. 288.
4. Alfredo Augusto Becker, *Teoria*, cit., p. 288.
5. Amílcar de Araújo Falcão, *Fato gerador*, cit., p. 29.
6. Alfredo Augusto Becker, *Teoria*, cit., p. 267.
7. *Fato gerador*, cit., p. 29.
8. *Fato gerador*, cit., p. 30.
9. *Teoria*, cit., p. 267.
10. *Hipótese*, cit., p. 54.
11. *Hipótese*, cit., p. 55.

Em Portugal, Alberto Xavier, reconhecendo tratar-se "de mero problema terminológico, sem alcance de fundo", optou por "*facto tributário*", expressão utilizada pela lei portuguesa[12].

Paulo de Barros Carvalho não mostra simpatia pela designação de "fato imponível", à qual prefere *fato jurídico tributário*, a par da "hipótese tributária"[13].

A expressão "fato gerador da obrigação tributária" tem sobrevivido às críticas. Aliomar Baleeiro, que se referira a "fato tributável", a par de "fato gerador"[14], embora sensível às críticas opostas a esta última expressão[15], veio a adotá-la[16]. A doutrina, o direito positivo e a jurisprudência também a consagram.

Razões há para isso.

Talvez a principal dessas razões esteja em que as expressões que foram propostas para substituir "fato gerador" não apresentem vantagens. Com efeito, "hipótese de incidência realizada" (abstraída a crítica à contradição nos termos que a locução traduz) é de difícil utilização prática, para expressar o acontecimento concreto que dá origem à obrigação tributária. Complexo seria o fraseado para dizer que alguém é contribuinte ou responsável, quanto a certo tributo, à vista de ter-se relacionado, direta ou indiretamente, com a *hipótese de incidência realizada* atinente ao referido tributo.

"Fato imponível", por sua vez, também não é expressão adequada, pois o sufixo empregado na formação do adjetivo, assim como outros da mesma família, denota qualidade de algo que pode vir a ser, mas que ainda não é. Assim, *perecível*, por exemplo, é algo que *pode perecer*, mas que ainda não pereceu efetivamente, ainda não é perecido. Outro exemplo: "tributável" é aquilo que pode ser tributado, mas que ainda não o foi[17].

A expressão "fato tributável" ou "fato imponível" (para designar o *acontecimento concreto*) só faria sentido se se pudesse sustentar que a tributação não se daria com a ocorrência do fato, mas num momento posterior, quando viesse a ser praticado o ato da autoridade fiscal (lançamento), que, dessa forma, "tributaria" o fato. O fato ocorrido, antes *tributável*, seria então

12. *Manual*, cit., p. 248.

13. *Curso*, cit., p. 160.

14. *Uma introdução*, cit., p. 194.

15. *Limitações*, cit., p. 26, nota de rodapé.

16. *Direito*, cit., *passim*.

17. Paulo de Barros Carvalho faz crítica análoga (*Curso*, cit., p. 160).

tributado, implicando isso reconhecer ao lançamento tributário eficácia *constitutiva* da obrigação tributária, o que, como se sabe, não conta com o apoio nem de nossa doutrina nem de nosso direito positivo.

Ou seja, o *fato concreto*, já ocorrido, e, portanto, já tributado, não se pode qualificar como fato *imponível* (como se ainda estivesse na situação de fato suscetível de vir a sofrer imposição), nem se poderia chamá-lo pela expressão sinônima (que Baleeiro utilizara): "fato *tributável*". O fato ocorrido é instantaneamente atingido pela imposição, é já um fato *tributado*, e não um fato *tributável* ou *imponível*.

Por outro lado, no plano *abstrato*, essa qualificação (*tributável* ou *imponível*) poderia ser utilizada para designar situações descritas na norma definidora de *competência*, que ainda não tenham sido objeto de previsão em lei de incidência. Por exemplo, pode ser dito que ter grande fortuna é tributável (ou imponível), no sentido de ser essa situação suscetível de vir a sofrer a incidência de tributo (desde que exercitada a competência tributária da União, nesse campo).

Pode ainda qualificar-se como *tributáveis* ou *imponíveis*, também em plano *abstrato*, situações abstratamente descritas na norma definidora de *incidência;* assim, à vista de norma que grave, por exemplo, a alienação onerosa de imóveis, pode-se dizer que a compra e venda de um terreno é uma situação *tributável*, no sentido de que, *se e quando* alguém vier a realizar tal negócio, terá ocorrido um fato que aí já não se dirá mais *tributável* ou *imponível*, mas *tributado*.

Quanto à expressão "fato tributário", embora evite o reparo assinalado, incide noutra crítica, por tratar-se de locução com sentido excessivamente amplo. Com efeito, *fato tributário* pode prestar-se a designar qualquer acontecimento relativo a tributos, por exemplo: a edição de uma lei fiscal, a lavratura de um auto de infração fiscal, o pagamento de um tributo, a emissão de uma nota fiscal, uma venda mercantil, um crime fiscal. Seria necessário acrescentar à expressão mais um qualificativo que permitisse identificar, no universo de fatos de interesse para o direito tributário, aquele que, especificamente, se presta a dar nascimento à obrigação tributária (ou, mais especificamente, à obrigação de pagar tributo). Mas é difícil encontrar um "sobrenome" que possa ser agregado a "fato tributário" com vistas a implementar essa especificação necessária.

Outras expressões (como "suporte fático do tributo", "fato típico tributário", "pressuposto fático" etc.) também não estão infensas a críticas, não obstante sejam utilizáveis, didaticamente, para qualificar o fato gerador.

Fato gerador da obrigação tributária é designação que tem a virtude de espancar a plurivocidade assinalada. A par disso, identifica o *momento do nascimento (geração) da obrigação tributária* (em face da prévia qualificação legal daquele fato). Justamente porque a lei há de *preceder o fato* (princípio da irretroatividade), *a obrigação não nasce à vista apenas da regra legal*; urge que se implemente o *fato* para que a obrigação seja *gerada.*

Dir-se-á que o fato sem a lei prévia nada gera. Mas isso se dá porque o fato sem a lei não se qualifica como *gerador. A obrigação (em acaciana verdade) só pode ser gerada por fato a que corresponda o atributo genético.* A preexistência da lei atribui ao fato nela descrito (nela "pré-visto", *pré-qualificado*) a aptidão de gerar a obrigação. Fenômeno análogo se dá no direito privado, em que, mercê da previsão legal (CC/2002, art. 927), o ato ilícito que cause dano a outrem dá nascimento (*gera*) a obrigação de reparar esse dano.

Não se minimize a importância do fato gerador, dizendo-se que ele é "apenas" o pressuposto fático que dá lugar, espaço e perspectiva material, ou *concretude*, para a obrigação *abstrata* descrita na lei.

Isso é verdade. Porém, entre as acepções do verbo "gerar" está exatamente a de "dar o ser a", "dar existência a". Ora, se a obrigação tributária *concreta* só tem *existência* a partir do fato, não repugna nem ao vernáculo nem à lógica adjetivar esse fato com o qualificativo de *gerador* da obrigação tributária, uma vez que ele tem a virtude de *dar existência* a essa obrigação. Isso em nada desmerece a importância da lei de incidência, sem a qual o fato não teria a aludida virtude geradora.

Portanto, sem embargo das críticas que tem sofrido, não vemos razão para proscrever a expressão "fato gerador da obrigação tributária" ou "fato gerador do tributo" como apta a designar o acontecimento concreto (previamente descrito na lei) que, com sua simples ocorrência, dá nascimento à obrigação tributária. A expressão parece-nos bastante feliz e expressiva.

Registre-se que, em face do coquetel conceitual engendrado pelo Código Tributário Nacional (que identificou "diferentes" espécies de fato gerador, de acordo com o *conteúdo* – pecuniário ou não – da obrigação tributária em causa, e embutiu na ideia de obrigação principal o tributo e a penalidade pecuniária), a expressão "fato gerador da obrigação tributária" tanto pode (*de lege lata*) indicar o fato gerador da obrigação de *recolher tributo* quanto o "fato gerador" (infração) da obrigação de pagar *penalidade pecuniária*, como, ainda, o fato gerador da obrigação formal ou instrumental. Talvez conviesse, nessa aberrante perspectiva legal, dizer *fato ge-*

rador do tributo quando se quisesse excluir outras figuras obrigacionais como tal rotuladas pelo Código. Preferimos, porém, com perdão do legislador "complementar", reservar a expressão "fato gerador da obrigação principal" para expressar o acontecimento que dá nascimento à obrigação de pagar *tributo* e utilizá-la, portanto, nessa acepção estrita.

Referiu-se, acima, a crítica endereçada à locução "fato gerador", dada sua utilização em sentido ambivalente. Ora, mesmo que a expressão não fosse adequada para designar a *hipótese*, isso não lhe tiraria as virtudes na designação do acontecimento concreto. Ademais, levada a extremos a censura ao fato gerador (para indicar, no plano abstrato, a previsão legal hipotética), acabar-se-ia por banir dos compêndios jurídicos qualquer locução formada com a palavra "fato", reconhecendo-se-lhe trânsito apenas nos manuais de análise jurisprudencial, pois, nessa visão concretista, só aí teria lugar a menção a *fato*.

Todavia, assim como a mente humana consegue configurar (ou melhor, *prefigurar*) essa ideia abstrata que é o acontecimento fático (como entidade presente no domínio das ideias, e não no mundo fenomênico), também a lei de incidência prevê (prefigura) os *fatos* que, se e quando ocorrerem, darão nascimento à obrigação tributária.

Afinal, não vemos inconveniente sério no emprego ambivalente da expressão "fato gerador" (para designar tanto a descrição legal hipotética quanto o acontecimento concreto que lhe corresponda). Crime, no direito penal, também designa a previsão da lei e o acontecimento que costuma ser relatado no noticiário policial, e essa circunstância não tem impedido o progresso da ciência penal. Cremos também que não se tenha pensado, no direito privado, em proscrever a referência, na norma legal abstrata, a *atos* ou *fatos* jurídicos, a pretexto de que, enquanto alguém não atuasse concretamente, ou enquanto não ocorresse tal ou qual fato concreto, seria imperioso restringir o discurso legal à expressão de *hipóteses* jurídicas.

Quando, por conveniência didática, se quiser distinguir a descrição abstrata feita pela lei e o acontecimento concreto (cuja correspondência com a primeira dá nascimento à obrigação de pagar tributo), pode-se falar em "hipótese de incidência do tributo" e "fato gerador do tributo". Sem embargo, utilizamos esta última expressão em sentido amplo (abrangente também da descrição legal abstrata), a não ser quando haja necessidade de fazer a comentada discriminação.

3. ELEMENTOS DO FATO GERADOR DO TRIBUTO

Vamo-nos ocupar agora do fato gerador da obrigação *de pagar tributo* (que o Código Tributário Nacional, como vimos, insere na conceituação genérica de "obrigação principal", compreensiva também do dever de pagar penalidade pecuniária). Ou seja, examinaremos o *fato gerador do tributo*.

O fato gerador do tributo é uma situação material descrita pelo legislador: adquirir renda, prestar serviços, importar mercadorias estrangeiras etc. Por isso, diz-se que *adquirir renda* é o fato gerador do imposto de renda (locução elíptica para expressar o fato gerador da *obrigação* de pagar imposto de renda).

O fato gerador sói ser definido pela referência a uma *ação* ou *situação* (como a aquisição de renda, a importação de mercadorias, o fato de ser proprietário etc.), que se identifica como *núcleo* ou *materialidade* do fato gerador. Gravita, porém, em torno desse núcleo uma série de circunstâncias, igualmente necessárias para a identificação da obrigação tributária. Assim, à vista do fato *aquisição de renda*, quem é o credor da obrigação tributária gerada por esse fato? Diante, ainda, do mesmo fato, quem é a pessoa que deve ocupar o polo passivo da obrigação? E mais: como se quantifica a obrigação? A par das respostas a essas indagações, é preciso registrar que, sendo o fato gerador um acontecimento histórico, ele se põe *no tempo* e *no espaço*.

Embora a legislação tributária (a Constituição, inclusive) identifique o fato gerador pela menção à sua *materialidade*, não é possível apreendê-lo sem que sejam captados também aqueles elementos ou aspectos que dão plenitude ao fato gerador como *acontecimento* presente no mundo.

Assim, a par do núcleo (materialidade ou elemento material) do fato gerador da obrigação de pagar tributo, temos de examinar o *elemento subjetivo,* que se desdobra no sujeito ativo e no sujeito passivo. O *sujeito ativo* é a pessoa (estatal ou não) que é credora da obrigação tributária; *sujeito passivo* é o devedor dessa obrigação. Trata-se de pessoas cuja identificação concreta geralmente é feita em função do aspecto material: se se trata de aquisição de renda (que é fato gerador de certo tributo, instituído pela União), identifica-se como sujeito ativo a União; sujeito passivo, por sua vez, será a pessoa a quem a lei impuser o dever de recolher o tributo, em razão daquele fato (que espelha o modelo legalmente previsto).

A *quantificação do tributo* (com o uso do *elemento valorizador, quantitativo* ou *quantificativo*) pode ser tarefa mais ou menos complexa. Nas situações singelas, o *quantum debeatur* é já estabelecido pela norma legal, de modo que, ocorrido o fato descrito na lei, cabe ao sujeito passivo recolher o montante de "x", a título de tal ou qual tributo[18]; trata-se de situação frequente no campo das taxas de polícia. É comum, porém, que a apuração do valor do tributo se deva fazer mediante operação mais complexa, com o emprego de critérios definidos na lei[19].

Os impostos, de modo geral, têm seu montante determinado mediante uma operação matemática, na qual se toma uma *medida de grandeza* do fato gerador (em geral, expressa em moeda: preço do serviço, valor do bem, montante da renda etc.), e sobre ela se aplica um percentual, tendo-se como resultado o *quantum* da obrigação. Por exemplo, sobre a renda de 1.000,00 aplica-se o percentual de 15%, apurando-se o tributo de 150,00.

Pode, entretanto, a *medida* do fato gerador ser representada por outro fator (por exemplo, quantidade, peso, volume etc.), apurando-se o *quantum* do tributo mediante a multiplicação das unidades de medida por uma cifra. O valor do tributo corresponderá, por exemplo, a tantas vezes 10,00 quantas forem as unidades de medida.

Chama-se *base de cálculo* a medida *legal* da grandeza do fato gerador. Dizemos *legal* porque só é base de cálculo, dentro das possíveis medidas do fato gerador, aquela que tiver sido eleita pela lei. Se a materialidade do fato gerador é, por exemplo, a importação de mercadorias, poderiam ser arroladas diversas medidas para esse fato: o número de unidades de mercadorias, o peso, a metragem linear, quadrada, ou cúbica, o valor, o preço etc. Porém, só será *base de cálculo* do tributo a medida que tiver sido *prevista pela lei*.

A determinação do montante de certos tributos não requer, como dissemos, a definição de uma *base de cálculo*, pois o montante é já identificado pela lei (quando esta prevê que, realizado o fato gerador, o sujeito passivo deve pagar a quantia de "x"). Justamente por haver tributos cujo montante é identificado sem necessidade de cálculo (como ocorre frequentemente com as taxas e com alguns raros impostos), Geraldo Ataliba prefere a expressão "base imponível"[20].

---

18. No capítulo das *Limitações do Poder de Tributar*, vimos, ao tratar da capacidade contributiva, que alguns autores questionam a legitimidade dos tributos fixos.

19. Valdir de Oliveira Rocha sustenta que há *três* "modalidades de determinação do montante do tributo": a *fixação* (quando o montante é fixado pela lei), a *quantificação* (se a apuração do tributo depende de operação matemática) e a *avaliação* (que se resume a mera constatação do montante do tributo, tal qual ocorre com a contribuição de melhoria correspondente à *valorização* de imóvel) (*Determinação*, cit., p. 93 e s.).

20. *Hipótese*, cit., p. 113.

Porém, a incidência (ou imposição), tanto de tributo fixo como variável, na verdade opera-se sobre o *fato gerador*. A base de cálculo, quando exista, é a medida de grandeza do fato gerador. Quer a determinação do tributo dependa da identificação de uma base de cálculo, quer não, a incidência (ou imposição) se dá necessariamente. Objeto da imposição, portanto, não é a "base de cálculo", e sim o fato gerador.

Nos tributos fixos, é certo que inexiste a necessidade de cálculo, mas, por isso mesmo, também não cabe falar em *base* (de cálculo). O problema, pois, não está em mudar a *qualificação* da base; está, sim, na própria *inexistência* da base ("de cálculo" ou "imponível"). Quando houver, diante da previsão legal, a necessidade de o tributo ser *calculado*, a lei definirá, *in abstracto*, a *base de cálculo* (por exemplo, preço do serviço), que permitirá a identificação, *in concreto*, da base de cálculo do tributo devido pelo sujeito passivo "A", à vista da realização do fato gerador previsto na lei. Se se tratar de tributo fixo, não há base, pois a quantificação do tributo já estará previamente definida pela lei.

Não vemos razão, portanto, para desprezar a expressão "base de cálculo", nem para mudar-lhe o qualificativo, pelo só fato de que, em certas situações, não existe base (de cálculo) como fator de apuração do tributo.

Sobre a base de cálculo aplica-se a *alíquota*, para determinar o montante do tributo devido. A alíquota, geralmente, é representada por um *percentual*, cuja aplicação sobre a base de cálculo (por exemplo, valor da mercadoria, preço do serviço, montante do lucro etc.) revela o *quantum debeatur*. Porque a alíquota se aplica sobre uma *cifra* ou *valor em moeda* (expressivo da grandeza da materialidade do fato gerador), ela se diz *ad valorem*[21]. Concebido o tributo como prestação *pecuniária,* toda alíquota, propriamente dita (traduzida num percentual), será *ad valorem*, já que não haveria como apurar uma soma *em pecúnia*, mediante a aplicação de um percentual sobre outra medida de grandeza que não fosse também expressa em dinheiro. Se o ordenamento jurídico acolhesse tributos em espécie, obviamente, a alíquota (percentual) poderia aplicar-se sobre outras formas de medida do fato gerador (por exemplo, os quintos, dízimos, vigésimas, representativos de percentuais – ou frações, ou quotas, ou *alíquotas* – da mercadoria tributada).

21. Aires Barreto (*Base de cálculo*, p. 41 e s. e 93) e Paulo de Barros Carvalho (*Curso*, cit., p. 235) criticam a afirmação corrente na doutrina, no sentido de que a alíquota é parcela da base de cálculo tomada pelo Estado. Aires Barreto define alíquota como "*o indicador da proporção a ser tomada da base de cálculo*" (*Base de cálculo*, cit., p. 43).

Na hipótese, porém, de definir-se a base de cálculo por outro critério, não expresso em pecúnia (por exemplo, peso, volume etc.), a apuração do tributo (em pecúnia) já não se fará por meio de um percentual, mas sim pela multiplicação de uma *cifra* (valor em moeda) pelo número de unidades de medida do fato gerador (por exemplo, tantos reais para cada unidade de serviço ou de mercadoria).

A doutrina costuma utilizar, com certa violência semântica[22], o vocábulo "alíquota" (indicativo de quota, parte ou fração) para designar não só o *percentual* (aplicável sobre a base de cálculo), mas também a *cifra* (ou *valor monetário)* que, multiplicada pelo número de unidades de medida do fato gerador, resulta no valor do tributo[23]. Se, por exemplo, a lei previr que, para cada unidade de medida de certo serviço público, será pago, como taxa, o valor de 10 reais, essa cifra seria a "alíquota", que, multiplicada pela base de cálculo (número de unidades de medida do serviço público), resultará no *quantum* do tributo. Talvez à falta de melhor designação, essa alíquota (não percentual) tem sido chamada de *específica*[24]. É o que faz a Constituição, quando prevê que a alíquota das contribuições sociais e da contribuição de intervenção no domínio econômico pode ser *ad valorem* ou "específica" (§ 2º, III, *a* e *b*, acrescentados ao art. 149 pela EC n. 33/2001).

A expressão "alíquota", por vezes, aparece como designativa do próprio *quantum debeatur*. Aliomar Baleeiro, ao falar da *alíquota* e da *base de cálculo*, como matérias sujeitas à reserva legal, refere-as ao "*quantum* do tributo" e à "base para calculá-lo"[25], anotando que a lei estabelece os "atributos do fato gerador para sobre eles ser *calculada* objetivamente a *alíquota* do tributo"[26], embora também empregue o termo no sentido em que a lei costuma utilizá-lo, como fator a ser aplicado sobre certo valor para apuração do crédito tributário[27]. Geraldo Ataliba, expondo a noção de que a alíquota é a *fração da base imponível que o Estado se atribui*, cita Renato Alessi, que define o poder tributário como "poder de exigir coativamente uma *alíquota* de riqueza privada"[28].

---

22. Paulo de Barros Carvalho, *Curso*, cit., p. 235-6.

23. Cf., por exemplo, Geraldo Ataliba, *Hipótese*, cit., p. 120.

24. Cf. Ricardo Lobo Torres, *Curso*, cit., p. 205.

25. *Direito*, cit., p. 408, grifo do original.

26. *Direito*, cit., p. 409, grifo nosso.

27. *Direito*, cit., p. 410.

28. Geraldo Ataliba, *Hipótese*, cit., p. 119-20, grifo nosso. Ernst Blumenstein, ao cuidar da determinação do imposto, utiliza taxa do imposto ou alíquota para designar ora uma quantia fixa de dinheiro ora um percentual, que, aplicado sobre a base de cálculo, dá a importância devida (*Sistema*, cit., p. 219-20 e 225-7).

Não é, entretanto, nesse sentido lato que o termo costuma ser empregado na lei.

Não se deve olvidar o aspecto *espacial* do fato gerador do tributo. Inexistem fatos situados fora do *espaço*; assim também, o fato gerador do tributo é um acontecimento que ocorre em algum *lugar*. É importante a definição desse aspecto, pois a mesma situação material no lugar "A" pode ser fato gerador e não sê-lo no lugar "B", ou porque esse lugar esteja fora do âmbito espacial de aplicação da lei ou porque nele vigore uma isenção regional. É necessária, ainda, a análise do aspecto espacial para efeito da solução de possíveis conflitos de normas; a prestação de serviços, por exemplo, conforme se situe no município "A" ou "B", estará sujeita à lei de um ou de outro desses municípios.

Finalmente, há o aspecto *temporal*. O fato ocorre no tempo. O referido aspecto é relevante para efeito, em primeiro lugar, de identificação da lei aplicável: se o fato ocorreu antes do início da vigência da lei, ele não se qualifica sequer como gerador; se já o era à vista da lei anterior (sob cuja vigência ocorreu), ele estará submetido, em regra, às disposições daquela lei, e não às da nova; se o fato ocorreu no período de vigência de uma isenção, ele é um fato *isento*, e não um fato *gerador* de obrigação. Deve-se, ainda, destacar o relevo das coordenadas de tempo do fato gerador do tributo à vista da existência de uma série de prazos para cumprimento de obrigações, ou exercício de direitos, que se contam a partir (ou em função) do momento em que ocorre o fato gerador do tributo.

4. FATOS GERADORES INSTANTÂNEOS, PERIÓDICOS E CONTINUADOS

O fato gerador do tributo é dito *instantâneo* quando sua realização se dá *num momento do tempo*, sendo configurado por um ato ou negócio jurídico singular que, a cada vez que se põe no mundo, implica a realização de *um fato gerador* e, por consequência, o nascimento de *uma obrigação* de pagar tributo. Tal se dá, por exemplo, com o imposto de renda incidente na fonte a cada pagamento de rendimento, ou com o imposto incidente na saída de mercadorias, na importação de bens, na realização de uma operação de compra de câmbio, e em tantas outras situações, nas quais um único ato ou contrato ou operação realiza, concretamente, um fato gerador de tributo, que se repete tantas vezes quantas essas situações materiais se repetirem no tempo.

O fato gerador do tributo designa-se *periódico* quando sua realização se põe ao longo de um *espaço de tempo*[29]. Não ocorrem hoje ou amanhã, mas sim ao longo de um período de tempo, ao término do qual se valorizam "n" fatos isolados que, somados, aperfeiçoam o fato gerador do tributo. É tipicamente o caso do imposto sobre a renda periodicamente apurada, à vista de fatos (ingressos financeiros, despesas etc.) que, no seu conjunto, realizam o fato gerador. Em imagem de que já nos socorremos noutra ocasião, o fato gerador periódico é um acontecimento que se desenrola ao longo de um lapso de tempo, tal qual uma peça de teatro, em relação à qual não se pode afirmar que ocorra no fim do último ato; ela se completa nesse instante, mas ocorre ao longo do tempo, sendo inegável o relevo das várias situações desenvolvidas durante o espetáculo para a contextura da peça[30]. Assim também uma partida de futebol só termina com o apito final do árbitro, mas ela ocorre ao longo do tempo, sendo indispensável, para definição do resultado, verificar o que aconteceu durante todo o jogo.

O fato gerador do tributo chama-se *continuado* quando é representado por situação que se mantém no tempo e que é mensurada em cortes temporais. Esse fato tem em comum com o instantâneo a circunstância de ser aferido e qualificado para fins de determinação da obrigação tributária, num determinado *momento do tempo* (por exemplo, todo dia "x" de cada ano); e tem em comum com o fato gerador periódico a circunstância de incidir *por períodos de tempo*. É o caso dos tributos sobre a propriedade ou sobre o patrimônio. Os impostos sobre a propriedade territorial e sobre a propriedade de veículos automotores incidem uma vez a *cada ano*, sobre a mesma propriedade: se o indivíduo "A" tiver um imóvel, e a lei determinar que o fato gerador ocorre todo dia 1º de cada ano, a cada 1º de janeiro o titular da propriedade realizará um fato gerador do tributo não sobre as propriedades que tiver adquirido ou vendido ao longo do ano, mas em relação àquelas de que for titular *naquele dia*. Observe-se que, diferentemente do fato gerador *periódico*, não se busca computar fatos isolados ocorridos ao longo do tempo, para agregá-los num todo idealmente orgânico. O fato gerador dito continuado considera-se ocorrido, tal qual o fato gerador instantâneo, num

29. Os fatos geradores periódicos são também conhecidos na doutrina como fatos *complexivos*, completivos, continuativos ou de formação sucessiva (Amílcar de Araújo Falcão, *Fato gerador*, cit., p. 126). Paulo de Barros Carvalho verberou o inútil neologismo "complexivo", adaptado do italiano "complessivo" (*Curso*, cit., p. 177 e s.).

30. Luciano Amaro, O imposto de renda..., *Caderno de Pesquisas Tributárias*, n. 25/26, p. 142.

determinado dia, sem indagar se as características da situação se alteraram ao longo do tempo; importam as características presentes no dia em que o fato se considera ocorrido. Isso, como dissemos, aproxima o fato continuado do fato instantâneo. A qualificação que o matiza, na verdade, põe em destaque tratar-se não de situação que ocorre e se esgota a cada instante de tempo em que ela se põe (tal qual a luminosidade de um vaga-lume), mas de situação duradoura, que pode manter-se estável ao longo do tempo. Algumas dessas situações são mais estáveis que outras, como se dá com a propriedade territorial, embora apresente como característica variável mais visível o valor fundiário; a propriedade predial já é suscetível de sofrer maiores modificações ao longo do tempo; mais ainda a propriedade de bens móveis, como os veículos automotores; impostos sobre o patrimônio total do contribuinte (como pode ser o imposto sobre grandes fortunas) são também passíveis de maiores oscilações ao longo do tempo.

Aquilo para que se chama a atenção, nessas situações, é a circunstância de elas tenderem a *permanecer* ao longo do tempo. O imóvel tributado (na incidência de imposto sobre a propriedade) existe hoje e continua existindo amanhã. Já a *transmissão* de um imóvel (fato gerador instantâneo) existe agora e não amanhã. Amanhã poderá existir *outra* transmissão; ainda que se trate do mesmo imóvel, já se estará diante de *outro* fato gerador. Ocorrerão tantos fatos geradores, ao longo do tempo, quantas forem as operações de transmissão. Mas, independentemente do número de transmissões que possa haver ao longo do tempo, a cada período (geralmente anual) ocorrerá o fato gerador do imposto sobre a propriedade.

Paulo de Barros Carvalho, invocando o apoio de Geraldo Ataliba e de outros prestigiosos juristas, critica a classificação dos fatos geradores em função do tempo de sua ocorrência, sustentando que todos os fatos geradores são *instantâneos*, e ilustrando sua censura com a referência à polêmica entre Fábio Fanucchi e Antônio Roberto Sampaio Dória, que, não obstante classificassem o fato gerador do imposto de renda como periódico (ou *complexivo*), disputavam sobre qual seria o *instante* de ocorrência desse fato (se 31 de dezembro de cada ano ou o dia seguinte)[31].

Essa classificação, porém, tem utilidade não meramente didática (o que, aliás, por si só, já lhe daria trânsito nos manuais tributários). Nos impostos de fato gerador *periódico*, de que é exemplo típico o imposto de renda, a questionada classificação permite justamente tirar o foco da dis-

31. *Curso*, cit., p. 176 e s.

cussão sobre se o fato ocorre hoje ou amanhã (mesmo porque, na verdade, não é em nenhum desses dias que ele se *aperfeiçoa*[32]). Servindo-nos do exemplo do imposto de renda, o que se deve sublinhar é a circunstância de que seu fato gerador não se forma *num momento,* mas sim ao cabo de uma soma de momentos temporais, devendo-se considerar, para efeito da incidência da norma impositiva, não o que ocorre num certo e preciso instante do tempo, mas tudo o que aconteceu ao longo do período legalmente considerado. Assim, a renda de certo período não é a renda do dia "x", mas sim a renda do lapso de tempo que vai do primeiro até o último dia do período considerado[33].

Essas observações não têm valia apenas acadêmica; elas são importantes para efeito de aplicação da lei no tempo. Já vimos, no capítulo sobre as limitações do poder de tributar, que o respeito ao princípio da irretroatividade exige lei anterior ao *período* de apuração, e não apenas ao *termo final desse período*. E, se o tributo estiver sujeito ao princípio da anterioridade, requer-se lei de exercício anterior àquele em que se situe o período do tributo.

Recorde-se que, partindo da premissa (em si mesma correta) de que o fato, sendo de formação sucessiva no tempo, só se *completa* com o encerramento do período, a doutrina sustentava a aplicação da lei em vigor *ao final* do período de apuração, afirmando que haveria aí apenas uma *falsa* retroatividade. Reduzir o fato periódico a um fato instantâneo, coincidente com o término do período, certamente revitalizaria aquela posição doutrinária e jurisprudencial, hoje superada[34]. Geraldo Ataliba e Cléber Giardino, não obstante proclamarem ser "correta a colocação de Paulo de Barros Carvalho", reconheceram que "as peculiaridades do imposto de renda *precisam ser distinguidas de hipóteses de incidência dotadas de outras carac-*

---

32. Referindo-nos ao fato gerador anual do imposto, dissemos: "O fato gerador do imposto de renda se considera *consumado* quando se atinge um *momento lógico atemporal* que não se confunde nem com 31 de dezembro nem com 1º de janeiro, mas que coincidiria com a linha, *temporalmente imensurável*, que separa o último átimo de tempo do ano-base (e não se confunde, portanto, com esse átimo, que ainda pertence ao ano-base) do átimo de tempo subsequente (que já integra o ano seguinte, e com o qual aquela linha divisória também não se confunde)" (Luciano Amaro, O imposto de renda..., *Caderno de Pesquisas Tributárias*, n. 25/26, p. 142).

33. Luciano Amaro, O imposto de renda..., *Caderno de Pesquisas Tributárias*, n. 25/26, p. 142.

34. Cf., no capítulo das limitações do poder de tributar, as observações que fizemos a propósito do imposto de renda em face dos princípios da irretroatividade e da anterioridade.

terísticas". Comparam o imposto de renda com os impostos sobre a propriedade e dizem que, embora ambos incidam por períodos de tempo, "suas estruturas, princípios informativos, meios técnicos de configuração e outras peculiaridades *os tornam radicalmente diversos*"[35]. Reportando-se aos fatos isolados (rendimentos, despesas) que ocorrem ao longo do período de apuração da renda, asseveram que tais fatos "*são também fatos jurígenos, são fatos juridicamente relevantes*". E arrematam: "dizer que são irrelevantes esses fatos (...) é fechar os olhos à evidência de que a maior expressão de eficácia dessas normas (que incidiram sobre tais fatos) está na circunstância de terem determinado e condicionado efetivamente o comportamento do Fisco e do contribuinte"[36]. Essas conclusões são desdobramento indeclinável dos princípios fundamentais do Estado democrático e republicano, expostos ao longo do estudo de Geraldo Ataliba e Cléber Giardino.

Dessa citação inferem-se várias lições: a) as hipóteses de incidência precisam ser distinguidas (vale dizer, *classificadas*) em função de suas características específicas; b) o imposto de renda e o imposto sobre a propriedade, embora incidam por períodos de tempo, são radicalmente diversos (o que sugere que devam ser *classificados* separadamente); c) identificar a diversidade de regime jurídico de cada hipótese de incidência é uma tarefa necessária à aplicação dos princípios tributários.

5. MOMENTO DA OCORRÊNCIA DO FATO GERADOR

O Código Tributário Nacional enuncia preceito, no art. 116, que implica a distinção entre os fatos geradores que se traduzam numa *situação de fato* e os que correspondam a uma *situação jurídica*. Essa discriminação objetiva identificar o *momento* em que se considera ocorrido o fato gerador e existentes os seus efeitos.

Não quer o Código, por certo, ao distinguir entre situações de fato e de direito, dizer que as primeiras não tenham repercussão jurídica (o que seria uma contradição, na medida em que dão nascimento a obrigação jurídica de pagar tributo). Trata-se, porém, de fatos (ou circunstâncias fáticas) que podem não ter relevância jurídica para efeito de uma dada relação material *privada*, mas, não obstante, são eleitos para determinar no tempo o fato gerador do tributo. Num dado acontecimento, que pode desdobrar-se

35. Segurança..., *RDT*, n. 27/28, p. 69-70, grifos nossos.

36. Segurança..., *RDT*, n. 27/28, p. 70, grifos do original.

em várias fases, a lei pode escolher determinada etapa desse acontecimento para o efeito de precisar, no tempo, o instante em que o fato gerador se tem por ocorrido e no qual, portanto, tem-se por nascida a obrigação tributária. Assim, por exemplo, a saída de mercadoria do estabelecimento mercantil configura uma etapa do processo de circulação da mercadoria, eleita pela lei para o efeito de precisar a realização do fato gerador do ICMS, não obstante tal fato (a saída) possa não ter maior relevância no plano do direito comercial: a transmissão da propriedade (*traditio*) pode já ter-se operado (se a mercadoria tiver sido entregue no interior do estabelecimento), ou só vir a configurar-se posteriormente (por exemplo, no domicílio do destinatário). Mas a saída da mercadoria (do estabelecimento comercial) é eleita pela lei como suporte fático do tributo[37].

Tratando-se de situação de fato, diz o Código Tributário Nacional, tem-se por ocorrido o fato gerador "desde o momento em que se verifiquem as circunstâncias materiais necessárias a que produza os efeitos que normalmente lhe são próprios" (art. 116, I). Com essa perífrase, procura talvez o Código definir o óbvio, ou seja, afirma-se que uma situação material existe desde que ela esteja apta a produzir seus efeitos. É claro que, se se verificarem efeitos *impróprios*, produzidos por *circunstâncias materiais análogas*, ou *efeitos análogos* que sejam fruto de *circunstâncias materiais diferentes*, não se identificará o fato gerador. Assim, se o fato gerador for a situação, materialmente identificável, de saída de mercadoria de um estabelecimento comercial (que normalmente se refere a uma operação de circulação de mercadoria), não haverá fato gerador se o comerciante der saída à mercadoria (retirando-a para o passeio público) para salvá-la do fogo que grasse em sua loja...

Já o fato gerador que corresponda a uma *situação jurídica* considera-se realizado quando a referida situação esteja juridicamente aperfeiçoada (art. 116, II), vale dizer, quando os requisitos legais necessários à existência daquela específica situação jurídica estiverem todos presentes, na conformidade do arranjo instrumental exigido ou facultado pela lei. Se se trata de tributo que onere a instrumentação de um negócio jurídico, o fato gerador ocorrerá assim que o negócio jurídico estiver formalizado.

---

37. Alcides Jorge Costa, discorrendo sobre o ICM (hoje, ICMS), chama "fatos de exteriorização" a esses acontecimentos através dos quais o fato gerador se exterioriza em relação ao Fisco, chegando a identificar tais acontecimentos como "aspecto temporal do fato gerador" (*ICM na Constituição...*, cit., p. 103).

O parágrafo único do art. 116 (acrescentado pela LC n. 104/2001) dá à autoridade administrativa a faculdade de "desconsiderar atos ou negócios jurídicos praticados com a finalidade de dissimular a ocorrência do fato gerador do tributo ou a natureza dos elementos constitutivos da obrigação tributária, observados os procedimentos a serem estabelecidos em lei ordinária". Cuidamos do tema no capítulo relativo à interpretação e integração da lei tributária.

5.1. Fato gerador e atos sujeitos a condição

Na identificação do momento de ocorrência do fato gerador, quando este corresponda a uma situação jurídica (art. 116, II), dispõe, supletivamente, o art. 117 do Código Tributário Nacional que, se se cuidar de atos ou negócios jurídicos condicionais, o fato gerador se considera ocorrido: "I – sendo suspensiva a condição, desde o momento de seu implemento; II – sendo resolutória a condição, desde o momento da prática do ato ou da celebração do negócio".

O ato ou negócio jurídico que corresponda à descrição legal do fato gerador pode ter sua eficácia subordinada a evento futuro e incerto. Assim, ao ato (ou negócio) jurídico condicional pode ou não desde logo corresponder um fato gerador.

Se a condição é *suspensiva*, não há efeito na esfera tributária, enquanto não se realiza o evento de cuja implementação depende justamente a produção dos efeitos do ato ou negócio jurídico. Implementada a condição, o ato ou negócio (que era condicional e que se torna puro e simples) tem o efeito de gerar a obrigação tributária, que até então inexistia, pois ainda não se podia considerar ocorrido o seu fato gerador.

Se é *resolutiva* a condição, o ato ou negócio reputa-se desde logo apto à produção dos efeitos tributários, ainda que, no futuro, eventualmente, possam ser resolvidos, *ex nunc*, os efeitos que o ato ou negócio tenha produzido na esfera do direito privado.

6. FATO GERADOR, PRESUNÇÕES E FICÇÕES

Questão bastante discutida na doutrina consiste em saber se pode a lei tributária utilizar as técnicas da presunção e da ficção para definir o fato gerador do tributo.

As presunções dizem-se *legais* (ou *de direito*), se definidas em lei, e *humanas*, se estabelecidas pelo raciocínio humano, a partir da observação empírica, dividindo-se as primeiras em *relativas* (*juris tantum*) e *absolutas* (*juris et de jure*), conforme admitam ou não prova em contrário.

As *presunções legais*, como as *humanas*, extraem, de um fato conhecido, fatos ou consequências *prováveis*, que se reputam verdadeiros, dada a *probabilidade* de que realmente o sejam[38]. Se, presente "A", "B" geralmente está presente; reputa-se como existente "B" sempre que se verifique a existência de "A", o que não descarta a possibilidade, ainda que pequena, de provar-se que, *na realidade*, "B" não existe. A admissão ou não (pela lei) dessa prova em contrário distingue a presunção legal relativa da absoluta.

As *presunções humanas* têm importante presença no plano do direito processual, pois são utilizadas pelo aplicador da lei, que infere, de um fato provado "A", o fato não provado "B", que se reputa verdadeiro. Naturalmente, a presunção humana sempre admite prova em contrário.

Já a *ficção jurídica* (ou melhor, a ficção no plano jurídico) é de utilização privativa pelo legislador. Por meio dessa técnica, a lei atribui a certo fato características que, sabidamente, *não são reais*. Por isso, generalizou-se a afirmativa de ser a ficção uma *mentira legal*, ou uma *verdade apenas legal*, sem correspondência com a realidade.

A *ficção jurídica* não se confunde com a *presunção absoluta*, embora, praticamente, dela se aproxime. Na presunção absoluta, a consequência do fato conhecido é provável, embora passível de dúvida, mas a lei valoriza a probabilidade e recusa a prova em contrário. Na ficção, não há dúvida sobre o fato real, mas a lei, conscientemente, nega a realidade fática e constrói uma *realidade jurídica* diversa daquela. Dada a própria natureza da ficção, não cabe sequer cogitar de prova em contrário.

O problema, agora, consiste em saber se a lei tributária pode valer-se de presunções ou ficções ao compor a norma de incidência. Essa questão "se põe em face dos valores da *certeza do direito aplicável* e da *segurança jurídica*, em confronto com o *interesse ou conveniência da arrecadação*, que, por razões de *comodidade* ou para *reprimir a sonegação*, faz que a lei procure, com as questionadas técnicas da presunção e da ficção, mecanismos que simplifiquem o modelo de incidência, dispensem provas pelo Fisco ou, virtualmente, não acolham provas do contribuinte"[39].

---

38. Em rigor, as presunções ditas *legais* ou *de direito* também decorrem de uma apreciação *do homem*, enquanto *legislador*.

39. Luciano Amaro, Uso de las presunciones..., *Memória das Jornadas*, v. 1, p. 312; versão portuguesa, p. 752.

Se o emprego dessas técnicas implicar afronta, ainda que indireta, a qualquer princípio constitucional, ele deve ser repelido, pois, como anota Gilberto de Ulhôa Canto, é "evidente que o legislador não pode, através de ficções, elaborar regras que ele não poderia expedir de forma direta", não lhe cabendo esse expediente para contornar o disposto no art. 110 do Código Tributário Nacional, nem lhe sendo permitido alterar o figurino preestabelecido no Código, em relação a qualquer tributo; é legítimo, porém, o recurso do legislador às ficções e presunções, sempre que a verdade legal por esse meio declarada não esteja, expressa ou implicitamente, em desacordo com a verdade legal enunciada pela norma superior"[40].

Em suma, aquilo que o legislador não puder fazer *diretamente* (porque não esteja na sua esfera de competência ou porque fira preceito de norma superior), ele igualmente não pode fazer, *de modo indireto*, mediante utilização (que, nessas circunstâncias, se revelará artificiosa) das presunções ou ficções[41].

7. TRIBUTAÇÃO DE ATOS ILÍCITOS E DE ATOS INEFICAZES

Estatui o Código Tributário Nacional que "a definição legal do fato gerador é interpretada abstraindo-se: I – da validade jurídica dos atos efetivamente praticados pelos contribuintes, responsáveis, ou terceiros, bem como da natureza do seu objeto ou dos seus efeitos; II – os efeitos dos fatos efetivamente ocorridos" (art. 118).

O dispositivo firma o princípio de que, para a incidência do tributo, não é relevante a regularidade jurídica dos atos, ou a licitude do seu objeto ou dos seus efeitos, nem é decisivo indagar dos efeitos reais dos fatos ocorridos.

Amílcar de Araújo Falcão viu, no preceito do então Projeto de Código Tributário Nacional, a consagração da tributação dos atos ilícitos ou imorais, invocando o princípio de que o tributo *non olet* (não cheira), frase atribuída ao Imperador Vespasiano, em resposta à censura de seu filho quanto à de-

40. Presunções no direito tributário, *Caderno de Pesquisas Tributárias*, n. 9, p. 8-11.

41. José Luis Pérez de Ayala, em monografia sobre o tema das ficções no direito tributário, recomenda parcimônia na utilização dessa técnica legislativa e adverte para os riscos que seu emprego pode acarretar para os princípios tributários (*Las ficciones en el derecho tributario*).

cisão de se cobrar tributo sobre o uso de banheiros públicos[42]. Uma justificativa "moral" para a tributação dos atos ilícitos está em que não se pode dar a quem os pratica um tratamento menos gravoso do que o conferido aos que agem licitamente[43].

A questão, segundo nos parece, não é, propriamente, a de se tributarem ou não os atos ilícitos. Ato ilícito, como tal, não é fato gerador de *tributo*, mas suporte fático de *sanção*, que (mesmo quando se cuida de infração tributária) com aquele não se confunde (CTN, art. 3º). Dessa forma, se "A" furtou de "B" certa quantia, não se pode, à vista do furto, tributar "A", a pretexto de que tenha adquirido renda; cabem, no caso, as sanções civil e penal, mas não tributo. Alfredo Augusto Becker chama a atenção para o fato de que, mesmo nos chamados impostos "proibitivos" (extrafiscais), não há tributação de ilícito: enquanto a *sanção* busca impedir ou desestimular *diretamente* um ato que a lei *proíbe*, o *tributo extrafiscal* visa a impedir ou desestimular, *indiretamente*, um ato que a lei *permite*, o que demonstra que o *ilícito* é o elemento de distinção entre a sanção e o tributo[44].

O problema – a advertência ainda é de Becker – surge na fase de lançamento[45], vale dizer, ao investigar a ocorrência do fato gerador (cuja descrição legal não é integrada por uma ilicitude), pode-se *ignorar a ilicitude* que eventualmente se constate no exame do fato concreto?

A resposta, dependendo da natureza ou das características dos fatos, pode ser positiva. Desde que a situação material corresponda ao tipo descrito na norma de incidência, o tributo incide. Assim, por exemplo, o exercício de profissão (para a qual o indivíduo não esteja legalmente habilitado) não impede a incidência de tributo sobre a prestação do serviço ou sobre a renda auferida; não se tributa o descumprimento da norma legal que disciplina o exercício regular da profissão, mas o fato de executar o serviço, ou o fato da percepção de renda. O advogado impedido que, não obstante, advogue, ou o indivíduo inabilitado que, apesar disso, clinique como médico, não podem invocar tais circunstâncias para furtar-se ao pagamento dos tributos que incidam sobre suas atividades, ou sobre a renda que aufiram, a

42. Amílcar de Araújo Falcão discorre sobre o "princípio do *non olet*", destacando seu elevado sentido ético (*Fato gerador*, cit., p. 91). *V.*, também, Aliomar Baleeiro (*Direito*, cit., p. 461-2).

43. Amílcar de Araújo Falcão criticou a relutância dos Tribunais quanto à tributabilidade de atividades criminosas ou imorais (*Fato gerador*, cit., p. 90-1).

44. *Teoria*, cit., p. 556-7.

45. *Teoria*, cit., p. 557 e s.

pretexto de que o fato gerador não se aperfeiçoaria diante das irregularidades apontadas. Se o diretor de uma instituição financeira, legalmente proibido de tomar empréstimo da empresa que dirige, realizar a operação vedada, o imposto sobre operações de crédito incide, não obstante a ilicitude do negócio. Também a circunstância de o autor da herança ter sido assassinado (ato ilícito) não impede a realização do fato gerador do imposto sobre a transmissão de bens (não obstante, por preceito da lei civil, se exclua da sucessão o assassino, caso tenha vocação hereditária: CC/2002, art. 1.814, I)[46].

O Código Tributário Nacional manda também que se abstraiam os efeitos efetivamente ocorridos (art. 118, II). Desse modo, se alguém tomou um empréstimo bancário (fato gerador de imposto), e deixou de sacar os recursos postos à sua disposição, ou pagou ao banco o valor do mútuo sem utilizar os recursos para os fins que objetivava, nem por isso se deverá desconsiderar a ocorrência do fato gerador e o consequente nascimento da obrigação tributária.

Esse preceito deve ser conciliado com o art. 116, I. Se os efeitos de certo ato *integrarem a definição legal do fato gerador*, a ausência desses efeitos, no plano concreto, leva, logicamente, a reconhecer o *não aperfeiçoamento do próprio fato gerador* e, por via de consequência, a inexistência de obrigação tributária.

7.1. Interpretação do fato gerador

Ao tratar da interpretação benigna (art. 112), vimos que o Código Tributário Nacional cuidou não apenas da interpretação da norma, mas também da *valorização* dos fatos. No art. 118, que estamos analisando, o Código igualmente regula a valorização de fatos concretos. Referindo-se, não obstante, à *interpretação* da definição legal do fato gerador, o dispositivo declara que se deve abstrair a validade jurídica dos *atos efetivamente praticados*, bem como a natureza do seu *objeto* ou dos seus *efeitos*, e os *efeitos dos fatos* efetivamente ocorridos.

---

46. Alberto Xavier vê no art. 118 do Código Tributário Nacional regra no sentido de que o Fisco deve, no procedimento de lançamento, abstrair a eventual invalidade jurídica dos atos praticados pelo contribuinte. Porém, se o Fisco (ou o contribuinte) demandar judicialmente a invalidade desses atos, o lançamento deverá conformar-se com a realidade judicialmente reconhecida. Esse autor repele a possibilidade de o Fisco reconhecer, de ofício, a invalidade dos atos praticados (Notas..., *RDT*, n. 2, p. 229).

Ricardo Lobo Torres censura o Código Tributário Nacional, que, nesse dispositivo, teria confundido o fato gerador abstrato (hipótese de incidência) e o fato gerador concreto[47].

Como o fato gerador concreto só pode ser o espelho do fato gerador abstrato, o preceito legal tentou explicitar que o modelo legalmente definido (por exemplo, prestação de serviços) se considera correspondido concretamente (ou seja, realizado), ainda que o fato efetivamente ocorrido tenha sido viciado por alguma ilicitude (por exemplo, tratava-se de serviço para cuja prestação o indivíduo não estava legalmente autorizado).

Quanto à abstração dos efeitos dos fatos, parece que o Código Tributário Nacional diz o óbvio: se a hipótese de incidência se realiza com o fato "x" (independentemente de se pesquisar a presença deste ou daquele efeito), deve-se realmente desprezar o efeito do fato. Porém, se o fato gerador é daqueles que se traduzem numa *situação de fato*, requer-se, para a realização do fato gerador, a presença das circunstâncias materiais necessárias à produção dos *efeitos próprios do fato* (art. 116, I).

O art. 118 conjuga-se com o art. 126, também do Código Tributário Nacional, quando este declara que a capacidade para ser sujeito passivo de obrigação tributária não é afetada pelo fato de estar a pessoa física sujeita a medidas privativas ou limitativas de suas atividades, ou de estar a pessoa jurídica em situação irregular.

O que nesses dispositivos se estabelece não é incompatível com a afirmação do art. 3º do mesmo Código, no sentido de que o tributo não configura sanção de ato ilícito. Com efeito, o tributo não incide sobre o ato porque ele seja ilícito; incide (ou *pode* incidir) *independentemente* de sua eventual ilicitude.

8. EFEITO DO FATO GERADOR

Com o objetivo de sublinhar a importância do fato gerador, como "elemento nuclear" do direito tributário, têm-se assinalado os efeitos decorrentes de sua realização. Amílcar de Araújo Falcão, com alguma dose de exagero, ressalta a importância do fato gerador para o efeito, entre outros, de estabelecer os conceitos de incidência, não incidência, imunidade e isenção, de distinguir os tributos em gênero e em espécie[48].

47. *Normas*, cit., p. 114-23.

48. *Fato gerador*, cit., p. 32-3 e 134-6.

Urge desmistificar o fato gerador. Em verdade, se o fato gerador *in concreto* marca, no tempo e no espaço, o nascimento da obrigação tributária, o seu efeito (*relevante*, mas *único*) é o de concretizar a *incidência.*

A noção de fato gerador nada tem que ver com a não incidência, com a imunidade ou a com a isenção, em que o fato que porventura ocorra *não é gerador* de obrigação tributária, como veremos linhas adiante.

Realmente, o referido efeito é o que normalmente decorre da subsunção de qualquer fato à norma que o disciplina. O que se deve ressaltar é a importância da precisa identificação temporal e espacial do fato gerador, pois, a partir do momento em que ele se realiza, nasce a obrigação tributária, com a irradiação de direitos e deveres, pretensões e ações, conferidos às partes que titulam os polos ativo e passivo da relação jurídica tributária.

9. INCIDÊNCIA, NÃO INCIDÊNCIA, IMUNIDADE E ISENÇÃO

Diz-se que há *incidência* de tributo quando determinado fato, por enquadrar-se no modelo abstratamente previsto pela lei, se juridiciza e irradia o efeito, também legalmente previsto, de dar nascimento a uma obrigação de recolher tributo.

A par do fato gerador de tributo, outros fatos há que podem ser matizados por normas da legislação tributária, sem que haja incidência (de tributos) sobre eles. É o que se dá com as normas de *imunidade* ou de *isenção*, que juridicizam certos fatos, para o efeito não de dar a eles a aptidão de gerar tributos, mas, ao contrário, negar-lhes expressamente essa aptidão, ou excluí-los da aplicação de outras normas (de incidência de tributos).

Quando se fala de *incidência* (ou melhor, de incidência *de tributo*), deve-se ter em conta, portanto, o campo ocupado pelos fatos que, por refletirem a hipótese de incidência do tributo legalmente definida, geram obrigações de recolher tributos. Fora desse campo, não se pode falar de incidência *de tributo*, mas apenas da incidência de *normas de imunidade*, da incidência de *normas de isenção* etc.

Todos os fatos que *não têm a aptidão de gerar tributos* compõem o campo da *não incidência* (de tributo).

Os fatos integrantes do campo da não incidência podem apresentar-se com diversas roupagens jurídicas. Fatos há que, por se situarem longe dos modelos de situações reveladoras de capacidade contributiva, nem sequer são cogitados como suportes materiais de tributos (por exemplo, o fato de alguém respirar, ou de olhar as estrelas); outros, embora pudessem ter sido incluídos no rol das situações tributáveis, não o foram (ou porque o legislador não o quis ou porque lhe falecia competência para fazê-lo). Em todas essas situações, estamos inegavelmente no campo da *não incidência*. Esse campo é integrado, ainda, pelas situações *imunes* e *isentas* (nas quais, portanto, o tributo também não incide).

Ao cuidar da *imunidade*, vimos que há situações nas quais (por considerações de caráter pessoal ou real) a Constituição não reconhece competência para criação de tributos. Obviamente, tais situações estão no campo da *não incidência*, já que, aí, nem sequer existe competência tributária. Se instituído o tributo sobre um universo de situações que compreenda a hipótese de imunidade, esta permanece no campo da não incidência, infensa à tributação. Caso a lei, de modo explícito, declare a incidência sobre a situação imune, o preceito será nulo, por vício de inconstitucionalidade.

Outras situações existem em que a competência é autorizada, mas não é exercida, ou só o é parcialmente. Dá-se, aí, o que a doutrina costuma designar como *não incidência* (*tout court*) ou *não incidência pura e simples*, por oposição à imunidade e à isenção.

Finalmente, a *isenção*. O que há aqui é uma técnica peculiar utilizada no processo de definição do campo de incidência. Suponhamos que o legislador possa, num universo de cem espécies, tributar noventa (porque as outras dez são imunes e, portanto, ficaram fora do campo onde a competência tributária pode ser exercitada). Se o legislador ordinário *não* tributar essas noventa espécies, total ou parcialmente, teremos a situação que referimos no parágrafo anterior (não incidência pura e simples). Mas pode ocorrer que o legislador, pretendendo tributar parte das noventa espécies, decida, em vez de relacionar as espécies que efetivamente queira gravar, optar pela técnica da isenção, que consiste em estabelecer, *em regra*, a tributação do universo, e, *por exceção*, as espécies que ficarão fora da incidência, ou seja, continuarão *não tributáveis*. Essas espécies excepcionadas dizem-se *isentas*.

Como se percebe, a diferença entre a chamada *não incidência pura e simples* e a *isenção* é apenas formal, dizendo respeito à técnica utilizada pelo legislador. A técnica da isenção tem notáveis virtudes simplificadoras; por meio dela, podem ser excepcionadas situações que, pela natureza dos fatos, ou dos bens, ou das pessoas, ou em função da região, ou do setor de atividades etc., o legislador não quer onerar com o tributo. Várias razões podem fundamentar esse tratamento diferente, em atenção às características da situação, às condições da pessoa, a razões de política fiscal (por exemplo, estímulo a determinados comportamentos etc.). Há de haver um critério válido de discrímen para justificar a isenção, a fim de harmonizá-la com o preceito constitucional da *isonomia*.

A linguagem utilizada pela lei para excetuar determinadas situações, subtraindo-as da incidência do tributo, não é uniforme. Nem sempre a lei declara, por exemplo, que os fatos "a" e "b" (contidos no universo "a" a "n") são *isentos*. Pode expressar a mesma ideia dizendo, por exemplo, que o tributo "*não incide*" sobre os fatos "a" e "b", ou que tais fatos "não são tributáveis", ou, ao definir o universo que compreende aqueles fatos, aditar: "excetuados os fatos 'a' e 'b'". Pode, ainda, a lei, no rol de alíquotas aplicáveis às diversas situações materiais, fixar, para os fatos "a" e "b", a alíquota zero; como qualquer valor (de base de cálculo) multiplicado por zero dá zero de resultado, o que daí decorre é a *não tributação* dos fatos "a" e "b", que, por essa ou pelas anteriores técnicas, acabam enfileirando-se entre as situações de *não incidência*.

A isenção atua geralmente num sistema de *par de normas*, em que uma é *regra*, a outra é *exceção*; uma é *gênero* (regra), a outra é *espécie* (excepcionada). Uma norma diz, por exemplo, que todos os rendimentos oriundos do trabalho são tributáveis; a outra excepciona (ou "isenta", ou declara "não tributáveis" ou "não sujeitos à incidência") os rendimentos de aviso prévio indenizado e salário-família.

A imunidade e a isenção distinguem-se em função do plano em que atuam. A primeira opera no plano da definição da *competência*, e a segunda atua no plano da definição da *incidência*. Ou seja, a imunidade é técnica utilizada pelo constituinte no momento em que define o campo sobre o qual outorga *competência*. Diz, por exemplo, o constituinte: "Compete à União tributar a renda, exceto a das instituições de assistência". Logo, a renda dessas entidades *não integra* o conjunto de situações sobre que pode exercitar-se aquela competência. A imunidade, que reveste a hipótese excepcionada, atua, pois, no plano da definição da *competência tributária*. Já a isenção se coloca no plano da definição *da incidência* do tributo, a ser implementada pela lei (geralmente ordinária) por meio da qual se exercite a competência tributária. Suponha-se que o legislador *possa* tributar todas as situações "y", mas *não queira* tributar as espécies "y^1" e "y^2". Dirá, então, o legislador: "Fica instituído o tributo 'x' sobre o grupo de situações 'y', exceto 'y^1' e 'y^2'". As hipóteses excepcionadas não compõem, portanto, o rol de situações sobre o qual *incide* o tributo. Trata-se, como se vê, de técnica empregada no plano da definição da *incidência*, para, via exceção, deixar fora dela as situações que o legislador não quer tributar.

Examinadas as figuras da imunidade e da isenção (e sabido que, em ambas, não incide tributo), vê-se que as demais situações de não incidência (que formam o campo da chamada *não incidência pura e simples*) abrangem um complexo heterogêneo, que abarca desde as hipóteses que, à vista do texto constitucional, quedaram não compreendidas por nenhum rol de *competências*, até aquelas que, podendo embora ser oneradas pelo tributo, ficaram fora do grupo de situações compreendido pela regra de *incidência*. Por exemplo, se o legislador, ao instituir imposto sobre os fatos do grupo "y", arrolar as subespécies "y^3" a "y^8", deixará no campo da não incidência pura e simples outras subespécies do referido grupo.

Como vimos, as diferenças entre as várias formas de não incidência dizem respeito à *técnica legislativa*. Se o ordenamento jurídico declara a situação não tributável, em preceito constitucional, temos a hipótese de *imunidade tributária*. Se a lei exclui a situação, subtraindo-a da regra de incidência estabelecida sobre o universo de que ela faz parte, temos a *isenção*. Se o fato simplesmente não é referido na lei, diz-se ele pertencente ao campo da *não incidência pura e simples*, ou da *não incidência, tout court*.

Não se nega que essas diferenças de técnica legislativa tenham relevância. O que se afirma é que não há diferença substancial entre as várias formas de que se pode revestir a não incidência. Obviamente, a alteração de uma imunidade demandaria reforma constitucional (o que pode esbarrar no disposto no art. 60, § 4º, IV, da Constituição, pois a imunidade foi inserida entre os direitos e garantias individuais: art. 150, VI). A tributação de uma situação isenta depende da revogação do preceito definidor da isenção. E a tributação de uma situação que não se encontra abrangida por nenhuma regra de incidência depende da edição de norma que positive a tributação da hipótese.

9.1. Crítica do conceito de isenção como "exclusão do crédito tributário"

Rubens Gomes de Sousa sustentou que a isenção é favor concedido pela lei, consistente em "dispensar o pagamento de um tributo devido", argumentando que, "na isenção, o tributo é devido, porque existe a obrigação, mas a lei dispensa o seu pagamento"[49].

---

49. *Compêndio*, cit., p. 97.

O doutrinador inspirou-se no que seria a lição de Giannini para assim definir a isenção[50]. Seu conceito, endossado por Amílcar de Araújo Falcão[51], passou para alguns compêndios pátrios[52], e, graças à autoridade de Rubens Gomes de Sousa, foi incorporado ao texto do Código Tributário Nacional, não na sua formulação literal, mas transformado em modalidade de "exclusão do crédito tributário" (art. 175, I). O Código faz supor que, ao fenômeno da isenção, esteja subjacente uma "obrigação tributária", cujo "crédito" teria sido dispensado (art. 175, parágrafo único). Rubens Gomes de Sousa, porém, afirmou que o Código não tomou partido nessa discussão[53]. Hector Villegas apresenta lição análoga à de Rubens Gomes de Sousa, ao ensinar que as isenções têm o efeito de "*neutralizar* a consequência jurídica normal, derivada da configuração do fato imponível, ou seja, o mandamento de pagar o tributo", para concluir que, configurada a isenção, "a realização do fato imponível já não se traduz no mandamento de pagar", pois o fato imponível não estaria sozinho, mas sim "*escoltado por uma hipótese legal neutralizante tributária*"[54].

Todavia, trata-se de conceituação equivocada. Dispensa legal de tributo devido é conceito que calharia bem para a *remissão* (ou perdão) de tributo, nunca para a isenção. Aplicado à isenção, ele suporia que o fato isento fosse tributado, para que, *no mesmo instante*, o tributo fosse dispensado pela lei. Esse raciocínio ilógico ofende o princípio da não contraditoriedade das normas jurídicas: um fato não pode ser, *ao mesmo tempo*, tri-

50. Rubens Gomes de Sousa, Isenções fiscais – substituição de tributos – Emenda Constitucional n. 18 – Ato Complementar n. 27 – imposto sobre vendas e consignações – imposto sobre circulação de mercadorias, *RDA*, v. 88, p. 256; e A reforma tributária e as isenções condicionadas, *RDA*, v. 92, p. 376.

51. *Fato gerador*, cit., p. 118-21.

52. *V.*, por exemplo, Fábio Fanucchi, Curso, cit., v. 1, p. 368-71. José Souto Maior Borges, que recusa essa conceituação, aponta diversos autores, nacionais e estrangeiros, que a endossam (*Isenções tributárias*, p. 161-3, nota de rodapé).

53. Rubens Gomes de Sousa registrou: "A Lei n. 5.172, que regula o Sistema Tributário Nacional, e que resultou de uma segunda revisão do Projeto de Código Tributário Nacional (...) não tomou partido nessa controvérsia doutrinária, limitando-se a dispor, no art. 175, n. I, que a isenção exclui o crédito tributário. Isso pode significar que, nos casos de isenção, inexiste a própria obrigação tributária, de vez que o crédito é simples decorrência daquela (art. 139). Ou pode significar que a obrigação existe mas é incobrável, porquanto a obrigação de pagar é inexigível quando inexista o crédito correspondente" (Isenções..., *RDA*, v. 88, p. 256; e A reforma..., *RDA*, v. 92, p. 376).

54. *Curso*, cit., p. 129-30 (grifos do original).

butado e não tributado[55] Flávio Bauer Novelli registrou que a citação da obra de A. D. Giannini, único autor que Rubens invocara para sustentar o conceito da isenção como dispensa do pagamento do tributo devido, seria equivocada, já que, na lição de Giannini, o que se dá na isenção é que *não surge o débito do imposto*[56].

O Código Tributário Nacional, porém, como acima já registramos, endossou a censurada lição e declarou que a isenção "exclui o crédito tributário". Como o crédito tributário, segundo pretende o art. 142 do Código, é constituído pelo lançamento, embora "decorra" (no dizer do art. 139 do CTN) da obrigação tributária, que, por sua vez, nasce com a ocorrência do fato gerador, temos, em primeiro lugar, uma incompreensível situação em que haveria um fato gerador, que daria nascimento a uma obrigação tributária, da qual "decorreria" um crédito, a ser "constituído" pelo lançamento, quando se sabe, desde o momento em que o fato ocorreu, que, sendo ele isento, nenhum tributo teria de ser recolhido, não se podendo, portanto, falar em tributo devido. Em segundo lugar, se o Código proclama que o crédito tributário é "constituído" pelo lançamento, a isenção (que, obviamente, não dá ensejo a que se processe o lançamento do tributo) operaria o milagre de "excluir" algo (o crédito) antes mesmo que ele fosse "constituído".

Como se isso não bastasse, o Código Tributário Nacional incluiu, no mesmo dispositivo sobre "exclusão" do crédito tributário, a *anistia*, ao lado da isenção, o que leva a doutrina ao esmero de identificar as "diferenças" entre isenção e anistia, como se utilidade houvesse em distinguir um artrópode de uma sequoia. Da anistia trataremos adiante, no capítulo apropriado.

9.2. Regime jurídico da isenção

Desnecessário é frisar que a isenção, por atuar, como norma de exceção, no plano da incidência do tributo, é matéria *de lei*, a que cabe a definição do seu regime jurídico (CTN, art. 176). Diante disso, o mínimo que se pode

55. Alfredo Augusto Becker, *Teoria*, cit., p. 277; José Souto Maior Borges, *Isenções*, cit., p. 162 e s.; Luciano Amaro, Revogação de isenções e anterioridade, in *Princípios tributários no direito brasileiro e comparado*, p. 494-5; Flávio Bauer Novelli, Anualidade..., *RDT*, n. 51, p. 70 e s. Paulo de Barros Carvalho censura também a tese, que qualifica de "clássica" (*Curso*, cit., p. 323 e s.); Rubens Gomes de Sousa, porém, registrou diversos autores pátrios que não haviam adotado a tese, sustentada por ele e por Amílcar de Araújo Falcão (Isenções..., *RDA*, v. 88, p. 255-6; e A reforma..., *RDA*, v. 92, p. 375-6) e, depois, por outros autores.

56. Flávio Bauer Novelli, Anualidade..., *RDT*, n. 51, p. 70 e 82-3, nota de rodapé n. 33.

exigir da norma isentiva é que "especifique (...) os tributos a que se aplique" (como pede o CTN, no citado art. 176).

O art. 177 consagra a ociosidade, ao afirmar que a isenção não se estende às taxas e às contribuições de melhoria, nem aos tributos instituídos posteriormente, salvo disposição em contrário, o que já são decorrências imediatas do preceito do artigo anterior.

Minúcias burocráticas (que hoje tendem ao desaparecimento) são reguladas no art. 179, ao disciplinar as isenções que demandam reconhecimento formal pela autoridade: "A isenção, quando não concedida em caráter geral, é efetivada, em cada caso, por despacho da autoridade administrativa, em requerimento com o qual o interessado faça prova do preenchimento das condições e do cumprimento dos requisitos previstos em lei ou contrato para sua concessão. § 1º Tratando-se de tributo lançado por período certo de tempo, o despacho referido neste artigo será renovado antes da expiração de cada período, cessando automaticamente os seus efeitos a partir do primeiro dia do período para o qual o interessado deixar de promover a continuidade do reconhecimento da isenção. § 2º O despacho referido neste artigo não gera direito adquirido, aplicando-se, quando cabível, o disposto no art. 155".

O caráter "geral" da isenção a que o dispositivo se refere não se opõe a nenhum caráter "especial". O que o Código quis expressar foi que algumas isenções, não obstante definidas pela lei, poderiam ter sua eficácia sujeita a um procedimento formal de reconhecimento perante a autoridade (e esse procedimento seria renovável a cada período de incidência, no caso de tributos lançados por períodos certos de tempo). Ou seja, não bastaria ser isento; seria preciso provar que o é, perante a autoridade. E mais: a referência ao art. 155 significa que o despacho de reconhecimento oficial da isenção nada valeria, pois, se a situação concreta não for de isenção, o despacho não gera direito a ela... Trata-se de uma pérola de exigência burocrática inútil.

As normas de isenção – pretende o art. 111, itens I e II, do Código Tributário Nacional – seriam de interpretação literal. No capítulo dedicado a esse tema, já dissemos que essas disposições não afastam as demais técnicas exegéticas usualmente empregadas pelo aplicador do direito.

9.2.1. Revogação de isenção, incidência e anterioridade

Como regra geral, a isenção pode ser revogada por lei a qualquer tempo (CTN, art. 178). A revogação de norma de isenção equivale à edição de norma de incidência. A diferença é apenas de técnica legislativa, como já acentuamos.

Se o fato "a" estava fora do campo da incidência (porque ele, pura e simplesmente, não fora abrangido pela regra de incidência, ou porque, embora abrangido pelo gênero tributado, fora excepcionado da incidência por norma de isenção), tanto a edição de regra que o tribute como a revogação da norma que o isentava implica seu ingresso no rol dos fatos tributáveis.

Se se trata de tributo sujeito ao princípio da *anterioridade*, é óbvio que a revogação da isenção, tendo o mesmo efeito da edição de regra de tributação, importa em que o tributo só possa ser aplicado a partir do exercício seguinte àquele em que a norma legal seja editada. O Código Tributário Nacional deixou isso expresso no art. 104, III.

A submissão da regra revogadora de isenção ao referido princípio (ou ao da anualidade) é antiga lição de nossa doutrina[57]. É digno de nota o registro de Rubens Gomes de Sousa no sentido de que o Código Tributário Nacional teve o objetivo específico de contrariar a jurisprudência que entendia que a revogação de uma isenção não equivaleria à criação de tributo novo[58]. Paulo de Barros Carvalho considera "questão assente que os preceitos de leis que extinguem ou reduzem isenções só devam entrar em vigor no primeiro dia do exercício seguinte àquele em que forem publicados"[59].

Não obstante, o Supremo Tribunal Federal sumulou o entendimento de que "O princípio constitucional da anualidade (§ 29 do art. 153 da CF) não se aplica à revogação de isenção do ICM" (Súmula 615, onde se menciona dispositivo da CF de 1967, com a redação dada pela EC n. 1/69).

Os fundamentos dessa jurisprudência partem de premissas equivocadas, que, mesmo na hipótese de serem assumidas como corretas, não levariam às conclusões que foram firmadas pelo Supremo. Já alhures procuramos demonstrar que, mesmo quando se admita a consagração, pelo Código Tributário Nacional, do conceito de isenção como "dispensa de tributo devido" (coisa que até Rubens Gomes de Sousa negou, ao dizer que o Código não tomou partido nessa discussão), ainda assim não se pode culpar o Código de ter propiciado oblíquo desrespeito ao princípio da anterioridade na hipótese em exame, pois o seu art. 104, no item III, cuidou adequadamente

57. Flávio Bauer Novelli, a par de estudo seu e do nosso Revogação de isenções, in *Princípios*, cit., refere os trabalhos de Antônio Roberto Sampaio Dória, José Souto Maior Borges, Aliomar Baleeiro e Paulo de Barros Carvalho (Anualidade..., *RDT*, n. 51, p. 68-9). Em contrário, Gilberto de Ulhôa Canto, Anterioridade..., *RDT*, p. 106-7.

58. Isenções..., *RDA*, v. 88, p. 262; e A reforma..., *RDA*, v. 92, p. 383.

59. *Curso*, cit., p. 337.

da matéria, quando explicitou que a revogação de isenção de tributo (sujeito à anterioridade) só autoriza a tributação no exercício subsequente. E mesmo que não o dissesse, não se poderia dar ao Código Tributário Nacional interpretação que pudesse ferir, ainda que indiretamente, um princípio constitucional[60].

Com efeito, o art. 104 do Código Tributário Nacional o que fez foi desdobrar as consequências do princípio da anterioridade (que, na época de sua edição, era aplicável, como já vimos, apenas aos impostos sobre a renda e o patrimônio). Ao proceder à definição dos efeitos da anterioridade, o preceito foi expresso ao estabelecer que a revogação das isenções se submete àquele princípio. Aquilo que, na época, era aplicável apenas aos tributos sobre renda e patrimônio hoje deve ser entendido como abrangente de todos os tributos protegidos pelo princípio da anterioridade. Assim, mesmo a revogação de uma isenção de tributo não mencionado no art. 104 submete-se ao princípio da anterioridade, desde que, *hoje*, esse tributo esteja sujeito a tal princípio[61].

9.2.2. A revogação de isenção condicional e a prazo certo

No plano da definição da incidência, temos repetido que a isenção é mera técnica legislativa pela qual, de um universo de situações que a lei poderia tributar, algumas situações (ou certas situações com alguma especificidade) são excepcionadas da regra de incidência, de modo que a realização concreta dessas situações não importa em realização do fato gerador, mas sim de fato isento (portanto, não tributável). A revogação da isenção implica passar o fato, antes não tributável, a ser compreendido pela norma de incidência.

A revogabilidade da norma isencional é prevista no art. 178 do Código Tributário Nacional, que, para efeito de aplicação, no tempo, da regra de incidência, põe a ressalva do princípio da anterioridade. O dispositivo apresenta, ainda, outra ressalva, ao estatuir a revogabilidade da isenção "*salvo se concedida por prazo certo e em função de determinadas condições*".

Certas isenções são reconhecidas pela lei com o objetivo de estimular a execução de empreendimentos ou atividades de interesse público, e geralmente essas isenções costumam ter determinado prazo de duração. São, pois,

---

60. Luciano Amaro, Revogação de isenções..., in *Princípios*, cit.

61. Luciano Amaro, Revogação de isenções..., in *Princípios*, cit.; no mesmo sentido, Eduardo Maneira, *Direito*..., cit., p. 125-36. *V*., também, José Souto Maior Borges, *Isenções*, cit., p. 109-11, e Paulo de Barros Carvalho, *Curso*, cit., p. 337.

isenções *temporárias* (o que não impede sua eventual prorrogação). Por exemplo, confere-se isenção do imposto "X", durante dez anos, às empresas que se instalarem em certa região para fabricar determinado produto.

É evidente que, instalando-se nessa região uma empresa que atenda às condições para enquadrar-se na norma da isenção, não pode o legislador frustrar o direito da empresa à isenção, cassando-a antes do prazo assinalado.

Já antes da edição do Código Tributário Nacional, a jurisprudência firmara essa posição[62]. O Código, na redação original, ressalvava as isenções concedidas por prazo certo *ou* (alternativamente) em função de determinadas condições. A Lei Complementar n. 24/75 trocou a alternativa "ou" pela aditiva "e", com o objetivo de evitar que uma isenção atrelada ao cumprimento de certos requisitos (e que não tivesse prazo definido de duração) se eternizasse.

Não obstante, Paulo de Barros Carvalho sustenta que, "havendo a justa indenização advindo dos prejuízos do inadimplemento contratual, também as (isenções) concedidas por prazo certo e mediante condições podem ser revogadas"[63].

Quanto a poder ser revogada a norma legal definidora da isenção (mesmo quando condicionada e por prazo certo) não parece haver dúvida. A questão, na verdade, está mal posta no Código, dado o fato – para o qual Flávio Bauer Novelli chama a atenção – de que aquilo que é revogável é a *norma legal* e não a *isenção*, não significando o art. 178 um limite à revogabilidade da norma isentante, mas sim um obstáculo a que se modifique o efeito ou situação decorrente da aplicação da norma, na medida em que esse efeito ou situação se caracterize como "direito adquirido"[64].

Assim, ainda que a lei defina isenção condicionada e garanta sua aplicação por certo período de tempo, a *norma legal* pode ser revogada. Essa revogação, porém, não tem o efeito de *cassar* a isenção de quem já cumpriu a condição e possui, por isso, direito à isenção pelo prazo que a

62. "Isenções tributárias concedidas, sob condição onerosa, não podem ser livremente suprimidas" (Súmula 591 do STF). Rubens Gomes de Sousa mostra a evolução do tema, na jurisprudência e na doutrina, até o advento do Código Tributário Nacional (cf. Isenções..., *RDA*, v. 88, ou A reforma..., *RDA*, v. 92).

63. *Curso*, cit., p. 336.

64. Anualidade..., *RDT*, n. 51, p. 82, nota de rodapé n. 32. Aurélio Pitanga Seixas Filho diz que "essa controvérsia não tem razão de ser e é baseada em uma confusão entre o plano normativo e o plano dos fatos em que uma pessoa favorecida adquire uma situação jurídica subjetiva" (*Teoria e prática das isenções tributárias*, p. 163).

lei definia. Por outro lado, ainda que *não revogada a lei,* cessará a isenção quando esgotado o prazo de sua aplicação a determinada pessoa que a ela adquirira direito.

9.3. Classificação das isenções

As isenções classificam-se em *objetivas* (ou *reais*) e *subjetivas* (ou *pessoais*), consoante a lei que as conceda tenha levado em conta peculiaridades da própria *situação material* (por exemplo, trata-se do produto "x", que, por tais ou quais razões de política fiscal, não se quer tributar), ou tenha considerado a *condição pessoal* do indivíduo (pessoa física ou pessoa jurídica) ligado à situação material (por exemplo, trata-se de uma pequena empresa, de uma pessoa física aposentada e idosa etc.).

As isenções dizem-se *regionais* quando atingem apenas uma parte do território da entidade tributante (art. 176, parágrafo único).

São *setoriais* as que contemplam determinado setor de atividade econômica (por exemplo, pesca, florestamento, turismo etc.).

Isenções *condicionadas* são as que dependem do cumprimento de certos requisitos por quem a elas se queira habilitar; por exemplo: instalar em certo local uma indústria que empregue determinado número de pessoas. Esse tipo de isenção geralmente é concedido por prazo certo, o que as qualifica como isenções *temporárias*.

Fala-se, ainda, por oposição às isenções "*totais*", em isenções "*parciais*", querendo-se, com essa qualificação, expressar as situações em que a lei reduz o gravame fiscal sobre certa situação[65]. Nesse caso, talvez não se deva designar a situação como isenta. O fato é gerador; o que se dá é que, à vista de certa especificidade da situação, a alíquota (ou a base de cálculo) é *menor* (assim como poderia ser *maior*), quando comparada à da situação similar em que a referida especificidade não se faz presente.

Há isenções, felizmente em desuso, cuja eficácia se subordina a um processo formal de reconhecimento perante a autoridade (isenções *solenes*, que Fábio Fanucchi designou de *relativas*, por oposição às *absolutas*[66]), e que o art. 179 do Código Tributário Nacional opõe às isenções "de caráter geral"[67].

---

65. Alberto Xavier, *Manual*, cit., p. 289.

66. *Curso*, cit., p. 373-4.

67. Cf., *supra*, os comentários sobre o regime jurídico da isenção no Código Tributário Nacional.

Capítulo X

Sujeito Ativo e Passivo da Obrigação Tributária

Sumário: 1. Sujeito ativo da obrigação tributária. 1.1. Competência tributária e sujeição ativa. 1.2. Sucessão do sujeito ativo. 1.3. Recepção da legislação de ente político desmembrado. 2. Sujeito passivo da obrigação principal e da obrigação acessória. 3. Contribuinte. 3.1. Contribuinte e capacidade contributiva. 3.2. Contribuinte como conceito jurídico-formal. 3.3. Relação pessoal e direta do contribuinte com o fato gerador. 4. Responsável. 4.1. Responsável como "terceiro". 5. Sujeito passivo da obrigação principal e sanções pecuniárias. 6. As técnicas de definição do sujeito passivo responsável. 7. A responsabilidade tributária no Código Tributário Nacional. 7.1. Limites à definição legal de responsabilidade tributária. 7.2. Terceiro responsável e "responsabilidade" do contribuinte. 7.3. Responsabilidade solidária. 7.3.1. Efeitos da solidariedade. 7.4. Responsabilidade por sucessão. 7.5. Responsabilidade de "terceiros". 7.6. Responsabilidade "pessoal" de terceiros. 8. Sujeição passiva e convenções particulares. 9. Capacidade tributária. 10. Domicílio tributário.

1. SUJEITO ATIVO DA OBRIGAÇÃO TRIBUTÁRIA

No polo ativo da relação jurídica obrigacional tributária, principal ou acessória, figura o titular do direito de exigir o cumprimento da obrigação, que é o seu *sujeito ativo*.

Como a relação jurídica tributária pode ter por objeto tanto o pagamento de uma quantia em dinheiro como alguma prestação outra, de diversa natureza (por exemplo, prestar informação, escriturar livros, emitir documentos fiscais etc.), podemos ter, na condição de sujeito ativo, a pessoa titular do direito de cobrar aquele pagamento ou a pessoa legitimada para exigir o cumprimento do dever formal ou acessório. Teremos, desse modo, o *sujeito ativo da obrigação principal* e o *sujeito ativo da obrigação acessória.*

À vista do conceito legal de sujeito ativo da obrigação, sua determinação se faz mediante a identificação da pessoa que pode exigir o cumprimento da obrigação: "Sujeito ativo da obrigação é a pessoa jurídica de direito público titular da competência para exigir o seu cumprimento" (CTN, art. 119).

Dada a circunstância de que o sujeito ativo é, o mais das vezes, o Estado, é usual, mesmo na linguagem técnica, chamá-lo de *Fisco, Tesouro, Erário, Fazenda Pública* (*Federal, Estadual, Municipal*). A própria designação de *Estado* emprega-se, em certas situações, para identificar o credor do tributo.

O art. 209 do Código Tributário Nacional estatui que a expressão "Fazenda Pública", empregada sem qualificação, abrange a Fazenda Pública da União, dos Estados, do Distrito Federal e dos Municípios.

1.1. Competência tributária e sujeição ativa

No campo da parafiscalidade, há entidades não necessariamente *públicas* no polo ativo da obrigação tributária. Atendem elas ao conceito de sujeito ativo? Ricardo Lobo Torres aceita a inclusão das autarquias na condição de sujeito ativo, mas nega tal qualificação às entidades privadas (como os sindicatos[1]), que, em sua opinião, "não se consideram sujeitos ativos de relação tributária, mas beneficiários de transferência governamental e sujeitos de relação meramente financeira", fundando-se no monopólio da tributação pelo Estado[2]. Hugo de Brito Machado também distingue o sujeito ativo e o "destinatário do produto da arrecadação ou fiscalização de tributos"[3]. Rubens Gomes de Sousa disse que "o sujeito ativo é *sempre* o Estado", argumentando que "somente as entidades públicas dotadas de poder legislativo (...) é que podem ser sujeitos ativos de obrigações tributárias", o que não seria infirmado sequer no caso de contribuições parafiscais[4], uma vez que caberia às entidades não estatais apenas "a arrecadação direta de receitas que lhes são atribuídas por lei", não lhes sendo conferido o poder de criar ou majorar a contribuição[5].

---

1. A contribuição sindical (CLT, art. 579, alterado pela Lei n. 13.467/17) passou a depender da adesão do participante da categoria econômica ou profissional. Portanto, perdeu o caráter de "obrigação legal", típica dos tributos (CTN, art. 3º).

2. *Curso*, cit., p. 206.

3. *Curso*, cit., p. 95.

4. *Compêndio*, cit., p. 89, grifo do original.

5. *Compêndio*, cit., p. 174-5.

Já Paulo de Barros Carvalho afirma a imprestabilidade do art. 119, cujo texto conflita com o sistema constitucional, em que se albergam, no campo da parafiscalidade, entidades não públicas credenciadas à titularidade ativa de relações jurídico-tributárias[6].

Verifica-se, no primeiro bloco de posicionamentos, que a figura do *sujeito ativo* é vista numa acepção que nem sempre corresponde ao *credor* da obrigação. Partindo-se da ideia (correta, sem dúvida) de que o tributo, como prestação *ex lege*, só pode ser *criado* pelo Estado, chegou-se à conclusão (a nosso ver, inadequada) de que o sujeito ativo teria de ser sempre o próprio Estado. Embora isso se dê em regra, sabemos que há diversas exceções, precisamente no campo das chamadas contribuições parafiscais. Ora, não nos parece que haja utilidade, teórica ou prática, de reservar-se o nome de *sujeito ativo* para designar o ente que *cria* o tributo (ainda que nem sempre seja o *credor*), negando-o como denominação atribuível ao *credor* do tributo (mesmo quando este não seja o *criador* da exação).

Uma coisa é a *competência tributária* (aptidão para instituir o tributo) e outra é a *capacidade tributária* (aptidão para ser titular do polo ativo da obrigação, vale dizer, para figurar como credor na relação jurídica tributária[7]. A coincidência entre o *criador* e o *credor* do tributo ocorre, em geral, com *impostos*. Assim, por exemplo, a União tem *competência tributária*, em cujo exercício institui o imposto de renda, e é ela, União, quem figura como *sujeito ativo* nas obrigações tributárias atinentes a esse imposto; do mesmo modo, o Município, no uso de sua competência tributária, institui o imposto sobre a propriedade urbana e ele é o sujeito ativo das obrigações pertinentes a esse tributo. Já não é isso o que geralmente se passa com as contribuições parafiscais.

O sujeito ativo é um dos polos *da obrigação tributária*. Assim sendo, sua identificação deve ser buscada no liame jurídico em que a obrigação se traduz, e não na titularidade da competência para instituir o tributo. Suponha-se a contribuição devida pelos advogados à Ordem dos Advogados do

6. *Curso*, cit., p. 202-3. No mesmo sentido, Eduardo Marcial Ferreira Jardim (*Manual*, cit., p. 176). Roque Carrazza também censura o dispositivo (*O sujeito*, cit., p. 47-8).

7. Heron Arzua, dissentindo de Alfredo Augusto Becker, anota ser pacífica a distinção entre o *poder tributário* (de caráter legislativo) e a *capacidade tributária* (de natureza administrativa) (Natureza..., *RDT*, n. 9/10, p. 118-9). Alberto Xavier, em Portugal, distinguiu o *poder tributário* e a *capacidade tributária*, mas reservou a expressão "competência tributária" para designar o conjunto dos "poderes instrumentais de aplicação "material, de polícia tributária e de cobrança de tributos" (*Manual*, cit., p. 305-7).

Brasil. É correto dizer que sua instituição cabe à União. Mas não se pode dizer que ela seja o *sujeito ativo da obrigação tributária*. Sujeito ativo da obrigação (bem como o sujeito passivo) há de ser alguém que esteja presente na relação jurídica obrigacional.

O art. 119 do Código Tributário Nacional ficou perdido no tema. Ao dizer que "sujeito ativo da obrigação é a pessoa jurídica de direito público...", parece querer reservar a designação para os entes políticos, mas termina por dizer: "... titular da competência para exigir o seu cumprimento". Ora, quem *exige o cumprimento da obrigação* é o *credor*, que nem sempre é o ente político que instituiu o tributo.

As pessoas que a lei põe na condição de credores de obrigações tributárias nas situações comentadas, embora não tenham *competência tributária* (aptidão constitucional para *criar* tributos), detêm *capacidade tributária ativa*, isto é, são habilitadas a figurar no *polo ativo* de obrigações tributárias. Nesse sentido é que deve ser entendido o art. 119 do Código Tributário Nacional, ao falar de competência para *exigir o cumprimento* da obrigação tributária. Esse dispositivo peca, porém, quando supõe que o credor da obrigação tributária necessariamente tenha de ser pessoa jurídica de *direito público*, pois o sistema constitucional admite a presença de outras entidades como credoras de obrigações tributárias. Não vemos que outro rótulo dar a elas a não ser o de *sujeito ativo de obrigação tributária*.

Esse dispositivo está em sintonia com o art. 5º do Código Tributário Nacional, que pretendeu trancar o sistema tributário na trilogia imposto-taxa-contribuição de melhoria, cujos sujeitos ativos soem ser pessoas de direito público. Na medida, porém, em que se incluam no sistema tributário outras exações que não correspondam a essas figuras (ou – na visão de certos setores doutrinários – na medida em que essas espécies compreendam os tributos parafiscais), a noção de sujeito ativo (como credor da obrigação tributária) há de ser compreensiva também das entidades *de direito privado* que tenham capacidade tributária ativa.

Em suma, sujeito ativo é, na relação jurídica obrigacional tributária, o titular do polo credor, a que se contrapõe o sujeito passivo, no polo devedor.

1.2. Sucessão do sujeito ativo

Prevê o art. 120 do Código Tributário Nacional: "Salvo disposição de lei em contrário, a pessoa jurídica de direito público, que se constituir pelo desmembramento territorial de outra, sub-roga-se nos direitos desta, cuja legislação aplicará até que entre em vigor a sua própria".

Esse dispositivo cuida de duas coisas distintas: *sucessão* e *recepção* legislativa. Na primeira parte, trata de sucessão nos direitos de ente político cujo território tenha sido desmembrado, com a criação de nova entidade política. É a sucessão ativa na obrigação tributária. Se, por exemplo, com o desmembramento de um Município, for criada uma nova comuna, esta sucede o Município desmembrado, nos seus direitos de natureza tributária, relativamente ao território desmembrado. Assim, o IPTU devido sobre os imóveis integrantes desse território passa, por sucessão, à titularidade ativa do novo Município; do mesmo modo, o ISS que estiver por recolher, relativamente aos contribuintes estabelecidos no referido território. Na segunda parte do preceito, tem-se o fenômeno da *recepção*, pelo novo ente político, da legislação da entidade desmembrada.

Uma crítica que se dirige a esse dispositivo respeita à sua abrangência limitada. O Código Tributário Nacional deveria ter mencionado também outras hipóteses de reorganização político-territorial, como, por exemplo, a fusão de dois ou mais entes políticos. A solução, nessas outras hipóteses, há de obedecer, por analogia, aos mesmos princípios; assim, se dois Estados se fundem para a criação de um novo, este sucede os dois anteriores nos direitos de cada um[8].

A sub-rogação, obviamente, limita-se aos direitos referíveis à porção do território que passou a constituir o novo ente político (aplicando-se os elementos de conexão pertinentes: local do imóvel, domicílio do sujeito passivo etc., conforme o tributo de que se trate).

Analogamente à regra do art. 129 (que cuida da sucessão passiva), a sub-rogação ativa abrange os direitos relativos a obrigações tributárias surgidas até o momento da cisão, independentemente de já terem sido objeto de lançamento, mesmo porque, na consecução deste, deve aplicar-se a lei vigente na data de ocorrência do fato gerador (art. 144)[9].

---

8. Aliomar Baleeiro, *Direito*, cit., p. 465; Marco Aurélio Greco, no mesmo sentido, observa que a amplitude do dispositivo deveria ser maior, "alcançando também os casos de fusão, ou de desmembramento e consequente fusão numa entidade nova única, e, em se tratando de criação de Estados, a elevação de Território à condição de Estado; esse autor, porém, faz diversos questionamentos quanto à validade do preceito codificado (Sujeito ativo tributário, in *Comentários ao Código Tributário Nacional*, v. 3, p. 231 e s.).

9. Marco Aurélio Greco sustentou a inconstitucionalidade do art. 120 do Código Tributário Nacional, nessa parte em que cuida da sucessão nos direitos do ente político

Na hipótese de fusão, o ente político resultante adquirirá por sucessão (ou por sub-rogação, na linguagem do CTN) os direitos dos entes que se fundiram, referíveis às porções de território que passaram a integrar aquela nova entidade.

O Código Tributário Nacional silenciou sobre questão delicada que é a sucessão nas *obrigações* da entidade cujo território foi desmembrado. Rubens Gomes de Sousa não deixou sem registro que a sub-rogação não se dá apenas nos direitos mas igualmente *nas obrigações*[10]. Desse modo, o contribuinte com direito a restituição de um tributo pago a maior ao ente político cujo território foi desmembrado deve exercer seu direito contra a nova entidade política. Essa solução, além de ser a única possível nos casos de *fusão* ou *incorporação*, é a que deve ser dada nos casos de *cisão*, analogamente à regra da sucessão nos direitos.

1.3. Recepção da legislação de ente político desmembrado

O outro assunto versado no art. 120 do Código Tributário Nacional tem que ver, como adiantamos, com a disciplina legal dos tributos no território da entidade criada pelo desmembramento de outra. Se e enquanto o novo ente político não dispuser de sua própria legislação, ele aplicará a da entidade desmembrada.

Trata-se de uma manifestação do princípio da recepção: o ordenamento jurídico do novo ente político recepciona a lei que vigorava no território desmembrado até que edite sua própria legislação[11]. A criação da nova entidade não requer, portanto, que o seu nascimento seja concomitantemente acompanhado da edição de todas as normas que seriam necessárias à disciplina das matérias de sua competência (embora isso possa ser feito). De qualquer modo, o dispositivo objetiva deixar claro que não há solução de continuidade no disciplinamento jurídico dos tributos no território desmembrado.

Aliás, outras normas, de diferente natureza, também são recepcionadas pelo novo ente político.

É evidente que, após a criação da nova entidade, qualquer modificação que venha a ser efetuada na legislação da outra entidade, da qual ela se

---

desmembrado, dado que isso implicaria violação dos direitos adquiridos dessa entidade (Sujeito, in *Comentários*, cit., v. 3, p. 231 e s.).

10. A reforma..., *RDA*, v. 92, p. 381.

11. Sobre o fenômeno da recepção, cf. Luciano Amaro, A eficácia, in *Comentários*, cit., v. 3, p. 288 e s.

desmembrou, não se aplica no território da nova entidade. A antiga entidade continua legislando para si, e não para a outra. Não obstante essa ressalva não esteja expressa no Código Tributário Nacional, discordamos do entendimento diverso, sustentado por Marco Aurélio Greco[12].

Na hipótese de *fusão* ou de novo ente político criado por *desmembramento de mais de uma entidade*, entendemos que a nova pessoa política continuará aplicando *as leis* que estavam em vigor em *cada porção* do seu território, se e enquanto não editar sua própria legislação.

Hugo de Brito Machado entende que deve aplicar-se a lei mais favorável ao contribuinte[13], mas essa solução não nos parece adequada; cada uma das várias legislações em questão pode ter alguns aspectos mais favoráveis e outros mais onerosos, o que levaria a aplicar-se uma legislação que seria a soma das vantagens relativas das várias legislações; imagine-se, por exemplo, a fusão de dois Municípios, um dos quais não cobrasse IPTU e o outro não tivesse criado o ISS. Se, de um lado, é evidente que não se poderiam somar as *desvantagens* relativas da legislação de cada Município, é de convir que a soma das vantagens não faz sentido, além de deixar à míngua o novo Município. Assim, parece-nos que, no caso, a solução (provisória, obviamente, até que lei própria seja editada) seria a aplicação de ambas as leis, restrita cada qual à porção de território em que já antes vigoravam.

2. SUJEITO PASSIVO DA OBRIGAÇÃO PRINCIPAL E DA OBRIGAÇÃO ACESSÓRIA

Sujeito passivo é o devedor da obrigação tributária, ou seja, é a pessoa que tem o dever de prestar, ao *credor* ou *sujeito ativo*, o objeto da obrigação. Como as obrigações, em função do *objeto*, foram classificadas pelo Código Tributário Nacional em *principais* ou *acessórias*, esse diploma, embora não tenha dado um conceito genérico de sujeito passivo, definiu o sujeito passivo da obrigação tributária *principal* e o sujeito passivo da obrigação tributária *acessória*.

Assim, sujeito passivo da obrigação tributária *principal* "é a pessoa obrigada ao pagamento de tributo ou penalidade pecuniária" (art. 121), em

12. Marco Aurélio censura o art. 120 do Código Tributário Nacional, entre outras razões, por entender que ele ensejaria ao ente político antigo continuar ditando regras para o novo (Sujeito, in *Comentários*, cit., v. 3, p. 237).

13. *Curso*, cit., p. 96.

consonância com o disposto no art. 113, § 1º, onde a obrigação principal é definida pelo seu conteúdo pecuniário.

Sujeito passivo da obrigação *acessória*, por sua vez, "é a pessoa obrigada às prestações que constituam o seu objeto" (art. 122), ou seja, se o objeto da obrigação acessória é uma prestação positiva ou negativa não pecuniária (fazer ou não fazer alguma coisa, que não seja dar dinheiro, nos termos do art. 113, § 2º), o devedor dessa obrigação é a pessoa que estiver obrigada a efetuar a respectiva prestação.

Sujeito passivo da obrigação principal, por seu turno, é *gênero*, abrangente de duas espécies: o *contribuinte* e o *responsável*. Com efeito, na letra do Código, o sujeito passivo da obrigação principal diz-se *contribuinte* "quando tenha relação pessoal e direta com a situação que constitua o respectivo fato gerador" (art. 121, parágrafo único, I). Qualifica-se, porém, como *responsável* "quando, sem revestir a condição de contribuinte, sua obrigação decorra de disposição expressa de lei" (art. 121, parágrafo único, II). E o art. 128, que adiante analisaremos, dá a ideia de que o responsável deva ser alguém (um "terceiro") *vinculado ao fato gerador*. Ambos, obviamente (o contribuinte e o responsável), são devedores de quantia em dinheiro, já que se trata de obrigação principal e esta tem sempre por conteúdo uma prestação pecuniária.

Sem adentrar, ainda, o exame desses conceitos, verifica-se, desde logo, que a identificação do *sujeito passivo da obrigação principal* (gênero) depende apenas de verificar quem é *a pessoa que, à vista da lei, tem o dever legal de efetuar o pagamento da obrigação*, não importando indagar qual o tipo de relação que ela possui com o fato gerador. Qualquer que seja o liame em razão do qual tenha sido posta no polo passivo da obrigação principal, ela recebe a designação genérica de *sujeito passivo da obrigação principal*.

Prosseguindo no estudo desses conceitos, vemos que o sujeito passivo da obrigação principal (gênero) é sempre alguém "relacionado" com o fato gerador dessa obrigação. Se essa relação for de certa natureza ("pessoal e direta"), o sujeito passivo diz-se *contribuinte*. Se tal relação (ou *vínculo*, consoante o art. 128) for de diversa natureza (*a contrario sensu*, "não pessoal e direta"), o sujeito passivo qualifica-se especificamente como *responsável*.

Algumas dificuldades precisam ser transpostas na análise desses conceitos. Em primeiro lugar, custa imaginar o que seja essa relação "pessoal" entre uma *pessoa* e uma *situação*. Relações pessoais costumam demandar a existência de duas (ou mais) pessoas. Relação "direta" também não é uma noção clara, quando se reporta a vínculo entre uma *pessoa* e uma *situação*. Qual seria a relação "indireta" ou "oblíqua" entre uma pessoa e uma situação, suscetível de qualificar tal pessoa como sujeito passivo *responsável*?

3. CONTRIBUINTE

O contribuinte, numa noção não rigorosamente técnica, pode ser identificado como a *pessoa que realiza o fato gerador da obrigação tributária principal*. Essa noção não é precisa, porquanto o fato gerador muitas vezes não corresponde a um *ato* do contribuinte, mas sim a uma *situação* na qual se encontra (ou com a qual se relaciona) o contribuinte.

É por isso que a figura do contribuinte (como devedor *de tributo*) é *geralmente* identificável à vista da simples descrição da materialidade do fato gerador. Assim, "auferir renda" conduz à pessoa que aufere renda; "prestar serviços" leva ao prestador dos serviços; "importar" bens evidencia a figura do importador etc. Dado o fato, ele é atribuído a alguém, que o tenha "realizado" ou "praticado". Essa pessoa, via de regra, é o *contribuinte*.

Nessa pertinência lógica entre a *situação* e a *pessoa*, identificada pela associação do *fato* com o seu *autor*, ou seja, pela ligação entre a *ação* e o *agente*, é que estaria a "relação pessoal e direta" a que o Código Tributário Nacional se refere na identificação da figura do *contribuinte*.

Quando não estiver presente relação dessa natureza entre o fato gerador e o sujeito passivo, mas algum vínculo existir entre ele e a situação que constitui o fato gerador, iremos identificar a figura do *responsável*.

Amílcar de Araújo Falcão, antes do advento do Código Tributário Nacional, escreveu que o contribuinte seria apontável pelo intérprete sem necessidade de menção na lei, uma vez que a simples realização do fato gerador já faria sobressair sua atribuição à pessoa. Bastaria que o legislador falasse em rendimento, propriedade etc. para que o contribuinte fosse reconhecido na figura da pessoa que aufira o rendimento, detenha a propriedade etc.[14]. Os demais sujeitos passivos só se configurariam se como tais fossem instituídos por norma legal expressa, podendo a responsabilidade "ir da solidariedade à substituição completa do contribuinte"[15].

---

14. *Introdução*, cit., p. 97.

15. *Introdução*, cit., p. 97.

À vista da lição de Amílcar, pode-se dizer que a relação "pessoal" a que o Código se refere na definição do contribuinte corresponde, *grosso modo*, à ideia de "autoria" do fato gerador. Identificado o fato gerador, infere-se quem seria "naturalmente" o sujeito passivo contribuinte, de modo que bastaria indagar a quem deve ser referida a situação configuradora do fato gerador para localizar a figura do contribuinte; se outra pessoa tiver sido eleita pela lei como devedora do tributo, sua presença se dá na condição de responsável.

Essa inferência, porém, se muitas vezes é possível, nem sempre se afigura cristalina, diante da mera descrição do fato gerador. Existem situações de direito privado (que a lei tributária elege como fato gerador de tributo) que envolvem mais de uma pessoa, podendo qualquer delas ser eleita como contribuinte. Por exemplo, se o fato gerador do tributo é a *transmissão de imóveis*, podemos ter como contribuinte qualquer das partes na operação.

Noutras situações, diante de um dado tributo, a definição do contribuinte pode decorrer do aspecto fático a que seja dado relevo (para o efeito de marcar a ocorrência do fato gerador). Assim, no IPI, nas situações de importação e de arrematação, contribuinte é o importador ou o arrematante, respectivamente, mas, na situação de "saída do estabelecimento", o contribuinte é o industrial, e não o adquirente; ou seja, nesta hipótese, contribuinte é quem pratica a ação de promover a saída (na perspectiva do dono do bem que deste se despoja, e não na do indivíduo que o adquire). Mas o legislador não seria tecnicamente censurável se elegesse como contribuinte o *adquirente* do produto.

3.1. Contribuinte e capacidade contributiva

Outra ideia que se apresenta para a identificação do contribuinte é a que parte da análise da *capacidade econômica* atingida pelo tributo. O fato gerador – diz, noutras palavras, Amílcar de Araújo Falcão – é a tradução da capacidade econômica do contribuinte[16].

Em regra, o contribuinte é, na situação material descrita como fato gerador, a pessoa que manifesta capacidade contributiva, ou seja, titularidade de riqueza (renda, patrimônio etc.). Assim, quem aufere renda é o contribuinte do imposto respectivo; o titular do imóvel é contribuinte do imposto territorial etc. Numa relação de "permuta de riqueza" (por exemplo,

16. *Introdução*, cit., p. 97.

troca de uma casa por uma quantia em dinheiro), ambas as partes demonstram titularidade de riqueza; por isso, qualquer delas pode, em princípio, ser eleita como contribuinte.

Mas isso nem sempre se dá. Por mais que ao jurista repugne a noção de *impostos indiretos*, não temos como evitá-los, por uma razão muito simples: eles existem. E quem demonstra capacidade contributiva não é necessariamente a pessoa que a lei escolhe para figurar como contribuinte. Se alguém adquire um bem de consumo, e a lei define essa operação como fato gerador de tributo, elegendo o comerciante como contribuinte, a lei não pode deixar de considerar (por expresso mandamento constitucional, que impõe o respeito à capacidade contributiva) a capacidade econômica do *comprador*. Se uma empresa vende produtos de primeira necessidade, a tributação não leva em conta a capacidade econômica da empresa, mas a do consumidor, ao definir a eventual tributação desses bens. Ou seja, embora, *de direito,* o vendedor possa ser definido como *contribuinte* (o chamado "contribuinte de direito"), a capacidade econômica do consumidor é que precisa ser ponderada para efeito da definição do eventual ônus fiscal (pois ele será o "contribuinte de fato")[17].

3.2. Contribuinte como conceito jurídico-formal

Acabamos de ver que nem sempre a mera descrição do fato gerador nos assegura, indiscutivelmente, quem seja o contribuinte, embora em inúmeras situações esse critério seja útil. Vimos também que a pesquisa sobre quem seja a pessoa que evidencia capacidade contributiva não nos permite, em qualquer situação, indicar o contribuinte, não obstante a consideração da capacidade contributiva seja um postulado constitucional que precisa ser observado, inclusive nas situações em que o contribuinte de direito não suporte o ônus econômico do tributo. Desde que aquele postulado seja respeitado, o contribuinte (de direito) não necessariamente precisa ser a pessoa que evidencia a capacidade contributiva.

---

17. Alguns autores recusam-se a reconhecer utilidade jurídica para a noção de impostos indiretos e de contribuinte "de fato", sob o argumento de que, "de direito", só existe o contribuinte legalmente definido (contribuinte "de direito"). Isso é rigorosamente correto: "de direito" só pode mesmo existir o contribuinte "de direito", já que o outro só o é "de fato". O problema é que a aplicação de certos princípios constitucionais (como o da capacidade contributiva e o da seletividade) exigem que se tenha em conta a existência de impostos indiretos. O problema, portanto, *é jurídico*. Veja-se a discussão do problema da restituição dos impostos indiretos no capítulo pertinente.

Contribuinte, portanto, tem conceito *jurídico-formal*. É contribuinte quem a lei identificar como tal, observados os parâmetros que decorrem da Constituição e do próprio Código Tributário Nacional.

À vista do exposto, podemos afirmar que a definição do contribuinte não pode ignorar a capacidade contributiva do indivíduo, sob pena de inconstitucionalidade (mas não necessariamente esse indivíduo precisa ser "de direito" descrito como contribuinte). Respeitada essa premissa, a Constituição não será ferida se a legislação infraconstitucional indicar como contribuinte numa operação de venda para o consumo, indiferentemente, o vendedor ou o comprador.

O Código Tributário Nacional, por seu turno, fecha um pouco mais o espaço para definição da figura do contribuinte, ao exigir que ele tenha a discutida *relação pessoal e direta* com o fato gerador, o que significa que, conforme seja a descrição do fato gerador, o contribuinte já poderá ser caracterizado a partir dessa descrição.

3.3. Relação pessoal e direta do contribuinte com o fato gerador

Nesta altura, podemos precisar melhor o que o Código Tributário Nacional objetivou com a definição do contribuinte. Ao falar em relação *pessoal*, o que se pretendeu foi sublinhar a *presença do contribuinte* na situação que constitui o fato gerador. Ele deve participar *pessoalmente* do acontecimento fático que realiza o fato gerador. É claro que essa presença é *jurídica* e não necessariamente *física* (ou seja, o contribuinte pode relacionar-se com o fato gerador por intermédio de representante legal; o representante o faz presente).

Ademais, quer o Código que essa relação seja *direta*. Em linguagem figurada, podemos dizer que o contribuinte há de ser o *personagem de relevo* no acontecimento, o personagem principal, e não mero coadjuvante. Ele deve ser identificado na pessoa em torno da qual giram os fatos. Se o fato gerador do imposto de renda, por exemplo, é a *aquisição de renda*, terá relação *direta* com esse fato a *pessoa que aufere renda*. Em certas situações (recorde-se o exemplo da transmissão de imóveis), a lei poderá ter de decidir entre duas pessoas que se apresentem em cena com igual destaque (no exemplo, o alienante e o adquirente).

Voltando ao imposto de renda, se a lei escolhe, como sujeito passivo, não a pessoa que aufere renda, mas a pessoa que a paga, haverá uma relação *indireta* entre o sujeito passivo (fonte pagadora) e a ação de auferir renda. A ação que a fonte pratica é diversa (pagar renda). Nessas circunstâncias, a fonte não será definível como contribuinte, mas poderá sê-lo como responsável, dado o vínculo que mantém com o fato gerador. Ela é personagem ligado ao acontecimento (percepção de renda), não obstante não lhe caiba o papel de personagem principal.

4. RESPONSÁVEL

As noções até aqui expostas para caracterização do contribuinte correspondem ao que a doutrina costuma chamar de *sujeição passiva direta*. O contribuinte seria o sujeito passivo *direto*, enquanto o responsável seria o sujeito passivo *indireto*[18].

Não se confunda o *sujeito passivo indireto* com o sujeito passivo de *tributo indireto*. O dito *tributo indireto* é o que, onerando embora o contribuinte ("de direito"), atinge, reflexamente, um terceiro (o chamado contribuinte "de fato"); por oposição, o *tributo direto* atinge o próprio contribuinte "de direito" (que acumularia também a condição de contribuinte "de fato"). *Sujeito passivo indireto* (que pode, em princípio, estar presente tanto em tributos *diretos* como em tributos *indiretos*) é um *terceiro* que ("de direito" e não "de fato") é eleito como devedor da obrigação tributária.

A presença do responsável como devedor na obrigação tributária traduz uma *modificação subjetiva no polo passivo da obrigação*, na posição que, naturalmente, seria ocupada pela figura do contribuinte. Contribuinte é alguém que, naturalmente, seria o personagem a contracenar com o Fisco, se a lei não optasse por colocar outro figurante em seu lugar (ou a seu lado), desde o momento da ocorrência do fato ou em razão de certos eventos futuros (sucessão do contribuinte, por exemplo). Na sequência deste capítulo, veremos as várias situações em que a figura do *responsável* se evidencia.

A identificação do contribuinte facilita a análise do responsável. Recordemos que, na definição legal, o sujeito passivo diz-se responsável "quando, sem revestir a condição de contribuinte, sua obrigação decorra de disposição expressa de lei" (CTN, art. 121, parágrafo único, II).

Esse conceito, tecnicamente pobre, é dado por exclusão: se alguém é devedor da obrigação principal e não é definível como contribuinte, ele será responsável.

A segunda noção contida no dispositivo (no sentido de que o responsável há de ser obrigado *por expressa disposição legal*) é despicienda. Ela

18. Rubens Gomes de Sousa, *Compêndio*, cit., p. 92.

está, evidentemente, inspirada na ideia (que há pouco recordamos na lição de Amílcar de Araújo Falcão) de que o contribuinte não precisaria ser explicitado na lei, pois o intérprete o identificaria a partir da mera descrição do fato gerador, ao contrário do responsável, que necessitaria dessa *expressa* indicação na lei.

A definição do contribuinte, porém, precisa conter-se na lei e é o próprio Código Tributário Nacional que o proclama, quando, no art. 97, explicitando o princípio constitucional da legalidade, diz que somente a lei pode definir o *sujeito passivo* da obrigação principal (art. 97, III, *in fine*).

4.1. Responsável como "terceiro"

A figura do *responsável* aparece na problemática da obrigação tributária principal por uma série de razões que são valorizadas pelo legislador ao definir a sujeição passiva tributária. Após definir o fato gerador e, "naturalmente", localizar a pessoa que deveria (ou poderia) ocupar o polo passivo da obrigação tributária na condição de *contribuinte*, o legislador pode ignorar esse personagem e eleger como sujeito passivo outra pessoa (que tenha relação com o fato gerador).

Esse personagem (que não é o contribuinte, nem, obviamente, ocupa o lugar do credor) é um *terceiro,* que não participa do binômio *Fisco-contribuinte.*

A eleição desse terceiro, para figurar no polo passivo da obrigação tributária, decorre de razões que vão da *conveniência* até a *necessidade*[19]. Há situações em que a única via possível para tornar eficaz a incidência do tributo é a eleição do *terceiro responsável.* Imagine-se, por exemplo, o imposto de renda sobre rendimentos de não residentes no País: a lei tem de escolher um terceiro (a fonte pagadora) como sujeito passivo (na condição de responsável) para viabilizar a incidência do tributo. Noutros casos, são razões de conveniência (para simplificar a arrecadação, ou para garantir sua eficácia) que determinam a eleição do terceiro como responsável[20]. Essas

---

19. Ormezindo Ribeiro de Paiva discorre sobre o tema, ao analisar as razões da incidência do imposto de renda na fonte (*Incidências na fonte*, p. 287).

20. Henry Tilbery arrola diversas razões: impossibilidade ou dificuldade de atingir o contribuinte natural; maior comodidade e melhor eficiência da arrecadação; responsabilização por intervenção no ato ou no fato (como se dá com administradores, tabeliães, etc.), responsabilização de intervenientes por causa de omissões ou infrações (Responsabilidade tributária, in *Direito tributário*, v. 2, p. 73-7).

razões ficarão evidentes ao analisarmos as normas do Código Tributário Nacional sobre a responsabilidade tributária.

É claro que a escolha de um terceiro para figurar como sujeito passivo da obrigação tributária não pode ser feita arbitrariamente. O Código fornece critérios para essa eleição (e, em diversas situações, ele próprio elege os responsáveis). Mais adiante veremos os *limites* à definição legal de terceiros como responsáveis.

Já vimos que o terceiro é elegível como sujeito passivo à vista de um liame *indireto* com o fato gerador. Embora o fato gerador (do imposto de renda, por exemplo) seja realizado por uma pessoa (aquela que aufere renda), a lei tem a possibilidade de escolher um terceiro, vinculado a esse fato gerador (a fonte pagadora), como sujeito passivo da obrigação.

A figura do terceiro responsável (como iremos particularizar no exame da disciplina da responsabilidade no Código Tributário Nacional) nem sempre surge no próprio momento em que o fato gerador se realiza. Nos casos de responsabilidade por sucessão, o liame do sucessor com o fato gerador da obrigação dá-se por causa do evento sucessório. Por exemplo, "A", falecido, era devedor, na condição de contribuinte, do imposto de renda; "B", herdeiro de "A", é sujeito passivo, na condição de *responsável*, da obrigação porventura não satisfeita por "A"; há, aí, uma relação *indireta* (via herança) entre o responsável e o fato gerador (renda auferida por "A"). Inexistente a herança, por decorrência não haverá responsabilidade de sucessor.

5. SUJEITO PASSIVO DA OBRIGAÇÃO PRINCIPAL E SANÇÕES PECUNIÁRIAS

Tudo o que até aqui foi dito sobre sujeição passiva da obrigação principal levou em conta que contribuinte é a pessoa que tem relação pessoal e direta com o fato gerador *do tributo*, e responsável é um terceiro que, em razão de algum vínculo com o fato gerador, é eleito como devedor *do tributo*.

Porém, o Código Tributário Nacional qualifica como *sujeito passivo da obrigação principal* não só o devedor de tributo, mas também a pessoa obrigada ao pagamento de *penalidade pecuniária*.

Segundo quer o Código, o sujeito passivo da obrigação principal pode apresentar-se como tal mesmo que não deva outra coisa além de uma *penalidade pecuniária* que lhe tenha sido aplicada por uma infração. Já vimos que o Código Tributário Nacional, atropelando o conceito de tributo, definiu a obrigação *tributária* a partir da *pecuniariedade* de seu objeto e não da *tributariedade* desse mesmo objeto. À vista do conceito codificado, a obrigação *tributária* pode não ter por objeto um *tributo*, mas sim uma *penalidade* (que é sanção por infração da lei sobre tributos – e nessa acepção é que se fala em penalidade *tributária* – mas não configura tributo).

Com certeza, ninguém duvidará de que *contribuinte* seja a pessoa que recolhe *tributo*, mas é inconcebível a ideia de *contribuinte* referida a alguém não na condição de *pagador de tributos*, mas na de *pagador de multas pecuniárias*... Aproveitando a linguagem do Código, se alguém que tem "relação pessoal e direta" com o fato gerador do *tributo* é *contribuinte*, quem tem a "relação pessoal e direta" com uma *infração* é *infrator*, nunca *contribuinte*.

Por outro lado, é também impensável a ideia de sujeito passivo *responsável* como alguém que *não tem relação pessoal e direta com a infração*, mas é eleito (por disposição expressa de lei) para pagar a penalidade pecuniária cominada para uma infração que não tenha sido praticada por ele...

Essas especulações põem a nu o desacerto do Código Tributário Nacional ao embaralhar tributo com penalidade.

Fica evidente que as categorias de "contribuinte" e de "responsável" foram estruturadas a partir do fato gerador do *tributo* (e não do "fato gerador da penalidade pecuniária", qualificação que o Código acaba, pelo menos implicitamente, dando à *infração tributária*).

A questão do vínculo entre o *infrator* (agente) e a *infração* (ação ou omissão) não se põe em termos de "relação pessoal e direta" ou "relação oblíqua" com o "fato gerador". O problema é de *autoria, tout court*. É *infrator* (agente) quem tenha o dever legal de adotar certa conduta (comissiva ou omissiva) e descumpre esse dever, sujeitando-se, por via de consequência, à *sanção* que a lei comine.

É por isso que, ao tratar da *sujeição aos efeitos legais da infração*, o Código Tributário Nacional abandona as noções de "contribuinte" e de "responsável" (do art. 121, parágrafo único) e fala em "responsabilidade por infrações" (arts. 136 a 138), onde, visivelmente, o diploma refere-se a alguém que (além ou a par de ser infrator) tanto pode ser "contribuinte" de tributo quanto pode ocupar a condição de "responsável" por tributo, como, ainda, *pode não ser nem uma coisa nem outra*, mas apresentar-se como mero sujeito passivo de *obrigação acessória*, cujo descumprimento pode colocá-lo na posição de *infrator*. *Responsável*, no que tange à *responsabilidade por infrações*, é a pessoa (não necessariamente o *contribuinte* de algum tributo) que, por ter praticado uma infração, deve *responder* por ela, vale dizer, deve submeter-se às consequências legais de seu ato ilícito.

O curioso é que o Código Tributário Nacional, embora, nos arts. 136 a 138, tenha cuidado de "responsabilidade por infrações" como disciplina aplicável também à figura do sujeito passivo *contribuinte* e não apenas à do sujeito passivo *responsável*, não percebeu que o assunto mereceria tratamento à parte (pois o tema da *responsabilidade tributária*, no sentido de *sujeição passiva indireta*, esgotara-se no art. 135), e com isso perdeu a oportunidade de expurgar, do conceito de obrigação tributária principal, a referência às sanções de infrações.

Sobre infrações, infrator e sanções falaremos em capítulo apropriado.

6. AS TÉCNICAS DE DEFINIÇÃO DO SUJEITO PASSIVO RESPONSÁVEL

À vista das diferentes razões de conveniência ou de necessidade que motivam a eleição de um "terceiro" como responsável tributário, várias são as técnicas mediante as quais a lei pode pôr alguém no polo passivo da obrigação tributária, na condição de *responsável*.

A doutrina pátria, já antes do advento do Código Tributário Nacional, costumava identificar duas modalidades básicas: a da *substituição* e a da *transferência*. A diferença entre ambas estaria em que, na *substituição*, a lei desde logo põe o "terceiro" no lugar da pessoa que naturalmente seria definível como contribuinte, ou seja, a obrigação tributária já nasce com seu polo passivo ocupado por um *substituto legal tributário*. Diversamente, na *transferência*, a obrigação de um devedor (que pode ser um contribuinte ou um responsável) é deslocada para outra pessoa, em razão de algum evento. Por exemplo, incorporada a empresa "A", a obrigação tributária de que ela era sujeito passivo (na condição de contribuinte ou de responsável) é *transferida* para a incorporadora (que passa a figurar como *responsável*). Pode ocorrer, portanto, que a obrigação tributária de um sujeito passivo que já possua a condição de responsável se transfira para outra pessoa, que também se dirá responsável.

Essa classificação das formas de sujeição passiva indireta diz respeito ao momento em que alguém, que não seria definível como contribuinte, ingressaria no polo passivo da obrigação, ocupando a posição de devedor. Por várias razões isso poderia dar-se no instante mesmo do nascimento da obrigação, a exemplo do imposto de renda incidente na fonte, em que a figura do beneficiário da renda (que seria naturalmente o contribuinte) seria, *desde logo, substituída* por terceiro (a fonte pagadora). Já a *transferência*, diversamente, dependeria de um evento cuja ocorrência viesse a *deslocar* para um terceiro a condição de devedor. A *sucessão* é apresentada como o exemplo mais típico de responsabilidade por transferência, pois a obrigação que era do sucedido desloca-se, em razão do evento sucessório, para a pessoa do sucessor.

Rubens Gomes de Sousa[21], antes do Código Tributário Nacional, expôs essa classificação dos modos de *sujeição passiva indireta*, desdobrando a *transferência* em três subespécies: a *sucessão*, a *solidariedade* e a *responsabilidade* (expressão esta que, como vimos, veio, no CTN, a ser empregada para designar *genericamente* todos os casos de sujeição passiva indireta, que abrangeria, naquela classificação doutrinária, os casos de substituição e os de transferência).

A classificação referida tem sua utilidade didática, não obstante algumas inconsistências técnicas, mercê das quais não foi, talvez, correspondida no Código, apesar do gosto manifesto desse diploma pelas definições e classificações.

As técnicas empregadas pela legislação para definição do responsável apresentam, com efeito, especificidades tais que tornam difícil enquadrá-las na tipologia comentada.

O *substituto legal tributário* é figura bem definível e comum na prática legislativa. Por diversos motivos, em certas situações, o legislador opta por ignorar a pessoa a quem o fato gerador seria naturalmente referenciado (por exemplo, a pessoa que aufere renda, em relação ao fato gerador do imposto de renda) e põe, como sujeito passivo, um substituto.

A *sucessão*, como modo de *transferência* da obrigação tributária, também não oferece dificuldades maiores. Extinta uma pessoa jurídica ou falecida uma pessoa física, que ocupavam posições passivas numa relação tributária, a pessoa sucessora passa a responder pela obrigação.

Já a *solidariedade* não é tão simples de catalogar. O evento que provoca a solidariedade *não integra a definição legal do fato gerador* (hipótese de incidência ou fato gerador *abstrato*). Mas esse evento pode matizar o fato gerador *concreto*, cujo elemento subjetivo, no polo passivo, nasce plúrimo. Vale dizer, ocorrido o fato gerador, tem-se desde logo mais de uma pessoa ocupando a posição de sujeito passivo, como se dá nas hipóteses de *comunhão de interesses* de duas ou mais pessoas na situação em que se traduza o fato gerador; realizado este, todas essas pessoas figuram como sujeitos passivos solidários.

---

21. *Compêndio*, cit., p. 92-3.

Noutras situações, o evento que provoca a solidariedade é estranho ao fato gerador; este é realizado por uma pessoa, mas, em razão de evento (valorizado pela lei para tal efeito), outra pessoa é eleita como responsável solidário. É exemplo a situação em que a lei responsabiliza o usuário de um serviço pelo tributo devido pelo prestador do serviço, caso aquele efetue o pagamento sem exigir nota fiscal ou sem solicitar a prova de inscrição do prestador no cadastro de contribuintes. Se o contribuinte (prestador do serviço) não emite nota fiscal (ou não prova sua inscrição no cadastro fiscal), o terceiro (usuário do serviço), que *não é contribuinte* nem *sujeito passivo dessas obrigações acessórias*, acaba definido como responsável solidário pela obrigação *principal* do prestador do serviço. O usuário tem, originalmente, uma obrigação *acessória* (qual seja, a de exigir a nota fiscal ou a prova da inscrição cadastral); se não a cumpre, assume a condição de devedor solidário na obrigação *principal* que, originalmente, era apenas do prestador do serviço[22].

Não se pode, na solidariedade, cogitar de *substituição*, já que ninguém é substituído, nem de *transferência*, pois a obrigação não se transfere de "A" para "B", em razão de certo evento, como ocorre na sucessão. Um devedor (responsável solidário) é identificado sem que se ausente da relação de débito a figura do outro (que não é, pois, nem substituído nem sucedido). Opera-se aí uma *extensão da subjetividade passiva*, em razão da qual passam a figurar, como devedores da obrigação, dois ou mais indivíduos.

A par da comunhão de interesses, a razão que com mais frequência se apresenta para ensejar a solidariedade é a *omissão de dever de diligência ou vigilância*. São, como já vimos no exemplo acima comentado, situações em que a lei impõe ao "terceiro" (que, por alguma circunstância, está vinculado ao fato gerador) a tomada de determinada providência para impedir ou dificultar a eventual omissão do contribuinte, no que respeita ao cumprimento do seu dever de recolher o tributo; caso o terceiro não adote essa providência, a lei o responsabiliza solidariamente pelo tributo.

22. Gian Antonio Michelli refere casos análogos, em que "um sujeito pode ser obrigado a cumprir a prestação tributária a título de sanção, em decorrência do inadimplemento de deveres fixados por outras normas tributárias" (*Curso*, cit., p. 144). A obrigação tributária tem, aí, certo sentido sancionatório, embora sua estruturação legal não seja a de sanção de ilícito. Ramon Falcon y Tella registra a tendência de construir a responsabilidade solidária como uma obrigação de *garantia*, assimilável à figura da fiança (La solidariedad tributaria, *RDT*, n. 35, p. 39).

Haveria, na lição de Rubens Gomes de Sousa, terceira subespécie de "transferência". Após a *substituição* e a *transferência* (nas subespécies de *sucessão* e *solidariedade*), ele arrola um terceiro modo de transferência, que batizou de *responsabilidade*. Tal se daria nos casos em que a lei obriga um terceiro pelo pagamento de tributo "quando não seja pago pelo sujeito passivo direto"[23].

Essas situações podem confundir-se com a *solidariedade*. Se o terceiro responde, juntamente com o devedor principal, por ter faltado a um dever de diligência ou vigilância, ele é, por definição, um devedor *solidário*. Rubens Gomes de Sousa, porém, talvez tenha querido referir-se, autonomamente, a situações de responsabilidade *subsidiária*, em que o terceiro (responsável) só é chamado para cumprir a obrigação se o devedor principal não puder fazê-lo.

Zelmo Denari, apoiado em Enrico Allorio, identifica a solidariedade *paritária*, em que "dois ou mais sujeitos passivos *realizam* ou *participam* da situação-base", que se funda na "comunhão de interesses", e a solidariedade *dependente*, em que o tributo é devido por uma pessoa, "partícipe direto da situação-base", mas outro sujeito é obrigado juntamente com o primeiro"[24]. Na solidariedade *dependente* Zelmo Denari inclui a responsabilidade *subsidiária* (solidariedade *em via subsidiária*)[25], reconhecendo embora que, em doutrina, se sustenta a antinomia entre *solidariedade* e *subsidiariedade*, à vista da estrutura igualitária da relação obrigacional solidária[26].

Veremos que as diferentes situações passíveis de engendrar casos de responsabilidade tributária estão previstas no Código Tributário Nacional, que não oferece, porém, uma sistematização menos sofrível para a matéria.

7. A RESPONSABILIDADE TRIBUTÁRIA NO CÓDIGO TRIBUTÁRIO NACIONAL

Após definir a figura de responsável, no art. 121, parágrafo único, II, o Código Tributário Nacional abre uma seção ("Da Responsabilidade Tri-

---

23. *Compêndio*, cit., p. 93.

24. *Solidariedade e sucessão tributária*, p. 48-9 e 51. A doutrina fala também em "solidariedade por realização conjunta do fato gerador", "solidariedade como consequência de responsabilidade" e "solidariedade dos que devem ser objeto de lançamento conjunto" (como, em certas legislações, se dá com os cônjuges) (Ramon Falcon y Tella, La solidariedad..., *RDT*, n. 35, p. 38).

25. *Solidariedade*, cit., p. 54.

26. *Solidariedade*, cit., p. 45.

butária") dedicada ao assunto. Há hipóteses de responsabilidade definidas no próprio Código (na referida seção dedicada à "responsabilidade tributária" e fora dela). Prevê-se também a possibilidade de a lei estabelecer outras situações em que um terceiro, vinculado ao fato gerador, seja eleito como responsável (art. 128).

Em face da conceituação dada pelo Código, vimos que o responsável é sempre um *terceiro* (situado fora do binômio *Fisco-contribuinte*). No entanto, ao disciplinar a matéria, o Código reserva para algumas situações o título de "responsabilidade de terceiros" (arts. 134 e 135), tratando, apartadamente, dos *sucessores* (arts. 129 a 134), e dos *responsáveis solidários* (arts. 124 e 125), como se nestes casos não houvesse também a figura de terceiros.

Comecemos pelo exame da regra geral, inserta no art. 128: "Sem prejuízo do disposto neste Capítulo, a lei pode atribuir de modo expresso a responsabilidade pelo crédito tributário a terceira pessoa, vinculada ao fato gerador da respectiva obrigação, excluindo a responsabilidade do contribuinte ou atribuindo-a a este em caráter supletivo do cumprimento total ou parcial da referida obrigação".

Inicia-se o texto com a ressalva da aplicação das várias disposições em que o próprio Código Tributário Nacional já define situações nas quais terceiros podem responder pela obrigação tributária. Insiste, em seguida, o dispositivo em dizer que a matéria requer lei expressa, repetindo o que já se dissera no art. 121, parágrafo único, II, e no art. 97, III, *in fine*.

O artigo fala em "responsabilidade pelo crédito tributário", esquecido do conceito de *crédito* que iria dar mais à frente (art. 142). O problema é de responsabilidade pela *obrigação tributária*. Se o *crédito*, como quer o art. 142 do Código Tributário Nacional, supusesse o lançamento, só se poderia falar em responsabilidade pelo crédito tributário, nos termos do art. 128, *após* o lançamento. Talvez para consertar esse equívoco, o dispositivo seguinte (art. 129) vai dizer que as regras de responsabilidade dos sucessores se aplicam também aos créditos "constituídos" (ou seja, *lançados*) *depois* do evento sucessório.

É claro que o art. 128 tem de ser referido à obrigação tributária, e não ao "crédito tributário" (no sentido de obrigação objeto de lançamento já efetuado).

7.1. Limites à definição legal de responsabilidade tributária

O Código Tributário Nacional (art. 121, parágrafo único, II) aparentemente autoriza que *qualquer indivíduo* (que não tenha relação pessoal e direta com o fato gerador) possa ser posto na condição de responsável, desde que isso se dê por *lei expressa*[27].

Já o art. 128 diz que a lei pode eleger *terceiro* como responsável, se ele estiver *vinculado* ao fato gerador. Por aí já se vê que não se pode responsabilizar *qualquer terceiro*, ainda que *por norma legal expressa.*

Porém, mais do que isso, deve-se dizer que também *não é qualquer tipo de vínculo* com o fato gerador que pode ensejar a responsabilidade de terceiro. Para isso ser possível, é necessário que a natureza do vínculo permita a esse terceiro, elegível como responsável, *fazer com que o tributo seja recolhido sem onerar seu próprio bolso.*

Se, por exemplo, se trata do imposto de renda, o indivíduo que aufere a renda seria, naturalmente, elegível como *contribuinte*. Se um terceiro for eleito como responsável é preciso que a lei preveja mecanismos pelos quais o pagamento do tributo possa ser efetuado sem onerar esse terceiro. Desse modo, a fonte pagadora da renda é elegível como responsável pelo tributo incidente sobre os rendimentos que ela pague, mas a lei lhe dá a condição de *reter* o tributo, descontando-o do valor devido ao beneficiário.

Vejamos outros exemplos. O tabelião pode ser compelido a recolher o imposto de transmissão, como responsável, mas ele tem a condição de não lavrar o ato sem que o interessado recolha o tributo. O herdeiro responde pelo tributo que deixou de ser recolhido pelo autor de herança, mas a lei limita essa responsabilidade ao quinhão recebido por esse herdeiro.

Já não poderá a lei, por exemplo, escolher como responsável o filho do contribuinte, quando nenhuma herança tiver ele recebido, nem pode responsabilizar a fonte pagadora por tributo incidente sobre rendimento que já tiver pago, se (no momento do pagamento) não estava autorizada a efetuar a retenção.

Em suma, o ônus do tributo não pode ser deslocado arbitrariamente pela lei para qualquer pessoa (como responsável por substituição, por solidariedade ou por subsidiariedade), ainda que vinculada ao fato gerador, se essa pessoa não puder agir no sentido de evitar esse ônus nem tiver como diligenciar no sentido de que o tributo seja recolhido à conta do indivíduo que, dado o fato gerador, seria elegível como contribuinte.

---

27. Henry Tilbery preocupou-se com o tema (Responsabilidade, in *Direito tributário*, cit., v. 2, p. 77 e s.).

7.2. Terceiro responsável e "responsabilidade" do contribuinte

O art. 128 admite que, eleito o terceiro, a lei *exclua a responsabilidade do contribuinte* ou mantenha este como responsável *subsidiário* (ao prever que ao contribuinte pode ser atribuída responsabilidade em *caráter supletivo* caso o responsável nada pague ou pague menos que o devido).

Observe-se que, ao falar em "responsabilidade" do contribuinte, o Código não usa o vocábulo no sentido correspondente ao art. 121, parágrafo único, II, em que se cuida do *responsável* como sujeito passivo, *que não se confunde com o contribuinte* (ou que não "reveste" a condição de contribuinte). Aqui se fala de *responsabilidade* do contribuinte no sentido de *sujeição do contribuinte ao cumprimento da obrigação.*

Se atribuída a "responsabilidade" supletiva ao contribuinte, ele se mantém na relação tributária, em posição *subsidiária*, de modo que, na hipótese de o terceiro responsável não adimplir a obrigação ou fazê-lo com insuficiência, o contribuinte pode ser chamado para suprir ou complementar o pagamento.

Curiosamente, o dispositivo não refere a situação inversa, em que o terceiro pudesse ser definido como responsável *subsidiário* a fim de eventualmente suprir ou complementar o pagamento do tributo nos casos em que o contribuinte (que fosse catalogado como devedor principal) não o fizesse ou o fizesse com insuficiência. A hipótese, porém, é tão comum que o Código cuida dela, artigos à frente, além de ela estar implícita no próprio art. 128: se a lei pode o mais, que é imputar a responsabilidade por inteiro ao terceiro, pode o menos, que é elegê-lo responsável meramente subsidiário.

O art. 128 também não se refere expressamente à *solidariedade*, talvez por tê-la disciplinado em artigos anteriores.

Em rigor, porém, todas essas situações poderiam estar expressas e não apenas implícitas no texto desse artigo, que se proclama "disposição geral" do capítulo da responsabilidade tributária.

7.3. Responsabilidade solidária

A solidariedade, no direito privado (CC/2002, art. 265), decorre da lei (solidariedade legal) ou da vontade das partes (solidariedade convencional). Há solidariedade *ativa* quando, na mesma obrigação, concorre mais de um credor, cada um com direito à dívida toda, e solidariedade *passiva* quando o concurso é de mais de um devedor, cada um obrigado à dívida toda (CC/2002, art. 264).

Na obrigação tributária, que é matéria de definição legal, a solidariedade há de decorrer *da lei*. Isso não impede que a obrigação tributária venha, em certas situações, a ser cobrada de um devedor solidário *convencional* (e não *legal*). É o que se dá nas situações em que o crédito do Fisco é garantido por *fiança* (usualmente, de bancos). Embora o fiador seja, em geral, devedor solidário (quando não, pelo menos, subsidiário), trata-se, porém, de instituto de direito privado (a fiança), cujo objeto (obrigação afiançada) é que é de natureza tributária.

O art. 124 do Código Tributário Nacional prevê hipótese de solidariedade (item I), admitindo que a lei poderá definir outras situações de solidariedade (item II). Com efeito, diz o art. 124: "São solidariamente obrigadas: I – as pessoas que tenham interesse comum na situação que constitua o fato gerador da obrigação principal; II – as pessoas expressamente designadas por lei".

Cuida-se aí da *solidariedade passiva*, ou seja, de situações em que duas ou mais pessoas podem apresentar-se, na condição de sujeito passivo da obrigação tributária, obrigando-se cada uma pela dívida tributária inteira. Isso dá ao sujeito ativo, em contrapartida, o direito de exigir o cumprimento da obrigação de um ou de outro dos devedores solidários, ou de todos, ou de um e depois do outro, até realizar integralmente o valor da obrigação (CC/2002, art. 275 e parágrafo único).

O art. 134 arrola como de responsabilidade *solidária* situações que, conforme veremos mais adiante, configuram hipóteses de responsabilidade *subsidiária*, pois o dito responsável solidário só é chamado a satisfazer a obrigação "nos casos de impossibilidade de exigência do cumprimento da obrigação principal pelo contribuinte".

Aliomar Baleeiro afirmou que os *casos de interesse comum* mencionados no art. 124, I, do Código Tributário Nacional devem ser explicitados pela lei[28]. E viu, nos arts. 42 e 66 do Código, situações em que caberia a solidariedade passiva[29]; trata-se aí de tributos incidentes sobre certas operações, nas quais a lei pode definir como contribuinte qualquer das partes (por exemplo, alienante ou adquirente de imóvel); se um deles é eleito contribuinte, o outro poderia ser indicado como responsável solidário. A doutrina cita outros exemplos: o imposto predial, que, na copropriedade, pode ser cobrado de qualquer dos condôminos, competindo àquele que tiver

28. *Direito*, cit., p. 471-2.

29. *Direito*, cit., p. 472.

satisfeito a obrigação cobrar do outro a parte que lhe caiba e pela qual o primeiro terá respondido[30]; o imposto de transmissão, também no caso de copropriedade[31]; o imposto de renda, no caso de a renda pertencer a casal no regime de comunhão[32].

Cabem aqui, porém, algumas observações.

Anote-se, em primeiro lugar, que, se os casos de *interesse comum* precisassem ser explicitados em lei, como disse Aliomar Baleeiro, o item I do art. 124 seria inútil, pois as hipóteses todas estariam na disciplina do item II. Nos casos que se enquadrarem no questionado item I a solidariedade passiva decorre desse próprio dispositivo, sendo desnecessário que a lei de incidência o reitere. Situações outras, não abrangidas pelo item I, é que precisarão ser definidas na lei quando esta quiser eleger terceiro como responsável solidário.

Sabendo que a eleição de terceiro como responsável supõe que ele seja *vinculado* ao fato gerador (art. 128), é preciso distinguir, de um lado, as situações em que a responsabilidade do terceiro deriva do fato de ele ter "interesse comum" no fato gerador (o que dispensa previsão na lei instituidora do tributo) e, de outro, as situações em que o terceiro tenha *algum outro interesse* (melhor se diria, as situações com as quais ele tenha algum *vínculo*) em razão do qual ele possa ser eleito como responsável. Neste segundo caso é que a responsabilidade solidária do terceiro dependerá de a lei expressamente a estabelecer.

Por outro lado, o só fato de o Código Tributário Nacional dizer que, em determinada operação (por exemplo, a alienação de imóvel), a lei do tributo pode eleger qualquer das partes como contribuinte não significa que, tendo elegido *uma* delas, a *outra* seja solidariamente responsável. Poderá sê-lo, mas isso dependerá de expressa previsão da lei (já agora nos termos do item II do art. 124). Até porque nessa hipótese o *interesse* de cada uma das partes no negócio *não é comum*, não é *o mesmo*; o interesse do vendedor é na alienação, o interesse do comprador é na aquisição. Se, porém, houver dois vendedores ou dois compradores (copropriedade), aí sim teremos interesse comum (dos vendedores ou dos compradores, respectivamente), de modo que, se a lei definir como contribuinte a figura do comprador, ambos os compradores serão responsáveis solidários, não porque a lei tenha

30. Rubens Gomes de Sousa, *Compêndio*, cit., p. 92-3.

31. Ricardo Lobo Torres, *Curso*, cit., p. 208.

32. Hugo de Brito Machado, *Curso*, cit., p. 100.

eventualmente vindo a proclamar essa solidariedade, mas sim porque ela decorre do interesse *comum* de ambos no fato da aquisição. O mesmo se diga em relação ao imposto predial. Havendo copropriedade, ambos os proprietários são devedores solidários[33].

O *interesse comum* no fato gerador põe os devedores solidários numa posição também comum. Se, em dada situação (a copropriedade, no exemplo dado), a lei define o titular do domínio como *contribuinte*, nenhum dos coproprietários seria qualificável como *terceiro*, pois ambos ocupariam, no binômio Fisco-contribuinte, o lugar do *segundo* (ou seja, o lugar de *contribuinte*). Ocorre que cada qual só se poderia dizer *contribuinte* em relação à parcela de tributo que correspondesse à sua quota de interesse na situação. Como a obrigação tributária (sendo pecuniária) seria divisível, cada qual poderia, em princípio, ser obrigado apenas pela parte equivalente ao seu quinhão de interesse. O que determina o Código Tributário Nacional (art. 124, I) é a solidariedade de ambos como devedores da obrigação inteira, donde se poderia dizer que a condição de sujeito passivo assumiria forma híbrida em que cada codevedor seria contribuinte na parte que lhe toca e responsável pela porção que caiba ao outro.

As situações (art. 124, II) em que a lei pode definir terceiros como responsáveis solidários supõem que estes estejam vinculados ao fato gerador, valendo aqui os comentários que fizemos acerca do art. 128, sobre os limites à definição legal de responsabilidade tributária. Para que o terceiro seja eleito responsável (como substituto do contribuinte, como devedor principal, como devedor solidário, ou como devedor subsidiário) devem ser obedecidos os comentados limites.

Por cuidar-se de solidariedade passiva, situação na qual o credor tem a prerrogativa de exigir de qualquer dos coobrigados (ou de todos) o cumprimento da obrigação, seria desnecessário dizer, como faz o parágrafo único do art. 124, que "a solidariedade referida neste artigo não comporta benefício de ordem".

---

33. Paulo de Barros Carvalho, ao analisar o item I do art. 124, teve presente questionamento semelhante, e afirmou que a expressão "interesse comum" é vaga, além de não ser um "roteiro seguro para a identificação do nexo que se estabelece entre os devedores da prestação tributária" (*Curso*, cit., p. 215). Por isso, asseverou que o método preconizado pelo preceito em análise só é válido "para situações em que não haja bilateralidade no seio do fato tributado, como, por exemplo, na incidência do IPTU, em que duas ou mais pessoas são proprietárias do mesmo imóvel" (*Curso*, cit., p. 216).

7.3.1. Efeitos da solidariedade

Os *efeitos* da solidariedade tributária passiva estão no art. 125 do Código Tributário Nacional: "Salvo disposição em contrário, são os seguintes os efeitos da solidariedade: I – o pagamento efetuado por um dos obrigados aproveita aos demais; II – a isenção ou remissão de crédito exonera todos os obrigados, salvo se outorgada pessoalmente a um deles, subsistindo, nesse caso, a solidariedade quanto aos demais pelo saldo; III – a interrupção da prescrição, em favor ou contra um dos obrigados, favorece ou prejudica aos demais".

Trata-se de norma *supletiva* (aplicável na ausência de disposição em contrário), embora seja difícil imaginar, particularmente na hipótese do item I, como poderia a lei dispor de modo diferente do que ali se estatui. O *pagamento* por inteiro da obrigação, feito por qualquer dos obrigados, *extingue a obrigação.* E obrigação extinta não pode ser cobrada de ninguém.

Já a redação do item II peca, se não pelo conteúdo, pela forma.

A isenção, quando *objetiva* (isto é, definida com atenção a aspectos do próprio fato material, abstraídas as condições pessoais do indivíduo), aproveita a todos. Ora, isso é óbvio. Se se trata de fato isento e não de fato tributado, ninguém é obrigado, dada a inexistência de obrigação (ou dada, se admitíssemos a construção fantasiosa do art. 175 do Código Tributário Nacional, a "exclusão", por inteiro, do "crédito tributário" decorrente da "obrigação tributária" que teria nascido com o "fato gerador").

Cuidando-se de isenção *subjetiva* (vale dizer, definida em função das condições pessoais do indivíduo), é preciso verificar se todas as pessoas envolvidas na situação preenchem essas condições. Em caso positivo, inexistirá fato gerador, e, portanto, inexistirá responsabilidade de quem quer que seja. Se nem todas as pessoas que participam da situação preencherem as condições para a aplicação da norma de isenção, o fato *é gerador*, mas apenas em relação às pessoas que não preencherem tais condições. Neste caso, a situação material tem de ser cindida: na parte que corresponder às pessoas isentas, não há obrigação tributária, e na porção que se referir às pessoas não isentas surge a obrigação, na proporção em que a situação material for imputável a essas pessoas. Exemplificando, se um imóvel é de propriedade, em partes iguais, de três pessoas, uma das quais preenche as condições de norma isencional, o imposto predial só é devido em relação aos quinhões de propriedade das outras duas pessoas. Nessa obrigação essas duas pessoas são solidárias.

A outra simplesmente nada deve; e não se pode cobrar das duas a parcela que (se inexistisse a isenção) seria pertinente à terceira. É isso que quis dizer o Código ao falar em solidariedade que subsiste "pelo saldo" em relação aos demais obrigados, linguagem que foi inspirada talvez na hipótese de remissão, também tratada no dispositivo, mas que é despropositada em face da isenção.

Considerações análogas às que fizemos sobre a isenção cabem em relação à *imunidade*, não prevista no dispositivo codificado. A solução há de ser a mesma. Quanto à pessoa imune, não há fato gerador. A obrigação somente existe em relação às demais pessoas, na proporção que a elas for imputável a situação material em que se traduza o fato gerador. Também é óbvio que, se a imunidade for objetiva, nenhuma das diferentes pessoas envolvidas na situação material terá obrigação, por ausência de fato gerador.

Na *remissão,* estamos diante de uma obrigação que efetivamente nasceu, dada a realização do fato gerador, e na qual figuravam vários devedores solidários. Se essa obrigação for objeto de remissão *objetiva*, operar-se-á a desoneração de todos os devedores solidários; se a remissão for *subjetiva*, apenas os coobrigados que ostentarem as condições pessoais definidas pela lei terão o perdão da dívida, que, aí, sim, subsiste, em regime de solidariedade, em relação aos devedores remanescentes, *pelo saldo.*

Cabe, ainda, uma observação quanto ao âmbito de aplicação do item II do art. 125, que estamos examinando. O dispositivo ajusta-se a situações em que a solidariedade decorre do *interesse comum* das diferentes pessoas na situação que constitua o fato gerador (art. 124, I). Voltando ao exemplo dado linhas acima, se três pessoas são coproprietárias de um imóvel, e uma delas é isenta em razão de condições pessoais, as outras duas permanecem devedoras solidárias pelo imposto na parte do imóvel que lhes caiba. Se forem dois os proprietários, sendo um deles isento, o outro é mero *contribuinte* na parte que lhe toca, não cabendo mais falar em *responsabilidade* (nem, obviamente, em *solidariedade*).

Se, porém, inexiste o interesse comum e a solidariedade decorre de outros eventos, por força dos quais a lei tenha elegido *terceiro* como responsável solidário, a solução – diante da isenção, da imunidade ou da remissão – põe-se em plano diverso. Se "A" pratica certo fato (em regra previsto como gerador de obrigação) e a lei indica terceiro como responsável solidário, em razão de certo vínculo com a situação material em que se traduza o fato gerador, o terceiro só é devedor da obrigação na medida em que "A" também seja, efetivamente, devedor. Uma norma isencional que venha a desqualificar o fato como gerador de obrigação (ainda que levando em conta condições *pessoais* de "A") não deixa espaço para a responsabilidade do terceiro. Inexistindo "interesse comum" do terceiro no fato gerador, inexiste medida em que ele possa permanecer como devedor de tributo. O mesmo se diga quanto à imunidade e à remissão.

A indagação sobre se, em dada obrigação solidária, o interesse dos codevedores é ou não *comum* tem, ainda, importância na questão (que é de direito privado) do rateio do pagamento entre os devedores (CC/2002, arts. 283 e 285). Havendo interesse comum, o rateio obedecerá à porção de interesse de cada um na situação. Se o interesse é de um só e este faz o pagamento, não cabe rateio; se é o outro que paga, há direito de regresso pelo valor total.

Finalmente, cuida o art. 125 dos efeitos da interrupção da prescrição nas obrigações solidárias (item III), estabelecendo que esses efeitos atingem todos os obrigados, ainda que o evento causador da interrupção tenha ocorrido em relação a um deles apenas (*v.* CC/2002, art. 204, § 1º). Assim, se um dos devedores solidários pratica ato de reconhecimento da dívida (art. 174, parágrafo único, IV), a prescrição se interrompe também em relação aos demais devedores solidários. Embora se fale em "prescrição", o princípio informador da norma pode aplicar-se em hipótese similar, atinente à decadência, não em situação de interrupção, obviamente, já que o prazo decadencial não se interrompe, mas no caso de *antecipação* do início da contagem desse prazo, prevista no art. 173, parágrafo único; se o sujeito ativo notifica um dos codevedores, nos termos desse dispositivo, e, com isso, dá início ao curso da decadência do direito de lançar, o mesmo prazo deve aplicar-se aos eventuais devedores solidários.

O preceito abrange ainda situações em que a interrupção da prescrição, *em favor* de um dos obrigados, beneficia os demais. Assim, se a prescrição se refere a pretensão que os coobrigados tenham contra o Fisco (por exemplo, direito a restituição de pagamento indevido), as medidas que um dos coobrigados tomar, nos termos dos arts. 168 e 169, que possam gerar efeitos sobre a contagem dos prazos ali previstos valem para todos os demais. Em rigor, nessas condições, não se deve falar em *coobrigados*, mas em *cotitulares solidários de direito* exercitável contra o Fisco.

7.4. Responsabilidade por sucessão

Adverte o Código Tributário Nacional, em preceito de evidente obviedade (art. 129), que as normas sobre sucessão por ele estabelecidas são aplicáveis a obrigações tributárias surgidas até a data do evento que implica a sucessão (por exemplo, morte da pessoa física, incorporação de uma empresa etc.), não importando a data em que tenha sido ou venha a ser feito o lançamento do tributo (ou, na linguagem do CTN, a "constituição do crédito tributário"): "O disposto nesta Seção aplica-se por igual aos créditos tributários definitivamente constituídos ou em curso de constituição à data dos atos nela referidos, e aos constituídos posteriormente aos mesmos atos, desde que relativos a obrigações tributárias surgidas até a referida data".

A sucessão dá-se no plano da obrigação tributária, por modificação subjetiva passiva. Assim, o sucessor passa a ocupar a posição do antigo devedor, no estado em que a obrigação se encontrava na data do evento que motivou a sucessão. Se se trata de obrigação cujo cumprimento independe de providência do sujeito ativo, cabe ao sucessor adimpli-la, nos termos da lei. Se depende de providência do sujeito ativo (lançamento), já tomada, compete-lhe também satisfazer o direito do credor. Se falta essa providência, cabe-lhe aguardá-la e efetuar o pagamento, do mesmo modo que o faria o sucedido.

Em relação aos tributos atinentes a *bens imóveis*, a regra do art. 130 é no sentido de a obrigação transferir-se para o adquirente, com a ressalva evidente de a prova da quitação constar do título: "Os créditos tributários relativos a impostos cujo fato gerador seja a propriedade, o domínio útil ou a posse de bens imóveis, e bem assim os relativos a taxas pela prestação de serviços referentes a tais bens, ou a contribuições de melhoria, sub-rogam-se na pessoa dos respectivos adquirentes, salvo quando conste do título a prova de sua quitação".

Se houver *prova de quitação*, mesmo que ela não figure no título aquisitivo, a obrigação não se irá transferir para o adquirente, pela simples razão de que estará extinta.

O art. 130, parágrafo único, ressalva ainda a arrematação em hasta pública, hipótese em que o tributo eventualmente devido se sub-roga no preço.

O art. 131 refere um conceito que merece análise, qual seja, o de *pessoalidade* da responsabilidade: "São pessoalmente responsáveis: I – o adquirente ou remitente, pelos tributos relativos aos bens adquiridos ou remidos; II – o sucessor a qualquer título e o cônjuge meeiro, pelos tributos devidos pelo *de cujus* até a data da partilha ou adjudicação, limitada essa responsabilidade ao montante do quinhão, do legado ou da meação; III – o espólio, pelos tributos devidos pelo *de cujus* até a data da abertura da sucessão".

É difícil imaginar o que seja responsabilidade *pessoal* do *espólio* (que não possui os atributos jurídicos de pessoa). Ademais, também não é fácil identificar as situações em que os sucessores, de modo geral, pudessem ter responsabilidades *não pessoais*.

O Código deve ter querido dizer que as pessoas e o espólio referidos no dispositivo assumem a condição de responsáveis, como únicos ocupantes do polo passivo da obrigação. Não respondem supletiva ou subsidiariamente (nem solidariamente), já que o devedor sucedido ou terá desaparecido (nos casos dos itens II e III) ou é desprezado (no caso do item I).

Igual consideração cabe, porém, no art. 130, em que não se falou em *pessoalidade* da responsabilidade do adquirente, mas em "sub-rogação na pessoa dos adquirentes", o que deve dar na mesma.

O art. 130 reporta-se a sucessão nos tributos atinentes a bens *imóveis*; o item I do art. 131 refere-se a *bens*, em geral, abarcando, pois, os *móveis* e os *imóveis*, e menciona, a par da *aquisição*, a figura da *remição*. Esse item teve o texto amputado pelo Decreto-Lei n. 28/66, e, com isso, perdeu em parte sua identidade, com a eliminação da expressão, contida no texto original do Código Tributário Nacional, que restringia o comando aos casos de inobservância do disposto no art. 191. O preceito acaba por generalizar, para os bens *móveis adquiridos* ou *remidos*, e para os bens *imóveis remidos,* a regra da sucessão do art. 130. O dispositivo abrange, por exemplo, a sucessão relativamente à obrigação atinente ao pagamento do imposto sobre veículos automotores.

Da sucessão da pessoa física o Código Tributário Nacional se ocupa nos itens II e III do art. 131. O Código define dois momentos nos quais a responsabilidade por sucessão da pessoa física se apresenta: até a *partilha* ou *adjudicação*, a responsabilidade é do *espólio* (relativamente aos tributos gerados até a data da abertura da sucessão, ou seja, a data do falecimento); após a partilha ou adjudicação, a responsabilidade, tanto por tributos gerados antes do falecimento como pelos gerados após, até a partilha ou adjudicação, é do cônjuge meeiro, dos herdeiros e dos legatários.

A responsabilidade dessas pessoas é limitada ao montante que lhes tenha tocado na partilha ou adjudicação; o Código é expresso (art. 131, II) ao dizer que a responsabilidade é limitada *ao montante do quinhão* (porção da herança que cabe ao herdeiro, legal ou testamentário), *do legado* (coisa determinada, atribuída a alguém, dito legatário, por disposição testamentária) e *da meação* (metade dos bens que compunham o patrimônio comum do casal, que cabe ao cônjuge sobrevivente)[34].

Registre-se a impropriedade cometida pelo Código no item II do art. 131, onde cuida da responsabilidade "pelos tributos devidos pelo *de cujus* até a data da partilha ou adjudicação". Ora, após o falecimento, o *de cujus* não pode ter devido nada. Até a data da partilha ou adjudicação quem podia dever era o *espólio*. O meeiro, o herdeiro e o legatário são responsáveis pelas obrigações geradas até o falecimento (caso não tenham sido liquidadas pelo *de cujus* nem, após o falecimento, pelo espólio) e pelas obrigações geradas até a data da partilha ou adjudicação, caso não tenham sido liquidadas pelo espólio.

Observe-se ademais que o *meeiro* aparece junto do herdeiro e do legatário, embora não seja ele, tecnicamente, *sucessor*. A meação cabe ao cônjuge sobrevivente (dito "meeiro") por *direito próprio* e não por sucessão. O cônjuge meeiro pode ser, *também*, herdeiro; nesse caso, terá a meação, por direito próprio, e o quinhão, como *sucessor*.

Os arts. 132 e 133 disciplinam a sucessão tributária de pessoas jurídicas de direito privado e de empresas individuais. Prevê o art. 132: "A pessoa jurídica de direito privado que resultar de fusão, transformação ou incorporação de outra ou em outra é responsável pelos tributos devidos até a data do ato pelas pessoas jurídicas de direito privado fusionadas, transformadas ou incorporadas".

A pessoa jurídica que resulta da *fusão* de outras responde pelos tributos devidos pelas pessoas jurídicas fundidas, assim como a *incorporadora* responde pelos tributos da incorporada. O dispositivo refere também a *transformação* de pessoa jurídica, mas, nesta hipótese, não existe extinção

34. Anote-se, como curiosidade, que, na publicação do Código Tributário Nacional no Diário Oficial, faltou a vírgula na expressão "limitada esta responsabilidade ao montante do quinhão [,] do legado ou da meação"; o Regulamento do Imposto de Renda, ao repetir esse preceito, julgou que o quinhão pudesse ser do legatário ("quinhão do legado"), e considerou que o Código se tivesse olvidado de que também o herdeiro deveria ter sua responsabilidade limitada ao valor herdado; por isso, em vez de colocar a vírgula (que realmente estava faltando), o RIR vinha cometendo o equívoco de acrescentar, ao texto do Código, nova referência à herança, ao dizer que a responsabilidade fica limitada "ao montante do *quinhão do legado*, da *herança*, ou da meação" (os grifos são nossos; cf., por exemplo, o art. 12 do RIR aprovado pelo Decreto n. 85.450/80; o RIR aprovado pelo Decreto n. 1.041/94, no seu art. 24, I, colocou a vírgula, mas olvidou-se de retirar a expressão "da herança", e asseverou que a responsabilidade fica limitada "ao montante do quinhão, do legado, da herança ou da meação"), o que foi repetido no RIR editado com o Decreto n. 3.000/99.

da pessoa jurídica nem sucessão; a empresa continua devedora dos tributos que ela mesma já devia antes de mudar de forma.

O parágrafo único do art. 132 estende a regra da sucessão tributária prevista no *caput*, estatuindo que ela se aplica "aos casos de extinção de pessoas jurídicas de direito privado, quando a exploração da respectiva atividade seja continuada por qualquer sócio remanescente, ou seu espólio, sob a mesma ou outra razão social, ou sob firma individual".

As hipóteses aqui dizem respeito à *extinção* de pessoas jurídicas (sem fusão ou incorporação), quando a respectiva atividade for continuada por sócio "remanescente" (entenda-se *ex-sócio*, pois, se a sociedade se extinguiu, não existe "sócio remanescente"), ou pelo espólio de ex-sócio, sob a mesma ou outra razão social, ou sob firma individual.

A *cisão*, regulada pela Lei das Sociedades Anônimas (Lei n. 6.404/76), posteriormente ao advento do Código Tributário Nacional, não foi por este disciplinada. Societariamente, quer a cisão resulte na criação de nova sociedade, quer não (se a parcela cindida é incorporada por outra sociedade já existente), a sucessão é passível de regulação pelos sócios, que podem dispor não apenas sobre a versão de ativos, mas também sobre quais obrigações permanecem com a sociedade cindida e quais devem migrar com a parcela cindida, conforme seja especificado no ato da cisão (Lei das S.A., art. 229, § 1º). Essa regulação é matéria de direito privado, que não poderia ser oposta ao credor de tributo (CTN, art. 123). Falta uma disciplina geral sobre a responsabilidade tributária na cisão, e não se pode eleger responsável sem lei expressa (CTN, art. 121, parágrafo único, II). O Decreto-Lei n. 1.598/77 cuidou, na esfera do imposto de renda, de regular a responsabilidade na cisão (art. 5º).

O art. 133 regula a sucessão tributária na hipótese de *aquisição de estabelecimento* para continuação da exploração de atividade comercial, industrial ou profissional. "A pessoa natural ou jurídica de direito privado que adquirir de outra, por qualquer título, fundo de comércio ou estabelecimento comercial, industrial ou profissional, e continuar a respectiva exploração, sob a mesma ou outra razão social ou sob firma ou nome individual, responde pelos tributos, relativos ao fundo ou estabelecimento adquirido, devidos até a data do ato: I – integralmente, se o alienante cessar a exploração do comércio, indústria ou atividade; II – subsidiariamente com o alienante, se este prosseguir na exploração ou iniciar dentro de 6 (seis) meses, a contar da data da alienação, nova atividade no mesmo ou em outro ramo de comércio, indústria ou profissão".

O adquirente (sociedade ou firma individual) responde, pois, pelos tributos relativos ao estabelecimento adquirido, se o alienante cessar a exploração da atividade que vinha executando e não passar a explorar outra atividade. Nessa hipótese, afirma o Código que a responsabilidade do adquirente é *integral*. O que, na verdade, o Código quis dizer é que, nesse caso, o adquirente responde *sozinho*, ou seja, não há obrigação do alienante. Mas, se o alienante prossegue a exploração da atividade que desenvolvia no estabelecimento alienado, ou passa a explorar outra, dentro de seis meses contados da data da alienação, a responsabilidade do adquirente é meramente *subsidiária*, permanecendo, pois, como principal obrigado o alienante.

O dispositivo busca evitar que, na venda de estabelecimento, o alienante se livre do patrimônio que poderia dar respaldo a suas obrigações tributárias. Se o alienante continua em atividade, ou a reinicia, presume-se que mantenha a capacidade de pagar suas obrigações tributárias. Caso, apesar disso, não a mantenha, e na medida em que não a mantenha, opera a responsabilidade subsidiária do adquirente pelos tributos gerados pela exploração do estabelecimento sob gestão do alienante.

Observe-se que as obrigações pelas quais o adquirente pode ter de responder são apenas as *relativas ao estabelecimento adquirido*, como, aliás, deixa expresso o dispositivo legal: o Código não estabelece a responsabilidade do adquirente por todo e qualquer tributo devido *pelo alienante*, mas tão somente pelos relativos ao estabelecimento vendido. Por conseguinte, *outras obrigações tributárias* do alienante não são objeto da sucessão. Se, por exemplo, a pessoa jurídica "A" vende para a pessoa jurídica "B" uma unidade comercial, "B" pode responder, nos limites do art. 133, pelos tributos devidos por "A" *relativos à unidade comercial alienada* (v. g., ICMS atinente a saídas de mercadorias dessa unidade), mas não é responsável por outros tributos (por exemplo, imposto de renda) de "A".

A Lei Complementar n. 118/2005, no bojo da reforma da lei de falência (implementada pela Lei n. 11.101/2005), acrescentou três parágrafos ao art. 133 do Código Tributário Nacional. Diz o § 1º: "O disposto no *caput* deste artigo não se aplica na hipótese de alienação judicial: I – em processo de falência; II – de filial ou unidade produtiva isolada, em processo de recuperação judicial". Essa exclusão da regra de sucessão é excepcionada pelo § 2º: "Não se aplica o disposto no § 1º deste artigo quando o adquirente for: I – sócio da sociedade falida ou em recuperação judicial, ou sociedade controlada pelo devedor falido ou em recuperação judicial; II – parente, em linha reta ou colateral até o 4º (quarto) grau, consanguíneo ou afim, do devedor falido ou em recuperação judicial ou de qualquer de seus sócios;

ou III – identificado como agente do falido ou do devedor em recuperação judicial com o objetivo de fraudar a sucessão tributária". Acrescenta o § 3º: "Em processo da falência, o produto da alienação judicial de empresa, filial ou unidade produtiva isolada permanecerá em conta de depósito à disposição do juízo de falência pelo prazo de 1 (um) ano, contado da data de alienação, somente podendo ser utilizado para o pagamento de créditos extraconcursais ou de créditos que preferem ao tributário".

Desse modo, o adquirente de bens, numa alienação judicial em processo de falência, não responde, nem subsidiariamente, por tributos devidos pela empresa falida; no mesmo sentido, no processo de recuperação judicial, a venda de filial ou de unidade produtiva isolada também não acarreta responsabilidade tributária para o comprador. Essas disposições, ao excluir a regra de sucessão tributária nas hipóteses assinaladas, buscam afastar o receio de potenciais compradores de assumir passivos fiscais elevados e desconhecidos, receio esse que aviltava o preço dos ativos das empresas falidas ou concordatárias e os tornava praticamente invendáveis.

Por razões óbvias, a sucessão tributária permanece quando o adquirente seja pessoa física ou jurídica que mantenha com o devedor falido ou em recuperação judicial algum dos relacionamentos arrolados no § 2º acrescido ao artigo em exame.

Outra questão que merece registro é a das *multas* por infrações que possam ter sido praticadas antes do evento que caracterize a sucessão. Tanto nas hipóteses do art. 132 como nas do art. 133, refere-se a responsabilidade por *tributos*. Estariam aí incluídas as *multas*? Várias razões militam contra essa inclusão. Há o princípio da personalização da pena, aplicável também em matéria de sanções administrativas. Ademais, o próprio Código define tributo, excluindo expressamente a *sanção* de ilícito (art. 3º). Outro argumento de ordem sistemática está no art. 134; ao cuidar da responsabilidade de terceiros, esse dispositivo não fala em *tributos*, mas em "obrigação tributária" (abrangente também de penalidades pecuniárias, *ex vi* do art. 113, § 1º). Esse artigo, contudo, limitou a sanção às penalidades de caráter moratório (embora ali se cuide de atos ou omissões *imputáveis aos responsáveis*). Se, quando o Código quis abranger penalidades, usou de linguagem harmônica com os conceitos por ele fixados, há de entender-se que, ao mencionar responsabilidade por *tributos*, não quis abarcar as sanções. Por outro lado, se *dúvida* houvesse, entre punir ou não o sucessor, o art. 112 do Código manda aplicar o princípio *in dubio pro reo*. O Supremo Tribunal

Federal, em vários julgados, negou a responsabilidade do sucessor por multas referidas a infrações do sucedido[35]. O Superior Tribunal de Justiça sumulou entendimento contrário [36].

7.5. *Responsabilidade de "terceiros"*

Todo responsável tributário é um "terceiro", no sentido de que não integra o binômio *Fisco-contribuinte* (CTN, art. 128). Porém, nos arts. 134 e 135, o Código dispõe sobre responsabilidade de "terceiros", como se apenas nos casos aí regulados é que houvesse tais figuras.

As hipóteses arroladas no art. 134 referem-se a obrigações relacionadas a *atos ou omissões* de terceiros que, por isso, assumem a responsabilidade tributária: "Art. 134. Nos casos de impossibilidade de exigência do cumprimento da obrigação principal pelo contribuinte, respondem solidariamente com este nos atos em que intervierem ou pelas omissões de que forem responsáveis: I – os pais, pelos tributos devidos por seus filhos menores; II – os tutores e os curadores, pelos tributos devidos por seus tutelados ou curatelados; III – os administradores de bens de terceiros, pelos tributos devidos por estes; IV – o inventariante, pelos tributos devidos pelo espólio; V – o síndico e o comissário, pelos tributos devidos pela massa falida ou pelo concordatário; VI – os tabeliães, escrivães e demais serventuários de ofício, pelos tributos devidos sobre os atos praticados por eles, ou perante eles, em razão do seu ofício; VII – os sócios, no caso de liquidação de sociedade de pessoas".

O Código Tributário Nacional rotula como responsabilidade *solidária* casos de *impossibilidade* de exigir o cumprimento da obrigação principal pelo contribuinte. Trata-se de responsabilidade *subsidiária*. Anote-se que o próprio Código disse (art. 124, parágrafo único) que a solidariedade não comporta benefício de ordem (o que é óbvio); já o art. 134 claramente dispõe em contrário, o que infirma a solidariedade. Em suma, o dispositivo não cuida de responsabilidade *solidária*, mas *subsidiária*, restrita às situações em que não haja possibilidade de exigir o cumprimento da obrigação pelo próprio contribuinte.

---

35. Cf. RE 82.754/SP, rel. Min. Antonio Neder, 24-2-1981, *RTJ*, 98/733 e s.; há vários precedentes, alguns dos quais referidos no próprio aresto.

36. Súmula 554-STJ, aprovada em 09-12-2015: "Na hipótese de sucessão empresarial, a responsabilidade da sucessora abrange não apenas os tributos devidos pela sucedida, mas também as multas moratórias ou punitivas referentes a fatos geradores ocorridos até a data da sucessão".

Observe-se que não basta o mero *vínculo* decorrente da relação de tutela, inventariança etc., para que se dê a eleição do terceiro como responsável; requer-se que ele tenha praticado algum ato (omissivo ou comissivo), pois sua responsabilidade se conecta com os *atos em que tenha intervindo* ou com as *omissões pelas quais for responsável.*

Na locução "omissões de que forem responsáveis", este último vocábulo aparece no art. 134 para qualificar a pessoa a quem competiria a prática de certo ato e que se omitiu; o problema é de *autoria* de ato omissivo; o omisso "responde" por sua omissão. Dessa "responsabilidade" por atos omissivos decorre a condição de "responsável tributário", nas situações em exame.

A análise das circunstâncias que tipificam as ações ou omissões ensejadoras de responsabilidade do terceiro depende da hipótese de que se trate. No caso do item VI, por exemplo, a responsabilidade decorre da eventual *omissão* do serventuário que permite a lavratura do ato sem exigir a comprovação do recolhimento do tributo. As várias figuras de administradores previstas no artigo só responderão se tiverem concorrido para o não cumprimento da obrigação tributária; um administrador não pode ser responsabilizado se, por exemplo, o administrado simplesmente não possuir meios com os quais a obrigação possa ser satisfeita. O mesmo se diga quanto ao sócio de sociedades de pessoas, se a empresa se liquida sem que haja recursos para obter quitação de todas as suas obrigações fiscais; a responsabilidade dos sócios pode evidenciar-se nesse caso se for demonstrado que o patrimônio da empresa (que daria suporte à cobrança do tributo) foi para eles desviado.

Aos terceiros referidos no dispositivo em exame não é aplicável nenhuma penalidade, exceto as de caráter moratório (art. 134, parágrafo único), mesmo tratando-se, como efetivamente se trata, de situações em que o terceiro interveio por atos ou omissões.

7.6. Responsabilidade "pessoal" de terceiros

No art. 135, o Código Tributário Nacional volta a falar de *pessoalidade* da responsabilidade de terceiros (a exemplo do que dissera no art. 131): "Art. 135. São pessoalmente responsáveis pelos créditos correspondentes a obrigações tributárias resultantes de atos praticados com excesso de poderes ou infração de lei, contrato social ou estatuto: I – as pessoas referidas no artigo anterior; II – os mandatários, prepostos e empregados; III – os diretores, gerentes ou representantes de pessoas jurídicas de direito privado".

Em confronto com o artigo anterior, verifica-se que esse dispositivo exclui do polo passivo da obrigação a figura do contribuinte (que, em princípio, seria a pessoa em cujo nome e por cuja conta agiria o terceiro), ao mandar que o executor do ato responda *pessoalmente*. A responsabilidade pessoal deve ter aí o sentido (que já se adivinhava no art. 131) de que ela não é compartilhada com o devedor "original" ou "natural".

Não se trata, portanto, de responsabilidade subsidiária do terceiro, nem de responsabilidade solidária. Somente o terceiro responde, "pessoalmente".

Para que incida o dispositivo, um requisito básico é necessário: deve haver a prática de ato para o qual o terceiro não detinha poderes, ou de ato que tenha infringido a lei, o contrato social ou o estatuto de uma sociedade. Se inexistir esse ato irregular, não cabe a invocação do preceito em tela. Poderá aplicar-se, porém, o disposto no art. 134, que se contenta com a participação (por ação ou omissão) do terceiro para responsabilizá-lo subsidiariamente.

O problema está em definir os atos a que se refere o art. 135. É intuitivo que há de se tratar de atos praticados em nome de outrem (o representado, preponente, administrado, mandante, que seria o "contribuinte") pelo terceiro (administrador, mandatário etc.). Com excesso de poderes, por exemplo, mas *em nome* do administrado, do mandante etc. Com violação da lei, mas também em nome de outrem. Com infringência do contrato ou estatuto, mas sempre em nome da sociedade. Muitas hipóteses se enquadram em mais de uma dessas situações: um ato praticado com excesso de poderes pode violar, a um só tempo, o estatuto e a lei; um ato ilegal certamente não será praticado no exercício de poderes regulares. Para que a responsabilidade se desloque do contribuinte para o terceiro, é preciso que o ato por este praticado escape totalmente das atribuições de gestão ou administração, o que frequentemente se dá em situações nas quais o representado ou administrado é (no plano privado), assim como o Fisco (no plano público), vítima de ilicitude praticada pelo representante ou administrador.

O art. 208 do Código Tributário Nacional contempla outra hipótese de responsabilidade de terceiro, qual seja, a do funcionário que, "com dolo ou fraude", expeça certidão negativa "que contenha erro contra a Fazenda Pública", sem prejuízo da responsabilidade criminal e funcional que couber (parágrafo único do mesmo artigo). Também nessa hipótese o Código prevê a responsabilidade *pessoal* do funcionário pelo crédito tributário e os juros de mora.

8. SUJEIÇÃO PASSIVA E CONVENÇÕES PARTICULARES

"Salvo disposição em contrário – diz o art. 123 do Código Tributário Nacional –, as convenções particulares relativas à responsabilidade pelo pagamento de tributos não podem ser opostas à Fazenda Pública para modificar a definição legal do sujeito passivo das obrigações tributárias correspondentes."

Assim como um devedor, no plano do direito privado, não pode eximir-se de obrigação mediante sua transferência a terceiro, sem anuência do credor, aqui, no direito tributário, o sujeito passivo não pode furtar-se aos seus deveres com apoio no contrato em que terceiro os assuma sem anuência da lei. Contratos nesses termos valem apenas entre as partes, ou seja, não são oponíveis ao credor, que pode ignorá-los, quer o sujeito passivo (legalmente definido) seja contribuinte, quer seja responsável.

São comuns contratos em que as partes dispõem sobre quem deva arcar com certos ônus tributários. Se o pacto é cumprido e a parte que assumiu o encargo efetivamente o satisfaz perante o credor, o problema não aparece. A questão se põe quando a obrigação é descumprida. Nessa eventualidade, se o sujeito ativo exigir o cumprimento da obrigação pelo sujeito passivo legalmente definido, este não pode opor à pretensão do sujeito ativo o pacto privado, alegando que o devedor é terceiro. Pode, porém, em virtude da relação jurídica privada existente entre ele e o terceiro, exigir deste o que tenha de desembolsar para satisfazer a obrigação cobrada pelo sujeito ativo. Ou seja, o contrato, inoponível ao sujeito ativo, é, todavia, válido entre as partes que o firmaram (salvo se, por outra razão, estiver viciado).

Por outro lado, também o sujeito *ativo* não pode, sem base em lei, invocar eventual pacto privado para exigir o cumprimento da obrigação pelo terceiro que, contratualmente, a tenha assumido. Como a responsabilidade tributária decorre de lei expressa, o contrato entre particulares não é meio hábil para definição dessa responsabilidade[37].

Exceções, que não são usuais, só podem correr à conta de disposição legal em contrário, em cujos termos a responsabilidade possa vir a ser assumida por terceiro, de modo oponível ao sujeito ativo.

Não se deve confundir a hipótese regulada no art. 123 (convenções particulares para mudança do sujeito passivo legalmente descrito, que são

37. No mesmo sentido, Henry Tilbery censurou interpretação das autoridades federais que pretendiam, em favor do Fisco, dar efeitos fiscais a um pacto privado (Responsabilidade, in *Direito tributário*, cit., v. 2, p. 70-2).

inoponíveis ao Fisco) com as convenções particulares em razão das quais se altera, concretamente, o sujeito passivo legalmente descrito. Se, por exemplo, uma pessoa – que é sujeito passivo de tributos incidentes sobre os rendimentos de certo bem – constitui usufruto a favor de outra pessoa, o sujeito passivo daqueles tributos passa a ser o usufrutuário, não podendo o Fisco invocar o art. 123 para dizer que o ato de instituição do usufruto seria inoponível a ele, por implicar a mudança do sujeito passivo. O que faria incidir o art. 123 seria a situação na qual, embora instituído o usufruto para certa pessoa, nu-proprietário e usufrutuário convencionassem que os tributos seriam de responsabilidade do nu-proprietário. Essa convenção é que seria inoponível ao Fisco.

9. CAPACIDADE TRIBUTÁRIA

Capacidade jurídica é a aptidão para assumir direitos e obrigações. No plano civil, distingue-se da capacidade *jurídica* a capacidade *de fato*, que corresponderia à aptidão para exercer pessoalmente os atos da vida civil. Um menor absolutamente incapaz tem capacidade *jurídica*, isto é, pode ser sujeito de direitos e obrigações, embora não desfrute de capacidade *de fato*, já que direitos e obrigações de que ele seja titular são exercíveis pelo seu representante legal.

"A capacidade tributária passiva – consoante o art. 126 do Código Tributário Nacional – independe: I – da capacidade civil das pessoas naturais; II – de achar-se a pessoa natural sujeita a medidas que importem privação ou limitação do exercício de atividades civis, comerciais ou profissionais, ou da administração direta de seus bens ou negócios; III – de estar a pessoa jurídica regularmente constituída, bastando que configure uma unidade econômica ou profissional."

Essa disciplina legal refere-se à capacidade jurídico-tributária passiva, vale dizer, à aptidão para ser sujeito passivo de obrigações tributárias, principais ou acessórias.

Uma pessoa física absolutamente incapaz pode ser sujeito passivo de obrigações tributárias (item I), cabendo ao seu representante legal exercitar os atos necessários ao cumprimento daquelas obrigações (recolher tributos, apresentar declarações etc.). O representante legal é responsável tributário, por suas ações ou omissões, nos termos do art. 134, mas, nessas situações, responde por dívida alheia e não própria.

O fato de a pessoa física não poder exercitar determinada atividade, por faltar-lhe habilitação ou por qualquer outro impedimento legal, ou a circunstância de não poder administrar diretamente seus bens ou negócios (como se dá com o pródigo) não são inibidores de sua capacidade tributária (item II). Dessa forma, se alguém não habilitado legalmente exerce determinada atividade e, em razão desta, pratica fato gerador, sua condição jurídica particular não desqualifica esse fato, vale dizer, não contamina o nascimento da obrigação tributária.

Por fim, a sociedade de fato ou a sociedade irregular também não são circunstâncias impeditivas do nascimento de obrigações tributárias, surgidas pela ocorrência de fatos geradores identificáveis no exercício das atividades dessas sociedades (item III).

Em simetria com essas disposições, que reconhecem capacidade tributária *passiva* às pessoas ou entidades aí referidas, é de reconhecer a elas, igualmente, capacidade tributária *ativa* quanto às pretensões que houverem de exercer contra ou perante o sujeito ativo.

10. DOMICÍLIO TRIBUTÁRIO

As normas sobre domicílio tributário no Código Tributário Nacional não se afastam dos critérios usualmente empregados pela legislação privada para o efeito de situar, no espaço, os sujeitos de direitos e obrigações. No plano tributário, a definição do domicílio é sobremodo importante, dado que tem reflexos na própria definição da legislação aplicável.

Dispõe o art. 127 do Código Tributário Nacional: “Na falta de eleição, pelo contribuinte ou responsável, de domicílio tributário, na forma da legislação aplicável, considera-se como tal: I – quanto às pessoas naturais, a sua residência habitual, ou, sendo esta incerta ou desconhecida, o centro habitual de sua atividade; II – quanto às pessoas jurídicas de direito privado ou às firmas individuais, o lugar da sua sede, ou, em relação aos atos ou fatos que derem origem à obrigação, o de cada estabelecimento; III – quanto às pessoas jurídicas de direito público, qualquer de suas repartições no território da entidade tributante”.

Não obstante o dispositivo pareça sugerir, como regra, o domicílio de eleição, na forma da legislação aplicável, a questão do domicílio costuma ser tratada pela lei tributária nos termos em que a matéria é disciplinada no Código Tributário Nacional.

As peculiaridades deste ou daquele tributo podem alterar a questão do domicílio fiscal de uma mesma pessoa. Assim, por exemplo, uma pessoa jurídica com diversos estabelecimentos considerar-se-á domiciliada no lugar de sua *sede* para efeito do imposto de renda sobre seu lucro, mas terá domicílio no lugar de cada *estabelecimento* para efeito do imposto sobre serviços.

Na impossibilidade de aplicação dos critérios de identificação indicados pelo Código Tributário Nacional, o domicílio é definido pelo lugar da situação dos bens ou da ocorrência dos atos ou fatos que tenham dado origem à obrigação (art. 127, § 1º).

Por fim, cuida o Código (art. 127, § 2º) de hipótese atrelada à eleição do domicílio; se o sujeito passivo eleger domicílio que impossibilite ou dificulte a arrecadação ou a fiscalização do tributo, a autoridade administrativa pode recusá-lo, aplicando-se então o critério do § 1º.

Capítulo XI

Lançamento Tributário

Sumário: 1. Nascimento da obrigação tributária e lançamento. 2. Obrigação tributária e "crédito tributário" no Código Tributário Nacional. 3. Conceito de lançamento. 4. Natureza do lançamento. 4.1. Lançamento como ato administrativo. 4.2. Lançamento como ato vinculado. 5. Moeda do lançamento. 6. Lei aplicável ao lançamento. 7. Inalterabilidade do lançamento. 8. Modificação dos critérios jurídicos de lançamento. 9. Modalidades de lançamento. 9.1. Lançamento por declaração. 9.2. Lançamento e revisão de ofício. 9.3. Lançamento por homologação. 9.4. A necessidade do lançamento. 10. Lançamento e arbitramento. 11. Efeitos do lançamento. 12. Suspensão, extinção e "exclusão" do crédito tributário.

1. NASCIMENTO DA OBRIGAÇÃO TRIBUTÁRIA E LANÇAMENTO

A ocorrência do fato gerador dá nascimento à obrigação tributária. Em diversas situações, porém, embora ocorrido o fato gerador, a lei tributária não requer do sujeito passivo nenhum pagamento *se e enquanto* não houver, por parte do sujeito ativo, a prática de um específico ato jurídico, que se reflete num escrito formal (isto é, um documento escrito, na forma prevista em lei), do qual se deve dar ciência ao sujeito passivo, a fim de que este fique adstrito a, no prazo assinalado (no próprio documento ou na lei), satisfazer o direito do credor, sob pena de serem desencadeados os procedimentos tendentes à cobrança via constrição judicial.

Nesses casos, não obstante tenha nascido a obrigação tributária, com a realização do fato gerador (por exemplo, alguém deter a propriedade de certo imóvel urbano construído), o indivíduo só será compelido ao pagamento do tributo pertinente (IPTU) se (e a partir de quando) o sujeito ativo (Município) efetivar o ato formal previsto em lei, para a determinação do valor do tributo, dele cientificando o sujeito passivo. Antes da consecução desse ato, a obrigação tributária está desprovida de *exigibilidade*.

A esse ato do sujeito ativo (credor) dá-se o nome de *lançamento*[1]. Alfredo Augusto Becker assinala que a necessidade do lançamento para que a obrigação tributária seja exigível configura uma *anormalidade* na fenomenologia do nascimento do direito subjetivo, pois, *em regra*, a relação jurídica nasce com seu "conteúdo jurídico máximo: direito, pretensão (exigibilidade), coação, e correlativos dever, obrigação, sujeição"[2]; vale dizer, nascido o direito do credor, a pretensão (exigibilidade) e a coerção (possibilidade de usar de meios constritivos legais para obter a satisfação do direito) compõem o complexo de efeitos irradiados pela ocorrência do fato jurígeno, não obstante o exercício da pretensão e da coerção possa, eventualmente, submeter-se a um prazo, tal qual se dá, no direito privado, quando o vendedor, entregando embora a coisa alienada, deve aguardar o prazo que contratualmente tenha sido ajustado para receber o preço. Alberto Xavier sustenta que, com o lançamento, tem-se o requisito da *atendibilidade*, pois a *exigibilidade* dependeria do vencimento do prazo de pagamento[3].

A dissociação temporal entre o momento do nascimento do direito do sujeito ativo da obrigação tributária (com a ocorrência do fato gerador) e o momento em que a obrigação se torna exigível (com a prática do ato de lançamento, e sua comunicação formal ao devedor) decorre do preceito legal que, em determinadas situações, prevê o lançamento como ato a ser necessariamente praticado, após a realização do fato gerador, para que se tenha a exigibilidade da obrigação tributária[4].

Noutras situações, como se adiantou, a assinalada dissociação não se faz presente. É o que se dá quanto aos tributos cuja lei atribua ao sujeito passivo o dever de pagamento independentemente da prática do ato de lançamento pelo sujeito ativo. Ocorrido o fato gerador, o sujeito passivo tem o dever de praticar as operações necessárias à determinação do valor da obrigação tributária e recolher o montante apurado, sem que, para isso, se imponha a prática de algum ato pelo sujeito ativo (além do simples dever

---

1. Sobre o assunto, *v.* Alberto Xavier, *Do lançamento:* teoria geral do ato, do procedimento e do processo tributário; José Souto Maior Borges, *Lançamento tributário*; Eurico Marcos Diniz de Santi, *Lançamento tributário*.

2. Alfredo Augusto Becker, *Teoria*, cit., p. 323.

3. *Do lançamento*, cit., p. 575 e s.

4. Alfredo Augusto Becker, *Teoria*, cit., p. 323.

de receber o valor do tributo e dar quitação, condicionada embora à verificação posterior da acurácia da valorização fática e do cálculo que o sujeito passivo tenha efetuado).

Nessas hipóteses, a regra é o sujeito passivo cumprir o dever legal de recolher o tributo antes de qualquer manifestação do sujeito ativo.

Porém, se o devedor se omitir quanto à sua obrigação de apurar e recolher o tributo (ou se o fizer em valor menor do que o legalmente devido), o sujeito ativo é obrigado à prática do ato de lançamento para poder exigir o cumprimento da obrigação tributária; nessa eventualidade, a lei comina penalidade aplicável ao sujeito passivo, em razão do descumprimento do seu dever legal de (antes da prática de qualquer ato pelo credor) recolher o tributo devido.

Por conseguinte, ou porque a lei exige o lançamento como condição para que a obrigação tributária se torne exigível, ou porque, devendo ela ser cumprida sem que se requeira tal condição, o pagamento não é realizado, cabe ao sujeito ativo (para habilitar-se à adoção de medida tendente a obter a satisfação do seu direito) proceder ao lançamento e notificar o sujeito passivo para que pague no prazo assinalado, sob pena de, não o fazendo, sujeitar-se à cobrança judicial (precedida da formalidade da inscrição da dívida, que estudaremos em capítulo posterior).

O lançamento não se reduz ao simples cálculo do tributo, não obstante haja acentuados níveis de complexidade no que respeita às operações necessárias à determinação do valor da obrigação tributária. Nas situações mais singelas, a apuração do montante devido é simples, como se dá quando a norma diz que, em razão do fato “x”, o indivíduo deve pagar dez unidades monetárias, ou quando manda que se recolha o resultado da aplicação de um percentual sobre certo valor. Noutras situações, a determinação do valor do tributo pode exigir operações mais complexas; por exemplo, uma soma algébrica de valores (cada um dos quais, por sua vez, pode depender de uma série de outras operações), sobre que se apliquem percentuais escalonados, em função do maior ou menor valor positivo da referida soma. É o que se dá, por exemplo, com o imposto de renda das pessoas jurídicas. Tais operações, aliás, são encontradiças nos vários setores do direito, já que se fazem necessárias para a identificação do preço, do salário, do aluguel, dos honorários, do juro etc. Sob esse aspecto, portanto, não há especificidade a ser anotada no campo do direito tributário, em que, a exemplo do que se dá além de suas fronteiras, a apuração do montante a ser prestado pelo devedor pode depender de medições, avaliações etc. Por outro lado, uma vez nascido o direito subjetivo (no direito civil, comercial etc.), seu titular é, normalmente, investido dos atributos que lhe permitem exigir o cumprimento da obrigação e usar dos meios coercitivos facultados pelo Estado para tornar efetiva sua pretensão. Neste passo é que a lei tributária apresenta particularidades que tornam menos singelo o exercício dos direitos do credor da obrigação.

A circunstância de a legislação ter criado o lançamento como ato de cuja realização depende a atuação de certos direitos do sujeito ativo fez com que a doutrina se estendesse em intermináveis discussões sobre a natureza do lançamento, sustentando uns que ele é *constitutivo* da obrigação tributária, e afirmando outros que ele tem natureza meramente *declaratória,* não faltando quem procure um meio-termo entre ambas as posições.

Alfredo Augusto Becker, citando Benedeto Cocivera, sintetiza as contradições em que se enredam ambas as correntes, pois quem sustenta o caráter *declaratório* do lançamento não consegue fugir ao reconhecimento de que esse ato acrescenta alguns efeitos substanciais à relação jurídica tributária, e quem afirma a natureza *constitutiva* do lançamento fica na contingência de negar a existência de efeitos jurídicos anteriores à sua consecução, e se embaraça ao vincular os efeitos do lançamento à situação de fato, à qual adere a obrigação tributária[5]. Amílcar de Araújo Falcão, que se filia à corrente da eficácia declaratória do lançamento, procura superar os efeitos do lançamento, averbando que todo ato declaratório não é inútil, pois no mínimo se presta para espancar uma situação de incerteza[6]. Alberto Xavier censura os autores que, diante das dificuldades, optam por reconhecer ao lançamento dupla eficácia, declarativa e constitutiva, assinalando que o fato de certo ato produzir efeitos jurídicos não é suficiente para qualificá-lo como constitutivo[7].

Se, de um lado, não se pode desprezar a situação de fato (o fato gerador), sem cuja ocorrência não cabe falar do nascimento do dever de prestar tributo, por outro lado há importantes efeitos que surtem com o lançamento, e que não se limitam a *formalizar*, ou *quantificar*, ou *liquidar*, ou *tornar certa* a obrigação tributária. Tanto que, em inúmeros casos, a lei determina o pagamento do tributo pelo sujeito passivo independentemente de qualquer providência por parte do sujeito ativo. O que mostra que a *liquidez* e a *cer-*

---

5. *Teoria*, cit., p. 320.

6. *Fato gerador*, cit., p. 101.

7. *Do lançamento*, cit., p. 472-5.

teza da obrigação tributária são decorrência da lei aplicada ao fato gerador e não de um procedimento do credor.

Após minucioso exame das várias construções doutrinárias sobre cada uma das posições, constitutiva e declarativa, denunciando equívocos, exageros ou omissões de ambas, Alberto Xavier apresenta o lançamento *como título jurídico abstrato da obrigação tributária*[8]. Parte da ideia de que o lançamento exerce uma função de *ato complementar*, do qual depende a *plena intensidade dos efeitos do fato gerador*[9], e constrói a *teoria dos graus sucessivos de eficácia*, sustentando que, com a ocorrência do fato tributário (fato gerador), a obrigação tributária ganha *existência*; com o lançamento, ela torna-se *atendível* (no sentido de que o sujeito passivo está habilitado a efetuar o pagamento do tributo, e o credor, a recebê-lo); com o vencimento do prazo, a obrigação seria *exigível* pelo credor e *realizável* pelo devedor; esgotado o prazo de cobrança voluntária (dir-se-ia melhor, cobrança *administrativa*), procede-se à inscrição da dívida ativa, o que confere *exequibilidade* à obrigação tributária (possibilidade de cobrança *judicial*, via ação de execução)[10].

Há, porém, tributos cujo recolhimento é reclamado pela lei independentemente de qualquer providência do sujeito ativo, em relação aos quais, portanto, a *atendibilidade* já se poria com a só ocorrência do fato gerador, mas a *exigibilidade* (no sentido que Alberto Xavier empresta ao termo) ficaria na dependência de três circunstâncias: descumprimento pelo sujeito passivo do dever de recolher o tributo no prazo assinalado pela lei; prática do lançamento pelo sujeito ativo (com o que ainda se estaria na fase da *atendibilidade*), e vencimento do prazo para pagamento do tributo lançado.

Embora veja no lançamento um título jurídico *abstrato* da obrigação tributária, Alberto Xavier teve presente que o sujeito passivo, não obstante efetuado o lançamento, tem o direito de discutir a própria existência da obrigação tributária subjacente, o que comprometeria a autonomia do título abstrato. Por isso, distinguiu a situação jurídica *subjacente*, nascida com o fato gerador, e a situação jurídica *abstrata*, surgida com o lançamento, para dizer que essas situações são *autônomas*, "já por terem fontes distintas, já porque a autonomia é da própria essência da abstração", mas são também *complementares*, dado que a situação jurídica abstrata tem sua fonte num

8. *Do lançamento*, cit., p. 561 e s.

9. *Do lançamento*, cit., p. 561-3.

10. *Do lançamento*, cit., p. 588-9.

ato declarativo da situação jurídica subjacente, e, por isso, elas "reagem uma sobre a outra"[11].

Parece-nos difícil conciliar a ideia de *autonomia* com a de *complementaridade*. O lançamento, não obstante os efeitos que possa produzir, não permite que se abstraia a relação "subjacente", ou melhor, a obrigação tributária nascida com a ocorrência do fato gerador, que é objeto do lançamento. Fenômeno análogo se dá com a *inscrição da dívida ativa*, que é ato procedimental distinto do lançamento, mas dependente da mesma *situação jurídica subjacente* (a obrigação tributária nascida com a ocorrência do fato gerador).

Em suma, parece inegável que o lançamento acrescenta efeitos jurídicos novos na relação entre credor e devedor do tributo. Essa relação (com a imputação bipolar de deveres e pretensões) nasce com a ocorrência do fato gerador. Se e quando o lançamento se fizer necessário (o que só se dá em algumas situações), ele acrescenta a *exigibilidade* (com o que queremos englobar a atendibilidade e a exigibilidade a que se refere Alberto Xavier). Desatendida a exigência, a etapa seguinte é a da *inscrição da dívida ativa*, com o que se tem a *executoriedade* da obrigação tributária.

Obrigação tributária, tributo lançado (ou "crédito tributário", como diz o CTN) e dívida ativa não são realidades ontologicamente distintas. Todas derivam de uma única fonte, que é o fato gerador da obrigação tributária. Nem são etapas *necessárias* na vida de toda e qualquer obrigação tributária; obrigações tributárias há (e são muitas) que nascem e se extinguem sem que tenham sido objeto de lançamento e muito menos de inscrição como dívida ativa. Quanto ao lançamento, veremos mais adiante que o Código Tributário Nacional, em relação aos tributos cuja lei exige o pagamento independentemente de qualquer ato do sujeito ativo, criou a figura do lançamento *por homologação*.

2. OBRIGAÇÃO TRIBUTÁRIA E "CRÉDITO TRIBUTÁRIO" NO CÓDIGO TRIBUTÁRIO NACIONAL

O Código Tributário Nacional enfrentou a questão da eficácia do lançamento de modo sofrível. Tentou segregar em dois planos distintos a *obrigação tributária* (que nasceria com a ocorrência do fato gerador, segundo afirma nos arts. 113, § 1º, e 114) e o *crédito tributário* (que, embora "decorra" da obrigação tributária, consoante dizem os arts. 139 e 113, § 1º,

11. *Do lançamento*, cit., p. 565-6.

in fine, só se "constituiria" pelo lançamento, conforme a letra do art. 142)[12]. Na verdade, haveria *três* planos diferentes, pois o Código reconhece uma terceira roupagem da obrigação tributária, quando se reveste como *dívida ativa tributária,* "proveniente" do crédito tributário (art. 201).

O diploma, porém, perdeu-se num mar de contradições, a par de inconsistências terminológicas.

Com efeito, o Código Tributário Nacional reconheceu que a obrigação tributária nasce com a ocorrência do fato gerador, afirmando o art. 114 que o fato gerador é a condição não apenas *necessária* mas também *suficiente* para o nascimento da obrigação tributária, consoante o art. 113, § 1º, onde se proclama que a obrigação tributária surge com a ocorrência do fato gerador e *tem por objeto o pagamento de tributo*, vale dizer, a satisfação do crédito atribuído ao polo ativo dessa mesma obrigação. Coerentemente, o art. 144 estatui que o lançamento se reporta à data do fato gerador e se rege pela lei então vigente.

Porém, é o mesmo Código que confere ao *lançamento* a virtude de dar *nascimento* ao *crédito tributário* (art. 142). É óbvio que isso não pode permitir a afirmação de que, na "mera" obrigação tributária (nascida com a ocorrência do fato gerador), não haja *crédito* e correspondente *débito*, sem o que de obrigação não haveria sequer a silhueta.

Dir-se-ia que o Código objetivou definir dogmaticamente a eficácia *constitutiva* do lançamento, não fossem as várias disposições em contrário no próprio Código, algumas delas já acima referidas (arts. 113, 114, 144, a par de outras normas que iremos abordar).

Por outro lado, se o Código pretende que o crédito tributário só se constitua com o lançamento (art. 142), por que teria afirmado que esse crédito tributário é uma decorrência da *obrigação tributária* (art. 139), que dá *origem* ao crédito (art. 140), em vez de atestar que ele é uma *decorrência do lançamento*, e que este é que lhe daria origem?

---

12. L. G. Paes de Barros Leães procurou explicar a dualidade entre *obrigação* e *crédito* no Código Tributário Nacional com *a teoria dualista da obrigação*, com o que pretendeu superar as teses declaratória e constitutiva do lançamento (*Obrigação tributária, passim*). Lição análoga é a de Américo Masset Lacombe (*Obrigação tributária*, p. 62 e s.) e de Zelmo Denari (*Decadência e prescrição tributária*, p. 3). Alberto Xavier refuta a aplicabilidade da teoria dualista para a explicação da estrutura da obrigação tributária no direito positivo brasileiro (*Do lançamento*, cit., p. 505-7). Marco Aurélio Greco também a refuta, nesse sentido, entendendo, porém, que a teoria dualista poderia explicar a falta de correspondência entre o contribuinte e o responsável tributário (Sujeito, in *Comentários*, cit., v. 3, p. 204-6).

Diante desse coquetel de conceitos, o Código Tributário Nacional foi levado, por implicação lógica da premissa que adotou, a proclamar a necessidade de que a todo *crédito* corresponda um *lançamento*, mesmo nas hipóteses em que o próprio Código prevê o pagamento sem que o sujeito ativo tenha sequer o trabalho de examinar previamente a situação material. Para esses casos, o Código criou a "ficção" do *lançamento por homologação*, que se realizaria automaticamente mesmo na total omissão do sujeito ativo.

Entretanto, se o Código procurou, com a figura do lançamento por homologação, evitar a consagração de *obrigações sem crédito*, não logrou o diploma levar adiante a coerência interna, quando admitiu a existência de *crédito sem lançamento*. Com efeito, a inconsistência de suas proposições normativas é sublimada quando reconhece, no art. 150, § 1º, que o devedor dos tributos sujeitos ao lançamento por homologação, embora pague *antes* do lançamento, *já extingue o crédito* (antes mesmo de este ser "constituído", consoante o art. 142). Ademais, admite que há *tributos devidos* (por exemplo, nos arts. 131, I e II, 132 e 133), independentemente de esses tributos terem sido lançados (art. 129).

O esforço do legislador para firmar a distinção entre "obrigação" e "crédito" permeia todo o texto do Código Tributário Nacional, que trata dessas figuras em Títulos diferentes do Livro Segundo: a "Obrigação Tributária" compõe o Título II e o "Crédito Tributário" integra o Título III.

A disciplina do "crédito tributário" começa pela insólita afirmação do citado art. 139, no sentido de que tal crédito "decorre" da obrigação tributária. O Código, tendo dito que a obrigação nasce com o fato gerador (art. 113, §1º), para depois dizer que o crédito tributário somente surge com o lançamento (art. 142), entendeu necessário atestar que o crédito seria uma "decorrência" da obrigação, sem se dar conta de que, decorrendo da obrigação, ele não precisaria ser objeto de lançamento para "constituir-se".

Aliás, como já salientamos, há no art. 140, *in fine*, a afirmação, também contraditória com a assertiva do art. 142, de que o crédito tem origem na obrigação: "As circunstâncias que modificam o crédito tributário, sua extensão ou seus efeitos, ou as garantias ou os privilégios a ele atribuídos, ou que excluem sua exigibilidade não afetam a obrigação tributária que lhe deu origem".

Não era necessário mais esse atropelo conceitual para dizer o que o art. 140 pretende significar, que é apenas a ideia (correta, em regra) de que aquilo que puder afetar o *ato formal de lançamento* ou as garantias ou privilégios atribuídos ao direito do Fisco não contamina a *obrigação tributária* que tenha sido objeto do lançamento. Se o lançamento, por exemplo, for nulo em razão de algum vício, isso não atinge, em regra, a obrigação tributária, que pode ser objeto de novo lançamento, em forma adequada.

Não obstante o lançamento possa ser maculado por circunstâncias que não viciam a obrigação tributária objeto do lançamento, advirta-se da existência de situações que fulminam o lançamento (ou, como quer o Código, o "crédito tributário") e, igualmente, implicam o necessário reconhecimento da inexistência da obrigação tributária que se lançara. É o que se dá, por exemplo, se o motivo pelo qual se reconhece a inexigibilidade do crédito lançado for a inexistência de fato gerador da obrigação tributária.

Outra ideia "inovadora" contida no art. 140 é a de "exclusão de exigibilidade do crédito" (que se fará presente também no artigo seguinte). Não se sabe o que isso possa ser. Certamente, não se quer aí referir a matéria tratada no art. 151 (atinente à *suspensão* – e não à *exclusão* – da exigibilidade do crédito tributário). Também não se pretende tratar da "exclusão do crédito", codinome genérico inventado pelo Código Tributário Nacional para designar a isenção e a anistia (art. 175), pois, nesses casos, mesmo segundo a doutrina adotada pelo Código, *inexiste crédito*, o que, logicamente, não enseja falar em *exigibilidade de crédito*, nem, por consequência, em *suspensão* dessa exigibilidade.

Mas é de tal ordem a confusão em que o Código se meteu nessa matéria que parece possível concluir, acordes com a ilogicidade do diploma, que o texto quer referir-se mesmo à isenção e à anistia, para dizer que a "exclusão" do crédito (provocada pela isenção ou anistia) não afeta a obrigação tributária que teria dado origem ao crédito objeto da exclusão... Portanto, exclusão *do crédito,* e não exclusão *da exigibilidade* do crédito (que inexiste). Parece que realmente o Código quis aqui dizer o absurdo de que, não obstante a isenção ou anistia, a obrigação tributária permaneceria impávida. Só não se sabe para que efeito...

No art. 141, o Código Tributário Nacional prossegue: "O crédito tributário regularmente constituído somente se modifica ou extingue, ou tem sua exigibilidade suspensa ou excluída, nos casos previstos nesta Lei, fora dos quais não podem ser dispensadas, sob pena de responsabilidade funcional na forma da lei, a sua efetivação ou as respectivas garantias".

O dispositivo expressa uma decorrência do *princípio da indisponibilidade do interesse público*, que referimos ao tratar do conceito de tributo. É claro que somente nas hipóteses e na forma da lei é que se pode modificar, extinguir ou suspender a exigibilidade do tributo lançado; mas o princípio referido não se esgota nessa formulação, pois a autoridade igualmente *não pode deixar de lançar tributo*, quando legalmente lhe caiba fazê-lo, sob pena de responsabilidade funcional (como, aliás, deixa explícito o parágrafo único do art. 142). Não é, pois, somente *após* o lançamento que a obrigação tributária passa a ter uma especial proteção quanto à sua modificabilidade, extinguibilidade ou suspensibilidade. *Antes* disso ela já desfruta dos atributos inerentes à indisponibilidade do interesse público.

Volta o Código Tributário Nacional, nesse art. 141, a falar em "exclusão de exigibilidade", a qual também só poderia dar-se nos casos legalmente previstos. Reportando-nos à crítica feita ao artigo anterior, supomos que também aqui o Código se refira àquilo que ele batizou de "exclusão do crédito" (isenção e anistia).

Estar-se-ia aí, mais uma vez, reafirmando o princípio da legalidade tributária, que, no pertinente à isenção e à anistia, é ainda desdobrado no art. 97, VI, no art. 111, I e II, e nos arts. 176, 178 e 180, para citar apenas alguns outros dispositivos.

Todas as impropriedades apontadas, e mais outras que examinaremos, decorrem da dificuldade de conciliar o efeito do fato *gerador da obrigação* com a necessidade (eventual), prevista pela lei, de um ato do sujeito ativo, que condiciona a exigibilidade do tributo objeto daquela obrigação, dificuldade essa em cujo manejo o Código não revelou maestria[13].

Dadas essas considerações introdutórias, sobre as "disposições gerais" editadas pelo Código Tributário Nacional a propósito da "constituição do crédito tributário", vamos analisar o regime jurídico do lançamento estatuído por esse diploma legal.

3. CONCEITO DE LANÇAMENTO

Vimos que a prática do lançamento é necessária para que o sujeito ativo possa exercitar atos de cobrança do tributo, primeiro administrativamente e depois (se frustrada a cobrança administrativa) por meio de ação judicial, precedida esta de outra providência formal, que é a inscrição do tributo como dívida ativa.

---

13. Discordamos, portanto, de Alberto Xavier, quando, em sua erudita e profunda monografia, proclama as virtudes da distinção engendrada pelo Código Tributário Nacional, como "uma das mais importantes conquistas científicas" desse diploma legal (*Do lançamento*, cit., p. 568).

Isso se dá em duas diferentes situações. Na primeira, a lei prevê esse ato do sujeito ativo como requisito necessário de exigibilidade da obrigação tributária, sem o qual o sujeito ativo não pode exercer nenhuma medida para a cobrança do tributo, nem está ainda o sujeito passivo adstrito a efetuar o pagamento da obrigação. Quando o lançamento é feito e notificado ao sujeito passivo, este deve pagar o tributo no prazo legalmente assinalado, sob pena de o sujeito ativo prosseguir com as medidas legais tendentes à satisfação de seu direito, inclusive mediante coerção judicial.

Noutra situação, a lei cria para o sujeito passivo o dever de efetuar o pagamento, independentemente de o sujeito ativo proceder ao lançamento, de modo que a omissão do sujeito passivo já o coloca em mora. Caso ele proceda ao pagamento do tributo, nos termos em que a lei o exige, a obrigação tributária está cumprida, sem que, para isso, tenha sido necessária a prática do lançamento. Porém, verificada a omissão do sujeito passivo no que respeita ao cumprimento tempestivo do dever de pagar o tributo, a dinâmica procedimental para a cobrança passa a ser igual à da primeira situação: o sujeito ativo deve proceder ao lançamento, notificando o sujeito passivo, que, se não satisfizer a pretensão do sujeito ativo, fica igualmente submetido às demais medidas legais tendentes à satisfação do credor, inclusive a ação judicial. Nessas hipóteses, o sujeito passivo, além do tributo, sofre a aplicação das penalidades que a lei comine para sancionar sua omissão.

O exame da dinâmica procedimental no caso de tributos cujo pagamento seja exigido pela lei, independentemente de qualquer providência do sujeito ativo, evidencia que, nessa situação, o lançamento só se mostra necessário quando haja *omissão* do sujeito passivo (que deixe de recolher o tributo devido ou que o recolha com insuficiência). Entretanto, o Código Tributário Nacional assumiu a premissa de que o lançamento é sempre *necessário*. Por isso, mesmo nos casos em que o sujeito passivo, atento ao seu dever legal, efetue corretamente o pagamento antes de qualquer providência do sujeito ativo, o Código exige a prática do lançamento *a posteriori*, mediante "homologação" expressa, por parte do sujeito ativo, traduzindo-se o lançamento nesse ato "homologatório". Prevendo a alta probabilidade de omissão do sujeito ativo, no que respeita à prática desse ato de homologação, o Código criou a homologação tácita, pelo mero decurso de certo prazo. Mais adiante, voltaremos ao tema.

Desse modo, em nosso direito positivo, o lançamento é sempre necessário, ainda que se opere por omissão da autoridade encarregada de praticá-lo. Augusto Fantozzi, comentando a legislação italiana, mostra que a função do lançamento se tem modificado, deixando ele de preocupar-se com a problemática do *fato gerador* e da *obrigação tributária* para centrar-se *na atividade de controle administrativo sobre a atividade do sujeito passivo*[14]. O que se nota no direito tributário positivo brasileiro é um descompasso entre as normas gerais (do CTN) e a evolução da legislação ordinária, que caminha claramente para a "dispensa" do lançamento nas situações, em quantidade crescente, em que o sujeito passivo tem o dever de pagar o tributo, independentemente de qualquer provocação do Fisco, de modo que este só procede ao lançamento quando o sujeito passivo descumpra esse dever legal.

Alberto Xavier conceitua lançamento como "o ato administrativo de aplicação da norma tributária material", que se traduz na declaração da existência e quantitativo da prestação tributária e na sua consequente exigência[15].

O *conceito legal* de lançamento é dado pelo art. 142, quando afirma: "Compete privativamente à autoridade administrativa constituir o crédito tributário pelo lançamento, assim entendido o procedimento administrativo tendente a verificar a ocorrência do fato gerador da obrigação correspondente, determinar a matéria tributável, calcular o montante do tributo devido, identificar o sujeito passivo e, sendo o caso, propor a aplicação da penalidade cabível".

As diversas operações arroladas no dispositivo não passam, no dizer de Alberto Xavier, de "momentos lógicos do processo subsuntivo"[16], em que se traduz a aplicação da norma tributária material.

O conceito legislado apresenta várias impropriedades.

Começa por dizer que o lançamento *constitui* o crédito tributário, o que poderia representar uma opção pela tese da natureza constitutiva daquele ato administrativo, não fosse isso desmentido por várias outras disposições do mesmo Código, consoante já assinalamos linhas atrás[17].

Define lançamento não como um *ato* da autoridade, mas como *procedimento administrativo*, o que pressuporia a prática de uma *série de atos* ordenada e orientada para a obtenção de determinado resultado. Ora,

---

14. Lançamento tributário, in *Princípios tributários no direito brasileiro e comparado*, p. 49 e s.

15. *Do lançamento*, cit., p. 64-7. José Souto Maior Borges critica a conceituação do lançamento como ato de aplicação do direito (*Lançamento*, cit., p. 98-100).

16. *Do lançamento*, cit., p. 66-7.

17. Alberto Xavier diz que o lançamento deve ser definido pelo que é e não pelo que dele decorre, afastando-se, pois, do conceito noções de "constituição do crédito" ou "formalização do crédito" (*Do lançamento*, cit., p. 67).

o lançamento não é procedimento, é ato, ainda que praticado *após* um procedimento (eventual, e não necessário) de investigação de fatos cujo conhecimento e valorização se façam necessários para a consecução do lançamento[18].

Afirma, ainda, que o lançamento seria *tendente* a verificar a ocorrência do fato gerador etc. Ora, o Código Tributário Nacional confunde aí o lançamento com as *investigações* que a autoridade possa desenvolver e que objetivem (*tendam a*) verificar a ocorrência do fato gerador etc., mas que, obviamente, *não configuram lançamento*. A *ação* da autoridade administrativa (investigação) é que objetiva a consecução de *eventual* lançamento. Efetivado o lançamento, porém, este não "tende" para coisa nenhuma, ele *já é o resultado da verificação da ocorrência do fato gerador*, mesmo porque, sem que se tenha *previamente* verificado a realização desse fato, descabe o lançamento. Em suma, o lançamento não tende nem a verificar o fato, nem a determinar a matéria tributável, nem a calcular o tributo, nem a identificar o sujeito passivo. O lançamento pressupõe que todas as investigações eventualmente necessárias tenham sido feitas e que o fato gerador tenha sido identificado nos seus vários aspectos subjetivo, material, quantitativo, espacial, temporal, pois só com essa prévia identificação é que o tributo pode ser lançado.

Por fim, pretende o Código que o lançamento seja ainda "*tendente a (...), sendo o caso, propor a aplicação da penalidade cabível*". Tem-se aqui a impressão de que o lançamento corresponderia a um *inquérito fiscal* que *tenderia* (isto é, poderia levar) a uma acusação de prática de ilícito tributário. No lançamento, a autoridade lançadora poderia *propor* (não se diz para quem) a aplicação da penalidade cabível (é óbvio que penalidades "incabíveis" não poderiam ser propostas). Não necessariamente o lançamento culminaria com a tal "proposta de penalidade", já que ele seria apenas uma *tendência* a essa propositura. Menos que libelo, ele configuraria mero inquérito. E com isso poderíamos ter, abrangida pelo conceito de lançamento, uma série de investigações que em nada resultassem, mas que teriam *tendido* a uma eventual proposta de penalidade. Ora, lançamento tributário nada tem que ver com inquérito, investigação, interrogatório mediante o qual se busque detectar a ocorrência de eventual infração.

Na prática de nossa legislação, o agente fiscal, diante da verificação de que certa infração fora cometida, lavrava documento (que se costumava

18. Nesse sentido, Alberto Xavier (*Do lançamento*, cit., p. 44-6).

designar como "auto de infração", ou nome equivalente), onde descrevia os fatos e indicava a sanção prescrita pela lei, dando-se ciência ao acusado para que se defendesse; após o exame das razões apresentadas, por autoridade fiscal superior, decidia-se sobre a efetiva aplicação da penalidade (abrindo-se, a partir daí, ampla possibilidade de discussão em processo administrativo ou judicial). Por outro lado, sempre que a infração correspondesse à falta de pagamento de tributo (ou, embora de outra natureza, fosse também acompanhada da falta de recolhimento), o mesmo documento incorporava o tributo e a penalidade pela infração (ou pelas infrações).

Posteriormente, a legislação abandonou essa prática e passou a definir poderes para a autoridade fiscalizadora já desde logo aplicar a lei tributária material (lançando o tributo) e aplicar a lei punitiva (impondo a penalidade), sem prejuízo, obviamente, da ampla defesa em processo administrativo ou judicial.

O Código Tributário Nacional parece ter ficado no meio dessa evolução. De um lado, sugere que, diante de uma infração, a autoridade fiscal deve apenas *propor* a penalidade, o que implicaria que outra autoridade efetivamente a aplicasse. De outro, já qualifica como *lançamento* a mera proposta de aplicação de penalidade[19]. Segundo registraram Noé Winkler[20] e José Souto Maior Borges[21], só se cuida de proposta *quando for o caso* (por exemplo, quando se tratar de funcionário incompetente, que não possa *aplicar* a penalidade e que apenas a *proponha*). Essa justificação é inaceitável, pois implicaria admitir que o lançamento (pelo menos no "pedaço" atinente à "proposta" de penalidade) pudesse ser feito por funcionário *incompetente*, validando-se, sem nenhuma razão, um ato nulo, dada a incapacidade do agente para a sua prática[22]. Além disso, não se imagina que o Código Tributário Nacional fosse incluir, no conceito de lançamento, a referência à penalidade para regular *apenas* a excepcional hipótese em que a atividade administrativa fosse desenvolvida por funcionário incompetente. Parece-nos claro que a expressão "sendo o caso" quis proclamar a obviedade de que, na atuação do Fisco, *nem sempre é o caso* de se aplicar (ou propor) penalidade.

---

19. Paulo de Barros Carvalho discorda das críticas feitas pela doutrina ao dispositivo codificado, com base na afirmação de que a autoridade tanto aplica a norma relativa ao tributo como deve aplicar a norma relativa à sanção (*Curso*, cit., p. 284-5). Essa afirmação é correta, mas não justifica as deficiências do texto legal.

20. Aspectos do imprescritível esforço para demonstração da inércia, e outras considerações, *Caderno de Pesquisas Tributárias*, n. 1, p. 299-300.

21. *Lançamento*, cit., p. 167 e s.

22. Alberto Xavier concorda conosco (*Do lançamento*, cit., p. 61, n. r.).

Certamente, essas discussões todas seriam evitadas se o Código tivesse mantido fidelidade à definição de tributo dada no seu art. 3º e apartado do conceito de lançamento tributário a aplicação de penalidade, regulando, em capítulo próprio, a atuação das autoridades no que respeita à imposição de sanções cominadas pela lei para punir infrações à legislação tributária.

4. NATUREZA DO LANÇAMENTO

4.1. Lançamento como ato administrativo

Lançamento de tributos, segundo o Código Tributário Nacional, é sempre um ato (ou procedimento, na dicção desse diploma legal) *administrativo*, de modo que o sujeito *passivo* não executa lançamento nas numerosas situações em que lhe cabe valorizar os fatos, subsumi-los na norma de incidência, calcular o tributo e recolhê-lo. Com isso, proscreve-se, no direito positivo, a ideia de "autolançamento" ou de lançamento feito pelo próprio devedor.

O ato da autoridade, para que gere efeitos, deve ser objeto de *notificação* ao sujeito passivo. O efeito primordial dessa notificação é fazer atuar o dever do sujeito passivo de proceder ao recolhimento do tributo, que, antes, era inexigível por falta da condição legal de exigibilidade (traduzida justamente no lançamento notificado ao sujeito passivo). Isso demonstra a ociosidade da previsão do chamado "lançamento por homologação", pois, nas hipóteses em que o tributo deve ser recolhido independentemente de lançamento, e o recolhimento é feito corretamente, não há necessidade da prática de nenhum ato por parte do sujeito ativo para fazer atuar seu direito (já adequadamente satisfeito).

O Código Tributário Nacional, porém, mesmo nos casos em que o sujeito passivo recolha corretamente o tributo devido, independentemente de lançamento, prevê a consecução do lançamento, quer como prática efetiva do sujeito ativo (a chamada "homologação expressa"), quer como atuação omissiva (a dita "homologação tácita").

4.2. Lançamento como ato vinculado

O lançamento deve ser efetuado pelo sujeito ativo nos termos da lei, vale dizer, tem de ser feito sempre que a lei o determine, e sua consecução deve respeitar os critérios da lei, sem margem de discrição dentro da qual o sujeito ativo pudesse, por razões de conveniência ou oportunidade, decidir entre lançar ou não, ou lançar valor maior ou menor, segundo sua avaliação discricionária.

Dita o Código Tributário Nacional que "a atividade administrativa de lançamento é vinculada e obrigatória, sob pena de responsabilidade funcional" (art. 142, parágrafo único). Alhures anotamos a redundância do preceito, uma vez que, ao dizer-se a atividade *vinculada* (ou *regrada*), já se põe que ela seja *obrigatória*, pois inexiste facultatividade na prática de atos vinculados[23].

5. MOEDA DO LANÇAMENTO

Como prestação pecuniária, o tributo sói ser pago mediante a entrega de determinada soma de moeda; o montante do tributo expressa-se na moeda de curso legal e é nessa moeda que se faz o seu pagamento. O lançamento deve determinar o montante do tributo na moeda nacional, ainda quando o fato gerador apresente uma expressão de grandeza em moeda estrangeira; assim, se alguém aufere uma renda de 10.000 dólares, sujeita a imposto de renda no Brasil, é necessário que esse valor seja convertido em moeda nacional, para cálculo (e, portanto, para o lançamento) do tributo.

Põe-se, então, o problema da taxa de câmbio a ser utilizada, dadas as modificações que essa taxa pode sofrer ao longo do tempo. Regra *supletiva* é fornecida pelo Código Tributário Nacional: "Art. 143. Salvo disposição em contrário, quando o valor tributário esteja expresso em moeda estrangeira, no lançamento far-se-á sua conversão em moeda nacional ao câmbio do dia da ocorrência do fato gerador da obrigação".

No caso de tributos cuja incidência leva em conta certos fluxos de recursos (o imposto de renda, por exemplo), a solução adequada é utilizar a taxa de câmbio do dia do recebimento de cada rendimento ou do pagamento da despesa. Nesse sentido, aliás, tem-se encaminhado nossa legislação ordinária.

6. LEI APLICÁVEL AO LANÇAMENTO

À margem da discussão sobre o caráter constitutivo ou declaratório do lançamento, o Código Tributário Nacional estatui:

---

23. Luciano Amaro, Lançamento por homologação e decadência, *Resenha Tributária*, 1975.

> Art. 144. O lançamento reporta-se à data de ocorrência do fato gerador e rege-se pela lei então vigente, ainda que posteriormente modificada ou revogada. § 1º Aplica-se ao lançamento a legislação que, posteriormente à ocorrência do fato gerador, tenha instituído novos critérios de apuração ou processos de fiscalização, ampliado os poderes de investigação das autoridades administrativas, ou outorgado ao crédito maiores garantias ou privilégios, exceto, neste último caso, para o efeito de atribuir responsabilidade tributária a terceiros. § 2º O disposto neste artigo não se aplica aos impostos lançados por períodos certos de tempo, desde que a respectiva lei fixe expressamente a data em que o fato gerador se considera ocorrido.

O lançamento deve reportar-se à lei vigente na data da *ocorrência do fato gerador*, como determina o *caput* do preceito transcrito, o que equivale a dizer que ele deve reger-se pela lei vigente por ocasião do *nascimento da obrigação tributária* que dele seja objeto.

Desde que não interfiram nem com o valor da obrigação nem com a definição do sujeito passivo, admite o § 1º a aplicação de novas normas procedimentais, garantias ou privilégios, com uma exceção óbvia: não se pode, por lei posterior à ocorrência do fato gerador, atribuir responsabilidade tributária a terceiro. Lei que o fizesse seria inconstitucional por *retroatividade*. Aliás, se se tratar de tributo sujeito ao princípio da anterioridade, a eleição de terceiro como responsável só poderia ser feita se respeitado também esse preceito.

De resto, não é só o *terceiro responsável* que não pode ser definido por lei posterior ao fato gerador. Também a definição do *contribuinte* necessariamente há de ater-se à contida na lei vigente e eficaz por ocasião da ocorrência do fato gerador.

O § 2º dá uma volta de trezentos e sessenta graus e chega ao ponto de partida, pois, ao pretender excepcionar a norma do *caput* para os tributos lançados por períodos certos de tempo, acaba estabelecendo, também aí, a aplicação da lei vigente *no momento do fato gerador*. Se se tratar, por exemplo, de imposto sobre o patrimônio, cobrado por períodos anuais, e a lei dispuser que o fato gerador se considera ocorrido a cada dia 1º de janeiro (ou 30 de junho, ou 31 de dezembro, ou qualquer outro dia), a lei aplicável será aquela que (à vista dos princípios constitucionais e das regras de vigência e aplicação das leis no tempo) estiver em vigor e for eficaz naquela data; ou seja, aplicar-se-á a lei vigente *no momento da ocorrência do fato gerador*, que é exatamente o que quer o *caput* do artigo, aparentemente excepcionado pelo parágrafo.

7. INALTERABILIDADE DO LANÇAMENTO

O art. 145 do Código Tributário Nacional dispõe sobre as únicas circunstâncias que autorizam a alteração do lançamento (fora das quais, portanto, ele seria inalterável): "O lançamento regularmente notificado ao sujeito passivo só pode ser alterado em virtude de: I – impugnação do sujeito passivo; II – recurso de ofício; III – iniciativa de ofício da autoridade administrativa, nos casos previstos no art. 149".

O lançamento notificado ao sujeito passivo vincula a autoridade que o efetivou, de modo que ela, em regra, não pode modificá-lo, não obstante o artigo transcrito arrole uma gama de situações em que ele pode ser alterado. A primeira diz respeito à impugnação do sujeito passivo, vale dizer, se este discordar do lançamento, e impugná-lo, a autoridade competente para apreciar a impugnação apresentada pode alterar o lançamento se concordar, total ou parcialmente, com as razões apresentadas pelo impugnante.

A segunda situação reporta-se ao recurso de ofício, inserido no processo fiscal administrativo. Se, à vista da impugnação apresentada, a autoridade decide alterar o lançamento, pode ser necessária, se o estabelecer a lei, a interposição de recurso de ofício, que remete para superior instância administrativa o exame da decisão.

Embora não expressamente previsto, é óbvio que o *recurso voluntário* apresentado pelo sujeito passivo (cuja impugnação não tenha sido acolhida pela autoridade administrativa) também pode propiciar a alteração do lançamento.

Por fim, o lançamento é alterável nas situações previstas no art. 149. Esse dispositivo, além de regular o *lançamento* de ofício, disciplina as situações de *revisão* de ofício (de lançamento anteriormente efetuado). Dessa revisão tanto pode nada resultar, se nada se apurar que deva ser alterado, como pode advir alguma alteração. O art. 149 será examinado com maior vagar ao tratarmos do lançamento de ofício. No que respeita à *revisão*, o Código proclama a possibilidade dessa providência em várias situações de *erro de fato* no lançamento (apuração de fatos não conhecidos ou não provados por ocasião do lançamento sob revisão, ou intencionalmente ocultados pelo sujeito passivo ou por terceiro)[24].

---

24. *V.*, em José Souto Maior Borges (*Lançamento*, cit., p. 294 e s.), a discussão doutrinária e jurisprudencial sobre a distinção entre *erro de fato* e *erro de direito*, e a crítica desse autor a essa distinção.

A revisão do lançamento não pode ser feita (embora presente uma das situações que a autorizariam) após o decurso do prazo decadencial, que adiante estudaremos (art. 149, parágrafo único).

8. MODIFICAÇÃO DOS CRITÉRIOS JURÍDICOS DE LANÇAMENTO

Dispõe o Código Tributário Nacional: "Art. 146. A modificação introduzida, de ofício ou em razão de decisão administrativa ou judicial, nos critérios jurídicos adotados pela autoridade administrativa no exercício do lançamento somente pode ser efetivada, em relação a um mesmo sujeito passivo, quanto a fato gerador ocorrido posteriormente à sua introdução".

A interpretação desse artigo não é fácil.

Em primeiro lugar, deve-se anotar que ele nada tem que ver com a modificação no estado *de fato* apreciado pela autoridade lançadora; o dispositivo trata de modificação de critérios *jurídicos* adotados no lançamento. Se houver fatos novos – ou melhor, situações ou aspectos fáticos não conhecidos por ocasião do lançamento –, este pode ser revisto, nos termos do art. 149.

O preceito também não cuida de *mudança de lei* (que possa ter inovado o tratamento jurídico de certa situação fática), que, certamente, vigoraria só para fatos geradores futuros (consoante, aliás, proclama o art. 144 do CTN). Ademais, ao falar em modificação introduzida *de ofício*, o Código deixa claro tratar-se de ato da autoridade administrativa, e não de alteração introduzida por *lei*.

Estaria o preceito cuidando de modificações nos critérios de *valorização jurídica dos fatos*, ou *na interpretação da lei*? Teria o legislador, baseado na distinção entre *erro de fato* e *erro de direito*, procurado explicitar que o segundo (ao contrário do primeiro) não autorizaria a revisão de lançamento?[25]

O que o texto legal de modo expresso proíbe não é a mera *revisão de lançamento* com base em novos critérios jurídicos; é a aplicação desses novos critérios a *fatos geradores ocorridos* antes de sua introdução (que não

25. Nesse sentido, *v.* a lição de Paulo de Barros Carvalho (*Curso*, cit., p. 278-9). José Souto Maior Borges, como acima registramos, critica a distinção entre *erro de fato* e *erro de direito* (*Lançamento*, cit., p. 305 e s.). Hugo de Brito Machado entende que tanto o erro de fato quanto o erro de direito autorizam a revisão do lançamento (*Curso*, cit., p. 121-2); no mesmo sentido, Eurico Marcos Diniz de Santi (*Lançamento*, cit., p. 213-20).

necessariamente terão sido já objeto de *lançamento*). Se, quanto ao fato gerador de *ontem*, a autoridade não pode, *hoje*, aplicar novo critério jurídico (diferente do que, no passado, tenha aplicado em relação a outros fatos geradores atinentes ao mesmo sujeito passivo), a questão não se refere (ou não se *resume*) à *revisão* de lançamento (velho), mas abarca a *consecução* de lançamento (novo). É claro que, não podendo o novo critério ser aplicado para lançamento *novo* com base em fato gerador ocorrido antes da introdução do critério, com maior razão este também não poderá ser aplicado para *rever* lançamento *velho*. Todavia, o que o preceito resguardaria contra a mudança de critério não seriam apenas *lançamentos* anteriores, mas *fatos geradores* passados.

O motivo da introdução do novo critério (a par da iniciativa de ofício da autoridade) pode ser uma *decisão* (administrativa ou judicial), contida num processo que, obviamente, se refere a fato gerador *pretérito*. Se o critério introduzido é aplicável só para fatos geradores futuros, é evidente que ele não terá sido o critério aceito como legítimo para o lançamento *objeto do processo*, cuja decisão, porém, teria provocado a autoridade a introduzir o novo critério.

Se o novo critério não foi legitimado pela decisão administrativa ou judicial, e a autoridade resolve adotá-lo para o futuro, ela precisa formalizar a "entronização" da novidade, com efeitos *erga omnes*, de modo a aplicá-la para todos os sujeitos passivos em relação aos quais o Fisco já tenha no passado empregado o critério antigo.

Ricardo Lobo Torres referencia o artigo à "modificação na jurisprudência administrativa ou judicial"[26]. O Fisco não poderia invocar a modificação jurisprudencial para passar a adotar o novo critério nos lançamentos que viesse a efetuar, salvo em relação aos fatos geradores posteriores à *introdução* desse novo critério. De qualquer modo, não seria a simples construção pretoriana que automaticamente introduziria o novo critério. À vista dela, o Fisco precisaria formalizar a introdução do novo critério, pois o momento em que o fizer será determinante para que fatos geradores futuros possam ser objeto de lançamento de acordo com esse novo critério.

Ricardo Lobo Torres registra que o art. 146 se aplica "principalmente nos casos de consulta sobre a existência da relação tributária", aduzindo que uma resposta favorável ao indivíduo não pode, mesmo à vista de jurispru-

---

26. *Curso*, cit., p. 227.

dência em contrário, ser ignorada pelo Fisco para o efeito de cobrar tributo sobre fatos geradores pretéritos[27]. Assim sendo, a autoridade teria de modificar a resposta dada na consulta para, a partir daí, aplicar a nova interpretação da lei. Com efeito, o Fisco não deve ficar eternamente sujeito a respeitar a decisão dada no processo, mas a modificação de entendimento só pode aplicar-se para o futuro, conforme já sustentamos[28].

Na hipótese, porém, o novo critério estaria sendo introduzido não exatamente *em razão de decisão na consulta*, mas em razão de modificação (por outros motivos que não essa decisão) da interpretação que a autoridade tivesse dado na consulta. De qualquer modo, a decisão (administrativa ou judicial) a que se reporta o artigo não é restrita ao processo de consulta, além do que o Código acrescenta a possibilidade de a introdução do novo critério ser feita *de ofício*, hipótese em que, do mesmo modo, o critério jurídico só se aplicaria para fatos geradores futuros, em relação aos sujeitos passivos de fatos geradores objeto de lançamento pelo critério velho.

Parece evidente que o dispositivo procura traduzir *norma de proteção do sujeito passivo*. Quem aplica critério jurídico de lançamento é a *autoridade* (já que se trata de atividade que é dela *privativa*). A autoridade, portanto, é que está impedida de aplicar o novo critério em lançamentos relativos a fatos geradores já ocorridos antes de sua introdução. Nessa ordem de ideias, o preceito só cabe nos casos em que o novo critério jurídico beneficia o Fisco, restando proibida, nessa hipótese, sua aplicação em relação ao passado[29]. A vedação se reporta "a um mesmo sujeito passivo" (e, portanto, a *cada* sujeito passivo que estiver na mesma situação), e atém-se a *fatos geradores ocorridos antes da introdução do novo critério*, o que significa que todas as obrigações tributárias já nascidas (em face da ocorrência do seu pressuposto de fato) terão de ser lançadas de acordo com o critério jurídico (mais favorável) que o Fisco já tiver adotado em lançamento anteriormente realizado, em relação a cada sujeito passivo, o que implica reconhecer no preceito um direito subjetivo invocável contra o Fisco por quem, figurando como sujeito passivo em certo lançamento, efetuado de acordo com determinado critério jurídico, tem o direito de não ver inovado esse critério (em futuros lançamentos), a não ser em relação a fatos geradores ocorridos após a introdução do novo critério.

---

27. *Curso*, cit., p. 227.

28. Do processo de consulta, in *Novo processo*, cit., p. 119-20.

29. Em contrário, Américo Masset Lacombe, Crédito tributário: lançamento, in *Comentários ao Código Tributário Nacional*, v. 2, p. 175.

Alberto Xavier sustenta que o art. 146 do Código é "simples corolário do princípio da não retroatividade, extensível às normas complementares, limitando-se a esclarecer que os lançamentos já praticados à sombra da 'velha interpretação' não podem ser revistos com fundamento na 'nova interpretação'", pretendendo o dispositivo "que os atos administrativos concretos já praticados em relação a um sujeito passivo não possam ser alterados em virtude de uma alteração dos critérios genéricos da interpretação da lei já aplicada", e conclui que o lançamento não pode ser revisto por erro de direito, mesmo quando esse erro seja constatado por norma superveniente[30].

Embora a impossibilidade de *revisão de lançamento* por erro de direito esteja abrangida pelo art. 146, a letra expressa do dispositivo *não se restringe* a essa hipótese, ao proclamar que "A modificação introduzida (...) nos critérios jurídicos adotados pela autoridade administrativa no exercício do lançamento somente pode ser efetivada (...) *quanto a fato gerador ocorrido posteriormente à sua introdução*" (grifo nosso).

Por isso, divergimos (nesse particular) da lição de Alberto Xavier, quando sustenta que "em relação a fatos geradores já ocorridos, mas ainda não lançados, a fonte da não aplicação do novo critério jurídico reside, não no art. 146 (que apenas se refere a lançamentos pretéritos), mas no art. 144, § 1º"[31]. Cremos que se dá exatamente o contrário. O art. 144, § 1º, consagra a *retroatividade* da legislação nova (nos limites ali definidos) e não a irretroatividade. Já o art. 146 proíbe a aplicação do novo critério jurídico a fatos geradores anteriores à sua introdução; portanto, atesta a *irretroatividade* do novo critério, nas circunstâncias por ele descritas.

Rubens Gomes de Sousa, escrevendo antes do Código, sustentava que o Fisco não só não poderia invocar erro de direito para rever lançamento anterior como também não poderia adotar uma conceituação jurídica certa num lançamento e, depois, pretender trocá-la por outra, igualmente certa, mas mais onerosa para o sujeito passivo, negando, assim, ao Fisco, a possibilidade de "variar de critério jurídico na apreciação do fato gerador", registrando ser essa uma posição pacífica na jurisprudência[32].

Com toda certeza essa lição inspirou o art. 146. Entretanto, vimos que esse dispositivo expressa mais do que a mera inalterabilidade do lançamen-

30. *Do lançamento*, cit., p. 262.

31. *Do lançamento*, cit., p. 262, n. r.

32. *Compêndio*, cit., p. 108-9.

to por mudança de critério jurídico, na medida em que, repita-se, estende a inalterabilidade do critério para todos os fatos geradores já ocorridos, mesmo que ainda não tenham sido objeto de lançamento. Nessa linha, anota Aliomar Baleeiro entendimento jurisprudencial no sentido de que "a mudança de critério ou orientação da autoridade fiscal não pode prejudicar o contribuinte que agiu de acordo com o critério anterior"[33]. Aliomar Baleeiro cita também a decisão em consulta fiscal, em que haveria "coisa julgada administrativa"[34].

O dispositivo é severo com o Fisco, ao proibir que, em determinado lançamento, ele *passe a adotar novo critério* (em relação ao mesmo sujeito passivo), uma vez que isso implicaria mudança de critério quanto a fato gerador ocorrido *antes* da introdução do novo critério... O Fisco deve primeiro divulgar o novo critério para depois poder aplicá-lo nos *lançamentos futuros* pertinentes a *fatos geradores também futuros* (em relação a sujeito passivo que, no passado, tenha tido obrigação lançada por outro critério).

Nessa discussão toda, é provável que o art. 146 tenha pretendido enquadrar *erros de direito* (situações em que o Fisco abandonaria o critério errado do passado e passaria a adotar o critério juridicamente correto, que, sendo mais oneroso, só poderia ser aplicado para fatos geradores posteriores à divulgação da correção do erro), ou tenha visado à migração, de um critério *correto* para outro *igualmente correto*[35]. Algumas poucas situações existem em que a lei fornece diversos critérios alternativos para a pesquisa da *verdade material* que deve ser traduzida no lançamento; é o caso, previsto no art. 148 do Código Tributário Nacional, e regulado na legislação de alguns tributos, em que se autoriza o arbitramento da base de cálculo do tributo em situações nas quais o sujeito passivo mascare ou oculte os fatos, efetuando-se o lançamento a partir de diversos critérios indiciários. Adotado um desses critérios, o Fisco não poderia mudar para outro que lhe seja mais vantajoso. Mas isso tem que ver propriamente com a inalterabilidade *do lançamento* e não com a imutabilidade *do critério* (em relação a novos lançamentos).

É curioso observar que a assertiva de Rubens Gomes de Sousa (a propósito da revisão de lançamento), no sentido de que a autoridade não

33. *Direito*, cit., p. 510.

34. *Direito*, cit., p. 510.

35. Alberto Xavier refuta essa possibilidade (*Do lançamento*, cit., p. 258-9).

pode variar de critério, é fundada em que essa possibilidade implicaria "admitir que a atividade de lançamento seja *discricionária*"[36]; ou seja, se os critérios *a* e *b* forem igualmente corretos e a autoridade tiver aplicado o critério *a*, não pode trocá-lo pelo critério *b*, sob pena de lhe ser reconhecida atuação discricionária. Se for assim, no momento em que a mesma autoridade pôde optar pelo critério *a* (preterindo *b*), ela já terá agido discricionariamente.

A par do art. 146, é preciso lembrar o art. 100, parágrafo único. Acorde com esse dispositivo, o indivíduo que tiver agido segundo certa norma complementar fica livre de penalidades e de juros caso essa norma venha a ser modificada, por causa de sua ilegalidade. Infere-se que o tributo que deixou de ser pago haveria de ser recolhido. Já o art. 146 teria o efeito de dispensar o próprio tributo, pois não se estaria diante de uma norma abstrata e impessoal, mas sim de um ato administrativo concreto que teria aplicado, no lançamento de tributo de determinado sujeito passivo, um critério que depois vem a ser considerado ilegal[37]. É difícil conciliar essa diversidade de efeitos com o princípio da isonomia.

Em resumo, o art. 146 provavelmente visou a expressar a impossibilidade de *revisão* de lançamento por *erro de direito*. Talvez tenha falado em *modificação de critério jurídico* para abranger também a hipótese de migração de um critério legalmente válido para outro também legítimo. Foi além e decretou a vinculação do Fisco ao critério utilizado (mesmo em relação a outros fatos geradores, ainda não objeto de lançamento), até que seja "introduzido" (não se diz como) o novo critério. Talvez tenha querido também expressar a proteção do indivíduo que obteve do Fisco uma resposta favorável num processo de consulta. Porém, a redação precária (e o entrechoque com o art. 100, parágrafo único) deixou pelo caminho um rosário de dúvidas.

Como contraponto, é preciso registrar que a legislação tem caminhado para a generalização do recolhimento de tributos sem prévio lançamento pela autoridade (que, na prática, só se manifesta se estiver em desacordo com o montante pago). Nessas situações, falar em vinculação do Fisco aos critérios por ele empregados no exercício da atividade de lançamento tem sabor um tanto anacrônico.

---

36. *Compêndio*, cit., p. 109, grifo do original.

37. Ricardo Lobo Torres, *Curso*, cit., p. 227.

9. MODALIDADES DE LANÇAMENTO

Se, abstraída a disciplina legal dada ao tema, considerássemos o lançamento tributário como simples operação de subsunção do fato à norma de incidência (da qual resultaria a identificação do valor do tributo), tanto poderíamos ter o lançamento feito pelo sujeito ativo, quando a lei lhe incumbisse aquela tarefa, como o lançamento feito pelo sujeito passivo (quando a este fosse cometido o encargo). Para esta hipótese, tem-se falado, com boa dose de impropriedade, de "autolançamento", como se o *objeto* do lançamento fosse o próprio *sujeito passivo* e não *o tributo* por ele devido.

De acordo com essa conceituação (que, aliás, foi corrente antes do advento do CTN), classificou-se o lançamento em três tipos, conforme o encargo de fazê-lo coubesse ao sujeito ativo, ao sujeito passivo, ou, em parte, a ambos, tendo-se, no primeiro caso, o lançamento *direto* ou *de ofício*; no segundo, o dito *autolançamento*, e, por fim, o lançamento *misto* (também apelidado de lançamento *por declaração*)[38].

Essa classificação não foi endossada pelo Código Tributário Nacional, que, diante da mesma realidade (ou seja, situações em que o tributo ora é apurado pelo sujeito ativo, ora pelo sujeito passivo, ora resulta de tarefas conjuntas de ambos), adotou também três modalidades de lançamento, que se ajustam às três situações típicas que referimos.

Todavia, o Código entendeu o lançamento como um ato (ou procedimento) jurídico *privativo da autoridade administrativa*, com específicos efeitos jurídicos. Ora, esse conceito repele a ideia de lançamento feito pelo sujeito passivo (*autolançamento*), e de lançamento *misto*, já que só a atuação da autoridade administrativa é que se mostra idônea a aperfeiçoar o lançamento.

Para respeitar a conceituação adotada pelo Código, nenhuma dificuldade houve em identificar o lançamento *de ofício* como *atividade da autoridade*, e foi fácil contornar a ideia do lançamento *misto*, ao reservar a designação de lançamento para a *atuação da autoridade*, pondo a colaboração do sujeito passivo como mero *dever de informar* (sem reconhecê-lo como partícipe do ato de lançamento). O problema, porém, surgiu no caso dos tributos ditos "autolançados", em que não é fácil conciliar a afirmação de que o lançamento é procedimento *da autoridade* com a evidência de que

---

38. O lançamento foi examinado antes do Código Tributário Nacional por Ruy Barbosa Nogueira (*Teoria do lançamento tributário*).

a autoridade nada faz *antes* de o sujeito passivo recolher o tributo, o que, obviamente, implica terem sido cumpridas pelo sujeito passivo as etapas necessárias à determinação do valor do tributo, como tarefas logicamente precedentes ao recolhimento do tributo (em resumo: o sujeito passivo operou a subsunção do fato e cumpriu o mandamento legal). Se o cumprimento dessas tarefas não é lançamento, e a autoridade administrativa nada faz no sentido de implementar um ato a que se possa designar de lançamento, não seria o caso de dizer que, nessas situações, inexiste a figura do lançamento? Aliomar Baleeiro disse isso, sob o Código (ou *apesar* do Código)[39].

Para fugir a essa questão, preservando, de um lado, o conceito do lançamento como atividade privativa da autoridade, e, de outro, a ideia (falsa) de que todos os tributos devem ser submetidos a lançamento, o Código Tributário Nacional engendrou a figura do chamado *lançamento por homologação*, que se traduziria no ato da autoridade por meio do qual ela manifestasse sua concordância, aquiescência ou "homologação", em face do pagamento feito pelo sujeito passivo. Para contornar, ainda, uma segunda questão, atinente à omissão da autoridade (que poderia deixar de praticar esse ato de concordância), o Código criou a concordância tácita, configurada pelo silêncio da autoridade durante certo lapso de tempo.

O Código Tributário Nacional disciplina as três figuras (lançamento por declaração, lançamento de ofício e lançamento por homologação) nos arts. 147, 149 e 150, respectivamente.

9.1. Lançamento por declaração

O lançamento por declaração é disciplinado pelo Código nos seguintes termos: "Art. 147. O lançamento é efetuado com base na declaração do sujeito passivo ou de terceiro, quando um ou outro, na forma da legislação tributária, presta à autoridade administrativa informações sobre matéria de fato, indispensáveis à sua efetivação".

A declaração, portanto, configura uma obrigação formal ou instrumental (obrigação acessória, nos termos do CTN, art. 113, § 2º) do sujeito passivo (ou de terceiro, por exemplo, o pai, o tutor, o curador, o administrador).

Essa declaração destina-se a registrar os *dados fáticos* que, de acordo com a lei do tributo, sejam relevantes para a consecução, pela autoridade

---

39. Já na vigência do Código Tributário Nacional, disse Baleeiro que "há tributos (...) que não comportam lançamento" (*Direito*, cit., p. 502).

administrativa, do ato de lançamento. Se o declarante indicar fatos verdadeiros, e não omitir fatos que deva declarar, a autoridade administrativa terá todos os elementos necessários à efetivação do lançamento.

Embora, para a prestação de informações sobre fatos, o declarante tenha de, previamente, valorizar os fatos (para saber se são ou não sujeitos à declaração), essa tarefa do declarante não é ato de lançamento. Por isso, mesmo que o declarante já faça, no documento a ser apresentado, as operações necessárias a quantificar o montante do tributo, só haverá lançamento quando a autoridade, à vista das informações contidas na declaração, efetivar, documentadamente, o ato de lançamento, do qual deve dar ciência ao sujeito passivo, a fim de tornar exigível o tributo.

O declarante pode retificar a declaração, consoante o art. 147, § 1º: "A retificação da declaração por iniciativa do próprio declarante, quando vise a reduzir ou a excluir tributo, só é admissível mediante comprovação do erro em que se funde, e antes de notificado o lançamento".

A retificação pelo próprio declarante (sujeito passivo ou terceiro) é cabível, pois, tanto a favor do sujeito passivo quanto a favor do sujeito ativo.

Se a retificação implicar redução ou exclusão do tributo (ou seja, se dela resultar uma situação de fato sobre a qual o tributo seja menor, ou sobre a qual não seja devido tributo), ela só é cabível se acompanhada da demonstração do erro em que se funde e se apresentada *antes* da notificação do lançamento. A declaração, portanto, presume-se verdadeira; por isso, ela não pode, simplesmente, ser desmentida pelo declarante, salvo se for demonstrado o erro nela cometido.

O preceito legal não significa que, *após a notificação* do lançamento, o declarante tenha de sofrer as consequências do seu erro na indicação dos fatos, e conformar-se em pagar tributo indevido. O problema é que, após a notificação, a "retificação" a ser requerida não será mais *da declaração*, mas sim *do lançamento* (mediante a impugnação a que se refere o CTN, art. 145, I). Mesmo após o eventual pagamento do tributo indevido, ou maior do que o devido, o sujeito passivo não é obrigado a conformar-se com a consequência do seu erro; cabe, porém, nessas circunstâncias, pleitear a restituição do valor indevidamente recolhido (CTN, art. 165). Requer-se do sujeito passivo (ou do terceiro, que o represente) demonstrar que o tributo (apurável conforme a declaração, ou já lançado e impugnado, ou pago e objeto de pedido de restituição) é, total ou parcialmente, indevido.

Ao tratar da restituição do indébito, veremos que o direito do *solvens* não requer prévio protesto, nem a *prova do erro*. Basta a demonstração de que o recolhimento foi indevido. Não há contradição com o que se afirmou acima. Se o declarante demonstrar que o tributo (apurável conforme sua declaração) é *indevido*, ele terá os remédios que arrolamos (retificação da declaração, impugnação do lançamento, pedido de restituição). O problema está em que, para demonstrar que o tributo é indevido, pode ser necessário que o declarante altere o que declarou ao Fisco; como a declaração se presume verdadeira, sua alteração depende de o declarante demonstrar o erro nela contido.

A retificação feita pelo declarante, quando implicar *aumento do valor do tributo devido*, pode ser feita antes ou depois da notificação do lançamento, de modo que ou a autoridade já efetivará o lançamento de acordo com os dados corretos, ou realizará um lançamento complementar.

A retificação pode (aliás, deve) ser feita também pela autoridade administrativa quando se depare com erros visíveis pelo simples exame da declaração, conforme dispõe o art. 147, § 2º: "Os erros contidos na declaração e apuráveis pelo seu exame serão retificados de ofício pela autoridade administrativa a que competir a revisão daquela".

Essa retificação tanto deve fazer-se a favor do sujeito ativo como em proveito do sujeito passivo, em face do princípio da legalidade dos tributos e do caráter vinculado do lançamento.

O imposto de renda das pessoas físicas e jurídicas, que era o exemplo típico de lançamento por declaração, tem evoluído para a sistemática de pagamento sem prévio lançamento, ou seja, para o modelo de lançamento por homologação, adiante examinado, o que confirma a tendência legislativa de dar ao lançamento um papel eminente de controle do comportamento do sujeito passivo.

9.2. Lançamento e revisão de ofício

A seguir, o Código Tributário Nacional cuida do lançamento de ofício. A matéria vem disciplinada no art. 149, juntamente com a *revisão* (de ofício) de lançamento anteriormente feito. Trata-se, pois, nas situações arroladas naquele dispositivo, tanto de hipóteses em que compete à autoridade proceder de ofício ao *lançamento* como de casos nos quais cabe à mesma autoridade efetuar a *revisão de lançamento anteriormente realizado*: "Art. 149. O lançamento é efetuado e revisto de ofício pela autoridade administrativa nos seguintes casos: I – quando a lei assim o determine; II – quando a declaração não seja prestada, por quem de direito, no prazo e na forma da legislação tributária; III – quando a pessoa legalmente obrigada, embora tenha prestado declaração nos termos do inciso anterior, deixe de atender, no prazo e na forma da legislação tributária, a pedido de esclarecimento formulado pela autoridade administrativa, recuse-se a prestá-lo ou não o preste satisfatoriamente, a juízo daquela autoridade; IV – quando se comprove falsidade, erro ou omissão quanto a qualquer elemento definido na legislação tributária como sendo de declaração obrigatória; V – quando se comprove omissão ou inexatidão, por parte da pessoa legalmente obrigada, no exercício da atividade a que se refere o artigo seguinte; VI – quando se comprove ação ou omissão do sujeito passivo, ou de terceiro legalmente obrigado, que dê lugar à aplicação de penalidade pecuniária; VII – quando se comprove que o sujeito passivo, ou terceiro em benefício daquele, agiu com dolo, fraude ou simulação; VIII – quando deva ser apreciado fato não conhecido ou não provado por ocasião do lançamento anterior; IX – quando se comprove que, no lançamento anterior, ocorreu fraude ou falta funcional da autoridade que o efetuou, ou omissão, pela mesma autoridade, de ato ou formalidade essencial".

O inciso I prevê a consecução do lançamento de ofício por determinação da lei de incidência. A escolha dessa forma de lançamento (como, de resto, a das demais) não é aleatória, devendo levar em conta a natureza do tributo. Como regra, o lançamento de ofício é adequado aos tributos que têm como fato gerador uma situação permanente (como a propriedade imobiliária, por exemplo), cujos dados constam dos cadastros fiscais, de modo que basta à autoridade administrativa a consulta àqueles registros para que tenha à mão os dados fáticos necessários à realização do lançamento.

Os itens II a IV preveem hipóteses em que o sujeito passivo (ou terceiro, no lugar dele) tenha descumprido o dever legal de prestar a declaração (com base na qual se deva fazer o lançamento), ou não a tenha prestado adequadamente (por falsidade, erro ou omissão), ou deixe de atender, de modo satisfatório, o pedido de esclarecimentos feito pela autoridade administrativa.

Nessas situações, se a declaração não tiver sido prestada, ou se contiver algum vício (falsidade, erro ou omissão), o lançamento será efetuado de ofício. Caso já tenha sido efetuado um primeiro lançamento com base na declaração, ele será *revisto*, e, dessa revisão, pode resultar um novo lançamento, já agora *de ofício*. Se nada se apurar na revisão, nada, obviamente, haverá a lançar; ter-se-á efetuado a *revisão* de ofício, apenas, e não o *lançamento* de ofício.

Se o acréscimo de tributo (em relação ao anteriormente lançado) decorrer do mero reexame da declaração apresentada (na hipótese de ela não ter sido antes adequadamente examinada pela autoridade administrativa), o novo lançamento que se fizer continua tendo a natureza de lançamento por declaração, e não de lançamento de ofício (embora tenha decorrido de uma *revisão feita de ofício*). Essa distinção é importante para efeito de eventual penalidade, pois, na hipótese, não caberiam as sanções aplicáveis em lançamento de ofício.

O item V cuida do lançamento de ofício, na função de substituto do lançamento por homologação, disciplinado no artigo seguinte. O lançamento por homologação supõe o prévio recolhimento do tributo pelo sujeito passivo. Se este se omite, total ou parcialmente, quanto ao cumprimento desse dever, cabe à autoridade administrativa proceder ao lançamento de ofício.

O item VI manda lançar de ofício a penalidade pecuniária cominada para infrações comissivas ou omissivas da legislação tributária. Como se recorda, o art. 142 do Código Tributário Nacional, com evidente impropriedade, elastece o conceito de lançamento para abranger as penalidades, de modo que, diante de uma infração sujeita a penalidade pecuniária, esta deve ser "lançada" de ofício, segundo quer o Código.

No item VII, nada há que autonomize a hipótese ali descrita. A circunstância de alguém ter agido com dolo, fraude ou simulação não é, por si só, passível de lançamento de ofício. Trata-se apenas de matizes subjetivos da *conduta* do indivíduo. É em relação a essa conduta que se deve perquirir a existência de tributo lançável ou de lançamento revisável. A presença de dolo, fraude ou simulação poderá influir na aplicação ou graduação da penalidade porventura cominada para a conduta censurada.

No item VIII, contempla-se caso de revisão, já que o preceito se reporta expressamente à existência de um lançamento anterior, na hipótese de caber à autoridade a apreciação de fato não conhecido ou não provado por ocasião do lançamento anterior. Dessa revisão do lançamento anterior não resultará necessariamente um lançamento *de ofício* se os novos fatos a serem apreciados forem espontaneamente trazidos à autoridade pelo próprio sujeito passivo. Se este, por exemplo, retifica sua declaração para aditar novos fatos, o lançamento novo que daí decorra continua sendo um lançamento feito por declaração. E, se se trata de devedor de tributo sujeito a lançamento por homologação que, espontaneamente, verifica a existência de novos fatos e se dispõe a recolher eventual diferença de tributo, também inexistirá lançamento de ofício.

O item IX cuida, ainda, de hipóteses de revisão de lançamento anterior, quando se apurem irregularidades praticadas pela própria autoridade lançadora.

Arremata o parágrafo único do citado art. 149 que a revisão do lançamento só pode ser iniciada enquanto não extinto o direito da Fazenda Pública. A disposição é óbvia, já que direitos fenecidos não podem exercitar-se. Não é só a *revisão* de ofício que não pode ser iniciada depois de extinto o direito; o *lançamento* de ofício também só pode ser realizado enquanto vivo aquele direito.

9.3. Lançamento por homologação

Diante das premissas que havia fixado (quais sejam: a de que o lançamento é sempre necessário, e a de que o lançamento é atividade privativa da autoridade administrativa), o Código Tributário Nacional teve de construir, com enorme dose de artificialismo, a ideia do lançamento *por homologação*. A hipótese com a qual a questão se conecta é extremamente simples; complexo é, porém, o tratamento legal dado pelo Código à matéria[40].

Cuida-se aqui de tributos que, por sua natureza (multiplicidade de fatos geradores, de caráter instantâneo, como, tipicamente, se dá com os chamados tributos indiretos e com os tributos sujeitos a retenção na fonte), têm o recolhimento exigido do devedor independentemente de prévia manifestação do sujeito ativo, vale dizer, sem que o sujeito ativo deva lançar para tornar exigível a prestação tributária. Já que o Código Tributário Nacional não quis falar em "autolançamento" (expressão de resto imprópria, como anteriormente sublinhamos), teria sido melhor dizer que, nessas hipóteses, *o lançamento é desnecessário*, ou melhor, o lançamento só se faria necessário se o sujeito passivo se omitisse no seu dever legal de recolher corretamente o valor legalmente exigido. E aí tudo se daria, no plano da norma, tal qual se dá na realidade fática.

Mas o Código, querendo manter-se fiel à ideia de que o lançamento deve ser feito, mesmo quando dispensável, criou, para essas situações, a figura diáfana do lançamento por homologação. Esse lançamento (procedimento administrativo por meio do qual se "constitui" o crédito tributário, consoante quer fazer crer o art. 142 do estatuto legal) se conteria no ato da autoridade que, ao tomar conhecimento de que o devedor procedeu ao recolhimento do tributo (e após o exame da situação fática e da lei aplicável), registraria, expressamente, sua concordância. Nessa concordância (dita

40. Alberto Xavier, *Do lançamento*, cit., p. 85 e s.

"homologação", que se requer expressa) repousaria o procedimento administrativo de "constituição do crédito", de resto já satisfeito.

O Código Tributário Nacional não se olvidou da circunstância de que o sujeito ativo poderia deixar correr o tempo sem proceder à homologação expressa (que, aliás, é o que sói acontecer) e deu solução legal ao caso, ditando que, omisso o sujeito ativo durante certo prazo, o seu silêncio equivaleria à concordância. E assim ficou a questão resolvida: sem lançamento prévio, o devedor efetua o recolhimento, que, em tese, se correto, deveria ser objeto de expressa concordância da autoridade fiscal; se não advém tal concordância, o passar do tempo faz-lhe as vezes[41].

Ciente de que a atuação da autoridade administrativa, nas situações em que o tributo deve ser recolhido pelo sujeito passivo antes de qualquer atividade do sujeito ativo, se traduz, efetivamente, no *posterior controle* da acurácia do recolhimento do tributo (para cuja consecução o devedor valorou os fatos, subsumiu-os à lei e calculou o valor do tributo), o Código qualificou como *lançamento* (dito *por homologação*) a manifestação de concordância expressa da autoridade com o resultado da subsunção efetuada pelo devedor (o que supõe que a autoridade proceda também à valorização fática e ao exame da legislação aplicável, apurando o montante do tributo); na ausência dessa manifestação expressa, o Código criou, para o mesmo efeito, a manifestação tácita pelo silêncio ao longo de certo prazo.

O conjunto de normas que o Código dedicou ao lançamento por homologação só cria perplexidades, em face de disposições nas quais infirma as premissas nas quais teria de buscar apoio. Examinemos essas normas.

O lançamento por homologação é definido no art. 150, *caput*, que, certamente, ocupa lugar de destaque no rol de disposições arrevesadas de nosso direito positivo: "O lançamento por homologação, que ocorre quanto aos tributos cuja legislação atribua ao sujeito passivo o dever de antecipar o pagamento sem prévio exame da autoridade administrativa, opera-se pelo ato em que a referida autoridade, tomando conhecimento da atividade assim exercida, expressamente a homologa".

Esse lançamento, portanto, logra aplicação nas hipóteses em que a lei tributária determine ao sujeito passivo que *antecipe* o pagamento, sem

41. "O que aí se fez deveras foi instituir modalidade especial de decadência, cujo *dies a quo* é o da ocorrência do fato gerador da obrigação. Descabe totalmente encobrir a decadência com roupagem tão mitológica como *homologação tácita* ou *ficta*" (José Antônio de Andrade Martins, Autolançamento, in *Estudos tributários*, p. 245).

prévio exame do credor. Ora, nas outras modalidades de lançamento não há prévio *exame*; o que há é prévio *lançamento*. Aqui, portanto, o que se deveria dizer é que o pagamento se faz *sem prévio lançamento*.

Fala-se, ainda, do dever de *antecipar* o pagamento. Ora, "antecipar" seria pagar antes do momento em que o pagamento seria devido. Mas o pagamento, no caso, é devido na data que a lei determinar, e, portanto, não é "antecipado" (salvo se o devedor quiser fazê-lo antes daquela data). O legislador, obviamente, tinha na cabeça o preconceito do efeito constitutivo do lançamento; por isso, averbou "antecipação" do pagamento, pois achou que este estivesse sendo feito *antes de o crédito ser constituído*.

Na prática, o "dever de antecipar o pagamento" significa que o sujeito passivo tem o encargo de valorizar os fatos à vista da norma aplicável, determinar a matéria tributável, identificar-se como sujeito passivo, calcular o montante do tributo e pagá-lo, sem que a autoridade precise tomar qualquer providência.

E o lançamento? Este – diz o Código Tributário Nacional – *opera-se* por meio do ato da autoridade que, tomando conhecimento da atividade exercida pelo devedor, nos termos do dispositivo, homologa-a. A *atividade* aí referida outra não é senão a de *pagamento*[42], já que esta é a única providência do sujeito passivo tratada no texto. Melhor seria falar em "homologação do pagamento", se é isso que o Código parece ter querido dizer.

José Antônio de Andrade Martins discorda, afirmando que essa leitura corresponde à "ideia ilógica deduzida de uma interpretação estritamente literal do citado artigo 150 do Código, cujo *caput* sugere que o que se *homologa* é o pagamento", e tal "ideia não resiste, porém, à mais leve análise lógica ou sistemática"; assevera que pode ocorrer a "inexistência de débito" (por haver, na conta corrente de certos impostos indiretos, mais créditos do que débitos), e aí teríamos "fatos não geradores"; diz, ainda, que essas situações também são passíveis de decadência (ou preclusão) e que homologação não é somente "atestado de óbito" da obrigação[43]. José Souto Maior Borges, igualmente, sustenta que não é só o *pagamento* que se

42. Luciano Amaro, Lançamento..., *Resenha Tributária*, 1975, p. 335; Carlos Mário da Silva Velloso, Decadência e prescrição do crédito tributário – as contribuições previdenciárias – a Lei 6.830, de 22.9.1980: disposições inovadoras, *RDT*, n. 9/10, p. 183. Alberto Xavier censura a própria terminologia empregada pelo Código, pois, no seu entender, o controle do pagamento não configuraria atividade de homologação (*Do lançamento*, cit., p. 85 e s.).

43. Autolançamento, in *Estudos*, cit., p. 263.

homologa, pois também seria sujeita à mesma homologação a hipótese de "crédito maior do que o débito apurado no período fiscal"[44].

Ora, *se inexiste valor a pagar* (porque o crédito é maior do que o débito, porque o fato é não gerador etc.), a discussão não é sobre se cabe ou não *homologar* essa situação. A questão está em saber se cabe ou não *proceder ao lançamento* nessas situações. Se nada há que possa ser lançado de ofício (diante da omissão do indivíduo), por qual razão caberia o lançamento por homologação? Se não há o que pagar, e isso é verificado pela fiscalização, não há motivo para lançar coisa nenhuma. Se o indivíduo nada pagou e a fiscalização verifica que havia tributo a pagar, o que se passa não é que ela *deixe de homologar o não pagamento*; cabe, sim, lançar (de ofício) o tributo que o devedor tinha o dever de pagar independentemente de "prévio exame" do Fisco. Que o decurso do prazo associado ao silêncio da autoridade é extintivo de eventuais pretensões do Fisco, tanto numa hipótese como noutra, não há dúvida; porém, tendo havido pagamento, dá-se (na mecânica engendrada pelo CTN), o lançamento por *homologação tácita*, e, se não tiver ocorrido pagamento, nenhum lançamento terá ocorrido, nem poderá ocorrer, dada a decadência.

Voltando ao texto do Código Tributário Nacional, vimos que o lançamento dito por homologação opera no suposto de que o devedor tenha efetuado o pagamento, providência que lhe é exigida pela lei, sem que haja, para tanto, provocação do sujeito ativo. Quer, pois, o Código significar que, feito embora o pagamento, há de se aguardar a expressa concordância do sujeito ativo, traduzida na homologação da autoridade administrativa. Aliás, é isso que adiante diz o Código, de modo impreciso e contraditório, no § 1º do mesmo art. 150: "O pagamento antecipado pelo obrigado nos termos deste artigo extingue o crédito, sob condição resolutória da ulterior homologação do lançamento".

O parágrafo alberga, num simples enunciado, três impropriedades. A primeira traduz-se numa inconsistência, quando o dispositivo contradiz o *caput* do art. 142, ao falar em extinção de *crédito*, pois, segundo se proclama no citado artigo, o crédito só se constituiria pelo lançamento... No caso, embora ainda não "constituído", o crédito já se extingue; e, quando for nascer (com o lançamento), será natimorto. De qualquer modo, o preceito talvez tenha sua utilidade exatamente para demonstrar que o crédito nasce com o fato gerador e não com o lançamento, como quis fazer crer o Código Tributário Nacional em vários dispositivos.

44. *Lançamento*, cit., p. 444-5.

Outra impropriedade está na menção à natureza *resolutória* (ou resolutiva) *da homologação*. Ora, os sinais aí estão trocados. Ou se deveria prever, como condição *resolutória*, a *negativa* de homologação (de tal sorte que, implementada essa negativa, a extinção restaria resolvida) ou teria de definir-se, como condição *suspensiva*, a *homologação* (no sentido de que a extinção ficaria suspensa até o implemento da homologação).

Como está dito, pondo-se a *homologação* como condição, a natureza desta seria *suspensiva* e não *resolutiva*. Com a homologação, a extinção do crédito *não se resolveria*; ela *tornar-se-ia pura e simples*.

O Código provavelmente quis definir uma condição resolutiva. Vale dizer, o pagamento seria eficaz para extinguir o crédito tributário, mas essa eficácia poderia ser desfeita se adviesse a *negativa* da homologação. Errou ao trocar o sinal negativo pelo positivo. Ora, a homologação, *afirmativa* por sua própria natureza, não resolve nem desfaz coisa alguma, ela mantém, endossa, confirma.

Terceira impropriedade está em dizer que a homologação é do *lançamento*. Se o Código diz que o lançamento se opera com a homologação, antes desta não existe nenhum "lançamento" (na acepção de ato ou procedimento da autoridade). Que lançamento estaria sendo homologado? O que se deveria dizer homologado, para manter a coerência, seria o *pagamento* efetuado pelo sujeito passivo[45].

O § 2º não é mais feliz: "Não influem sobre a obrigação tributária quaisquer atos anteriores à homologação, praticados pelo sujeito passivo ou por terceiro, visando à extinção total ou parcial do crédito".

Os atos a que se refere o dispositivo são, obviamente, atos de *pagamento* (ou equivalentes, como a compensação), que só podem mesmo ser praticados *antes* da homologação, dado que o *objeto da homologação* necessariamente *precede* o ato de homologação. O Código Tributário Nacional pretendeu aqui contrapor a ideia de "crédito" à de "obrigação tributária" (traindo-se mais uma vez ao falar em "crédito" antes do lançamento); por isso, diz que os atos que visem à extinção do *crédito* não afetam a *obrigação*. Ora, quando o devedor recolhe tributo sujeito a lançamento por homologação, a extinção do crédito é sujeita a condição; portanto, nada mais natural do que a *obrigação* também ficar com sua extinção sujeita àquela condição;

45. José Souto Maior Borges discorda, por entender (embora o *caput* do artigo diga que o lançamento se opera pela homologação) que "a atividade (*procedimental do devedor*) prévia ao ato de homologação é procedimento de lançamento" (*Lançamento*, cit., p. 444).

homologado o pagamento, a extinção do *crédito* e da *obrigação* torna-se pura e simples. Aliás, o próprio Código, no art. 113, § 1º, *in fine*, proclama que a *obrigação* se extingue juntamente com o *crédito*.

Assim, os "atos" (de pagamento ou a este equivalentes) a que se refere o parágrafo transcrito "influem", sim, sobre a obrigação tributária. Mesmo que a autoridade administrativa *recuse* a homologação e lance de ofício (art. 149, V), o pagamento "antecipado" tem efeitos. Atente-se para o que dispõe o § 3º do art. 150: "Os atos a que se refere o parágrafo anterior serão, porém, considerados na apuração do saldo porventura devido e, sendo o caso, na imposição de penalidade, ou sua graduação". Dessa forma, se o sujeito passivo devia 1.000 e pagou 800, deve a autoridade administrativa recusar a homologação e lançar de ofício para determinar o montante correto do tributo (1.000); porém, só lhe cabe exigir a diferença, que deve, também, ser considerada para efeito de imposição ou graduação de penalidades.

Em rigor, consoante adverte José Antônio de Andrade Martins, os §§ 2º e 3º do art. 150 não cuidam de lançamento *por homologação* e sim de lançamento *de ofício* (substitutivo do lançamento por homologação), já que a hipótese de aplicação de ambos é a recusa de homologação[46].

O arremate da sistemática de lançamento por homologação fica por conta do § 4º do art. 150: "Se a lei não fixar prazo à homologação, será ele de 5 (cinco) anos, a contar da ocorrência do fato gerador; expirado esse prazo sem que a Fazenda Pública se tenha pronunciado, considera-se homologado o lançamento e definitivamente extinto o crédito, salvo se comprovada a ocorrência de dolo, fraude ou simulação".

Embora o *caput* do dispositivo exija a homologação *expressa*, o parágrafo, mais realista, contenta-se com a homologação *tácita*, mercê do decurso do tempo, aliado ao silêncio da autoridade administrativa.

Novamente aqui o Código Tributário Nacional incide na inconsistência já comentada no § 1º, ao falar que se considera "homologado o lançamento", como se, nessa hipótese, existisse *lançamento* que houvesse de ser homologado.

Nova impropriedade aparece ao apor-se, à extinção do crédito, o advérbio "definitivamente", como se pudesse haver extinção "provisória". O que há é a *extinção condicional*. Com a homologação *expressa* (na hipótese do *caput*) ou *tácita* (no caso deste § 4º), o pagamento passa a gerar (de

46. Autolançamento, in *Estudos*, cit., p. 244-5.

modo puro e simples, e não mais sujeito a condição) o efeito de extinguir a obrigação tributária (ou o crédito tributário, se se preferir).

Mas as duas questões mais graves, suscitadas pelo parágrafo em exame, referem-se ao *prazo para homologação* e à ressalva que é feita para casos de *dolo, fraude ou simulação*.

O prazo dentro do qual a autoridade administrativa deve manifestar-se (no sentido de homologar expressamente o pagamento feito), sob pena de homologação tácita (pelo decurso do prazo, aliado ao silêncio da autoridade), é de cinco anos, *se outro prazo não for fixado pela lei*. Não obstante, *aparentemente*, a lei de cada tributo (que opte pela modalidade de lançamento por homologação) possa escolher qualquer prazo, *maior* ou *menor* do que o indicado no Código Tributário Nacional, parece-nos que a melhor exegese é no sentido de que a lei só possa fixar prazo de homologação *menor* do que o previsto pelo diploma legal. Voltaremos ao assunto, ao cuidar dos prazos extintivos da obrigação tributária.

A natureza do prazo aí previsto é *decadencial*, ou seja, esgotado o lapso de tempo estabelecido, sem manifestação da autoridade administrativa, ela decai do direito de (recusando homologação) lançar de ofício o tributo, ao mesmo tempo em que tacitamente anui com o montante pago pelo sujeito passivo (homologação tácita).

Esse prazo conta-se do fato gerador e não, como talvez fosse mais lógico, do pagamento.

O dispositivo ressalva os casos de dolo, fraude ou simulação, mas não diz como se deve proceder na presença desses vícios. Também voltaremos a esse assunto quando cuidarmos dos prazos de decadência e prescrição.

9.4. A necessidade do lançamento

Já referimos, linhas atrás, que a atividade de lançamento é obrigatória, chegando à redundância o Código quando, no art. 142, parágrafo único, atesta que o lançamento é atividade administrativa *vinculada* e *obrigatória*, sob pena de responsabilidade funcional. Ou seja, é algo que a autoridade não pode deixar de praticar (quando presentes os pressupostos legais) e em cuja consecução deve seguir o figurino legal, sem dele desviar-se por considerações de conveniência ou oportunidade.

Porém, nem essa redundância evitou que a jurisprudência, no caso de tributos sujeitos ao lançamento por homologação, enveredasse por um caminho totalmente avesso à sistemática do lançamento fixada no Código, nas situações em que o sujeito passivo cumpre obrigações acessórias de registrar os fatos sobre os quais o tributo incide, mas não efetua o pagamento *antecipado* a que se refere o art. 150.

A fundamentação dos acórdãos é errática: ora se fala em autolançamento (como a querer dizer, sem nenhuma base no Código, que a execução do ato administrativo caberia ao próprio sujeito passivo); ora se diz que, se o sujeito passivo *declara* os fatos, a autoridade pode cobrar o tributo, sem necessidade de lançar; ora se afirma que o sujeito passivo "confessou" os fatos, sendo desnecessário lançar; ora se diz que a inscrição da dívida ativa implica "homologação".

O art. 147 é, às vezes, invocado como fundamento "legal" da tese, esquecendo-se, porém, que, na modalidade aí regulada, o lançamento é feito pela autoridade à vista da declaração do sujeito passivo; nunca esteve escrito nesse dispositivo que a declaração dispensasse o lançamento, do qual ela é *pressuposto* e não *alternativa*. Noutras vezes, o art. 150 é invocado, olvidando-se, porém, sistematicamente, o art. 149, V, que manda lançar de ofício na hipótese de inexistir o pagamento antecipado que pudesse ensejar a homologação pela autoridade. A busca de algum amparo legal para a exegese pretoriana já foi também para o art. 201 do Código, onde se conceitua a dívida ativa tributária, com o fito de sugerir que, ao inscrever a dívida, a autoridade lança; confunde-se, aí, a formalização da *dívida ativa tributária* (que se instrumenta com a inscrição) com a formalização do *crédito tributário* (o qual, por sua vez, se instrumenta pelo ato de lançamento, *ex vi* do art. 142, *caput*). Na sistemática legal, a dívida ativa tributária pressupõe o lançamento, mas não o substitui. De quebra, também o de início citado art. 142, parágrafo único, é singelamente ignorado pela exegese pretoriana[47].

10. LANÇAMENTO E ARBITRAMENTO

Perdido entre os dispositivos que cuidam das modalidades de lançamento está o art. 148 do Código Tributário Nacional, que dispõe sobre arbitramento do valor ou preço que sirva de base ou seja considerado para

47. Em estudo sobre o tema (Lançamento, essa formalidade!, in Heleno Taveira Tôrres (coord.), *Teoria geral da obrigação tributária*: homenagem ao Prof. José Souto Maior Borges) abordamos as várias nuanças desse entendimento pretoriano, censurado já em análise judiciosa de Alberto Xavier: A execução fiscal nos tributos de lançamento por homologação, *Revista Dialética de Direito Tributário*, n. 25, p. 7, onde farta jurisprudência é mencionada.

efeito de cálculo do tributo: "Quando o cálculo do tributo tenha por base, ou tome em consideração, o valor ou o preço de bens, direitos, serviços ou atos jurídicos, a autoridade lançadora, mediante processo regular, arbitrará aquele valor ou preço, sempre que sejam omissos ou não mereçam fé as declarações ou os esclarecimentos prestados, ou os documentos expedidos pelo sujeito passivo ou pelo terceiro legalmente obrigado, ressalvada, em caso de contestação, avaliação contraditória, administrativa ou judicial".

As hipóteses aí previstas reportam-se a *declarações, esclarecimentos ou documentos de duvidosa regularidade ou com omissões*; se o valor ou o preço de bens, direitos, serviços ou atos jurídicos, que deva ser considerado para o cálculo do tributo, não for confiável, dada a irregularidade ou omissão, cabe o processo de arbitramento.

O arbitramento não é um procedimento discricionário, haja vista que se garante ao sujeito passivo o direito ao contraditório, tanto na instância administrativa quanto na judicial. Trata-se de técnica de descoberta da verdade material e não de critério discricionário utilizável segundo o alvedrio da autoridade. O arbitramento, portanto, é instrumento de que a autoridade se pode valer para a descoberta da verdadeira base de cálculo do tributo nas situações em que, mercê de incorreções ou omissões do sujeito passivo ou de terceiro, haja indícios de manipulação do preço ou do valor para evitar ou reduzir o tributo devido.

Se, no caso do imposto sobre serviços, por exemplo, em que a base de cálculo é o preço, houver indícios de que o contribuinte praticou um preço diverso do que constou dos documentos fiscais, cabe o arbitramento. Mas, se o preço realmente praticado tiver sido o constante daqueles documentos (inexistindo indícios de que o contribuinte tenha ocultado o montante efetivamente cobrado), a autoridade não pode "arbitrar" a base de cálculo do tributo a pretexto de que aquele preço é, por exemplo, menor do que o praticado pela concorrência[48].

11. EFEITOS DO LANÇAMENTO

Como vimos, o lançamento é necessário para que o sujeito ativo possa exigir o recolhimento de tributos, quando estes se sujeitem ao lançamento de ofício ou por declaração. Nessas hipóteses, cabe à autoridade efetivar

48. Luciano Amaro, ISS – preço e valor do serviço, *RDT*, n. 40, p. 233.

o lançamento antes de tomar qualquer outra providência tendente à cobrança do tributo. Assim, o efeito do lançamento é conferir *exigibilidade* à obrigação tributária, quando o recolhimento do tributo dependa da sua consecução (de ofício ou à vista de declaração do sujeito passivo ou de terceiro).

Se se trata de tributo que deva ser recolhido pelo sujeito passivo independentemente de prévio exame pela autoridade (ou melhor, independentemente de prévio lançamento), nas situações em que se deva implementar o procedimento que o Código batizou de lançamento por homologação, a própria lei reclama do devedor que proceda ao recolhimento do tributo, no prazo que ela assinala, sem que se aguarde providência do sujeito ativo no sentido de lançar o tributo. Cumprido esse dever, o que faz a autoridade administrativa é o controle da acurácia do recolhimento, homologando-o se estiver correto. O lançamento (se for praticado na modalidade requerida pelo art. 150 – homologação *expressa*), além de firmar a concordância da autoridade administrativa com o montante recolhido e, portanto, com os critérios legais que levaram à apuração desse montante, tem, em comum com as demais formas de lançamento, a marca da inalterabilidade, como regra (art. 145). Esses efeitos seriam reconhecíveis também à figura do lançamento por homologação *tácita*.

Se, porém, o devedor se omite no cumprimento do dever de recolher o tributo, ou efetua recolhimento incorreto, cabe à autoridade administrativa proceder ao lançamento *de ofício* (em substituição ao lançamento por homologação, que se frustrou em razão da omissão do devedor), para que possa exigir o pagamento do tributo ou da diferença do tributo devido. O lançamento de ofício tem, aí também, o efeito de permitir que a autoridade administrativa tome as providências necessárias à cobrança, caso o devedor, notificado, deixe de efetuar o pagamento. A autoridade não pode cobrar o tributo simplesmente à vista da alegação de que o sujeito passivo descumpriu seu dever legal; é preciso lançar o tributo e notificar o sujeito passivo, para que a autoridade possa, se ele ainda assim resistir ao recolhimento, prosseguir com as providências necessárias ao efetivo recebimento do valor devido.

Conforme veremos em capítulo posterior, o lançamento de ofício ou por declaração tem um prazo para ser realizado, sob pena de decadência do direito do sujeito ativo. Após o lançamento, há ainda que considerar o prazo prescricional da ação de cobrança. Dessa forma, o lançamento serve de marco divisório entre a decadência (perda do direito de lançar) e a prescrição (perda da ação de cobrança do tributo lançado). No lançamento por homologação, não se fala em prescrição, pois o recolhimento precede o lançamento e, assim, feito este, nada há a cobrar, nem há, por decorrência, ação de cobrança que possa prescrever. Mas, na omissão do sujeito passivo (quanto ao cumprimento do dever legal de pagar o tributo independentemente de prévio exame pela autoridade administrativa), pode ocorrer decadência do direito de o sujeito ativo lançar de ofício; e, se realizado o lançamento de ofício, dentro do prazo, pode dar-se a prescrição da ação de cobrança do tributo. A prescrição pode, pois, operar na hipótese de o tributo, não obstante sujeitar-se ao lançamento *por homologação*, ser efetivamente lançado *de ofício*.

A notificação do lançamento marca o início do prazo para pagamento, bem como o lapso de tempo para eventual contestação que contra ele o sujeito passivo deseje fazer.

12. SUSPENSÃO, EXTINÇÃO E "EXCLUSÃO" DO CRÉDITO TRIBUTÁRIO

Concluída a disciplina do lançamento, figura com a qual o Código Tributário Nacional pretende que a obrigação tributária passe para o estágio de "crédito tributário", o diploma cuidará em seguida do que seriam as vicissitudes que a obrigação tributária (já revestida como "crédito tributário") pode vir a enfrentar.

Desse modo, tratará de causas que suspendem a exigibilidade do crédito tributário (que examinaremos no capítulo seguinte) para depois cuidar dos modos de extinção do crédito tributário (que também será objeto de nossa análise).

Por fim, o Código Tributário Nacional abre o capítulo intitulado "Exclusão do Crédito Tributário", onde traça disciplina da *isenção* e da *anistia*. A isenção estudamos já, ao falar do fato gerador. A anistia será versada no capítulo das infrações tributárias. Não há nenhuma razão técnica ou prática para que esses temas sejam objeto de disciplina conjunta (sob a intangível figura de "exclusão do crédito tributário"), nem para serem estudadas agrupadamente, conforme deixamos explicitado noutras passagens desta obra.

Capítulo XII

Suspensão da Exigibilidade da Obrigação Tributária

Sumário: 1. Obrigação tributária e exigibilidade. 1.1. Suspensão da exigibilidade. 2. Moratória e parcelamento. 3. Depósito do crédito tributário. 4. Reclamações e recursos administrativos. 5. Liminar e tutela antecipada.

1. OBRIGAÇÃO TRIBUTÁRIA E EXIGIBILIDADE

Uma vez concretizada a obrigação tributária (com a ocorrência do fato gerador, previamente descrito na norma de incidência), vimos que há três possíveis situações: na primeira, deve ser feito o lançamento *de ofício*, sem cuja consecução o sujeito ativo não pode exercitar atos de cobrança; na segunda, o lançamento é feito à vista de *declaração* apresentada pelo sujeito passivo ou por terceiro, na qual se embasarão os atos de cobrança pelo sujeito ativo; se a declaração não for apresentada, cabe o lançamento de ofício, substitutivo do lançamento por declaração; na terceira, o dever de recolher o tributo é comandado pela lei sem que o obrigado deva ou possa aguardar qualquer providência da autoridade administrativa (é aí que se põe o chamado lançamento *por homologação*, traduzido na concordância do sujeito ativo com a acurácia do pagamento efetuado); neste caso, se o dever legal é descumprido, cabe à autoridade administrativa efetuar o lançamento de ofício (em substituição ao frustrado lançamento por homologação), a fim de poder cobrar o tributo. Portanto, embora o cumprimento do dever de pagar não dependa sempre do lançamento, este é, em todas as situações, condição para que o sujeito ativo pratique atos no sentido de cobrar seu crédito.

A exigibilidade do crédito pelo sujeito ativo depende, pois, do lançamento. Isso, que naturalmente ocorre com os tributos sujeitos a lançamento de ofício e por declaração, está presente também nos tributos sujeitos a lançamento por homologação sempre que o sujeito passivo descumprir o dever legal de recolher o tributo, hipótese em que cabe à autoridade administrativa lançar de ofício para que possa exercitar o seu direito de cobrança. Antes do vencimento do prazo para pagamento, o sujeito ativo fica em posição de expectativa, aguardando o cumprimento da obrigação, na forma exigida pela lei. Esgotado esse prazo, compete-lhe agir, no sentido de lançar de ofício o tributo para poder exigi-lo.

1.1. Suspensão da exigibilidade

Pode ocorrer, porém, que o apontado devedor de tributo (em qualquer das três possíveis situações de lançamento) fique, temporariamente, protegido contra atos de cobrança da autoridade administrativa, em razão de alguma das causas de *suspensão da exigibilidade da obrigação tributária* (ou, no dizer do CTN, causas de *suspensão do crédito tributário*, ou, ainda, causas de *suspensão da exigibilidade do crédito tributário*), previstas no art. 151 do Código Tributário Nacional.

As causas de suspensão da exigibilidade do crédito tributário estão arroladas no art. 151 do Código (com a redação dada pela LC n. 104/2001): "Suspendem a exigibilidade do crédito tributário: I – a moratória; II – o depósito de seu montante integral; III – as reclamações e os recursos, nos termos das leis reguladoras do processo tributário administrativo; IV – a concessão de medida liminar em mandado de segurança; V – a concessão de medida liminar ou de tutela antecipada, em outras espécies de ação judicial; VI – o parcelamento".

A primeira discussão que aqui se põe tem que ver, mais uma vez, com os conceitos de *obrigação* e *crédito tributário*. Como se sabe, o Código assentou que o *crédito tributário* só se constituiria com o lançamento. Paulo de Barros Carvalho frisa que o objeto da suspensão é a *exigibilidade* do crédito tributário, que depende do lançamento[1]. Ricardo Lobo Torres, do mesmo modo, afirma que só se suspende o crédito já lançado, para concluir

1. Leciona o autor citado: "Por exigibilidade havemos de compreender o direito que o credor tem de postular, efetivamente, o objeto da obrigação, e isso tão só ocorre, como é óbvio, depois de tomadas todas as providências necessárias à formalização da dívida, com a lavratura do ato de lançamento tributário" (*Curso*, cit., p. 288).

que, embora presente uma forma de suspensão, a Fazenda Pública pode efetuar o lançamento, "tendo em vista que a suspensão só vai operar após a data em que o crédito se tornar exigível"[2]. Hugo de Brito Machado diz que a causa de suspensão antes da exigibilidade não é propriamente *suspensão* e sim *impedimento*[3].

A questão não nos parece tão simples.

Com efeito, de um lado, não é fácil equacionar a aplicação de causas suspensivas das prerrogativas do sujeito ativo atinentes à exigibilidade do tributo se nem sempre o dever de pagá-lo supõe a consecução do lançamento. De outro, a suspensão da exigibilidade pode obstar a própria consecução do lançamento, quando este supõe o descumprimento de dever legal do sujeito passivo e a causa suspensiva atua no sentido de prorrogar o prazo para o adimplemento desse dever.

Suponha-se, por exemplo, um tributo que o contribuinte tenha o dever legal de recolher sem prévio exame da autoridade administrativa, cujo prazo de pagamento seja prorrogado por uma moratória. Essa moratória jamais vai atuar *após* o lançamento (por homologação). Ela é vocacionada para ser eficaz *antes* do lançamento. Se advier o lançamento, é porque ou o tributo já foi pago (e deu-se a homologação) ou houve descumprimento do dever de antecipar o pagamento (e deu-se o lançamento de ofício), o que supõe, por sua vez, que ou já se terá esgotado o prazo da moratória ou esta não pôde atuar no sentido de prorrogar o prazo para o pagamento tempestivo. Se, nessas hipóteses (de tributo sujeito a lançamento por homologação), é concedida moratória, ela tem, como efeito indireto, o de prorrogar também a ocasião em que o lançamento poderá efetuar-se (por homologação, quando houver pagamento, ou de ofício, se decorrer o prazo adicional para pagamento, sem que este seja efetuado).

Se (tomando de empréstimo a linguagem de Alberto Xavier) designarmos de *atendibilidade* a situação dos tributos cuja legislação atribua ao sujeito passivo o dever de antecipar o pagamento[4], a moratória teria o efeito de estender no tempo o período dessa atendibilidade, sem que o Fisco pudesse, com o lançamento de ofício, inaugurar o estágio da *exigibilidade*.

---

2. *Curso*, cit., p. 231.

3. *Curso*, cit., p. 123.

4. *V.*, no capítulo anterior, a discussão sobre o nascimento da obrigação tributária e o lançamento.

Cumpre, por outro lado, registrar que o Código Tributário Nacional cuida de diferentes situações ao tratar do tema que rotulou como suspensão da exigibilidade, que ora envolvem, ora não, uma situação conflituosa. A moratória é causa de suspensão que não implica *contestação do direito do credor*; pode ela originar-se de *dificuldade de pagamento* (como geralmente ocorre nos casos de parcelamento) ou mesmo de uma momentânea impossibilidade de cumprimento da obrigação (por exemplo, em casos de calamidade pública). Já as outras três modalidades de suspensão ligam-se a conflitos sobre a pretensão do suposto credor. Ademais, a dilação do prazo para pagamento (em que se traduz a moratória) tanto pode atuar em relação a tributos lançados como a tributos não lançados, e, em ambos os casos, com prazos de pagamento ainda em curso ou já vencidos. Talvez o Código devesse ter tratado da moratória ao regular o prazo para pagamento do tributo. É óbvio que, no curso do prazo prorrogado de pagamento, o sujeito ativo não pode exigir que este seja feito. Aliás, isso vale não só para o prazo de moratória, mas também para o prazo originalmente fixado para o cumprimento da obrigação, e não foi necessário que o Código dissesse que, na pendência dos prazos normalmente previstos para pagamento, a exigibilidade do crédito ficaria suspensa.

Em suma, as causas de suspensão do crédito tributário (inclusive a moratória, incluída como tal pelo CTN) podem ocorrer mesmo antes do lançamento e, portanto, não pressupõem a existência de "crédito tributário" no sentido que lhe deu o Código (de entidade que só se constituiria pelo lançamento).

O que se suspende, portanto, é o *dever de cumprir a obrigação tributária*, ou porque o prazo para pagamento foi prorrogado ou porque um litígio se esteja instaurando sobre a legitimidade da obrigação, e esse litígio seja acompanhado de alguma medida que impede a prática de atos do sujeito ativo no sentido de exigir o cumprimento da obrigação.

Presente uma causa de suspensão da exigibilidade do crédito tributário, fica, portanto, o sujeito ativo impedido de exercitar atos de cobrança. Deve ele aguardar que cesse a eficácia da causa suspensiva; aí diferentes situações poderão ocorrer: a) o pagamento pelo sujeito passivo, extinguindo a obrigação tributária; b) o restabelecimento da exigibilidade, caso o sujeito passivo não efetue o pagamento, exigibilidade essa que dependerá da consecução do lançamento, se este ainda não tiver sido efetuado; c) o advento de causa legal de extinção da pretensão fiscal (por exemplo, decisão que declara a inexistência da obrigação tributária; conversão de depósito em renda etc.).

A suspensão da exigibilidade do crédito tributário diz respeito, em regra, à *obrigação principal*, não dispensando, pois, o cumprimento de obrigações acessórias relacionadas com aquela (art. 151, parágrafo único). É óbvio que, se a própria obrigação acessória for atingida (por exemplo, por uma medida liminar que desobrigue o indivíduo do cumprimento precisamente dessa obrigação acessória), descabe a aplicação do parágrafo referido.

Questão controvertida na doutrina é a consistente em saber se, com a presença de causa de suspensão da exigibilidade do crédito tributário, fica igualmente suspenso o curso da prescrição. Trataremos do assunto ao examinar a prescrição.

2. MORATÓRIA E PARCELAMENTO

Moratória consiste na prorrogação do prazo (ou na concessão de novo prazo, se já vencido o prazo original) para o cumprimento da obrigação. Se, por exemplo, em razão de calamidade pública, ou outro motivo legalmente definido (situação financeira do sujeito passivo etc.), o prazo para pagamento é dilatado, o sujeito ativo é obrigado a respeitar o prazo adicional e, nesse período, fica impedido de exercer qualquer ato de cobrança que pudesse ser lastreado no inadimplemento do devedor.

O Código Tributário Nacional traça minudente disciplina da moratória nos arts. 152 a 155. Diz o art. 152: "A moratória somente pode ser concedida: I – em caráter geral: *a*) pela pessoa jurídica de direito público competente para instituir o tributo a que se refira; *b*) pela União, quanto a tributos de competência dos Estados, do Distrito Federal ou dos Municípios, quando simultaneamente concedida quanto aos tributos de competência federal e às obrigações de direito privado; II – em caráter individual, por despacho da autoridade administrativa, desde que autorizada por lei nas condições do inciso anterior. Parágrafo único. A lei concessiva de moratória pode circunscrever expressamente a sua aplicabilidade à determinada região do território da pessoa jurídica de direito público que a expedir, ou a determinada classe ou categoria de sujeitos passivos".

O dispositivo (ao falar em concessão em *caráter geral* ou em *caráter individual*), mistura *competência para decretação* da moratória com o *modo de efetivação* da medida. O item I (que fala da moratória *em caráter geral*) cuida da *competência para concessão da medida*, que é: a) do ente político titular da competência tributária, quando a moratória se refira a tributo nela inserido; b) da União, se concedida para os tributos de todos os entes políticos e para obrigações de direito privado.

Já no item II (que menciona a moratória em *caráter* individual) disciplina-se um dos *modos* pelos quais esta pode ser aplicada, que é o exame caso a caso, à vista do preenchimento das condições legais que lhe dão ensejo. O *modo* oposto a esse seria o *geral*, em que a moratória é concedida independentemente de despacho caso a caso.

Mas é óbvio que, em ambos os casos, a moratória depende *de lei*, como, aliás, reconhece o questionado item II, ao fazer remissão ao inciso anterior, no qual se regula a *competência* para a previsão da medida.

O parágrafo único prevê a moratória restrita a determinada região do território do ente político que a conceder, ou a determinada classe ou categoria de sujeitos passivos. Nessas hipóteses, sua abrangência é *limitada territorialmente* ou *subjetivamente*.

O art. 153 volta a falar na moratória geral e individual, exigindo que a lei descreva os requisitos mínimos aplicáveis: "A lei que conceda moratória em caráter geral ou autorize sua concessão em caráter individual especificará, sem prejuízo de outros requisitos: I – o prazo de duração do favor; II – as condições da concessão do favor em caráter individual; III – sendo caso: *a*) os tributos a que se aplica; *b*) o número de prestações e seus vencimentos, dentro do prazo a que se refere o inciso I, podendo atribuir a fixação de uns e outros à autoridade administrativa, para cada caso de concessão em caráter individual; *c*) as garantias que devem ser fornecidas pelo beneficiado no caso de concessão em caráter individual".

Se a moratória consiste em dilação do prazo para pagamento do tributo, seria inadmissível que se pudesse concedê-la sem especificar seu prazo de duração. Segundo Aliomar Baleeiro, não faria sentido dizer que, "sendo o caso", a lei especificará os tributos a que se aplique, pois "é praticamente impossível a moratória para todos os impostos, taxas e contribuições"[5]. Todavia, essa possibilidade parece-nos abrangida pelo art. 152, I, *b*.

No art. 154, mais uma vez o Código se atrapalha com a distinção por ele engendrada entre "obrigação" e "crédito", quando, como regra geral, limita a moratória às situações em que já tenha havido lançamento ou em que este "já tenha sido iniciado": "Salvo disposição de lei em contrário, a moratória somente abrange os créditos definitivamente constituídos à data da lei ou do despacho que a conceder, ou cujo lançamento já tenha sido iniciado àquela data por ato regularmente notificado ao sujeito passivo".

---

5. *Direito*, cit., p. 535.

O dispositivo tem o mérito de admitir disposição de lei em contrário. É mais do que evidente que, nos casos de tributos sujeitos a lançamento por homologação, a disposição em contrário decorre da própria natureza da hipótese. Se se fosse circunscrever a moratória aos tributos já lançados (por homologação), seria impossível aplicá-la em tais casos, pois, neles, os tributos são pagos antes do lançamento.

O parágrafo único do art. 154, por seu turno, estatui que "a moratória não aproveita aos casos de dolo, fraude ou simulação do sujeito passivo ou do terceiro em benefício daquele".

O art. 155 dispõe sobre a revogabilidade da moratória reconhecida em caráter individual, especificando os efeitos da revogação, conforme tenha ou não havido dolo ou simulação para obtê-la: "A concessão da moratória em caráter individual não gera direito adquirido e será revogada de ofício, sempre que se apure que o beneficiado não satisfazia ou deixou de satisfazer as condições ou não cumpria ou deixou de cumprir os requisitos para a concessão do favor, cobrando-se o crédito acrescido de juros de mora: I – com imposição da penalidade cabível, nos casos de dolo ou simulação do beneficiado, ou de terceiro em benefício daquele; II – sem imposição de penalidade, nos demais casos. Parágrafo único. No caso do inciso I deste artigo, o tempo decorrido entre a concessão da moratória e sua revogação não se computa para efeito de prescrição do direito à cobrança do crédito; no caso do inciso II deste artigo, a revogação só pode ocorrer antes de prescrito o referido direito".

Apesar de o Código não referir, em sua redação original, o parcelamento como causa de suspensão de exigibilidade do crédito tributário, esse efeito era inegável, não apenas porque isso decorre da própria natureza do parcelamento (mediante o qual é assinado ao devedor prazo para que este satisfaça em parcelas a obrigação que, por alguma razão, alega não poder pagar à vista), mas também porque o parcelamento nada mais é do que uma modalidade de moratória.

Não obstante, ecoa o novo art. 155-A do Código (acrescido pela LC n. 104/2001) que "o parcelamento será concedido na forma e condição estabelecidas em lei específica", cuidando, por via das dúvidas, o § 2º do mesmo artigo de mandar aplicar ao parcelamento, "subsidiariamente", as disposições codificadas sobre moratória.

Novidade foi trazida pelo § 1º do art. 155-A, que averba não ser excluída, no parcelamento, a incidência de juros e multas, salvo disposição de lei em contrário, preceito casuístico que mal se acomoda entre as normas gerais do Código. O dispositivo influenciou a jurisprudência: o Superior Tribunal de Justiça mudou seu entendimento anterior, para afirmar que o pedido de parcelamento não afasta a cobrança de multa, aduzindo que o pedido de parcelamento não tem os efeitos da denúncia espontânea; esta, para afastar a multa, há de ser acompanhada do pagamento integral do tributo devido[6]. Sobre a denúncia espontânea e seu alcance, falaremos no Capítulo XV – Infrações Tributárias.

A Lei Complementar n. 118/2005, acoplada à reforma da lei de falência (Lei n. 11.101/2005), acrescentou parágrafos ao art. 155-A, para prever que "lei específica disporá sobre as condições de parcelamento dos créditos tributários do devedor em recuperação judicial" (§ 3º) e que, na falta dessa lei, serão aplicadas as "leis gerais de parcelamento do ente da Federação ao devedor em recuperação judicial, não podendo, neste caso, ser o prazo de parcelamento inferior ao concedido pela lei federal específica" (§ 4º).

3. DEPÓSITO DO CRÉDITO TRIBUTÁRIO

Segunda causa de suspensão da exigibilidade do crédito tributário é o depósito de seu montante integral. O depósito não é pagamento; é garantia que se dá ao suposto credor da obrigação tributária, num procedimento administrativo ou em ação judicial, no sentido de que, decidido o feito, se o depositante sucumbe, o valor depositado é levantado pelo credor, extinguindo-se, dessa forma, a obrigação. Por isso, o depósito há de ser feito no valor *integral*, isto é, no montante a que o suposto credor se considera com direito[7].

O depósito é voluntário, isto é, compete ao suposto devedor efetuá-lo, se quiser provocar o efeito que dele advém.

O depósito não se confunde com a *consignação em pagamento*, de que trataremos no capítulo seguinte. *Quem consigna quer pagar*. Já o depositante *não quer pagar*, quer *discutir* o débito. Não obstante, na pendência da ação de consignação, parece-nos que a exigibilidade da obrigação fica *suspensa*; o tributo, na ação de consignação, torna-se cobrável se a ação for julgada improcedente (art. 164, § 2º), e *não antes*.

---

6. REsp 284.189-SP, 1ª Seção, un., rel. Min. Franciulli Netto, j. 17-6-2002, *DJ*, 26 maio 2003.

7. Sobre o tema, *v.* Hugo de Brito Machado, *Mandado de segurança em matéria tributária*, p. 163 e s.

4. RECLAMAÇÕES E RECURSOS ADMINISTRATIVOS

Diante de uma exigência fiscal que lhe pareça ilegítima, por qualquer motivo, o indivíduo nem é obrigado a satisfazê-la, nem tem como única opção o ingresso em juízo, com o uso dos vários remédios que o direito processual oferece. É direito constitucionalmente assegurado o de peticionar aos Poderes Públicos em defesa de direitos ou contra ilegalidade ou abuso de poder (CF, art. 5º, XXXIV, *a*); do direito de petição decorre outro direito, o de resposta, que há de ser fundamentada. A legislação dos vários entes políticos titulares de competência tributária regula os modos pelos quais o indivíduo pode insurgir-se contra exigências fiscais que ele considere ilegais, disciplinando as formas (defesas, reclamações, impugnações, recursos), as "instâncias" administrativas, os prazos etc.

Não há uniformidade nessa terminologia, nem o Código se preocupou com esse aspecto, tanto que, no art. 145, I, se refere a "impugnação" do sujeito passivo e no art. 151, III, já se reporta a "reclamações e recursos".

As reclamações e os recursos no procedimento administrativo têm, pois, o efeito de suspender a exigibilidade do crédito tributário. Apresentada a reclamação ou o recurso, aguarda-se a decisão da autoridade ou do tribunal administrativo a que caiba seu exame. Se a decisão definitiva for favorável ao reclamante, a exigência fiscal se extingue (CTN, art. 156, IX). Se desfavorável, restabelece-se a exigibilidade, tendo, em regra, o sujeito passivo um prazo para satisfazer a obrigação, sob pena de o Fisco atuar no sentido da cobrança judicial (com a inscrição da dívida, que mais adiante examinaremos, e a execução judicial); é óbvio que, nessa mesma hipótese, o sujeito passivo também pode ingressar em juízo, antecipando-se à ação do Fisco.

5. LIMINAR E TUTELA ANTECIPADA

A Constituição prevê o mandado de segurança como remédio judicial para proteção do direito líquido e certo contra atos abusivos das autoridades. Se, impetrada a segurança contra uma exigência tributária[8], o juiz verifica a presença do *fumus boni iuris* e do *periculum in mora*, concede a segurança liminarmente, do que resulta a suspensão da exigibilidade da obrigação tributária, como não podia deixar de reconhecer o Código.

---

8. *V.* Hugo de Brito Machado, *Mandado de segurança*, cit.

A liminar não depende de garantia (depósito ou fiança), mas é frequente que sua concessão seja subordinada à prestação de garantia ao sujeito ativo, inclusive o depósito. A exigência de depósito, nessa situação, não nos parece justificável. Se estão presentes os requisitos para concessão da liminar (*fumus boni iuris* e *periculum in mora*), a liminar deve ser concedida, exatamente para proteger o impetrante da agressão patrimonial iminente por parte da autoridade coatora[9]. A exigência do depósito contradiz o reconhecimento do *periculum in mora*, já que o desfalque patrimonial a que o impetrante estava sujeito é realizado com a exigência do depósito.

Em rigor, não seria necessário prever, no Código Tributário Nacional, que a liminar suspende a exigibilidade do crédito tributário, já que isso é decorrência da força mandamental do despacho que a concede.

Por isso mesmo, também não seria necessário que figurasse no Código a previsão de que outros provimentos judiciais cautelares também devessem ter o efeito de suspender a exigibilidade do crédito tributário[10]. Contudo, a Lei Complementar n. 104/2001 acrescentou o item V ao art. 151 do Código para explicitar o óbvio, vale dizer, que a exigibilidade do crédito tributário pode igualmente ser suspensa pela concessão de liminar ou tutela antecipada em outras ações que não o mandado de segurança.

---

9. Dejalma de Campos, com apoio em Américo Masset Lacombe, considera "insustentável o condicionamento ao depósito para concessão de liminar" (*Direito processual tributário*, p. 113).

10. No mesmo sentido, Dejalma de Campos, *Direito processual*, cit., p. 113.

Capítulo XIII

Extinção da Obrigação Tributária

Sumário: 1. Extinção da obrigação e extinção do crédito tributário. 2. Extinção da obrigação acessória. 3. Rol de causas extintivas do "crédito tributário" no Código Tributário Nacional. 4. Pagamento. 5. Consignação em pagamento. 6. Decadência e prescrição. 6.1. Os prazos extintivos no Código Civil de 1916. 6.2. A decadência e a prescrição no Código Civil de 2002. 6.3. Prazos extintivos no direito tributário. 6.4. Decadência do direito de lançar. 6.4.1. O prazo decadencial no lançamento por homologação. 6.5. Prescrição da ação de cobrança. 6.6. Prescrição e lançamento por homologação. 6.7. Interrupção da prescrição.

1. EXTINÇÃO DA OBRIGAÇÃO E EXTINÇÃO DO CRÉDITO TRIBUTÁRIO

O Código Tributário Nacional, como já se viu nos capítulos anteriores, procurou distinguir "obrigação tributária principal" (que tem por objeto o pagamento de tributo ou penalidade pecuniária) do "crédito tributário" (que o Código não define, mas deixa inferir que se trata da própria obrigação tributária no estágio do lançamento, cf. arts. 113, § 1º, e 142). Por isso, a obrigação tributária, de que "decorre" o crédito (art. 139) ou que dá "origem" ao crédito (art. 140), extingue-se juntamente com ele (art. 113, § 1º).

Como o Código assumiu o dogma de que todo tributo deve ser objeto de lançamento (ainda que na intangível modalidade de "lançamento por homologação tácita"), disso inferiu que objeto de extinção seria sempre o *crédito tributário*, estágio "mais avançado" da *obrigação tributária*; esta, que dá origem àquele, extinguir-se-ia juntamente com ele, tal qual gêmeos xifópagos.

O Código Tributário Nacional, porém, não consegue manter a coerência interna, pois há obrigações tributárias que se extinguem (segundo a própria visão do Código) *antes* de "nascer" o crédito pelo lançamento. Tipicamente, é o caso da extinção da obrigação por *decadência* (perda do direito de lançar, em razão da inércia do Fisco durante certo lapso de tempo). É, ainda, o caso da *remissão* (*perdão*), que implica a dispensa do pagamento da obrigação tributária, mesmo que o lançamento ainda não tenha sido efetuado (haja vista os tributos sujeitos a lançamento por homologação, que, antes de serem recolhidos, podem ser perdoados). Também a compensação pode extinguir obrigação tributária antes do lançamento (portanto, antes de materializar-se a categoria do "crédito tributário").

Por outro lado, há situações nas quais *inexiste* obrigação, e o Código Tributário Nacional (procurando ser fiel à ideia de que o "crédito" é uma categoria independente) discorre sobre "extinção do crédito". É o caso do art. 156, IX e X, onde se relacionam as decisões definitivas, na esfera administrativa ou judicial, como causas extintivas do "crédito tributário" (se favoráveis ao suposto devedor, obviamente). Ora, se essas decisões se tiverem fundado, por exemplo, na inexistência da obrigação tributária, qual o "crédito" que elas estariam extinguindo?

E mais. Uma decisão definitiva numa ação declaratória negativa ou num mandado de segurança (em hipóteses nas quais não tenha havido ainda lançamento) seriam excrescências diante do art. 156, pois não extinguiriam nem obrigação nem "crédito".

Aliás, uma ação anulatória de débito fiscal (ou de "crédito tributário", como preferiria o CTN, à vista do art. 156, X) também não extingue obrigação tributária (nem crédito tributário); ela *desconstitui ato administrativo irregular*, em razão de vício de ilegalidade (que, entre outros, pode traduzir-se na inexistência de fato gerador da obrigação tributária e, portanto, do crédito de que o Fisco pretendia ser titular).

Os problemas, em síntese, são de duas ordens. Em primeiro lugar, o Código Tributário Nacional trata como "extinção do crédito tributário" situações que, para manter a coerência, ele deveria disciplinar como causas de "extinção da obrigação tributária" (ainda não objeto de lançamento). Em segundo lugar, o Código mistura a *extinção do direito material do Fisco* de receber uma prestação pecuniária (direito esse que pode, por exemplo, ser extinto pelo pagamento) com a *extinção de mera pretensão do Fisco*, que pode estar viciada justamente pela falta de direito material. A decisão definitiva (judicial ou administrativa) não extingue direito material. Ou ela *declara a inexistência de direito material*, ou *declara a existência de uma causa legal extintiva da obrigação tributária* (por exemplo, decadência, remissão etc.). Não é o juiz (nem o julgador do processo administrativo) que extingue obrigações tributárias. Sua atribuição é dizer o direito (positivo), e não extinguir direitos (subjetivos). Mesmo quando a decisão desconstitui ato administrativo irregular, não há desconstituição de direito subjetivo, mas declaração de inexistência desse direito.

O Código Tributário Nacional chega ao exagero de falar em "extinção do crédito tributário" nos casos de pagamento indevido (art. 168, I), o que confere ao "crédito tributário" a condição de uma entidade metafísica, que transcende os limites da realidade a que deveriam ater-se os direitos subjetivos.

Da repetição do pagamento indevido cuidaremos em capítulo apartado, já que de "extinção de crédito tributário" seguramente não se trata.

2. EXTINÇÃO DA OBRIGAÇÃO ACESSÓRIA

As obrigações acessórias, como já se viu, são deveres instrumentais ou formais, cometidos aos indivíduos (não necessariamente contribuintes ou responsáveis tributários), no interesse da arrecadação ou da fiscalização de tributos (art. 113, § 2º).

O Código Tributário Nacional não tratou da extinção das obrigações acessórias. E agiu bem o legislador, pois não carecia fazê-lo. Obviamente, as obrigações acessórias extinguem-se mediante a implementação das prestações, positivas ou negativas, que constituem seu objeto.

Como a obrigação acessória, não obstante essa denominação, independe da principal (que não necessariamente existe), ela se extingue independentemente da eventual obrigação principal na qual possa figurar o devedor da obrigação acessória. Tanto assim é que a autoridade não pode condicionar o pagamento da obrigação principal ao cumprimento da obrigação acessória (art. 164, I, *in fine*).

3. ROL DE CAUSAS EXTINTIVAS DO "CRÉDITO TRIBUTÁRIO" NO CÓDIGO TRIBUTÁRIO NACIONAL

O art. 156 arrola as causas extintivas do "crédito tributário": o pagamento; a compensação; a transação; a remissão; a prescrição e a decadência; a conversão do depósito em renda; o pagamento antecipado e a homologação do lançamento nos termos do disposto no art. 150 e seus §§ 1º e 4º; a consignação em pagamento, nos termos do disposto no § 2º do art. 164; a decisão administrativa irreformável, que não mais possa ser objeto de ação anulatória; a decisão judicial passada em julgado; e, por acréscimo, determinado pela Lei Complementar n. 104/2001, a dação em pagamento de bens imóveis.

A extinção da obrigação tributária dá-se, normalmente, com o *pagamento* ou de tributo lançado (nos casos de lançamento de ofício ou por declaração) ou de tributo não lançado (nos casos em que a lei reclama o recolhimento independentemente de "prévio exame" pela autoridade administrativa, portanto sem prévio lançamento), ressalvada, neste caso, a possibilidade de a autoridade administrativa, se discordar do *quantum* recolhido pelo devedor, negar homologação ao pagamento, e lançar de ofício para poder cobrar o saldo devido. Arrolado o pagamento, no rol transcrito, como a primeira das formas de extinção, o item VII volta a falar em *pagamento,* já agora referido aos *tributos sujeitos a lançamento por homologação* (e aí o CTN mais uma vez se equivoca ao falar em homologação do lançamento, como se este precedesse aquela); ora, não há diferença de natureza entre o pagamento aí mencionado e o previsto no item I: tanto se paga tributo *lançado* quanto se paga tributo *não previamente lançado* (quando ele se sujeite à modalidade por homologação). O que se dá, neste caso, é que o pagamento, embora se preste a satisfazer a obrigação tributária, pode não ser suficiente para extingui-la totalmente, e, então, caberá lançamento de ofício para exigência da diferença. Assim, mesmo que não haja homologação, o pagamento feito extingue (parcialmente embora) a obrigação tributária.

A *compensação* é conceituada pelo Código Civil de 2002. Se duas pessoas forem ao mesmo tempo credora e devedora uma da outra, as duas obrigações se extinguem, até onde se compensarem (CC/2002, art. 368)[1]. No direito tributário, não obstante sua inegável utilidade[2], tem aplicação restrita aos casos em que a lei expressamente a preveja, nos termos do art. 170 do Código Tributário Nacional[3]. A codificação tributária admite a compensação do crédito tributário com créditos líquidos e certos, vencidos ou vincendos, do sujeito passivo contra a Fazenda Pública, devendo a lei dispor, no caso de crédito vincendo, sobre a apuração de seu valor presente, não podendo, para esse efeito, estabelecer redução superior a 1% ao mês (art. 170, parágrafo único); com essa taxa, em época de elevadas taxas de infla-

---

1. O art. 374 previa a aplicação das normas do Código Civil à compensação de "dívidas fiscais e parafiscais". O dispositivo foi revogado pelo art. 44 da Medida Provisória n. 45/2002, rejeitada, porém, pelo Congresso Nacional. Posteriormente, foi revogado pela Medida Provisória n. 104/2003, convertida na Lei n. 10.677/2003.

2. Pontes de Miranda vê na *utilidade* (e não noutras razões jurídicas) o fundamento do instituto (*Tratado*, cit., t. 24, p. 332-3).

3. Há quem sustente que a compensação é cabível mesmo na ausência de lei ordinária que a discipline. *V.* Hugo de Brito Machado, *Repetição do indébito e compensação no direito tributário*, p. 10.

ção, inviabiliza-se a compensação com créditos vincendos, salvo se forem sujeitos a correção monetária, em que o rebate de juros, em valor real, de 1% ao mês mostra-se razoável.

A compensação, quando couber, é modo alternativo de satisfação do débito tributário. O sujeito passivo da obrigação tributária tem, pois, a faculdade legal de extingui-la por compensação, nos termos do que for previsto pela lei. Por outro lado, embora o Código diga que a lei pode atribuir à autoridade administrativa competência para autorizar a compensação, é claro que o legislador pode também, na própria lei, já permitir a compensação, independentemente de qualquer ato da autoridade administrativa. Mas não pode, quando conferir à autoridade competência para "autorizar" a compensação, outorgar-lhe poderes discricionários. Ensina Pontes de Miranda que, na compensação, não existe *arbitrium*; por isso, onde couber a compensação, sua alegação produz efeitos *ipso jure*[4].

O crédito do sujeito passivo, utilizável para a extinção de débito tributário por meio de compensação, pode ser decorrente de recolhimento indevido de tributo, assunto que abordaremos no capítulo relativo à repetição do indébito tributário. À vista dessa possibilidade, a Lei Complementar n. 104/2001 acrescentou ao texto do Código Tributário Nacional o art. 170-A, para vedar "a compensação mediante o aproveitamento de tributo, objeto de contestação judicial pelo sujeito passivo, antes do trânsito em julgado da respectiva decisão judicial".

A *transação*, instituto previsto no art. 840 do Código Civil de 2002, é, no plano tributário, regulada no art. 171 do Código Tributário Nacional. Curiosamente, o Código Civil de 2002, que expressou, como vimos linhas atrás, a aplicação das normas de *compensação* às dívidas fiscais e parafiscais, afirma que a *transação* só se permite quanto a direitos patrimoniais de *caráter privado* (art. 841). Não obstante, o referido art. 171 do Código Tributário Nacional prevê a possibilidade de a lei facultar, nas condições que estabeleça, aos sujeitos ativo e passivo da obrigação tributária, celebrar transação, que, mediante concessões recíprocas, importe em terminação de litígio e consequente extinção da obrigação tributária (ou do "crédito tributário", como diz o Código); deve a lei indicar a autoridade competente para autorizar a transação (art. 171, parágrafo único), o que também não pode implicar a outorga de poderes discricionários.

4. *Tratado*, cit., t. 24, p. 334.

A *remissão* (*perdão de débito*), tratada nos arts. 385 e seguintes do Código Civil de 2002, é disciplinada, no plano fiscal, pelo art. 172 do Código Tributário Nacional, que arrola as várias situações em que a lei pode autorizá-la. Mais uma vez, não se trata de providência que fique *a critério da autoridade administrativa*. Esta deve cingir-se aos motivos legais que ensejam o perdão: situação econômica do sujeito passivo; erro ou ignorância escusáveis do sujeito passivo, quanto a matéria de fato; diminuta importância do crédito tributário; considerações de equidade, em relação às características pessoais ou materiais do caso, e condições peculiares a determinada região do território da entidade tributante (art. 172, I a VI). O despacho concessivo de remissão não gera direito adquirido, aplicando-se, quando cabível, o disposto no art. 155 (art. 172, parágrafo único). A lei pode, igualmente, determinar a remissão sem a necessidade de reconhecimento por ato da autoridade. Por sua vez, o legislador submete-se às limitações impostas pela Constituição, no § 6º do art. 150 (com a redação da EC n. 3/93) e no § 11 do art. 195 (acrescido pela EC n. 20/98).

A *dação em pagamento*, na lei civil, dá-se quando o credor consente "em receber prestação diversa da que lhe é devida" (CC/2002, art. 356). O Código Tributário Nacional, no texto acrescentado pela Lei Complementar n. 104/2001, só prevê a dação de imóveis, o que não impede, a nosso ver, que outros bens (títulos públicos, por exemplo) sejam utilizados para esse fim, sempre, obviamente, na forma e condições que a lei estabelecer.

Sobre a prescrição e a decadência teceremos considerações mais alongadas, linhas adiante.

Há modos de extinção da obrigação tributária que equivalem ao pagamento, como a compensação e a transação; a consignação é um modo especial de pagamento; a conversão do depósito em renda (que se dá ao término do processo, se o depositante perde a causa) equivale ao pagamento. Noutras situações, a obrigação tributária se extingue *sem que, de algum modo, haja pagamento*, como ocorre na decadência ou na remissão.

A decisão, administrativa ou judicial, como já acima salientamos, não é, propriamente, modo de extinção da obrigação tributária ou do crédito tributário.

O rol do art. 156 não é taxativo[5]. Se a lei pode o mais (que vai até o *perdão* da dívida tributária) pode também o menos, que é regular outros modos de extinção do dever de pagar tributo. A *dação em pagamento*, por

5. Aliomar Baleeiro, *Direito*, cit., p. 540-1.

exemplo, não figurava naquele rol até ser acrescentada pela Lei Complementar n. 104/2001; como essa lei só se refere à dação de *imóveis*, a dação de *outros bens* continua não listada, mas nem por isso se deve considerar banida. Outro exemplo, que nem sequer necessita de disciplina específica na legislação tributária, é a *confusão*, que extingue a obrigação se, na mesma pessoa, se confundem a qualidade de credor e a de devedor (CC/2002, art. 381). Há, ainda, a *novação* (CC/2002, art. 360)[6].

4. PAGAMENTO

O pagamento, segundo se adiantou, é o modo natural de extinção da obrigação tributária. Nas obrigações pecuniárias, como é o caso da obrigação tributária principal, o devedor paga quando entrega, ao credor, a quantia em dinheiro que corresponde ao objeto da obrigação.

A circunstância de o sujeito passivo sofrer imposição de penalidade (por descumprimento de obrigação acessória, ou por falta de recolhimento de tributo) não dispensa o pagamento integral do tributo devido, vale dizer, a penalidade é punitiva da infração à lei; ela não substitui o tributo, acresce-se a ele, quando seja o caso. O art. 157 diz que a penalidade não ilide o pagamento integral "do crédito tributário", mas como, na conceituação dos arts. 113, § 1º, e 142, a obrigação principal e o crédito tributário englobariam a penalidade pecuniária, o que o Código teria de ter dito, se tivesse a preocupação de manter sua coerência interna, é que a penalidade não ilide o pagamento integral "do tributo", pois não haveria sequer possibilidade lógica de uma penalidade excluir o pagamento de quantia correspondente a ela mesma.

O pagamento *parcial* de um crédito tributário não importa em presunção de pagamento das demais parcelas em que se decomponha (art. 158, I), diferentemente do que dispõe o art. 322 do Código Civil de 2002. E o pagamento *total* de um crédito não implica presunção de pagamento de outros créditos, referentes ao mesmo ou a outro tributo – acrescenta, desnecessariamente, o dispositivo (item II). Só faltou, para completar o quadro de ociosidades, explicitar que, no caso de pagamento *parcial* (item I), também não há a presunção de pagamento de outros créditos...

---

6. Hector Villegas anota ser comum essa forma na Argentina, com as periódicas leis de "regularização patrimonial", que extinguem dívidas tributárias mediante a constituição de uma *nova dívida* (*Curso*, cit., p. 141).

O local do pagamento é a "repartição competente do domicílio do sujeito passivo", se a legislação tributária não dispuser de modo diferente (art. 159). A obrigação tributária – anota Aliomar Baleeiro[7] – é, em geral, *portable* e não *quérable*, ao contrário, portanto, do que se dá, em regra, no direito civil (CC/2002, art. 327). A prática é a do pagamento na rede bancária credenciada pelo Fisco (CTN, art. 7º, § 3º), mas outros meios podem ser previstos, como o pagamento pelo correio[8]. O tributo pode pagar-se no próprio domicílio do sujeito passivo, haja vista o pagamento por meio de estampilhas (art. 162, § 3º).

O prazo para pagamento, em regra, é estabelecido pela legislação de cada tributo. Na falta dessa definição, atua a norma supletiva do art. 160, que fixa trinta dias da data em que o sujeito passivo se considera notificado do lançamento, acrescentando o parágrafo único que a lei "pode conceder desconto pela antecipação do pagamento, nas condições que estabeleça".

Na mora, se a lei não fixar a taxa, são devidos juros de 1%, independentemente do motivo que tenha determinado o atraso, sem prejuízo da imposição de penalidades e da aplicação de medidas de garantia (art. 161 e § 1º). Embora o dispositivo se reporte a "crédito tributário", ele é aplicável também às situações em que não tenha havido lançamento ("constitutivo do crédito", segundo diz o CTN), se o sujeito passivo tiver o dever legal de pagar sem prévio lançamento (como se dá nos tributos sujeitos ao lançamento por homologação).

Se o sujeito passivo tiver dúvida quanto à existência do seu dever de pagar tributo, ele pode formular consulta à autoridade fiscal; se o fizer dentro do prazo legal de pagamento, livra-se dos encargos referidos no artigo enquanto a consulta não for respondida (§ 2º)[9]. Já sustentamos[10], com apoio de Paulo Roberto de Oliveira Schmidt[11], que a consulta feita após o vencimento do prazo também deve ter o condão de suspender o fluxo moratório, pois, se tarda a resposta, a mora é imputável ao Fisco e não ao consulente.

---

7. Aliomar Baleeiro, *Direito*, cit., p. 544.

8. Aliomar Baleeiro, *Direito*, cit., p. 544.

9. Aliomar Baleeiro censurou esse dispositivo (*Direito*, cit., p. 548), que foi defendido por Valdir de Oliveira Rocha (*A consulta fiscal*, p. 91).

10. Luciano Amaro, Do processo de consulta, in *Novo processo*, cit., p. 119.

11. Extinção, in *Comentários*, cit., p. 296.

O *motivo* do atraso nem sempre será irrelevante, como sugere o dispositivo, haja vista que a equidade se presta exatamente para situações que podem aqui enquadrar-se[12].

O pagamento deve ser efetuado em moeda corrente, cheque ou vale postal; nestas duas últimas hipóteses, a lei pode exigir garantias, desde que não torne o pagamento mais oneroso. O pagamento em cheque só extingue a obrigação (ou o "crédito", como insiste em dizer o Código) com o resgate pelo sacado (art. 162, I, §§ 1º e 2º).

Se lei assim estabelecer, o pagamento pode ser feito em selo (estampilha), em papel selado ou por processo mecânico, equiparando-se estes últimos ao pagamento em selo (art. 162, II, e § 5º). Esses mecanismos equivalem ao pagamento em dinheiro, com o qual se compra o selo ou o papel selado, ou se paga o tributo via processo mecânico (carimbo num documento, por exemplo).

O pagamento em selo considera-se feito com a inutilização deste, feita de modo regular (por exemplo, por fixação em objeto ou documento), diz o § 3º do mesmo dispositivo, que ressalva o disposto no art. 150. A ressalva está mal posta, pois todo e qualquer pagamento, mesmo em dinheiro, na hipótese de lançamento por homologação (art. 150) é necessariamente condicionado ao exame posterior pela autoridade administrativa (que pode homologá-lo ou não, e, neste caso, lançar de ofício o tributo, para cobrança do saldo devido). A perda do selo ou o erro no pagamento por essa modalidade não dá direito a restituição, salvo se a lei dispuser em contrário ou o erro for imputável à autoridade administrativa (§ 4º).

O art. 163 cuida da imputação de pagamento. Esse fenômeno se dá quando, efetuado um pagamento por devedor de várias obrigações vencidas, que não solve todas elas, surge o problema de saber a qual ou quais dessas obrigações deve ser atribuído (*imputado*) o pagamento efetuado (CC/2002, art. 352). No direito tributário, esse problema normalmente não aparece, pois o recolhimento de tributos e eventuais encargos se costuma fazer por meio de guias nas quais se indica expressamente a obrigação que é quitada. Não obstante, para efeito de eventual imputação que tenha de ser feita, o citado art. 163 dá as regras que devem ser seguidas: a) em primeiro lugar, deve fazer-se a imputação aos débitos por obrigação própria (em que o devedor seja contribuinte), e, em segundo lugar, aos débitos na condição de responsável; b) se os tributos forem de diversas espécies, primeiro se impu-

12. Aliomar Baleeiro, *Direito*, cit., p. 547.

ta o pagamento às contribuições de melhoria, depois às taxas e, por fim, aos impostos; c) se houver identidade nessas características, a imputação será feita na ordem crescente dos prazos de prescrição; d) se a identidade remanescer, segue-se a ordem decrescente dos montantes.

Terceiro interessado pode efetuar o pagamento[13].

5. CONSIGNAÇÃO EM PAGAMENTO

Embora o art. 156 arrole, em itens diferentes, o pagamento e a consignação em pagamento, ambos são tratados na mesma seção, sob a rubrica de "Pagamento", disciplinando-se a última no art. 164. No Código Civil de 2002, o tema encontra disciplina nos arts. 334 e seguintes.

A consignação em pagamento de obrigação tributária é uma ação judicial que visa à proteção do direito que o sujeito passivo tem de pagar sua dívida e obter quitação, nos casos em que haja recusa de recebimento, ou subordinação deste ao pagamento de outro tributo ou de penalidade, ou ao cumprimento de obrigação acessória (art. 164, I), bem como na hipótese em que o recebimento seja subordinado ao cumprimento de exigências administrativas sem fundamento legal (item II)[14]; resguarda, também, o indivíduo nas situações em que haja a exigência, por mais de uma pessoa jurídica de direito público, de tributo idêntico, sobre um mesmo fato gerador (item III).

Daí se inferem algumas conclusões. O sujeito passivo tem direito de pagar só um tributo, mesmo que deva dois ou mais. Embora a autoridade administrativa tenha, por sua vez, o direito de fazer a imputação nos termos do art. 163, ela não pode compelir o sujeito passivo a pagar todos, com a ameaça de não receber nenhum.

Também não pode a autoridade administrativa recusar o recebimento de tributo se o sujeito passivo dever também alguma penalidade. Ela é

---

13. Aliomar Baleeiro, *Direito*, cit., p. 557; Paulo Roberto de Oliveira Schmidt, Extinção, in *Comentários*, cit., p. 303-4. Cleide Previtalli Cais, ao sustentar que o terceiro interessado pode pagar e consignar, lembra que essa assertiva é reconhecida pelo parágrafo único do art. 204 do Código Tributário Nacional, onde se diz que a presunção de certeza e liquidez da dívida inscrita pode ser ilidida pelo sujeito passivo *ou por terceiro a quem aproveite* (*O processo tributário*, p. 243-4).

14. Aliomar Baleeiro (*Direito*, cit., p. 555) e Paulo Roberto de Oliveira Schmidt (Extinção, in *Comentários*, cit., p. 302) entendem que a ressalva "sem fundamento legal", expressa no item II, está implícita no item I.

obrigada a receber o tributo, ainda que o sujeito passivo não se disponha, por algum motivo, a pagar a penalidade.

Além disso, tem o sujeito passivo o direito de pagar o tributo e obter quitação, mesmo que tenha descumprido alguma obrigação acessória, cuja satisfação não pode ser exigida pela autoridade como condição para receber o tributo.

O inciso II é ocioso. Se a recusa da autoridade se funda em exigência ilegal, ela equivale à recusa pura e simples. Ademais, embora, *a contrario sensu*, o item pareça permitir que a autoridade possa fazer exigências com fundamento legal (no sentido de condicionar o recebimento do tributo), é preciso lembrar que o inciso anterior veda a recusa fundada na exigência de cumprimento de obrigação acessória (que, supõe-se, tenha fundamento legal). Sobrarão, portanto, poucos motivos (legais) para que a autoridade recuse o pagamento, já que eles estarão limitados às formalidades legais inerentes ao pagamento (por exemplo, local em que a obrigação deva ser satisfeita, cumprimento de eventual requisito legal para pagamento em cheque, modo de pagamento por selo etc.).

No item III, a consignação socorre o sujeito passivo que, em razão de um mesmo fato gerador, seja compelido a pagar tributo idêntico a mais de uma pessoa jurídica de direito público, facultando-se-lhe consignar o montante do tributo, a fim de que o Judiciário decida quem é o legítimo sujeito ativo. O sujeito passivo não fica, portanto, na contingência de ter de optar pelo pagamento a um dos supostos credores, e correr o risco de pagar ao falso credor e ficar inadimplente em relação ao legítimo.

Noutro preceito ocioso, diz o Código Tributário Nacional que a consignação só pode versar sobre tributo que o consignante se propõe pagar (§ 1º). Não poderia ele pretender outra coisa, sob pena de incontornável contradição nos termos.

A consignação, se julgada procedente, importa em pagamento; se improcedente, devolve-se ao Fisco o direito de cobrar o crédito tributário que for devido (§ 2º); há a possibilidade (quiçá remota) de nada ser devido e de essa ter sido precisamente a razão da improcedência da ação.

Como já assinalamos anteriormente, a consignação em pagamento não se confunde com o depósito, ainda que em juízo, do valor do tributo. O *depositante não quer pagar*, quer *discutir* o questionado débito e, se vencedor, recobrar o depósito. Já o *consignante não quer discutir o débito*, quer *pagá-lo*. Não obstante, na pendência da ação de consignação, entendemos que a exigibilidade da obrigação fica *suspensa*, o que é confirmado pelo §

2º, segunda parte, ao dizer que, julgada improcedente a consignação (*e não antes*), o crédito é cobrável.

6. DECADÊNCIA E PRESCRIÇÃO

A certeza e a segurança do direito não se compadecem com a permanência, no tempo, da possibilidade de litígios instauráveis pelo suposto titular de um direito que tardiamente venha a reclamá-lo. *Dormientibus non succurrit jus.* O direito positivo não socorre a quem permanece inerte, durante largo espaço de tempo, sem exercitar seus direitos. Por isso, esgotado certo prazo, assinalado em lei, prestigiam-se a certeza e a segurança, e sacrifica-se o eventual direito daquele que se manteve inativo no que respeita à atuação ou defesa desse direito. Dizemos eventual porque esse direito pode *inexistir*, por diversas razões. Pode, por exemplo, já ter sido ele satisfeito pelo devedor; se cobrado novamente, após decorrido o prazo legal, o devedor pode invocar o exaurimento do prazo para a cobrança, o que o desobriga de ficar permanentemente apetrechado para defender-se na eventualidade de o credor resolver cobrá-lo. Papéis perdem-se ou destroem-se com o passar do tempo. O tempo apaga a memória dos fatos, e, inexoravelmente, elimina as testemunhas. Decorrido certo prazo, portanto, as relações jurídicas devem estabilizar-se, superados eventuais vícios que pudessem ter sido invocados, mas que não o foram, no tempo legalmente assinalado, e desprezado o eventual desrespeito de direitos, que terá gerado uma pretensão fenecida por falta de exercício tempestivo.

Referimo-nos aos institutos da *decadência* e da *prescrição*, largamente aplicados no direito privado e no direito público. A decadência e a prescrição têm em comum a circunstância de ambas operarem à vista da conjugação de dois fatores: o *decurso do tempo* e a *inércia do titular do direito.*

6.1. Os prazos extintivos no Código Civil de 1916

Não obstante a doutrina e a jurisprudência se tenham esmerado em distinguir, no velho Código Civil, os prazos de prescrição e de decadência, esse diploma, como se sabe, não falava em *decadência*, limitando-se ao emprego do vocábulo "prescrição". Com efeito, nos arts. 161 a 179, cuidava da *prescrição* de ações, que ora são utilizáveis para a reparação de direitos violados (por exemplo, ações para cobrar um crédito não satisfeito no seu vencimento), ora constituem o próprio instrumento de atuação do direito (por exemplo, ação para anulação de casamento). Embora disciplinasse a prescrição *de ações* (nos arts. 177 e 178), o Código Civil por vezes falava, elipticamente, em prescrição *de direitos* (arts. 166, 167 e 174, I), querendo referir-se, certamente, às *ações* utilizáveis para fazer valer os direitos ali mencionados.

O velho diploma admitia a *renúncia* da prescrição, *expressa* ou *tácita*, desde que feita *após ter-se ela consumado* e desde que *não prejudicasse terceiro* (art. 161). Reconhecia que a prescrição podia ser alegada em qualquer instância pela parte a quem aproveitasse (art. 162) e vedava ao juiz proclamar de ofício a prescrição, quando se tratasse de *direitos patrimoniais* (art. 165).

Da conjugação desses dispositivos (especialmente o art. 161 e o art. 165) inferiam-se algumas conclusões importantes para a identificação de *diferenças de tratamento* entre as diversas hipóteses genericamente rotuladas como *prescrição* pelo Código de 1916. Se a prescrição era renunciável (art. 161), ela não podia ser reconhecida de ofício pelo juiz. Mas se o juiz podia conhecer da prescrição, mesmo quando não alegada pelas partes, nas hipóteses de direitos *não patrimoniais* (art. 166, *a contrario sensu*), concluía-se que, nessas situações, a prescrição *não era renunciável*, pois, mesmo no silêncio da parte a quem sua alegação aproveitaria (o que traduziria forma tácita de renúncia), ela seria decretada pelo juiz.

Havia, pois, na sistemática do velho Código Civil, "prescrições" *renunciáveis* e *não renunciáveis*, "prescrições" *reconhecíveis de ofício* e só *reconhecíveis se alegadas pela parte a quem aproveitassem*. Disso decorreria, por inferência lógica, que as "prescrições" irrenunciáveis não poderiam ser *prorrogadas* por ato das partes que pudesse operar a interrupção ou a suspensão do prazo (dado o princípio de que sobre tais "prescrições" não poderia atuar a *vontade* das partes), qualificando-se, pois, como *fatais* ou *improrrogáveis*. Ainda como decorrência dos mesmos enunciados, as "prescrições" irrenunciáveis atenderiam a *normas de ordem pública* (inderrogáveis pela vontade das partes, por se reportarem a interesses da coletividade), ao contrário das "prescrições" renunciáveis, que, referindo-se a direitos patrimoniais das partes, ficariam restritas à esfera de interesses dos indivíduos envolvidos na relação jurídica, sem interesse imediato da coletividade. Noutras palavras, se se cuidasse de direitos *disponíveis* por vontade das partes, o prazo não seria de ordem pública, nem fatal.

Isso demonstra que aquele estatuto civil se preocupou com a *natureza* do direito em relação ao qual pudesse atuar a "prescrição", para diferenciar o *regime jurídico aplicável*. Assim, a "prescrição" das ações atinentes a certos direitos estaria submetida a determinado regime jurídico (renunciabilidade, impossibilidade de reconhecimento de ofício etc.), ao passo que a "prescrição" de ações atinentes a direitos de outra específica natureza já se submeteria a diferente regime jurídico (irrenunciabilidade, decretabilidade de ofício etc.).

É certo que o Código antigo teria facilitado o trabalho da doutrina (e da jurisprudência) se tivesse dado a cada grupo de direitos (suscetíveis de ser afetados pelo decurso do prazo aliado à inação do titular) uma *denominação específica* que permitisse distinguir – já no rótulo – cada um deles. Essa tarefa ficou para a doutrina, que se debateu na busca do critério "verdadeiro" ou "científico", ou "definitivo", para segregar os dois grupos de direitos, a que corresponderiam as duas distintas modalidades de "prescrição".

Para aumentar a dificuldade, há certos direitos cujo exercício está submetido a prazos extintivos fixados unilateral ou bilateralmente por vontade das partes (por exemplo, o prazo definido pelo doador para que o donatário aceite a doação sem encargo, nos termos do CC/1916, art. 1.166; o prazo no pacto de melhor comprador, regulado no CC/1916, arts. 1.158 a 1.162). Esses prazos, embora o Código não os batizasse como de "prescrição", pertenciam à categoria genérica de *prazos cujo decurso importa na terminação de direitos ou de situações jurídicas.*

Aí se colocou o nó que desesperou os classificadores. Quando se tem um único critério de classificação, o trabalho é simplificado, pois cada situação responderá afirmativa ou negativamente à indagação sobre a presença do elemento distintivo. Se, porém, mais de um critério de classificação for trazido à colação, a tarefa necessariamente terá de ser desdobrada em diferentes classificações, conforme seja a razão de discrime utilizada.

Dessa forma, a título exemplificativo, podem identificar-se prazos extintivos de direitos: a) cujo exercício se faça mediante ação judicial ou mediante ato do titular; b) fixados por lei ou por manifestação de vontade; c) referidos a direitos patrimoniais ou a direitos não patrimoniais (do que decorreria a renunciabilidade ou não, a decretabilidade de ofício ou não etc.).

Outra manifestação do mesmo problema está em que a doutrina, agrupando as "diferentes" situações em duas categorias, por vezes deixou de atentar para a circunstância de que os efeitos das várias situações incluídas em determinada categoria nem sempre são os mesmos. Assim, pode ocorrer que uma dada situação, classificada (de acordo com certo critério) num grupo, não tenha o mesmo efeito de outra situação posta no mesmo grupo, mas esse efeito pode ser comum a outra situação, catalogada em grupo diferente. Suponha-se que no grupo "A" se alberguem os prazos extintivos de direito material (e não apenas de ação que pudesse tutelá-lo), e que no grupo "B" se hospedem os prazos extintivos de ações. Podemos ter um prazo extintivo de direito material passível de renúncia, por referir-se a direito patrimonial disponível (característica que pode estar presente em casos do grupo "B"), ao lado de outro prazo, também extintivo de direito material, mas já insuscetível de renúncia.

Embora, como assinalamos, o velho Código Civil falasse de *prescrição*, englobando, sob esse título, inúmeras *ações*, que ora se referiam a direitos patrimoniais, ora não, ao mesmo tempo em que, noutros capítulos, disciplinava prazos para o exercício de certos direitos não atuáveis mediante ação judicial, a doutrina procurou distinguir *duas diferentes naturezas de prazos extintivos*: a) os *prescricionais* e b) os *decadenciais* ou de *caducidade*[15]. Este segundo grupo às vezes apropriou, privativamente, a designação de *prazos extintivos*[16]. Como institutos afins, a doutrina analisou a *preclusão* (atinente a faculdades processuais) e a *perempção* (que atua sobre o processo e não sobre o direito de ação)[17].

A distinção entre prescrição e decadência ora tinha fulcro no *objeto* sobre que incidem (ação ou direito), ora na *origem da ação* (prevista para atuar o direito ou para protegê-lo de agressão), ora na *definição legislativa* (atendendo-se, pois, à rotulação dada pelo legislador), ora na *natureza dos direitos* (conforme se tratasse de direitos a uma prestação ou de direitos potestativos), ora nas *consequências* ou *efeitos*[18].

Em síntese, averbaram os civilistas que a *prescrição*: a) supunha uma violação de direito subjetivo, da qual decorre a ação por meio da qual se busca reparar a lesão; b) atingia a ação e não o direito (embora, em regra,

---

15. Antônio Luís da Camara Leal, *Da prescrição e da decadência*; Agnelo Amorim Filho, Critério científico para distinguir a prescrição da decadência e para identificar as ações imprescritíveis, *RT*, n. 300; Silvio Rodrigues, *Direito civil:* parte geral, v. 1, p. 347 e s.; Maria Helena Diniz, *Curso de direito civil brasileiro*, v. 1, p. 207-8; Yussef Said Cahali, Decadência, in *Enciclopédia Saraiva do Direito*, v. 22; Washington de Barros Monteiro, *Curso de direito civil:* parte geral, v. 1, p. 299 e s.

16. Washington de Barros Monteiro, *Curso*, cit., v. 1, p. 299.

17. Washington de Barros Monteiro, *Curso*, cit., v. 1, p. 300; Rogério Lauria Tucci, Preclusão, in *Enciclopédia Saraiva do Direito*, v. 60, e Perempção, in *Enciclopédia Saraiva do Direito*, v. 58; José de Moura Rocha, Preclusão, in *Enciclopédia Saraiva do Direito*, v. 60, e Perempção, in *Enciclopédia Saraiva do Direito*, v. 58.

18. Uma resenha dessas várias abordagens doutrinárias é feita por Yussef Said Cahali (Decadência, in *Enciclopédia*, cit., v. 22).

reflexamente, deixasse o direito sem condições de defesa); c) podia, entretanto, atingir determinada ação, sem prejudicar outra, passível de ser utilizada para a defesa do mesmo direito, e sujeita a distinto prazo prescricional (por exemplo, a prescrição da ação cambial não impede que o direito violado seja pleiteado em ação ordinária); d) era renunciável, expressa ou tacitamente; e) precisava ser alegada, na ação, pela parte a quem aproveitasse, configurando a falta de alegação forma de renúncia tácita; f) não podia ser decretada de ofício pelo juiz; g) era prorrogável, podendo ter seu curso interrompido ou suspenso; h) não corria contra certas pessoas; i) era sempre definida em lei. Já a *decadência*: a) não requeria resistência a uma pretensão (violação de direito), pois se tratava de prazo para o exercício de um direito que, mesmo quando instrumentado mediante uma ação, terá nascido juntamente com o direito a essa ação (anulação de casamento, por exemplo); b) atingia diretamente o direito e, reflexamente, a ação que o ampararia; c) porque aniquilava o direito, impediria a propositura de toda e qualquer ação que pudesse sustentá-lo; d) não era renunciável; e) não requeria alegação em juízo, pois atuava no campo material, fulminando o direito; f) pela mesma razão, era decretável de ofício pelo juiz; g) era fatal e improrrogável, quando decorrente de lei; h) corria contra todos; i) podia ser definida em lei ou por manifestação de vontade, unilateral ou bilateral.

Nas primeiras edições desta obra, dado seu objeto específico, escusamo-nos por não tratar mais alongadamente dessa matéria, no campo do direito civil (lembrando que o tema interessa, igualmente, a outros setores do direito, público e privado), mas não deixamos sem registro que as *diferenciações* e as *qualificações* assinaladas pela doutrina não forneciam critérios seguros, tanto que os autores não costumavam furtar-se a uma listagem *casuística* de situações que o Judiciário ora rotulava como prescrição, ora como decadência.

Afirmou-se, como vimos, que a prescrição era *extintiva da ação*. Isso, entretanto, *não impedia a propositura da ação*. Na verdade, por tratar-se de interesse renunciável pela parte a quem sua alegação aproveitasse, ela podia satisfazer a pretensão da outra parte, mesmo *antes* de ajuizada a ação pelo titular do direito, e podia, igualmente, *após* a propositura da ação, contestar apenas a existência do direito material e, perdendo a causa, acabar por satisfazer a pretensão deduzida em juízo. Se, não obstante a prescrição, a ação podia ser proposta e traduzir-se em instrumento de satisfação do direito do autor, a prescrição era mera faculdade da parte a quem sua alegação aproveitasse, que, *se e quando exercida* (i. e., se alegada em juízo), implicava a *extinção da ação*. Vale dizer, a extinção não se dava diretamente por força de lei, mas sim mediante o exercício de uma faculdade legalmente conferida à parte.

6.2. A decadência e a prescrição no Código Civil de 2002

O Código Civil de 2002 dá nova disciplina ao tema em análise, cuidando em apartado da prescrição e da decadência, e expressando alguns lineamentos que permitem estremar os institutos, não obstante estes apresentem certos pontos comuns.

A prescrição extingue a *pretensão* do titular do direito violado, pretensão essa nascida com a violação de direito (cf. art. 189). O Código regula a renúncia, expressa ou tácita, respeitado o direito de terceiro (art. 191); sujeita a prescrição, em regra, à alegação da parte, vedada sua decretação de ofício (arts. 193 a 195); arrola causas que impedem, suspendem ou interrompem seu curso (arts. 197 a 204); determina, ainda, os prazos aplicáveis a certas pretensões e o prazo, que reduziu de vinte para dez anos, aplicável se a lei não fixar lapso temporal menor (art. 205).

O devedor que, ocorrida a prescrição, efetua o pagamento, não pode pedir restituição (CC, art. 882, correspondente ao art. 970 do Código antigo).

Em suma, deu à prescrição a configuração que, bem ou mal, fora sedimentada na prática jurisprudencial e na doutrina. Se um direito é violado, o titular pode agir de imediato para protegê-lo. Se essa pretensão tarda a ser exercida, ela pode ser atingida pela prescrição, cujos prazos são legais e não podem ser alterados pela vontade das partes, embora, unilateralmente, possam ser, na prática, desconsiderados (pela renúncia, expressa ou tácita, à prescrição), além de não serem fatais.

À decadência o novo Código Civil dedica os arts. 207 a 211, evitando defini-la, mas pincelando seus contornos. Enquanto a prescrição é passível de suspensão e de interrupção, a decadência, em regra, é fatal (art. 207), mas, a exemplo da prescrição, não corre contra os absolutamente incapazes (art. 208) Se, como vimos, os prazos prescricionais não podem ser alterados pelas partes, os decadenciais, que ora são definidos em lei, ora são convencionais, podem, neste caso, ser modificados por acordo de vontades. Enquanto a prescrição pode ser objeto de renúncia, a decadência, quando prevista em lei, é irrenunciável e deve ser conhecida de ofício pelo juiz.

6.3. Prazos extintivos no direito tributário

Tratando-se de relação de natureza *patrimonial* – já que a obrigação tributária principal tem por objeto a prestação do tributo pelo devedor – o Código Tributário Nacional poderia ter-se limitado a disciplinar um prazo para que o Fisco, não satisfeito pelo sujeito passivo, ingressasse em juízo com a ação de cobrança, estabelecendo o lapso de tempo que entendesse adequado, e fazendo-o contar a partir do nascimento da obrigação tributária, com as causas de interrupção ou suspensão que fossem adequadas. Aliás, como lembra Fábio Fanucchi, essa era a posição adotada no Anteprojeto do Código, preparado por Rubens Gomes de Sousa, ao tratar da *prescrição*[19].

Todavia, certamente influenciado pelas construções teóricas formuladas sobre a decadência e a prescrição, e, fundamentalmente, condicionado pelo fenômeno do *lançamento*[20] (anomalia da pretensão tributária, que não se faz presente na dinâmica do exercício de direitos na esfera de outros ramos do direito[21]), o Código Tributário Nacional optou por cindir a problemática dos prazos extintivos do direito do credor da obrigação tributária, fixando dois prazos, sendo o primeiro o lapso de tempo dentro do qual deve ser "constituído" o crédito tributário, mediante a consecução do lançamento, e o segundo, o período no qual o sujeito ativo, se não satisfeita a obrigação tributária, deve ajuizar a ação de cobrança.

O Código chamou de *decadência* o primeiro prazo e designou o segundo como *prescrição*. Assim sendo, se se esgota o prazo dentro do qual o sujeito ativo deve lançar, diz-se que *decaiu* de seu direito; este se extingue pela decadência (ou caducidade). Se, em tempo oportuno, o lançamento é feito, mas o sujeito ativo, à vista do inadimplemento do devedor, deixa transcorrer o lapso de tempo que tem para ajuizar a ação de cobrança, sem promovê-la, dá-se a *prescrição* da ação.

O risco dessa *importação* de institutos (ou de rótulos) do direito privado está, em primeiro lugar, em trazer para o direito tributário as perplexidades e inconsistências com que a doutrina lá se defrontava. Mas, mais do que isso, está em atrair, para o seio dos tributos, os problemas da distinção entre institutos diversos (a prescrição e a decadência) que, efetiva ou supostamente, reportam-se a direitos de natureza diferente, para serem aplicados sobre direitos (do credor fiscal) que não apresentam a dualidade (ou pluralidade) existente no direito privado. Com efeito, se, no direito privado, há interesses individuais de *natureza distinta* (que ora envolvem direitos disponíveis, ora atêm-se a preocupações de ordem pública, insus-

---

19. *A decadência e a prescrição em direito tributário*, p. 1, nota de rodapé.

20. Gian Antonio Michelli, na Itália, chama a atenção para a relação entre a problemática da natureza (declaratória ou constitutiva) do lançamento e a prescrição (*Curso*, cit., p. 259).

21. Embora outros institutos possam figurar como etapas de atuação do direito do credor (por exemplo, o protesto cambial, a notificação para constituição em mora).

cetíveis de afetação pela vontade das partes), no direito tributário temos *uma mesma relação material* (a relação jurídica tributária, que enlaça o devedor e o credor do tributo), um só objeto (a prestação do tributo), uma só origem (a lei, dada a natureza *ex lege* da obrigação tributária).

Em suma, o direito (ou direito-dever) que o sujeito ativo tem de efetuar o lançamento do tributo e o direito que possui de cobrar judicialmente esse tributo repousam ("ambos") na mesma relação jurídica material, nascida com o *fato gerador da obrigação tributária*, da qual "decorre" o *lançamento*, que efetiva o exercício da *pretensão* do credor ao tributo (ou seja, confere *exigibilidade* à obrigação tributária), pretensão essa de cuja *violação* (não pagamento do tributo, no prazo assinalado) deflui o direito de o Fisco proceder à *inscrição da dívida*, que, por sua vez, viabiliza o *ajuizamento da ação*.

Observe-se que essas várias *fases* da dinâmica de atuação do direito do Fisco têm sua origem no fato gerador da obrigação e põem-se como estágios conducentes à satisfação do direito do credor fiscal. Não são sempre (ou nem todas são sempre) necessárias à satisfação desse direito. Já sabemos que alguns tributos devem ser recolhidos independentemente de atuação do Fisco na consecução do lançamento (ou, pelo menos, *previamente* a essa atuação). Quando necessário o lançamento para dar exigibilidade à obrigação tributária, a satisfação do credor geralmente independe da inscrição da dívida e da execução judicial, que são fases presentes apenas quando haja violação da pretensão traduzida no lançamento.

Porém, mesmo quando todas elas se façam presentes, é inegável a *unicidade* da relação material que, nascida com o fato gerador, pode ir até a fase de satisfação coativa em juízo, mas não perde sua *identidade* em nenhum momento. Essa identidade da relação jurídica material não se coaduna com a *pluralidade* de situações materiais, de distintas naturezas, que ensejaram, no direito privado, a diversidade de prazos extintivos rotulados como *prescrição* e *decadência*.

Em princípio, nada impediria que o Código Tributário Nacional disciplinasse o prazo para o exercício do direito do Fisco (nascido com o fato gerador da obrigação tributária), regulando os efeitos que as várias "fases" da dinâmica da obrigação tributária (inclusive o lançamento) pudessem ter sobre a contagem do prazo. Optou o Código pela definição de prazos distintos para o lançamento e para a ação de cobrança (desconhecendo relevo à *inscrição da dívida*). Ao batizar esses prazos com as designações de *decadência* e *prescrição*, atraiu, porém, a contextura teórica que esses institutos possuem no âmbito do direito privado. Com isso, a doutrina padece ao examinar as características dos prazos extintivos no direito tributário, na tarefa de identificar o *regime próprio de cada um* (renunciabilidade ou não, possibilidade de interrupção ou suspensão, de decretação de ofício etc.), já que, na falta de maiores configurações *tributárias* desses institutos, os autores têm entendido aplicável o regime jurídico respectivo, construído na doutrina do direito privado.

Em sua pioneira monografia sobre o tema, Fábio Fanucchi registrou as diferenças entre decadência e prescrição no direito civil; em seguida cuidou da decadência em geral e da decadência no direito tributário, para depois versar a prescrição em geral e sua aplicação no direito tributário[22]. A própria estrutura de sua monografia mostra como os institutos, diversos na origem, foram transportados para o direito tributário com toda sua carga de especificidades naturais, como se, no direito tributário, não se estivesse cuidando apenas de uma única espécie de relação (a *relação jurídica obrigacional tributária*), que surge com o fato gerador, pode passar (não necessariamente) pelo lançamento, e costuma extinguir-se pelo pagamento, mas às vezes chega à fase da constrição judicial.

É óbvio que essa relação não pode eternizar-se, o que leva a reconhecer o efeito extintivo da inércia do credor durante certo espaço de tempo. O prazo extintivo dessa relação pode ser desdobrado em etapas, só que isso não significa que deixará de tratar-se, em cada uma delas, da mesma relação jurídica material. Em face, porém, da distinção desses estágios temporais de atuação do credor do tributo, aos quais o Código Tributário Nacional batizou como decadência e prescrição, a doutrina construiu inúmeras "diferenças" entre os institutos[23].

Não é de estranhar que os doutrinadores se vejam perplexos quando, de súbito, topam no Código com uma situação de *interrupção e suspensão do prazo de decadência* (o incrível art. 173, II, que mais adiante estudaremos), o que é considerado uma "violência" contra o instituto da *decadência*. O dispositivo é mesmo de uma irracionalidade ímpar, mas o dislate da lei não seria menor (nem maior) se abstraíssemos que se trata de decadência.

É curioso que Fábio Fanucchi tenha censurado a unicidade de prazo extintivo (adotada em outros países), sob o argumento de que isso traria, para o campo do direito tributário, as mesmas confusões ocorridas no direito civil[24]. Parece-nos que ocorre exatamente o contrário. E, com isso, vi-

---

22. *A decadência*, cit.

23. Fábio Fanucchi, *A decadência*, cit., p. 136 e s.

24. *A decadência*, cit., p. 61.

vemos um estranho *paradoxo*: no direito civil, em que há distintas esferas de interesses, segregáveis em função de suas especificidades (direitos obrigacionais, direitos atinentes ao estado jurídico etc.), e onde se faz necessária a disciplina de prazos extintivos com diferentes atributos, temos o Código Civil, que não procede à distinção formal que seria necessária; já no direito tributário, em que se cuida de *uma única relação obrigacional*, temos *dois prazos* distintos, com *dois nomes* distintos, sofrendo, ambos, porém, de uma terrível *crise de identidade*.

A par disso, há a *incoerência interna* do Código Tributário Nacional. Se ele considera que o "crédito tributário" só nasce com o lançamento, a decadência (que implica a perda do direito de lançar) não poderia ser identificada como causa de extinção *do crédito tributário*, ou seja, de algo que ainda não teria nascido e que, com a decadência, ficaria proibido de nascer... Crítica similar foi feita por Américo Masset Lacombe[25], com toda a procedência, não obstante a contestação aduzida por Eurico Marcos Diniz de Santi[26].

Aliás, também a prescrição (se o CTN aderiu ao conceito de que ela atinge apenas a *ação*, como parece decorrer do art. 174) não seria uma causa extintiva *do crédito tributário*. Ou melhor, o *mero decurso do prazo prescricional* não extinguiria, *ipso facto*, o crédito tributário, tanto que, sobrevindo o pagamento, este, sim, traduziria a causa extintiva. Se e quando alegada a prescrição é que o julgador, adstrito a reconhecê-la, declararia prescrita a ação e, por via de consequência, extinto o crédito.

Todas essas perplexidades se originam, portanto, da conjugação de dois fatores: a pretendida distinção entre obrigação e crédito (que o CTN julgou necessária para valorizar o lançamento) e a *dupla identidade* do prazo extintivo do direito do sujeito ativo, que, antes do lançamento, é dito *decadencial* e, depois, é chamado de *prescricional*.

A par disso, a inconsistente disciplina dada à matéria pelo Código Tributário Nacional fez que as questões sobre decadência e prescrição po-

25. Américo Masset Lacombe considerou este "um dos maiores equívocos" do Código (*Obrigação tributária*, p. 91-2).

26. O autor procurou distinguir a "decadência do direito de crédito" (art. 156, V) da "decadência do direito de constituir o crédito" (art. 173, I), como se o segundo dispositivo não fosse apenas uma das expressões do mandamento previsto no primeiro (*Decadência e prescrição no direito tributário*, p. 173-4). Aliás, se fosse para ficar nas literalidades do Código, teríamos de dizer que, havendo lançamento após caduco o direito do Fisco, a causa extintiva do dito "crédito tributário" não seria a decadência, mas a decisão (administrativa ou judicial) que declarasse a decadência (art. 156, IX e X).

larizassem as atenções da doutrina pátria (em longas discussões sobre prazos, termos, suspensão, interrupção etc.), em detrimento do exame de temas mais ricos de conteúdo, embora não tão aquinhoados de problemas inutilmente criados. Nós mesmos, em 1975, aventuramo-nos a estudar o indecifrável § 4º do art. 150, para concluir que o sistema normativo não oferece soluções consistentes[27].

6.4. Decadência do direito de lançar

A decadência é prevista como causa extintiva do crédito tributário no art. 156, V, e tem seu conceito delineado no art. 173 (embora este não empregue a palavra "decadência"): decadência é a perda do direito de "constituir" o crédito tributário (ou seja, de lançar) pelo decurso de certo prazo. Se o lançamento é condição de exigibilidade do crédito tributário, a falta desse ato implica a impossibilidade de o sujeito ativo cobrar o seu crédito. Por isso, dando-se a decadência do direito de o sujeito ativo lançar o tributo, nem sequer se deverá cogitar da prescrição, que só teria início com o lançamento.

O art. 173, I, dá a *regra geral* da *decadência*, ao estabelecer que o prazo de extinção do direito de lançar é de cinco anos, contados do primeiro dia do exercício seguinte àquele em que o lançamento poderia ter sido efetuado. Dessa forma, qualquer lançamento realizável dentro de certo exercício (e que não seja efetivamente implementado nesse exercício) poderá ser efetuado em cinco anos após o próprio exercício em que se iniciou a possibilidade jurídica de realizá-lo.

Esse prazo se aplica aos lançamentos que devam ser implementados pelo sujeito ativo como condição de exigibilidade do tributo, ou seja, o lançamento *de ofício* e o lançamento *por declaração*. Se cabível, no ano X, a consecução de lançamento *de ofício* (por ser essa a modalidade normal de lançamento do tributo, ou porque o sujeito passivo se tenha omitido no cumprimento do dever de declarar ou de pagar antes de qualquer exame do sujeito ativo), esse lançamento deve ser efetuado, sob pena de decadência, em cinco anos (ou seja, até o final do ano X+5). Da mesma forma, se foi apresentada a declaração exigida e a autoridade administrativa deixa de efetuar o lançamento no exercício em que poderia fazê-lo, o seu direito decai no referido prazo.

---

27. Luciano Amaro, Lançamento..., *Resenha Tributária*, 1975.

O lançamento *por homologação* não é atingido pela decadência, pois, feito o pagamento (dito "antecipado"), ou a autoridade administrativa anui e homologa expressamente (lançamento por homologação expressa) ou deixa transcorrer, em silêncio, o prazo legal e, dessa forma, anui tacitamente (lançamento por homologação tácita). Em ambos os casos, não se pode falar em decadência (do lançamento por homologação), pois o lançamento terá sido realizado (ainda que pelo silêncio).

O que é passível de decadência é o lançamento *de ofício*, que cabe à autoridade realizar quando constate omissão ou inexatidão do sujeito passivo no cumprimento do dever de "antecipar" o pagamento do tributo. Se o sujeito passivo "antecipa" o tributo, mas o faz em valor inferior ao devido, o prazo que flui é para a autoridade manifestar-se sobre se concorda ou não com o montante pago; se não concordar, deve lançar de ofício, desde que o faça antes do término do prazo cujo transcurso implica homologação tácita. Assim, o prazo, após o qual se considera realizado tacitamente o lançamento por homologação, tem natureza *decadencial* (segundo o conceito dado pelo CTN), pois ele implica a perda do direito de a autoridade administrativa (recusando homologação) efetuar o lançamento de ofício. O que é passível de decadência, pois, é o lançamento de ofício, não o lançamento por homologação.

O prazo, decorrido o qual se dá a homologação tácita (implicando, portanto, a decadência do direito de efetuar eventual lançamento de ofício), é, em regra, também de cinco anos, contados, porém, do dia da ocorrência do fato gerador e não do primeiro dia do exercício seguinte àquele em que a autoridade poderia (recusando homologação) efetuar o lançamento de ofício (art. 150, § 4º).

Cuida o art. 173, II, de situação particular; trata-se de hipótese em que tenha sido efetuado um lançamento com vício de forma, e este venha a ser "anulado" (ou melhor, declarado nulo, se tivermos presente que o vício de forma é causa de nulidade, e não de mera anulabilidade) por decisão (administrativa ou judicial) definitiva. Nesse caso, a autoridade administrativa tem novo prazo de cinco anos, contados da data em que se torne definitiva a referida decisão, para efetuar novo lançamento de forma correta. O dispositivo comete um dislate. De um lado, ele, a um só tempo, introduz, para o arrepio da doutrina, causa de interrupção e suspensão do prazo decadencial (*suspensão* porque o prazo não flui na pendência do processo em que se discute a nulidade do lançamento, e *interrupção* porque o prazo recomeça a correr do início e não da marca já atingida no momento em que ocorreu o lançamento nulo). De outro, o dispositivo é de uma irracionalidade gritante. Quando muito, o sujeito ativo poderia ter a devolução do prazo que faltava quando foi praticado o ato nulo. Ou seja, se faltava um ano para a consumação da decadência, e é realizado um lançamento nulo, admita-se até que, enquanto se discute esse lançamento, o prazo fique suspenso, mas, resolvida a pendenga formal, não faz nenhum sentido dar ao sujeito ativo um novo prazo de cinco anos, inteirinho, como "prêmio" por ter praticado um ato nulo[28].

O parágrafo único do art. 173 é um dispositivo perdido no tempo. Que ele é um *terceiro* comando sobre contagem da decadência, não há dúvida; o problema está em saber como ele interfere com a regra do item I do artigo. Começa por dizer que o direito de lançar, na hipótese ali prevista, se extingue *definitivamente*, como se, em alguma outra situação, a extinção do direito pudesse ser provisória, e o direito morto viesse a renascer das cinzas.

Continua o dispositivo a divagar quando se reporta ao *início de constituição do crédito tributário*, que se traduziria em simples medida *preparatória* (e não *integrante*) do lançamento; aliás, medida que pode resultar em coisa nenhuma, se a autoridade administrativa se convencer, após o atendimento da notificação pelo sujeito passivo, de que nada há a ser lançado. Cuida-se aí, portanto, apenas da hipótese em que a autoridade administrativa inicia um processo de investigação (que poderá ou não resultar em lançamento), e o parágrafo manda, em verdade, que o prazo de decadência se conte a partir da notificação do sujeito passivo para a prática de alguma providência de interesse para a "constituição do crédito"; não há, ainda, notificação de *lançamento*. Se aquela notificação é feita antes do primeiro dia do exercício seguinte àquele em que o lançamento poderia ter sido efetuado, ela antecipa o início do prazo decadencial. O problema está na hipótese em que tal notificação seja feita *após* já ter tido início o prazo de decadência (contado de acordo com a regra do item I do *caput* do dispositivo). Nessa hipótese, o prazo decadencial já terá tido início, e o prazo a que se refere o citado item é um prazo para "constituir o crédito" e não para "começar a constituir o crédito". Em suma, parece-nos que o parágrafo só opera para *antecipar* o início do prazo decadencial, não para *interrompê-lo*, caso ele já tenha tido início de acordo com o item I do *caput* do dispositivo.

---

28. Eurico Marcos Diniz de Santi rebela-se contra essa crítica, que lhe parece fundada "na crença de que existe apenas uma regra de decadência", e invoca o apoio de Alcides Jorge Costa, Paulo de Barros Carvalho e Ricardo Lobo Torres (*Decadência e prescrição no direito tributário*, p. 174-7). Alcides Jorge Costa (como Eurico registra) diz que o dispositivo é *infeliz*, e Paulo de Barros Carvalho afirma que ele *briga com a natureza do instituto* (*Curso*, cit., p. 312). Nós dissemos que o preceito legal é um *dislate*, que causa arrepios na doutrina (aí foram dois exemplos!) e contém uma solução estapafúrdia.

6.4.1. O prazo decadencial no lançamento por homologação

Já vimos que o prazo, findo o qual se considera homologado o pagamento "antecipado", e, portanto, caduco o direito de efetuar eventual lançamento de ofício, é, em regra, de cinco anos, contados do fato gerador.

Uma observação preliminar que deve ser feita consiste em que, quando não se efetua o pagamento "antecipado" exigido pela lei, não há possibilidade de lançamento por homologação, pois simplesmente *não há o que homologar*; a homologação não pode operar no vazio. Tendo em vista que o art. 150 não regulou a hipótese, e o art. 149 diz apenas que cabe lançamento de ofício (item V), enquanto, obviamente, não extinto o direito do Fisco, o prazo a ser aplicado para a hipótese deve seguir a regra geral do art. 173, ou seja, cinco anos contados do primeiro dia do exercício seguinte àquele em que (à vista da omissão do sujeito passivo) o lançamento de ofício poderia ser feito[29].

Se realizado o pagamento "antecipado", a autoridade administrativa deve, sob pena de anuência tácita, manifestar-se em cinco anos contados do fato gerador, procedendo ao lançamento de ofício.

Porém, há duas ressalvas no art. 150, § 4º. A primeira está ao dizer que o lapso temporal nele estabelecido se aplica "se a lei não fixar prazo à homologação", e a segunda concerne aos casos de *dolo, fraude* ou *simulação*, que são expressamente excepcionados na parte final do preceito, onde se regula a homologação *ficta*.

Põe-se aqui, em primeiro lugar, a questão de saber se a lei pode fixar livremente qualquer outro prazo, maior ou menor, ou apenas pode estabelecer prazo menor para a homologação. O Código não diz expressamente qual a solução. Ela tem de ser buscada a partir de uma visão sistemática da disciplina da matéria, que nos leva para a possibilidade de a lei fixar apenas prazo *menor*, como já sustentamos alhures[30].

A segunda questão diz respeito à ressalva dos casos de *dolo, fraude* ou *simulação*, presentes os quais não há a homologação tácita de que trata o dispositivo, surgindo a questão de saber qual seria o prazo dentro do qual o Fisco poderia (demonstrando que houve dolo, fraude ou simulação) recusar a homologação e efetuar o lançamento de ofício. Em estudo anterior, concluímos que a solução é aplicar a regra geral do art. 173, I[31]. Essa solu-

---

29. Luciano Amaro, Lançamento..., *Resenha Tributária*, 1975, p. 341-3; Carlos Mário da Silva Velloso, Decadência..., *RDT*, n. 9/10, p. 183.

30. Luciano Amaro, Lançamento..., *Resenha Tributária*, 1975, p. 343-4.

31. Luciano Amaro, Lançamento..., *Resenha Tributária*, 1975, p. 343-4.

ção não é boa, mas continuamos não vendo outra, *de lege lata*. A possibilidade de o lançamento poder ser feito a qualquer tempo é repelida pela interpretação sistemática do Código Tributário Nacional (arts. 156, V, 173, 174 e 195, parágrafo único). Tomar de empréstimo prazo do direito privado também não é solução feliz, pois a aplicação supletiva de outra regra deve, em primeiro lugar, ser buscada dentro do próprio subsistema normativo, vale dizer, dentro do Código. Aplicar o prazo geral (5 anos, do art. 173) contado após a descoberta da prática dolosa, fraudulenta ou simulada igualmente não satisfaz, por protrair indefinidamente o início do lapso temporal. Assim, resta aplicar o prazo de cinco anos, contados do primeiro dia do exercício seguinte àquele em que o lançamento poderia ter sido feito. Melhor seria não se ter criado a ressalva.

José Souto Maior Borges parece ter refutado também as várias alternativas acima censuradas, rejeitando do mesmo modo a solução que propusemos[32]. A posição correta, a seu ver, estaria no reconhecimento de que a lei ordinária material pode integrar o Código Tributário Nacional (vale dizer, preencher a lacuna desse diploma). Admitindo que o legislador não necessariamente disporá sobre a matéria, conclui o renomado mestre que, "se a lei ordinária não dispuser a respeito desse prazo, não poderá a doutrina (*fazê-lo*), atribuindo-se o exercício de uma função que incumbe só aos órgãos de produção normativa, isto é, vedado lhe está preencher essa 'lacuna'. A solução (...) somente poderá ser encontrada (...) pelo órgão do Poder Judiciário". Não obstante, o autor parece sugerir que o Judiciário poderia aplicar, subsidiariamente, o Código Civil, art. 177 (art. 205 do Código atual)[33]. Ora, se é para aplicar regra subsidiária, preferimos ficar na disposição mais próxima, que é a do art. 173, I, do Código Tributário Nacional.

Paulo de Barros Carvalho reconhece que a regra mais condizente com o espírito do sistema é a do art. 173, I[34]. No mesmo sentido é a lição de Fábio Fanucchi, que admitiu, alternativamente, a possibilidade de a lei ordinária fixar outro prazo, maior[35].

Carlos Mário da Silva Velloso registrou que, mesmo havendo homologação *expressa*, a verificação de dolo, fraude ou simulação ensejaria *revisão de lançamento* (art. 149, VII). Porém, sustentou que, nessa hipótese, o

32. José Souto Maior Borges, *Lançamento*, cit., p. 477-9.

33. José Souto Maior Borges, *Lançamento*, cit., p. 479-80.

34. *Curso*, cit., p. 287.

35. *A decadência*, cit., p. 108 e 156.

Fisco teria mais cinco anos contados da homologação expressa[36], o que não nos parece ter fundamento. O prazo (decadencial) contado do fato gerador (aplicável quando haja a "antecipação" do pagamento do tributo) é prazo para, na hipótese de *recusa* de homologação, efetuar o lançamento de ofício (art. 149, V); no silêncio do Fisco, dá-se a homologação tácita. Se, dentro do prazo, ocorre a homologação expressa, a revisão (art. 149, VII) só pode dar-se no lapso de tempo que ainda faltaria para extinguir-se o direito do Fisco (art. 149, parágrafo único). A homologação *expressa* não tem o condão de interromper o prazo decadencial, ampliando-o mediante a fixação de novo termo inicial.

Na hipótese de *inexistir* o pagamento antecipado, Carlos Mário da Silva Velloso também concorda que não tem lugar a homologação, pois o art. 150, § 4º, só trata de hipótese em que tenha havido aquele pagamento; por isso, diz que, em princípio, a regra aplicável é a do art. 173, I[37].

Acolhe, ainda, a aplicação dessa norma nos casos em que, tendo havido pagamento antecipado, se comprove dolo, fraude ou simulação. Porém (e aí não podemos concordar com sua lição), sustenta que o início do prazo para o lançamento se daria a partir do "exercício seguinte ao término dos cinco anos contados a partir do fato gerador". Ou seja, o Fisco teria como *prazo de lançamento* cinco anos contados após o exercício em que *terminaria o prazo de lançamento* originalmente fixado. No exemplo dado pelo autor, se o fato gerador tivesse ocorrido em 1970, em 1975 ocorreria a homologação ficta, mas, à vista da existência de dolo, fraude ou simulação, o Fisco teria mais cinco anos, contados a partir de 1º de janeiro de 1976, de modo que só em 31 de novembro de 1980 é que, finalmente, ocorreria a decadência[38].

Essa exegese não tem, a nosso ver, amparo nas disposições do Código Tributário Nacional. A norma do art. 173, I, manda contar o prazo decadencial a partir do exercício seguinte àquele em que *o lançamento poderia ter sido efetuado*. Ora, o exercício em que o lançamento pode ser efetuado é o ano em que *se inaugura*, em que *se instaura* a possibilidade de o Fisco lançar, e não o ano em que termina essa possibilidade. Supondo, por exemplo, que o fato gerador ocorreu em 10 de junho de 1995, e a lei dá ao sujeito passivo trinta dias para efetuar a "antecipação" do pagamento,

36. Decadência..., *RDT*, n. 9/10, p. 184.

37. Decadência..., *RDT*, n. 9/10, p. 184-5.

38. Decadência..., *RDT*, n. 9/10, p. 185.

se, até 30 de julho de 1995, o recolhimento não tiver sido feito, ou tiver-se realizado com insuficiência, graças a artifício do devedor (dolo, fraude ou simulação), o Fisco poderia ter lançado de ofício já no dia 31 de julho de 1995. Ou seja, *o exercício em que o lançamento poderia ter sido efetuado* é o exercício de 1995, e não o ano 2000. Portanto, segundo a regra do art. 173, I, o prazo se contaria a partir de 1º de janeiro de 1996 e não a partir de 1º de janeiro de 2001.

Em suma: a) se, nesse exemplo, tiver havido antecipação de pagamento (e não se constatando dolo, fraude ou simulação), o prazo decadencial (dentro do qual cabe ao Fisco homologar expressamente o pagamento, ou, se discordar do valor recolhido, lançar de ofício) conta-se da data do fato gerador (10-6-1995), nos termos do art. 150, § 4º; b) se não ocorreu o pagamento, não se aplica nem o *caput* nem os parágrafos do art. 150, mas sim o art. 173, I, iniciando-se o prazo decadencial para o lançamento de ofício a partir de 1º de janeiro de 1996, não se discriminando situações de dolo, fraude ou simulação, pelo simples motivo de que o art. 173 não contempla essas discriminações; c) finalmente, se o pagamento foi efetuado a menor, mas for constatada a existência de dolo, fraude ou simulação, não ocorre a homologação ficta, nos moldes do art. 150, § 4º, e o caso vai para a regra geral do art. 173, I, contando-se o prazo para lançamento de ofício, também aí, de 1º de janeiro de 1996.

É isso que, em nossa opinião, decorre da intricada disciplina que o Código Tributário Nacional deu à matéria.

Cabe registrar que a jurisprudência, após décadas de vigência do Código, ainda caminha na superfície dessa questão. Após o antigo Tribunal Federal de Recursos ter chegado bem próximo da solução, com a Súmula 219[39], o Superior Tribunal de Justiça entendeu de assentar que "a decadência relativa ao direito de constituir crédito tributário somente ocorre depois de cinco anos, contados do exercício seguinte àquele em que se extinguiu o direito potestativo de o Estado rever e homologar o lançamento"[40]. Discordamos, juntamente com Alberto Xavier[41], desse entendimento,

39. "Não havendo antecipação do pagamento, o direito de constituir o crédito previdenciário extingue-se decorridos 5 (cinco) anos do primeiro dia do exercício seguinte àquele em que ocorreu o fato gerador."

40. *V.* acórdão no RE 58.918-5/RJ, 1ª T., rel. Min. Humberto Gomes de Barros, j. 24-5-1995, *DJU*, 19 jun. 1995, na esteira do qual diversos outros foram editados.

41. A contagem dos prazos no lançamento por homologação, *Revista Dialética de Direito Tributário*, n. 27, p. 7.

que é por completo equivocado, nos seus fundamentos, na análise dos dados do problema e, por conseguinte, nas conclusões[42].

Com efeito, como dissemos linhas acima, quando o art. 173 se refere (para definir o termo inicial do prazo de decadência) ao exercício seguinte àquele em que o lançamento "poderia ter sido efetuado", ele reporta-se ao exercício em que se instaura essa possibilidade de lançamento e não ao último exercício em que exista essa possibilidade, por uma razão de obviedade acaciana: se se vai determinar prazo *para lançar*, o lapso temporal há de ser contado *do início* e não do fim... Assim, se o lançamento pode ser feito no ano de 1999 (porque nesse exercício se aperfeiçoaram os pressupostos legais que ensejam o exercício do direito de lançar), o prazo começa a correr em 1º de janeiro de 2000. Se o sujeito passivo de tributo (sujeito a lançamento por homologação) recolhe, no vencimento do prazo para pagamento (por exemplo, 30 de abril de 1999), quantia menor do que a devida, a autoridade fiscal pode efetuar o lançamento de ofício já no dia útil seguinte. Desse modo, a regra do art. 173, I – se fosse aplicável nessa hipótese –, mandaria contar o prazo quinquenal a partir de 1º de janeiro de 2000. Como, para o caso, há a norma especial do art. 150, § 4º, o quinquênio é contado do dia do fato gerador.

Em ambos os casos, trata-se de prazo *para lançar*; uma norma cuidando da regra e a outra, da exceção. Afronta o princípio da não contraditoriedade das normas jurídicas aplicar a uma mesma hipótese a regra e a exceção, em conjunto. Isso representa uma impossibilidade lógica e jurídica, qual seja, a de o prazo para o lançamento começar a correr quando já não seja mais lícito lançar.

O próprio Superior Tribunal de Justiça parece ter revisto o equivocado posicionamento ao proclamar que, se não houver pagamento (sujeito ao lançamento por homologação), é aplicável o prazo do art. 173 do Código Tributário Nacional, tendo lugar, caso haja pagamento, o prazo de cinco anos, contados do fato gerador, na forma do art. 150, § 4º, do mesmo diploma[43]. Não obstante, o Tribunal já voltou a afirmar o antigo equívoco[44], alternando-o com decisões em que aplica o entendimento que é, a nosso ver, correto[45].

---

42. Luciano Amaro, Ainda o problema dos prazos nos tributos lançáveis por homologação, in *Estudos tributários*.

43. Embargos de divergência no REsp 101.407/SP (98.88733-4), *DJU*, 8 maio 2000.

44. Embargos de divergência no REsp 169.246/SP (1998/0063404-5), *DJU*, 4 mar. 2002; REsp 413.343/SC (2002/0018040-8), *DJU*, 17 fev. 2003.

45. REsp 276.142/SP (2000/0090249-7), *DJU*, 17 fev. 2003; REsp 289.181/MG (2000/0123113-8), *DJU*, 30 jun. 2003.

6.5. Prescrição da ação de cobrança

Feito o lançamento (para cuja consecução deve ser observado o prazo decadencial), passa-se a cogitar de outro prazo, que é o de prescrição da ação para cobrança do tributo lançado. Diz, com efeito, o art. 174 que a ação para a cobrança do crédito tributário prescreve em cinco anos, contados da data de sua constituição definitiva.

Mais uma vez aparece a nota da definitividade para qualificar agora a "constituição" do crédito, sem que se fique sabendo se há alguma forma de "constituição provisória" do crédito tributário.

Autores há que sustentam ser lançamento "definitivo" aquele não mais passível de ser alterado, nos termos do art. 145, por meio, por exemplo, de uma impugnação do sujeito passivo[46]. Não cremos que proceda essa afirmação, pois, caso a prescrição só tivesse início depois de eliminada a possibilidade de eventual mudança administrativa do lançamento, o art. 149 protrairia o início do prazo prescricional para todas as situações em que, em

---

46. Nesse sentido, sustentando que, enquanto o lançamento pende de impugnação ou recurso administrativo, não tem início o prazo prescricional, Hugo de Brito Machado (*Curso*, cit., p. 144), Bernardo Ribeiro de Moraes (A decadência e a prescrição diante do crédito tributário, *Caderno de Pesquisas Tributárias*, n. 1, p. 51), Edvaldo Brito (A constituição definitiva do crédito tributário e a prescrição, *Caderno de Pesquisas Tributárias*, n. 1, p. 91 e s.), Sebastião de Oliveira Lima (Prescrição tributária, *Caderno de Pesquisas Tributárias*, n. 1, p. 409-11), que, posteriormente, modificou seu entendimento (A suspensão da prescrição prevista pelo Decreto-lei 1.569, de 8.8.77, *Resenha Tributária*, n. 31, p. 356-7), Sacha Calmon Navarro Coêlho (Decadência e prescrição, *Resenha Tributária*, 1976, p. 18 e s.), Carlos Mário da Silva Velloso (Decadência..., *RDT*, n. 9/10, p. 191-2), José Carlos Graça Wagner (Aspectos da decadência e prescrição no direito tributário, *Caderno de Pesquisas Tributárias*, n. 1, p. 224 e s.), Ricardo Lobo Torres (*Curso*, cit., p. 246).

Zelmo Denari vai além e diz que a constituição definitiva se dá com a inscrição da dívida (*Decadência*, cit., p. 20-1), tese refutada por Sebastião de Oliveira Lima (Prescrição..., *Caderno de Pesquisas Tributárias*, n. 1, p. 419) e Sacha Calmon Navarro Coêlho (Decadência..., *Resenha Tributária*, 1976, p. 21).

Em contrário, afirmando que o lançamento, embora suscetível de questionamento pelo sujeito passivo, já traduz a definitiva constituição do crédito, marcando o início do prazo de prescrição, Aliomar Baleeiro (*Direito*, cit., p. 528-30, nota de rodapé, e Suspensão da exigibilidade do crédito tributário e prescrição, *RDT*, n. 9/10, p. 9), Fábio Fanucchi (*A decadência*, cit., p. 133-4), Ives Gandra da Silva Martins (Decadência e prescrição, *Caderno de Pesquisas Tributárias*, n. 1, p. 192), Carlos da Rocha Guimarães (Crédito tributário e prescrição, *Caderno de Pesquisas Tributárias*, n. 1, p. 72-4), Alberto Xavier (*Do lançamento*, cit., p. 306-8), Eduardo Marcial Ferreira Jardim (*Manual*, cit., p. 220). Paulo de Barros Carvalho afirma que, embora a constituição definitiva do crédito se dê com a notificação do lançamento, o termo inicial da prescrição deve ser deslocado "para o instante final do período de exigibilidade" (Decadência e prescrição, *Caderno de Pesquisas Tributárias*, n. 1, v. 2, p. 112-3).

tese, coubesse revisão de ofício do lançamento, o que não faria nenhum sentido. Efetuado o lançamento, sabe-se que o sujeito ativo tem a possibilidade de revê-lo (art. 145, c/c o art. 149). Assim sendo, supondo que, feito o lançamento, o sujeito ativo quedasse inerte até o esgotamento do prazo decadencial, sem acionar o sujeito passivo no sentido de cobrar o tributo, só ao término desse prazo (e mesmo na inexistência de qualquer ato revisional) é que se teria, em vez da consumação da prescrição, o termo inicial do lapso prescricional. Ora, mesmo que se proceda à revisão e que dela resulte diferença de tributo a ser lançada, a cobrança *dessa diferença* é que ficará sujeita a prescrição, contada a partir do novo lançamento, e não o montante originalmente lançado.

Parece-nos mais plausível a interpretação de que o Código Tributário Nacional teve em conta a concepção procedimentalista de lançamento que ele parece ter adotado[47] e, nessa linha, o lançamento já estaria ocorrendo com a prática de atos preparatórios de apuração de fatos e determinação de valores; assim, ainda não haveria uma "atividade administrativa definitiva" até que ela fosse concluída pela notificação do *quantum debeatur* ao sujeito passivo. Enquanto isso não ocorresse estaria ainda em curso o prazo decadencial; mas, "concluído" o lançamento e notificado o sujeito passivo, passaria a fluir a prescrição.

Não se alegue que, no curso do prazo para reclamação ou recurso, o sujeito ativo ainda não pode acionar o sujeito passivo e, por isso, logicamente, não poderia estar em curso o prazo prescricional. O exame sistemático da matéria no Código Tributário Nacional mostra que o legislador não se ateve a formulações matematicamente precisas ao regrar os institutos da decadência e da prescrição, levando em conta a exiguidade dos prazos para pagamento, impugnações e recursos (geralmente não superiores a 30 dias), quando comparados com a latitude dos prazos decadenciais e prescricionais (5 anos). Por isso, ao cuidar do prazo decadencial, o Código fixa, de um lado, regra geral no sentido de que o termo inicial é posterior ao momento em que o lançamento é possível, pois é protraído para o início do exercício seguinte (art. 173, I); por outro lado, ao definir o prazo decadencial para manifestação da autoridade administrativa, na mecânica do chamado lançamento por homologação, o início do prazo é *anterior* ao momento a partir do qual o sujeito ativo poderia avaliar o pagamento feito pelo sujeito passivo e proceder ao lançamento de ofício para exigir eventual diferença:

47. Alberto Xavier, *Do lançamento*, cit., p. 307.

aí, o prazo se conta do fato gerador (art. 150, § 4º) e não do dia do pagamento; assim, entre a data do fato gerador e a do pagamento, o sujeito ativo ainda não pode rever o pagamento e lançar de ofício, mas o prazo para fazê-lo já terá tido sua contagem iniciada[48].

A pendência de processo administrativo no qual o sujeito passivo conteste a exigência tributária objeto de lançamento é matéria para outra abordagem, comum às demais causas de suspensão da exigibilidade. Admitindo que o fluxo do prazo prescricional tenha início com a notificação do lançamento, questiona-se sobre o efeito que poderiam ter sobre o curso da prescrição as causas suspensivas. Ficaria o curso da prescrição suspenso na vigência de causa suspensiva da exigibilidade?

Baleeiro, em longo arrazoado, sustenta que as causas de suspensão da exigibilidade do crédito tributário suspendem a *exigibilidade* e não a *prescrição*; a interpretação literal nessa matéria (expressamente determinada pelo art. 111, I, do CTN) impede extensão do comando da lei, que não dá às causas suspensivas da exigibilidade (art. 151) o efeito de suspender a prescrição; interposta uma reclamação ou um recurso, as autoridades devem ser céleres no exame dos processos, não podendo tirar proveito de sua própria negligência; a solução *de lege ferenda,* a exemplo da Argentina, poderia ser a suspensão (por norma expressa e por prazo curto); por fim, aduz o financista que, em matéria reservada à lei (art. 97, VI), sujeita a interpretação literal (art. 111, I), não cabe a invocação de parêmias (como aquela segundo a qual *contra non valentem agere non currit praescriptio),* pois o préstimo dos brocardos (que não se confundem com princípios) está em ilustrar o que a lei estatuiu, não podendo contrariá-la; por fim, anota que o único caso em que não corre prescrição na pendência de causa de suspensão da exigibilidade está expresso no Código Tributário Nacional, art. 155, parágrafo único, não extensível a outras situações[49].

A jurisprudência, no entanto, tem entendido que, na pendência do processo administrativo, não corre o prazo prescricional[50].

---

48. Gian Antonio Michelli faz análogo registro, na Itália, onde, após anotar que quase todas as leis possuem disposições sobre a prescrição, sublinha que, "bem raramente, o prazo de prescrição decorre do dia 'em que o direito pode ser exercido', conforme a regra geral do art. 2935 do Código Civil" (*Curso*, cit., p. 260).

49. Aliomar Baleeiro, *Direito*, cit., p. 528-30, nota de rodapé. *V.*, também, do mesmo autor, Suspensão..., *RDT,* n. 9/10, p. 9.

50. *V.* jurisprudência do Supremo Tribunal Federal, em Aliomar Baleeiro, *Direito*, cit., p. 525, nota do atualizador.

Essas discussões, de qualquer modo, sublinham a evidência de que, *de lege ferenda,* a matéria exige revisão cuidadosa que espanque as dúvidas e perplexidades geradas pela sua atual disciplina normativa.

6.6. Prescrição e lançamento por homologação

Assim como não há decadência do lançamento por homologação (embora possa havê-la quanto ao lançamento de ofício, efetuável no lugar do lançamento por homologação), também não cabe falar em *prescrição* no caso de tributos lançados por homologação. Se essa forma de lançamento, quer na modalidade expressa, quer na tácita, supõe o *prévio* pagamento, é intuitivo que, uma vez realizado o lançamento (por homologação expressa ou tácita), *não há o que cobrar*, e, portanto, não se pode falar em prescrição da ação *de cobrança*[51]. Diversamente, se o tributo (*lançável* por homologação) for *lançado* de ofício (porque o sujeito passivo não "antecipou" o pagamento ou o fez a menor), poderá ocorrer a prescrição, mas aí já não se trata de prescrição da ação de cobrança de tributo lançado por homologação, e sim de tributo lançado de ofício.

6.7. Interrupção da prescrição

A prescrição se interrompe pela citação pessoal feita ao devedor, pelo protesto judicial, por qualquer ato judicial que constitua em mora o devedor, e por qualquer ato inequívoco, ainda que extrajudicial, que importe em reconhecimento do débito pelo devedor (art. 174, parágrafo único, I a IV).

A Lei Complementar n. 118/2005 deu nova redação ao inciso I do dispositivo referido, de modo a substituir a citação pessoal feita ao devedor pelo *despacho do juiz que ordenar a citação em execução fiscal.*

A interrupção implica o reinício da contagem do prazo, desprezando-se o já decorrido.

Costuma-se citar o parcelamento como exemplo de ato do sujeito passivo com o qual se opera a interrupção do prazo prescricional[52]. É preciso, porém, lembrar que, ao cuidar da moratória (que pode implicar pagamento em prestações), o Código Tributário Nacional só exclui do

---

51. Luciano Amaro, Lançamento..., *Resenha Tributária*, 1975, p. 339-40; no mesmo sentido, Sebastião de Oliveira Lima, Prescrição..., *Caderno de Pesquisas Tributárias*, n. 1, p. 408-9.

52. Paulo de Barros Carvalho (*Curso*, cit., p. 314).

cômputo do prazo prescricional o período decorrido desde a concessão da moratória quando esta tiver sido obtida com dolo, fraude ou simulação. Caso contrário, o prazo prescricional continua correndo, durante a moratória, ainda que esta venha a ser revogada (art. 155, parágrafo único); com maior razão, o prazo deve considerar-se em curso se a moratória não for objeto de revogação. Também aí a sistematização da matéria no Código não prima pela coerência.

Capítulo XIV

Repetição do Indébito Tributário

Sumário: 1. Pagamento indevido e restituição de indébito. 2. O direito à restituição do indébito. 2.1. Desnecessidade de prova do erro no pagamento. 3. Hipóteses de restituição. 4. Restituição de tributos indiretos. 5. Restituição de juros e penalidades. 6. Prazos extintivos. 7. Restituição e compensação.

1. PAGAMENTO INDEVIDO E RESTITUIÇÃO DE INDÉBITO

O Código Tributário Nacional disciplina o pagamento indevido de tributo (ou melhor, a restituição de valores indevidos, pagos a título de tributo) no capítulo da "extinção do crédito tributário", logo após cuidar da primeira das formas extintivas da dívida tributária (o pagamento). A inclusão do tema nesse capítulo funda-se em que o pagamento indevido se opera justamente quando alguém, posto (ou pondo-se) na condição de sujeito passivo, recolhe uma suposta dívida tributária, espontaneamente ou à vista de cobrança efetuada por quem se apresente como sujeito ativo.

Isso ensejou, se não impropriedades do Código, pelo menos um uso enorme de sinédoques, em que mais se fala no *rótulo falso* do que no *conteúdo verdadeiro*. Com efeito, na restituição (ou repetição) do indébito, não se cuida de tributo, mas de valores recolhidos (indevidamente) a esse título. Alguém (o *solvens*), falsamente posicionado como sujeito passivo, paga um valor (sob o rótulo de tributo) a outrem (o *accipiens*), falsamente rotulado de sujeito ativo. Se inexistia obrigação tributária, de igual modo não havia nem sujeito ativo, nem sujeito passivo, nem tributo devido. Porém, a disciplina da matéria fala em "sujeito passivo" (como titular do direito à restituição), em "tributo", em "crédito tributário" etc., reportando-se, como dissemos, ao rótulo falso e não ao conteúdo. O *pagamento indevido* é chamado de "extinção do crédito tributário" (art. 168, I), quando é óbvio que, no pagamento indevido, não há obrigação nem crédito. O que pode ter havido é a prática de um ato administrativo irregular de lançamento, seguido de pagamento pelo suposto devedor, ou o pagamento, sem prévio lançamento, por iniciativa exclusiva do suposto sujeito passivo. Nesta última hipótese, nem sequer a prática de ato da autoridade administrativa terá existido e, por isso, não caberia a referência a "crédito tributário" nem mesmo no sentido de entidade "constituída" pelo lançamento, com abstração da obrigação tributária. Na sequência, o Código fala em restituição de "tributos" que comportem transferência do encargo financeiro (art. 166), como se, no pagamento indevido, se cuidasse de tributos, ou de tributos com tais ou quais características[1]. E diz, ainda, que a restituição de tributos dá lugar à restituição de "juros" e de "penalidades pecuniárias".

É evidente que o Código quer referir-se a recolhimentos "a título" de tal ou qual tributo, "a título" de juros etc. E, quando fala em sujeito passivo, quer referir a pessoa posta indevidamente nessa situação. Assim também, ao falar em "extinção do crédito tributário", objetivou citar o ato que com tal aparência se apresente.

2. O DIREITO À RESTITUIÇÃO DO INDÉBITO

O direito à restituição do indébito encontra fundamento no princípio que veda o locupletamento sem causa, à semelhança do que ocorre no direito privado.

O art. 165 do Código Tributário Nacional firma o direito à repetição do tributo indevido (ou seja, do valor que tenha sido pago a esse título, sem que houvesse obrigação legal de fazê-lo), estatuindo que "o sujeito passivo tem direito, independentemente de prévio protesto, à restituição total ou parcial do tributo, seja qual for a modalidade do seu pagamento, ressalvado o disposto no § 4º do art. 162", arrolando, a seguir, uma lista de "casos" em que a restituição é cabível.

Ao falar em "sujeito passivo", como titular do direito, o Código abrange tanto as hipóteses em que o *solvens* tenha sido posicionado como devedor na condição de *contribuinte* quanto aquelas em que ele tenha figurado como *responsável.*

---

1. Alfredo Augusto Becker sublinha que não se cuida de tributo (indevido) mas de prestação indevida (*Teoria*, cit., p. 526); análoga observação foi feita por Fábio Fanucchi (*Curso*, cit., p. 391), Ricardo Lobo Torres (*Restituição dos tributos*, p. 31-2) e Ives Gandra da Silva Martins (*Teoria da imposição tributária*, p. 113). Paulo de Barros Carvalho discorda (*Curso*, cit., p. 303-4).

A restituição – diz o Código – pode ser *total* ou *parcial*. A restituição do indébito há de ser sempre *total*. O que pode ter ocorrido é que, num pagamento, por exemplo, de 1.000, só 800 fossem devidos, e, portanto, teria ocorrido um recolhimento indevido de 200. O indébito é de 200, e esse valor deve ser *totalmente* devolvido. Mesmo aí, portanto, o direito é à restituição *total* e não *parcial* do indébito. A parcela de certa quantia paga que não é restituível representa tributo *devido* e, por isso, não é restituível.

É irrelevante, para efeito do direito à restituição, a *modalidade de pagamento* do tributo (art. 162); mesmo o pagamento em estampilha pode ser objeto de restituição, nos casos ressalvados pelo § 4º do art. 162.

O preceito refere-se a pagamento, sob qualquer modalidade, mas nem só de *pagamento* indevido vive a restituição do indébito tributário, entendido aí o pagamento no sentido estrito que decorre do item I do art. 156, em cotejo com as demais formas de extinção do crédito tributário. Outras formas extintivas, equivalentes ao pagamento, podem ensejar o direito à restituição, como a compensação ou a conversão de depósito em renda, feita ao término de um procedimento administrativo no qual o dito "sujeito passivo" não tenha logrado êxito.

Igualmente, não importa a modalidade de *lançamento*; quer se tenha recolhido o tributo em razão de lançamento de ofício ou por declaração, quer se tenha efetuado o pagamento de tributo sujeito a lançamento por homologação (praticado ou não o ato homologatório), há direito à restituição.

2.1. Desnecessidade de prova do erro no pagamento

Nos domínios do direito privado, requer-se, como requisito para exercício do direito à repetição, a *prova* de que o pagamento se deu por *erro* ou foi feito sob protesto; a presunção, no direito privado, é a de que, se alguém deu certa quantia a outrem, fê-lo no cumprimento de uma obrigação (ainda que unilateral, como se dá no contrato de doação, e ainda que verbal); não pode, por isso, pleitear a restituição sem demonstrar que o fez por erro (ou sob protesto). Não fosse assim, o credor veraz, legitimamente pago, poderia ter o ônus de demonstrar que o recebimento foi a justo título, o que, em certas situações, poderia constituir prova dificílima, quando não impossível.

No direito tributário, porém, basta evidenciar-se a inexistência de obrigação tributária para que caiba a devolução do que se tenha pago, a título de débito tributário. O Código Tributário Nacional é expresso ao reconhecer o direito à restituição, *independentemente de prévio protesto* (vale dizer, sem necessidade de nenhuma ressalva prévia quanto ao caráter indevido do pagamento), e ainda que o pagamento tenha sido espontâneo (art. 165).

O pagamento de certa quantia, a título de tributo, embora sem nenhuma ressalva, não implica, portanto, "confissão de dívida tributária".

Isso não significa que, em toda e qualquer situação, nunca se tenha de provar matéria *de fato* no âmbito da repetição de indébito tributário. Se alguém declara à Fazenda Federal a obtenção de rendimento tributável, não pode pleitear a devolução com a mera alegação de que não percebeu aquele rendimento; requer-se a demonstração de que o rendimento efetivamente não foi percebido ou que, dada sua natureza, não era tributável. Isso porque a declaração feita se presume verdadeira. Recorde-se que, como referimos ao tratar do lançamento por declaração, o art. 147 do Código admite a retificação da declaração, *provado o erro* em que se fundamente o pedido. Da mesma forma, na restituição de tributo cobrado sobre a venda de certo produto, pode-se ter dilação probatória sobre a natureza, composição química, destinação etc. do produto, com vistas a classificá-lo como não tributável ou sujeito a menor alíquota, para o fim de definir eventual indébito, total ou parcial.

3. HIPÓTESES DE RESTITUIÇÃO

O Código Tributário Nacional perde-se em descrever casuisticamente as situações de cabimento do pedido de restituição do indébito tributário, nos itens do art. 165, cujo *caput* foi acima comentado:

> I – cobrança ou pagamento espontâneo de tributo indevido ou maior que o devido em face da legislação tributária aplicável, ou da natureza ou circunstâncias materiais do fato gerador efetivamente ocorrido; II – erro na identificação (*no texto oficial, constou, por evidente equívoco, "edificação"*) do sujeito passivo, na determinação da alíquota aplicável, no cálculo do montante do débito ou na elaboração ou conferência de qualquer documento relativo ao pagamento; III – reforma, anulação, revogação ou rescisão de decisão condenatória.

Começa por discriminar (no item I) os casos de "cobrança" e de "pagamento espontâneo" de tributo indevido. Ora, a restituição cabe quando houver *pagamento* indevido (quer este se faça espontaneamente, quer se realize à vista de cobrança pelo sujeito ativo). Porém, ter o sujeito ativo "cobrado" tributo indevido, se, por um lado, *não é necessário* ao exercício do direito à restituição, por outro também não é *suficiente* para tanto. O que, em qualquer situação, é necessário é o *pagamento*, sendo indiferente que tenha sido efetuado porque houve cobrança ou porque alguém, sem nenhuma ação do Fisco, procedeu ao recolhimento indevido a título de tributo.

O mesmo item prevê, em consonância com o equívoco do *caput*, a restituição de "tributo indevido ou maior do que o devido". Ora, o que se repete não é "o tributo maior do que o devido", mas somente a parte que exceda o valor devido, pois tal parte configura "tributo indevido". Portanto, o que se pode repetir é sempre "tributo indevido", inexistindo a alternativa prevista no dispositivo, nos termos em que ali está referida.

É despicienda também a alternativa de que o indébito pode resultar "da legislação tributária aplicável" ou "da natureza ou circunstâncias materiais do fato gerador efetivamente ocorrido". O legislador parece não se ter dado conta de que disse a mesma coisa, sob dois diferentes ângulos. Com efeito, o problema é sempre de *subsunção*: ou existe um fato que corresponda à hipótese de incidência, em face do que se efetuou corretamente o pagamento de tributo, ou tal fato inexiste (ou existe um fato, mas sem as características previstas na lei, o que dá na mesma), e, nessa circunstância, *não se dá a subsunção*, não há obrigação tributária, e o pagamento é indevido.

Ademais, é imprópria a adjetivação dada pelo Código, ao referir o fato *gerador* efetivamente ocorrido, pois o que na realidade poderá estar presente é um fato *não gerador*. Ou um fato gerador de tributo de valor menor do que o recolhido, o que, mais uma vez, se resolve na questão da subsunção do fato à norma. Aliás, também não é feliz a referência à legislação *aplicável*; o indébito pode decorrer da errônea subsunção à legislação (ou seja, da aplicação de legislação *inaplicável*).

O detalhamento desnecessário atinge o ápice no item II, em que, a par do erro na *identificação do sujeito passivo* ou da *alíquota* aplicável, se prevê o *erro de cálculo* do tributo e o *erro de elaboração* ou *conferência* de qualquer documento relativo ao pagamento. Ora, se o valor recolhido foi maior do que o devido, ou se nada era devido, o indébito é restituível, independentemente de se demonstrar que houve erro de conta, ou de elaboração de documento, ou de leitura da lei...

Finalmente no item III são arrolados os casos de reforma, anulação, revogação ou rescisão de decisão condenatória (à vista da qual se tenha efetuado o recolhimento, afinal tido por indevido).

Entretanto, as hipóteses do item III não são outras além das redundantemente descritas nos dois itens anteriores. A decisão que posteriormente modifique uma decisão anterior (em razão da qual fora feito o pagamento) estará precisamente declarando que o pagamento efetuado foi indevido (por algum motivo jurídico), não sendo ela em si mesma uma hipótese autônoma que enseje a restituição[2].

O Código, se, de um lado, regulou com redundância a restituição do indébito, não se preocupou em disciplinar outras situações de restituibilidade no campo do direito tributário: a restituição de *tributo antecipado* quando, afinal, se apure dívida menor do que o montante recolhido, a restituição a título de *incentivo fiscal*, a restituição do *empréstimo compulsório*. Essas situações, quando não tiverem solução no plano das respectivas leis, podem, por analogia, submeter-se às normas do Código Tributário Nacional[3].

4. RESTITUIÇÃO DE TRIBUTOS INDIRETOS

Conforme dispõe o art. 166 do Código Tributário Nacional, "a restituição de tributos que comportem, por sua natureza, transferência do respectivo encargo financeiro somente será feita a quem prove haver assumido referido encargo, ou, no caso de tê-lo transferido a terceiro, estar por este expressamente autorizado a recebê-la".

Em rigor, é inadequada a atribuição desta ou daquela natureza ao valor recolhido, pois, se se trata de indébito, aquilo que se recolheu não foi tributo, nem direto nem indireto. Se, numa dada situação, não havia tributo a recolher, e alguém foi posto na condição de devedor, o direito à restituição deriva do fato do pagamento indevido, independentemente da análise que se possa fazer acerca das características do tributo *a cujo título* (*indevidamente*) tenha sido feito o recolhimento.

O preceito reporta-se aos chamados "tributos indiretos", que, incidindo embora sobre o contribuinte "A" (dito contribuinte *de direito*), repercutem financeiramente sobre um terceiro (o chamado contribuinte *de fato*), que acaba suportando o ônus do tributo, embutido geralmente no preço de bens ou serviços[4].

---

2. No mesmo sentido, Ricardo Lobo Torres (*Restituição*, cit., p. 10).

3. Sobre o tema Ricardo Lobo Torres discorre longamente, em sua preciosa monografia (*Restituição*, cit.).

4. José Morschbacher faz exame crítico dos vários critérios doutrinários utilizados para a identificação dos tributos indiretos (*A restituição dos impostos indiretos*, p. 30 e s.). José Carlos Graça Wagner sustenta que o dispositivo não se refere ao fenômeno da repercussão econômica (Repetição do indébito, *Caderno de Pesquisas Tributárias*, n. 8, p. 93-8).

O Código, na esteira da Súmula 546 do Supremo Tribunal Federal, preocupou-se com a hipótese de alguém se pôr na condição de "contribuinte de direito", recolher o tributo indevido, repassá-lo a terceiro e, maliciosamente, pleitear para si a restituição, sem dela dar conta ao terceiro. Por isso, exige ou que o terceiro "autorize" o pleito, ou que o *solvens* demonstre não ter transferido o ônus financeiro ao terceiro.

A "prova" pelo contribuinte *de jure* de assunção do ônus tanto se pode fazer pela demonstração de que o encargo não foi transferido como pelo ressarcimento feito ao terceiro (contribuinte *de fato*). José Morschbacher arrola alguns meios de prova de que o ônus foi assumido pelo *solvens*: tabelamento oficial, que impeça a inclusão do tributo no preço; manutenção dos preços habituais etc.[5].

A "autorização" dada pelo terceiro opera em sentido análogo: se o terceiro, sabendo do recolhimento indevido, opta por permitir o pedido de restituição sem que, previamente, o contribuinte *de direito* o tenha ressarcido, não haveria por que violentar a vontade das partes, exigindo o prévio ressarcimento ao terceiro para legitimar a restituição.

Objetiva-se evitar o locupletamento sem causa do *solvens*; é claro que, negada a restituição do indébito (por falta da prova da assunção do ônus ou da autorização), quem de fato irá locupletar-se é o Fisco.

A repercussão, fenômeno econômico, é difícil de precisar. Por isso esse dispositivo tem gerado inúmeros questionamentos na doutrina[6]. Ainda que se aceitem os "bons propósitos" do legislador, é um trabalho árduo identificar quais tributos, em que circunstâncias, têm natureza indireta, quando se sabe que há a tendência de todos os tributos serem "embutidos" no preço de bens ou serviços e, portanto, serem financeiramente transferidos para terceiros. Diante dessa dificuldade, a doutrina tem procurado critérios para precisar o conteúdo do preceito; Leo Krakoviak, com apoio em Marco Aurélio Greco, sustenta que o art. 166 do Código "supõe a existência de uma dualidade de pessoas", de modo que, "se o fato gerador de um tributo

5. *A restituição*, cit., p. 107 e s.

6. Aliomar Baleeiro cita voto seu no Supremo Tribunal Federal, em que demonstra, com referências doutrinárias, que a transferência do imposto está sujeita a inúmeras vicissitudes econômicas e financeiras (*Direito*, cit., p. 566-7). Rubens Gomes de Sousa produziu contundente crítica ao reconhecimento de efeitos jurídicos ao contribuinte de fato (Impostos indiretos – restituição, *RDA*, v. 21). Dejalma de Campos, com apoio em Brandão Machado, sublinha o desprestígio da distinção entre impostos diretos e indiretos (*Direito processual*, cit., p. 96-7).

ocorre independentemente da realização de uma operação que envolve uma relação jurídica da qual participem dois contribuintes, em virtude da qual o ônus financeiro do tributo possa ser transferido diretamente do contribuinte de direito para o contribuinte de fato, não há como falar-se em repercussão do tributo por sua natureza"[7].

Gilberto de Ulhôa Canto relata a história desse artigo e os precedentes jurisprudenciais e lamenta ter contribuído para sua inclusão no texto do Código Tributário Nacional, destacando, entre outros argumentos, o fato de que a relação de indébito se instaura entre o *solvens* e o *accipiens*, de modo que o terceiro é estranho e só poderá, eventualmente, invocar direito contra o *solvens* numa relação de direito privado[8]. Ricardo Lobo Torres, por outro lado, sublinha o principal argumento do Supremo Tribunal Federal (já antes do CTN) para negar a restituição de tributo indireto, qual seja, o de que é mais justo o Estado apropriar-se do indébito, em proveito de toda a coletividade, do que o contribuinte *de jure* locupletar-se[9], não obstante a generalizada censura da doutrina à posição pretoriana, agora respaldada, com temperamentos, pelo art. 166 do Código[10]. Registra, porém, que o direito brasileiro está na contramão do direito comparado[11]. Marco Aurélio Greco já aplaude o dispositivo[12]. Aliomar Baleeiro, que, no Supremo Tribunal Federal, se insurgia contra a Súmula 71 (que proclamara a impossibilidade de restituição de tributo indireto), registrando "a nocividade, do ponto de vista ético e pragmático, duma interpretação que encoraja o Estado mantenedor do Direito a praticar, sistematicamente, inconstitucionalidades e ilegalidades, na certeza de que não será obrigado a restituir o proveito da turpitude de seus agentes e órgãos", considerou racional a solução dada pelo art. 166 do Código[13].

---

7. Repetição do indébito, *Caderno de Pesquisas Tributárias*, n. 8, p. 207-9. Sidney Saraiva Apocalipse sustenta que a identificação do *substituto legal tributário* representa o critério *jurídico* para identificar as hipóteses sujeitas ao art. 166 do Código Tributário Nacional (Repetição do indébito, *Caderno de Pesquisas Tributárias*, n. 8, p. 295-9).

8. Repetição do indébito, *Caderno de Pesquisas Tributárias*, n. 8, p. 1-12. Segundo o registro de Tarcísio Neviani, a inspiração do art. 166 foi o art. 38 de um anteprojeto de código argentino, de 1942, de Giuliani Fonrouge, que, por sua vez, ter-se-ia inspirado em dispositivo do norte-americano *Revenue Act* de 1936, pertinente à repetição de impostos criados pelo *Agricultural Adjustment Act* (*A restituição de tributos indevidos, seus problemas, suas incertezas*, p. 228-9).

9. *Restituição*, cit., p. 18.

10. *Restituição*, cit., p. 21-5.

11. *Restituição*, cit., p. 25-6.

12. Repetição do indébito, *Caderno de Pesquisas Tributárias*, n. 8, p. 278-9.

13. *Direito*, cit., p. 565-7.

5. RESTITUIÇÃO DE JUROS E PENALIDADES

Se os valores indevidamente pagos a título de *tributo* são restituíveis, não poderiam ter sorte diferente os recolhimentos que se façam a pretexto de pagamento de juros de mora ou penalidades pecuniárias, consoante reconhece o art. 167.

O dispositivo está mal redigido. Não é, como nele se diz, a restituição do tributo que *dá lugar* à devolução dos juros e penalidades. Estes são restituíveis *por serem indevidos*, e não porque tenha sido também efetuado outro recolhimento indevido, a título de tributo. É claro que haverá situações em que serão proporcionais os valores indevidamente recolhidos (a título de tributo e de juros ou de penalidade), mas poderá ocorrer que o tributo seja devido, e o juro indevido (ou indevida a penalidade), e nem por isso se negará o direito à restituição. Casos haverá, ainda, em que inexistirá recolhimento de tributo, mas terá ocorrido pagamento de penalidade, e esta seja indevida, ensejando, da mesma forma, a restituição.

A ressalva feita na parte final do artigo seria desnecessária; se alguém pede restituição de valor recolhido a título de tributo, não pode – soletra o dispositivo – pleitear devolução de penalidade que não tenha nada que ver com aquele recolhimento indevido...

O parágrafo único do art. 167 prevê o direito ao recebimento de juros sobre o valor restituendo, a partir do trânsito em julgado da decisão que determinar a restituição. A solução, sobre ser injusta, fere a isonomia: se o Fisco resistiu à devolução do indébito, não há razão para que não responda pelos juros que, na relação inversa, não deixaria de cobrar do devedor recalcitrante.

6. PRAZOS EXTINTIVOS

A restituição deve ser pleiteada no prazo de cinco anos, contados do dia do pagamento indevido, ou, no dizer inadequado do Código Tributário Nacional (art. 168, I), contados "da data da extinção do crédito tributário".

Esse prazo – cinco anos contados da data *do pagamento indevido* – aplica-se, também, aos recolhimentos indevidos de tributos sujeitos ao lançamento por homologação, em relação aos quais o Código prevê que o pagamento antecipado (art. 150) "extingue o crédito, sob condição resolutória" (§ 1º). O Superior Tribunal de Justiça, não obstante, entendeu que o termo inicial do prazo deveria corresponder ao término do lapso temporal previsto no art. 150, § 4º, pois só com a "homologação" do pagamento é que haveria "extinção do crédito", de modo que os cinco anos para pleitear a restituição se somariam ao prazo também de cinco anos que o fisco tem para homologar o pagamento feito pelo contribuinte. Opusemo-nos a essa exegese, que não resistia a uma análise sistemática, lógica e mesmo literal do Código[14]. Em 2005, o art. 3º da Lei Complementar n. 118, à guisa de norma interpretativa (art. 4º, *in fine*), reiterou o que o art. 150, § 1º, já dizia, ao estatuir que, para efeito do referido art. 168, I, "a extinção do crédito tributário ocorre, no caso de tributo sujeito a lançamento por homologação, no momento do pagamento antecipado de que trata o § 1º do art. 150". À evidência, a lei objetivou afastar o discutível entendimento da jurisprudência. Errou na dose, obviamente, ao pretender fazê-lo por meio de norma dita interpretativa. O Superior Tribunal de Justiça, após alguma hesitação sobre a natureza das leis interpretativas e o alcance do questionado diploma legal, acabou por submeter-se à nova lei, sem reconhecer-lhe, contudo, o efeito retroativo, preservando, dessa forma, para os recolhimentos indevidos anteriores à nova lei, a jurisprudência que assentara[15].

---

14. Luciano Amaro, Ainda o problema dos prazos..., in *Estudos tributários,* cit.

15. Com o advento da Lei Complementar n. 118/2005, o Superior Tribunal de Justiça decidiu que o art. 3º do diploma só se aplicaria para ações *ajuizadas após a vigência desse dispositivo* (9 de junho de 2005), preservando assim, sua jurisprudência em relação a todos os processos em curso antes da vigência da norma, e negando a ela o pretendido efeito "retroativo" que decorreria de sua natureza "interpretativa" (cf., entre inúmeros acórdãos no mesmo sentido, o REsp 327.043/DF, julgado em 23-2-2005). Em estudo sobre essa questão (o prazo para repetição de indébito tributário e a Lei Complementar n. 118/2005), analisamos essa jurisprudência e concluímos que, mesmo que se admitisse, para argumentar, que estivesse correta a exegese dos dez anos, e que a Lei Complementar n. 118/2005 tivesse inovado a disciplina dada pelo Código Tributário Nacional, a solução adequada não seria a aplicação do direito novo às ações ajuizadas a partir da entrada em vigor da disposição inovadora, mas sim, como preconiza a tradição de nossa doutrina, a aplicação, em relação a cada ação nova proposta – atinente a fato (pagamento indevido) anterior —, da "lei velha" *ou* da "lei nova", das duas a que implicasse menor prazo a decorrer. Assim, se, pela "lei velha", faltassem sete anos, contar-se-iam apenas cinco, a partir da vigência da "lei nova", para o ajuizamento da ação; se faltassem três anos (pela "lei velha"), esse seria o prazo a aplicar e não o da "lei nova". Seria absurdo que uma ação proposta em 8 de junho de 2005, em relação a pagamento ocorrido, por exemplo, em 8 de junho de 1998, fosse considerada tempestiva e, se proposta no dia seguinte (9 de junho de 2005), já fosse declarada prescrita desde 2003. A jurisprudência do Tribunal evoluiu nesse sentido, mantendo o prazo de dez anos, consoante a interpretação que dera ao art. 168, I, do Código Tributário Nacional, mesmo para ações ajuizadas *após* a nova lei, limitado o prazo, porém, a cinco anos contados desse novo diploma (cf., p. ex., o AgRg no AgRg no REsp 1131797/SP, julgado em 17-6-2010, *DJ*, 1-7-2010). Por outro lado, anote-se que, como veremos adiante, o prazo de cinco anos a que se refere o art. 168, I, não é só para o *ajuizamento* da ação. Esse prazo pode ser utilizado para o pedido de restituição *na esfera administrativa*; se não atendido esse pedido, o indivíduo tem dois anos para ir ao Judiciário.

Se a repetição do indébito se processa à vista de modificação de decisão condenatória (por força da qual fora feito o pagamento, afinal julgado indevido), o prazo para pleiteá-la conta-se da data em que se tornar definitiva a decisão administrativa ou em que transitar em julgado a decisão judicial modificativa (item II).

Esse prazo é para o *solvens* pleitear a restituição na *esfera administrativa*, perante o próprio *accipiens*, ou na *esfera judicial*.

Alguns acórdãos do antigo Tribunal Federal de Recursos suscitaram a questão de saber se, antes do ingresso em juízo, o *solvens*, necessariamente, teria de esgotar as vias administrativas. Em estudo anterior, pretendemos ter demonstrado que a discussão mediante processo administrativo é opção do *solvens*; somente nos casos em que fique demonstrada a *inexistência de lide* (vale dizer, situações em que o Fisco não oponha nenhum tipo de resistência nem de questionamento ao direito do *solvens*) é que se poderá discutir a legitimidade do ingresso em juízo, mas, aí, o problema é de condição da ação (interesse de agir) e não o do suscitado exaurimento das vias administrativas[16].

Caso opte pelo procedimento administrativo e não tenha sucesso, o *solvens* terá mais dois anos para ingressar em juízo, após a decisão administrativa denegatória de seu pedido: "Art. 169. Prescreve em 2 (dois) anos a ação anulatória da decisão administrativa que denegar a restituição".

Mais uma vez aqui o legislador ficou impressionado com os aspectos periféricos da decadência e da prescrição, e, aparentemente, deu ao prazo de cinco anos a natureza decadencial, e ao de dois anos o caráter prescricional. Não vemos razão para isso. Não há motivo lógico ou jurídico para a diversidade de tratamento. De resto, já vimos anteriormente que o elemento distintivo dos casos de prescrição e de decadência deve ser a *natureza* do direito, e não os detalhes formais com que este possa estar guarnecido.

Comentário apartado merece o parágrafo único do art. 169, que prevê a interrupção do prazo (de 2 anos) e o seu recomeço por metade (1 ano) a contar do início da ação judicial, que o preceito situa na "intimação" (*sic*) validamente feita ao representante judicial da Fazenda Pública interessada. Seria o caso de perguntar se, indo diretamente ao Judiciário, no curso do prazo do art. 168 (5 anos), também se daria solução análoga. É claro que, no curso regular do processo, ainda que este demore vários anos, o direito do autor não é prejudicado. Só o será se der causa a que o processo fique paralisado (prescrição intercorrente).

---

16. Luciano Amaro, Repetição do indébito tributário e as vias administrativas, *Resenha Tributária*, 1983, *passim*.

7. RESTITUIÇÃO E COMPENSAÇÃO

Ao cuidar dos modos de extinção da obrigação tributária, vimos que a compensação é uma alternativa que a lei pode pôr à disposição do sujeito passivo que seja titular de crédito contra a Fazenda Pública e queira, mediante encontro de contas, "receber" seu crédito e "recolher" sua dívida.

Se esse crédito contra o Fisco corresponder a tributo recolhido indevidamente, o instituto da compensação é uma alternativa para o pedido de restituição. Na medida em que a lei admita, nos termos do art. 170 do Código Tributário Nacional, a compensação do crédito contra a Fazenda Pública, resultante do recolhimento indevido de tributo, atingem-se os mesmos efeitos da restituição, com diversas vantagens.

A compensação do indébito tributário com dívidas tributárias efetivas traz, realmente, vantagens para ambas as partes. Para o sujeito passivo, evita o processamento do pedido de restituição e a demora que haveria no equacionamento desse pedido; para a Fazenda Pública, economiza os custos burocráticos do processo. Certamente, ninguém ousará alegar que a agilização da restituição (via compensação) seja uma "desvantagem" para a Fazenda, na medida em que ela deixa de ter, por um período maior de tempo, a posse (sem causa legal) de recursos que pertencem ao *solvens*.

Não se alegue que a compensação do indébito tributário equivalha a fazer justiça com as próprias mãos, sem a anuência da parte contrária. Na hipótese de ser *devido* o tributo utilizado como "moeda de pagamento" na compensação, o sujeito passivo fica em situação análoga àquela em que estaria se simplesmente tivesse deixado de recolher o tributo que pretendeu pagar por compensação. E o Fisco resta igualmente credor do tributo que não terá sido pago em razão da ilegítima compensação.

A legislação federal tem autorizado o sujeito passivo de obrigação tributária a extingui-la por meio de compensação com valores restituendos[17]. Observados os requisitos legais que ensejam a compensação, o sujeito passivo tem direito de utilizá-la, sem que o Fisco possa recusar-se a aceitá-la com base em outra razão que não seja a inexistência do próprio direito à restituição.

Em preceito de indisfarçável casuísmo, que mal consegue acomodar-se entre as normas gerais do Código Tributário Nacional (art. 170-A, inserido pela LC n. 104/2001), foi vedada "a compensação mediante o aproveitamento de tributo, objeto de contestação judicial pelo sujeito passivo, antes do trânsito em julgado da respectiva decisão judicial".

---

17. Lei n. 8.383/91, art. 66, e alterações posteriores, em especial as contidas nos arts. 73 e 74 da Lei n. 9.430/96.

Capítulo XV

Infrações Tributárias

1. INFRAÇÕES TRIBUTÁRIAS E SANÇÕES

As obrigações tributárias (quer respeitem à prestação de tributo, quer se refiram a deveres formais ou instrumentais) supõem a possibilidade de descumprimento. Como se dá com quaisquer normas de conduta, o destinatário do comando pode, por variadas razões (desde o simples desconhecimento do preceito normativo até a vontade consciente de adotar uma conduta contrária ao comando legal), proceder de modo diferente do querido pela ordem jurídica.

O mesmo, de resto, ocorre noutros setores do direito; assim, no campo do direito privado, sempre que incumbir a alguém adotar determinada conduta, comissiva ou omissiva, no sentido de respeitar o direito alheio (por exemplo, entregando a coisa vendida, ou pagando o preço, ou abstendo-se de turbar a posse de outrem, ou prestando alimentos, ou suportando a servidão de passagem etc.), é possível um procedimento diferente do que é desejado, ou melhor, imposto pelo direito.

Aí é que se põe a noção de *infração*, traduzida numa conduta (omissiva ou comissiva) contrária ao direito.

A *infração* enseja a aplicação de remédios legais, que ora buscam repor a situação querida pelo direito (mediante execução coercitiva da obrigação descumprida), ora reparar o dano causado ao direito alheio, por meio de prestação indenizatória, ora punir o comportamento ilícito, infligindo um *castigo* ao infrator. Essas medidas podem cumular-se, como se dá, por exemplo, quando alguém, desrespeitando o direito de propriedade, apropria-se de coisa alheia móvel, e, além de ter de devolver a coisa ao dono, pode sofrer punição traduzida em pena privativa de liberdade.

Se a consequência da infração (cumulada ou não com a execução coercitiva da obrigação) é um castigo ou punição pelo fato da conduta ilícita, onde esta se manifestar estará presente a sanção; por isso é que há sanções no campo do direito civil, comercial, administrativo, trabalhista, tributário etc.

No direito tributário, a infração pode acarretar diferentes consequências. Se ela implica falta de pagamento de tributo, o sujeito ativo (credor) geralmente tem, a par do direito de exigir coercitivamente o pagamento do valor devido, o direito de impor uma sanção (que há de ser prevista em lei, por força do princípio da legalidade), geralmente traduzida num valor monetário proporcional ao montante do tributo que deixou de ser recolhido. Se se trata de mero descumprimento de obrigação formal ("obrigação acessória", na linguagem do CTN), a consequência é, em geral, a aplicação de uma sanção ao infrator (também em regra configurada por uma prestação em pecúnia). Trata-se das *multas* ou *penalidades pecuniárias*, encontradiças não apenas no direito tributário, mas também no direito administrativo em geral, bem como no direito privado.

Em certas hipóteses, a infração pode ensejar punição de ordem mais severa, quais sejam, as chamadas penas *criminais*.

2. SANÇÕES CRIMINAIS E ADMINISTRATIVAS

A sanção pelo fato do descumprimento de um dever legal permeia, como se viu, o direito público e o direito privado. Dependendo da gravidade da ilicitude (em função da relevância do direito ferido, ou dos meios empregados, ou da condição da pessoa do infrator, ou dos motivos que o levaram à infração), a sanção pode (e deve) ser mais ou menos severa. Aliás, é de suma importância que a pena seja adequada à infração, por elementar desdobramento do conceito de justiça.

A qualificação da gravidade da infração é jurídico-positiva, vale dizer, é o legislador que avalia a maior ou menor gravidade de certa conduta ilícita para cominar ao agente uma sanção de maior ou menor severidade.

As infrações que atingem elevado nível de gravidade (conforme a avaliação feita pelo legislador) são conceituadas como *crimes*, e ensejam a aplicação das chamadas sanções *penais* ou *criminais*[1]. O desrespeito ao direito à vida ou ao direito de propriedade, o atentado ao direito à honra, entre outros valores que a ordem jurídica considera fundamentais ou relevantes, acarreta a imposição ao infrator de um castigo mais severo. Os fatos aos quais se aplicam as penas criminais são tipificados na lei e configuram, como dissemos, os *crimes*, também designados como *ilícitos penais* ou *ilícitos criminais* (a par dos crimes, o legislador tipifica as *contravenções penais,* ilícitos penais menos graves, sancionáveis, por isso, com penas criminais mais brandas).

Ontologicamente, não há diferença entre o ilícito civil, administrativo, tributário etc. e o ilícito dito *penal* ou *criminal*[2]. Um mesmo fato pode, dependendo de circunstâncias históricas ou geográficas, ser, em face de determinado ordenamento jurídico, considerado: a) lícito; b) ilícito não criminal; c) ilícito criminal. Assim sendo, algo que hoje é crime pode não tê-lo sido ontem, ou deixar de sê-lo amanhã, e pode ser crime aqui mas não em outro lugar (pensemos, por exemplo, no aborto, no adultério ou na plurigamia). Portanto, determinado fato será um ilícito criminal se a lei assim o qualificar, à vista de considerações de política criminal. Gonzalo Rodríguez Mourullo registra o fluxo e refluxo que, nas várias legislações, se estabelece entre uma e outra esfera de ilicitudes, na tentativa do legislador de achar a solução justa e eficaz[3].

---

1. A conduta ser ou não crime é "opção legislativa" (Luiz Flávio Gomes, Responsabilidade penal objetiva e culpabilidade nos crimes contra a ordem tributária, in *Direito penal empresarial*, p. 95).

2. "As diferenças entre as sanções 'penais' e 'administrativas' são puramente formais" (Luiz Flávio Gomes, Responsabilidade, in *Direito penal*, cit., p. 95).

3. *Presente y futuro del delito fiscal*, p. 20-1. Luiz Flávio Gomes fala do "fenômeno da 'emigração' da figura típica" (Responsabilidade, in *Direito penal*, cit., p. 95).

Os crimes e as contravenções (bem como as sanções respectivas) são objeto de um ramo do direito público: o *direito penal*, disciplinado em código próprio e em diversas leis extravagantes, aplicado de acordo com o processo penal, por juízes criminais, e informado por um feixe de princípios não presentes (ou não necessariamente presentes) noutros ramos do direito.

Embora a ideia de sanção, castigo, repressão, multa, punição, penalidade, pena, se apresente em variados setores do direito, o vocábulo "pena" foi apropriado pelo direito *penal* (tanto que deu nome a esse ramo jurídico), com acepção estrita de *sanção criminal.* "Crime" ou "delito" e "contravenção penal" são expressões usadas para designar as infrações punidas com "penas" (na aludida acepção de sanções criminais). A palavra "pena", como já ressaltamos, encontra-se, porém, em acepção lata, noutros setores do direito, ao lado de seu cognato *penalidade*[4].

O *direito penal* tutela um conjunto de valores (tidos pela ordem jurídica como de grande relevância), que podem referir-se a pessoas, bens, direitos, interesses, que são objeto de disciplina pelos mais variados departamentos da ciência jurídica. Dessa forma, institutos clássicos do direito civil (a propriedade, por exemplo) são amparados também por norma penal; do mesmo modo, nas relações jurídicas decorrentes do direito comercial, há interesses cujo desrespeito implica sanções penais (fraude na administração de sociedade anônima, crimes falimentares etc.); o mesmo se diga da legislação eleitoral, do direito do consumidor, do direito ambiental, do direito do trabalho, do direito econômico, do direito administrativo e, entre outros mais, também do direito tributário.

Os crimes ditos "tributários" ou "fiscais" (assim designados porque atentam contra o interesse da administração fiscal) não se distinguem dos demais delitos a não ser por aspectos periféricos e acidentais. O fato de o bem jurídico objeto da tutela penal ser o recolhimento de tributo não dá à legislação que discipline tais crimes a condição de ramo jurídico apartado do direito penal. Trata-se, pura e simplesmente, de um capítulo do direito penal, que visa à tutela de um específico bem jurídico, assim como outros capítulos do direito penal amparam diferentes bens jurídicos (a ordem econômica; os direitos do consumidor, do assalariado, do inquilino, do

4. Gonzalo Rodríguez Mourullo anota que, na expressão "direito penal", o termo "pena" se subentende na acepção de "pena criminal", ou seja, como consequência específica dos fatos legalmente qualificados como delitos, embora haja infrações que não são delitos e que também se sancionam com "penas", ditas "não criminais", como, por exemplo, são as "penas administrativas" (*Presente y futuro*, cit., p. 11).

adquirente de lotes de terra, da família; a honra, os bons costumes, o patrimônio etc.).

2.1. As "classificações" do direito penal

O gosto pela classificação, ou pela especialização, aliado a preocupações didáticas, tem levado a doutrina a falar, a par do direito penal dito "geral" ou "direito penal puro", que designaria o "antigo" direito penal (crimes contra a vida, o patrimônio etc.), em direito penal "econômico", direito penal "financeiro", direito penal "eleitoral", assim como se poderia falar em direito penal "ambiental", "do trabalho", do "consumidor", do "inquilinato" etc.

O curioso é que, se se levar a extremos o "loteamento" do direito penal, nada sobra para o direito penal "geral", pois os crimes que afetam o patrimônio, a honra, a família, a administração pública etc. também teriam de ser partilhados em sub-ramos com adjetivações específicas: direito penal *civil*, direito penal *administrativo* etc.

Não vemos por que o direito penal dito "geral" tenha de circunscrever-se aos delitos "mais antigos", e o "direito penal especial" (aliás, não se deveria dizer, no plural, "direitos penais especiais"?) deva abarcar os novos campos de aplicação da pena, em que o objeto da tutela penal são bens jurídicos que, historicamente, haviam ficado à margem do direito penal.

É claro que o estudioso, por exemplo, das relações de consumo irá examinar os crimes contra o consumidor; no direito do trabalho, haverá a preocupação com os crimes contra a organização do trabalho; do mesmo modo, o tributarista deverá atentar para os crimes "tributários". E o direito positivo, com frequência, trata dessas figuras delituosas em dispositivos insertos em leis trabalhistas, comerciais etc. Contudo, o fato de vários desses crimes ditos "especiais" estarem legislados (e porventura serem estudados) apartadamente dos demais delitos – o que, aliás, é mera circunstância histórica, pois, num código penal novo, eles podem ser agrupados no mesmo diploma – não lhes confere uma natureza diversa daquela dos demais delitos do chamado direito penal "geral".

Eventuais especificidades da disciplina penal que tutela certos bens jurídicos não lhe dão uma natureza distinta. Por exemplo, a possibilidade, que pode estar presente nas normas sobre crimes tributários, de a punição ser afastada mediante o pagamento do tributo, mesmo depois de descoberto o ilícito criminal (o que, de resto, é acidental, pois depende de opções de política criminal e de política fiscal) não confere aos crimes "tributários" coloração diferente da dos demais delitos. Há, de igual modo, especificidades em certos setores do direito penal dito "geral" (no capítulo dos crimes contra a honra, por exemplo), e nem por isso os crimes com essas peculiaridades provocaram cisão do direito penal.

Não obstante, é dentro de uma perspectiva didática que se costuma falar em direito penal "tributário", para designar o conjunto de normas e princípios que disciplinam os chamados delitos "tributários", cuja nota específica estaria em que o bem jurídico objeto da tutela penal é o direito (geralmente do Estado) de receber o tributo (direito esse passível de lesão ou de ameaça, ensejadores da sanção criminal).

Em monografia que Hector Villegas dedicou ao tema, chamada precisamente *Direito penal tributário*, são abordadas as várias posturas doutrinárias que buscaram solucionar o problema topográfico das normas de repressão de infrações tributárias, repassando-se teses tão díspares que ora põem o assunto como um capítulo do direito tributário, ora como um embrião penal que aspira a emancipar-se do direito tributário, ora como parte do direito penal, ora como ramo de direito autônomo, ora como parte do direito penal administrativo[5]. Esse jurista chega à conclusão de que as várias "ideias, veiculadas por teorias aparentemente discordantes, não são incompatíveis entre si"[6]; na sua opinião, a matéria é, genericamente, de direito penal, mas este admite uma divisão, "de acordo com a natureza jurídica substancial das infrações", em direito penal comum e direito penal administrativo, dentro do qual estaria o direito penal tributário, diferente do direito penal comum, mas não totalmente independente[7].

Talvez não se deva falar em diferença substancial na natureza jurídica das *infrações*, mas em disparidade dos *bens jurídicos tutelados*. Essa diversidade de bens jurídicos passíveis de tutela penal é que pode propiciar uma classificação didática do direito penal. Porém, o "loteamento" do direito penal, à vista da substância diversificada dos bens que ele ampare, esgotaria, logicamente, todo o seu universo, sem deixar objeto para o tal "direito penal comum".

2.2. "Direito penal tributário" e "direito tributário penal"

Numa visão didática, não há, talvez, maiores inconvenientes em agrupar o estudo dos crimes tributários sob o rótulo de *direito penal tributário*,

---

5. *Direito penal tributário*, p. 29-45.

6. *Direito penal*, cit., p. 59.

7. *Direito penal*, cit., p. 65-7.

já que essa designação conduz o estudioso para uma abordagem propositadamente circunscrita a um capítulo do direito penal, qual seja, aquele que tutela a arrecadação de tributos, delimitando, dessa forma, o campo de sua análise. O que se deve evitar são as miríficas visões autonomísticas que, centradas no particular, perdem a visão de conjunto, especialmente quando o particularismo esteja em circunstâncias tão frágeis como o fato de a norma figurar no próprio Código Penal, em lei extravagante, ou no corpo de normas que versem também sobre matéria não penal. Tais circunstâncias não conferem *especialidade* às figuras penais que estejam em causa.

Por oposição a "direito penal tributário", cunhou-se a expressão "direito tributário penal", que (*embora lexicamente se pudesse empregar como sinônimo da primeira expressão*) foi utilizada para designar o setor do direito tributário que comina sanções *não criminais* para determinadas condutas ilegais. Tratar-se-ia, nesses casos, das chamadas "infrações administrativas", ou "ilícitos administrativos", castigados com a aplicação de "sanções administrativas", aplicadas pelas autoridades administrativas, mediante procedimento administrativo.

Como se vê, nesse aspecto, o direito tributário não cortou ainda o cordão umbilical com o direito administrativo (e talvez nem haja razões para fazê-lo). É que, em rigor, o que se opõe às infrações e às sanções *criminais* são as infrações e as sanções *administrativa*s, pois, enquanto aquelas são previstas no direito penal, aplicadas pelos juízes criminais, segundo o específico processo penal, estas outras são previstas em leis afetas à administração, aplicadas por autoridades administrativas, mediante procedimento administrativo.

Mas, se a questão é segregar e batizar, as infrações e as sanções administrativas integrariam, numa perspectiva mais ampla, um direito *administrativo* penal, dentro do qual seria identificável o setor do direito *tributário* penal, ao lado do direito *eleitoral* penal e de tantos outros subcompartimentos.

Em suma, são claramente identificáveis dois sistemas legais sancionatórios atuáveis pelo Estado: um, o *criminal*, implementado segundo o direito penal, mediante processo penal, no juízo criminal; o outro, o *administrativo*, aplicado segundo regras do direito administrativo, no procedimento administrativo, pelas autoridades administrativas. Não obstante, determinado interesse jurídico pode, eventualmente, estar tutelado por ambos, como ocorre com a arrecadação de tributos, protegida por um sistema de sanções *administrativas* e por outro de sanções *penais*. Ressalte-se, porém, que as sanções administrativas (aplicadas embora pelas autoridades administrativas) sujeitam-se ao controle de legalidade a que estão submetidos os atos administrativos em geral, de modo que o administrado, se não concordar com o castigo que lhe tenha sido imposto, pode levá-lo à contrasteação judicial (não no processo penal, obviamente, mas no processo civil).

Assim, "direito administrativo penal" é uma designação que pode, didaticamente, ser empregada para expressar o conjunto de normas e princípios que disciplinam as sanções ditas administrativas. E é dentro dessa visão didática, como já frisamos, que se poderia falar, como parte do "direito administrativo penal", de um "direito administrativo-tributário penal" (ou "direito tributário penal"), atinente especificamente às sanções aplicáveis pela administração tributária, de acordo com as normas do processo administrativo tributário.

O que obnubila a visão das classificações – nesse e noutros assuntos – é a questão de eleger o *critério de classificação*. As disputas são travadas no plano da "cientificidade" das classificações, quando, frequentemente, a dissensão está apenas na eleição do critério utilizável (ou reside no mero plano dos rótulos).

É o que se dá em matéria de infrações. Se se põe o foco sobre a ideia de *sanção*, todas as normas sancionatórias seriam agrupadas como "direito sancionatório" (ou coisa que o valha). Se o foco é sobre a sanção *penal*, o agrupamento seria de todos os *crimes* e *contravenções*, independentemente de se visar à tutela de direitos do indivíduo, da coletividade ou do Estado (e aí temos o *direito penal*), alocando-se noutro agrupamento as sanções *não criminais* (*direito administrativo penal*). Se o critério eleito levar em conta a *natureza do bem jurídico tutelado*, as infrações e respectivas sanções poderiam ficar agregadas a *cada ramo do direito* que disciplinasse aquele específico bem jurídico (ilícitos *tributários*, de natureza criminal ou não; ilícitos *trabalhistas*, criminais ou não; ilícitos *eleitorais*, criminais ou não etc.).

A experiência tem demonstrado que, em matéria de classificações, o melhor referencial é o da *utilidade*: as classificações não são boas ou más, são mais úteis ou menos úteis.

Historicamente, construiu-se uma ciência do direito penal que não perde em importância pelo fato de a lei penal ter por objeto tutelar bens que não são "penais", mas civis, comerciais, financeiros, eleitorais, trabalhistas, tributários etc. Sem embargo, o direito penal representa um conjunto de normas e princípios unificado e (*dentro da relatividade do conceito* – sublinhe-se a ressalva) "autônomo". Por outro lado, lembrando embora o truísmo de que o ordenamento jurídico é um todo incindível, não se deve desprezar a utilidade didática das classificações, que segmentam a completude do direito, e, depois, de cada ramo, de cada capítulo, permitindo uma melhor compreensão dos fenômenos jurídicos, e que promovem diferentes arranjos desses fenômenos, ora unificando-os sob esta, ora sob aquela perspectiva.

2.3. Princípios comuns às sanções administrativas e penais

Apesar da maior gravidade da infração criminal, e, portanto, da sanção penal (geralmente restritiva da liberdade), e não obstante esta geralmente se faça acompanhar de uma "pena acessória" nada desprezível, traduzida na reprovação social, maior do que a decorrente da sanção administrativa, há alguns princípios que são comuns aos dois campos: o princípio da legalidade dos delitos e das penas (*nullum crimen, nulla poena sine praevia lege*), o princípio *in dubio pro reo*, a retroatividade benigna, o princípio do devido processo legal.

No que respeita ao elemento subjetivo, embora a sanção administrativa não abstraia a ideia de culpabilidade (conforme veremos adiante), o rigor é maior no direito penal, onde a regra é a conduta infracional *dolosa* (admitida, apenas em situações específicas e expressas, a modalidade culposa); ademais, a pena sói ser a de *privação da liberdade*. Por isso, no direito penal, é uma questão complexa a da responsabilidade pelos chamados "delitos da pessoa jurídica". As leis penais procuram identificar a pessoa física que agiu como representante da pessoa jurídica, para apená-la criminalmente, mas nem sempre é fácil indigitar com precisão o indivíduo realmente responsável (culpado) pela prática do ato delituoso na pessoa jurídica.

Já no caso das infrações administrativas, que, em regra, não supõem o dolo (aliado isso ao fato de que as sanções respectivas não são privativas de liberdade), é facilmente implementável a punição (por meio de multas ou, eventualmente, de interdição de direitos) da própria pessoa jurídica, sem necessidade de identificação da pessoa física que (como representante da pessoa jurídica) tenha sido o executor da infração.

2.4. Objetivos comuns das sanções administrativas e penais

A cominação de sanções administrativas ou penais para os ilícitos tributários tem (ou deve ter) objetivos comuns: em ambos os casos, visa-se a inibir possíveis infratores, intimidando-os (é a chamada *prevenção geral*); a par disso, castiga-se o infrator, com vistas a evitar que ele reincida na infração (*prevenção especial*); as sanções teriam, ainda, uma *função educativa*, no sentido de formar uma moral fiscal, que contribuísse para evitar a infração da lei tributária.

No campo das sanções administrativas pecuniárias (multas), é preciso não confundir (como faz, frequentemente, o próprio legislador) a proteção ao interesse da arrecadação (bem jurídico tutelado) com o objetivo de arrecadação por meio da multa. Noutras palavras, a sanção deve ser estabelecida para estimular o cumprimento da obrigação tributária; se o devedor tentar fugir ao seu dever, o gravame adicional representado pela multa que lhe é imposta se justifica, desde que graduado segundo a gravidade da infração. Se se tratar de obrigação acessória, a multa igualmente se justifica (pelo perigo que o descumprimento da obrigação acessória provoca para a arrecadação de tributos), mas a multa não pode ser transformada em instrumento de arrecadação; pelo contrário, deve-se graduá-la em função da gravidade da infração, vale dizer, da gravidade do dano ou da ameaça que a infração representa para a arrecadação de tributos[8].

3. INFRAÇÕES TRIBUTÁRIAS NO CÓDIGO TRIBUTÁRIO NACIONAL

O Código Tributário Nacional dedicou três artigos à *responsabilidade por infrações tributárias* (arts. 136 a 138), mais três artigos à *anistia* (arts. 180 a 182), reportando-se, ainda, à matéria, de modo fragmentário, noutras disposições: a) art. 97, V (princípio da legalidade); b) art. 100, parágrafo único (exclusão de penalidades no caso de observância de normas complementares); c) art. 106, II (retroatividade benigna); d) art. 112 (*in dubio pro reo*); e) art. 113, §§ 1º (penalidade pecuniária como objeto da obrigação principal) e 3º ("conversão" da obrigação acessória em obrigação principal, relativamente à penalidade pecuniária aplicável); f) art. 121 (o obrigado ao pagamento de penalidade pecuniária é sujeito passivo de obrigação principal); g) art. 134, parágrafo único (os terceiros ali referidos só se sujeitam a penalidades de caráter moratório); h) art. 142 (a penalidade como objeto do lançamento tributário); i) art. 149, VI (infração como hipótese que enseja lançamento de ofício); j) art. 155, I e II (cabimento ou não de penalidades, em caso de revogação de moratória); l) art. 157 (a penalidade não elide o tributo); m) art. 161 (cabimento de penalidades pelo inadimplemento do

---

8. Angela Maria da Motta Pacheco sublinha a importância do princípio da proporcionalidade das sanções tributárias (*Sanções tributárias e sanções penais tributárias*, p. 257-62).

dever de recolher tributo); n) art. 164, I (cabimento de consignação se a autoridade subordinar o recebimento de tributo ao pagamento de penalidade); o) art. 167 (restituição de penalidades pecuniárias indevidas).

A seção sobre *responsabilidade por infrações* foi, com evidente falta de técnica, inserida no capítulo que, nas demais seções, cuida do *sujeito passivo indireto* (que o CTN designou como "responsável"). Com efeito, depois de tratar do sujeito passivo indireto nos arts. 128 a 134, minudenciando várias situações em que alguém, que não o contribuinte, pode ocupar o polo passivo da obrigação tributária, o Código passa, nos artigos seguintes, a disciplinar a *responsabilidade por infrações*, que, obviamente, não é matéria restrita ao sujeito passivo indireto ("responsável"), abrangendo, também, a figura do contribuinte (sujeito passivo direto).

Certamente, esse erro decorre da plurivocidade do vocábulo "responsável". A palavra é comumente empregada para designar qualquer pessoa que arca com as consequências de atos seus ou de terceiros. Quando o Código Tributário Nacional chamou certas pessoas (sujeitos passivos de obrigações tributárias) de "responsáveis", assim designou determinado tipo ou modalidade de sujeição passiva. O vocábulo tem, aí, acepção jurídica estrita, não abrangendo a figura do "contribuinte", que, porém, numa acepção lata, também "responde" pelo pagamento do tributo.

Neste capítulo, o Código, na verdade, emprega os vocábulos "responsável" e "responsabilidade" em múltiplas acepções: a) sujeito passivo indireto; b) submissão de alguém aos efeitos dos seus atos (responsabilidade por infrações); c) responsabilidade do representado pelos atos do representante, que age em nome e por conta daquele; d) responsabilidade do representante legal perante o representado (por exemplo, o pai, em relação aos filhos).

Veja-se, no próprio art. 128 (dispositivo introdutório do capítulo em que se vai cuidar da sujeição passiva indireta), que o vocábulo "responsabilidade" é utilizado em acepção lata, quando se fala em *responsabilidade de terceiro*, afastando-se ou não a *responsabilidade do contribuinte*.

Na seção atinente às infrações, a palavra "responsabilidade" está empregada em sentido amplo, pois refere-se quer ao sujeito passivo "contribuinte", quer ao sujeito passivo "responsável", quer, ainda, a outras pessoas que, embora não sejam nem "contribuintes" nem "responsáveis" (nessa estrita acepção), podem cometer infrações (ao descumprir obrigações acessórias) e "responder" por elas, ou seja, arcar com as suas consequências.

O Código, como se vê, juntou, no mesmo capítulo, a "responsabilidade" no sentido estrito, designativo da sujeição passiva indireta, com a "responsabilidade" em sentido amplo, que expressa a sujeição de alguém às consequências de seus atos. E, a par disso, utiliza o vocábulo para expressar certas consequências jurídicas emergentes da relação de representação que há entre certas pessoas, em determinadas situações, por força de lei ou de contrato.

Deve-se, por oportuno, observar que o Código Tributário Nacional não define infrações nem lhes comina penalidades, mas dita uma série de normas gerais a respeito da matéria, sobre a qual ora dispõe imperativamente, ora supletivamente.

4. A FIGURA DO INFRATOR NO CÓDIGO TRIBUTÁRIO NACIONAL

O art. 136 estabelece que, "salvo disposição em contrário, a responsabilidade por infrações da legislação tributária independe da intenção do agente ou do responsável e da efetividade, natureza e extensão dos efeitos do ato".

O texto não prima pela boa técnica legislativa. Com efeito, ao afirmar que a *responsabilidade* independe da intenção do *responsável*, o artigo, à primeira vista, parece proclamar um vício de lógica, pois, se alguém já é chamado de *responsável*, é óbvio que o atributo inerente a essa condição (ou seja, a *responsabilidade*) não poderia mesmo, logicamente, vir a depender de coisa alguma, pois, se dependesse, o indivíduo ainda não poderia ser chamado de *responsável*. Analogamente, não se pode dizer que a responsabilidade penal do *criminoso* depende de sua culpabilidade, pois ele só é criminoso se, como precedente lógico, se firmar sua culpa (*lato sensu*). Assim, o que depende ou não de intencionalidade ou culpabilidade é a responsabilidade (penal ou tributária) do *indivíduo*, do *acusado* (em suma: de *alguém*), mas não do *criminoso* ou do *infrator* ou do *responsável*, pois só haverá criminoso, infrator, responsável, *depois* de se resolverem as questões, logicamente precedentes, relativas à culpabilidade ou intencionalidade (ainda que essa resolução seja no sentido de que, em tais ou quais situações, não se requer intencionalidade para tipificação e punição do ilícito; trata-se, mesmo aí, de uma questão prévia).

Entretanto, nesse passo, o problema não é esse aparente vício lógico. O que, mais uma vez, se apresenta é a questão da polissemia do vocábulo "responsável". Já vimos que a "responsabilidade", no texto do art. 136, nada tem que ver com sujeição passiva indireta (embora esta também seja rotulada, noutros dispositivos do Código, com a mesma designação de "responsabilidade"). Porém, ao falar em "agente ou responsável", o Código emprega o termo "responsável" numa terceira acepção, que nem se confunde com a sujeição passiva indireta, nem com a sujeição de alguém às consequências de *seus atos,* mas sim às consequências dos atos de *outras* pessoas (por exemplo, seus prepostos ou mandatários).

Com efeito, a expressão "agente ou responsável" supõe que o *executor material* de certo ato ilícito pode agir *em seu nome e por sua conta*, ou como *representante de terceiro*. Diz o Código que a responsabilidade por infração (ou seja, a sujeição às consequências do ato) independe da intenção do *agente* (executor material) ou do *responsável* (outra pessoa, em nome e por conta de quem o agente atue).

Se "agente" é o indivíduo que pratica determinada ação (omissiva ou comissiva), que configura uma infração à lei tributária, o "responsável", à vista da *alternativa* (agente *ou* responsável), é alguém que não se confunde com o "agente". Ou seja, é outra pessoa, que não o agente, em nome da qual este atua. Assim, por exemplo, o administrador, o mandatário, o gerente, o preposto são os *agentes*, em relação ao *administrado*, ao *mandante*, ao *gerido*, ao *preponente,* que seriam os "responsáveis".

Essa ideia do *responsável* como terceira pessoa, que não o *agente*, em nome da qual este atua é confirmada pelo art. 137, que relaciona casos nos quais a responsabilidade é pessoal *do agente*; ora, esse artigo trata justamente de situações em que alguém (o "agente") atua em nome de terceiros (administrados, mandantes, preponentes, empregadores, filhos menores, entre outros casos). No mesmo sentido parece ser a opinião de Ives Gandra da Silva Martins, quando diz que a lei deu o mesmo tratamento ao "agente (pessoa que faz) e ao responsável (pessoa que pode não ter feito, mas está na posição de sujeito passivo)"[9], sem perquirição sobre sua eventual intenção de efetivamente querer lesar um interesse do Fisco, por exceção, nos casos do art. 137, só o próprio "agente" é que será punível.

Assim, a alternativa prevista no art. 136 ("agente ou responsável") abarca a figura do agente e a do terceiro (administrado, representado etc.), com a assinalada exceção para as hipóteses do art. 137 (que abaixo analisaremos), em que a responsabilidade seria apenas do agente, e não do "responsável" (administrado, preponente, empregador etc.).

---

9. *Da sanção tributária*, p. 72.

Nas situações do art. 136 – em que se põe a figura do responsável a par da do agente (executor material) – pode-se falar na culpa *in vigilando* ou culpa *in eligendo*: quem contrata um mau administrador ou mandatário ou preposto *responde* pelos atos do representante eleito.

Isso faz sentido quando se tratar de representação *contratual*. O mesmo não se dá na *representação que decorra da lei* (o pai, por exemplo, não é nem eleito nem vigiado pelo filho). Neste caso, não cabe falar em culpa *in vigilando* ou *in eligendo*. E soaria de uma perversidade ímpar dizer que a responsabilidade por infrações tributárias praticadas pelo pai, no trato de assunto tributário do filho menor, é imputável a este, mesmo que este não tenha tido intenção de atentar contra o interesse do Fisco... O art. 137, como veremos, procurou dar solução para essa e outras situações em que não seria justo imputar responsabilidade ao representado.

Na *sucessão*, a jurisprudência tem entendido que a responsabilidade por infrações não se transmite, como vimos, ao analisar, no item sobre responsabilidade por sucessão, os arts. 132 e 133 do Código.

5. RESPONSABILIDADE POR INFRAÇÕES TRIBUTÁRIAS E INTENCIONALIDADE

O art. 136 afirma, como já vimos, o princípio de que a responsabilidade por infrações tributárias *independe da intenção* do agente ou do responsável. Se o agente atua em seu nome ou no de outrem (responsável), a regra é, pois, desprezar a pesquisa da intenção tanto do agente quanto daquele por conta de quem esteja eventualmente agindo.

A doutrina costuma, à vista desse dispositivo, dizer que a responsabilidade por infrações tributárias é *objetiva*, uma vez que não seria necessário pesquisar a eventual presença do elemento subjetivo (dolo ou culpa). Veja-se, por exemplo, a lição de Ricardo Lobo Torres[10], Paulo de Barros Carvalho[11] e Eduardo Marcial Ferreira Jardim[12].

Por outro lado, Luiz Flávio Gomes diz que o art. 136 é "absolutamente inconstitucional", por tratar da "responsabilidade no sentido 'objetivo' (imposição de sanção sem dolo ou culpa)", conflitando com a "presunção de inocência"[13].

---

10. *Curso*, cit., p. 218.
11. *Curso*, cit., p. 348.
12. *Manual*, cit., p. 188.
13. Responsabilidade, in *Direito penal*, cit., p. 95-6.

Talvez o Código não mereça nenhum desses comentários. O preceito questionado diz, em verdade, que a responsabilidade não depende da *intenção*, o que torna (em princípio) irrelevante a presença de *dolo* (vontade consciente de adotar a conduta ilícita), mas não afasta a discussão da *culpa* (em sentido estrito). Se ficar evidenciado que o indivíduo não quis descumprir a lei, e o eventual descumprimento se deveu a razões que escaparam a seu controle, a infração ficará descaracterizada, não cabendo, pois, falar em responsabilidade. É o caso, citando o exemplo referido por Sacha Calmon Navarro Coêlho, do comerciante que escriturou corretamente suas operações, apurou o tributo devido, preencheu a guia de recolhimento, fez o cheque e mandou seu preposto ao banco, no dia do vencimento de sua obrigação, para fazer o pagamento, que só não foi realizado porque o preposto sofreu um acidente e foi recolhido ao hospital; o destino quis que um agente do Fisco tomasse conhecimento do fato e, no dia seguinte, amanhecesse no estabelecimento do comerciante para autuá-lo...[14]. Nesse caso, *objetivamente*, teria ocorrido a infração, mas o comerciante não poderia ser punido (como, efetivamente, não foi). Não houvesse outra razão, repugnaria à equidade aplicar punição em casos como esse. E recorde-se que a equidade é um dos modos de integração da legislação tributária, expressamente previstos pelo Código Tributário Nacional (art. 108, IV).

O art. 136 pretende, *em regra geral*, evitar que o acusado alegue que ignorava a lei, ou desconhecia a exata qualificação jurídica dos fatos, e, portanto, teria praticado a infração "de boa-fé", sem *intenção* de lesar o interesse do Fisco. O preceito supõe que os indivíduos, em suas atividades negociais, conhecem a lei tributária, e, se não a cumprem, é porque ou realmente não a quiseram cumprir (o que *não está presumido* pelo dispositivo) ou não diligenciaram para conhecê-la e aplicá-la corretamente em relação aos seus bens, negócios ou atividades, ou elegeram prepostos negligentes ou imperitos. Enfim, subjaz à responsabilidade tributária a noção de culpa, pelo menos *stricto sensu*, pois, ainda que o indivíduo não atue com consciência e vontade do resultado, este pode decorrer da falta de diligência (portanto, de negligência) sua ou de seus prepostos, no trato de seus negócios (pondo-se, aí, portanto, também a culpa *in eligendo* ou *in vigilando*). Sendo, na prática, de difícil comprovação o dolo do indivíduo (salvo em situações em que os vestígios materiais sejam evidentes), o que preceitua o Código Tributário Nacional é que a responsabilidade por infração tributária não requer a

14. Sacha Calmon Navarro Coêlho, *Infrações tributárias e suas sanções*, p. 58.

prova, pelo Fisco, de que o indivíduo agiu com conhecimento de que sua ação ou omissão era contrária à lei, e de que ele *quis* descumprir a lei.

O art. 136 não afirma a responsabilidade tributária *sem culpa* (*stricto sensu*). Interpretado o preceito em harmonia com o art. 108, IV, a equidade já conduz o aplicador da lei no sentido de afastar a sanção em situações nas quais, dadas as circunstâncias materiais ou pessoais, ela não se justifique. Mesmo no que respeita à obrigação de *pagar tributo* (em que, obviamente, não cabe a discussão em tela, sobre "elemento subjetivo"), o Código se mostra sensível a situações em que o *erro* ou *ignorância escusáveis* sobre matéria de fato possam ter o efeito de viabilizar *remissão* (art. 172, II e IV).

Em suma, parece-nos que não se pode afirmar ser *objetiva* a responsabilidade tributária (em matéria de infrações administrativas) e, por isso, ser inadmissível todo tipo de defesa do acusado com base na ausência de culpa. O que, em regra, não cabe é a alegação de ausência de *dolo* para eximir-se de sanção por infração que não requer intencionalidade.

Por outro lado, o Código Tributário Nacional dá ao art. 136 o caráter de *norma supletiva*, admitindo, pois, que a lei disponha em contrário. Com efeito, embora dispense a pesquisa da intenção do agente ou do responsável, ele ressalva a existência de disposição legal em contrário. O que, efetivamente, costuma ocorrer no plano da legislação ordinária é que a fraude, o artifício, o ardil, o estratagema voluntariamente urdido para iludir o Fisco configura situação levada em conta para o efeito de *agravar* as penalidades aplicáveis. Na mesma linha, o Código consagra a preocupação de dar aos casos de fraude um tratamento mais severo, em diversas matérias (cf., por exemplo, art. 106, II, *b*; art. 150, § 4º; art. 155; art. 172, parágrafo único, c/c o art. 155; art. 180; art. 182, parágrafo único, c/c o art. 155).

Assim sendo, a intenção ardilosa de lesar o Fisco, geralmente, leva a um maior rigor da lei contra o infrator. Em contrapartida, diante da inexistência de intenção dolosa, a escusabilidade do erro, a inevitabilidade da conduta infratora, a ausência de culpa são fatores que podem levar à exclusão de penalidade. Na dúvida, prestigia-se a presunção de inocência (art. 112).

6. RESPONSABILIDADE POR INFRAÇÕES E DANO

Em regra, também não importa pesquisar se o ato contrário à lei gerou efeitos (por exemplo, implicou o recolhimento de tributo menor do que o devido), nem interessa saber qual a natureza do ato ou a extensão dos seus eventuais efeitos (CTN, art. 136).

É claro, porém, que também aí cabe a ressalva no sentido de que essas circunstâncias podem ser levadas em conta para o efeito de aplicação ou graduação de penalidades.

Tanto esses fatores têm importância para a matéria que o Código se refere expressamente a eles como aspectos que podem ser objeto de análise na interpretação da legislação tributária sobre infrações (art. 112, II).

Ademais, o dano traduzido na falta ou insuficiência de recolhimento de tributo é passível de reparação específica, pois a aplicação de penalidade não elide o pagamento do tributo (art. 157). As multas cabíveis nas situações em que tenha ocorrido falta ou insuficiência de pagamento de tributo são, geralmente, proporcionais ao valor do tributo que deixou de ser recolhido, o que implica considerar o *efeito* do ato praticado, e a sua *extensão*, para fins de aplicação ou graduação da penalidade, em sentido oposto, portanto, ao proclamado no art. 136. Como registramos acima, a propósito dos objetivos das sanções, a multa é justa se graduada de acordo com a gravidade da infração.

7. RESPONSABILIDADE PESSOAL DO AGENTE

Vimos, no art. 136, que a responsabilidade por infrações independe da intenção "do agente ou do responsável", e concluímos que o Código Tributário Nacional quis abranger, com essa locução, as figuras do *agente* ou *executor material* do ato (quando se trate do próprio interessado em dada situação material à qual o ato se conecte), e o *terceiro*, em nome e por conta de quem o agente tenha praticado o ato. Esse terceiro é que é o "responsável", na citada alternativa: "agente ou responsável".

Agora, no art. 137, o Código arrola situações em que a responsabilidade por infrações é pessoal do *agente,* não, obviamente, em situação na qual ele atue em seu nome e por sua conta, hipótese em que não haveria dúvida, mas em casos nos quais, agindo embora em nome e por conta de terceiro, a responsabilidade é imputada ao próprio agente ou executor material.

Diz o art. 137: "A responsabilidade é pessoal ao (*sic*) agente: I – quanto às infrações conceituadas por lei como crimes ou contravenções, salvo quando praticadas no exercício regular de administração, mandato, função, cargo ou emprego, ou no cumprimento de ordem expressa emitida por quem de direito; II – quanto às infrações em cuja definição o dolo específico do agente seja elementar; III – quanto às infrações que decorram direta e exclusivamente de dolo específico: *a*) das pessoas referidas no art. 134, contra aquelas por quem respondem; *b*) dos mandatários, prepostos ou empregados, contra seus mandantes, preponentes ou empregadores; *c*) dos diretores, gerentes ou representantes de pessoas jurídicas de direito privado, contra estas".

O artigo disciplina, como se vê, somente hipóteses em que o agente *não esteja atuando em nome próprio e por sua conta*. Com efeito, o dispositivo desloca o foco pessoal da incidência da sanção tributária da figura do "responsável" (terceiro em nome e por conta de quem atue o agente) para a pessoa do "agente", como se este estivesse agindo em seu próprio nome e por sua própria conta. Na prática, o que frequentemente ocorre é que o "agente" atua em nome e por conta do terceiro, mas, ardilosamente, fugindo aos deveres de sua função, age *no seu próprio interesse*. Por essa razão ou pela maior gravidade do ilícito, o Código prevê a punição pessoal do agente.

Observe-se que, nesse dispositivo (art. 137, III, *a*), na situação em que alguém age em nome ou por conta de outrem (representando-o), a expressão "responsabilidade" assume sentido *radicalmente oposto ao que examinamos antes*. Quando falamos de representação, vimos que o *representado responde* pelos atos de seus representantes. No item em apreço, fala-se de agentes que "respondem" por outras pessoas (administrados, representados etc.). Trata-se, pois, de uma quarta acepção para o vocábulo, ainda no mesmo capítulo da "responsabilidade por infrações".

7.1. Ilícitos criminais

A primeira situação em que o agente é responsabilizado pessoalmente é a das infrações conceituadas (*por lei*, consoante declara o CTN, em escandalosa obviedade) como crimes ou contravenções.

A pena criminal, como se sabe, depende do elemento subjetivo e só pode (e deve) ser aplicada ao agente (e eventuais coautores, ainda que meramente intelectuais). Ou seja, não obstante a pessoalidade da responsabilidade do agente, o terceiro pode também ser apenado se tiver participado do delito, como autor intelectual ou como mandante.

O dispositivo abre uma ressalva relativa às situações em que a infração (embora de natureza delituosa) seja praticada "no exercício regular de administração, mandato, função, cargo ou emprego, ou no cumprimento de ordem expressa emitida por quem de direito".

À primeira vista, essa ressalva parece esdrúxula, pois quem comete crimes "no exercício regular de suas atribuições" é o membro de sociedade de criminosos; e quem dá ordem expressa para a prática de crime é chefe de quadrilha. A questão, porém, tem que ver com o *elemento subjetivo* e com a *consciência da antijuridicidade do ato.* Alguém que tenha por atribuição emitir notas fiscais de venda de mercadorias e que seja solicitado a fazê-lo, em relação a determinada mercadoria, quando, na verdade, outra é a mercadoria vendida, não pode ser criminalmente responsabilizado (com base em lei que preveja como delito a emissão de nota com indicação de mercadoria diversa da que realmente esteja sendo fornecida), *se não tiver conhecimento da divergência.* Se o agente ignora que a emissão da nota fiscal é processada com dados falsos, não se caracteriza o elemento subjetivo necessário à sanção penal; ou seja, embora *queira* o resultado material (emissão da nota), ele não tem consciência de que aquele ato é contrário ao direito; a ilicitude do ato não está, portanto, conectada com o seu executor material, mas com a pessoa que, ciente do fato real, solicitou a emissão da nota com dados falsos.

Na hipótese de o executor ter praticado o ato com conhecimento de sua ilicitude, a ressalva fica descaracterizada, pois não se poderá dizer que agiu no exercício *regular* de suas atribuições.

7.2. Infrações de dolo específico

A segunda hipótese em que se responsabiliza pessoalmente o agente diz respeito às "infrações em cuja definição o dolo específico do agente seja elementar" (art. 137, II).

"Dolo específico" é a vontade de obter determinado resultado com a ação realizada (por isso chamado, também, de "dolo de resultado"); a infração não se configura toda vez que certo ato é praticado, mas somente quando ele visa a determinado objetivo. A expressão "dolo específico" (e, pior ainda, o "dolo genérico") não goza da simpatia dos criminalistas, não obstante sua utilidade didática. O que se dá, em tais figuras delituosas, é que *o tipo é integrado pela intenção de atingir determinado resultado*, sem a qual, portanto, ele não se aperfeiçoa. Embora o *resultado* não seja necessário para o aperfeiçoamento do tipo, a *intenção* de atingi-lo é indispensável.

Não se cuida, no dispositivo em análise, de *crimes*, mas sim de *infrações administrativas* em cuja definição seja elementar a vontade de atingir determinado resultado. Os crimes, com "dolo específico" ou não, estão já compreendidos no item I.

Trata-se, por outro lado, de infrações (administrativas) em cuja definição seja elementar o "dolo específico" *do agente*, ou seja, infrações nas quais o "executor" do ato tenha em mente a obtenção de determinado resultado (embora em proveito ou no interesse do "terceiro" em nome e por conta de quem ele atua). É preciso, portanto, que fique evidenciada não apenas a *intencionalidade* do agente, mas o seu *objetivo de atingir determinado resultado*.

A par disso, cumpre verificar se há evidências de que o representado (o "responsável", na acepção de pessoa em nome e por conta de quem atue o agente) também participou, material ou ideologicamente, da prática do ilícito, pois nessa hipótese não faria sentido substituí-lo pelo agente na posição de acusado.

7.3. Ilícitos civis contra terceiros

No art. 137, III, o Código Tributário Nacional parece ter-se olvidado do conceito de "dolo específico".

Com efeito, se se cuida de infrações *tributárias*, a *vítima* da conduta ilícita é o *Fisco*. A infração, que atenta contra o interesse do Fisco, praticada intencionalmente ou não, pode, no primeiro caso, ter seu conceito integrado por um específico *objetivo*, somente com cuja presença o ato é punível. Esta seria a chamada *infração de "dolo específico"*. Muito bem; se a vítima dessas condutas é o Fisco, não se compreende por que o dispositivo fala em "dolo específico" *contra terceiros*; na infração tributária, o objetivo visado é, direta ou indiretamente, lesar o *credor do tributo*. Se outro for o interesse ferido (por exemplo, o do mandante, o do preponente, o do tutelado etc.), a infração *não é de natureza administrativa* (*tributária*).

Parece, por conseguinte, que o Código atropelou o conceito, ao referir situações em que, além do Fisco como vítima (de um ilícito administrativo), haja um terceiro que seja também vítima de uma conduta ilícita do agente; este teria visado à lesão não do interesse do Fisco, mas sim do interesse de um terceiro, em nome e por conta de quem deveria atuar, e por cujo interesse, portanto, deveria pautar sua conduta. O que pode ocorrer (e aí se faz presente o interesse do Fisco) é que, ao atuar contra o interesse do terceiro, o agente acabe também ferindo interesse do Fisco.

As hipóteses de aplicação do art. 137, III, reportam-se, portanto, segundo parece, a *ilícitos civis contra terceiros*, praticados por pessoas que agem em nome e por conta daqueles. Por exemplo, se o pai age intencionalmente contra o interesse do filho, ou se o diretor atua, conscientemente, contra o interesse da sociedade que ele dirige, e se a conduta por eles adotada implica uma infração fiscal, a responsabilidade é pessoal do agente (ou seja, do pai, ou do diretor, nos exemplos dados, e não do filho ou da sociedade, em cujo nome e por cuja conta tenham supostamente atuado).

Mas há um outro aspecto a frisar. É que, se o Código Tributário Nacional quis – como parece – referir ações do representante que ferem direitos do representado, a questão não é de "*dolo específico*", mas de *voluntariedade* ou *intencionalidade do ilícito civil*, que nada tem que ver com aquela expressão (que, como vimos, tem curso no direito penal para identificar certos tipos delituosos que só se caracterizam se o agente tiver visado, com sua conduta, determinado objetivo).

8. DENÚNCIA ESPONTÂNEA E EXCLUSÃO DA RESPONSABILIDADE POR INFRAÇÕES

Como já se viu, o objetivo fundamental das sanções tributárias é, pela intimidação do potencial infrator, evitar condutas que levem ao não pagamento do tributo ou que dificultem a ação fiscalizadora (que, por seu turno, visa também a obter o correto pagamento do tributo).

Ora, dentro dessa perspectiva, é desejável que o eventual infrator, espontaneamente, "venha para o bom caminho". Esse comportamento é estimulado pelo art. 138 do Código, ao excluir a responsabilidade por infrações que sejam objeto de denúncia espontânea.

Estatui o dispositivo: "A responsabilidade é excluída pela denúncia espontânea da infração, acompanhada, se for o caso, do pagamento do tributo devido e dos juros de mora, ou do depósito da importância arbitrada pela autoridade administrativa, quando o montante do tributo dependa de apuração. Parágrafo único. Não se considera espontânea a denúncia apresentada após o início de qualquer procedimento administrativo ou medida de fiscalização, relacionados com a infração".

A denúncia espontânea afasta, portanto, a responsabilidade por infrações tributárias. Porém, "se for o caso", ela deve ser acompanhada do pagamento do tributo devido e dos juros de mora; se o valor do tributo não for ainda conhecido, por depender de apuração, deve ser efetuado, no lugar do pagamento, o depósito da quantia arbitrada pela autoridade administrativa.

A expressão "se for o caso" explica-se em face de que algumas infrações, por implicarem desrespeito a obrigações acessórias, não acarretam, diretamente, nenhuma falta de pagamento de tributo, embora sejam também puníveis, porque a responsabilidade não pressupõe, necessariamente, dano (art. 136). Outras infrações, porém, de um modo ou de outro, resultam em falta de pagamento. Em relação a estas é que o Código reclama o pagamento.

O dispositivo é autoaplicável. Não depende de previsão na legislação ordinária, nem a cláusula "se for o caso" supõe que a lei ordinária dê alguma explicitação[15].

8.1. Espontaneidade e investigação fiscal

Para ter eficácia a denúncia, ela há de ser espontânea. Se se trata de infração conscientemente praticada, a denúncia é motivada pelo *arrependimento* do infrator (ainda que o arrependimento seja temperado pelo medo de vir a sofrer alguma sanção). Mas pode também ter ocorrido a infração de modo involuntário, vindo o infrator, posteriormente, a dar-se conta de que agiu em desacordo com a lei; cabe, aqui, igualmente, a denúncia espontânea, embora não haja, no caso, lugar para falar em arrependimento.

Situações há em que se tornaria difícil estabelecer se a denúncia é ou não de fato espontânea. Por exemplo, notícias na imprensa de que a fiscalização de certo tributo será aumentada, presença da fiscalização em outras empresas do mesmo ramo, ou em estabelecimentos vizinhos, dentre outras possíveis motivações, nem sempre compatíveis, em rigor, com a ideia de espontaneidade, podem levar o infrator à autodenúncia.

Porém, há um *critério legal* para discriminar os casos em que a denúncia é ou não considerada espontânea, e ele vem expresso no parágrafo único do art. 138. A denúncia não é considerada espontânea se apresentada após o início de qualquer procedimento administrativo ou medida de fiscalização, relacionados com a infração. *Não é, pois, qualquer possível motivação externa à vontade do infrator que exclui sua espontaneidade*, para os efeitos do artigo em estudo; requer-se a existência de um procedimento fiscal ou medida de fiscalização que já tenha tido início; obviamente, não se pode tratar de procedimento ou medida *interna corporis*, que a fiscalização tenha implementado mas de que ainda não tenha dado ciência ao infrator. A ciência deste é necessária para o efeito em análise.

Por outro lado, não basta o início de qualquer procedimento ou a existência de qualquer medida de fiscalização por parte da repartição fiscal competente para apurar a infração praticada. É necessário, além disso, que a atuação do Fisco esteja "relacionada" com a infração, no sentido de que

---

15. Ives Gandra da Silva Martins, em contrário, sustenta que a expressão "se for o caso" quer significar que o pagamento só será exigível para excluir a responsabilidade quando a lei expressamente o reclamar para tal efeito; ou seja, na falta dessa explicitação legal, bastaria a denúncia, desacompanhada do depósito (*Da sanção*, cit., p. 79).

o prosseguimento normal dos trabalhos de investigação tenha a possibilidade (não a certeza) de identificar a prática da infração. Se a medida de fiscalização diz respeito limitadamente ao exame de determinado assunto, e a infração se refere a matéria estranha àquela que esteja sendo objeto da investigação, a espontaneidade não está afastada.

8.2. Forma da denúncia

A denúncia espontânea de infração não é ato solene, nem a lei exige que ela se faça desta ou daquela forma.

A forma irá depender da natureza e dos efeitos da infração. Se, por exemplo, a infração consistiu em que certo contribuinte de um tributo sujeito a "lançamento por homologação" (ou seja, contribuinte que tem o dever legal de recolher o tributo independentemente de qualquer providência prévia do Fisco) deixou de efetuar o pagamento no prazo legal, o modo de sanar essa infração é comparecer à repartição fiscal (ou aos bancos credenciados para receber e dar quitação do tributo) e pagar seu débito; na própria guia de recolhimento já se indicará que se trata de recolhimento a destempo, e, por isso, os juros de mora devem também ser recolhidos. Não se requerem outras providências burocráticas.

Se a infração tiver consistido, noutro exemplo, em lançamento contábil incorreto de valor dedutível da base de cálculo de tributo, a regularização far-se-á por estorno do lançamento irregular e pelo consequente recolhimento da diferença de tributo, também com os juros de mora incorridos. Mas se ainda se está dentro do prazo para o recolhimento, basta o lançamento de estorno, já que nenhum efeito externo terá surtido ainda do registro irregular ou equivocado. Nenhum sentido teria, em casos que tais, pretender que o contribuinte fosse à repartição informar que cometeu, mas já sanou, tal ou qual erro de escrituração.

Digna de nota a conceituação de *denúncia espontânea* dada em ato do Instituto Nacional do Seguro Social, que como tal considera o procedimento que regularize a obrigação, *dispensada a comunicação da correção da falta ao órgão administrativo*[16].

---

16. Ordem de Serviço n. 204/99, item 2.2.1 (*DOU*, 10 mar. 1999). Embora sua redação não seja das mais felizes ("Considera-se denúncia espontânea o procedimento adotado que regularize a obrigação que tenha configurado uma infração, dispensada a comunicação da correção da falta ao INSS"), o conteúdo do item está correto.

Tratando-se, noutra hipótese, de informação ou documento que se tenha fornecido ao Fisco com incorreção ou omissão, ou que não tenha sido entregue, o modo de sanar a infração (meramente formal, na medida em que não tenha implicado falta ou insuficiência de recolhimento de tributo) será uma comunicação formal ao Fisco, em termos que reparem o dano (ainda que meramente potencial) que a infração pudesse trazer para o interesse do Fisco.

8.3. Denúncia espontânea e multa de mora

Questão de difícil equacionamento diz respeito à exigibilidade da multa de mora, nos casos de denúncia espontânea de infração que tenha implicado falta de pagamento de tributo. O Código Tributário Nacional, no artigo que estamos examinando, prevê que, nesses casos, a denúncia seja acompanhada do pagamento do *tributo devido e dos juros de mora*, silenciando quanto à exigência de multa de qualquer espécie. À vista disso, sustentou-se, com apoio em acórdão do Supremo Tribunal Federal[17], que a multa de mora não é exigível se se trata de denúncia espontânea acompanhada do pagamento do tributo devido[18]. O Superior Tribunal de Justiça reafirmou o anterior entendimento do Supremo[19]; após a Lei Complementar n. 104/2001, que acrescentou o art. 155-A ao Código Tributário Nacional, o Superior Tribunal de Justiça modificou seu entendimento anterior, no sentido de que o pedido de parcelamento teria o condão de excluir a multa de mora, para dizer que tal pedido – por não equivaler a pagamento – não preenche os requisitos da denúncia espontânea, sendo, pois, cabível a exigência da multa de mora; *a contrario sensu*, reafirmou a exegese de que, na denúncia espontânea eficaz (ou seja, acompanhada do pagamento integral do débito), não cabe a multa de mora[20].

Poder-se-ia, então, concluir que a multa de mora teria sido proscrita pelo Código Tributário Nacional, sendo inexigível em qualquer situação? Parece que não, pois o próprio Código se reporta às multas de mora no parágrafo único do art. 134, para dizer que, nas hipóteses ali referidas, somente são devidas *penalidades de caráter moratório*.

---

17. 1ª T., Ac. 106.068/SP, rel. Min. Rafael Mayer, un., j. 6-8-1985, *RTJ*, n. 115, p. 452-5.

18. *V.* Sacha Calmon Navarro Coêlho, *Infrações*, cit., p. 104 e s.

19. Nesse sentido, cf. acórdão do Superior Tribunal de Justiça (1ª T., REsp 116.998/SC, rel. Min. Demócrito Reinaldo, un., j. 23-5-1997, *DJU*, 30 jun. 1997), que refere precedentes da mesma Corte.

20. REsp 284.189-SP, 1ª Seção, un., rel. Min. Franciulli Netto, j. 17-6-2002, *DJ*, 26 maio 2003.

Na opinião de Mitsuo Narahashi, o meio de compatibilizar os dois dispositivos do Código é entender que somente é exigível a multa de mora quando, *notificado pelo Fisco*, o devedor incorra em mora. Nesse caso (não pagamento de tributo lançado, de cuja existência, pois, o Fisco tem efetivo conhecimento), não há o que "denunciar" espontaneamente. Ou seja, não é hipótese de aplicação do art. 138. Se, porém, se trata de infração, voluntária ou não, que tenha implicado ocultar ao Fisco o conhecimento do tributo devido, sua denúncia espontânea seria premiada com a exclusão da responsabilidade, afastando-se inclusive a multa de mora, desde que haja, em contrapartida, o efetivo pagamento do tributo e dos juros de mora[21].

9. ANISTIA

Anistia é o *perdão de infrações*, do que decorre a inaplicabilidade da sanção. Não é a sanção que é anistiada; o que se perdoa é o ilícito; perdoado este, deixa de ter lugar a sanção; o perdão, portanto, toma o lugar da sanção, obstando a que esta seja aplicada.

A anistia não elimina a antijuridicidade do ato; ele continua correspondendo a uma conduta contrária à lei; o que se dá é que a anistia altera a consequência jurídica do ato ilegal praticado, ao afastar, com o perdão, o castigo cominado pela lei.

A Constituição (art. 150, § 6º, na redação da EC n. 3/93) exige, como vimos no capítulo sobre as limitações do poder de tributar, *lei específica* para dispor sobre anistia. O § 11 do art. 195 (acrescido pela EC n. 20/98) veda anistia de certas contribuições sociais (*sic*) em montante superior ao fixado em lei complementar.

O Código Tributário Nacional pôs a anistia no título relativo ao "crédito tributário", no esdrúxulo capítulo atinente à "exclusão do crédito tributário", ao lado da isenção (art. 175).

A "lógica" desse posicionamento está em que o Código: a) misturou tributo com penalidade pecuniária (art. 113, § 1º; art. 142); b) entendeu que o lançamento constitui o crédito tributário (art. 142); c) ponderou que a isenção e a anistia impedem que o Fisco lance o "crédito tributário", e, por essa razão, d) acreditou que esses dois institutos teriam a virtude de "excluir" o crédito tributário (não atentando para o fato de o crédito estar sendo excluído antes mesmo de existir, no conceito do art. 142).

21. Mitsuo Narahashi, Multa de mora em obrigação tributária, *Revista Dialética de Direito Tributário*, n. 13, p. 55 e s.

Na verdade, como já vimos, ao falar da isenção, se esta tiver o poder de excluir alguma coisa, o que ela "exclui" é o *fato gerador*, e não o crédito tributário. Quanto à *anistia*, o que ela exclui é a *punibilidade da infração* (punibilidade que existia efetivamente, e, com a anistia, deixa de existir). O fato de, eventualmente, o Fisco já ter notificado o infrator para recolher penalidade pecuniária aplicável à infração também não impede o reconhecimento da anistia (embora, nessa hipótese, segundo a visão do CTN, o "crédito tributário" já estivesse "constituído").

9.1. Anistia e isenção

Apesar de tratadas no mesmo capítulo, sob a mesma designação genérica (de causas de "exclusão do crédito tributário"), a anistia não tem nada que ver com a isenção, conforme já observamos no capítulo dedicado ao fato gerador da obrigação tributária. A primeira é uma categoria atinente aos ilícitos tributários; a segunda compõe as regras de definição do campo de incidência do tributo. A primeira tem que ver com ações ou omissões que infringem prescrições normativas; a segunda entende com a definição da hipótese de incidência do tributo, representando uma técnica utilizada pelo legislador para demarcar o campo de incidência.

Assim, no cotejo entre ambas, o problema não estaria em apontar as diferenças, mas em localizar eventuais semelhanças...

9.2. Anistia e remissão

A anistia distingue-se da *remissão*. Embora ambas possam refletir uma dose de generosidade do legislador, ao conceder perdão, o objeto da remissão é o tributo devido e o da anistia é a infração praticada. Na remissão, tem-se o fato gerador, o nascimento da obrigação tributária, e o perdão da dívida tributária (quer tenha havido lançamento quer não). Na anistia, tem-se uma infração, o nascimento do direito de punir, e o perdão da infração, extinguindo-se o direito de punir.

O Código Tributário Nacional, porém, embaralha magistralmente os dois institutos; primeiro, ele integra, no conceito de crédito tributário, a penalidade pecuniária, mas subordina a existência do crédito (constituição) ao lançamento; depois, coloca a anistia como "exclusão do crédito" (que, analogamente com o tratamento dado à isenção, teria o efeito de impedir o lançamento). Caberiam as seguintes perguntas: se a anistia é "exclusão do crédito" (atuando antes da sua "constituição"), as penalidades já "lançadas" não se considerariam *anistiadas*, pois dependeriam de uma lei de *remissão*? Onde ficaria, nesse caso, a isonomia? Ou a lei de anistia, para essa hipótese, seria considerada como lei de remissão? O perdão de *tributo ainda não lançado* (que não seria remissão do "crédito tributário", pois este ainda não estaria "constituído") seria, porventura, causa de "exclusão do crédito", não arrolada no art. 175? E mais: se a anistia é "exclusão do crédito", não seriam perdoáveis infrações passíveis de outras penalidades, que não a *pecuniária*?

A letra do Código não permite respostas consistentes para essas questões, que devem ser resolvidas à luz dos princípios e das técnicas de interpretação e aplicação da lei. Para dar lógica e coerência ao sistema normativo, é necessário aceitar a remissão independentemente de ter havido ou não lançamento. E o mesmo se deve dizer da anistia, que tanto é aplicável às infrações cujas sanções pecuniárias já tenham sido descritas num auto de infração como àquelas que ainda não foram apuradas pelo Fisco, e assim também àquelas às quais a lei comina sanções não pecuniárias.

9.3. Anistia e obrigações acessórias

O art. 175, parágrafo único, diz que a "exclusão" do crédito (fenômeno no qual ele inclui a anistia) "não dispensa o cumprimento das obrigações acessórias, dependentes da obrigação principal cujo crédito seja excluído, ou dela consequentes".

O legislador editou esse preceito pensando na isenção, em relação à qual, já vimos, ele merece diversas censuras.

Como, porém, ele se reporta, genericamente, à "exclusão do crédito tributário", sua aplicação abarcaria também a anistia. O problema é que, quanto a esta, a disposição codificada consegue fazer ainda menos sentido. Se a anistia foi dada para a infração de obrigação acessória, o cumprimento desta está dispensado, ou melhor, o *seu descumprimento* está perdoado. E, se o objeto da anistia tiver sido especificamente a infração de *uma dada obrigação*, é evidente que o desrespeito de *outras obrigações* não estará perdoado.

Mas o parágrafo fala em obrigação acessória *dependente* ou *consequente* da obrigação principal, cujo crédito tenha sido excluído (pela isenção e pela anistia). Como a anistia se reporta a infrações, o "crédito tributário" a que o Código se refere seria, no caso, a *penalidade pecuniária, objeto de obrigação principal* (art. 113, § 1º). Mas as obrigações *acessórias* "decorrentes" ou "consequentes" da obrigação de pagar a penalidade não logramos imaginar quais sejam.

9.4. Retrospectividade da anistia e isonomia

A anistia, por sua própria natureza, volta-se para o *passado* (o que, aliás, o art. 180 deixa expresso), pois o perdão supõe, primeiro, que determinada conduta, abstratamente considerada, seja contrária a uma prescrição prévia da lei; segundo, que essa conduta tenha sido efetivamente adotada por alguém. Advindo a anistia, modifica-se a consequência do ato e deixa de ter lugar a sanção, por força do perdão.

Lei que declarasse que determinada conduta que viesse a ser realizada *no futuro* deixaria de ser punida não seria de anistia, mas de revogação da infração. Uma lei que assim prescrevesse acabaria, por força do art. 106, II, do Código, atingindo também os fatos passados, mas isso não traduziria *anistia* e sim aplicação retroativa da lei mais benigna.

A anistia, voltando-se para fatos pretéritos, suscita um problema sério, que é o da isonomia na sua aplicação. Com efeito, só se anistiam *alguns* dos fatos passados, quais sejam, aqueles que ainda não foram punidos. Quem tenha praticado a infração e já tenha sofrido a sanção legalmente cominada (por exemplo, pagando a multa prevista) não é perdoado; aquele que, com maior sorte, ainda não tiver sido apanhado pelo Fisco é beneficiado. O problema é comum à *remissão de obrigações tributárias*, que só favorece quem ainda não tenha pago.

Isso recomenda que esses dois institutos sejam administrados com prudência pelo legislador. Imagine-se, numa situação típica de anistia, lei que concedesse perdão das infrações até então praticadas contra determinados dispositivos legais de recente edição, justamente pela inicial dificuldade que os indivíduos possam ter tido para entendê-los; seria uma afronta ao princípio da isonomia perdoar todos exceto aqueles poucos que, por azar, tivessem já sido punidos.

9.5. Anistia fiscal e dolo

O Código Tributário Nacional, em princípio, afasta da anistia os casos de infrações em que o dolo tenha estado presente. Diz o art. 180: "A anistia abrange exclusivamente as infrações cometidas anteriormente à vigência da lei que a concede, não se aplicando: I – aos atos qualificados em lei como crimes ou contravenções e aos que, mesmo sem essa qualificação, sejam praticados com dolo, fraude ou simulação pelo sujeito passivo ou por terceiro em benefício daquele; II – salvo disposição em contrário, às infrações resultantes de conluio entre duas ou mais pessoas naturais ou jurídicas".

A exemplo do art. 150, § 4º, o artigo transcrito fala em "dolo, fraude ou simulação". O dolo se caracteriza pela vontade direcionada à prática do ato (ilícito); a fraude se materializa no emprego de ardis ou estratagemas para ludibriar a autoridade fiscal, e a simulação consiste no emprego de formas jurídicas que não refletem a realidade dos fatos ocorridos. O dolo é elemento integrante da fraude (não há fraude "involuntária") e da simulação (pois o descompasso entre a forma e a realidade também não se dá por acaso).

Tratando-se de infração que tipifique crime ou contravenção (o que supõe o dolo, ou pelo menos a culpa, traduzida por negligência, imprudência ou imperícia), ou cuidando-se de infração não delituosa praticada com dolo (inclusive nas situações de fraude ou simulação), descaberia a aplicação da lei que declarasse anistiada a infração.

As infrações resultantes de conluio supõem, igualmente, o dolo, já que o conluio é o concerto voluntário entre mais de uma pessoa para a prática do ilícito.

Diante, pois, de uma norma de anistia, o aplicador da lei deve pesquisar se, na prática de certa infração, ocorreram os elementos conceituais de delito (caracterizando o fato típico penal) ou o dolo, a fraude ou a simulação do infrator, ou o ajuste de vontades de mais de uma pessoa para a consecução do fim ilícito. Se o resultado dessa perquirição for positivo, a anistia, em princípio, não se aplica.

A questão está em saber em que medida se pode admitir *disposição legal em contrário*, para o efeito de anistiar também as infrações que eventualmente tenham apresentado alguma das citadas especificidades.

Quanto ao conluio (item II), o Código é expresso, admitindo a supletividade do preceito, só aplicável na falta de dispositivo legal em contrário. Nos demais casos (item I), o Código se omite, o que poderia fazer crer que é vedado à lei dispor em contrário.

Assim não pode ser, contudo. Literalmente interpretado, o artigo seria um exemplo modelar de incoerência: na letra do preceito, se um indivíduo, *dolosamente*, tiver adotado conduta ilegal, ele não poderia ser anistiado; mas, se tiver obtido o auxílio de outra pessoa, com ele conluiada para a prática da infração, a anistia já poderia ser ditada pela lei. Isoladamente, o indivíduo não poderia receber perdão; em "quadrilha", já poderia. Ora, a lei que pode perdoar o mais deve poder perdoar o menos.

Noutro lugar, já padecera o Código Tributário Nacional do vício de inconsistência, em igual matéria, a propósito da retroatividade benigna, ao pretender excluir, na alínea *b* do art. 106, hipótese contida na letra *a* do mesmo artigo. Chegamos, na análise daquele preceito, à conclusão de que a referida alínea *b* deve ser ignorada.

Se fôssemos aplicar esses preceitos (art. 180, e art. 106, II, *b*) em sua *literalidade*, uma infração dolosa (mas não fraudulenta), traduzida no descumprimento de obrigação acessória, poderia ser contemplada com a *retroatividade benigna* (pois o art. 106, II, *b*, refere-se à *fraude*, mas não ao *dolo*, que o Código, quando deseja incluir, refere apartadamente); para isso, a lei não precisaria ditar um comando expresso a par da revogação da norma sancionatória. Todavia, *anistiar* aquela mesma infração, *ainda que com disposição expressa de lei*, já não seria possível, na letra absurda do art. 180, que impediria a anistia por tratar-se de conduta dolosa, ainda que não fraudulenta... Semelhante exegese é totalmente despropositada, e só é aqui mostrada para sublinhar o equívoco palmar do preceito codificado.

A incoerência do legislador no art. 180 do Código Tributário Nacional salta aos olhos. A ressalva do item II deve ser lida no *caput* do dispositivo. Em primeiro lugar, como única maneira de prestigiar a isonomia e conferir sistematicidade e lógica ao preceito codificado. Em segundo, como forma de não atropelar o exercício da competência do legislador ordinário, que pode decidir sobre que condutas irá punir (administrativa ou criminalmente), alterar o tipo de sanção (criminalizando ou descriminalizando certa conduta típica), ou revogar os preceitos por meio dos quais tenha punido tal ou qual conduta (com reflexos pretéritos automáticos, via retroatividade benigna). Ora, dentro desse quadro, não há nenhuma consistência lógica em tirar do legislador a possibilidade de anistiar uma infração dolosa, e menos ainda em vedar essa possibilidade no caso de infrator solitário para, em seguida, admiti-la na hipótese de infração praticada mediante concerto doloso entre vários indivíduos (conluio).

9.6. Forma e formalidades da anistia

O art. 181 prevê diferentes "formas" de concessão de anistia: "A anistia pode ser concedida: I – em caráter geral; II – limitadamente: *a*) às infrações da legislação relativa a determinado tributo; *b*) às infrações punidas com penalidades pecuniárias até determinado montante, conjugadas ou não com penalidades de outra natureza; *c*) a determinada região do território da entidade tributante, em função de condições a ela peculiares; *d*) sob condição do pagamento de tributo no prazo fixado pela lei que a conceder, ou cuja fixação seja atribuída pela mesma lei à autoridade administrativa".

E o art. 182 cuida da "efetivação" de certas anistias: "A anistia, quando não concedida em caráter geral, é efetivada, em cada caso, por despacho da autoridade administrativa, em requerimento com o qual o interessado faça prova do preenchimento das condições e do cumprimento dos requisitos previstos em lei para sua concessão. Parágrafo único. O despacho referido neste artigo não gera direito adquirido, aplicando-se, quando cabível, o disposto no art. 155".

No primeiro desses artigos, opõe-se à anistia *em caráter geral* a anistia *em caráter limitado*. Essa "limitação", por sua vez, pode dizer respeito às infrações da legislação relativa a *determinado tributo*, ou ao valor da *penalidade*, ou a determinada *região*, ou à condição de *pagamento de tributo* (item II).

Ora, por aí se vê que a "generalidade" da anistia referida pelo item I pode assumir múltiplas acepções, conforme a situação se oponha a esta ou àquela das várias alíneas do item II. E a anistia poderá ser "geral" num sentido (por exemplo, ser aplicável em todo o território da entidade tributante), mas ser "limitada" em outro sentido (por exemplo, em função do valor da penalidade aplicável).

A classificação sugerida pelo confronto dos itens I e II do art. 181 acaba sendo inútil, pois não consegue acomodar, dentro do tipo "geral", um grupo de hipóteses, que se oporiam a outro grupo, com diversa tipificação. A utilidade didática (ausente, no caso) é o mínimo que se espera de uma classificação.

Melhor seria o Código ter omitido o item I. Proscrevendo um preceito inútil, ele teria economizado uma classificação inútil.

Mas o diploma ainda mais se enreda quando, no art. 182, prevê outro tipo de anistia (aquela cuja efetivação se processa mediante o cumprimento de uma formalidade, traduzida num requerimento, acompanhado da comprovação de condições e requisitos que a lei tenha estabelecido).

E aí, novamente, o Código opõe, a essa anistia *solene*, o *caráter geral* (que teriam as anistias *não solenes*).

Esse é, portanto, um *quinto sentido* para a locução "anistia em caráter geral", além dos quatro inferidos a partir das alíneas do art. 180, II.

Recusamo-nos mesmo a comentar a abstrusa exegese literal que se poderia extrair do confronto dos dois artigos, no sentido de entender que a anistia em caráter geral, referida no art. 182, é a mesma que acabara de ser definida no art. 181 (item I, *a contrario sensu* do previsto no item II), e, por isso, tudo que fosse anistia *limitada* (*não geral*), em qualquer dos casos das alíneas *a* a *d* do art. 181, II, teria de ser efetivado por despacho... Embora, nessa matéria ("exclusão" do crédito), o art. 111, *a*, determine a interpretação literal, a desobediência a esse dogma legal se impõe.

Já que o Código quis descer à minúcia (explicitando que, se o legislador pode o mais, ele pode também o menos), bastava ter integrado o item II ao *caput* do art. 180, eliminando o item I, e, no art. 182, meramente referido a possibilidade de a anistia ser operacionalizada por forma solene (que, aliás, tem tendido, felizmente, a desaparecer da prática legislativa), sem nenhuma necessidade de batizar com a designação de *geral* (*ou qualquer outra*) a anistia não solene.

Ilogicidades semelhantes foram vistas quando examinamos o art. 152, onde a moratória sujeita à solenidade do despacho foi batizada de *individual*, por oposição à geral, prevista no mesmo dispositivo, em acepção que não guarda um mínimo de consistência.

Noutro passo (arts. 176 e s., que tratam da isenção), o Código foi menos fértil em classificações, e também menos infeliz.

O art. 182, parágrafo único, traz preceito análogo ao do art. 179, parágrafo único, ao fazer remissão ao art. 155, que dispõe sobre a moratória formalizada por despacho, e é, por força das citadas remissões, aplicável também à isenção e à anistia.

10. CRIMES TRIBUTÁRIOS

10.1. Crime fiscal e prisão por dívida

A Constituição Federal veda, em regra, a prisão por dívida (art. 5º, LXVII). Portanto, o simples fato de o sujeito passivo não recolher tributo é inelegível como tipo delituoso. A criminalização de condutas que possam afetar o interesse da arrecadação sujeita-se, pois, a esse balizamento, que, em regra, tem levado o legislador ordinário (quando quer definir delitos "tributários") a caracterizar a figura penal pelo *meio* empregado e não pelo só fato de o devedor inadimplir o dever de recolher o tributo.

Não se alegue que a Constituição somente veda a prisão *civil* por dívida (com as exceções no dispositivo citado) e, por isso, não estaria proibida a prisão *penal* por dívida. Se a Constituição não admite nem a prisão civil (que seria mera coerção para "estimular" o devedor ao cumprimento de sua obrigação), resulta *a fortiori* vedada a prisão penal[22].

22. Em contrário, despacho indeferindo medida liminar no HC 77.631-5/SC, de 3 de agosto de 1998, do Min. Celso de Mello (*Tribuna do Direito*, set. 1998, p. 15).

Assim sendo, os crimes tributários em regra têm sua tônica no ardil ou artifício empregado pelo agente com vistas à obtenção do resultado (que é o não recolhimento do tributo). Documentos falsos, omissão de registros, informações incorretas permeiam tais figuras delituosas.

As figuras penais tributárias geralmente são integradas por uma ação dirigida ao resultado querido de *evadir tributo* (como se dava na vigência da Lei n. 4.729/64, art. 1º, e consta, hoje, da Lei n. 8.137/90, art. 2º, I), ou são *crimes de resultado*, quando se pune a evasão do tributo atingida mediante certas condutas (como ocorre nas figuras descritas na Lei n. 8.137/90, art. 1º).

O que não se pode eleger como ilícito criminal é o mero não pagamento de tributo, diante, como se disse, do dispositivo que veda a prisão por dívida.

10.2. Histórico dos crimes fiscais

O *contrabando* ou *descaminho* é figura tradicional no nosso direito penal, no campo dos crimes tributários, embora o tipo penal seja mais abrangente; além da evasão de tributos, o dispositivo pune também a importação ou exportação de mercadoria proibida, e uma série de outras condutas correlatas, algumas delas diretamente ligadas à evasão de tributos (CP, art. 334 e parágrafos, com a redação dada pela Lei n. 4.729/65, art. 5º).

Os crimes de falsidade, tipificados no Código Penal (arts. 298, 299 e 304), que talvez pudessem ter aplicação na repressão de infrações tributárias, não lograram, nesse campo, acolhida jurisprudencial[23]. Todavia, o art. 293, I, do mesmo Código trouxe explícita descrição do crime de falsificação de estampilha, papel selado ou qualquer papel de emissão legal destinado à arrecadação de imposto ou taxa ou, na nova redação do inciso, dada pela Lei n. 11.035/2004, falsificação de selo destinado a controle tributário, papel selado ou qualquer papel de emissão legal destinado à arrecadação de tributo.

A Lei n. 3.807/60 (art. 86) cominou as penas do crime de *apropriação indébita* para a falta de recolhimento de contribuições previdenciárias arrecadadas dos segurados. A Lei n. 4.357/64 fez o mesmo para o imposto de

23. Segundo registra Fábio Leopoldo de Oliveira, que refuta a subsunção dos ilícitos fiscais nos tipos designados como crimes de falsidade (*Curso expositivo de direito tributário*, p. 375 e s.).

renda, empréstimos compulsórios e para o extinto imposto do selo, quando descontados ou recebidos de terceiros, bem como para certos créditos indevidos do antigo imposto de consumo (art. 11). O Decreto-Lei n. 326/67 referiu esse crime ao IPI (art. 2º).

Essa conceituação legal – associando o não recolhimento de tributos ao crime de apropriação indébita – teve sua constitucionalidade questionada, justamente com base no preceito constitucional que veda a prisão por dívida[24].

A Lei n. 4.729/65 definiu uma série de tipos criminais tributários, sob a designação genérica de *crimes de sonegação fiscal*. A Lei n. 5.569/69 acresceu nova figura à lista da Lei n. 4.729/65.

O Decreto-Lei n. 1.060/69 previu *prisão administrativa* (requerida pelo Ministro da Fazenda à Justiça Federal) para pessoas que tivessem enriquecido ilicitamente (assim entendido quem possuísse bens não declarados). O Decreto-Lei n. 1.104/70 modificou aquele diploma legal para dar ao Ministro da Fazenda competência para determinar a prisão administrativa (*sic*) do contribuinte (*sic*) que deixasse de recolher o valor de tributos descontados ou recebidos de terceiros.

A Lei n. 8.137/90, ao definir os *crimes contra a ordem tributária*, reescreveu a lista dos crimes antes designados de "sonegação tributária" pela Lei n. 4.729/65. A Lei n. 8.383/91 (art. 98) revogou disposição da Lei n. 8.137/90 (art. 14), pertinente à exclusão da punibilidade nos casos de pagamento do tributo antes do recebimento da denúncia, exclusão essa que voltou a ser estabelecida pelo art. 34 da Lei n. 9.249/95. A Lei n. 10.684/2003 (art. 9º, § 2º) novamente cuidou do tema, já agora sem prever que o pagamento deva preceder o recebimento da denúncia.

A Lei n. 8.212/91[25], que dispõe sobre o plano de custeio da seguridade social, arrolou extensa lista de crimes (vários dos quais antes enquadráveis como crimes contra a ordem tributária) (art. 95). Esse dispositivo mandou aplicar a alguns dos tipos as penas do art. 5º da Lei n. 7.492/86, deixando de cominar penas para os demais...

---

24. Manoel Pedro Pimentel sustentou a inconstitucionalidade do crime de apropriação indébita no caso de contribuições previdenciárias que a empresa tem o dever de reter e recolher (Apropriação indébita por mera semelhança, *RT*, n. 451, p. 321-9). Ives Gandra da Silva Martins afirmou a inconstitucionalidade da incriminação da falta de recolhimento de IPI (*Da sanção*, cit., p. 81-9); quanto ao imposto de renda, distingue entre os casos de não retenção – não puníveis criminalmente – e os de retenção sem recolhimento, e, quanto a estes, separa os casos em que o não recolhimento se deve à ausência comprovada dos recursos necessários, hipótese em que também não haveria crime (*Da sanção*, cit., p. 98-102); o mesmo diz das contribuições previdenciárias (*Da sanção*, cit., p. 105).

25. Essa lei foi republicada no *DOU*, de 11 de abril de 1996, nos termos do disposto na Lei n. 9.032/95.

A Lei n. 8.866/94 caracterizou como *depositário infiel* quem não entrega à Fazenda Pública o valor de imposto, taxa ou contribuição, inclusive para a seguridade social, que, na forma da lei, tenha retido ou recebido de terceiro. A cominação é a *prisão civil*.

A Lei n. 9.983/2000 acrescentou o art. 168-A ao Código Penal, para descrever o crime de "apropriação indébita previdenciária". A lei comina pena de reclusão para situações em que a infração consiste apenas em não pagar a contribuição (prisão por dívida, portanto). Um dos tipos penais (art. cit., § 1º, II) consiste em contabilizar despesa de contribuição previdenciária e não recolhê-la...

A mesma Lei inseriu ainda o art. 337-A no Código Penal, para catalogar o crime de *sonegação de contribuição previdenciária*.

10.3. Crimes contra a ordem tributária

Várias figuras tipificadas pela Lei n. 8.137/90 como "crimes contra ordem tributária" e antes previstas na Lei n. 4.729/64 sob o *nomen juris* de "*sonegação fiscal*" trazem presente a noção de falsidade, pois os tipos arrolados nessas leis referiram-se a "declaração falsa", "elementos inexatos", "alteração de faturas ou documentos", "documentos graciosos" etc., que costumam aparecer como elementos conceituais dos crimes de falsidade.

Na Lei n. 4.729/65, inseria-se, como elemento dos tipos penais, a *intenção* de eximir-se do pagamento de tributos, ou o propósito de fraudar a Fazenda Pública, ou o objetivo de obter deduções de tributos. A consumação do crime não dependia do efetivo resultado, mas apenas da prática de qualquer das condutas arroladas, matizada subjetivamente pelo desejo de atingir o resultado evasivo. Tratava-se de crimes de *consumação antecipada*, nos quais a efetividade do evento lesivo não integra o tipo. O item que a Lei n. 5.569/69 acrescentou ao rol original de tipos nada tinha que ver com o tema de *sonegação fiscal*: "exigir, pagar ou receber percentagem sobre a parcela dedutível do imposto de renda como incentivo fiscal".

A Lei n. 4.729/65, embora tenha arrolado diversas figuras delituosas, não consolidou os tipos anteriormente definidos, que passaram a conviver com o quadro de crimes desenhado por esse diploma legal.

Já a Lei n. 8.137/90 deu disciplina penal mais ampla à matéria, alargando a lista de fatos típicos que passaram a configurar aquilo que ela designou genericamente como "crimes contra a ordem tributária", dispostos em extenso rol de figuras, unificadas, no art. 1º, pelo *resultado lesivo* ("suprimir ou reduzir tributo ou contribuição social e qualquer acessório"), e desdobradas em diversas condutas. O crime, aí, é, portanto, o de suprimir ou reduzir tributo mediante práticas artificiosas, sem as quais o crime não se perfaz (ainda que o tributo seja efetivamente suprimido). Por outro lado, tais práticas, dissociadas do resultado lesivo, não se subsumem no art. 1º.

O art. 2º, I, porém, contempla crime cujo conceito é integrado pela vontade dirigida ao objetivo de eximir-se do pagamento do tributo, sem que se exija, para sua consumação, a efetividade do resultado lesivo. Trata-se de crime de "dolo específico".

A antiga figura da "apropriação indébita" foi redesenhada por esse diploma legal, tornando-se ainda mais frágil sua sustentação à vista da vedação da prisão por dívida. A definição legal do crime é "deixar de recolher, no prazo legal, valor de tributo ou de contribuição social descontado ou cobrado, na qualidade de sujeito passivo de obrigação e que deveria recolher aos cofres públicos" (art. 2º, II).

A mesma Lei n. 8.137/90 (art. 3º) capitula diversos tipos penais que se dirigem especificamente aos funcionários da administração pública, e que objetivam, também, tutelar, a par da moralidade administrativa, a arrecadação tributária.

A Lei n. 8.313/91 (Lei Rouanet, que definiu benefícios fiscais de apoio à cultura) reproduziu o desenho específico de figura penal que, a nosso ver, já estava genericamente compreendida pelo art. 1º da Lei n. 8.137/90. Enquanto a lei dos crimes fiscais abrange a supressão de qualquer tributo mediante qualquer prática artificiosa, aquela, especificamente, refere-se à supressão de *imposto de renda*, mediante uso fraudulento *de benefício conferido aos projetos culturais por ela incentivados* (art. 40).

Não obstante as normas anteriores à Lei n. 8.137/90 (que definiam os crimes de sonegação tributária e de apropriação indébita de tributo) tenham restado *revogadas*, já que ela regulou inteiramente a matéria[26], o legislador, após a edição da citada lei, continua fazendo referência àquelas normas. Confira-se, por exemplo, a Lei n. 8.383/91, art. 98, que declarou revogados não apenas o art. 14 da Lei n. 8.137/90 mas também os §§ 1º e 2º do art. 11 da Lei n. 4.357/64, o art. 2º da Lei n. 4.729/65 e o art. 5º do Decreto-Lei n. 1.060/69, como se tais dispositivos estivessem em vigor.

Vimos, no tópico anterior, que, após a Lei n. 8.137/90, o Código Penal capitulou, separadamente, os crimes de *apropriação indébita previdenciá-*

26. Assim também tem entendido a doutrina. Cf., por exemplo, Aristides Junqueira Alvarenga, Crimes contra a ordem tributária, in *Crimes contra a ordem tributária*, p. 51-4.

ria e de sonegação de contribuição previdenciária (art. 168-A e art. 337-A, acrescidos pela Lei n. 9.983/2000).

10.4. Depositário infiel

Já assinalamos que o crime de "apropriação indébita" de tributo capitulado em normas anteriores à Lei n. 8.137/90 restou revogado por esse diploma legal, que redefiniu o tipo (art. 2º, II).

Ocorre que, posteriormente, nova disciplina legal foi dada à matéria pela Lei n. 8.866/94. As hipóteses sobre que versam as duas leis são as mesmas: a Lei n. 8.137/90 refere-se a *deixar de recolher, no prazo legal, valor de tributo cobrado ou descontado de terceiro* (art. 2º, II). A Lei n. 8.866/94, com outras palavras, diz a mesma coisa: é depositário infiel quem *não entrega à Fazenda Pública o valor retido ou cobrado de terceiro, a título de tributo* (art. 1º).

As sanções, porém, são diferentes: na primeira lei, trata-se de crime punido com pena de detenção; na segunda, não se configura crime, e a sanção é a *prisão civil* por até noventa dias, decretada caso o devedor, citado na execução, não pague nem deposite o valor cobrado (art. 4º, § 1º), cessando a prisão se o devedor (dito "depositário") recolher o valor exigido (art. 8º).

Parece que as duas leis são incompossíveis: não faria sentido cessar a prisão, à vista do pagamento ou depósito (ou, ainda, do decurso do prazo-limite de noventa dias), para, depois, condenar o mesmo devedor à pena criminal. Assim não entendeu, porém, o Superior Tribunal de Justiça[27].

Recorde-se que "apropriação indébita" de contribuição previdenciária voltou a ser definida pelo art. 168-A do Código Penal.

10.5. Pagamento do tributo e exclusão da punibilidade

A Lei n. 8.137/90, art. 14, mantivera preceito que, com redação não idêntica, figurara em leis anteriores; esse dispositivo estabelecia, como causa de *exclusão da punibilidade*, o pagamento do débito tributário feito *antes* do recebimento da denúncia criminal, ditando, assim, norma especial, a

27. O Tribunal afirmou que "a omissão de recolhimento de contribuições ou de impostos é fato típico penal e não constitui dívida civil" e que "a Lei n. 8.866/94 é de índole eminentemente civil, não tendo o condão de descriminalizar a conduta omissiva típica em questão" (REsp 202.434/SP, 5ª T., rel. Min. Gilson Dipp, j. 4-12-2001, *DJ*, 2 set. 2002, p. 220).

par da disposição geral constante do art. 26 do Código Penal (segundo o qual a reparação do dano antes do recebimento da denúncia é causa de *redução* da pena).

O referido artigo da Lei n. 8.137/90 foi revogado pelo art. 98 da Lei n. 8.383/91. Essa revogação, em termos de política tributária, talvez pudesse ser questionada, pois, sem a possibilidade de exclusão da punibilidade mediante pagamento, o infrator, uma vez apanhado, é levado a defender-se a todo custo e até a última instância, já que esse passa a ser o único caminho para que ele se livre da pena criminal.

O art. 34 da Lei n. 9.249/95 voltou a prever a extinção da punibilidade nos moldes antes definidos pelo art. 14 da Lei n. 8.137/90.

A Lei n. 9.983/2000 (que introduziu o art. 168-A no Código Penal) cuidou de modo diverso da extinção da punibilidade do crime de "apropriação indébita previdenciária", condicionando-a, em regra, a que o pagamento fosse feito antes do início da *ação fiscal* e não antes do *recebimento da denúncia* (art. 168-A, § 2º), aceitando-a de modo condicional para o pagamento feito após o início da ação fiscal e antes do recebimento da denúncia (§ 3º).

Com a Lei n. 10.684/2003, desapareceu a condição prevista pelo art. 34 da Lei n. 9.249/95, no sentido de que o pagamento deva ser feito *antes* do recebimento da denúncia (art. 9º, § 2º). A mesma lei resolveu também o problema da extinção da punibilidade nos casos de pagamento parcelado; consoante a disciplina fixada por esse artigo, a pretensão punitiva do Estado é suspensa pelo parcelamento (art. 9º, *caput*), ficando igualmente paralisado o curso da prescrição (art. 9º, § 1º). Também restou superada pelo mesmo dispositivo legal a disciplina sobre extinção da punibilidade do crime de "apropriação indébita previdenciária", que, como visto acima, fora descrita noutros moldes.

A Lei n. 12.382/2011 deu nova redação ao art. 83 da Lei n. 9.430/96 (que regulou a representação fiscal nos crimes contra a ordem tributária) para, de modo desnecessário, estatuir que a punibilidade é extinta com o pagamento integral do débito tributário *objeto de parcelamento*.

10.6. Denúncia espontânea e exclusão da punibilidade

Não obstante, mesmo na ausência de norma prevendo a exclusão da punibilidade mediante pagamento do tributo, há a regra do art. 138 do Código Tributário Nacional, no sentido de que o pagamento do tributo *antes do início de qualquer procedimento fiscal ou medida de fiscalização relacionados com a infração* exclui a responsabilidade e, portanto, afasta qualquer possibilidade de punição, não apenas de natureza administrativa mas, igualmente, a criminal. Aliás, seria inconcebível que o Estado estimulasse o infrator a regularizar sua situação fiscal, acenando-lhe com a dispensa de sanções administrativas, e aproveitasse a denúncia espontânea para prender o infrator. Isso traduziria inominável deslealdade, incompatível com a ideia de Estado de Direito.

Portanto, e sem embargo da crítica que fizemos, linhas atrás, ao art. 168-A do Código Penal, era meramente expletivo o § 2º desse artigo, ao dizer que o pagamento *antes do início da ação fiscal* extinguia a punibilidade do crime ali previsto.

Capítulo XVI

Garantias e Privilégios do Crédito Tributário

Sumário: 1. Noção. 2. Responsabilidade patrimonial pelo crédito tributário. 3. Presunção de fraude. 4. Indisponibilidade de bens. 5. Preferências do crédito tributário. 6. Prova de quitação de tributos.

1. NOÇÃO

Os créditos de qualquer natureza são, genericamente, garantidos pelo patrimônio do devedor. Garantias reais ou pessoais melhoram a qualidade do crédito, no sentido de que, na hipótese de inadimplemento, dão ao credor maiores condições de satisfazer seu direito. Mesmo quando inexistam garantias reais ou pessoais, o legislador busca proteger o interesse do credor, ao vedar certas operações do devedor que possam desfalcar seu patrimônio. Por outro lado, o direito prestigia, com certos institutos (impenhorabilidade, bem de família) determinadas situações jurídicas em que o interesse do credor cede o passo, de tal sorte que a satisfação do seu direito não se pode dar por meio da constrição judicial sobre determinados bens do devedor. Quando diversos são os credores e o patrimônio do devedor se revela insuficiente para responder por todas as dívidas, a regra é a do concurso, com o rateio do produto da execução na proporção do montante dos créditos. Porém, créditos há que, por serem legalmente privilegiados, não se sujeitam ao rateio, sendo pagos preferencialmente, após o que se busca satisfazer os demais credores, tal qual se dá com os créditos trabalhistas.

O crédito *tributário* goza, igualmente, de preferência (subordinado, porém, como veremos, ao crédito trabalhista). Refere-se o Código Tributário Nacional a "garantias e privilégios", no título do capítulo que dedica ao tema, mas, ao regular os privilégios, na Seção II, opta por falar em "preferências".

A preocupação do Código, tendo em vista que o crédito tributário decorre de imposição legal, foi guarnecê-lo de normas protetoras que permitam, na eventualidade de o Fisco ter de recorrer à execução, evitar certos obstáculos que poderiam frustrar a realização de seu direito. Com esse objetivo, o Código afasta ou excepciona, para fins fiscais, os efeitos legais que normalmente decorreriam de certos institutos do direito privado (impenhorabilidade, por exemplo), define situações de presunção de fraude em certos negócios operados, em dadas situações, pelo devedor tributário, e outorga vantagens ao credor fiscal, na medida em que ele não se subordina às regras que comandam a realização de créditos de outra natureza.

O Código, por conseguinte, outorga ao crédito tributário uma série de vantagens, no cotejo com os créditos de outra natureza. Dessa forma, não se requer que a legislação específica deste ou daquele tributo regule a matéria. Faculta-se-lhe fazê-lo, porém, à vista da natureza ou das características do tributo a que se refira (CTN, art. 183)[1].

Essas vantagens são matéria sob reserva de lei, não podendo ser dispensadas pela autoridade administrativa (art. 141, *in fine*)[2].

As garantias do crédito tributário – registra Celso Cordeiro Machado – não se transferem para o terceiro que pague a dívida tributária, na condição de responsável[3].

O Código anota que "a natureza das garantias atribuídas ao crédito tributário não altera a natureza deste nem a da obrigação tributária a que corresponda" (art. 183, parágrafo único). É difícil imaginar o que teria pretendido o legislador com tal afirmação, pois é óbvio que o crédito de

---

1. É exemplo a Lei n. 8.397/92 (que criou a medida cautelar fiscal), a qual, não obstante, apresenta, a par de algumas disposições supérfluas, outras que parecem de constitucionalidade duvidosa.

2. Celso Cordeiro Machado, em crítica talvez excessivamente rigorosa, censura a redação do art. 141, no que este se refere à "dispensa" de garantias, em casos nos quais, em rigor, não é de dispensa que se trata (Garantias, preferências e privilégios do crédito tributário. Administração tributária. Dívida ativa tributária. Certidão negativa. Prazos. Crimes de sonegação fiscal, in *Tratado de direito tributário brasileiro*, v. 6, p. 42-3). O que pretende o Código Tributário Nacional, à vista do princípio da indisponibilidade do interesse público, é dizer que não cabe à autoridade dispensar o crédito tributário ou abrir mão de suas garantias, o que só pode decorrer de causas legais.

3. Garantias, in *Tratado*, cit., v. 6, p. 46.

natureza *tributária* não passa a ser civil, comercial ou de qualquer outra natureza pelo só fato de estar garantido ou privilegiado.

2. RESPONSABILIDADE PATRIMONIAL PELO CRÉDITO TRIBUTÁRIO

A sujeição do patrimônio do devedor à satisfação do crédito tributário – a exemplo do que se dá, em regra, com quaisquer créditos – é prevista no art. 184 do Código Tributário Nacional. Esse dispositivo, porém, amplia a proteção, ao vincular à satisfação de dívidas tributárias mesmo os bens gravados com ônus real: "Art. 184. Sem prejuízo dos privilégios especiais sobre determinados bens, que sejam previstos em lei, responde pelo pagamento do crédito tributário a totalidade dos bens e das rendas, de qualquer origem ou natureza, do sujeito passivo, seu espólio ou sua massa falida, inclusive os gravados por ônus real ou cláusula de inalienabilidade ou impenhorabilidade, seja qual for a data da constituição do ônus ou da cláusula, excetuados unicamente os bens e rendas que a lei declare absolutamente impenhoráveis".

A norma, em sintonia com o art. 183, começa por ressalvar a possibilidade de, por lei, serem definidos privilégios especiais sobre determinados bens.

A seguir, repete a regra geral de que o patrimônio do devedor responde por suas dívidas (o que não é novidade), para, depois, acrescentar que mesmo os bens ou rendas gravados com ônus real ou com cláusulas de inalienabilidade ou impenhorabilidade respondem pelo crédito tributário. É irrelevante a data de constituição do ônus ou do estabelecimento das referidas cláusulas. Isso implica dar ao crédito tributário preferência, por exemplo, sobre um crédito civil hipotecário, ainda que a obrigação tributária seja posterior à data da hipoteca[4]. Do mesmo modo, bens recebidos, em doação ou herança, com cláusulas de inalienabilidade ou impenhorabilidade, antes ou depois da obrigação tributária, seriam, em princípio, suscetíveis de penhora judicial, para satisfação do direito do Fisco.

Porém, o dispositivo abre exceção para os bens e rendas que a lei declare *absolutamente impenhoráveis*. O art. 942, I, do Código de Processo Civil de 1939 (Decreto-lei n. 1.608/39), vigente à época da edição do Código Tributário Nacional, considerava *absolutamente impenhoráveis* os bens que, *por força de lei*, fossem inalienáveis, além daqueles em relação aos quais a penhora era

4. Celso Cordeiro Machado anota que essa disposição repugna à consciência jurídica (Garantias, in *Tratado*, cit., v. 6, p. 118).

vedada pelo próprio diploma processual. O art. 649, I, do Código de Processo Civil de 1973 (Lei n. 5.869/73) veio a definir como absolutamente impenhoráveis, entre outros, os bens inalienáveis e os declarados, *por ato voluntário*, *não sujeitos a execução*. O art. 833, I, do Código de Processo Civil de 2015 (Lei n. 13.105/15), abolindo embora o advérbio "absolutamente", repete a dicção de 1973. Há uma antinomia entre o art. 184 do Código e o disposto nos estatutos processuais posteriores. Conjugado o art. 184 do Código com as normas processuais supervenientes, a exceção por ele feita abrangeria os bens que pudessem estar, *por ato voluntário*, não sujeitos a execução, o que esvaziaria em boa parte o comando legal, subtraindo à execução do crédito fiscal os bens cuja não sujeição à execução decorresse de ato voluntário (como pode ocorrer na doação ou na transmissão testamentária). Para conciliar os dois dispositivos, a doutrina considera excluídos da ressalva (e, portanto, passíveis de responder pela dívida fiscal) os bens cuja inalienabilidade ou impenhorabilidade decorra de *disposição de vontade*[5]. A interpretação histórica das normas leva à mesma conclusão, dado que, à época da edição do Código Tributário Nacional, a referência feita à lei processual, de 1939, abarcava apenas os bens inalienáveis *por força de lei*.

3. PRESUNÇÃO DE FRAUDE

"Presume-se fraudulenta – diz o art. 185 do Código Tributário Nacional (com a redação dada pela LC n. 118/2005) – a alienação ou oneração de bens ou rendas, ou seu começo, por sujeito passivo em débito para com a Fazenda Pública, por crédito tributário regularmente inscrito como dívida ativa", acrescentando o parágrafo único que essa disposição não se aplica "na hipótese de terem sido reservados, pelo devedor, bens ou rendas suficientes ao total pagamento da dívida inscrita".

Se o sujeito passivo, tendo débito inscrito, aliena bens ou rendas, a presunção legal de fraude torna ineficaz o ato praticado, não importando se o devedor o praticou a título *oneroso* ou *gratuito*.

O dispositivo fala, ainda, em "começo" de alienação (ou oneração), reminiscência inútil do art. 2º do Decreto n. 22.866/33, que Aliomar Baleeiro considerava "ainda mais drástico" do que o Código Tributário Nacional[6].

---

5. Hugo de Brito Machado (*Curso*, cit., p. 156), Paulo de Barros Carvalho (Curso, cit., p. 354-5), Celso Ribeiro Bastos (*Curso*, cit., p. 225), Zelmo Denari (Curso, cit., p. 247). Celso Cordeiro Machado parece adotar a mesma linha (Garantias, in *Tratado*, cit., v. 6, p. 120). José Eduardo Soares de Melo, porém, anota que a diretriz do art. 184 do Código teria ficado parcialmente prejudicada (*Curso de direito tributário*, p. 248).

6. *Direito*, cit., p. 605.

Igualmente inútil é a referência à "oneração", que não pode ser, ao mesmo tempo, fraudulenta (art. 185) e ato lícito inoponível ao credor fiscal (art. 184).

Na redação original do Código, a presunção só operava se se tratasse de crédito tributário já *em fase de execução*. Não bastava estar inscrito como *dívida ativa*; se isso fosse suficiente, a norma não teria acrescido a qualificação expressa, referida à execução, e teria falado apenas em dívida ativa. No mesmo sentido, Bernardo Ribeiro de Moraes[7], Celso Cordeiro Machado[8] e José Eduardo Soares de Melo[9] assinalaram que a presunção só operava a partir da *ação de execução*. Zelmo Denari também requeria o *ajuizamento da ação*, revendo entendimento anterior[10]. Isso igualmente parecia claro para Celso Ribeiro Bastos, que registrava, porém, estar "a doutrina agasalhando tese diferente"[11]. Eduardo Marcial Ferreira Jardim, admitindo também haver duas variáveis, a inscrição da dívida e o ajuizamento da ação, afirmou que o "entendimento correntio" se contentava com a inscrição da dívida para início da presunção de fraude[12]. Paulo de Barros Carvalho, não obstante registrasse que a execução começa com o ajuizamento da ação e a citação do devedor, e, ao pé da letra, só a partir daí operaria a presunção, anotou que o "entendimento corrente" estabelecia a inscrição da dívida como baliza da fraude[13]. Hugo de Brito Machado, que, ao contrário, sustentou que a presunção operava a partir da *inscrição* da dívida, já reconhecia haver doutrina e jurisprudência em sentido oposto...[14].

Em suma, sem embargo dos desencontros dessas lições, a presunção, na redação anterior do preceito legal, instaurava-se a partir da propositura da ação de execução até a penhora. No novo texto, a presunção atua desde a inscrição da dívida. Após a penhora, o crédito fiscal já está garantido, o que afasta a ideia de fraude em eventual alienação de bens que o executado realize. Registre-se, apesar de óbvio, que a presunção só cabe se a alienação

7. *Compêndio de direito tributário*, p. 423.

8. Garantias, in *Tratado*, cit., v. 6, p. 89.

9. *Curso*, cit., p. 249.

10. *Curso*, cit., p. 251.

11. *Curso*, cit., p. 226.

12. *Manual*, cit., p. 235. Esse autor, indo além, julga que o dispositivo protege o patrimônio do sujeito passivo inadimplente, que pode desfazer-se de seus bens, antes da inscrição da dívida.

13. *Curso*, cit., p. 356.

14. *Curso*, cit., p. 157.

puser o sujeito passivo em situação de insolvabilidade. Se o devedor possui outros bens que possam garantir a execução, não há motivo para impedir que negocie livremente com algum bem de seu patrimônio.

Não obstante, o Código faz esse registro expresso, no art. 185, parágrafo único, afastando a presunção de fraude "na hipótese de terem sido reservados, pelo devedor, bens ou rendas suficientes ao total pagamento da dívida inscrita". Também aqui a Lei Complementar n. 118/2005 substituiu a expressão *dívida em fase de execução* (do texto antigo) por *dívida inscrita*.

Note-se que, à vista desse dispositivo, não é necessário que o devedor mantenha bens *imóveis*; nem mesmo se exige a manutenção de *bens*: o devedor pode despojar-se de todos os seus bens, desde que suas *rendas* sejam suficientes para o pagamento da dívida.

Apesar de os autores, em regra, sustentarem o caráter absoluto da presunção[15], alguma discussão probatória existirá em diversas situações. Abstraindo a questão da existência de "rendas suficientes ao total pagamento da dívida", parece óbvio que o sujeito passivo *solvente* não é apenas o que possui bens cuja *traditio* requeira ou se faça acompanhar de alguma formalidade registral, como se dá com imóveis, ações, veículos automotores etc., cuja propriedade se presume da pessoa que figurar no registro[16]. Se alguém, devedor de 1.000,00, aliena o único imóvel que possui, por 5.000,00, e aplica os recursos em depósitos bancários, não há por que falar em fraude, mesmo porque o próprio parágrafo único do art. 185 a afasta, nessa hipótese. O problema, porém, aparece se o devedor se desfaz de bens cuja propriedade é mais "ostensiva" (bens com maior *rastreabilidade*, isto é, mais facilmente identificáveis no seu patrimônio), trocando-os por dinheiro e ocultando o produto da venda.

4. INDISPONIBILIDADE DE BENS

A Lei Complementar n. 118/2005 acresceu ao Código o art. 185-A, que estatui: "Na hipótese de o devedor tributário, devidamente citado, não pagar nem apresentar bens à penhora no prazo legal e não forem encontra-

15. *V.*, por exemplo, Aliomar Baleeiro, *Direito*, cit., p. 604.

16. O direito apresenta, ainda, em certos setores, o ranço da visão que parece só dar importância patrimonial aos bens *imóveis*. O direito civil é pródigo de sistemas protetivos do interesse de certas pessoas (como, em geral, se dá com os incapazes), quando se trata de *alienar* imóveis. Ora, *comprar* um bem imóvel (dependendo, entre outras variáveis, do preço) pode ser um negócio muito pior do que vender um bem dessa natureza. O mesmo se diga em relação a negócios com bens *móveis*.

dos bens penhoráveis, o juiz determinará a indisponibilidade de seus bens e direitos, comunicando a decisão, preferencialmente por meio eletrônico, aos órgãos e entidades que promovem registros de transferência de bens, especialmente ao registro público de imóveis e às autoridades supervisoras do mercado bancário e do mercado de capitais, a fim de que, no âmbito de suas atribuições, façam cumprir a ordem judicial".

O dispositivo agride o vernáculo: não se diz "Na hipótese de (...) não forem encontrados bens", mas sim na de não o *serem*.

E é severo o preceito. A indisponibilidade bloqueia não este ou aquele bem, mas todos os que houver, cabendo aos órgãos e entidades destinatários da comunicação judicial enviar ao juiz a relação dos bens e direitos cuja indisponibilidade houverem promovido (§ 2º).

É verdade que a lei limita a indisponibilidade "ao valor total exigível, devendo o juiz determinar o imediato levantamento da indisponibilidade dos bens e valores que excederem esse limite" (§ 2º). Porém, num primeiro momento, o melhor que o juiz poderá fazer é informar, no instrumento em que dá ciência da indisponibilidade, o "valor total exigível". Isso, contudo, não impedirá que cada destinatário, na melhor das hipóteses, bloqueie bens até esse valor (o que já multiplica o efeito do gravame). Como, para piorar, os destinatários da comunicação judicial não necessariamente saberão o valor dos bens, isso os levará a bloquear tudo o que houver, até que o juiz, quando estiver de posse das relações recebidas dos vários órgãos e entidades, e puder ter uma avaliação desses bens, tenha condições de, efetivamente, determinar o levantamento (que, nessa ocasião, já não se poderá qualificar de "imediato") da indisponibilidade do que for excedente.

5. PREFERÊNCIAS DO CRÉDITO TRIBUTÁRIO

Na seção de "Preferências", o Código Tributário Nacional cuida não apenas de preferências propriamente ditas, mas também de outras garantias adicionalmente conferidas ao crédito tributário, como veremos ao analisar os arts. 191 a 193.

Começa o Código, no *caput* do art. 186 (com a redação dada pela LC n. 118/2005), por fixar a regra de preferência do crédito tributário, em face de créditos de qualquer outra *natureza*, exceto os decorrentes da legislação do trabalho e do acidente do trabalho. Não importa a *data* de constituição dos créditos: ainda que um crédito civil, por exemplo, seja anterior ao tributário, a preferência, em regra, é deste.

A Lei Complementar n. 118/2005 acresceu parágrafo único a esse artigo, criando normas específicas para o caso de falência; assim, excetuou a preferência do crédito tributário em relação aos créditos extraconcursais e às importâncias passíveis de restituição, nos termos da lei falimentar, e aos créditos com garantia real, no limite do valor do bem gravado (inciso I). Ademais, na falência, a preferência dos créditos trabalhistas pode ser limitada e condicionada por lei (inciso II); esse limite foi fixado em cento e cinquenta salários mínimos pela Lei n. 11.101/2005 (art. 83, I), passando o excedente a catalogar-se como crédito quirografário (art. 83, VI, *c*). Ademais, na falência, a preferência da multa tributária dá-se apenas em relação aos créditos subordinados, situando-se ela, portanto, após os créditos quirografários (inciso VII).

Como decorrência lógica do privilégio de que, com exceções, desfruta o crédito tributário, ele não se sujeita "a concurso de credores, ou habilitação em falência, recuperação judicial, concordata, inventário ou arrolamento" (art. 187, com a redação dada pela LC n. 118/2005).

Se, porém, vários forem os créditos tributários, de diferentes pessoas jurídicas de direito público, o Código estatui regras de *preferência* e de *concurso* (art. 187, parágrafo único).

A *preferência* é de uma pessoa sobre as outras: da União, em face dos demais entes políticos; e do Estado, do Distrito Federal ou do Território, em relação aos Municípios. A regra de *concurso* (depois de satisfeita a União, se credora) operará entre Estados, Distrito Federal e Territórios, se mais de um for credor, hipótese em que se deve efetuar o rateio, na proporção dos respectivos créditos. Se e depois de satisfeitos os eventuais créditos tributários desses entes políticos, concorrerão os diferentes Municípios eventualmente credores, também na proporção dos seus créditos.

A doutrina tem questionado a constitucionalidade desse dispositivo, sob o fundamento de que ele fere a isonomia entre as pessoas políticas, ao criar preferências de umas sobre outras[17]. O Supremo Tribunal Federal declarou a constitucionalidade do preceito[18].

---

17. *V.* Aliomar Baleeiro, *Direito*, cit., p. 608; Celso Cordeiro Machado, Garantias, *Tratado*, cit., v. 6, p. 131 e s.; Paulo de Barros Carvalho, *Curso*, cit., p. 357-8; Eduardo Marcial Ferreira Jardim, *Manual*, cit., p. 236; José Eduardo Soares de Melo, *Curso*, cit., p. 250.

18. A Súmula 563 do Supremo Tribunal Federal considerou o dispositivo compatível com o art. 9º, I, da Constituição (redação da EC n. 1/69), sob cuja vigência se pôs o questionamento. Paulo de Barros Carvalho (*Curso*, cit., p. 357-8) e Eduardo Marcial Ferreira Jardim (*Manual*, cit., p. 236) continuam proclamando a inconstitucionalidade. Na Constituição de 1988, o dispositivo correspondente é o art. 19, III.

O Código Tributário Nacional dispunha, na redação original do art. 188, sobre o pagamento preferencial dos créditos tributários vencidos ou vincendos no curso dos processos de falência (art. 188) ou concordata (§ 2º). A nova redação do *caput* desse artigo (dada pela LC n. 118/2005) expressou: "São extraconcursais os créditos tributários decorrentes de fatos geradores ocorridos no curso do processo de falência". O § 2º continua estendendo para a concordata a disposição do *caput.*

Continuou previsto o pagamento preferencial dos créditos tributários vencidos ou vincendos no curso dos processos de inventário ou arrolamento (art. 189) ou de liquidação judicial ou voluntária de pessoas jurídicas (art. 190).

Não obstante esses artigos não ressalvem os *créditos trabalhistas e os acidentários*, vale, a nosso ver, a disposição geral do art. 186, que privilegia tais créditos[19], com a limitação de que trata o inciso II do parágrafo único do mesmo artigo, aplicável aos trabalhistas.

Contestado o crédito tributário, o juiz deve remeter as partes para as vias judiciais competentes, mandando reservar bens que garantam aquele crédito (art. 188, § 1º; art. 189, parágrafo único).

6. PROVA DE QUITAÇÃO DE TRIBUTOS

Cuida, ainda, o Código Tributário Nacional de cercar o crédito tributário de um sistema adicional de garantias, ao exigir a prova de quitação de tributos em diversas situações.

O art. 191 (na redação da LC n. 118/2005) estatui que "a extinção das obrigações do falido requer prova de quitação de todos os tributos".

Igualmente, "a concessão de recuperação judicial depende da apresentação da prova de quitação de todos os tributos, observado o disposto nos arts. 151, 205 e 206" (art. 191-A, acrescido pela LC n. 118/2005). A remissão deixa expresso que a empresa sob recuperação pode manter débitos cuja exigibilidade esteja suspensa (na forma do art. 151); ademais, não obstante lhe possa ser exigida a apresentação de certidão negativa de débitos (art. 205), a certidão positiva de débito vincendo, ou em execução com penhora já realizada, ou com a exigibilidade suspensa, tem os mesmos efeitos da certidão negativa (art. 206).

---

19. No mesmo sentido, Aliomar Baleeiro (*Direito*, cit., p. 609). Em contrário, Paulo de Barros Carvalho (*Curso*, cit., p. 358) e Hugo de Brito Machado (*Curso*, cit., p. 159).

Na redação original do Código, cujo art. 191 se reportava à falência e à concordata, a prova exigida referia-se aos tributos *relativos à atividade mercantil do falido ou do concordatário*. Na nova redação desse artigo e no art. 191-A, acrescido, essa referência, que restringia o objeto da prova exigida, foi, como vimos, eliminada.

A sentença de partilha ou adjudicação também é condicionada à prova de quitação dos tributos relativos aos bens e rendas do espólio (art. 192).

Providência similar é exigida no caso de concorrência ou contratos com órgãos públicos, hipótese em que o proponente ou contratante deve apresentar prova de quitação dos tributos devidos à Fazenda Pública interessada, relativos à atividade objeto do contrato ou da concorrência (art. 193).

Nesses dispositivos, na verdade, não se regulam *preferências* (como se intitula a seção do CTN, iniciada no art. 186), mas mecanismos que estimulam (e, em certa medida, *forçam*) o cumprimento de obrigações tributárias.

Capítulo XVII

Administração Tributária

Sumário: 1. Poderes das autoridades fiscais. 1.1. Acesso a informações de interesse fiscal. 1.2. Procedimento de fiscalização. 1.3. Prestação de informações e sigilo fiscal. 1.3.1. Oposição do dever de sigilo ao Fisco. 1.3.2. Dever de sigilo do Fisco. 2. Dívida ativa. 3. Certidões negativas.

1. PODERES DAS AUTORIDADES FISCAIS

A competência e os poderes de fiscalização das autoridades administrativas, em matéria tributária, é assunto que, observadas as prescrições do Código Tributário Nacional, deve ser regulado pela legislação pertinente, que pode estabelecer disciplina geral para diferentes tributos ou impor regramento específico atento à natureza de certo tributo (art. 194). O recolhimento de tributos depende, em certa medida, da atuação da administração fiscal, especialmente se considerarmos que certas exações somente se tornam exigíveis a partir de um ato específico da autoridade fiscal, que é o lançamento. Por outro lado, para prevenir ou combater a sonegação, faz-se necessário um permanente trabalho de fiscalização. Inúmeras outras tarefas permeiam a atuação das autoridades fiscais na sua função burocrática, de controle, de orientação, de relacionamento com o sujeito passivo, com a rede arrecadadora, com outros órgãos públicos etc.

Os destinatários das normas em causa, imediatamente, são os agentes da administração tributária, que recebem um feixe de poderes que lhes cabe exercer com especial atenção ao princípio da legalidade. Mas, em sua atuação, frequentemente tais agentes se relacionam com os destinatários indiretos das referidas normas: todas as pessoas, físicas ou jurídicas, contribuintes ou não, inclusive os imunes e os titulares de isenção pessoal (art. 194, parágrafo único). As chamadas obrigações tributárias acessórias, como se sabe, nem sempre incumbem ao sujeito passivo, pois não raro são exigidas de terceiros, como instrumento para fiscalizar o sujeito passivo; noutros casos, a obrigação acessória é de um não contribuinte, e é a ele imposta como meio para verificar se sua situação fiscal realmente é a de alguém que não deve tributo.

Em suma, são passíveis de fiscalização tanto pessoas físicas quanto pessoas jurídicas, contribuintes ou não, mesmo que se trate de entidade imune ou isenta. Obviamente, há de haver pertinência entre o trabalho da fiscalização e a situação da pessoa fiscalizada. Se se trata de pessoa que, dada sua condição, natureza, atividade etc., não está nem pode estar no polo passivo de uma relação jurídica em razão da qual se possa dela exigir alguma prestação (pecuniária ou não), a fiscalização, além de inútil, poderá configurar abuso.

Por outro lado, as autoridades administrativas podem requisitar força policial quando forem vítimas de embaraço ou desacato no exercício de suas funções, ou quando isso for necessário à efetivação de medida prevista na legislação tributária, prevê o art. 200, com a ociosa ressalva: "ainda que não se configure fato definido em lei como crime ou contravenção".

É óbvio que, também aqui, é preciso cautela para evitar eventuais abusos da autoridade. Como assinalou Miguel João Ferreira de Quadros, é compreensível que a autoridade requisite força policial para a efetivação de certos atos (por exemplo, bloqueio de estrada para verificação de mercadorias em trânsito), ou em casos de desacato, mas isso não tem sentido quando se trate de "puro e simples embaraço à fiscalização, através, por exemplo, da sonegação de livros e documentos"[1].

A Constituição dá competência ao Senado Federal para avaliar periodicamente o desempenho da administração tributária da União, dos Estados, do Distrito Federal e dos Municípios, a par da análise da "funcionalidade" do sistema tributário nacional (art. 52, XV, acrescido pela EC n. 42/2003).

1.1. Acesso a informações de interesse fiscal

A legislação comercial protege os livros e registros do comerciante. Porém, "para os efeitos da legislação tributária – diz o art. 195 do Código Tributário Nacional – não têm aplicação quaisquer disposições legais excludentes ou limitativas do direito de examinar mercadorias, livros, arquivos, documentos, papéis e efeitos comerciais ou fiscais dos comerciantes, industriais ou produtores, ou da obrigação destes de exibi-los".

1. Administração tributária, in *Comentários ao Código Tributário Nacional*, v. 2.

Desse modo, a fiscalização tem, em regra, o direito de examinar livros, documentos, faturas, notas, registros, mercadorias, não se lhe podendo opor as normas comerciais que negam ou limitam esse direito. É óbvio que todas as diligências ou exames pretendidos hão de estar relacionados ao escopo da fiscalização, fora do que podem, como acima registramos, caracterizar desvio de poder da autoridade. É nesse sentido a Súmula 439 do Supremo Tribunal Federal, quando limita o exame fiscal de livros "aos pontos objeto da investigação".

Boa parte dos livros e documentos de interesse para a fiscalização dos tributos é já exigida pela legislação comercial. No específico interesse tributário, a legislação costuma estatuir documentário fiscal próprio, para o registro e controle do recolhimento dos tributos. Tanto os livros e documentos *comerciais* obrigatórios quanto os livros *fiscais*, bem como os documentos comprobatórios dos respectivos lançamentos, compõem os instrumentos materiais necessários, do lado do sujeito passivo, para comprovar o cumprimento de suas obrigações fiscais, e, do lado do Fisco, para permitir que ele verifique eventual infração da lei tributária. Por isso, o Código Tributário Nacional manda que tal documentação seja conservada "até que ocorra a prescrição dos créditos tributários decorrentes das operações a que se refiram" (art. 195, parágrafo único).

O legislador esqueceu-se de que, ao tratar dos prazos extintivos, distinguiu entre a decadência e a prescrição, relacionando a primeira ao direito de lançar, e referindo a segunda à ação de cobrança. Talvez, considerando que, no tempo, a prescrição costuma vir *depois* da decadência, o Código economizou tempo e falou diretamente na prescrição. O problema é que, de acordo com a disciplina dada pelo mesmo Código, pode dar-se a decadência sem que haja lugar para a prescrição; é de convir, aliás, que a decadência é o prazo extintivo de maior ocorrência em matéria tributária. Obviamente, decorrido o prazo decadencial e, portanto, extinto o eventual direito de lançar que o Fisco pudesse ter, não haverá mais interesse fiscal na conservação dos documentos.

Assim sendo, a menção que o Código faz à *prescrição* há de ser entendida como abrangente da decadência, até porque, em rigor, o preceito seria desnecessário para o efeito de que se trata. Na ausência do parágrafo, certamente se concluiria pela desnecessidade de manutenção de documentos fiscais após o prazo dentro do qual eles pudessem ter interesse.

Por outro lado, quando o Código fala em "prescrição dos créditos tributários decorrentes das operações a que (os documentos) se refiram", a proposição que está implícita é a de que os documentos deverão ser guardados até que se esgote o prazo extintivo do direito do sujeito ativo de lançar (ou de cobrar, se tempestivamente lançado) tributo incidente sobre situação a que se relacionem os documentos e que, *eventualmente*, ainda não tenha sido lançado ou ainda não tenha sido pago. Afinal, os tributos, normalmente, são pagos e, com o pagamento, extingue-se o crédito tributário, sem que caiba falar em decadência ou prescrição do crédito tributário.

Em suma, é de interesse do Fisco a manutenção de documentos que evidenciem a situação fiscal do sujeito passivo, dentro do prazo durante o qual a legislação autoriza a ação fiscal. A guarda dos documentos, nas mesmas condições, é também de interesse do sujeito passivo que pretenda demonstrar a regularidade de sua vida fiscal.

1.2. Procedimento de fiscalização

O princípio documental informa o procedimento fiscal. As diligências e investigações desenvolvidas pelas autoridades fiscais devem ser reduzidas a escrito e ordenadas logicamente. Para isso, o Código manda que sejam lavrados termos que documentem o início do procedimento, conforme a legislação respectiva, que deverá fixar prazo máximo para a conclusão das diligências fiscais (art. 196).

É importante a identificação da data de início do procedimento de fiscalização, à vista do disposto no art. 138 e seu parágrafo único: a denúncia espontânea de eventual infração, para efeito de exclusão de responsabilidade, só cabe antes do início de procedimento fiscal que possa referir-se à infração. Assim, também, a lei deve fixar prazos para a conclusão dos trabalhos, pois o sujeito passivo não pode ficar permanentemente sujeito a procedimento fiscalizatório[2].

Para esses efeitos, o procedimento de fiscalização há de ser informado ao sujeito passivo, de preferência – diz o parágrafo único do art. 196 – mediante termo lavrado em livro fiscal que seja exibido; se lavrado em separado, quer o dispositivo que o sujeito passivo receba cópia autenticada, o que, é evidente, não impede que receba o original da comunicação do início do procedimento.

---

2. Celso Cordeiro Machado considera tão importante a formalização do termo de início da fiscalização que "seria conveniente que os termos consignassem não o dia e o mês do início da ação fiscal, mas também a hora, pois, isso pode ser elemento decisivo na solução de questões práticas relacionadas com o caráter espontâneo ou não do cumprimento da obrigação" (Garantias, in *Tratado*, cit., v. 6, p. 221).

1.3. Prestação de informações e sigilo fiscal

Entre as chamadas obrigações tributárias acessórias situam-se as de prestar informações à autoridade fiscal, no interesse da fiscalização e da arrecadação de tributos que possam ser devidos pelo próprio sujeito passivo dessa obrigação acessória ou por terceiros.

O art. 197 do Código Tributário Nacional cuida especificamente da segunda situação, sendo ele próprio a fonte de criação da obrigação de uma série de pessoas de prestar informações à autoridade, mediante intimação escrita, sobre bens, negócios ou atividades de terceiros. É claro que deve haver pertinência entre a informação solicitada e a pessoa que resta obrigada a prestá-la, em razão dos seus próprios negócios ou atividades. Ninguém pode ser obrigado a prestar informações sobre os negócios de outrem só porque eventualmente mantenha com ele relações de amizade ou de parentesco, ou mesmo negócios aos quais sejam alheias as informações demandadas.

O dispositivo apresenta uma lista dos possíveis informantes, encerrada com item genérico que dá o caráter exemplificativo da relação, ao indicar: "I – os tabeliães, escrivães e demais serventuários de ofício; II – os bancos, casas bancárias, caixas econômicas e demais instituições financeiras; III – as empresas de administração de bens; IV – os corretores, leiloeiros e despachantes oficiais; V – os inventariantes; VI – os síndicos, comissários e liquidatários; VII – quaisquer outras entidades ou pessoas que a lei designe, em razão de seu cargo, ofício, função, ministério, atividade ou profissão".

Observe-se, porém, que, em relação às pessoas indicadas nos itens I a VI, a obrigação decorre do próprio Código, embora se concretize com a intimação para prestar a informação pertinente; já no caso do item VII requer-se que a lei especifique a pessoa obrigada, em função de suas atividades ou funções.

1.3.1. Oposição do dever de sigilo ao Fisco

Há situações em que, exatamente em razão "de cargo, ofício, função, ministério, atividade ou profissão", algumas pessoas estão legalmente obrigadas a guardar segredo sobre certos fatos. No confronto entre o dever de sigilo e o dever de informar, o primeiro prevalece (parágrafo único do art. 197).

Não há opção para essas pessoas entre manter o sigilo e dar a informação. Elas são obrigadas a manter o segredo, o que significa que, nessa situação, o comando do *caput* do art. 197 não se aplica.

1.3.2. Dever de sigilo do Fisco

A Fazenda Pública e seus servidores, sem prejuízo do disposto na legislação penal, estão, por sua vez, proibidos de divulgar informação, obtida em razão do ofício, sobre a situação econômica ou financeira do sujeito passivo ou de terceiros e sobre a natureza e o estado dos seus negócios ou atividades (art. 198, na redação dada pela LC n. 104/2001).

No texto original do Código, além da hipótese de requisição regular da autoridade judicial, no interesse da justiça, o parágrafo único do art. 198 abria exceção para os casos previstos no art. 199: mútua assistência entre a Fazenda Pública da União e as dos Estados, Distrito Federal e dos Municípios, no que respeita à fiscalização dos respectivos tributos, na forma estabelecida em lei ou convênio.

Na redação introduzida pela Lei Complementar n. 104/2001, o § 1º do art. 198 mantém, no rol de exceções, as hipóteses do art. 199 e a "requisição de autoridade judiciária no interesse da justiça". Não requer mais que essa requisição seja "regular", o que, parece-nos, não abre espaço para requisições "irregulares". Acresce nova exceção para "solicitações de autoridade administrativa no interesse da Administração Pública, desde que seja comprovada a instauração regular (*sic*) de processo administrativo, no órgão ou na entidade respectiva, com o objetivo de investigar o sujeito passivo a que se refere a informação, por prática de infração administrativa".

O art. 198, § 2º (na redação dada pela citada lei complementar), preocupou-se com as minúcias de que o intercâmbio da informação sigilosa deva ser realizado mediante *processo regularmente instaurado* e de que a entrega da informação seja feita *pessoalmente* à autoridade solicitante, mediante *recibo*, e arremata com a exigência de que o recibo "formalize a transferência e assegure a preservação do sigilo"...

Um novo parágrafo (o 3º) foi acrescido para dizer que não é vedada a divulgação de informações relativas a representações fiscais para fins penais, inscrições na dívida ativa e parcelamento ou moratória.

O art. 199, acima referido, que continua prevendo a mútua assistência entre a Fazenda Pública da União, dos Estados, do Distrito Federal e dos Municípios, ganhou da Lei Complementar n. 104/2001 um parágrafo, que prevê a possibilidade de troca de informações com Estados estrangeiros, na forma estabelecida em tratados, acordos ou convênios.

Podem também solicitar informações ao Fisco as comissões parlamentares de inquérito, a que a Constituição confere poderes de investigação próprios das autoridades judiciais (art. 58, § 3º).

2. DÍVIDA ATIVA

Uma vez esgotado o prazo para pagamento assinado ao sujeito passivo, compete à Fazenda Pública proceder à inscrição da dívida ativa em livro próprio (art. 201), com os requisitos exigidos pelo art. 202 e seu parágrafo único, relativos à identificação do devedor e corresponsáveis, valor devido, fundamento legal, data de inscrição, identificação do processo administrativo que houver, mais a indicação do livro e folha da inscrição.

Esses requisitos são essenciais, dados os efeitos da inscrição, e qualquer omissão acarreta a nulidade da *inscrição* e do processo de cobrança dela decorrente (art. 203). O mesmo dispositivo prevê que a nulidade pode ser sanada até a decisão de primeira instância, mediante substituição da *certidão* nula. Ora, se a nulidade era da *inscrição*, por consequência, a *certidão* também o será, mas não se corrige nulidade da *inscrição* mediante singela troca da *certidão*... Essa seria a solução se o vício fosse apenas da certidão. Se a hipótese tratada no Código é de erro da inscrição, o conserto há de ser feito no livro próprio, a fim de que se possa extrair certidão correta. O "sujeito passivo, acusado ou interessado" – arremata o preceito codificado – tem reaberto o prazo para "defesa" (ou para embargos, pois o Fisco provavelmente terá ajuizado uma execução), mas apenas em relação à parte modificada.

A inscrição da dívida ativa confere-lhe presunção relativa de liquidez e certeza, dando-lhe o efeito de prova pré-constituída (art. 204), e tornando-a idônea a ser cobrada por ação de execução. A presunção relativa pode ser ilidida por prova em contrário, a cargo do sujeito passivo ou do terceiro interessado (art. 204, parágrafo único). A fluência de juros de mora não afeta a liquidez do crédito, diz o parágrafo único do art. 201, que melhor se posicionaria como parágrafo do próprio art. 204.

3. CERTIDÕES NEGATIVAS

Já vimos que, em certas situações, pode ser necessária a apresentação de prova de quitação de tributos. O próprio contribuinte pode ter interesse em obter prova de que está quite com o Fisco e tem direito à certidão, por expressa previsão do art. 5º, XXXIV, *b,* da Constituição.

Quando necessária a prova de quitação, a lei pode exigir que ela seja feita por meio de certidão negativa, expedida à vista de requerimento com os requisitos do art. 205 do Código Tributário Nacional, fixando-se o prazo de dez dias para a autoridade fornecê-la: "Art. 205. A lei poderá exigir que a prova da quitação de determinado tributo, quando exigível, seja feita por certidão negativa, expedida à vista de requerimento do interessado, que contenha todas as informações necessárias à identificação de sua pessoa, domicílio fiscal e ramo de negócio ou atividade e indique o período a que se refere o pedido. Parágrafo único. A certidão negativa será sempre expedida nos termos em que tenha sido requerida e será fornecida dentro de 10 (dez) dias da data da entrada do requerimento na repartição".

Tem os mesmos efeitos de certidão negativa a certidão positiva que indique a existência de crédito vincendo, ou sob execução garantida por penhora, ou com a exigibilidade suspensa (art. 206).

Por mais célere que possa ser o procedimento para expedição da certidão negativa, poderá haver atos cuja prática premente impede que se requeira e aguarde a expedição da certidão negativa. Prevê, para essa situação, o art. 207 do Código Tributário Nacional: "Independentemente de disposição legal permissiva, será dispensada a prova de quitação de tributos, ou o seu suprimento, quando se tratar de prática de ato indispensável para evitar a caducidade de direito, respondendo, porém, todos os participantes no ato pelo tributo porventura devido, juros de mora e penalidades cabíveis, exceto as relativas a infrações cuja responsabilidade seja pessoal ao infrator".

Abstraindo-se a ociosidade da primeira frase do preceito e as agressões ao vernáculo cometidas na ressalva final, vê-se que o Código se sensibilizou com a urgência e dispensou a certidão, cobrando, porém, alto preço de cada participante do ato: sua responsabilidade pelo tributo e acréscimos legais.

O art. 208, em português também sofrível, define hipótese de responsabilidade do funcionário da administração fiscal: "A certidão negativa expedida com dolo ou fraude, que contenha erro contra a Fazenda Pública, responsabiliza pessoalmente o funcionário que a expedir, pelo crédito tributário e juros de mora acrescidos".

O erro meramente culposo (por exemplo, por negligência) não suscita a responsabilidade funcional, exigindo-se a prova de dolo (ou fraude) na expedição da certidão falsa. Aliomar Baleeiro, sem embargo da literalidade do dispositivo, registra a responsabilidade do funcionário por "certidão eivada de dolo *ou apenas erro* contra a Fazenda Pública" (grifo nosso)[3].

A responsabilidade *fiscal* não exclui a eventual responsabilidade criminal e administrativa (funcional) que possa haver (art. 208, parágrafo único).

3. *Direito*, cit., p. 635.

BIBLIOGRAFIA

AKSELRAD, Moisés. Tributação no Mercosul. *Pesquisas Tributárias*, Nova Série, n. 3, São Paulo: Centro de Extensão Universitária/Revista dos Tribunais, 1997.

ALBUQUERQUE, Magnus Augustus C. Imposto sobre a renda – aspecto temporal. *Revista de Direito Tributário*, n. 35, São Paulo: Revista dos Tribunais, 1986.

ALVARENGA, Aristides Junqueira. Crimes contra a ordem tributária. In: MARTINS, Ives Gandra da Silva (coord.). *Crimes contra a ordem tributária*. São Paulo: Revista dos Tribunais, 1995.

ALVES, José Carlos Moreira. A natureza tributária das custas e emolumentos e sua fixação por lei. In: *Princípios tributários no direito brasileiro e comparado*: estudos jurídicos em homenagem a Gilberto de Ulhôa Canto. Rio de Janeiro: Forense, 1988.

————. Palestra no X Simpósio Nacional de Direito Tributário. Apud CASSONE, Vittorio. *Direito tributário.* 3. ed. São Paulo: Atlas, 1991.

————. Palestra no XV Simpósio Nacional de Direito Tributário. Apud CASSONE, Vittorio; GARCIA, Fátima Fernandes de Souza. *Caderno de Pesquisas Tributárias,* n. 16, São Paulo: Centro de Estudos de Extensão Universitária/Resenha Tributária, 1991.

AMARAL, Antônio Carlos R. do. Tributação no Mercosul. *Pesquisas Tributárias*, Nova Série, n. 3, São Paulo: Centro de Extensão Universitária/Revista dos Tribunais, 1997.

AMARAL, Antônio Carlos R. do; MENEZES, Paulo L. de. Lei complementar tributária. *Caderno de Pesquisas Tributárias*, n. 15, São Paulo: Centro de Estudos de Extensão Universitária/Resenha Tributária, 1989.

AMARO, Luciano. A eficácia de lei complementar do Código Tributário Nacional. In: *Comentários ao Código Tributário Nacional.* São Paulo: Bushatsky, 1977. v. 3.

———. Adicional do imposto de renda estadual. *CEFIR*, n. 285, São Paulo, 1991.

———. Ainda o problema dos prazos nos tributos lançáveis por homologação. In: REZENDE, Condorcet (coord.). *Estudos tributários*. Rio de Janeiro: Renovar, 1999.

———. Algumas questões sobre a imunidade tributária. In: *Pesquisas Tributárias,* Nova Série, n. 4, São Paulo: Centro de Extensão Universitária/Revista dos Tribunais, 1998.

———. A progressividade na ordem tributária. In: *I Fórum de Direito Econômico*. Escola Nacional da Magistratura/Instituto dos Advogados de São Paulo, 1994.

———. As chamadas leis interpretativas. *Revista de Direito Tributário*, n. 45, São Paulo: Revista dos Tribunais, 1988.

———. As cláusulas pétreas e o direito tributário. *Revista Dialética de Direito Tributário*, n. 21, São Paulo: Oliveira Rocha, 1997.

———. Conceito e classificação dos tributos. *Revista de Direito Tributário*, n. 55, São Paulo: Revista dos Tribunais, 1991.

———. Dedutibilidade de tributos em discussão judicial ou administrativa. *CEFIR*, n. 297, abr. 1992.

———. Desconsideração da pessoa jurídica no Código de Defesa do Consumidor. *Revista de Direito do Consumidor*, n. 5, São Paulo: Revista dos Tribunais, 1993; *Revista de Direito Mercantil*, n. 88, 1993.

———. Desconsideração da pessoa jurídica para fins fiscais. In: PEIXOTO, Marcelo Magalhães & FERNANDES, Edison Carlos (coords.). *Tributação, justiça e liberdade*: homenagem a Ives Gandra da Silva Martins. Curitiba: Juruá, 2005.

———. Do processo de consulta. In: *Novo processo tributário*. São Paulo: Resenha Tributária, 1975.

———. Imposto de renda – regimes jurídicos. In: MARTINS, Ives Gandra da Silva (coord.). *Curso de direito tributário.* 2. ed. Belém: CEJUP/Centro de Estudos de Extensão Universitária, 1993. v. 2.

———. ISS – preço e valor do serviço. *Revista de Direito Tributário,* n. 40, São Paulo: Revista dos Tribunais, 1987.

———. Lançamento por homologação e decadência. *Resenha Tributária,* Seção 1.3 – Imposto sobre a Renda – Comentário, São Paulo: Resenha Tributária, 1975.

———. Lançamento, essa formalidade! In: TÔRRES, Heleno Taveira (coord.). *Teoria geral da obrigação tributária*: homenagem ao Prof. José Souto Maior Borges. São Paulo: Malheiros, 2005.

———. O imposto de renda e os princípios da irretroatividade e da anterioridade. *Revista de Direito Tributário*, n. 25/26, São Paulo: Revista dos Tribunais, 1983; *Caderno de Pesquisas Tributárias*, n. 11, São Paulo: Centro de Estudos de Extensão Universitária/Resenha Tributária, 1986.

———. O imposto de renda nas doações, heranças e legados. In: ROCHA, Valdir de Oliveira (coord.). *Imposto de renda:* alterações fundamentais. São Paulo: Dialética, 1998. v. 2.

———. Omissão de receitas e efeitos fiscais. In: MARTINS, Ives Gandra da Silva (coord.). *Estudos sobre o imposto de renda, em homenagem a Henry Tilbery.* São Paulo: Resenha Tributária, 1994.

———. O prazo para repetição do indébito e a Lei Complementar n. 118/05. In: DE SANTI, Eurico Marcos Diniz (coord.). *Curso de direito tributário e finanças públicas*. São Paulo: Saraiva, 2008.

———. Planejamento tributário e evasão. In: *Planejamento fiscal:* teoria e prática. São Paulo: Dialética, 1995.

———. Reforma fiscal: os impostos federais. In: *O sistema tributário na revisão constitucional*. São Paulo: Atlas, 1993.

———. Repetição do indébito tributário e as vias administrativas. *Resenha Tributária,* Seção 1.3 – Imposto sobre a renda – Comentário, n. 33, São Paulo: Resenha Tributária, 1983.

———. Revogação de isenções e anterioridade. In: *Princípios tributários no direito brasileiro e comparado:* estudos jurídicos em homenagem a Gilberto de Ulhôa Canto. Rio de Janeiro: Forense, 1988.

———. Uso de las presunciones en derecho tributario. Relatório Nacional do Brasil apresentado nas XII Jornadas Latino-Americanas de Direito Tributário em Bogotá, 1985. *Memória das Jornadas,* ICDT/ILADT, v. 1; *Resenha Tributária*, Seção 1.3, n. 36, São Paulo: Resenha Tributária, 1985.

———. Vida e morte da Súmula STF 584 – um pesadelo de 100 anos. In: *Temas de Direito Tributário, em homenagem ao Professor Gilberto de Ulhôa Canto*, 2 vol. Rio de Janeiro: Arraes, 2020.

AMORIM Filho, Agnelo. Critério científico para distinguir a prescrição da decadência e para identificar as ações imprescritíveis. *Revista dos Tribunais*, n. 300, São Paulo: Revista dos Tribunais, 1960.

APOCALIPSE, Sidney Saraiva. Repetição do indébito. *Caderno de Pesquisas Tributárias*, n. 8, São Paulo: Centro de Estudos de Extensão Universitária/Resenha Tributária, 1983.

ARZUA, Heron. Natureza jurídica das contribuições. *Revista de Direito Tributário*, n. 9/10, São Paulo: Revista dos Tribunais, 1979.

ATALIBA, Geraldo. Anterioridade da lei tributária – segurança do direito e iniciativa privada. *Revista de Direito Mercantil*, n. 50, São Paulo: Revista dos Tribunais, 1983.

———. Considerações em torno da teoria jurídica da taxa. *Revista de Direito Público*, n. 9, São Paulo: Revista dos Tribunais, 1969.

———. *Hipótese de incidência tributária.* São Paulo: Revista dos Tribunais, 1973.

———. *Lei complementar na Constituição.* São Paulo: Revista dos Tribunais, 1971.

———. Leis nacionais e leis federais no regime constitucional brasileiro. In: *Estudos jurídicos em homenagem a Vicente Ráo.* São Paulo: Resenha Universitária, 1976.

———. Mesa de debates no VII Congresso Brasileiro de Direito Tributário, promovido pelo IDEPE, em São Paulo, 1993. *Revista de Direito Tributário*, n. 63, São Paulo: Malheiros.

———. Normas gerais de direito financeiro. *Revista de Direito Público*, n. 10, São Paulo: Revista dos Tribunais, 1969.

———. *O decreto-lei na Constituição de 1967.* São Paulo: Revista dos Tribunais, 1967.

———. Progressividade e capacidade contributiva. *Revista de Direito Tributário*, Separata *Princípios Constitucionais Tributários,* com os textos apresentados no V Congresso Brasileiro de Direito Tributário, realizado pelo IDEPE, em São Paulo, 1991 (São Paulo: Revista dos Tribunais, 1991).

———. Taxas e preços no novo texto constitucional. *Revista de Direito Tributário*, n. 47, São Paulo: Revista dos Tribunais, 1989.

ATALIBA, Geraldo; BARRETO, Aires. Considerações sobre a questão do pedágio federal. *DCI*, São Paulo, 22 e 24 abr. 1989.

ATALIBA, Geraldo; GIARDINO, Cléber. Intributabilidade das correções monetárias – capacidade contributiva. In: *Princípios tributários no direito brasileiro e comparado:* estudos jurídicos em homenagem a Gilberto de Ulhôa Canto. Rio de Janeiro: Forense, 1988.

———. Segurança do direito, tributação e anterioridade. *Revista de Direito Tributário*, n. 27/28, São Paulo: Revista dos Tribunais, 1984.

ÁVILA, Humberto. *Sistema Constitucional Tributário*. 2. ed. São Paulo: Saraiva, 2006.

BALEEIRO, Aliomar. *Direito tributário brasileiro*. 10. ed. Rio de Janeiro: Forense, 1992.

———. *Limitações constitucionais do poder de tributar*. 6. ed. Rio de Janeiro: Forense, 1985.

———. Suspensão da exigibilidade do crédito tributário e prescrição. *Revista de Direito Tributário*, n. 9/10, São Paulo: Revista dos Tribunais, 1979.

———. *Uma introdução à ciência das finanças*. 14. ed. Rio de Janeiro: Forense, 1990.

BALERA, Wagner. Imposto sobre a renda e proventos de qualquer natureza. *Caderno de Pesquisas Tributárias*, v. 11, São Paulo: Centro de Estudos de Extensão Universitária/Resenha Tributária, 1986.

———. Tributação no Mercosul. *Pesquisas Tributárias*, Nova Série, n. 3, São Paulo: Centro de Extensão Universitária/Revista dos Tribunais, 1997.

BARRETO, Aires. As taxas na Constituição. In: *Comentários ao Código Tributário Nacional*. São Paulo: Resenha Tributária, 1979. v. 5.

———. *Base de cálculo, alíquota e princípios constitucionais*. São Paulo: Revista dos Tribunais, 1987.

———. Capacidade contributiva, igualdade e progressividade na Constituição de 1988. *Revista de Direito Tributário*, Separata *Princípios Constitucionais Tributários,* com os textos do V Congresso Brasileiro de Direito Tributário, realizado pelo IDEPE, em São Paulo, 1991(São Paulo: Revista dos Tribunais, 1991).

BARRETO, Aires; ATALIBA, Geraldo. Ver ATALIBA, Geraldo; BARRETO, Aires.

BASSO, Maristela; ESTRELLA, Angela Teresa Gobbi. Tributação no Mercosul. *Pesquisas Tributárias*, Nova Série, n. 3, São Paulo: Centro de Extensão Universitária/Revista dos Tribunais, 1997.

BASTOS, Celso Ribeiro. *Curso de direito financeiro e de direito tributário*. São Paulo: Saraiva, 1991.

———. Princípios constitucionais tributários. *Caderno de Pesquisas Tributárias*, n. 18, São Paulo: Centro de Extensão Universitária/Resenha Tributária, 1993.

BASTOS, Celso; FILKENSTEIN, Claudio; PEREIRA, Ramos. Tributação no Mercosul. *Pesquisas Tributárias*, Nova Série, n. 3, São Paulo: Centro de Extensão Universitária/Revista dos Tribunais, 1997.

BASTOS, Celso Ribeiro; MARTINS, Ives Gandra da Silva. *Comentários à Constituição do Brasil*. São Paulo: Saraiva, 1990. v. 6. t. 1.

BECKER, Alfredo Augusto. *Teoria geral do direito tributário*. 2. ed. São Paulo: Saraiva, 1972.

BEISSE, Heinrich. Interpretação. Trad. Gerd Willi Rothman e Ruy Barbosa Nogueira. *Estudos tributários* (em homenagem à memória de Rubens Gomes de Sousa). São Paulo: Resenha Tributária, 1974.

BERNARDES, Alfredo. Parecer. *Revista Forense*, n. 36, Belo Horizonte: Oliveira & Costa, 1921.

BLUMENSTEIN, Ernst. *Sistema di diritto delle imposte*. Trad. Francesco Forte. Milano: Giuffrè, 1954.

BORGES, Antonio Moura. *Convenções sobre dupla tributação internacional*. Teresina: Universidade Federal do Piauí, 1992.

BORGES, José Alfredo. Tratado internacional em matéria tributária como fonte do direito. *Revista de Direito Tributário*, n. 27/28, São Paulo: Revista dos Tribunais, jan./jun. 1984.

BORGES, José Souto Maior. *Isenções tributárias*. São Paulo: Sugestões Literárias, 1969.

———. *Lançamento tributário*. Rio de Janeiro: Forense, 1981.

———. *Lei complementar tributária*. São Paulo: Revista dos Tribunais, 1975.

BOTALLO, Eduardo D. Capacidade contributiva. *Revista de Direito Tributário*, n. 47, São Paulo: Revista dos Tribunais, 1989.

———. Imunidade de instituições de educação e de assistência social e lei ordinária – um intrincado confronto. In: ROCHA, Valdir de Oliveira (coord.). *Imposto de renda:* alterações fundamentais. São Paulo: Dialética, 1998. v. 2.

BRANDÃO, António José. A interpretação das leis fiscais. *Revista de Direito Administrativo*, n. 33, São Paulo: FGV, 1953.

BRITO, Edvaldo Pereira de. A constituição definitiva do crédito tributário e a prescrição. *Caderno de Pesquisas Tributárias*, n. 1, São Paulo: Centro de Estudos de Extensão Universitária/Resenha Tributária, 1976.

———. O sistema tributário na nova Constituição do Brasil. In: *I Congresso Nacional de Estudos Tributários*. São Paulo: Academia Brasileira de Direito Tributário/Resenha Tributária, 1988.

———. Princípios constitucionais tributários. *Caderno de Pesquisas Tributárias*, n. 18, São Paulo: Centro de Extensão Universitária/Resenha Tributária, 1993.

———. Reforma tributária inconstitucional. In: *Curso de direito tributário*. 2. ed. Belém: CEJUP, 1993.

CAHALI, Yussef Said. Decadência. In: *Enciclopédia Saraiva do Direito*. São Paulo: Saraiva. v. 22.

CAIS, Cleide Previtalli. *O processo tributário*. São Paulo: Revista dos Tribunais, 1993.

CAMPANILE, Vinicius T.; HENARES NETO, Halley. Ver HENARES NETO, Halley; CAMPANILE, Vinicius T.

CAMPOS, Antônio J. Franco de. Interpretação e integração da legislação tributária. In: *Comentários ao Código Tributário Nacional*. São Paulo: Bushatsky, 1975. v. 3.

CAMPOS, Dejalma. *Direito financeiro e orçamentário*, São Paulo: Atlas, 1995.

———. *Direito processual tributário*. São Paulo: Atlas, 1993.

CAMPOS, Diogo Leite de; CAMPOS, Mônica Horta Neves Leite de. *Direito tributário*. Coimbra: Almedina, 1997.

CAMPOS, Mônica Horta Neves Leite de. Ver CAMPOS, Diogo Leite de; CAMPOS, Mônica Horta Neves Leite de.

CANTO, Gilberto de Ulhôa. Anterioridade e irretroatividade – direito adquirido, irretroatividade – revogação de isenções. *Revista de Direito Tributário*, Separata *Princípios Constitucionais Tributários*, com os textos do V Congresso Nacional de Direito Tributário, promovido pelo IDEPE, em São Paulo, 1991 (São Paulo: Revista dos Tribunais, 1991).

———. As contribuições especiais no direito brasileiro. *Revista de Direito Tributário*, n. 31, São Paulo: Revista dos Tribunais, 1985.

———. Elisão e evasão fiscal. *Caderno de Pesquisas Tributárias*, n. 13, São Paulo: Centro de Estudos de Extensão Universitária/Resenha Tributária, 1988.

———. Legislação tributária, sua vigência, sua eficácia, sua aplicação, interpretação e integração. *Revista Forense*, v. 267, Rio de Janeiro: Forense, 1979.

———. Lei complementar tributária. *Caderno de Pesquisas Tributárias*, n. 15, São Paulo: Centro de Estudos de Extensão Universitária/Resenha Tributária, 1989.

———. Presunções no direito tributário. *Caderno de Pesquisas Tributárias*, n. 9, São Paulo: Centro de Estudos de Extensão Universitária/Resenha Tributária, 1984.

———. Princípios constitucionais tributários. *Caderno de Pesquisas Tributárias*, n. 18, São Paulo: Centro de Extensão Universitária/Resenha Tributária, 1993.

———. Repetição do indébito. *Caderno de Pesquisas Tributárias*, n. 8, São Paulo: Centro de Estudos de Extensão Universitária/Resenha Tributária, 1983.

———. Taxa e preço público. *Caderno de Pesquisas Tributárias*, n. 10, São Paulo: Centro de Estudos de Extensão Universitária/Resenha Tributária, 1985.

CANTO, Gilberto de Ulhôa; MUNIZ, Ian de Porto Alegre; SOUZA, Antonio Carlos Garcia de. O fato gerador do imposto sobre a renda e proventos de qualquer natureza. *Caderno de Pesquisas Tributárias*, v. 11, São Paulo: Centro de Estudos de Extensão Universitária/Resenha Tributária, 1986.

CARRAZZA, Elizabeth Nazar. *Progressividade e IPTU*. Curitiba: Juruá, 1992.

CARRAZZA, Roque. A progressividade na ordem tributária. In: *I Fórum de Direito Econômico*. Escola Nacional da Magistratura/Instituto dos Advogados de São Paulo, 1994.

———. Constituição como fonte do direito tributário. *Revista de Direito Tributário*, n. 46, São Paulo: Revista dos Tribunais, 1988.

———. *Curso de direito tributário constitucional*. 4. ed. São Paulo: Revista dos Tribunais, 1993.

———. Mesa de Debates no VI Congresso Brasileiro de Direito Tributário, promovido pelo IDEPE, em São Paulo, 1992. *Revista de Direito Tributário*, n. 60, São Paulo: Malheiros.

———. *O regulamento no direito tributário*. Rio de Janeiro: Forense, 1991.

———. *O sujeito ativo da obrigação tributária*. São Paulo: Resenha Tributária, 1977.

———. Vigência e aplicação das leis tributárias. In: MARTINS, Ives Gandra da Silva (coord.). *Curso de direito tributário*. Belém: CEJUP, 1993. v. 1.

CARVALHO, Nelson Ferreira de. Ver HORVATH, Estevão; CARVALHO, Nelson Ferreira de.

CARVALHO, Paulo de Barros. *Curso de direito tributário*. 6. ed. São Paulo: Saraiva, 1993.

————. Decadência e prescrição. *Caderno de Pesquisas Tributárias*, n. 1, v. 2, São Paulo: Centro de Estudos de Extensão Universitária/Resenha Tributária, 1976.

————. Legalidade. *Revista de Direito Tributário*, Separata *Princípios Constitucionais Tributários*, com os textos do *V Congresso Brasileiro de Direito Tributário*, realizado pelo IDEPE, em São Paulo, 1991 (São Paulo: Revista dos Tribunais, 1991).

————. O campo restrito das normas gerais de direito tributário. *Revista dos Tribunais*, n. 433, São Paulo: Revista dos Tribunais, 1971.

————. O princípio da anterioridade em matéria tributária, Cadernos de altos estudos, n. 1, São Paulo: Centro Brasileiro de Direito Tributário/ Resenha Tributária, 1983.

CASSONE, Vittorio. *Direito tributário*. São Paulo: Atlas, 1990.

————. Tributação no Mercosul. *Pesquisas Tributárias*, Nova Série, n. 3, São Paulo: Centro de Extensão Universitária/Revista dos Tribunais, 1997.

COÊLHO, Sacha Calmon Navarro. *Comentários à Constituição de 1988:* sistema tributário. 3. ed. Rio de Janeiro: Forense, 1991.

————. Decadência e prescrição. *Resenha Tributária,* Seção 1.3 – Imposto de Renda – Comentário, São Paulo: Resenha Tributária, 1976.

————. *Infrações tributárias e suas sanções*. São Paulo: Resenha Tributária, 1982.

————. Lei complementar tributária. *Caderno de Pesquisas Tributárias*, n. 15, São Paulo: Centro de Estudos de Extensão Universitária/Resenha Tributária, 1989.

————. O novo sistema tributário. *Revista Brasileira de Estudos Políticos*, Separata dos *Princípios Constitucionais Tributários*, n. 60/61, Belo Horizonte, 1985.

————. Princípios constitucionais tributários. *Caderno de Pesquisas Tributárias*, n. 18, São Paulo: Centro de Extensão Universitária/Resenha Tributária, 1993.

————. Tratados internacionais em matéria tributária (perante a Constituição Federal do Brasil de 1988). *Revista de Direito Tributário*, n. 59, São Paulo: Malheiros.

COMISSÃO DE REFORMA DO MINISTÉRIO DA FAZENDA. *Reforma Tributária Nacional*, n. 17, Rio de Janeiro: FGV, 1966.

CORRÊA, Walter Barbosa. Fontes do direito tributário. In: *Curso de direito tributário*. Belém: CEJUP, 1993. v. 1.

COSTA, Alcides Jorge. Capacidade contributiva. *Revista de Direito Tributário*, n. 55, São Paulo: Revista dos Tribunais, 1991.

———. *ICM na Constituição e na lei complementar*. São Paulo: Resenha Tributária, 1978.

COSTA, Marcos da; MENEZES, Paulo Lucena de. Tributação no Mercosul. *Pesquisas Tributárias*, Nova Série, n. 3, São Paulo: Centro de Extensão Universitária/Revista dos Tribunais, 1997.

DARCY, James. Parecer. *Revista Forense*, n. 36, Belo Horizonte: Oliveira & Costa, 1921.

DELGADO, José Augusto. Tributação no Mercosul. *Pesquisas Tributárias*, Nova Série, n. 3, São Paulo: Centro de Extensão Universitária/Revista dos Tribunais, 1997.

DENARI, Zelmo. *Curso de direito tributário*. 2. ed. Rio de Janeiro: Forense, 1991.

———. *Decadência e prescrição tributária*. Rio de Janeiro: Forense, 1984.

———. *Solidariedade e sucessão tributária*. São Paulo: Saraiva, 1977.

DEODATO, Alberto. *Manual de ciência das finanças*. 11. ed. São Paulo: Saraiva, 1969.

DERZI, Misabel de Abreu Machado. A imunidade das instituições de educação ou de assistência social. In: ROCHA, Valdir de Oliveira (coord.). *Imposto de renda:* alterações fundamentais. São Paulo: Dialética, 1998. v. 2.

———. Contribuição para o Finsocial. *Revista de Direito Tributário*, n. 55, São Paulo: Revista dos Tribunais, 1991.

———. Medidas provisórias – sua absoluta inadequação à instituição e majoração de tributos. *Revista de Direito Tributário*, n. 45, São Paulo: Revista dos Tribunais, 1988.

———. Princípio da igualdade no direito tributário e suas manifestações. *Revista de Direito Tributário*, Separata *Princípios Constitucionais Tributários*, com os textos do V Congresso Brasileiro de Direito Tributário, realizado pelo IDEPE, em São Paulo, 1991 (São Paulo: Revista dos Tribunais, 1991).

DE SANTI, Eurico Marcos Diniz. *Prescrição e decadência no direito tributário*. São Paulo: Max Limonad, [s/d].

DINIZ, Maria Helena. *Curso de direito civil brasileiro*. 7. ed. São Paulo: Saraiva, 1989. v. 1.

DÓRIA, Antônio Roberto Sampaio. *Da lei tributária no tempo*. São Paulo: Obelisco, 1968.

________. Direito tributário intertemporal. In: ATALIBA, Geraldo; CARVALHO, Paulo de Barros (coords.). *VI Curso de Especialização em Direito Tributário*. São Paulo: Resenha Tributária, 1978. v. 2.

________. *Discriminação de rendas tributárias*. São Paulo: Bushatsky, 1972.

________. *Elisão e evasão fiscal*. 2. ed. São Paulo: Bushatsky, 1977.

________. Legalidade. *Revista de Direito Tributário*, Separata *Princípios Constitucionais Tributários*, com os textos do V Congresso Brasileiro de Direito Tributário, realizado pelo IDEPE, em São Paulo, 1991 (São Paulo: Revista dos Tribunais, 1991).

ESTRELLA, Angela Teresa Gobbi; BASSO, Maristela. Ver BASSO, Maristela; ESTRELLA, Angela Teresa Gobbi.

FALCÃO, Amílcar de Araújo. *Fato gerador da obrigação tributária*. 2. ed. anotada por Geraldo Ataliba. São Paulo: Revista dos Tribunais, 1971.

________. Imunidade e isenção tributária – instituição de assistência social. *Revista de Direito Administrativo*, n. 66, Rio de Janeiro: FGV, 1961.

________. *Introdução ao direito tributário*. Rio de Janeiro: Ed. Rio, 1976.

FALCON Y TELLA, Ramon. La solidariedad tributaria. *Revista de Direito Tributário,* n. 35, São Paulo: Revista dos Tribunais, 1986.

FALEIRO, José. A supremacia dos acordos internacionais sobre a legislação interna. In: *Comentários ao Código Tributário Nacional*. São Paulo: Bushatsky, 1977. v. 3.

FANTOZZI, Augusto. Lançamento tributário. In: *Princípios tributários no direito brasileiro e comparado:* estudos jurídicos em homenagem a Gilberto de Ulhôa Canto. Rio de Janeiro: Forense, 1988.

FANUCCHI, Fábio. *A decadência e a prescrição em direito tributário*. 3. ed. São Paulo: Resenha Tributária, 1976.

________. *Curso de direito tributário brasileiro*. 4. ed. São Paulo: Resenha Tributária, 1976. 2 v.

________. O instante do fato gerador do imposto de renda. *CEFIR*, n. 55, São Paulo, 1971.

FERNANDES, Edison Carlos. Tributação no Mercosul. *Pesquisas Tributárias*, Nova Série, n. 3, São Paulo: Centro de Extensão Universitária/Revista dos Tribunais, 1997.

FERREIRA FILHO, Manoel Gonçalves. *Direito constitucional comparado*. São Paulo: Bushatsky, 1974. v. 1.

FERREIRO LAPATZA, Jose Juan. *Curso de derecho financiero español*. 12. ed. Madrid: Marcial Pons, 1990.

FIGUEIREDO, Lúcia Valle. Princípios de proteção ao contribuinte: princípio de segurança jurídica. *Revista de Direito Tributário*, n. 47, São Paulo: Revista dos Tribunais, 1989.

FILKENSTEIN, Claudio; BASTOS, Celso; PEREIRA, Ramos. Ver BASTOS, Celso; FILKENSTEIN, Claudio; PEREIRA, Ramos.

FONROUGE, Giuliani. Direito financeiro: uma nova disciplina jurídica. *Revista Forense*, n. 88, 1941.

FRANCISCO, José Carlos. Algumas inconstitucionalidades da Emenda 3. *Informativo Dinâmico IOB*, n. 29, São Paulo: IOB, 1993.

———. *Emendas constitucionais e limites flexíveis*. Rio de Janeiro: Forense, 2003.

GÉNY, François. O particularismo do direito fiscal. *Revista de Direito Administrativo*, v. 20, Rio de Janeiro: FGV, 1950.

GIARDINO, Cléber. Ver ATALIBA, Geraldo; GIARDINO, Cléber.

GOMES, Luiz Flávio. Responsabilidade penal objetiva e culpabilidade nos crimes contra a ordem tributária. In: *Direito penal empresarial*. São Paulo: Dialética, 1995.

GONÇALEZ, Antonio Manoel. O fato gerador do imposto sobre a renda e proventos de qualquer natureza. *Caderno de Pesquisas Tributárias*, v. 11, São Paulo: Centro de Estudos de Extensão Universitária/Resenha Tributária, 1986.

GRAU, Eros. *Conceito de tributo e fontes do direito tributário*. São Paulo: Resenha Tributária, 1975.

GRECO, Marco Aurélio. *Contribuições (uma figura "sui generis")*. São Paulo: Dialética, 2000.

———. Distinção jurídica entre taxa e preço (tarifa). *Revista dos Tribunais*, n. 456, 1973.

———. Imunidades tributárias. *Pesquisas tributárias,* Nova Série, n. 4, São Paulo: Centro de Extensão Universitária/Revista dos Tribunais, 1998.

———. *Norma jurídica tributária*. São Paulo: Saraiva, 1974.

———. *Planejamento fiscal e interpretação da lei tributária*. São Paulo: Dialética, 1998.

________. *Planejamento tributário*. 3. ed. São Paulo, Dialética, 2011.

———. Planejamento tributário e abuso de direito. In: MARTINS, Ives Gandra da Silva (coord.). *Estudos sobre o imposto de renda, em homenagem a Henry Tilbery*. São Paulo: Resenha Tributária, 1994.

———. Repetição do indébito. *Caderno de Pesquisas Tributárias,* n. 8, São Paulo: Centro de Estudos de Extensão Universitária/Resenha Tributária, 1983.

———. Sujeito ativo tributário. In: *Comentários ao Código Tributário Nacional*. São Paulo: Bushatsky, 1977. v. 3.

———. Tributação no Mercosul. *Pesquisas Tributárias*, Nova Série, n. 3, São Paulo: Centro de Extensão Universitária/Revista dos Tribunais, 1997.

GRECO, Marco Aurélio; SOUZA, Hamilton Dias. Distinção entre taxa e preço público. *Caderno de Pesquisas Tributárias,* n. 10, São Paulo: Centro de Estudos de Extensão Universitária/Resenha Tributária, 1985.

GUIMARÃES, Carlos da Rocha. Crédito tributário e prescrição. *Caderno de Pesquisas Tributárias*, n. 1, São Paulo: Centro de Estudos de Extensão Universitária/Resenha Tributária, 1976.

———. Interpretação literal das isenções tributárias. In: *Proposições tributárias*. São Paulo: Resenha Tributária, 1975.

———. O fato gerador do imposto de renda. *Caderno de Pesquisas Tributárias*, v. 11, São Paulo: Centro de Estudos de Extensão Universitária/ Resenha Tributária, 1986.

GUIMARÃES, Ylves José de Miranda. Imposto sobre a renda e proventos de qualquer natureza. *Caderno de Pesquisas Tributárias*, v. 11, São Paulo: Centro de Estudos de Extensão Universitária/Resenha Tributária, 1986.

HAMATI, Cecília Maria Marcondes. Tributação no Mercosul. *Pesquisas Tributárias*, Nova Série, n. 3, São Paulo: Centro de Extensão Universitária/Revista dos Tribunais, 1997.

HARADA, Kiyoshi. Tributação no Mercosul. *Pesquisas Tributárias*, Nova Série, n. 3, São Paulo: Centro de Extensão Universitária/Revista dos Tribunais, 1997.

HENARES NETO, Halley; CAMPANILE, Vinicius T. Tributação no Mercosul. *Pesquisas Tributárias*, Nova Série, n. 3, São Paulo: Centro de Extensão Universitária/Revista dos Tribunais, 1997.

HORVATH, Estevão; CARVALHO, Nelson Ferreira de. Tratado internacional, em matéria tributária, pode exonerar tributos estaduais? *Revista de Direito Tributário*, n. 64, São Paulo: Malheiros.

ISHIHARA, Yoshiaki. *Princípio da legalidade tributária na Constituição de 1988*. São Paulo: Atlas, 1994.

———. Tributação no Mercosul. *Pesquisas Tributárias*, Nova Série, n. 3, São Paulo: Centro de Extensão Universitária/Revista dos Tribunais, 1997.

JARACH, Dino. *O fato imponível*. Trad. Dejalma de Campos. São Paulo: Revista dos Tribunais, 1989.

JARDIM, Eduardo Marcial Ferreira. *Manual de direito financeiro e tributário*. 2. ed. São Paulo: Saraiva, 1994.

JÈZE, Gaston. O fato gerador do imposto. *Revista Forense*, n. 104, 1945.

JUSTEN FILHO, Marçal. Anterioridade e irretroatividade. *Revista de Direito Tributário*, Separata *Princípios Constitucionais Tributários,* com os textos do V Congresso Brasileiro de Direito Tributário, realizado pelo IDEPE, em São Paulo, 1991 (São Paulo: Revista dos Tribunais, 1991).

———. *Desconsideração da personalidade societária no direito brasileiro*. São Paulo: Revista dos Tribunais, 1987.

———. Princípios constitucionais tributários. *Caderno de Pesquisas Tributárias*, n. 18, São Paulo: Centro de Extensão Universitária/Resenha Tributária, 1993.

KRAKOVIAK, Leo. Repetição do indébito. *Caderno de Pesquisas Tributárias*, n. 8, São Paulo: Centro de Estudos de Extensão Universitária/ Resenha Tributária, 1983.

LACOMBE, Américo Masset. Contribuições no direito brasileiro. *Revista de Direito Tributário*, n. 47, São Paulo: Revista dos Tribunais, 1989.

———. *Contribuições profissionais*. São Paulo: Revista dos Tribunais, 1987.

———. Crédito tributário: lançamento. In: *Comentários ao Código Tributário Nacional*. São Paulo: Bushatsky, 1976. v. 2.

———. Igualdade e capacidade contributiva. *Revista de Direito Tributário*, Separata *Princípios Constitucionais Tributários*, com os textos do V Congresso Brasileiro de Direito Tributário, realizado pelo IDEPE, em São Paulo, 1991 (São Paulo: Revista dos Tribunais, 1991).

———. *Obrigação tributária*. São Paulo, Revista dos Tribunais, 1977.

LEÃES, L. G. Paes de Barros. *Obrigação tributária*. São Paulo: Bushatsky, 1971.

LEAL, Antônio Luís da Camara. *Da prescrição e da decadência*. 2. ed. Rio de Janeiro: Forense, 1959.

LEAL, Vítor Nunes. Leis complementares da Constituição. *Revista de Direito Administrativo*, n. 7, Rio de Janeiro: FGV, 1947.

LEJEUNE VALCÁRCEL, Ernesto. Irretroactividad de las leyes y actos administrativos en materia tributaria. *Revista de Direito Administrativo*, n. 31, Rio de Janeiro: FGV, 1985.

LENZ, Raoul. Elisão fiscal e a apreciação econômica dos fatos. Trad. Brandão Machado. In: *Princípios tributários no direito brasileiro e comparado:* estudos jurídicos em homenagem a Gilberto de Ulhôa Canto. Rio de Janeiro: Forense, 1988.

LIMA, Sebastião de Oliveira. A suspensão da prescrição prevista pelo Decreto-lei 1.569, de 8.8.77. *Resenha Tributária*, n. 31, São Paulo: Resenha Tributária, 1977.

————. Prescrição tributária. *Caderno de Pesquisas Tributárias*, n. 1, São Paulo: Centro de Estudos de Extensão Universitária/Resenha Tributária, 1976.

LOBO, Maria Tereza de Almeida Rosa Cárcomo. Tributação no Mercosul. *Pesquisas Tributárias*, Nova Série, n. 3, São Paulo: Centro de Extensão Universitária/Revista dos Tribunais, 1997.

LOPES FILHO, Osires Azevedo. Mesa de Debates no VI Congresso Brasileiro de Direito Tributário, promovido pelo IDEPE, São Paulo, 1992. *Revista de Direito Tributário*, n. 60, São Paulo: Malheiros.

LOPES, Maria Elizabete Vilaça. *Comentários à nova Lei do Cheque*. São Paulo: IASP – Instituto dos Advogados de São Paulo/Resenha Tributária, 1985.

MACHADO, Brandão. São tributos as contribuições sociais? In: *Princípios tributários no direito brasileiro e comparado:* estudos jurídicos em homenagem a Gilberto de Ulhôa Canto. Rio de Janeiro: Forense, 1988.

MACHADO, Celso Cordeiro. Garantias, preferências e privilégios do crédito tributário. Administração tributária. Dívida ativa tributária. Certidão negativa. Prazos. Crimes de sonegação fiscal. In: *Tratado de direito tributário brasileiro*. Rio de Janeiro: Forense, 1984. v. 6.

MACHADO, Hugo de Brito. *Curso de direito tributário*. 7. ed. Rio de Janeiro: Forense, 1993.

———. Imposto sobre a renda e proventos de qualquer natureza. *Caderno de Pesquisas Tributárias*, v. 11, São Paulo: Centro de Estudos de Extensão Universitária/Resenha Tributária, 1986.

———. Imunidade das instituições de educação e de assistência social e a Lei 9.532/97. In: ROCHA, Valdir de Oliveira (coord.). *Imposto de renda:* alterações fundamentais. São Paulo: Dialética, 1998. v. 2.

———. Lei complementar tributária. *Caderno de Pesquisas Tributárias*, n. 15, São Paulo: Centro de Estudos de Extensão Universitária/Resenha Tributária, 1989.

———. *Mandado de segurança em matéria tributária*. São Paulo: Revista dos Tribunais, 1994.

———. *Os princípios jurídicos da tributação na Constituição de 1988*. São Paulo: Revista dos Tribunais, 1989.

———. Princípios constitucionais tributários. *Caderno de Pesquisas Tributárias*, n. 18, São Paulo: Resenha Tributária, 1993.

———. *Repetição do indébito e compensação no direito tributário* (coord.). São Paulo-Fortaleza: Dialética/Instituto Cearense de Estudos Tributários – ICET, 1999.

———. Taxa e preço público. *Caderno de Pesquisas Tributárias*, n. 10, São Paulo: Centro de Estudos de Extensão Universitária/Resenha Tributária, 1985.

———. *Temas de direito tributário*. São Paulo: Revista dos Tribunais, 1993.

———. Tributação no Mercosul. *Pesquisas Tributárias*, Nova Série, n. 3, São Paulo: Centro de Extensão Universitária/Revista dos Tribunais, 1997.

MALERBI, Diva. Segurança jurídica e tributação. *Revista de Direito Tributário*, n. 47, São Paulo: Revista dos Tribunais, 1989.

———. Tributação no Mercosul. *Pesquisas Tributárias*, Nova Série, n. 3, São Paulo: Centro de Extensão Universitária/Revista dos Tribunais, 1997.

MANEIRA, Eduardo. *Direito tributário:* princípio da não surpresa. Belo Horizonte: Del Rey, 1994.

MARAFON, Plínio José. Lei complementar tributária. *Caderno de Pesquisas Tributárias*, v. 15, São Paulo: Centro de Estudos de Extensão Universitária/Resenha Tributária, 1989.

MARAFON, Plínio José; SOARES, Maria Helena Tinoco. Tributação no Mercosul. *Pesquisas Tributárias*, Nova Série, n. 3, São Paulo: Centro de Extensão Universitária/Revista dos Tribunais, 1997.

MARQUES, Fernando de Oliveira. Tributação no Mercosul. *Pesquisas Tributárias*, Nova Série, n. 3, São Paulo: Centro de Extensão Universitária/Revista dos Tribunais, 1997.

MARTÍNEZ, Pedro Soares. *Manual de direito fiscal*. Coimbra: Almedina, 1989.

MARTINS, Ives Gandra da Silva. As contribuições especiais numa divisão quinquipartida dos tributos. In: *Comentários ao Código Tributário Nacional*. São Paulo: Bushatsky, 1977. v. 3.

————. *Da sanção tributária*. São Paulo: Saraiva, 1980.

————. Decadência e prescrição. *Caderno de Pesquisas Tributárias*, n. 1, São Paulo: Centro de Estudos de Extensão Universitária/Resenha Tributária, 1976.

————. Elisão e evasão fiscal. *Caderno de Pesquisas Tributárias*, n. 13, São Paulo: Centro de Estudos de Extensão Universitária/Resenha Tributária, 1988.

————. Imposto sobre a renda e proventos de qualquer natureza. *Caderno de Pesquisas Tributárias*, v. 11, São Paulo: Centro de Estudos de Extensão Universitária/Resenha Tributária, 1986.

————. Imunidades tributárias. *Pesquisas Tributárias,* Nova Série, n. 4, São Paulo: Centro de Extensão Universitária/Revista dos Tribunais, 1998.

————. *Sistema tributário na Constituição de 1988*. 4. ed. São Paulo: Saraiva, 1992.

————. Taxa e preço público. *Caderno de Pesquisas Tributárias*, n. 10, São Paulo: Centro de Estudos de Extensão Universitária/Resenha Tributária, 1985.

————. *Teoria da imposição tributária*. 2. ed. São Paulo: LTr, 1998.

————. Tributação no Mercosul. *Pesquisas Tributárias,* Nova Série, n. 3, São Paulo: Centro de Extensão Universitária/Revista dos Tribunais, 1997.

MARTINS, Ives Gandra da Silva; BASTOS, Celso Ribeiro. Ver BASTOS, Celso Ribeiro; MARTINS, Ives Gandra da Silva.

MARTINS, José Antônio de Andrade. Autolançamento. In: *Estudos tributários* (em homenagem à memória de Rubens Gomes de Sousa). São Paulo: Resenha Tributária, 1975.

MARTINS, Natanael. Tratados internacionais em matéria tributária. *Imposto de renda:* estudos. São Paulo: Resenha Tributária, 1991. v. 20.

MAXIMILIANO, Carlos. *Hermenêutica e aplicação do direito*. 8. ed. Rio de Janeiro-São Paulo: Freitas Bastos, 1965.

MEHL, Lucien. *Elementos de ciencia fiscal*. Barcelona: Bosch, 1964.

MEIRA, Sílvio. *Direito tributário romano*. São Paulo: Revista dos Tribunais, 1978.

MÉLEGA, Luiz. As convenções para evitar a dupla tributação em matéria de imposto sobre a renda e a Lei n. 8.383/91. *Repertório IOB de Jurisprudência*, n. 12/92, São Paulo: IOB, 1992.

MELLO, Celso Antônio Bandeira de. Apontamentos sobre o poder de polícia. *Revista de Direito Público*, n. 9, São Paulo: Revista dos Tribunais, 1969.

———. *O conteúdo jurídico do princípio da igualdade*. 2. ed. São Paulo: Revista dos Tribunais, 1978.

MELLO, Gustavo Miguez. Lei complementar tributária. *Caderno de Pesquisas Tributárias*, n. 15, São Paulo: Centro de Estudos de Extensão Universitária/Resenha Tributária, 1989.

———. Princípios constitucionais tributários. *Caderno de Pesquisas Tributárias*, n. 18, São Paulo: Centro de Extensão Universitária/Resenha Tributária, 1993.

MELLO, Waldir Silveira. Imposto de renda e proventos de qualquer natureza. *Caderno de Pesquisas Tributárias*, v. 11, São Paulo: Centro de Estudos de Extensão Universitária/Resenha Tributária, 1986.

MELO, José Eduardo Soares de. A imunidade das instituições de educação e de assistência social ao imposto de renda (Lei federal n. 9.532/97). In: ROCHA, Valdir de Oliveira (coord.). *Imposto de renda:* alterações fundamentais. São Paulo: Dialética, 1998. v. 2.

———. *Contribuições sociais no sistema tributário*. São Paulo: Malheiros, 1993.

———. *Curso de direito tributário*. São Paulo: Dialética, 1997.

———. Em face do princípio da capacidade contributiva é possível criar tributo fixo? *Revista de Direito Tributário*, Separata *Princípios Constitucionais Tributários*, com os textos do V Congresso Brasileiro de Direito Tributário, realizado pelo IDEPE, em São Paulo, 1991 (São Paulo: Revista dos Tribunais, 1991).

———. Imposto sobre a renda e proventos de qualquer natureza. *Caderno de Pesquisas Tributárias*, v. 11, São Paulo: Centro de Estudos de Extensão Universitária/Resenha Tributária, 1986.

———. Periodicidade do imposto de renda. *Revista de Direito Tributário*, Separata com os textos do VII Congresso Brasileiro de Direito Tributário, realizado pelo IDEPE, em São Paulo, 1993 (São Paulo: Malheiros).

———. Tributação no Mercosul. *Pesquisas Tributárias*, Nova Série, n. 3, São Paulo: Centro de Extensão Universitária/Revista dos Tribunais, 1997.

MENDONÇA, Maria Luiza Vianna Pessoa de. *O princípio constitucional da irretroatividade da lei:* a irretroatividade da lei tributária. Belo Horizonte: Del Rey, 1996.

MENEZES, Paulo L. de. Ver AMARAL, Antônio Carlos R. do; MENEZES, Paulo L. de.

MENEZES, Paulo L. de; COSTA, Marcos da. Ver COSTA, Marcos da; MENEZES, Paulo L. de.

MÉRIGOT, Jean-Guy. Elementos de uma teoria da parafiscalidade. *Revista de Direito Administrativo*, v. 33/34, Rio de Janeiro: FGV, 1953.

MICHELLI, Gian Antonio. *Curso de direito tributário*. Trad. Marco Aurélio Greco e Pedro Luciano Marrey Jr. São Paulo: Revista dos Tribunais, 1978.

MONTEIRO, Washington de Barros. *Curso de direito civil:* parte geral. 4. ed. São Paulo: Saraiva, 1964. v. 1.

MORAES, Bernardo Ribeiro de. A decadência e a prescrição diante do crédito tributário. *Caderno de Pesquisas Tributárias*, n. 1, São Paulo: Centro de Estudos de Extensão Universitária/Resenha Tributária, 1976.

———. *A taxa no sistema tributário brasileiro*. São Paulo: Revista dos Tribunais, 1968.

———. *Compêndio de direito tributário*. 2. ed. Rio de Janeiro: Forense, 1994. v. 2.

MORAES, Oswaldo de. *A analogia no direito tributário*. São Paulo: Revista dos Tribunais, 1965.

MORSCHBACHER, José. *A restituição dos impostos indiretos*. Porto Alegre: Ed. Síntese.

———. Imposto de renda – retroatividade – novos rumos da jurisprudência. *Revista dos Tribunais – Caderno de Direito Tributário e Finanças Públicas*, n. 1, São Paulo: Revista dos Tribunais, 1992.

MOURA, Frederico Araújo Seabra de. *Lei complementar tributária*. São Paulo: Quartier Latin, 2009.

MOURA, Monica Cabral da Silveira de. Tributação no Mercosul. *Pesquisas Tributárias*, Nova Série, n. 3, São Paulo: Centro de Extensão Universitária/Revista dos Tribunais, 1997.

MOURULLO, Gonzalo Rodríguez. *Presente y futuro del delito fiscal*. Madrid: Ed. Civitas, 1974.

MUNIZ, Ian de Porto Alegre. Ver CANTO, Gilberto de Ulhôa; MUNIZ, Ian de Porto Alegre; SOUZA, Antonio Carlos Garcia de.

NARAHASHI, Mitsuo. Multa de mora em obrigação tributária. *Revista Dialética de Direito Tributário*, n. 13, São Paulo: Oliveira Rocha, 1996.

NASCIMENTO, A. Theodoro. Preços, taxas e parafiscalidade. In: *Tratado de direito tributário brasileiro*. Rio de Janeiro: Forense, 1977. v. 8.

NEVIANI, Tarcísio. *A restituição de tributos indevidos, seus problemas, suas incertezas*. São Paulo: Resenha Tributária, 1983.

NOGUEIRA, Johnson Barbosa. *A interpretação econômica no direito tributário*. São Paulo: Resenha Tributária, 1982.

NOGUEIRA, Ruy Barbosa. *Teoria do lançamento tributário*. São Paulo: Resenha Tributária, 1973.

NOUR, Ricardo Abdul. Tributação no Mercosul. *Pesquisas Tributárias*, Nova Série, n. 3, São Paulo: Centro de Extensão Universitária/Revista dos Tribunais, 1997.

NOVELLI, Flávio Bauer. Anualidade e anterioridade na Constituição de 1988. *Revista de Direito Tributário*, n. 51, São Paulo: Revista dos Tribunais, 1990.

————. O princípio da anualidade tributária. *Revista Forense*, n. 267, Rio de Janeiro: Forense, 1979.

OLIVEIRA, Fábio Leopoldo de. *Curso expositivo de direito tributário*. São Paulo: Resenha Tributária, 1976.

OLIVEIRA, J. Lamartine Corrêa de. *A dupla crise da pessoa jurídica*. São Paulo: Saraiva, 1979.

OLIVEIRA, Ricardo Mariz de. Imposto sobre a renda e proventos de qualquer natureza. *Caderno de Pesquisas Tributárias*, v. 11, São Paulo: Centro de Estudos de Extensão Universitária/Resenha Tributária, 1986.

OLIVEIRA, Yonne Dolácio de. *A tipicidade no direito tributário brasileiro*. São Paulo: Saraiva, 1980.

————. Contribuições especiais – noções gerais – contribuição de intervenção no domínio econômico. In: *Direito tributário atual*. São Paulo: Resenha Tributária, 1995. v. 14.

————. Delegação de competência legislativa no direito tributário brasileiro. In: *Princípios tributários no direito brasileiro e comparado:* estudos jurídicos em homenagem a Gilberto de Ulhôa Canto. Rio de Janeiro: Forense, 1988.

———. Imunidades tributárias. *Pesquisas Tributárias,* Nova Série, n. 4, São Paulo: Centro de Extensão Universitária/Revista dos Tribunais, 1998.

———. Imunidades tributárias na Constituição de 1988. In: *Outros tributos:* estudos. São Paulo: Resenha Tributária, 1992. v. 9.

PACHECO, Angela Maria da Motta. *Sanções tributárias e sanções penais tributárias.* São Paulo: Max Limonad, 1997.

PACIELLO, Gaetano. Vigência e aplicação da legislação tributária. In: *Comentários ao Código Tributário Nacional.* São Paulo: Resenha Tributária, 1979. v. 5.

PAIVA, Ormezindo Ribeiro de. *Incidências na fonte.* 8. ed. São Paulo: Resenha Tributária, 1983.

PENTEADO, João Caio Goulart Penteado. Lei complementar tributária. *Caderno de Pesquisas Tributárias,* n. 15, São Paulo: Centro de Estudos de Extensão Universitária/Resenha Tributária, 1989.

PEREIRA, Cesar A. Guimarães. *Elisão tributária e função administrativa.* São Paulo: Dialética, 2001.

PEREIRA, Ramos; BASTOS, Celso; FILKENSTEIN, Claudio. Ver BASTOS, Celso; FILKENSTEIN, Claudio; PEREIRA, Ramos.

PÉREZ DE AYALA, José Luis. *Las ficciones en el derecho tributario.* Madrid: Ed. de Derecho Financiero, 1970.

PIMENTEL, Manoel Pedro. Apropriação indébita por mera semelhança. *Revista dos Tribunais,* n. 451, São Paulo: Revista dos Tribunais, 1973.

PINTO, Francisco Bilac. Parecer. *Revista Forense,* n. 132, Rio de Janeiro: Forense, 1950.

PIRES, Adilson Rodrigues. *Manual de direito tributário.* 7. ed. Rio de Janeiro: Forense, 1994.

PONTES, Helenilson Cunha. A contribuição social sobre o lucro e os tratados para evitar a dupla tributação sobre a renda. In: *Grandes questões atuais do direito tributário.* São Paulo: Dialética, 1997.

———. Tributação no Mercosul. *Pesquisas Tributárias,* Nova Série, n. 3, São Paulo: Centro de Extensão Universitária/Revista dos Tribunais, 1997.

PONTES DE MIRANDA, Francisco Cavalcanti. *Comentários à Constituição de 1969.* 3. ed. Rio de Janeiro: Forense, 1987.

———. *Tratado de direito privado.* 3. ed. 2. reimpr. São Paulo: Revista dos Tribunais, 1984.

PONTES FILHO, Valmir. ICM – mercadoria importada do exterior. *Revista de Direito Tributário,* n. 27/28, São Paulo: Revista dos Tribunais, 1984.

QUADROS, Miguel João Ferreira de. Administração tributária. In: *Comentários ao Código Tributário Nacional*. São Paulo: Bushatsky, 1976. v. 2.

RÁO, Vicente. *O direito e a vida dos direitos*. São Paulo: Max Limonad, 1952. v. 1.

REALE, Miguel. *Parlamentarismo brasileiro*. 2. ed. São Paulo: Saraiva, 1962.

REQUIÃO, Rubens. Abuso de direito e fraude através da personalidade jurídica. *Revista dos Tribunais*, n. 410, São Paulo: Revista dos Tribunais, 1969.

REZEK, José Francisco. *Direito dos tratados*. Rio de Janeiro: Forense, 1984.

REZENDE, Condorcet. Alguns aspectos da desconsideração da personalidade societária em matéria fiscal. *ABDF – Resenha*, n. 22, Rio de Janeiro: Associação Brasileira de Direito Financeiro, 1987/89.

RIBEIRO, José Joaquim Teixeira. *Lições de finanças públicas*. 3. ed. Coimbra: Coimbra Ed., 1989.

ROCHA, José de Moura. Perempção. In: *Enciclopédia Saraiva do Direito*. São Paulo: Saraiva. v. 58.

———. Preclusão. In: *Enciclopédia Saraiva do Direito*. São Paulo: Saraiva. v. 60.

ROCHA, Sérgio André. *Interpretação dos tratados contra a bitributação da renda*. Rio de Janeiro: Lumen Juris, 2008.

ROCHA, Valdir de Oliveira. *A consulta fiscal*. São Paulo: Dialética, 1996.

———. *Determinação do montante do tributo*. São Paulo: IOB, 1992.

———. Tratados internacionais e vigência das isenções por eles concedidas, em face da Constituição de 1988. *Repertório IOB de Jurisprudência – Tributário e Constitucional*, n. 5, São Paulo: IOB, 1991.

———. Tributação no Mercosul. *Pesquisas Tributárias,* Nova Série, n. 3, São Paulo: Centro de Extensão Universitária/Revista dos Tribunais, 1997.

RODRIGUES, Marilene Talarico Martins. Tributação no Mercosul. *Pesquisas Tributárias*, Nova Série, n. 3, São Paulo: Centro de Extensão Universitária/Revista dos Tribunais, 1997.

RODRIGUES, Silvio. *Direito civil:* parte geral. 20. ed. São Paulo: Saraiva, 1989. v. 1.

ROLIM, João Dácio. *Normas antielisivas tributárias*. São Paulo: Dialética, 2001.

ROTHMANN, Gerd Willi. O princípio da legalidade tributária. In: *Direito tributário – 5ª coletânea*. São Paulo: Bushatsky, 1973.

SANTI, Eurico Marcos Diniz de. *Decadência e prescrição no direito tributário*. São Paulo: Max Limonad, 2000.

———. *Lançamento tributário*. São Paulo: Max Limonad, 1996.

SARAIVA FILHO, Oswaldo Othon de Pontes. Imunidades tributárias. *Pesquisas Tributárias,* Nova Série, n. 4, São Paulo: Centro de Extensão Universitária/Revista dos Tribunais, 1998.

———. Tributação no Mercosul. *Pesquisas Tributárias,* Nova Série, n. 3, São Paulo: Centro de Extensão Universitária/Revista dos Tribunais, 1997.

SCHMIDT, Paulo Roberto de Oliveira. Extinção do crédito tributário. In: *Comentários ao Código Tributário Nacional*. São Paulo: Resenha Tributária, 1979. v. 5.

SEIXAS FILHO, Aurélio Pitanga. *Teoria e prática das isenções tributárias*. Rio de Janeiro: Forense, 1989.

SILVA, Edgard Neves da. Contribuição de melhoria. In: MARTINS, Ives Gandra da Silva (coord.). *Curso de direito tributário.* 4. ed. Belém: CEJUP, 1995. v. 2.

———. Taxas. In: MARTINS, Ives Gandra da Silva (coord.). *Curso de direito tributário*. 4. ed. Belém: CEJUP, 1995. v. 2.

SILVA, José Afonso da. *Sistema tributário nacional*. São Paulo: Resenha Tributária, 1975.

SILVA, Severino José da. A ilegalidade das alterações retroativas da legislação do imposto de renda das pessoas jurídicas. *Resenha Tributária, Seção 1.3 – Imposto sobre a Renda – Comentário*, n. 31, São Paulo: Resenha Tributária, 1980.

SOARES, Maria Helena Tinoco; MARAFON, Plínio José. Ver MARAFON, Plínio José; SOARES, Maria Helena Tinoco.

SOUSA, Rubens Gomes de. Ainda a distinção entre taxa e imposto. *Revista de Direito Público*, n. 21, São Paulo: Revista dos Tribunais, 1972.

———. A reforma tributária e as isenções condicionadas. *Revista de Direito Administrativo*, v. 92, Rio de Janeiro: FGV, 1968.

———. *Compêndio de legislação tributária*. Ed. póstuma. São Paulo: Resenha Tributária, 1975.

———. Impostos indiretos – restituição. *Revista de Direito Administrativo*, v. 21, Rio de Janeiro: FGV, 1950.

———. Isenções fiscais – substituição de tributos – Emenda Constitucional n. 18 – Ato Complementar n. 27 – imposto sobre vendas e consignações – imposto sobre circulação de mercadorias. *Revista de Direito Administrativo*, v. 88, Rio de Janeiro: FGV, 1967.

———. Natureza tributária da contribuição para o FGTS. *Revista de Direito Público*, n. 17, São Paulo: Revista dos Tribunais, 1971.

———. Normas gerais de direito financeiro. *Revista de Direito Administrativo*, n. 37, Rio de Janeiro: FGV, 1954.

SOUZA, Antônio Carlos Garcia de. Ver CANTO, Gilberto de Ulhôa; MUNIZ, Ian de Porto Alegre; SOUZA, Antonio Carlos Garcia de.

SOUZA, Hamilton Dias de. Finsocial. *Revista de Direito Mercantil*, n. 47, São Paulo: Revista dos Tribunais, 1982.

———. Normas gerais de direito tributário. In: *Direito tributário*. São Paulo: Bushatsky, 1973, v. 2.

SOUZA, Hamilton Dias de; GRECO, Marco Aurélio. Ver GRECO, Marco Aurélio; SOUZA, Hamilton Dias de.

SZKLAROWSKY, Leon. O Congresso nacional e a produção de normas tributárias. In: CAMPOS, Dejalma de (coord.). *O sistema tributário na revisão constitucional*. São Paulo: Atlas, 1993.

TAVOLARO, Agostinho Toffoli. A solução dos conflitos de dupla tributação jurídica internacional. In: *Princípios tributários no direito brasileiro e comparado:* estudos jurídicos em homenagem a Gilberto de Ulhôa Canto. Rio de Janeiro: Forense, 1988.

———. Tratados para evitar a dupla tributação internacional. In: MARTINS, Ives Gandra da Silva (coord.). *Curso de direito tributário*. 4. ed. Belém: CEJUP, 1995. v. 2.

TEIXEIRA, António Braz. *Princípios de direito fiscal*. 3. ed. Coimbra: Almedina, 1990. 2 v.

TEIXEIRA, Egberto Lacerda. A nova lei do imposto de renda – comentário. *Boletim da AASP*, n. 323, Associação dos Advogados de São Paulo: 1965.

TILBERY, Henry. *Comentário ao Decreto-lei n. 2.065/83*. São Paulo: Resenha Tributária, 1983.

———. *Imposto de renda – pessoas jurídicas – integração entre sociedade e sócios*. São Paulo: Atlas, 1985.

———. Reflexões sobre a tributação do patrimônio. In: *Princípios tributários no direito brasileiro e comparado:* estudos jurídicos em homenagem a Gilberto de Ulhôa Canto. Rio de Janeiro: Forense, 1988.

———. Responsabilidade tributária. In: *Direito tributário*. São Paulo: Bushatsky, 1972. v. 2.

TÔRRES, Heleno Taveira. *Direito tributário internacional:* planejamento tributário e operações transnacionais. São Paulo: Revista dos Tribunais, 2001.

———. *Pluritributação internacional sobre as rendas de empresas*. São Paulo: Revista dos Tribunais, 1997.

TORRES, Ricardo Lobo. *Curso de direito financeiro e tributário*. Rio de Janeiro: Renovar, 1993.

———. Imunidades tributárias. *Pesquisas Tributárias,* Nova Série, n. 4, São Paulo: Centro de Extensão Universitária/Revista dos Tribunais, 1998.

———. *Normas de interpretação no direito tributário*. Rio de Janeiro: Forense, 1991.

———. *Restituição dos tributos*. Rio de Janeiro: Forense, 1983.

TROTABAS, Louis. Ensaio sobre o direito fiscal. *Revista de Direito Administrativo*, v. 26, Rio de Janeiro: FGV, 1951.

TUCCI, Rogério Lauria. Perempção. In: *Enciclopédia Saraiva do Direito*. São Paulo: Saraiva. v. 58.

———. Preclusão. In: *Enciclopédia Saraiva do Direito*. São Paulo: Saraiva. v. 60.

VAN HORN JR., J. O papel dos tratados de impostos no comércio internacional. Trad. Brandão Machado. In: *Princípios tributários no direito brasileiro e comparado:* estudos jurídicos em homenagem a Gilberto de Ulhôa Canto. Rio de Janeiro: Forense, 1988.

VANONI, Ezio. *Natureza e interpretação das leis tributárias*. Trad. Rubens Gomes de Sousa. Rio de Janeiro: Edições Financeiras, [s. d.].

VARELA, João de Matos Antunes. *Das obrigações em geral*. 6. ed. Coimbra: Almedina, 1989. v. 1.

VELLOSO, Carlos Mário da Silva. A irretroatividade da lei tributária – irretroatividade e anterioridade – imposto de renda e empréstimo compulsório. *Revista de Direito Tributário*, n. 45, São Paulo: Revista dos Tribunais, 1988.

———. Decadência e prescrição do crédito tributário – as contribuições previdenciárias – a Lei 6.830, de 22.9.1980: disposições inovadoras. *Revista de Direito Tributário*, n. 9/10, São Paulo: Revista dos Tribunais, 1979.

———. O princípio da anterioridade: uma visão da jurisprudência. *Revista de Direito Tributário*, n. 31, São Paulo: Revista dos Tribunais, 1985.

VILLEGAS, Hector. *Curso de direito tributário*. Trad. Roque Carrazza. São Paulo: Revista dos Tribunais, 1980.

———. *Direito penal tributário*. São Paulo: EDUC/Resenha Tributária, 1974.

———. Verdades e ficções em torno de um tributo denominado taxa. *Revista de Direito Público*, n. 17, São Paulo: Revista dos Tribunais, 1971.

WAGNER, José Carlos Graça. Aspectos da decadência e prescrição no direito tributário. *Caderno de Pesquisas Tributárias*, n. 1, São Paulo: Centro de Estudos de Extensão Universitária/Resenha Tributária, 1976.

———. Repetição do indébito. *Caderno de Pesquisas Tributárias*, n. 8, São Paulo: Centro de Estudos de Extensão Universitária/Resenha Tributária, 1983.

WINKLER, Noé. Aspectos do imprescritível esforço para demonstração da inércia e outras considerações. *Caderno de Pesquisas Tributárias*, n. 1, São Paulo: Centro de Estudos de Extensão Universitária/Resenha Tributária, 1976.

XAVIER, Alberto. A contagem dos prazos no lançamento por homologação. *Revista Dialética de Direito Tributário*, n. 27, São Paulo: Dialética, 1997.

———. A execução fiscal nos tributos de lançamento por homologação. *Revista Dialética de Direito Tributário*, n. 25, São Paulo: Dialética.

———. *Direito tributário internacional do Brasil*. 3. ed. Rio de Janeiro: Forense, 1994.

———. *Do lançamento:* teoria geral do ato, do procedimento e do processo tributário. São Paulo: Forense, 1997.

———. Evasão e elisão fiscal e o art. 51 do Pacote. *ABDF – Resenha*, n. 15, 1986.

———. Inconstitucionalidade dos tributos fixos, por ofensa ao princípio da capacidade contributiva. *Revista de Direito Tributário*, Separata *Princípios Constitucionais Tributários,* com os textos do V Congresso Brasileiro de Direito Tributário, realizado pelo IDEPE, em São Paulo, 1991 (São Paulo: Revista dos Tribunais, 1991).

———. *Manual de direito fiscal*. Lisboa: [s. n.], 1981. v. 1.

———. Mesa de debates no V Congresso Brasileiro de Direito Tributário, promovido pelo IDEPE, em São Paulo: 1991. *Revista de Direito Tributário*, n. 56, São Paulo: Revista dos Tribunais, 1991.

———. Mesa de debates no VI Congresso Brasileiro de Direito Tributário, promovido pelo IDEPE, em São Paulo: 1992. *Revista de Direito Tributário*, n. 60, São Paulo: Malheiros.

________. Notas sobre o problema das nulidades no direito tributário. *Revista de Direito Tributário*, n. 2, São Paulo: Revista dos Tribunais, 1977.

________. O problema da retroatividade das leis sobre imposto de renda. In: *Direito tributário e empresarial:* pareceres. Rio de Janeiro: Forense, 1982.

________. Os fundamentos teóricos da fragmentação do fato gerador do imposto de renda para efeitos da teoria da retroatividade das leis. *Revista de Direito Tributário*, Separata, São Paulo: Revista dos Tribunais, 1991.

________. *Os princípios da legalidade e da tipicidade da tributação*. São Paulo: Revista dos Tribunais, 1978.